汉译世界学术名著丛书

拜占庭帝国史

(324—1453)

第二卷

〔美〕A.A.瓦西列夫 著

徐家玲 译

商务印书馆
The Commercial Press

第二卷

第七章 拜占庭与十字军

科穆宁诸皇帝及其对外政策

1081年的革命使阿列克修斯·科穆宁（Alexius Comninus）登上皇位。他的叔叔伊萨克在11世纪60年代末曾短暂称帝（1057—1059年）。"科穆宁"这个希腊姓氏曾在瓦西里二世时期的史料中第一次被提及，该家族源于距亚得里亚堡不远的一个村庄。后来成为小亚细亚的大土地所有者。① 伊萨克叔侄两人都以军事天才而著称。在阿列克修斯统治时期，军人派和各省大土地所有者战胜了首都的官僚文职集团。同时，动乱时代也宣告结束。三位科穆宁皇帝父传子继，成功保持皇位一个世纪。

由于阿列克修斯老练而富有活力的统治（1081—1118年），他成功地抵御了外部威胁，于危亡之中拯救了帝国。但在皇位继承问题上产生了纠纷。他生前很早就立其子约翰为嗣。此举

---

① F.夏朗东（F.Chalandon）：《论科穆宁王朝阿列克修斯一世的统治》（*Essai sur le règne d'Alesix Ier Comnène*），21。最近有一种假说，认为科穆宁家族起源于瓦拉几亚人。G.穆尔努（G.Murnu）："科穆宁家族的起源"（"L'origine des Comnènes"），《罗马尼亚科学院历史简报》，XI（1924），212—216。

激怒了长公主安娜——史著《阿列克修斯》的著名作者。她的丈夫尼斯福鲁斯·布莱昂纽斯(Nicephorus Bryennius)也是个历史学家。为了废黜约翰,立丈夫为皇位继承人,安娜机关算尽。无奈年迈的阿列克修斯意志坚定,不为所动。他死后,约翰继位为帝。

约翰二世(1118—1143年在位)登基伊始,便遭劫难。一场篡位阴谋被曝光。他的姐姐安娜是主谋,他母亲也牵连其中。这场阴谋被粉碎,但约翰将阴谋者从轻发落,对大部分人只剥夺了他们的财产。他的宽宏仁慈赢得了普遍敬重,人们称他为"好人约翰"(或"仁者约翰",Caloyan)。希腊和拉丁作家对他的品格都倍加赞赏。尼西塔斯·科尼阿特斯(Nicetas Coniates)说:"约翰是占据罗马皇位的科穆宁家族所有皇帝中的典范($\kappa o \rho \omega \nu i \varsigma$)。"②就连一向对拜占庭统治者评判严厉的吉本也称约翰是"最优秀和最伟大的科穆宁皇帝"。即使"哲人马可(奥勒利乌斯)也不会鄙视他的后代之发自内心的,而非来自学府的故作姿态的敦厚品质"③。

约翰反对不必要的奢侈和铺张浪费。在他统治期间,宫廷厉行节约,从不无休止地举行娱乐性消遣和节宴,也从不耗费巨额开支。另一方面,这个仁慈、平和、品德高尚的皇帝在位期间却展开了一连串的军事行动。

---

② 尼西塔斯·科尼阿特斯(Nicetas Choniates):《历史》(*Historia*),I。贝克(Bekker)编:《拜占庭历史文献大全》(*Corpus Scriptorum Historiae Byzantinae*),64—65;以下引文作"波恩版"。

③ E.吉本:《罗马帝国衰亡史》,J.B.柏里编,V,229。

他的儿子和继承人曼纽尔一世(1143—1180年在位)与其父形成鲜明对比。这位崇尚西方的新皇帝早就把西方骑士生涯作为自己的理想。甫一继位,他便改变了先皇立下的朴素严谨的规矩。声色犬马,花天酒地,骄奢淫逸等所有的西方生活方式开始流行于君士坦丁堡。他频频出访外国君主的宫廷,如德意志和法兰西国王、伊科尼姆苏丹,以及以耶路撒冷国王阿摩利(Amaury)一世为首的几个东方的拉丁王公的宫廷。所有这些都耗资巨大。

大量西欧人出现在拜占庭宫廷,大多数的要职肥缺落入他们之手。曼纽尔两次结婚,两任妻子都是西方的公主。第一任妻子苏尔兹巴赫的贝尔塔(Bertha of Sulzbach)是德意志国王康拉德三世(Conrad Ⅲ)的妻妹,嫁到拜占庭后改名为伊琳娜;第二任妻子玛丽是安条克王公之女,法兰西的绝色美人。曼纽尔的统治完全受西方理想和一统昔日罗马帝国的梦想所支配;为此,他企图在教宗的帮助下剥夺德意志国王的王位;他甚至准备与西方大公教公联合。然而,拉丁人的压迫和曼纽尔对本国利益的忽视,在人民中引起了普遍不满,改朝换代的呼声日益高昂。但曼纽尔在他的政策破产之前就去世了。

曼纽尔去世时,他的儿子和继承人阿列克修斯二世(1180—1183年在位)年仅12岁,由皇太后安条克的玛丽摄政。实际上,大权落入太后的宠臣、曼纽尔的侄子阿列克修斯·科穆宁之手。新政权依赖于遭人痛恨的拉丁人的支持。自然,人民的愤怒日益增长。太后玛丽以前那么受欢迎,现在也被看作"外国人"。法国史学家迪尔把此时的玛丽比作法国革命时期的玛丽·安东妮特;

后者当时被人民称作"奥地利人"[④]。

一个反对宠臣阿列克修斯·科穆宁独揽朝政的强大集团形成了。为首的是安德罗尼卡·科穆宁。他是拜占庭历史上地位独特的人物,属于史学家和小说家笔下的重要典型。他是约翰二世的侄子、曼纽尔的堂弟,属于科穆宁家族较年轻的一支;该分支曾经被剥夺皇位,具有非凡的活动能量,但有时这种能量则被导向错误方向。以后,到该分支第三代的时候,出现了一位特拉布松帝国的皇帝,历史上称之为"大科穆宁王朝"。作为12世纪的一位"流放王公"、灵魂中"具有类似于恺撒·博吉亚的精神"的"拜占庭历史上的未来的理查三世""中期拜占庭帝国的亚西比德",安德罗尼卡成为"12世纪拜占庭美德与邪恶的典型化身"。[⑤] 他英俊潇洒,温文尔雅,智勇双全,满腹经纶,对于那些仰慕他的女人,他轻佻热情且多疑,必要时也虚伪善辩;他野心勃勃、阴险狡猾,后来则变得粗暴可怕。正如迪尔所说,他是个天才,有可能成为穷途末路的拜占庭帝国的拯救者和复兴者;但他可能"缺乏一点道德观念",因而不堪重任。[⑥]

与安德罗尼卡同时代的史学家尼西塔斯·科尼阿特斯(Nice-

---

④ 夏尔·迪尔:《拜占庭人物传》(1909年第4次修订版),II,112。

⑤ V.G.瓦西列夫斯基:"两个帝国的联盟",《斯拉夫杂志》(*Slavyansky Sbornik*),II(1877),255—257;《V.G.瓦西列夫斯基著作集》(*Works of V.G.Vasilievsky*)(以下简称为《著作集》),IV,68—70;迪尔:《拜占庭人物传》,II,90、93。R.冯斯卡拉:"亚历山大大帝之后的希腊人",H.F.赫尔墨特(H.F.Helmolt):《世界史》(*Weltgeschichte*),V,95。

⑥ 《拜占庭人物传》,II,93。L.布莱耶尔:"安德罗尼卡(科穆宁)"("Andronic〈Comnène〉"),《宗教历史与地理辞典》(*Dictionnaire d'histoire et de geographie ecclésiastiques*)(以下简称《地理辞典》),II,1782。

tas Choniates)曾写道:"只有意志坚如磐石,千锤百炼的人才不会为安德罗尼卡的眼泪和口若悬河的花言巧语所打动。"这位史学家把他比作"多面的普鲁塔斯"[7]。

安德罗尼卡与曼纽尔关系不错,但还是受到他的猜疑。安德罗尼卡在拜占庭无法洗清自己。在曼纽尔统治的大多数时间里,他流浪于欧亚各国。他先是被送到乞里奇亚,后又被送到匈牙利边境。他受到"政治背叛"和"阴谋弑君"的指控,身陷囹圄,在君士坦丁堡度过几年监狱生活。经过多次惊人的冒险,他通过一条废弃管道,成功地越狱。继而又被抓回,加刑数年,但他重又逃脱,到了北方,投奔西北罗斯的加里奇(Galich)大公雅罗斯拉夫。1165年的一位罗斯编年史家说:"皇帝的堂弟安德罗尼卡爵士由君士坦丁堡投奔加里奇王公雅罗斯拉夫,受到盛情款待,并赠予他几座城市以示安慰。"[8]根据拜占庭史料记载,安德罗尼卡受到雅罗斯拉夫好心款待。住到雅罗斯拉夫官邸,与其同吃,同住,同游猎,甚至参加他与波雅尔(罗斯贵族)们举行的会议。[9] 安德罗尼卡在加里奇大公宫廷中的活动使曼纽尔坐卧不宁。因为曼纽尔的那位不安分的亲戚已经在与拜占庭的交战国匈牙利人谈判。于是,皇帝决定宽恕安德罗尼卡。安德罗尼卡被雅罗斯拉夫"荣耀地"(如一位

---

[7] 尼西塔斯·科尼阿特斯:《历史》,波恩版,317、319。

[8] 《伊帕切夫编年史》(*Ipatyevskya Lietopis*)第359页的6673年=《沃斯切夫编年史》(*Voskresenskaya lieropis*)中的同一年,《罗斯编年史大全》(*Complete Collection of Russian Chronicles*),VII,78。

[9] 雅尼斯·辛那姆斯(Ioannis Cinnami):《历史》(*Historia*),波恩版,232。尼西塔斯·科尼阿特斯:《历史》,波恩版,172。

罗斯编年史家所说)送回君士坦丁堡。[10]

他被任命为小亚细亚乞里奇亚公爵,但他在那里并没有停留很久。随后,他经安条克到了巴勒斯坦;在那儿,他爱上了拜占庭皇帝的亲戚、耶路撒冷国王的遗孀狄奥多拉。狄奥多拉答应了安德罗尼卡的求婚。皇帝恼羞成怒,下令弄瞎安德罗尼卡的双眼。安德罗尼卡闻讯后,携狄奥多拉逃往国外。他们颠沛流离数年,先是在叙利亚、美索不达米亚和亚美尼亚,后又到了遥远的伊比利亚(乔治亚或格鲁吉亚,在高加索)。

最后,曼纽尔的手下捉住了安德罗尼卡心爱的狄奥多拉和他们的孩子;由于无法忍受这个重大打击,安德罗尼卡决定向曼纽尔屈服。他显然对自己的荒唐经历进行了忏悔,因此受到曼纽尔的宽恕。安德罗尼卡被任命为小亚细亚黑海之滨本都省的总督,这算是一种对有危险的亲属的光荣流放。正在此时,也就是1180年,曼纽尔去世,他12岁的儿子继位,称阿列克修斯二世。其时,安德罗尼卡已经60岁了。

以上即是反对摄政皇后安条克的玛丽及其宠臣阿列克修斯·科穆宁的亲拉丁政策的首都人民,所寄于期待的安德罗尼卡的生涯。而安德罗尼卡也就势扮演了一个铲除奸佞、扶持幼主阿列克修斯二世的卫士角色,成了"罗马人的朋友"($\varphi\iota\lambda o\rho\omega\mu\alpha\iota o\varsigma$),赢得了筋疲力尽的人们的心。他被神化了。当时,萨洛尼卡的尤斯塔修斯说,安德罗尼卡"在大多数人心目中比上帝还可亲",或者,起

---

[10] 《伊帕切夫编年史》与《沃斯切夫编年史》都有记载。

码"与上帝不相上下"。⑪

在首都造出了舆论声势之后,安德罗尼卡向君士坦丁堡进发。首都人民闻讯,纷纷向拉丁人发泄积怨。愤怒的群众向拉丁居住区发起攻击,大肆屠杀拉丁人,不分男女老幼;他们不仅抢劫民宅,而且将拉丁教堂和慈善机构掠夺一空;在一所医院,病床上的病人也遭到杀害;教宗使节被羞辱,然后被斩首;许多拉丁人被送往突厥市场,卖为奴隶。正如 Th.乌斯宾斯基所说,由于1182年的拉丁人大屠杀,"东西方世界之间仇恨的种子得到了浸种,即使还没有被种下"⑫。独揽朝纲的阿列克修斯·科穆宁被监禁致盲。安德罗尼卡终于胜利回到君士坦丁堡。为了巩固政权,他逐渐剪除异己,下令绞死皇太后——安条克的玛丽。他与阿列克修斯二世成为共治帝。虽然他曾郑重宣布保护阿列克修斯,但几天之后却下令将其秘密绞死。这样,到1183年,63岁的安德罗尼卡成了至高无上的独一皇帝。

安德罗尼卡阴谋篡位的事实终于昭然于天下,于是,他只有通过恐怖和残暴手段才能维护其统治。在外交事务中,他缺乏活力和进取精神。人民开始反对他。1185年,一场革命将伊萨克·安吉列送上皇帝宝座。安德罗尼卡逃跑未遂。被褫夺皇位的他受尽了折磨和凌辱。他以超人的勇气忍受着万般痛苦,他

---

⑪ 尤斯塔修斯(Eustathii):《被拉丁人占领的萨洛尼卡》(*De Thessakinica a Latinis capta*),波恩版,388。

⑫ "皇帝阿列克修斯二世和安德罗尼卡·科穆宁"("Emperors Alexius II and Andronicus Comneni"),《公众教育部杂志》,CCXIV(1881),73。Th.乌斯宾斯基:"最后的科穆宁皇帝.对抗的开端"("The Last Comneni. Beginnings of Reaction"),《拜占庭年鉴》,XXV(1927—1928),14。

反复地祈求:"主啊,可怜可怜我吧! 你为什么践踏那已经倒伏的芦苇?"⑬新帝甚至不允许掩埋他那被撕裂的尸体。拜占庭的最后一个辉煌的王朝随着这一悲剧而告结束。

阿列克修斯一世和第一次十字军战争前的对外关系

新帝阿列克修斯的天才的、受过良好教育的女儿安娜·科穆宁娜提到,她父亲一登基,便面临着东方突厥人和西方诺曼人的威胁。她"看到他的帝国在极端痛苦之中呻吟"⑭。帝国外部环境非常恶劣,而且愈发棘手和复杂。

诺曼战争。——阿普利亚公爵罗伯特·吉斯卡尔德征服了意大利南部的拜占庭领土后,制定了更加野心勃勃的计划。他将战火引向巴尔干半岛的亚得里亚海岸,企图在拜占庭的心脏插上一刀。他将阿普利亚交给小儿子罗杰治理,自己则与哥哥博希蒙德(第一次十字军战争的著名参加者)一起,带着大舰队,进攻阿列克修斯。他的主要目标是夺取伊利里亚的海滨城市都拉基乌姆(以前称 Epidamnus[埃皮达姆努斯];斯拉夫语为 Druch[Drač],现都拉索)。都拉基乌姆是都拉基乌姆军区的重要城市,建于"保加利亚人的屠杀者"瓦西里二世时期,城防坚固,是帝国的西大门。始建于罗马时期的著名军事公路埃格纳提亚大道从都拉基乌姆经

---

⑬ 尼西塔斯·科尼阿特斯:《历史》,波恩版,458。关于安德罗尼卡之死的几个资料,参见 N.拉多伊契奇(N. Radojčić)《科穆宁朝末代两帝》(*Dva posljednja Komnena na corigradskom prijestola*),94 页注 1。

⑭ 安娜·科穆宁娜:《阿列克修斯》,III,9;A.赖弗谢德(A. Reiffscheid)编,I,117。

萨洛尼卡,再往东延伸至君士坦丁堡。因此,十分明显,罗伯特的主要目标自然是都拉基乌姆。这次远征是"十字军的前奏曲,为法兰克人入主希腊奠定了基础"[15]。"是罗伯特·吉斯卡尔德组织的前十字军,反对阿列克修斯·科穆宁的重要战争。"[16]

阿列克修斯·科穆宁知道仅凭自己的力量无法对抗诺曼人的威胁,遂转向西方求救。德意志的亨利四世是他求援的君主之一。而当时亨利的帝国困难重重,他与教宗格列高利七世的斗争还未结束。因此,他无力援助拜占庭皇帝。但是,威尼斯出于利益考虑,答应了阿列克修斯的请求。为了报答它的舰队出手援助,皇帝向圣马可共和国允诺巨大的商业特权。在拜占庭与诺曼人的战争中支持东方的拜占庭皇帝符合威尼斯的利益。因为诺曼人获胜,他们会立即夺取通向拜占庭和东方的贸易之路;换句话说,他们将会取得威尼斯人长期希望控制的权益。况且,威尼斯也面临着迫在眉睫的危险:诺曼人对爱奥尼亚群岛,特别是对科孚岛和凯法利尼亚岛以及巴尔干半岛西海岸的占领,将会封锁亚得里亚海,破坏威尼斯人在地中海上的垄断地位。

占领科孚岛之后,诺曼人分海、陆两路包围了都拉基乌姆。虽然威尼斯舰队解了海上之围,但在阿列克修斯指挥下的陆军却遭到惨败。陆军由马其顿斯拉夫人、突厥人、瓦拉几亚-英吉利皇家卫队以及其他民族的成员组成。1082年初,都拉基乌姆对罗伯特

---

[15] C.霍普夫:《从中世纪初到当代的希腊史》,I,141。

[16] H.格雷古瓦和R.德凯泽:"罗兰之歌和拜占庭或希腊语用法对罗曼语系语言学的影响"("La Chanson de Roland et Byzance ou de l'utilité du grec pour les romanistes"),《拜占庭》(布鲁塞尔),XIV(1939),274。

敞开了大门。但这时南部意大利发生了叛乱,罗伯特只得回去应付。他将远征军委托给博希蒙德指挥。最后,这支远征军被击败。[17]罗伯特再次远征拜占庭,取得胜利。但一种流行病蔓延在他的军队中,罗伯特本人也不幸染疾,1085年死于凯法利尼亚岛北部。甚至到今天,岛上的一个小港湾和村庄费斯卡尔多(中世纪的吉斯卡尔多,维斯卡尔迪[Wiscardi]港,得名于罗伯特·吉斯卡尔德),还能使人想起强大的阿普利亚公爵。罗伯特死后,诺曼人对拜占庭的入侵也告一段落,都拉基乌姆再度归属希腊人。[18]

显然,罗伯特入侵巴尔干半岛的政策破产了。然而,在他统治时期,拜占庭在南部意大利的领土问题却有了定论。罗伯特在意大利建立了诺曼人国家,因为他第一个成功地将他的诺曼同胞们建立的诸国统一起来,形成阿普利亚公国,而且使它辉煌一时。罗伯特的死导致该公国长达五十年的衰落时期。之后,西西里王国的建立开辟了意大利诺曼历史的新时代。法国史学家夏朗东宣称,罗伯特·吉斯卡尔德"为他的后代们的野心开辟了一条新路:自他之后,诺曼人开始对东方虎视眈眈;在东方,十二年之后,以希腊帝国的灭亡为代价,博希蒙德将建立属于他自己的公国"[19]。

威尼斯人由于以它的舰队帮助了拜占庭,作为回报,拜占庭皇

---

[17] 见 R. B. 尤塔尔(R. B. Yewdale):《安条克公爵博希蒙德一世》(*Bohemond I, Prince of Antioch*),18—22。

[18] 夏朗东:《论科穆宁王朝阿列克修斯一世的统治》,64—92。F. 夏朗东:"早期科穆宁王朝",《剑桥中世纪史》,IV,329—330。吉斯卡尔德死亡的地方尚未确定。夏朗东:《论科穆宁王朝阿列克修斯一世的统治》,93页注9。尤塔尔在其《博希蒙德一世》一书的第23页说,吉斯卡尔德死于科孚岛的卡西奥普。

[19] 夏朗东:《论科穆宁王朝阿列克修斯一世的统治》,94。

帝赐予其大量的贸易特权,使圣马可共和国在帝国境内有了特殊地位。除了慷慨赠予威尼斯教会的精妙礼品、授予总督及威尼斯最高主教及其后任者荣誉称号和固定年薪外,阿列克修斯于1082年5月颁发的帝国特许状(或称"黄金诏书",即盖有帝国金印的特许证),允许威尼斯商人在拜占庭帝国自由买卖,并且免除关税、港口费及其他贸易税赋;拜占庭海关官员无权检查他们的货物。威尼斯在首都还得到了一大片侨居区,配有许多店铺、库房和三个登陆港口——这些设施在东方被称为 scales(三海之港[maritimas tres scalas]),供威尼斯船只自由装卸货物。阿列克修斯的特许状列出了帝国向威尼斯人开放的商业价值最高的地点,从小亚细亚的沿海地区和内陆、巴尔干半岛和希腊、爱琴海诸岛直到君士坦丁堡。在这份文件中,这些地方被称为"Megalopolis",即"大都市",威尼斯则承诺将成为帝国的忠实臣属。[20] 特许状中所列举的特权使威尼斯商人获得了比拜占庭商人更多优惠条件。阿列克修斯的特许状为威尼斯在东方的殖民势力奠定了稳固的基础;威尼斯由特许状而建立的经济优势在拜占庭长期无人匹敌。但随着形势的变化和时间的推移,同样的经济特权也逐渐成为帝国与圣马可共和国之间政治冲突的因素之一。

帝国与突厥人和帕齐纳克人的斗争。——早在阿列克修斯·科穆宁之前,东方和北方的突厥人,特别是塞尔柱人和帕齐纳克人

---

[20] G. L. F. 塔菲尔(G. L. F. Tafel)和 G. M. 托马斯(G. M. Thomas):《威尼斯共和国古代贸易和国家历史文献》(*Urkunden zur ältern Handels-und Staatsgeschichte der Republik Venedig*),I,51—54。参见 F. 多尔格《中世纪和近代希腊文献汇编》,I(1),27—28;此书列有丰富的参考书目。

就威胁着拜占庭帝国。在阿列克修斯统治时期,这种威胁加剧了。诺曼人的失败和吉斯卡尔德的去世使阿列克修斯有能力恢复拜占庭在西方远达亚得里亚海岸的领土,但在另一条边境线上,突厥人和帕齐纳克人的进攻节节胜利,拜占庭则连连失地。安娜·科穆宁娜夸张地宣称,那时,博斯普鲁斯海峡附近是罗马帝国的东方边界,亚得里亚堡是西方边界。[21]

小亚细亚几乎全部为塞尔柱人占领。不过,幸运的是,突厥人内部发生了权力之争,削弱了突厥人的力量,使其全国陷入无政府状态。然而由于帕齐纳克人从北面进攻,阿列克修斯无法充分利用突厥人的内讧。

在与拜占庭冲突之时,帕齐纳克人在帝国内部找到了盟友——住在巴尔干半岛上的保罗派教徒。[22] 保罗派的信仰形成于3世纪,由萨莫萨塔的保罗所创,属于东方二元论宗教派别摩尼教的主要分支之一,7世纪得到改革。保罗派教徒居住于帝国东部边界的小亚细亚,他们坚守本门戒律,生性嗜武好战,有时令拜占庭当局十分头痛。在对内政策中,拜占庭常用的办法是将帝国的各个民族从一地迁移到另一地;比如,斯拉夫人被迁至小亚细亚,亚美尼亚人被迁至巴尔干半岛。8世纪时,保罗派教徒被君士坦丁五世科普洛尼姆斯(Constantine V Copronymus)大批迁到色雷斯;10世纪时,约翰·齐米西斯也照此办理。巴尔干半岛的菲利浦城成为保罗派教徒活动的中心。齐米西斯在该城的东部巴尔

---

[21] 《阿列克修斯》,VI,11;赖弗谢德编,I,214—215。
[22] 参见前文,原书第256页。

第七章 拜占庭与十字军

干半岛上建立了一个殖民地区,将这些难以控制的顽固的民众从帝国东部边境地区的根据地和堡垒迁移至此。同时,他也希望新居住地的保罗派教徒充当抵御北方蛮族斯基泰人频繁入侵的堡垒。10世纪时,保罗派牧首鲍格米尔(Bogomile)改革了保罗派教义,并且将其传播到保加利亚。此后,他的信徒便被拜占庭作家称为"鲍格米尔派"。后来,鲍格米尔派又从保加利亚传入塞尔维亚和波斯尼亚,然后传入西欧。这个东方的二元论教派在西欧得到了不同的名称:在意大利称帕塔林(Patrins)派,在德意志和意大利称卡塔尔(Cathari)派,在法兰西称勃布利肯派(Poblicans,即保罗派)和阿尔比派。

这些移居巴尔干半岛的东方教徒却让拜占庭统治当局失望了。首先,这个异端教派传播之广泛和迅速,出乎拜占庭统治当局预料。其次,在意识形态和世俗事物中,鲍格米尔派成了斯拉夫民族政治上反对苛刻的拜占庭当局的代言人。特别是在被瓦西里二世征服的保加利亚更是如此。所以,鲍格米尔派不仅没有抵御北方蛮族对拜占庭领土的入侵,反而招来帕齐纳克人反对拜占庭。库曼人(波洛伏齐人)也加入了帕齐纳克人的行列。

在与帕齐纳克人的斗争中,拜占庭虽然取得暂时的胜利,但也耗尽了国力。11世纪90年代末,阿列克修斯·科穆宁在多瑙河下游的德里斯特拉(Dristra,即 Durostolus, Silitria)遭到惨败,他本人也差一点被俘。由于帕齐纳克人和库曼人因战利品分配而发生内讧,帕齐纳克人没能乘胜追击。

拜占庭用战争赔款换来了暂时的安宁,但它不得不熬过1090—1091年的难关。经过顽强战斗,帕齐纳克人攻到了君士坦丁堡城下。安娜·科穆宁娜叙述道,在殉道者狄奥多勒·泰隆(Theodore Tyron)纪念日那天,首都居民无法像往年那样大批地出城拜谒城外的殉道者之墓,因为帕齐纳克人就站在城下,着实不能打开城门。[23]

这时,一个突厥海盗查哈斯(Tzachas)开始从南面威胁首都,帝国形势更加严峻。查哈斯年轻时在君士坦丁堡尼斯福鲁斯·波达尼塔特斯的宫中效力,曾获拜占庭高级官衔。阿列克修斯·科穆宁登基时,他逃到小亚细亚。他的舰队占领了士麦那和小亚细亚海岸的一些城市以及爱琴海上的一些岛屿。之后,他野心勃勃,企图从海上打击君士坦丁堡,以切断首都的一切供应。为了实现他的计划,他与北方的帕齐纳克人和东方小亚细亚的塞尔柱人达成协议。他自以为胜券在握,便自封为皇帝(basileus),佩戴皇家徽标,梦想将君士坦丁堡变为他的国都。帕齐纳克人和塞尔柱人都是突厥人。只有军事和政治上的联系才使他们意识到他们之间的种族血缘关系。俄罗斯学者 V. 瓦西列夫斯基说:"查哈斯集蛮族的好勇斗狠与拜占庭的高度文明于一身,又熟谙当时东欧的政治关系,可谓拜占庭的克星。他计划充当全突厥人行动的灵魂。他将会,也能够为帕齐纳克人漫无目的的流浪和抢劫设计一个合理的最终目标和总体规划。"[24] 看来,在东方帝国的废墟上将会出现一个塞尔柱人和帕齐纳克人的全新的突厥国家。瓦西列夫斯基

---

[23] 《阿列克修斯》,VIII,3;赖弗谢德编,II,6—7。
[24] V.G.瓦西列夫斯基:"拜占庭和帕齐纳克人",《著作集》,I,76。有一部关于查哈斯的突厥文专著是由阿克兹·尼梅·库拉特(Akdes Nimet Kurat)著,恰卡(Çaka)出版。

继续写道:"拜占庭帝国在突厥人的入侵中挣扎。"㉕另一位俄罗斯史学家 Th.乌斯宾斯基写道:"在 1090—1091 年的冬季,阿列克修斯·科穆宁所面临的形势就像帝国的末期那样:当时奥斯曼土耳其已经包围了君士坦丁堡,并切断了它的一切对外联系。"㉖

阿列克修斯意识到了这生死攸关的形势,他采取了拜占庭一贯的以蛮制蛮的外交政策。他请求库曼人(波洛伏齐人)诸汗(王公)——那些"绝望中的盟友"帮助他打败帕齐纳克人。在罗斯编年史常常出现的、凶残野蛮的库曼汗图戈尔汗(Tugorkhan)和波尼亚克(Boniak),㉗接受邀请来到君士坦丁堡,他们被奉若神明,受到盛情款待。皇帝谦卑地提出求援之事,库曼汗们觉得能够跟皇帝平起平坐是一种殊荣。他们向阿列克修斯信誓旦旦,也的确信守了诺言。1091 年 4 月 29 日,一场血战开始了;罗斯人和库曼人全部投入战斗。帕齐纳克人被无情地粉碎和歼灭了。安娜·科穆宁娜记载:"人们可以看到奇异的场面:整个民族,成千上万的、多如蚂蚁的人在那一天与妻子儿女一起消失了。"当时拜占庭有一首歌反映了这次战斗:"斯基泰人(安娜·科穆宁娜对帕齐纳克人的称谓)只差一天而未能看到 5 月的阳光。"㉘库曼人为基督教世界立下了汗马功劳。"他们的首领,波尼亚克和图戈尔汗当之无愧

㉕ V.G.瓦西列夫斯基:"拜占庭和帕齐纳克人",《著作集》,I,77。

㉖ 《十字军史》,8。

㉗ 安娜·科穆宁娜:《阿列克修斯》,VIII,4;赖弗谢德编,II,9: ό Τογορτάκ,ό Μανιάκ.参见瓦西列夫斯基"拜占庭和帕齐纳克人",《著作集》,I,98 页注 2。

㉘ 《阿列克修斯》,VIII,5;赖弗谢德编,II,15。战斗发生于 1091 年 4 月 29 日,即 5 月的前一天。《阿列克修斯》的编者伊丽莎白·道斯(Elizabeth Dawes)如此翻译这首歌:"斯基泰人只差一天未能看到 5 月。"《阿列克修斯》,道斯译,205。

地成为拜占庭帝国的拯救者。"[29]

阿列克修斯凯旋而归。被俘的帕齐纳克人大部分被处死。这个可怕部落的残余在巴尔干半岛瓦达尔(Vardar)河东部定居下来,后来,他们加入了拜占庭军队,成为一支特别支队。逃出巴尔干的帕齐纳克人也元气大伤,三十年不敢再犯拜占庭。

曾经震骇拜占庭朝野的查哈斯试图派舰队支援帕齐纳克人,未果。在与希腊海军交锋中。他也损兵折将。后来皇帝挑拨尼西亚苏丹反对查哈斯。苏丹邀请查哈斯赴宴,在宴会上将其杀死。从此,苏丹与阿列克修斯签订了和平协议。1091年的危机就这样在有利于拜占庭帝国的形势下得以解决,1092年的形势便大有改观。

在1091年那些绝望的日子里,阿列克修斯不仅在库曼蛮族中寻求同盟,他也显然在西方拉丁人中寻求过援助。安娜·科穆宁娜写道,阿列克修斯"焦急地派出专使到处招募雇佣军"[30]。从她另一篇文章中得知,这类专使也到了西方。之后不久。阿列克修斯便"盼望着雇佣军自罗马到来"[31]。

在论及上述事件时,史学家们通常要提到阿列克修斯·科穆宁写给老朋友佛兰德的罗伯特伯爵的一封信。这位伯爵曾于几年前拜谒圣地返回途中,经过君士坦丁堡。信中,皇帝描绘了"希腊基督徒的神圣帝国遭受到帕齐纳克人和突厥人压迫"的绝望处境:基督徒们,不分男女老幼被凌辱,被屠杀;国土几乎全部

---

[29] 瓦西列夫斯基:"拜占庭和帕齐纳克人",《著作集》,I,107。
[30] 《阿列克修斯》,VIII,3;赖弗谢德编,II,12。
[31] 《阿列克修斯》,VIII,5;赖弗谢德编,II,12。

沦丧；"现在只剩下君士坦丁堡，而且很快也要落入敌手——除非上帝和他的拉丁信徒的援助尽快到来"；皇帝"遭到突厥人和帕齐纳克人追杀，从一个城市到另一个城市"，他宁愿将君士坦丁堡交给拉丁人而不愿拱手送给异教徒。为了刺激拉丁人的欲望，信中还附有一张长长的清单，列出了首都珍藏的古物，提醒这位伯爵，那里有无数的金银珠宝。"所以，带着你的所有的人，动员你的所有军队，快来吧，以免这些财富落入突厥人和帕齐纳克人之手……如果能抽身，抓紧时间，不要对这个基督教帝国和比它更重要的圣墓无动于衷。愿你在天堂里得到报偿，而不是在末日。阿门！"[22]

V. 瓦西列夫斯基认为这封信写于1091年。他说："1091年，一声绝望的哀号从博斯普鲁斯海峡传到西欧。那是一个落水者渴望一根救命稻草的呼唤。在这些外国人面前，拜占庭皇帝不顾一切地暴露了这个希腊基督教帝国所遭受的屈辱和欺凌。"[23]

这份如此生动地描述了1091年拜占庭生死攸关形势的文件，引起了学术界的争论。文件仅存有拉丁文本。学者们有许多分歧：有一些人，如俄罗斯学者V.瓦西列夫斯基和Th.乌斯宾斯基认为这封信是真实的；其他人，如法国学者莱昂则认为它是伪造的。近来，对这个问题感兴趣的史学家有保留地倾向于承认它的

---

[22] P.E.莱昂（P.E. Riant）：《阿列克修斯·科穆宁致佛兰德伯爵罗伯特的伪书信》（*Alexii I Comneni ad Robertum I Flandriae comitem epistola spuria*），10—20，H.哈根迈尔（H. Hagenmeyer）：《1088—1100年的十字军书信》（*Die Kreuzzugsbriefe aus den Jahren 1088—1100*），130—136。多尔格：《未公布的希腊文献汇编》，II，39—40（no.1152）。

[23] 瓦西列夫斯基："拜占庭和帕齐纳克人"，《著作集》，I，90。

真实性,即承认阿列克修斯确实给佛兰德的罗伯特写过一封信,但信的原件并未保存下来。法国史学家夏朗东承认这封信件的中间一段来源于原件,但它的拉丁文本则是在第一次十字军东征前夕由西方某个(煽动者)为挑动十字军而编造的。[34] 最近,德国学者哈根迈尔研究并发表了这封信。他基本上同意瓦西列夫斯基的观点:承认阿列克修斯信件的真实性,但持保留态度。[35] 1924 年,B. 莱布写道,这封信只是克莱蒙会议之后不久的夸大其词,它肯定是受到阿列克修斯致罗伯特的信件的启发,该信提醒罗伯特履行他当初许下的派兵援助阿列克修斯的诺言。[36] 最后,1928 年,布莱耶尔写道:"根据夏朗东的假设,罗伯特返回佛兰德之后可能忘记了自己的承诺;所以,阿列克修斯派信使给他送信。当然,那封信的内容与我们今天见到的完全不同。至于我们今天见到的这封信,很可能是在 1098 年安条克遭到围攻之时,为寻求西方援助而以那封真实的信为基础编造出来的。也就是说,阿列克修斯的信与十

---

[34] 夏朗东:《论科穆宁王朝阿列克修斯一世的统治》,附录,325—326;尤其注意 331、334、336。书中也叙述了阿列克修斯致佛兰德伯爵的信这一问题产生的来龙去脉。

[35] "科穆宁王朝阿列克修斯一世至佛兰德伯爵罗伯特一世的信"("Der Brief des Kaisers Alxios I Komnenos an den Grafen Robert I von Flandern"),《拜占庭研究杂志》(德文),VI(1897),26。哈根迈尔:《1088—1100 年的十字军书信》,38—40。亦参见 H. 皮朗:《阿列克修斯·科穆宁致佛兰德人罗伯特——佛兰德伯爵之信的目的》,《公众教育部杂志》,L(1907),217—227。G. 卡洛(G. Caro):"第一次十字军报告"("Die Berichterstattung auf dem ersten Kreuzzuge"),《新古典学年鉴》,XXIX(1912),50—62。

[36] 《11 世纪末的罗马、基辅和拜占庭》(Rome, Kiev et Byzance à la fin du XIe siècle),122;原信法文本摘要,188—189。

第七章 拜占庭与十字军

字军东征的起因毫无联系。"[37] H. 居贝尔(Sybel)在描写十字军第一次发起时,认为阿列克修斯致佛兰德的罗伯特的信是与十字军有关的官方文件。[38]

这里我们之所以花费笔墨讨论阿列克修斯致佛兰德的罗伯特的信,是因为它在一定程度上牵涉皇帝是否求援于西方的问题。当时,安娜·科穆宁娜关于阿列克修斯致信西方求援的叙述证明了这个事实:阿列克修斯一定写过信给佛兰德的罗伯特;该信很有可能是今天所存的被修饰过的拉丁文本信件的基础。阿列克修斯的信很有可能写于生死攸关的1091年。[39] 同样,很有可能在1188—1189年,皇帝的使节也送信给克罗地亚国王兹沃尼米尔(Zvonimir),敦促他参加阿列克修斯·科穆宁"对异教徒"的斗争。[40]

阿列克修斯战胜了外来敌人之后,接着又战胜了内部敌人。企图利用帝国危难之机篡夺皇位的阴谋家也被揭穿,并受到了惩罚。

除了上面提及的民族之外,塞尔维亚人和马扎尔人(匈牙利人)在第一次十字军东征之前,即阿列克修斯·科穆宁统治期间也

---

[37] L. 布莱耶尔:《中世纪教会与东方;十字军》(*L'eglise et L'Orient du moyen âge;Croisade*)(以下简称《十字军》)(1928 年第 5 次修订版),58。N. 约尔加:《人类历史综论》(*Essai de synthèse de l'histoire de l'humanité*),II,276—277。约尔加否认这封信有任何意义。G. 布克勒尔(G. Buckler):《安娜·科穆宁娜研究》(*Anna Comnena. A Study*),457 页注 1)声称至少这封信的大部分是杜撰的。亦参见 C. 埃德曼(C. Erdmann):《十字军运动的兴起》(*Die Entstehung des Kreuzzugsgedankens*),365;但是,原信中的某段天才文字是否成为那封伪造信件的基础这一事实并不重要。

[38] 《第一次十字军东征史》(*Geschichte des ersten Kreuzzuges*)(1881 年第 3 版),7—9。

[39] 多尔格:《未公布的希腊文献汇编》,II,39(no.1152)在 1088 年条目下提到此信。

[40] F. 西齐克(F. Šišić):《克罗地亚史》(*Geschichte der Kroaten*),I,315—316。

崭露头角。11世纪下半期,塞尔维亚王公采用国王(kral)称号,宣告了塞尔维亚的独立。这就是塞尔维亚第一王国。它定都于斯考德拉(Skadar,即斯库台[Scutari])。在拜占庭与诺曼人的战争中,塞尔维亚站在帝国一边,但在关键时刻倒戈。拜占庭收复都拉基乌姆以后,阿列克修斯与塞尔维亚就开始了敌对状态。当时帝国处境危难,阿列克修斯无暇顾及塞尔维亚问题。不过,在十字军东征前夕,塞尔维亚与帝国重归于好。

阿列克修斯在位期间,匈牙利与拜占庭的关系渐趋紧张。此前,当西梅恩在位期间,匈牙利人(乌戈尔)曾经积极参加10世纪的保加利亚—拜占庭战争。11世纪末,地处内陆的匈牙利阿帕德(Arpad)王朝的几任国王开始向南方的海洋扩张,直抵达尔马提亚海岸。这引起了威尼斯和拜占庭的不满。于是,随着十字军东征的临近,帝国的对外政策日益扩展和复杂,新问题不断出现。

多次克服外来危险的阿列克修斯·科穆宁似乎是为帝国创造了和平。在11世纪将尽之时,他开始准备与东方塞尔柱人的战争。对于这场显而易见的斗争,皇帝采取了不少进攻性措施。正当战争逼近之际,忽闻十字军部队接近边境。第一次十字军战争开始了;它改变了阿列克修斯的计划,使他和他的帝国走上一条致命的新道路。

第一次十字军东征与拜占庭

十字军时代是世界历史中最重要的时代之一,从经济史和总体文化的角度来看更是如此。长期以来,人们只关注它的宗教方面,而忽略了这场复杂的、全面的运动的其他方面。第一个意识到十字军的多方面意义的国家是法国。1806年,法国科学院国家研究中心颁发一项奖金,奖励那些"研究十字军运动对欧洲人民的公民自由、他们的文明及其对知识、商业和工业的进步所产生的影响"的最优秀的学术著作。当然,在19世纪初期彻底讨论这个问题为时尚早;而且这个问题现在仍然悬而未决。但是值得指出的是,中世纪狭隘的宗教观念妨碍了人们对十字军时代进行专门研究。1808年,有两部书摘取了法国科学院的桂冠:一部是德国人A.黑伦(A. Heeren)所著的《论十字军对欧洲的影响》,以德语和法语同时出版;另一部是法国人M.舒瓦瑟尔·达扬古(M. Choiseul Daillecourt)所作,书名为《论十字军对欧洲人民的影响》。虽然这两部书现在已经过时,但也颇有意义,特别是前一部。

当然,十字军时代在基督教和伊斯兰教这两大世界性宗教自7世纪以来的斗争史上是最重要的时代。这个过程不仅仅涉及宗教意识动机,甚至在最明显地反映了十字军从异教徒手中夺回圣地这个信念的第一次十字军东征期间,世俗目的和利益动机的驱使也是显而易见的。"十字军中有两种人:一类出于宗教热忱,另一类出于政治目的。"[41]在引述德国学者库格勒这句话时,法国史学家夏朗东补充说:"库格勒的论证确凿无疑。"[42]然而,学者们对11世纪西欧社会的内部生活条件,尤其是当时意大利城市的经济发展的研究越是深入,就越是相信经济因素在第一次十字军的准

---

[41] B.库格勒(B. Kugler):"皇帝阿列克修斯和亚琛的阿尔贝特"("Kaiser Alexius und Albert von Aachen"),《德国历史研究》(Forschungen zur deutschen Geschichte),XXIII(1883),486。

[42] 《论科穆宁王朝阿列克修斯一世的统治》,161;夏朗东:"早期科穆宁王朝",《剑桥中世纪史》,IV,334。

备和实施中起着非常重要的作用。而且,每次新的十字军都更加强烈地表现出其世俗的色彩;最后,在第四次十字军东征期间,当十字军于 1204 年占领君士坦丁堡并建立拉丁帝国时,世俗动机终于彻底战胜了这场运动的原初动机。

拜占庭在那个时代起到了十分重大的作用,所以,要想全面彻底弄清十字军的起因和发展,就必须对东方帝国进行研究。尤其是研究十字军运动的学者大都站在过于"西方化"的立场上对待这个问题,认为希腊帝国是"十字军所有罪责的替罪羊"[43]。

自从阿拉伯人于 7 世纪 40 年代在世界历史舞台上首次亮相后,他们就以异乎寻常的速度征服了东方帝国领土上的叙利亚、巴勒斯坦、美索不达米亚、小亚细亚东部、埃及、非洲北岸和大部分领土原属于西哥特人的西班牙。7 世纪下半叶和 8 世纪初,阿拉伯人两次围攻君士坦丁堡,先后被坚强而天才的君士坦丁四世和伊苏里亚人利奥三世击败——当然,他们取得胜利的过程并非一帆风顺。732 年,阿拉伯人翻越比利牛斯山入侵高卢,被查理·马特阻挡于普瓦蒂埃。9 世纪,他们征服了克里特岛。10 世纪初,西西里和南意大利的帝国领土也大部分落入他们之手。

阿拉伯人的征服彻底改变了欧洲的政治和经济形势。正如 H.皮朗所说,阿拉伯的骇人进攻"改变了世界面貌。它的崛起摧毁了古代欧洲。它结束了孕育它的地中海文明世界……地中海曾

---

[43] F. 夏朗东:《第一次十字军史》(*Histoire de la première croisade*),序言,I。A. 格鲁恩(A. Gruhn)的德语论著《十字军时代的拜占庭政治》(*Die Byzntinische Politik zur Zeit der Kreuzzuge*)毫无意义,因为它没有史料的佐证。

经是罗马人的内湖;现在,几乎成了穆斯林的内湖"[44]。但对于这位比利时史学家的断言,必须有所保留地接受。西欧与东方国家的商业联系受到穆斯林的限制,但并未中断。商人和朝圣者依然来来往往,带有异国情调的东方产品在欧洲,如在高卢,依然能够随处可见。[45]

原初伊斯兰教是以宗教宽容政策而著称的。10 世纪时,偶然出现过攻击基督教堂和教徒的事件,但并不带有宗教的动机,因此这种不幸事件的发生只是个别现象。在其征服区,阿拉伯人在多数情况下保留了基督教堂和基督教的礼拜活动。他们并未禁止基督教慈善事业。9 世纪初,在查理大帝时代,他们还在耶路撒冷为朝圣者开设客栈和医院;兴建和修复新教堂和寺院——为此,查理大帝还向巴勒斯坦送去大批"救济品"。寺院内附设图书馆。朝圣者可以不受干扰地拜谒圣地。查理大帝的法兰克帝国与巴勒斯坦之间的关系,包括一些西方君主与阿拉伯哈里发哈伦·阿尔-赖世德之间互换使节,导致一些学者得出这个结论:在查理大帝时代,巴勒斯坦有一个为保护基督徒利益而专设的法兰克保护区;保护

---

[44] "穆罕默德和查理曼"("Mahomet et Charlemagne"),《比利时语言学和历史学杂志》(Revue belge de philologie et d'histoire),I(1922),85。"没有伊斯兰教,法兰克帝国可能永远不会存在;没有穆罕默德,也不会出现查理曼。"(86)。皮朗:《中世纪的城市》(Medieval Cities),24,26;法语版,25,28。见 R.S. 洛佩斯(R.S. Lopez)"穆罕默德和查理曼:修订本"("Mohammed and Charlemagne: A Revision"),《史鉴》,XVIII(1943),14—38。

[45] L. 哈尔芬(L. Halphen):"11 世纪和 12 世纪欧洲人对地中海的征服"("La Conquête de la Mediterranée par les Europeens au XIe et au XIIe siècles"),《纪念 H. 皮朗史学文集》(Melanges d'histoire offerts à H. Pirenne),I,175。J. 埃伯索尔特(J. Ebersolt):《东方和西方》(Orient et Occident),I,56—57。N. 约尔加刊于《东南欧历史杂志》,VI(1929)的文章,77。

区内不受哈里发政治权力的影响。[46] 但是,另外一些史学家否认两国关系的重要性,认为"保护区"根本不存在。跟"查理大帝远征圣地的传说类似,它只是一个神话"[47]。最近有一篇名为"关于建于圣地的查理大帝保护区的传说"的文章论及此事。[48] "法兰克保护区"一词与许多其他语汇一样,只是一种习惯称谓,其意义相当模糊;但是,对这一问题的探讨有助于揭示这样一个事实,即9世纪初法兰克帝国已经对巴勒斯坦很感兴趣,这对于十字军以前的国际关系有着相当影响。

10世纪下半期,尼斯福鲁斯·福卡斯和约翰·齐米西斯统治下的拜占庭军队对于帝国东部的阿拉伯人取得的辉煌胜利,使叙利亚的阿勒颇和安条克成为帝国的附庸国。从那以后,拜占庭军队可能进入了巴勒斯坦。[49] 这些军事成功对于耶路撒冷产生了影响。所以,法国史学家布莱耶尔判断,这时,可以谈及拜占庭的保

---

[46] 见A.A.瓦西列夫:"查理大帝和哈伦·阿尔-赖世德"("Charlemagne and Harun ar-Rashid"),《拜占庭年鉴》,XX(1913),63—116。布莱耶尔:《十字军》第5版,1928年,22—34。布莱耶尔:"查理大帝和巴勒斯坦",《历史杂志》(Revue historique),CLVII(1928),277—291。对这个问题,布莱耶尔提供了完整的参考书目。

[47] E.乔兰森(E. Joranson):"所谓的巴勒斯坦法兰克保护区"("The Alleged Frankish Protectorate in Palestine"),《美国历史评论》,XXXII(1927),260。亦见V.巴托尔德"查理大帝和哈伦·阿尔-赖世德"("Charlemagne and Harun ar-Rashid"),《基督教东方》Christiansky Vostok,I(1912),69—94。

[48] A.克莱恩克劳兹(A. Kleinclausz):"关于查理大帝在圣地设保护区的传说"("La Légende du protectorat de Charlemagen sur la Terre Sainte"),《叙利亚》(Syria),VII(1926),211—233。St.任西曼:"查理大帝和巴勒斯坦"("Charlemagne and Palestine"),《英国历史评论》,L(1935),606—619;巴勒斯坦查理大帝保护权的理论应视为一个传说(619)。

[49] 见原书第308—310页。

第七章 拜占庭与十字军

护区已经取代了法兰克人的保护区。[50]

10世纪下半期(969年),巴勒斯坦落入埃及法蒂玛王朝之手,但这一地区政治地位的变化似乎没有,至少在一开始时没有给东方基督徒的生活带来实质性影响。朝圣者依然安全地来到巴勒斯坦。但是,到了11世纪,情况发生了变化,疯狂的法蒂玛朝哈里发哈希姆(Hakim)——"埃及的尼禄",[51]开始对本国的基督徒和犹太人野蛮迫害。1009年,他派人捣毁了耶路撒冷的耶稣复活教堂和耶稣受难地各各他(Golgotha)。他后来停止捣毁教堂,仅仅因为他害怕同样的命运会降临到基督教地区的清真寺。[52]

当 L.布莱耶尔写到圣地的拜占庭保护区时,他注意到了11世纪阿拉伯史学家、安条克的雅希亚(Yahya)的一句话。这位学者写道,1012年,一个反叛哈里发哈希姆的贝都因酋长夺取了叙利亚,强迫当地的基督徒恢复耶路撒冷的耶稣复活教堂,并任命一位主教作为耶路撒冷教会的牧首;然后,这个贝都因人"帮助他重建了耶稣复活教堂,并尽其所能修复了许多地方"[53]。罗斯学者 V.罗森如此解释这句话:"那个贝都因人这样做可能是为了取悦

---

[50] 布莱耶尔:"查理大帝和巴勒斯坦",《历史杂志》,CLVII(1928),38—39。

[51] G.施伦伯格(G. Schlumberger):《10世纪末的拜占庭史诗》(*L'Épopée Byzantine à la fin du dixième siècle*),II,442。

[52] M.卡纳尔(M. Canard):"历史上和传说中阿拉伯人对君士坦丁堡的远征"("Les Expéditions des arabes contre Constantinople dans l'histoire et dans la légende"),《亚细亚杂志》(*Journal Asiatique*),CCVIII(1926),94。

[53] V.罗森(V. Rosen):《保加利亚人的屠杀者瓦西里皇帝》(*The Emperor Basil Bulgaroctonus*),47;俄文版,40。安条克人雅希亚·伊本·赛义德(Yahis Ibn Saïd Antiochensis):《编年史》(*Annales*),L.切克霍(L. Chcekho)编,201。

于希腊皇帝"[54]。布莱耶尔亦赞成罗森对于雅希亚记载的这一事件的推断。既然对这个贝都因人的行为之动机的推断并非出自雅希亚本人，人们也许无法赞成布莱耶尔所强调的关于拜占庭在巴勒斯坦建立了保护区的理论。[55]

不过，无论如何，那只是恢复圣地的开端。1021年，哈希姆死后，对基督徒的宽容时代就开始了。拜占庭与法蒂玛朝媾和，皇帝能够着手于耶稣复活教堂的真正修复工作。在11世纪中期君士坦丁·摩诺马赫时期，该耶稣复活教堂竣工。基督徒居住区修筑了坚固的城墙加以保护，朝圣者又可以前去拜谒圣地了。史料中所提到的这些朝圣者中，有著名的诺曼底公爵"魔鬼罗伯特"，他于1035年从耶路撒冷返程途中死于尼西亚。[56]可能还是在这一时期（11世纪40年代），当时著名的瓦兰几亚人哈罗德·哈德拉德带着一队斯堪的那维亚人从北方来到耶路撒冷，与叙利亚和小亚细亚的穆斯林发生了冲突。[57]基督徒的灾难重新开始。1056年，圣

---

[54]《保加利亚人的屠杀者瓦西里皇帝》，356。

[55] 布莱耶尔从施伦伯格的《10世纪末的拜占庭史诗》，II，448中找到雅希亚的断言。施伦伯格通过罗森的著作使用了雅希亚的论断，提出了与罗森的假设相关的正确记述。

[56] 见E.弗里曼(E. Freeman)《诺曼人征服英国史》(*The History of the Norman Conquest of Englan*)，I，473；II，187。埃伯索尔特：《东方和西方》，79。布莱耶尔："查理大帝和巴勒斯坦"，《历史杂志》，CLVII(1928)，45。

[57] V.G.瓦西列夫斯基："11、12世纪君士坦丁堡的瓦兰几亚-罗斯人和瓦兰几亚-英国人兵团"("The Varangian-Russian and Varangian-English Company in Constantinople in the Eleventh and Twelfth Centuries")，《著作集》，I，265—266。K.杰尔斯特(K. Gjerset)：《诺威人民史》(*History of the Norwegian People*)，I，278。

墓被封闭。300多位基督徒被驱赶出耶路撒冷。[58]

显然,被破坏的耶稣复活教堂修复得富丽堂皇。一位罗斯朝圣者、修道院院长(*igumen*)丹尼尔于12世纪初,即耶路撒冷王国于1099年建立后不久,到过巴勒斯坦。他数过教堂的立柱,描述了大理石镶制的地板和六扇门,描述了教堂中的镶嵌艺术,留下了重要资料。他还描述了《新约》中提到过的巴勒斯坦的许多教堂、圣迹和圣处。[59] 丹尼尔和当时一位盎格鲁-撒克逊朝圣者萨乌福(Saewulf)都提到"异教萨拉森人"(即阿拉伯人)如何藏在山洞中,如何伺机拦劫过路的朝圣者。"萨拉森人总是为基督徒设下陷阱,然后藏在山间的隐蔽处和山洞中,日夜监视着,寻找他们的猎物。"[60]

阿拉伯人对基督徒的宽容,在西方世界也明显可见。例如11世纪末西班牙人从阿拉伯人手中夺回托莱多时,他们吃惊地发现城中的基督教堂完好无损,圣事照常进行,没有受到干扰。与其类似,11世纪末诺曼人占领西西里时,发现该岛虽然已经经历了两百余年的阿拉伯人统治,众多基督徒依然自由地保持其信仰。可见,1009年捣毁耶稣复活教堂和各各他殉难地是11世纪激怒西方基督徒的第一个事件。与圣地有关的第二个事件则发生于11

---

[58] 《圣伍尔弗拉米尼神迹奇事》(*Miracula S. Wulframni*),D.T.马比雍编,381—382。埃贝索尔特:《东方和西方》,74。

[59] "罗斯修道院院长丹尼尔的生活和朝圣",《东正教巴勒斯坦文集》(*Pravoslavny Palestinsky Sbornik*),III(1887),15—16;B.德基特洛沃(de Khitrowo)编,I,12以下。H.樊尚和N.阿贝尔:《耶路撒冷》,II,258。

[60] "罗斯修道院院长丹尼尔的生活和朝圣",德基特洛沃编,I,12以下。《萨乌福朝拜耶路撒冷和圣地》(*Pilgrimage of Saewulf to Jerusalem and the Holy Land*),8。

世纪下半期。

塞尔柱突厥人在曼兹克特粉碎了拜占庭军队之后,于1071年在小亚细亚建立罗姆(或伊科尼姆)苏丹国,继而成功地向四周扩张。他们取得了一系列军事成功:1070年,突厥将军阿茨格(Atzig)进军巴勒斯坦,占领耶路撒冷。不久该城发生叛乱。阿茨格再次进攻,占领并洗劫了它。然后,突厥人征服了叙利亚的安条克,在小亚细亚的尼西亚、西齐库斯和士麦拿站稳脚跟。接着,又占领开俄斯岛、莱斯博斯岛、萨摩斯岛和罗德岛。耶路撒冷和其他地方的欧洲朝圣者处境恶化了。即使学者们对于突厥人迫害和侮辱基督徒的记载多少有些夸张,人们却仍难以认可拉姆赛(Ramsay)关于塞尔柱人对待基督徒的政策甚为温和的说法:"塞尔柱苏丹们以最仁慈和宽容的态度统治基督教臣民。甚至带有偏见的拜占庭史学家也时时暗示:基督徒常常觉得苏丹的统治好过皇帝的统治……在塞尔柱人统治下的基督徒比在拜占庭帝国统治下的人们更快乐,而且其中最惨的却是那些生活在不断遭到侵扰的拜占庭边境地区的基督徒。至于宗教迫害,在塞尔柱时代绝对没有。"[51]

1009年耶稣复活教堂的被毁和突厥人在11世纪80年代对

---

[51] 《弗里吉亚的城市和主教管区》(*The Cities and Bishoprics of Phrygia*),I,16、27。J.W.汤普逊也认可这一观点,他在其《中世纪经济社会史》第391页错误地将此论断归于 W.拉姆赛(W. Ramsay)的文章:"穆斯林和基督教徒争夺小亚细亚之战"("The War of Moslem and Christian for the Possession of Asia Minor"),《当代评论》(*Contemporary Review*),XC(1906),1—15。关于11世纪末巴勒斯坦的突厥人,参见 P.E.莱昂(P.E. Riant)"十字军历史评论目录"("Inventaire critique des letters historiques de croisades"),《东方拉丁文献档案》(*Archives de l'orient latin*),I(1881),65。

耶路撒冷的征服强烈地影响到具有浓厚宗教情感的西欧大众,激起了一股狂热宗教情绪。而且,许多欧洲人认识到,如果拜占庭倒在突厥人脚下,整个基督教西方会直接面对可怕的威胁。"经过数百年的混乱和蹂躏,"一位法国史学家说,"地中海世界难道又将遭到蛮族的攻击?这就是1075年以前人们所面临的生死攸关的问题。在11世纪期间,其元气得到恢复的西欧必须对此做出回应:对于突厥人的频繁进攻,它准备以一次十字军予以还击。"[62]

但是,由于突厥人力量的不断增长,拜占庭皇帝们已感受到了越来越大的威胁。经过曼兹克特的惨败,他们似乎无力独自抵抗突厥人。他们寄希望于西方,特别是教宗。教宗作为西欧的精神领袖可以利用自己的影响引导西欧人民给予拜占庭足够的援助。正如阿列克修斯·科穆宁给佛兰德的罗伯特的信中所示,皇帝也经常求助于西方的一些个别统治者。不过,阿列克修斯所要求的只是一些援助力量,而不是强大的、组织精良的军队。

教宗们很爽快地答应了东方皇帝的请求。除了纯意识形态的动机(帮助拜占庭从而帮助整个基督教世界解救圣地)外,教宗显然也考虑到天主教会的利益所在。如果这项事业成功,教宗会扩大自己的影响,使东方教会回归天主教会的怀抱。他们不会忘记1054年的教会分裂。拜占庭皇帝原来是想从西方招募一些援助性的雇佣军,但逐渐地、特别是在教宗的鼓动下,发生了变化,演化为十字军的思想,这就是说,演化为西欧民众参与的一场大规模的

---

[62] L.哈尔芬:《野蛮人:11世纪突厥人征服时期的大规模侵略行动》(*Les Barbares: des grandes invasions aux conquêtes turques du XIe siècle*),387。亦见埃德曼《十字军运动的兴起》,特别见363—377。

群众性运动,有时,这些人是由他们的君主和杰出的军事领袖来领导的。

直到 19 世纪下半叶,学者们还相信,组织发动十字军的第一个念头和第一声号召出自 10 世纪末的一位著名教士吉尔伯特(Gerbert),即后来的教宗西尔维斯特二世(Sylvester Ⅱ)。在他的书信中,有一封是"自被毁的耶路撒冷教会致普世教会"的信。信中,耶路撒冷教会请求普世教会的援助。今天,研究吉尔伯特的最权威的专家认为,该信确实是在他成为教宗以前的亲笔信;但从该信中看不出关于十字军的计划,只有一点一般性的信息,要求虔诚的基督徒们捐款援助耶路撒冷基督教会组织。[63] 10 世纪末巴勒斯坦基督徒的地位还不至于恶化到要求组织十字军的地步。

然而,在科穆宁王朝之前,由于塞尔柱人和帕齐纳克人的压力,皇帝迈克尔七世杜卡斯曾经致信格列高利七世,请求帮助,并答应重新使教会统一。教宗也写了许多信给(欧洲)封建领主,敦促他们支持摇摇欲坠的帝国。在致勃艮第公爵的信中,他写道:"我们希望……在诺曼人征服之后,我们能到君士坦丁堡帮助那些由于萨拉森人的频繁进攻而绝望的、迫切要求我们伸出援助之手的基督徒。"[64]在另一封信中,格列高利七世谈到"伟大帝国的悲惨命运"。[65] 在致德意志国王亨利四世的信中,教宗写道:"大部分海

---

[63] T.哈维(T. Havet):《吉尔伯特书信集(983—997 年)》(*Letters de Gerbert, 983—997*),22 页及注 3。N. 巴布诺夫(N. Bubnov):《作为史料的吉尔伯特书信集》(*The Collection of Gerbert's Letters as a Historical Source*),II,230 页注 137。亦见居贝尔:《第一次十字军运动史》(1881 年第 2 次修订版),458—459。

[64] J.P.米涅编:《拉丁教父著作全集》,CXLVIII,326。

[65] 同上书,329。

外基督教世界正在被疯狂的异教徒摧毁,他们每天像牲畜一样遭到屠杀,基督教种族正在灭绝";他们在乞求帮助,以免"基督教在我们这个时代毁灭——上天绝不容许发生这种事"。在教宗的敦促下,意大利人和其他欧洲人(阿尔卑斯山外侧的人们[ultramontani])正在装备一支50 000人以上的军队;而且,如果可能的话,他们将选举教宗作为远征军领袖。他们愿意兴兵与上帝的敌人作战并到达圣墓。"我必须这样做,"教宗继续写道,"因为曾在圣灵的问题上与我们发生分歧的君士坦丁堡教会,现在要与罗马教廷和解。"⑯

这些信中所提到的不仅仅是组织十字军解放圣地。格列高利七世正在计划远征君士坦丁堡,解救拜占庭——基督教世界的主要东方屏障。在教宗倡导的援助之后,接着将是教会的合一。"分裂的"东方教会回归"正宗的"天主教会的怀抱。这些信给人以这种印象:问题不在于征服圣地而在于保护君士坦丁堡。而且,这些信都写于11世纪80年代,正值耶路撒冷落入突厥人之手和巴勒斯坦基督徒处境每况愈下之际。因此,在格列高利的信中,对伊斯兰教的圣战好像占据次要地位;在组织西方基督徒与东方穆斯林的战争的同时,教宗已将"分裂的"东方考虑在内。对格列高利来说,后者更可怕。在一份有关西班牙摩尔人占领地的教宗通谕中,教宗公开宣称,他宁愿将这些地区交于异教徒——穆斯林之手,也不愿看到它们落入教会的叛逆者之手。⑰ 如果格列高利七世的这

---

⑯ J.P.米涅编:《拉丁教父著作全集》,CXLVIII,386。

⑰ J.P.米涅编:《拉丁教父著作全集》,CXLVIII,290。见 C.科勒(C. Kohler)发表于《历史杂志》上的文章,LXXXIII(1903),156—157。埃德曼:《十字军运动的兴起》,149。

些信件包含了他最初的十字军计划的话,那么十字军的活动则表明格列高利的计划与1054年的教会分裂有关。

同迈克尔七世一样,处于1091年的特别危险的压迫下的阿列克修斯·科穆宁也曾求助于西方,要求西方派雇佣军队前来援助拜占庭。但库曼人的参战和突厥海盗查哈斯的暴死结束了危机。所以,到了第二年,即1092年,阿列克修斯已经认为西方军队对于拜占庭没有用处了。然而,格列高利在西方开创的运动,特别由于自高自大而精力充沛的乌尔班二世的活动,已经广泛地发展起来。阿列克修斯所请求派出小规模援军的要求已经被遗忘。现在是一场大规模的群众性运动。

1841年,德国史学家H.居贝尔首次发表了他的第一部重要的研究成果。他从西方的立场出发,总结出十字军的主要起因:[68](1)中世纪普遍的宗教精神由于11世纪的克吕尼运动而增长。在一个因反省罪恶而绝望的社会,人们倾向于禁欲、隐修、精神行为和朝圣。当时的神学和哲学也深受其影响。这种精神因素是激起大多数人解放圣墓的热情的首要原因。(2)在11世纪,特别是在格列高利七世时期,教宗权力的增长。十字军好像很符合教宗的愿望,因为他们为教宗权力和权威的进一步扩大开辟了广阔的前景。教宗是十字军的首创者和精神领袖。如果这项事业能成功,教宗将会把权威延伸到许多新的国家,并且能使"分裂的"拜占庭回到天主教会的怀抱。因此,他们援助东方基督徒和拯救圣地的精神愿望与扩大权力和权威的希望交织在一起。(3)不同社会阶

---

[68] 居贝尔:《第一次十字军运动史》(1881年第2次修订版)。

层的世俗动机也起着相当重要的作用。除了一般的宗教热情之外,封建贵族、男爵和骑士还充满了冒险精神和尚武精神。东征是他们满足野心和好战情绪、增加财富的千载难逢的机会,至于下层人民,如农民,处于封建专制政治的压榨下,原始的宗教感情是一种慰藉,他们关心的是参加十字军起码暂时可以摆脱封建压迫,延长偿还债务期限,保护其妻儿老小和少得可怜的财产,并从罪恶中解脱出来。后来,学者还强调了第一次十字军兴起的其他因素。

11世纪,到圣地朝拜的人数特别多。有时,朝圣者结成相当大的群体;除了这些个别性的朝圣者之外,还有对圣地的真正远征。在1026—1027年,700个朝圣者在一个法国修道院院长的带领下来到巴勒斯坦,其中有许多诺曼骑士。同年,安古莱姆(Angoulême)伯爵威廉率领法国西部的几个修道院院长和大批贵族,由海路向耶路撒冷航行。1033年,圣墓周围出现了前所未有的熙熙攘攘的人群。但是,最著名的朝圣活动还是发生于1064—1065年。7000多人(通常认为有12000人)在德意志班贝格主教京特(Günther)率领下进行了一次朝圣。他们经过君士坦丁堡和小亚细亚,历尽诸多艰险和各种损失,浩浩荡荡来到耶路撒冷。据史料记载:"去时7000人,回来的不到2000人。"而且他们在归途中"由于物质匮乏而大量减员"。朝圣领袖京特也英年早逝,"而他只是在这次冒险中丧失生命的许多人中的一个"[69]。

与十字军东征以前的这些和平朝圣活动相关的一个问题是:

---

[69] 见 E.乔兰森(E. Joranson)"1064—1065年的德意志人大朝圣"("The Great German Pilgrimage"),《十字军和其他史学论文,致丹那·C.穆恩罗》(*The Crusades and Other Historical Essays Presented to Dana C. Munro*),39。

这种朝圣,是否如人们通常所认为的那样,意味着 11 世纪是从和平朝圣到十字军时代的军事远征的一个过渡? 许多学者试图证明:由于突厥征服之后巴勒斯坦的形势发生了变化,朝圣队伍都携带武器,以求在可能遇到攻击时自保。现在,由于 E. 乔兰森的研究,才确定了这一事实:11 世纪规模空前的朝圣活动完全是由非武装人员组成。于是,又涉及另一个话题:"前十字军时期的朝圣究竟有没有携带武器的远征?"[70]诚然,朝圣队伍中有一些骑士确实带有武器。但是,"虽然他们身着戎装,却仍然是和平朝圣者"而不是十字军战士。[71] 不过,他们对十字军运动的兴起,确实起到了推波助澜的作用,因为他们向西欧人描述了圣地的形势,激起了人们对圣地的好奇心。[72] 所有这些朝圣活动都发生在突厥人征服巴勒斯坦之前。对 11 世纪突厥征服之前欧洲人的朝圣活动进行的最新研究成果表明,在塞尔柱人占领巴勒斯坦之前,朝圣者就经常受到阿拉伯人虐待。[73] 所以,"只要阿拉伯人占领耶路撒冷,欧洲

---

[70] 见 E. 乔兰森"1064—1065 年的德意志人大朝圣",《十字军和其他史学论文,致丹那·C. 穆恩罗》,40。

[71] O. 多比亚齐-罗杰斯特文斯基(O. Dobiache-Rojdestvensky):《十字军时代;十字军运动中的西方》(*The Epoch of the Crusades*; *the West in the Crusading Movement*),16。

[72] 见布莱耶尔《十字军》,42—50 对朝圣者的描述。亦见乔兰森"1064—1065 年的德意志人大朝圣",《十字军和其他论文,致丹娜·C. 穆恩罗》,4, n. to p. 3;40 页注 141。在 C. 克拉姆普(C. Crump)和 E. 雅各布(E. Jacob)编《中世纪遗产》(*In the Legacy of the Middle Ages*)63 页,有以下误导性断言:"朝圣时代深化了人们对实际利益的追求,十字军才随之而来。"

[73] 乔兰森:"1064—1065 年的德意志人大朝圣",《十字军和其他论文,致丹娜·C. 穆恩罗》,42。

第七章 拜占庭与十字军

基督徒的朝圣就会不受骚扰"[74]的说法,现在看来是过于乐观了。

关于 11 世纪期间拜占庭至圣地朝圣的历史没有任何记载。但是一个拜占庭修士埃彼法内(Epiphane),即第一部以希腊语撰写圣地游记的作者,曾描写了十字军以前的巴勒斯坦。此人生卒年代无法确定,学者们的认定从 8 世纪末到 11 世纪之间不等。[75]

第一次十字军之前,欧洲实际上已经经历了三次真正的十字军:在西班牙对摩尔人的战争、诺曼人对阿普利亚和西西里的征服和 1066 年诺曼人对英格兰的征服。而且,11 世纪,以威尼斯为中心,在意大利发生了一场政治和经济运动。亚得里亚海岸的平定奠定了威尼斯海上霸权的基础。1082 年,阿列克修斯·科穆宁向威尼斯签发的著名特许状为圣马可共和国打开了拜占庭市场。"从那一天起威尼斯的世界性商业活动开始了。"[76]那时的威尼斯像其他仍处于拜占庭控制下的南部意大利城市一样,自由出入穆斯林港口。与此同时,10 世纪和 11 世纪初曾遭非洲伊斯兰教海盗几次劫掠的热那亚和比萨于 1015—1016 年对穆斯林所属的撒丁尼亚发动了一次远征,成功地征服了撒丁尼亚和科西嘉。这两个城市的船只挤满了与该两岛相对的非洲海岸各港口。1087 年,在教宗的鼓励下,他们成功地进攻了北非海岸的梅底亚(Meh-

---

[74] H.洛伊(H. Loewe):"塞尔柱人",《剑桥中世纪史》,IV,316。

[75] 例如,见 K.克伦巴赫《拜占庭文献史》,420。樊尚和阿贝尔:《耶路撒冷》,II,xxxvii。

[76] 夏尔·迪尔:《一个贵族共和国:威尼斯》(*Une république patricienne: Venise*),33。

dia)。所有这些对异教徒的远征不仅仅出于宗教狂热或冒险精神,也有经济上的原因。

在西欧历史上,与十字军起因有关的另一个因素,是一些西欧国家约于11世纪初开始的人口增长。在佛兰德和法国,人口的增加是确凿无疑的。11世纪末的大规模群众运动的一个方面,就是发生于中世纪西欧一些国家,特别是法国的拓殖运动。11世纪的法国经历了频繁的饥荒、旱灾、天花和严冬。这些艰苦的生存条件使人们想起遥远东方的富足和繁荣。如果将这些因素考虑在内,我们可以得出结论:在11世纪将尽之时,欧洲已经在精神上和经济上为大规模的十字军远征做好了准备。

第一次十字军东征之前的整体形势完全不同于第二次十字军之前的形势。1096—1147年的51年,是历史上最重大的时代之一。在这51年中,欧洲的经济、宗教和整个文化发生了巨变,一个新世界向西欧敞开。随后的十字军活动并未使这个时代的成就有所增加,它们只是延续了这51年的发展过程。一个意大利史学家将第一次十字军称为"无结果的疯狂"(*sterili insanie*),今天想想他的话,仍然使人百思不得其解。[77]

第一次十字军是基督教世界对异教徒发动的第一次有组织的进攻。这种进攻并不局限于中欧、意大利和拜占庭。它开始于欧洲的西南角西班牙,结束于一望无际的俄罗斯大草原。

至于西班牙方面,1089年教宗乌尔班二世写信给西班牙的伯

---

[77] F.切罗内(F. Cerone):"阿拉贡的阿方索的东方政策"("La politica orientale di Alfonso d'Aragona"),《那不勒斯省历史档案》(*Achivio storico per le provincie Napolitane*),XXVII(1902),425。

爵、主教和子爵(vice comites)及其他贵族及权势者,授权他们留在自己的土地上,而不必去耶路撒冷;而且他们须聚积力量恢复被摩尔人毁坏的基督教堂。[78] 这是反对异教运动的十字军的右翼。

在东北方,罗斯正奋力抵抗蛮族波洛伏齐人(库曼人)的进攻。波洛伏齐人于11世纪中期出现于南部大草原,攻城略地,占领了罗斯到东方和南方的所有通道,阻断商业贸易。罗斯史学家克鲁切夫斯基写道:"罗斯人与波洛伏齐人的斗争——一场延续了将近两个世纪之久的斗争——在欧洲历史上占有重要地位;因为,正当西方与亚洲和东方进行大较量之时,正当伊比利亚半岛发起对摩尔人的进攻之时,罗斯构成了欧洲的左翼。然而,担当这个历史重任的代价极大。它不仅使罗斯人丧失了第聂伯河的居住地,而且改变了罗斯人的生活趋向。"[79]罗斯就以这种方式投入了全面的西欧十字军运动之中;在自卫的同时,也阻挡了蛮族异教徒对欧洲的进攻。"如果罗斯人想到以十字架为旗帜,"莱布说,"他们就应该

---

[78] 乌尔班二世训令,1089年7月1日发于罗马,见J.D.曼西《新编圣公会议文集》,XX,701。米涅:《拉丁教父文献全集》,CLI,302—303。P.雅非(P. Jaffé):《罗马教廷登记册》(Regesta Pontificum Romanorum),I,663(no.5401)。见莱昂"十字军历史文书评注"("Inventaire critique"),《东方拉丁文档案》,I(1881),68—69;对于这封教宗诏书的真实性,莱昂持怀疑态度,但又说不出站得住脚的理由。见埃德曼《十字军运动的兴起》,295页及注38。

[79] V.O.克鲁切夫斯基(V.O. Kluchevsky):《俄罗斯史》(A History of Russia),C.J.赫加斯(C.J. Hogarth)译,I,192;1906年俄语第2版,I,344—345。见莱布《11世纪末期的罗马、基辅和拜占庭》,276页注1,277。虽然罗斯编年史对十字军不置一语,但11世纪的罗斯人应该知道十字军。N.约尔加:《东方和罗曼尼亚事件选》(Choses d'Orient et de Roumanie*),39—40,其中否认罗斯与十字军的关系。D.A.拉索夫斯基(D.A. Rasovsky):"波洛伏齐人,波洛伏齐军事史"("Polovtzi,Military History of Polovotzi"),《康达可夫研究院年鉴》,XI,(1940),98。

* 此处的Roumanie,指拜占庭首都周边地区,不是罗马尼亚。——译者

明白他们的首要任务是：通过捍卫自己的土地为基督教世界服务——正如教宗致西班牙人的信中所写。"[30]

斯堪的那维亚各王国也参加了第一次十字军，不过是以较小的团队加入主力军。1097年，一个丹麦贵族斯韦恩（Svein）带着一队十字军来到巴勒斯坦。在北方，从未有过宗教的狂热。大多数斯堪的那维亚十字军战士并无宗教热忱。他们参加这场运动纯系出于对战争和冒险的热爱以及对财富和荣誉的渴望。[31]

高加索地区有两个基督教国家，亚美尼亚和格鲁吉亚。拜占庭在1071年的曼兹克特一役败北后，亚美尼亚遂由突厥人控制，所以高加索亚美尼亚人自然要参加十字军。格鲁吉亚于11世纪为塞尔柱人占领。直到1099年十字军占领耶路撒冷时，国王"复国者"大卫才将突厥人赶走。这件事发生于约1100年；或者，如一个亚美尼亚编年史家所宣称，当"一支法兰克军队经过长途跋涉并获神佑占领耶路撒冷和安条克时，格鲁吉亚复国，大卫重掌大权"。[32]

1095年，得胜的教宗乌尔班二世在皮亚琴察召集会议，讨论西欧的复杂局势和改革计划。阿列克修斯·科穆宁的使者在会议上吁请援助。有些学者否认了这一说法。但研究这个问题

---

[30] 《11世纪末期的罗马、基辅和拜占庭》，276页注1。

[31] 杰尔斯特（Gjerset）：《挪威人》（*Norwegian People*），I，313—314。见 P.E. 莱昂《斯堪的那维亚人对圣地的远征和朝拜》（*Expéditions et pèlerinages des scandinaves en Terre Sainte*），127—171。

[32] M. 布罗塞特（M. Brosset）：《格鲁吉亚史》（*Historie de la Géorgie*），I，352—353。亦见 A. 第尔（A. Dirr）"格鲁吉亚"，《伊斯兰教百科全书》，II，139—140。W. E. D. 艾伦（W. E. D. Allen）：《格鲁吉亚人民史》（*A History of the Georgian People*），95—97。

第七章　拜占庭与十字军

的专家最近得出结论:阿列克修斯确实在皮亚琴察发出过求援的呼吁。[83] 当然,这不是居贝尔所言及的引发第一次十字军的"最后动力"。[84] 同以前一样,即使阿列克修斯在皮亚琴察发出了请援的呼吁,但却从未想过召请十字军。他需要的不是十字军,而是一支能打败三年来横行于小亚细亚的突厥人的雇佣军队。大约在1095年,基里耶·阿尔斯兰(Qilij Arslan)被选为尼西亚苏丹。"他将尼西亚士兵的妻儿老小迁至此地,并使这座城市成为苏丹们的永久居住地。"[85]换句话说,基里耶·阿尔斯兰确立尼西亚作为他所建立的突厥人国家的首都。为了对付突厥人的肆虐,阿列克修斯可能在皮亚琴察吁请援助。但他的目的不是要求一支支援圣地的十字军,而是一支能对付突厥人的援军。他的吁请在皮亚琴察被接受。不幸的是,关于这段插曲的资料甚少。一位史学家最近提出:"自皮亚琴察会议至十字军到达拜占庭,关于东方与西方

---

[83] 见 D.C.穆恩罗(D.C. Munro)"1095年皇帝阿列克修斯一世曾经在皮亚琴察会议上求援吗?"("Did the Emperor Alexius I Ask for Aid at the Council of Piacenza, 1095?"),《美国历史评论》,XXVII(1922),731—733。J.盖伊:《11世纪的教宗和基督教》,366。莱布:《11世纪末期的罗马、基辅和拜占庭》,180。布莱耶尔:《查理大帝和巴勒斯坦》,《历史杂志》,CLVII(1928),61—62。多尔格:《未公布的希腊文献汇编》,II,43(no.1176),有很好的参考书目。夏朗东在《第一次十字军史》(I,156)中认为皇帝使者到皮亚琴察是为了重新开始教会合一的谈判;亦见 17—18。R.格鲁塞:《十字军和耶路撒冷的法兰克王国史》(Histoire des Croisades et du royaume franc de Jerusalem),I,5。19世纪中叶,F.帕尔格雷夫(F. Palgrave)提出一个异想天开的理论:皮亚琴察的希腊使者实际是塔兰特的博希蒙德派来的间谍,见《诺曼底和英格兰史》(The History of Normandy and of England),IV,509—510。见尤塔尔(Yewdale)《博希蒙德一世》(Bohemond I),I,34页注1。

[84]《第一次十字军运动史》,182。

[85] 安娜·科穆宁娜:《阿列克修斯》,VI,12;赖弗谢德编,I,220;道斯编,163。

关系的记载十分模糊不清。"⑯

1095年11月,在克莱蒙(法国中部奥维涅省)召开了著名的宗教会议。与会的人很多。城里房屋不足,大批人只好宿于露天。会上讨论了一些特别重要的问题(主要是严肃的神学问题)。会议结束后,乌尔班二世发表了慷慨激昂的演说(原本已失)。后来,有些与会人员追述了这次演说,但各不相同。⑰ 教宗愤怒地申斥了基督徒在圣地遭受的迫害,敦促人们拿起武器,去解放圣墓和东方基督徒。人们呼喊着"上帝希望如此",或"此乃上帝所愿"(Deus lo volt),拥向教宗。在教宗建议下,人们在右肩缝上红十字作为未来十字军战士的标志(这就是"十字军"一词的由来)。教宗允诺赦免他们的罪愆,解除他们的债务,离家时保护他们的财产。参加十字军者全凭自愿,但不许反悔。变节者将被视为逃犯,并且将被开除教籍。宗教狂热从法国蔓延于整个意大利、德国和英国。一场波澜壮阔的东进运动形成了。但它的实际规模和重要意义在当时的克莱蒙会议上还无法预料和想象。

于是,在克莱蒙会议上煽动起来的运动在第二年采纳了十字军的形式,这正是乌尔班二世的杰作。他发现,11世纪下半期的社会生活状况,无论从宗教角度还是从政治经济角度考虑,都有利于实施这项伟大事业。

在小亚细亚的危险步步逼近的时候,克莱蒙会议做出了组成

---

⑯ F.邓卡夫(F. Duncalf):"教宗的第一次十字军计划"("The Pope's Plan for the First Crusade"),《十字军及其他论文》,48—49。

⑰ D.C.穆恩罗:"1095年教宗乌尔班二世在克莱蒙的演讲"("Speech of Pope Urban II at Clermont"),《美国历史评论》,XI(1906),231—242。

第一次十字军的决定。这个消息使阿列克修斯惊慌失措,因为他未料到、也不希望自己所得到的援助是一支十字军。当他向西方征募雇佣军时,目的是要保护君士坦丁堡,即他自己的国家。至于去解放一片早在四百年前就不属于帝国的圣地,对他来说是第二位的事情。

对拜占庭来说,11世纪根本不存在组织十字军的问题。无论是民众还是皇帝都没有那种宗教狂热,也没有任何组织十字军的宣传布道活动。对拜占庭来说,从来自北方和东方的外敌威胁中拯救帝国的政治问题与远征圣地毫无关系。东方帝国见识过自己的"十字军"。早在7世纪,就有过希拉克略远征波斯的辉煌胜利。在这次远征中,帝国收复了圣地和圣十字架。在帝国也发生过尼斯福鲁斯·福卡斯、约翰·齐米西斯和瓦西里二世抵抗叙利亚阿拉伯人的卓著战绩,那时,皇帝们几乎已经计划着收复耶路撒冷。但计划没有能够实现,而且由于11世纪突厥人在小亚细亚迅猛的进攻增加了帝国的压力,迫使帝国放弃了一切恢复圣地的愿望。对拜占庭来说,在那个时候收复巴勒斯坦太不切合实际,与帝国生死攸关的问题毫无关系。1090—1091年帝国濒临灭亡的边缘,当阿列克修斯向西方求援时,对他的回答则是十字军的到来,而他的本意却只是拯救帝国。在他的抑扬格诗(应该是留给太子约翰的政治遗嘱)中,有一些句子提到了第一次十字军,十分有趣,诗曰:

> 难道你忘记了我的遭遇?难道你从未想到、也从未考虑过西方对于我们这个国家的运动?其结果必将是——他们主宰一切,而使新罗马的崇高尊严蒙羞,使皇室名誉扫地!所

以,我的儿子,快想办法堵住野蛮人那贪婪的嘴。因为那嘴里吐出的是对我们的仇恨;否则,又会招来一支愤怒的大军,向我们投掷火把,同时城周围的敌人也会乘机作乱。[88]

同样是描写十字军,安娜·科穆宁娜的《阿列克修斯》中也有一段,可以与其父的诗做一对比:

> 于是,史无前例的动乱发生了,动乱中有男有女。头脑单纯者急于光临圣地,拜谒主的坟墓;别有用心者,特别是博希蒙德之流,企图趁机夺取首都。他们的朝拜只是一种借口。[89]

皇帝和他博学的女儿异常生动地表明了拜占庭对十字军的态度。在阿列克修斯看来,十字军与那些威胁着帝国的蛮族、帕齐纳克人和突厥人是站在同一立场上的。安娜·科穆宁娜对十字军中那些真心拜谒圣地的"头脑单纯者"只是一笔带过。11世纪末十字军的想法与拜占庭的精神大相径庭。拜占庭朝野只有一个愿望:摆脱从北方和东方咄咄逼近的突厥人部族的威胁。而第一次十字军仅仅是西方的一项事业,与拜占庭的政治没有什么关系。确实,东方帝国给予十字军人一些部队以配合行动,但这些拜占庭军队并没有走出小亚细亚边界以外。拜占庭也没有参与征服叙利

---

[88] P.马斯:"皇帝阿列克修斯一世的诗"("Die Musen des Kaisers Alexios I"),《拜占庭研究杂志》(德文),XXII(1913),357—358,328—329。如果我没有搞错的话,这段文字尚未在涉及第一次十字军历史的研究中使用过。

[89] 安娜·科穆宁娜:《阿列克修斯》,V,5;赖弗谢德编,II,76;道斯编,250。该段最后一句,道斯译为:"把这看成必然结果。"

亚和巴勒斯坦的行动。㊿

1096年春天,由于法国亚眠的彼得(人称"隐修士彼得"。关于他有过一部历史传奇,描述了十字军运动的兴起,但这段传说已经被否定)的宣传,在法国聚集了一大批穷人、小骑士和无家可归的流浪汉,他们几乎是手无寸铁,通过德意志、匈牙利和保加利亚向君士坦丁堡进发。在亚眠的彼得和另一个被称为"穷光蛋"沃尔特(Walter)带领下的这些乌合之众,根本不知道他们经过的是什么国家,也不习惯于服从命令,只是在沿途大肆劫掠和破坏。阿列克修斯·科穆宁听到十字军将近的消息大为不满;而当听说他们沿途的所作所为时,更引起了他的警觉。这些十字军在君士坦丁堡附近依然毫无收敛之意,大肆骚扰。阿列克修斯·科穆宁匆忙地让他们渡过博斯普鲁斯海峡,进入小亚细亚。他们在尼西亚附近几乎全部被突厥人轻而易举地杀光。隐修士彼得在此之前已逃回君士坦丁堡。

隐修士彼得和他所率领的这支乌合之众的经历可以说是第一次十字军的序曲。这些部队给拜占庭留下了恶劣印象,致使后来的十字军也不受欢迎。而对于那些如此轻而易举地消灭彼得部队的突厥人来说,他们却坚信他们可以在对付其他的十字军部队中取胜。

1096年夏,西欧伯爵、公爵和王公们的十字军远征开始了;换

㊿ 见 M.卡纳尔(M. Canard)在"伊斯兰教和基督教世界的圣战"("La Guerre sainte dans le monde islamique et dans le mond crétien")一文中做的重要研究,《非洲杂志》(Revue africaine), LXXIX(1936), 605—623。卡纳尔还强调,11世纪的拜占庭并不存在圣战的观念。

言之,一支真正的军队集结起来。但西欧的任何一位君主均未参加这次远征。德意志的亨利四世正全力与教宗争夺授职权。法兰西腓力一世因为与合法妻子离婚而与另一女子结婚被开除教籍。英国威廉二世鲁弗斯(Rufus)正与诸侯、教会和人民斗得不可开交,政权不稳。

在这次十字军的首领中,应该提到以下人物。第一位是下洛林的公爵、布戎的戈弗雷(Godfrey of Bouillon),后人写的一部传奇将他描写成一位虔诚的圣徒,这使人们很难辨清他的真实形象。实际上,他是一个智勇双全的战士和虔诚的教徒。他希望这次远征能弥补他在欧洲领地上的损失。他的两个兄弟也参加了远征。其中一个叫鲍德温(Baldwin),后来成了耶路撒冷王国的国王。洛林军队在戈弗雷带领下开始了东征。诺曼底公爵罗伯特也参加了十字军。此人是征服者威廉的儿子和英王威廉·鲁弗斯的兄弟。他参加十字军不是出于宗教动机或骑士精神,而是对于自己在公爵领地的不很强大的权力感到不满。在出发之前,他将这片领地抵押给其兄弟,换回了一笔现金。弗曼杜瓦(Vermandois)伯爵休是法王的弟弟,他野心勃勃,对荣耀和财富充满了渴望,深受十字军将士尊敬。佛兰德的罗伯特之子、粗鲁暴躁的佛兰德伯爵罗伯特二世也参加了十字军,而且由于他的十字军冒险精神被称为"耶路撒冷人"。[31] 三支军队的首领分别是:弗曼杜瓦的休是法国中部军队的首领;诺曼底的罗伯特和佛兰德的罗伯特是法国北

---

[31] 关于佛兰德的罗伯特二世,可参见 M.M.克纳彭(M.M. Knappen)"第一次十字军时期的佛兰德的罗伯特二世"("Robert II of Flanders in the First Crusade"),《十字军和其他论文》,79—100。

部的两支军队的首领;法国南部军队的首领是图卢兹伯爵雷蒙德。他因与西班牙的阿拉伯人作战而闻名遐迩,是一个天才的领导者和虔诚的基督徒。最后是罗伯特·吉斯卡尔德之子、塔兰图姆的博希蒙德和他的侄子坦克雷德(Tancred)。坦克雷德率领南意大利的诺曼军队。他对宗教无甚兴趣。很有可能他们叔侄首先要同他们的宿敌拜占庭算账。而且,很明显,博希蒙德已经产生了占有安条克的野心。[32] 于是,诺曼人将纯世俗的和政治因素带入十字军运动,是完全与十字军运动的初衷相违的。在所有的十字军队伍中,博希蒙德的军队可能是素质最好的一支。"因为其中有许多人与西西里的萨拉森人和南意大利的希腊人交过手。"[33]所有的十字军部队都抱有自己的目的,既无整体计划,也无总指挥官。于是,法国人在第一次十字军中起了主要作用。

十字军从海、陆两路到达君士坦丁堡。像隐修士彼得的军队一样,他们所到之处竭尽烧杀抢掠之能事。目睹过十字军行为的保加利亚大主教塞奥菲拉克特(Theophylact)在一封信中解释了为什么他缄默很久才痛责十字军。他写道:"我紧闭双唇,主要是因为法国人的到来或者说侵略——不管人们怎样称呼——魇住了我们所有的人。我们已没有感觉。我们喝够了被侵略这杯苦酒……由于习惯于法国人的凌辱,我们比以前更能忍受不幸。时

---

[32] 见尤塔尔《博希蒙德一世》,I,44。在途经巴尔干半岛到拜占庭途中,博希蒙德尽量顺从阿列克修斯和他的使者的意愿(第40页)。但尤塔尔指出:"在利欲熏心的计划背后,博希蒙德抱着什么目的参加十字军,我们可能永远无法知道。"(第44页)

[33] 同上书,38。

光最能使人变得聪明。"㉞

显然阿列克修斯·科穆宁有充分的理由不信任这些所谓十字军信念的捍卫者。他愤怒并警惕地等待着从四面八方而至的十字军军队,这群人根本不像他希望从西方得到的适度援助。有的史学家指责阿列克修斯和希腊人背信弃义,不忠于十字军。这种指责必须加以驳斥——特别是当人们注意到十字军在行军途中的劫掠和暴行之后更应如此。同样,现在也要驳斥吉本做出的严厉的和反历史的定性。他写道:"打个不太文雅的非历史的比喻,阿列克修斯皇帝就像一头豺狼,紧跟着狮子的脚印,以求吞食狮子的残羹冷炙。"㉟当然,阿列克修斯不会卑贱到吞吃十字军留下的残羹冷炙。他是一位政治家,十分清楚十字军给帝国带来的致命威胁。因此,他的第一个念头就是:尽快将这些易骚动和危险的人送到小亚细亚,完成他们击败异教徒的东征使命。拉丁人和希腊人之间弥漫着不信任和憎恨;他们面对的问题不仅仅是宗教上的分裂,而且是政治上的对立。将来,只有用长剑来解决他们之间的争端。19世纪,一位受过教育的希腊爱国者、著名文学家比凯拉斯写道:

> 在西方人眼中,十字军人在这场有着纯宗教目标的伟大运动中担负着崇高的使命,因为当时的欧洲……以她顽强而蓬勃的生命力和文化黎明的荣耀充当着基督教世界和文明的捍卫者,具有自我牺牲精神的捍卫者。拉丁贵族的祖先曾经

㉞ 《书信集》,IX,米涅编《拉丁教父文献全集》,CXXVI,324—325。
㉟ 《罗马帝国衰亡史》,布瑞编,chap.59。

战斗在十字架下,自然,有一种伟大的自豪感仍然激励着曾经战斗在十字架下的拉丁贵族的后代。然而当东方人目睹成群的未开化的蛮族洗劫和掠夺基督教行省和罗马帝国时,当那些自称基督的捍卫者以消灭分裂者为由谋杀基督的教士时,他们同样自然地忘记了这样一种运动原本是以宗教为宗旨、以显著的基督教精神为特征的……十字军在历史舞台上的出现是帝国最后一出悲剧的头一幕。[56]

研究阿列克修斯·科穆宁的史学家夏朗东把吉本描写隐修士彼得的话用于——至少部分用于所有的十字军:"跟随隐修士彼得的强盗既无理智也无人性,简直就是禽兽。"[57]

于是,1096年,十字军时代揭开了序幕。它所产生的各种影响是深刻的,它对拜占庭和东方及西欧都具有重大意义。

12世纪阿拉伯史学家伊本·阿尔卡兰尼西(Ibn al-Qalanisi)第一次描写了十字军运动开始时对东方民族所产生的影响:"在这一年(回历490年,即1096年12月19日—1097年12月8日)开始不断地传来战报,报告了不计其数的法兰克军队从海上涌向君士坦丁堡的消息。随着接连不断的战报在民间广泛传播,人们惶惶不可终日。"[58]

---

[56] D.比凯拉斯(D. Bikélas):《拜占庭时期和近代的希腊》(*La Grèce byzantine et moderne*),29。比凯拉斯:《关于基督教希腊问题的七篇论文》(*Seven Essays on Christian Greece*),布特侯爵约翰译,35—36。

[57] 《第一次十字军史》,159—160。

[58] 《大马士革十字军编年史》(*The Damascus Chronicle of Crusaders*),H. A. R. 吉布(H. A. R. Gibb)译,41。

在十字军逐渐集合于君士坦丁堡之后,阿列克修斯将它们视为前来支援自己的雇佣军。他希望这些十字军人承认皇帝是远征军首领,并坚持让他们以附庸身份向皇帝宣誓效忠。最后,阿列克修斯与十字军各部首领达成正式协议,十字军承认阿列克修斯为其宗主,并承诺将所有那些攻取下来的原属拜占庭的城镇,都归还给其原主拜占庭皇帝。可惜,十字军各部的效忠誓言并未完全履行。从各方面迹象看来,阿列克修斯对各不同地区提出了不同的要求。小亚细亚地区是拜占庭帝国和希腊民族的权力和生存的必要条件,但前不久在曼兹克特一役(1071年)后沦陷。因此,阿列克修斯直接要求收回小亚细亚。对于很久以前失去的叙利亚和巴勒斯坦,皇帝并未提出要求,只是要它们承认帝国的宗主地位。[99]

十字军渡过海峡到了小亚细亚后,即开始征伐。1097年,攻下尼西亚,并按照与阿列克修斯签订的条约将其归还拜占庭。接着,十字军在多里拉伊乌姆(埃斯奇舍尔)再次取胜,逼迫突厥人退出了小亚细亚西部,缩进内陆。这一胜利,使拜占庭有机会在小亚海岸恢复其原来的势力。十字军克服了恶劣的自然环境和气候条件,以及穆斯林的顽强抵抗,挺进到小亚细亚的东部和东南部。在上美索不达米亚,鲍德温夺取埃德萨,并迅速在此地建立了自己的公国。这是东方的第一块拉丁属地,也是基督徒抵挡亚洲突厥人进攻的堡垒。但鲍德温的榜样有危险的一面:其他男爵会竞相效仿,建立自己的王国,从而危及十字军的最终目标。后来,这种危

---

[99] 参见尤塔尔《博希蒙德一世》,44。G. 德热法尼翁:"卡帕多细亚碑铭文和尼西亚的希腊帝国史"("Les Inscriptions cappadociennes et l'histoire de l'Empire Grec de Nicée"),《东方基督教杂志》,I(1935),244—245。

险果然发生了。

经过一场长期殊死的围城战之后,叙利亚的主要城市,一个十分坚固的堡垒安条克终于向十字军投降。通往耶路撒冷的大门打开了。但十字军首领之间由于争夺安条克而发生激烈冲突。最后,塔兰图姆的博希蒙德步鲍德温的后尘做了安条克的统治者。[⑩] 无论在埃德萨,还是在安条克,十字军都未能恪守对阿列克修斯的效忠誓言。十字军大部分军队留守在新的公国,只有很少一部分,约 20,000—25,000 人到达耶路撒冷。此时的十字军已是强弩之末了。

当时的耶路撒冷已从塞尔柱人手中转入法蒂玛王朝一个强有力的哈里发之手。经过一场猛烈的围城战,十字军人于 1099 年 7 月 15 日强攻下耶路撒冷城,并开始在城里展开一场可怕的大屠杀。他们将圣城洗劫一空,运走大批金银珠宝。著名的欧麦尔清真寺也遭到抢劫。在被征服的叙利亚和巴勒斯坦的狭长海岸地带,耶路撒冷王国建立了。布戎的戈弗雷满意地接受了"圣墓保卫者"称号,被选为国王。新国家完全仿效西方的封建制度。

第一次十字军远征以耶路撒冷王国和几个独立的拉丁属地的建立而告终。由此而产生的政治形势更加复杂了。拜占庭由于小亚细亚突厥人的削弱和收复大量失去的国土而得到满足。虽然如此,它对安条克、埃德萨和的黎波里王国的出现却有所警觉,因为它们成了帝国新的政治对手。帝国对它们的不信任与日俱增,乃

[⑩] 详情参见尤塔尔《博希蒙德一世》,52—84。夏朗东:《第一次十字军史》,177—249。

至于在 11 世纪与自己原来的同盟者十字军人反目为仇,毫不犹豫地与以前的敌人突厥人结为同盟;另一方面,定居于新领地的十字军也害怕帝国势力在小亚细亚的扩张,他们也同突厥人联盟反对拜占庭。十分明显,十字军事业的精神在 12 世纪已经完全发生了蜕变。

我们不能说阿列克修斯·科穆宁与十字军已发生完全决裂。当然,皇帝对东方拉丁领地的形成确实大为不满,因为这违背了十字军对他的效忠誓言。然而,他也没有拒绝给予十字军以适当的帮助。比如,他负责将他们送回欧洲家乡。皇帝与塔兰图姆的博希蒙德发生了决裂。因为从拜占庭的利益角度考虑,博希蒙德不断蚕食他的邻国、软弱的突厥埃米尔的领土及拜占庭的领土,使安条克的势力过于强大。于是,安条克自然成为阿列克修斯的首要目标。此外,普罗旺斯军队的首领、图卢兹的雷蒙德也不满意自己在东方的地位,同样视博希蒙德为主要对手,开始接近阿列克修斯。当时,阿列克修斯还无暇顾及耶路撒冷问题。

皇帝与博希蒙德的斗争是不可避免的。机会终于到了。突厥人埃米尔马立克(Malik)加齐在 11 世纪末征服卡帕多细亚,建立了独立的达尼什曼德王朝,后来在 12 世纪下半期被塞尔柱人摧毁。该王国的埃米尔马立克加齐突然俘获了博希蒙德。阿列克修斯与埃米尔谈判,愿以一笔巨款换回博希蒙德。但是,谈判没有结果。博希蒙德被其他人赎回,回到安条克。按照与十字军签订的条约,阿列克修斯要求博希蒙德归还安条克;但博希蒙德坚决拒绝。

1104 年,穆斯林在埃德萨南部的哈伦大败博希蒙德和其他拉丁王公。这次战役几乎摧毁了叙利亚的基督教属地,也使阿列克修斯和穆斯林产生了新的希望。看到博希蒙德被削弱,他们幸灾乐祸。哈伦战役的惨败使博希蒙德在亚洲建立强大诺曼帝国的计划破产;他意识到,他已无力再与不共戴天的敌人穆斯林和皇帝交战,继续待在亚洲实非上策。他决定回欧洲集聚新的力量,给予拜占庭帝国首都君士坦丁堡以强有力打击。他将安条克委托给侄子坦克雷德统治,自己乘船回到阿普利亚。安娜·科穆宁娜对他的航行做了夸张但有趣的描述,其中不乏幽默调侃:为了避开希腊船只的搜捕,博希蒙德装成死人躲进棺材,最后终于横渡爱琴海,返回意大利。[101]

博希蒙德的归来受到最狂热的欢迎。人们成群结队来迎接他,一位中世纪作者说:"好像他们要看基督本人一样。"[102]博希蒙德重新集结军队之后,又向拜占庭开战。教宗支持他的计划。一位美国学者解释说,他对阿列克修斯的讨伐"不再仅仅是一场政治运动;现在它得到了教会的支持,采取了十字军的神圣形式"[103]。

博希蒙德的部队可能大部分来自法国和意大利,但其中也可能有英国人、德国人和西班牙人。他的计划是继承父亲罗伯特·

---

[101] 安娜·科穆宁娜:《阿列克修斯》,XI,22;赖弗谢德编,II,140—141。见夏朗东《第一次十字军史》,II,236页注6。尤塔尔:《博希蒙德一世》,102页注99。此传说流行于西方。在中世纪,装死和假葬的记述有据可考。见瓦西列夫斯基《著作集》,I,234—235。

[102] "圣战历史"("Historia belli sacri[〈图德伯特历史的模仿与续篇〉Tudebodus imitatus et continuatus]"),D. 布凯(D. Bouquet):《十字军运动史汇编》(*Recueil des historiens des croisades*),III,228。尤塔尔:《博希蒙德一世》,106。

[103] 尤塔尔:《博希蒙德一世》,108、115。此观点得到 A.C. 克雷(A.C. Krey)的支持:"《帝王传记》中一个被忽略的片断及其与第一次十字军文学的联系"("A Neglected Passage in the *Gesta* and Its Bearing on the Literature of the First Crusade"),《十字军和其他论文》,76—77。

吉斯卡尔德1081年的事业,先夺取都拉基乌姆,穿越帖撒罗尼迦,进军君士坦丁堡。可惜天不遂人愿,博希蒙德在都拉基乌姆受挫,被迫与阿列克修斯签订了屈辱性和约。和约主要条款是:博希蒙德称臣于阿列克修斯及其儿子约翰;与皇帝的敌人战斗;将征服的原拜占庭属地交还拜占庭;如果博希蒙德以任何方式得到以前不属于拜占庭的领土,都可以认为是由皇帝赏赐给他的领地。博希蒙德允诺:如果他侄子坦克雷德不愿对皇帝臣服,他就向侄子开战。安条克教会的牧首将由皇帝指定,从希腊东正教会内的神职人员中挑选,安条克不允许有拉丁牧首。最后,博希蒙德面对基督的十字架、棘冠、木钉和长矛庄严宣誓:他将履行和约条款。[⑭]

随着博希蒙德的庞大侵略计划的破产,他那叱咤风云的生涯也行将结束,而这对于十字军运动似乎是毁灭性的。在他死前的最后三年,博希蒙德已经销声匿迹了。他于1111年死于阿普利亚。

博希蒙德之死使得阿列克修斯处入困境,因为安条克的坦克雷德不肯接受他的叔叔所承诺的和约,也不肯将安条克归还给拜占庭皇帝。阿列克修斯不得不重新开始这桩事业。他与廷臣讨论了向安条克发动进攻的问题,但却从没有付之实现。显然,在这个时候,帝国已经不可能进行这项困难重重的计划。在博希蒙德死后不久,坦克雷德也一命呜呼,但这并不能使进攻安条克的计划变得容易一些。阿列克修斯统治的最后几年,几乎每年都与小亚细亚的突厥人作战。帝国也常常获得胜利。

[⑭] 博希蒙德的原稿可在安娜·科穆宁娜的著作中找到,《阿列克修斯》,XIII,12;赖弗谢德编,II,209—221;道斯编,348—357。参见尤塔尔《博希蒙德一世》,127—129;多尔格:《未公布的希腊文献汇编》,II,51—52(no.1243);很好的参考书目。

在帝国的外部政策中，阿列克修斯成功熬过了艰苦的岁月。人们经常从他与十字军的关系这个角度，而不是从他的整个对外政策的角度来评价他的活动。毫无疑问，这是错误的。与阿列克修斯同时代的保加利亚主教塞奥菲拉克特在他的信中引用了《圣经·诗篇》(79：13)中的话，将保加利亚省比做一棵葡萄藤，其果实"为所有的路人采摘"[⑮]。法国史学家夏朗东说，这个比喻也许可用于阿列克修斯时代的东方帝国。[⑯] 它的邻居都想趁火打劫，攫取帝国的领土。诺曼人、帕齐纳克人、塞尔柱人和十字军都威胁着拜占庭。阿列克修斯接手了这个衰落的帝国，成功地抵挡住所有这些外敌的威胁，从而使拜占庭的解体过程延缓了相当长的时间。阿列克修斯在位期间，帝国在欧洲和亚洲的疆土扩大了。帝国的敌人四散而去，因此，仅从边疆问题来看，阿列克修斯的统治无疑是相当成功的。人们时常指责阿列克修斯没有处理好与十字军的关系。但如果我们考虑到，当时蓄意破坏和掠夺东方的西方十字军已经严重威胁帝国的生存，而作为一代君主的阿列克修斯是在维护自己国家利益，那么，上述指责就根本不成立了。总之，在对外关系中，阿列克修斯成功地克服了重重困难，改善了帝国的国际地位，扩展了边疆，并一度制止了来自四面八方的敌人的压力。

约翰二世时期的外部关系

与西方各国日益频繁的接触。——阿列克修斯的儿子和继承

[⑮] 《书信集》，XVI；米涅编，《希腊教父著作全集》，CXXVI，529。
[⑯] 《第一次十字军史》，I，321—322。

人约翰二世是一个军人皇帝,其在位期间的大部分时间在疆场上度过。他基本上沿袭了其父的对外政策。阿列克修斯曾对他指出:欧洲和亚洲问题最多,也是帝国利益所在。约翰决定在政治上承其父之遗志。父亲已经阻止了敌人侵入拜占庭,儿子决心"从其邻国手中夺回失去的希腊各省,并梦想恢复拜占庭帝国昔日的辉煌"[10]。

约翰虽然深谙欧洲形势,但对欧洲事务并不感兴趣。他常常征战于欧洲,但那只是防御性的战争。直到他统治末期,随着南意大利的西西里王国的形成和诺曼威胁的加剧,欧洲事务对于拜占庭才变得特别重要。约翰对外政策的主要兴趣集中在小亚细亚。在欧洲关系方面,随着西欧国家的增多,拜占庭与他们的接触才日渐增多。

诺曼人的威胁曾经拉近了阿列克修斯与威尼斯的关系。威尼斯答应派舰队支持拜占庭,阿列克修斯特许以圣马可共和国许多贸易特权。大批威尼斯人来到帝国,特别是君士坦丁堡。他们发了横财,并很快在首都形成一个威尼斯人移民区。其人数之多、财富之巨足以使威尼斯人控制首都。久而久之,他们忘了自己并不是在自己的祖国,也不是在征服地,开始对拜占庭下层人民和高官显贵表现得傲慢无礼、咄咄逼人,于是犯了众怒。但阿列克修斯赠给比萨人的一点商业特权却没有引起威尼斯人的警觉。

阿列克修斯在位时,拜占庭人和威尼斯人的关系尚不特别紧

---

[10] F. 夏朗东:《科穆宁王朝。11、12 世纪拜占庭帝国研究》(*Les Comnène. Études sur l'Empire byzantin au XIe au XIIe siècle*)(以下简称《科穆宁王朝》),II,10。

张。但他死后,一切都变了。听说诺曼人统治下的阿普利亚发生了内乱,约翰认为拜占庭的诺曼威胁已经解除。他决定正式废除其父与威尼斯人缔结的商业条约。勃然大怒的威尼斯人立即派舰队侵入亚得里亚海和爱琴海诸岛。约翰自知无法抵挡威尼斯舰队,不得不在登基不久就与威尼斯议和,恢复1082年的商业条约。约翰在位期间,其他意大利沿海城市如比萨和热那亚也享有商业特权,但与威尼斯相比不可同日而语。

约翰在位的头几年,帕齐纳克人问题已完全解决。自从阿列克修斯·科穆宁时期帕齐纳克人被库曼人(波洛伏齐人)打败之后,在三十年内,帕齐纳克人不敢再犯拜占庭。但约翰继位伊始,稍稍恢复了点元气的帕齐纳克人又越过多瑙河,侵入拜占庭领土。帝国军队予以迎头痛击,取得决定性胜利。为了纪念这次胜利,约翰专门设了一个"帕齐纳克节"。拜占庭史学家尼西塔斯·科尼阿特斯说:"直到12世纪末,人们还在庆祝帕齐纳克节。"[108]这次战役使帕齐纳克人一蹶不振。那些被俘的帕齐纳克人定居于拜占庭,并在帝国军队中组成一个独立团队,开始为拜占庭效力。

匈牙利(亦称乌戈尔[*Ugria*])人在亚得里亚海岸的扩张倾向已经引起了阿列克修斯·科穆宁的不满,从而导致拜占庭与匈牙利的紧张关系。约翰与一位匈牙利公主的婚事似乎可以改善双方的关系。"但那种婚姻,"俄罗斯史学家C.格罗特说,"无法消除长期的互不信任和对立。"[109]匈牙利(马扎尔)人在达尔马提亚海岸的

---

[108] 尼西塔斯·科尼阿特斯:《历史》,波恩版,23。
[109] 选自《12世纪的乌戈尔(匈牙利)人和斯拉夫历史》(*History of Ugria〈Hngary〉and the Slavs in the Twelfth Century*),26—27。

定居自然威胁着拜占庭,而匈牙利与塞尔维亚的日趋接近更使帝国不安。11世纪初被"保加利亚人的屠杀者"瓦西里二世强行并入拜占庭的塞尔维亚人和保加利亚人于11世纪中期开始叛乱。11世纪末和12世纪初,塞尔维亚第一次摆脱拜占庭控制。约翰在位时,塞尔维亚和匈牙利的关系已经明显地亲密起来,匈牙利愿意帮助塞尔维亚获得独立。一位塞尔维亚公主嫁给了一位匈牙利王子。于是,到约翰统治末期,西北方的匈牙利和塞尔维亚的亲密关系足以引起拜占庭的不安。

约翰对他们采取的军事行动都相当成功,但未取得最终胜利。然而,有一位匿名的赞颂词作者,却以阿谀奉承的口气赞颂约翰在巴尔干半岛的军事行动:"你对欧洲人的战斗是多么荣耀啊!他(约翰)打败了达尔马提亚人,使斯基泰人和那些长年生活于大篷车中的蛮人吓得抱头鼠窜;他使蛮夷的鲜血流入多瑙河,染红了多瑙河的水。"[11]

约翰在位的最后十年,与南意大利的关系彻底改变。经过一段时期的动乱,南意大利开始了一个强大而辉煌的新时代。罗杰二世用武力统一了西西里和南意大利。而且,在1130年圣诞节,他在巴勒莫正式加冕称王。这两个地区的联合立刻使罗杰二世成为欧洲强大的君主之一。这对拜占庭是一个可怕的打击。理论上,皇帝仍然对南意大利土地拥有所有权。他认为,诺曼人的占领只是暂时的。收复意大利是12世纪历任皇帝的最大梦想。罗杰

---

[11] 《拜占庭史料集》(*Fontes rerum byzantinarum*),W. 莱格尔(W. Regel)编,II,334。至今为止,无人使用过这个资料。赞颂者将帕齐纳克人和其他侵犯拜占庭的北方部落称为斯基泰人和游牧人。

的加冕似乎有损帝国尊严;承认他的地位无疑意味着放弃意大利各省的权利。

罗杰的突然崛起不仅于拜占庭不能接受,在意大利拥有重大利益的德意志君主也不能接受。在共同的危险面前,约翰二世同德意志的洛塔尔(Lothar)达成和约;洛塔尔死后,又同霍亨斯陶芬王朝的康拉德三世达成和约。以后不久,这种关系发展为两大帝国的正式同盟。他们之间的和约和后来的同盟的主要目标是摧毁南意大利的诺曼人势力。这个同盟在约翰的继任者曼纽尔时代至关重要。如果说约翰对罗杰势力的打击无关痛痒的话,曼纽尔至少阻挡了诺曼人对拜占庭的进攻。罗杰与曼纽尔的连年战争清楚地说明他心中早有这样一个侵略计划。因此,约翰的西方政策中最重要的部分在于他对西西里王国的态度和创建了两大帝国的联盟。

与东方的关系。——在小亚细亚,约翰几乎是年年打仗,且节节胜利。于是,在12世纪40年代时,他收复了帝国很久以前丧失的领土。这时,他以为,既然突厥势力已经崩溃,他可以暂停对突厥人的战争,从容地对东南方亚美尼亚人的乞里奇亚和十字军公国安条克进行一场新的征伐。

亚美尼亚的乞里奇亚国家,或小亚美尼亚,形成于11世纪末,是从北方的亚美尼亚本土逃出来的难民所建,他们是在其国家受到塞尔柱人侵犯之前逃出来的。一个叫鲁宾(Ruben)的贵族家族此时开始在新的国家占据统治地位。小亚美尼亚不断蚕食拜占庭领土,渐渐扩大了自己的版图。它与东方的拉丁王公关系密切,对帝国怀有敌意。所以,约翰·科穆宁远征小亚美尼亚,想趁其内乱时惩治它。他还计划同时解决安条克公国的问题,因为安条克在第一次十字军期间拒绝向拜占庭皇帝宣誓效忠,后来又背信弃义,拒绝履行阿列克修斯与博希蒙德签订的条约。

约翰的远征十分成功。乞里奇亚被征服,亚美尼亚王公和他的儿子被押往君士坦丁堡。吞并了小亚美尼亚,拜占庭帝国边界扩大,沿至安条克公国。在与安条克的斗争中,约翰也取得了决定性的胜利。在猛烈的进攻之下,安条克被迫求和。约翰同意讲和,但有一个条件:安条克公爵必须承认帝国的宗主地位。公爵愿意宣誓效忠皇帝,而且,作为臣服的标志,他必须在安条克城堡上悬挂帝国旗帜。一年以后,皇帝重返安条克,作为安条克的宗主,他在众皇子、大臣们、官员们和士兵们的簇拥下庄严地进入城门。街道两旁张灯结彩,欢迎胜利者的队伍。安条克公爵骑马伴随在皇帝身旁,俨然就是皇帝的扈从。在城门口,是安条克牧首带着牧师们在迎接皇帝;进城后,百姓们和着圣曲,唱着圣歌,夹道欢迎皇帝一行。皇帝先到教堂,然后来到公爵宫中。[11]

约翰的赞颂者说:"你是基督的热爱者,主的斗士,打击蛮人的伟大英雄和以利亚(Elijah)之剑,(安条克)欢迎您!它抹掉你的汗珠,温柔地拥抱你。全体臣民蜂拥而出,男女老幼喜气洋洋,迎接你的凯旋……到处人声鼎沸,意大利人,亚述人,这一群,那一伙……将军和军官簇拥着你,像众星捧月一样!"[12]

---

[11] 提尔的威廉(William of Tyre):《海外领地政治编年史》(*Historia rerum in partibus transmarinis gestarum*),XV,3;载《十字军历史汇编》,I,658—659;E.A.C.克雷英译本,II,97。

[12] 莱格尔:《拜占庭史料集》,II,358—359。

皇帝还有进一步的计划。史料显示,他梦想在幼发拉底河流域重建拜占庭权力,也似乎考虑过干涉耶路撒冷王国的事务。⑬约翰很有可能做过如此考虑:首先要使耶路撒冷国王仿效安条克王公承认拜占庭的宗主地位。赞歌作者说:"别懊丧!(世间)热爱基督和拜谒基督圣地的人们"(《希伯来书》,XI:13);"别再害怕杀人魔掌。热爱基督的皇帝已为它们套上锁链,并将不义之剑折断。你为他们清扫了通往世俗的可见的耶路撒冷之路,从而为自己开辟了另一条更神圣更宽广的路——通往神圣的天国耶路撒冷之路。"⑭

然而,计划都失败了。在1143年远征突厥人途中,约翰到乞里奇亚山上打猎,不幸被毒箭射中胳膊,死于他乡异域。临终前,他立次子曼纽尔为帝。约翰一生都在为帝国而战斗。他给他的继任者留下一个强大的、幅员辽阔的帝国——比他从自己强大的、天才的父亲手中接任时强大得多、辽阔得多。约翰的赞颂者认为他超越了马其顿的亚历山大和罗马时期的汉尼拔。其颂词如下:"凯尔特的橡树那么坚固,你曾把它连根拔起;乞里奇亚的雪松那么高大,你曾把它掷到山下!"⑮

---

⑬ 雅尼斯·辛那姆斯:《历史》,波恩版,25。尼西塔斯·科尼阿特斯:《历史》,波恩版,56。提尔的威廉:《海外领地政治编年史》,XV,21,《十字军历史汇编》,I,691;克雷英译文,II,126。

⑭ 莱格尔:《拜占庭史料集》,II,338、339。

⑮ 莱格尔:《拜占庭史料集》,336、346、347、353。作者认为诗中所言凯尔特橡树即指安条克的法兰克人公国。

曼纽尔一世的政策与第二次十字军

与突厥人的关系。——如果说约翰对外政策的注意力主要是在东方,那么他的继任者曼纽尔则由于与诺曼的亲属关系和他个人对西方的同情而纠缠于西方事务。这给帝国带来可悲的后果。塞尔柱人由于未受到有效的抵抗而势力坐大,再一次形成了对东部帝国边界的严重威胁。

小亚细亚的拜占庭边界地区,几乎不断地暴露在穆斯林的毁灭性攻击下,穆斯林不断地消灭和驱逐基督徒民众。曼纽尔不得不在边界地区重建秩序,为此,他在经常遭到敌人入侵的主要地区建立和恢复了一些要塞和堡垒,以抵挡入侵者。

然而,却不能说曼纽尔对突厥人的斗争是成功的。在他统治的最初几年,他与上面提到的达尼什曼德王朝,即卡帕多细亚的穆斯林埃米尔结盟,以对付小亚细亚的敌人,伊科尼姆(或罗姆)国家的苏丹。帝国军队顺利地抵达苏丹国的主要城市伊科尼姆(科尼亚)。然而,可能他们获悉苏丹已经得到了增援,只是掳掠了郊区便撤退了。在撤退过程中,帝国军队遭到塞尔柱人的袭击,几乎全军覆没。这时,传来十字军的消息。这使苏丹和皇帝都感到威胁。于是,双方被迫停战媾和。

两个帝国的联盟。——曼纽尔统治的早年,继承了其前任皇帝们的对西方政策,与德意志结盟。这是因为意大利的诺曼人势力坐大对双方形成了威胁。与德意志康拉德三世的谈判由于约翰之死而一度中断。现在谈判重新开始。约翰在世时提出的曼纽尔与康拉德的妻妹苏尔兹巴赫的贝尔塔的婚事也重新提上议程。康拉德致信曼纽尔,说这桩婚事将是建立"永恒友谊、永久联盟"的保证,德意志朝廷允诺"以皇帝之友为友,以皇帝之敌为敌;[⑯]假如帝国遇到危险,德意志不仅将派出援军,而且,如果必要的话,康拉德将倾其兵力,御驾亲征。曼纽尔与贝尔塔的联姻标志着两个帝国的正式联盟。贝尔塔嫁到拜占庭后更名为"伊琳娜"。曼纽尔希望能消除罗杰二世对帝国的威胁。当然,面对拜占庭和德意志这样的对手,罗杰也绝对不敢轻举妄动。[⑰]

但是,一个始料不及的事件打破了曼纽尔的美梦和政治计划。第二次十字军改变了整个局面——至少在一段时间内是这样;它使拜占庭丧失了德意志的支持,从此面临十字军人和诺曼人的双重威胁。

第二次十字军。——第一次十字军之后,东方的基督教统治者,即拜占庭皇帝和安条克、埃德萨和的黎波里的拉丁统治者以及耶路撒冷国王,不是联合起来粉碎穆斯林力量,而是陷于内讧和邻邦之间的勾心斗角中。而拜占庭与安条克和埃德萨的反目成仇更损害了他们的共同利益。一度被十字军削弱和击退的穆斯林趁机东山再起,在美索不达米亚重新构成对基督教国家的威胁。

1144年,一位穆斯林统治者赞吉(Zangi),或称莫苏尔的阿塔贝格(政治上独立的突厥人统治者就称为阿塔贝格[Atabegs]),突

---

⑯ 弗莱兴的奥托(Otto of Freising):《皇帝腓特烈一世业绩》(Gesta Friderici I imperatoris),I,24(25);G.维茨编,33。

⑰ E.卡斯珀尔(E. Caspar):《罗杰二世(1101—1154年)和诺曼-西西里王国的建立》(Roger II〈1101—1154〉 und die Gründung der normannisch-sicilischen Monarchie)(以下简称《罗杰二世》),365。

然夺取了埃德萨。一部最近被译为法语的匿名作者写的叙利亚编年史详细记载了赞吉夺取埃德萨城的事件。这位编年史家记载道:"在夺取埃德萨四天后",赞吉"离开了此城……埃德萨居民则去赎回被俘者,该城重新住满了居民。总督赞吉-埃得-丁(Zain-ed-Din)是一个相当有修养的人,他对这些居民非常好。"[11]但赞吉于1146年去世,原埃德萨伯爵乔斯林(Josclin)夺回了该城。赞吉的儿子努尔-阿得-丁又轻而易举地将其占领。于是,基督徒遭到屠杀,妇女儿童被卖为奴隶。整座城市满目疮痍。这对东方基督教世界是一个沉重打击,因为埃德萨伯爵领的地理位置决定了它就是十字军最先受到穆斯林攻击的前沿。耶路撒冷、安条克和的黎波里都无法救援埃德萨。同时,随着埃德萨的陷落,拉丁领土,特别是安条克开始受到严重威胁。

埃德萨的陷落对西方造成深刻影响,重新唤起了人们对圣地的兴趣。但是,当时的教宗尤金三世(Eugenius Ⅲ)无法发动或倡导一次新的十字军远征。在这个世纪的50年代,罗马发生了一场民主运动,著名的布雷西亚的阿诺德也参加了这场运动,动摇了教宗在"上帝之城"的地位,甚至迫使他一度离开罗马。法王路易七世似乎是十字军的真正发动者,但使这次十字军付诸实现的鼓吹手是克莱沃的伯纳德。他的大声疾呼首先说服了法国。然后,他又到德国劝说康拉德三世举起十字架,参加东征。

但是,西方人从第一次十字军的悲惨遭遇中吸取了教训,同时

---

[11] J. 夏博:"十字军历史片断(Un Épisode de l'histoire des croisades)",《M. 古斯塔夫·施伦伯格纪念文集》(*Mélanges offerts à M. Gustave Schlumberger*),I,179。

对其结局也感到极大失望。他们失去了以前的那种热情。在勃艮第维兹莱会议上,法国封建主甚至准备反对组织十字军。但他们最终为伯纳德的激情和雄辩的口才所打动。按照伯纳德的构想,路易七世的计划得以扩大。由于伯纳德的努力,不仅组织了一支远征东方的十字军,还组织了另外两支远征军:一支去征伐占据比利牛斯半岛上的里斯本城的穆斯林,另一支远征北方易北河岸的斯拉夫异教徒。

史学家们激烈指责伯纳德将德意志拖入十字军的思想。第二次十字军的研究专家、德国学者库格勒(Kugler)认为这是"最令人不愉快的想法";[119]俄国学者 Th. 乌斯宾斯基称之为"圣伯纳德致命的错误",他应该对德意志在东征时遭遇的悲惨命运负责。[120] 事实上,东征期间,德意志和法兰西一直处于敌对状态。这就预示着这次东征肯定不会成功。

十字军的消息引起曼纽尔警惕。他预料到十字军会给拜占庭带来危险,危及他在东方的拉丁诸属地,特别是安条克的权威。如果它们得到西方支持,会轻视拜占庭皇帝。而且,德意志参加十字军使拜占庭失去了保障——两大帝国联盟的基础。如果德意志国王长期留在东方,他也无法照顾拜占庭帝国在西方的利益,从而使野心勃勃的罗杰有机可乘。鉴于第一次十字军曾一度危及首都安全,曼纽尔命令修复城墙和塔楼。显然,他对康拉德与他之间的友谊和关系没有太大信心。

---

[119] 《第二次十字军历史研究》(*Studien zur Geschichte des zweiten Kreuzzuges*),96。

[120] 《十字军史》,55、57。

据 V.瓦西列夫斯基所说:"曼纽尔无疑希望在对基督教共同敌人的斗争中充当盟主角色。"[120]曼纽尔之所以在第二次十字军东征期间抱如此希望,除了对东方伊斯兰教的未来命运极度关切之外,还有一些特殊原因:当时基督教世界只有曼纽尔一个皇帝。霍亨斯陶芬王朝的康拉德三世尚未被罗马教宗加冕,自然不能享有皇帝称号。

1147年,十字军的首领们决定循着第一次十字军走过的路,由陆路抵达君士坦丁堡。首先是康拉德经由匈牙利进发;一个月后,路易紧随其后。像第一次东征一样,这次直抵君士坦丁堡的十字军沿途依然烧杀抢掠。

当德意志军队驻扎在首都城下时,曼纽尔竭尽全力在法国人到来之前将他们运往亚洲。最终,经过与其亲戚和盟友康拉德几次交涉,他达到了目的。德军在小亚细亚给养不足,继而又遭到突厥人的进攻,后来只有残部回到尼西亚。一些史学家将德意志远征军的失败归咎于曼纽尔,声称他与穆斯林达成协议,挑动他们攻击十字军。有些史学家,如居贝尔和 Th.乌斯宾斯基甚至认为是曼纽尔与突厥塞尔柱人结成了同盟。[122]但最近的学者大都认为,对曼纽尔的

---

[120] "两个帝国的联盟",《斯拉夫研究文集》(*Slavyansky Sbornik*),II(1877),214;《著作集》,IV,22—23。

[122] H.居贝尔:《关于第二次十字军》(*Ueber den zweiten Kreuzzug*),441。Th.乌斯宾斯基:《十字军史》,61。乌斯宾斯基:"曼纽尔·科穆宁的东方政策"("The Eastern Policy of Manuel Comnenus"),《俄国巴勒斯坦学会报告》(*Accounts of the Russian Palestine Society*),XXIX(1926),114。参见库格勒《第二次十字军历史研究》,166 页注60。

指责没有足够的证据,他不应该为德国人的失败承担责任。[12]

德国人到达小亚细亚不久,法国人就抵达君士坦丁堡。这引起曼纽尔更大的警惕,他对路易更加捉摸不透。东征前不久,罗杰还与路易谈判,允许路易穿过他在意大利的领地到东方去。曼纽尔怀疑路易与罗杰秘密结盟,或"与西西里非正式结盟"[13]。皇帝的猜测有其足够的根据。

看到曼纽尔忙于同十字军周旋,罗杰不顾基督教世界的大局,只图达到自己的政治目的。他突袭科孚岛,并蹂躏了拜占庭的其他岛屿。然后,诺曼人在希腊登陆,夺取底比斯和科林斯。这两个城市当时以其丝绸工厂和丝织品而著名。诺曼人不满足于夺取大批珍贵丝织品,"还将大批俘虏和熟练织匠,不分男女",带到西西里。有些史学著作将这些被送到巴勒莫的织匠称为西西里丝绸生产和丝织工业的创始人,是不正确的。事实上,在此之前西西里就有了丝绸生产和蚕丝业。不过,希腊妇女的到来的确为丝织工业注入了新鲜血液。[15] 雅典同样遭到诺曼人的掳掠。[16]

诺曼人在希腊得逞的消息传到君士坦丁堡城下的法国人中,他们已经听说了曼纽尔和突厥人达成协议的谣传,对此怒不可遏,听到这个消息,十分激动。路易手下一些将领建议乘机夺取君士坦丁堡。面对这样的危险,曼纽尔故伎重演,决心尽快将法国人弄

---

[13] 夏朗东:《科穆宁王朝》,287。

[14] E. 柯蒂斯(E. Curtis):《西西里的罗杰和1016—1154年南意大利的诺曼人》(*Roger of Sicily and the Normans in Lower Italy, 1016—1154*),227。

[15] 参见 F. 夏朗东《诺曼人在意大利和西西里的统治》,II,135—137。亦见卡斯珀尔《罗杰二世》,376—384。

[16] 只有西方史料提及雅典的陷落和劫难。见卡斯珀尔《罗杰二世》,382页注5。

到小亚细亚。当时谣传德国人在小亚细亚正节节胜利,所以路易同意渡过博斯普鲁斯海峡,甚至向曼纽尔宣誓效忠。到了小亚细亚,路易才得知德国军队战败的真相。当时,两军会师,携手前进,但在大马士革遭到惨败。康拉德大失所望,搭乘一艘希腊船离开巴勒斯坦,到达萨洛尼卡。其时曼纽尔正在此地准备向诺曼人开战。曼纽尔与康拉德在萨洛尼卡会晤,审时度势,决定联合对付罗杰。之后,康拉德返回德国。

十字军一无所获。留在东方的路易王意识到仅靠自己的力量不会有任何作为。几个月后,他取道南意大利与罗杰会晤,然后回到法国。

一度以轰轰烈烈的气势开始的第二次十字军东征以失败而告终。东方穆斯林未遭到削弱,反而恢复了勇气,甚至希望毁灭基督教的东方领地。此外,法国和德国军队以及巴勒斯坦和欧洲基督徒之间的争斗损害了十字军的威望。曼纽尔本人乐意看到十字军结束。因为,与德国的盟约使拜占庭力量得到加强,他可以放开手脚在西方对付罗杰。不过,将十字军的失败归咎于拜占庭皇帝是不公平的,应该归咎于十字军的组织不良和纪律涣散。罗杰进攻亚得里亚海诸岛和希腊也严重破坏了十字军的计划。总而言之,十字军事业的宗教基础正在消失,世俗的政治的动机自此以后越来越露骨。

第二次十字军之后曼纽尔的对外政策。——十字军远征期间,曼纽尔就完成了与罗杰开战的备战,以报复罗杰侵入亚得里亚诸岛和希腊,继而占领科孚岛的一箭之仇。同以前一样,威尼斯略带不安地关注诺曼势力的增长,打算派舰队协助拜占庭的行动。

作为回报,她将得到帝国内新的商业特权。威尼斯已经根据以前的贸易条约在君士坦丁堡得到一些居住区和船港(斯卡拉),现在又得到新的居住区和一个船港。[127] 皇帝一边进行谈判,一边加紧备战。他决心打败"那条西方龙","新的亚玛力(Amalek)",[128] "那条将要吐出比埃特纳火山喷发时的愤怒火焰还要高的西西里的龙"——当时的资料如此形容罗杰。[129] 曼纽尔的计划绝不仅仅是将敌人赶出拜占庭国土。他希望以后将战争转入意大利,恢复那里的拜占庭势力。

在备战工作接近完成时,库曼人(波洛伏齐人)渡过多瑙河,侵入拜占庭领土。曼纽尔的计划暂时中断。不过,他很快就解决了库曼人。然后,在威尼斯舰队的支持下,曼纽尔攻克了科孚岛。

罗杰意识到拜占庭-德意志联盟对他构成的威胁,德意志人已经答应向皇帝提供一支陆军,并且威尼斯已经派出舰队。他巧妙地运用外交手腕,以图掣肘拜占庭。在他挑拨之下,霍亨斯陶芬王朝的宿敌韦尔夫(Welf)公爵借助西西里舰队起而反对康拉德,从而使其无法进入意大利援助曼纽尔;而塞尔维亚人也在匈牙利人(乌戈尔人)支持下对曼纽尔开战,从而将其精力引向北方。由于被十字军失败的噩梦所缠绕,路易七世也迁怒于希腊人。在从东方回国的途中,路易与罗杰达成谅解,准备再一次组织十字军,教

---

[127] 条约内容参见塔菲尔和托马斯《古代商业和国家历史条约集》,I,109—113。扎哈利亚·冯·林根塔尔:《希腊-罗马法制史》,III,525—529。

[128] 参照《出埃及记》,17:8—14。

[129] 扎哈利亚·冯·林根塔尔:《希腊-罗马法制史》,III,443。萨洛尼卡的尤斯塔修斯(Eustathii Thessalonicensis):《悼曼纽尔·科穆宁》(*Manuelis Comneni Laudatio funebris*),par.17;米涅:《希腊教父文献全集》,CXXXV,984。

训拜占庭。路易远征时代在法国摄政的修道院院长叙热(Suger)是这次十字军的发动者,著名的克莱沃的伯纳德自告奋勇,担当起领导十字军的重任。一位法国修道院院长致信西西里国王,说:"我们的心,几乎所有法国人的心都在渴望与你共享和平;希腊人和他们的该死的国王以卑贱下流的阴谋对待我们的朝圣,我们为此而震惊……起来,帮助上帝的臣民……对这些大逆不道的邪恶行为进行报复吧。"[130]与此同时,罗杰也正在加强与教宗的联系。总之,对于"正统的"德意志朝廷和"分裂的"拜占庭皇帝之间的联盟,西方是深恶痛绝的。在意大利,人们认为康拉德已经受了希腊异端的传染,所以教宗尽力劝其回归真理之路,皈依天主教会。教宗尤金三世、叙热院长和克莱沃的伯纳德正在摧毁两个帝国的联盟。所以,V. 瓦西列夫斯基解释道,在12世纪中期,"一个以罗杰国王为首的反对曼纽尔和拜占庭的坚强同盟正在形成。匈牙利和塞尔维亚已经归属这个同盟,教宗和法国正要加入这个同盟,德国及其国王正被拉向这个同盟。如果同盟形成,君士坦丁堡可能在1204年以前就已经大祸临头了。"[131]

然而,帝国有惊无险。法国国王的计划流产了。一则因为法国骑士反应冷淡;二则叙热不久便一命呜呼;三则由于康拉德依然忠实地遵守与东方帝国缔结的盟约。

正当曼纽尔行将利用两帝国之盟成就其大事之际,康拉德驾崩(1152年)。此时,已经决定了对意大利战争的方案。德国国内

---

[130] 尊者彼得:《书信集》,VI,16;米涅编:《拉丁教父文献全集》,CLXXXIX,424。
[131] "两个帝国的联盟",《斯拉夫研究文集》,II(1877),244;《著作集》,IV,55—56。

谣言四起,说国王是被御医毒死,这些御医都是来自于罗杰控制的萨莱诺医学院。康拉德的继承者弗里德里希一世巴巴罗萨登基。他认为君权至高无上,由上帝所赐;他不愿与东方帝国共享意大利利益。他登基伊始,便与教宗签订条约。在条约中,他称曼纽尔为 *rex*(王),而不是像康拉德那样称他为皇帝。他还发誓要将皇帝驱逐出意大利。然而不久,不知为什么,他又改变主意,打算与拜占庭结盟。

1154 年,拜占庭的可怕敌人罗杰死去。新国王威廉一世决心摧毁两个帝国之间的同盟和拜占庭-威尼斯同盟。圣马克共和国很清楚曼纽尔企图立足于意大利,因而不能同意他的计划。而诺曼人在亚得里亚海建立根据地同样对威尼斯不利。在上述任何情况下,海岸都将隶属于某一个大国,而这无疑会阻止威尼斯船只自由进出亚得里亚海和地中海。于是,威尼斯撕毁了与拜占庭的协议,与威廉一世结盟,并在西西里王国获得重要贸易特权。

当拜占庭在南意大利获得了一些胜利,即占领了巴里和其他一些城市后,1156 年,威廉在布林迪西重创曼纽尔军队,拜占庭远征的成果立即付诸东流。同年,阿普利亚首府巴里被威廉夷为平地。当时有人说:"伟大的阿普利亚首府向来以其荣耀而出名,以其财富而强大,以其居民的高贵贵族血统为骄傲,以其美丽的建筑让世人叹为观止。现在,它却倒卧于一片废墟之中。"[⑬]

曼纽尔在意大利的行动虽然不成功,但却使弗里德里希·巴

[⑬] 胡戈·法尔坎笃(Hugo Falcandus):《西西里史》(*Historia sicula*)载 L. A. 穆拉多里(L. A. Muradtori):《意大利历史资料手稿》(*Scriptores rerum italicarum*),VII,269。

巴罗萨清醒地认识到拜占庭皇帝的目的所在。所以,他最后断绝了与拜占庭的联盟。与弗里德里希同时代的史学家弗莱兴的奥托写道:"虽然(弗里德里希)痛恨威廉,但是他不希望外国人夺走他的帝国的领土,曾经被暴君罗杰掠夺的领土。"[13]于是,曼纽尔丧失了与巴巴罗萨和解的所有希望,从而丧失了收复意大利的所有希望。1158年,曼纽尔与西西里的威廉签订和约。和约的具体条款是什么,我们不得而知。但它意味着拜占庭放弃了长期的、高贵而荣耀的计划,也意味着"始于萨克森王朝的洛塔尔和约翰·科穆宁时期,后来由于康拉德和曼纽尔个人关系而得到加强的两帝国之间的友谊和同盟的最终破裂"。此后,拜占庭军队再也没有进入意大利。[14]

在新形势下,拜占庭政策的目标有了变化。现在,必须阻止霍亨斯陶芬王朝获得意大利。而弗里德里希·巴巴罗萨则认为意大利必须承认他的权利。拜占庭的外交开始朝新的方向发展。曼纽尔企图破坏弗里德里希与教宗之间的关系,以求在将来与弗里德里希的斗争中赢得教廷支持。为了诱惑教宗,他暗示:东西方教会可以合一。他想挑起教宗和德意志国王之间的矛盾,"以达到恢复东方帝国的所有权利和扼杀西方帝国于萌芽之中的目的"[15]。然而,这些谈判都失败了,因为教宗们绝不愿意依赖于任何皇帝;相反,充满神权政治思想的12世纪教宗们,企图凌驾于拜占庭皇帝

---

[13] 弗莱兴的奥托:《皇帝腓特烈一世业绩》,II,49。

[14] V.G.瓦西列夫斯基:"南意大利战争(1156—1157年)"("The South Italian War, 1156—1157"),《斯拉夫研究文集》,III(1876),400;《著作集》,IV,138。

[15] 夏朗东:《科穆宁王朝》,II,557。

之上。

当弗里德里希·巴巴罗萨与北意大利诸城开战时,曼纽尔用金钱积极支持后者。被弗里德里希破坏的米兰城墙在拜占庭皇帝的帮助下得以修复。1176年5月29日,弗里德里希在北意大利的莱尼亚诺大败,北意诸城及其支持者教宗大获全胜,这一形势似乎大大改善了曼纽尔在意大利的地位。他与热那亚、比萨和威尼斯的关系对他也特别有利。在德意志威胁的压力下,威尼斯又开始向拜占庭靠拢。但曼纽尔似乎因缺乏金钱而想夺取威尼斯商人在拜占庭领土上的巨额财富而自肥,突然下令逮捕帝国领土上的所有威尼斯人,并没收他们的全部财产。自然,威尼斯不会善罢甘休,遂派出舰队进攻拜占庭。但由于瘟疫的流行,舰队无功而退。在曼纽尔的有生之年,拜占庭与威尼斯的友好关系再也未能恢复。

为了报复拜占庭在意大利的政策,弗里德里希·巴巴罗萨决定以其人之道还治其人之身。他与拜占庭在东方的死敌、伊科尼姆苏丹基里耶·阿尔斯兰谈判,企图引诱他进攻希腊帝国。他希望通过制造小亚细亚紧张局势,使曼纽尔无法插手欧洲事务。

这时,小亚细亚的形势渐趋严峻。被约翰·科穆宁征服的乞里奇亚在其首领索罗斯(Thoros)率领下发生叛乱。曼纽尔两次派兵镇压皆告失败。更为严峻的是,索罗斯与他以前的敌人安条克王公,夏蒂荣的雷金纳德(Reginald)结为同盟,共同对付希腊人。与此同时,雷金纳德从海上进攻塞浦路斯成功。曼纽尔率兵亲征乞里奇亚,索罗斯仓皇而逃。1158年,曼纽尔又成了乞里奇亚的主人。索罗斯得到宽恕,对皇帝俯首称臣。现在,轮到安条克了。

夏蒂荣的雷金纳德知道自己无力与拜占庭抗衡,决定祈求曼纽尔的宽恕。当时,皇帝在乞里奇亚的莫普苏埃斯蒂亚(Mop-suestia)(十字军的马米斯特拉[Mamistra]);雷金纳德"在伟大的科穆宁面前祈求"。[131] 这是一个最屈辱的场面:雷金纳德赤足拜倒在皇帝面前,将剑柄交给他,恳求他的仁慈。"同时,"提尔的威廉写道,"他号啕大哭,哀求饶恕。他哭了很长时间,以至于每个人都感到恶心。许多法国人都鄙视和指责他。"[132]当时,东方各国,包括远方的阿巴斯人(阿布克哈兹人[Abkhaz])和伊庇利亚的使节都目睹了这个场面,感慨颇深。[133]"这一幕使拉丁人在整个亚洲名声扫地。"[133]雷金纳德臣服于帝国,所以后来一个名叫罗伯特的人作为拜占庭和安条克两个国家的共同使者被派往英王亨利二世的宫中。[134] 耶路撒冷国王鲍德温三世亲自来到莫普苏埃斯蒂亚拜谒曼纽尔,受到盛情款待。但他被迫与皇帝签定条约,保证向皇帝提供

---

[131] G.施伦伯格:《夏蒂荣的雷金纳德》(*Renaud de Chatillon*),107。

[132] 《海外领地政治编年史》,XVIII,23;《十字军历史汇编》,I,860—861;M.鲍林(M.Paulin)编,II,232。该书的拉丁文本说:"他交出他的剑,接着扑倒在皇帝脚下,五体投地。在场的所有人都感到恶心。拉丁人的面子被他丢尽了。"提尔的威廉:《海外领地政治编年史》,E.A.巴布科克和A.C.克雷译,II,277。关于此事,参见普洛德罗姆斯的一首诗,见《十字军历史汇编》,II,305—310。

[133] 约翰尼斯·辛那姆斯:《历史》,IV,18;波恩版,183。

[133] 施伦伯格:《夏蒂荣的雷金纳德》,110,111。提尔的威廉:《海外领地政治编年史》,XVIII,23;《十字军历史汇编》,I,861:"拉丁人的面子被丢尽"。

[134] 《国王亨利二世时期的档案大卷》(*The Great Roll of the Pipe for the Reign of King Henry the Second*)(以下简称《档案大卷》),XXVIII,125。

军队。萨洛尼卡的尤斯塔修斯向皇帝致词说,国王"从耶路撒冷赶来,对皇帝的威望和业绩惊叹不已,钦佩万分"[⑭]。

1159年4月,曼纽尔隆重地进入安条克。夏蒂荣的雷金纳德和其他拉丁王公徒步空手伴随其左右,耶路撒冷国王徒手骑马,紧随其后。街道两旁张灯结彩,锣鼓喧天,颂歌四处飞扬。身着法衣的安条克牧首将曼纽尔引至教堂。在这八天中,帝国旗帜在城墙上迎风飘扬。[⑮]

雷金纳德的归顺和曼纽尔之进入安条克标志着拜占庭对拉丁人政策的胜利。这是六十年努力和斗争的结果。"安条克问题是第一次十字军的产物,多少年来一直困扰着拜占庭皇帝",但即使经历了无数的困难和战争,拜占庭皇帝却"从来没有对安条克失望"[⑯]。

在伯利恒的圣诞教堂,保存着一段1169年的铭文:"此教堂竣工于6677年,即第二小纪年度(相当于1169年),作者:伊弗雷姆,油画家和镶嵌师。其时正值至尊的皇帝曼纽尔·科穆宁、耶路撒冷的伟大国王阿摩利(Amary)和圣城伯利恒最神圣的主教拉乌尔(Raoul)在位。"[⑰]曼纽尔的名字与阿摩利放在一起可能意味着希

---

⑭ 莱格尔:《拜占庭史料集》,I,39。
⑮ 夏朗东:《科穆宁王朝》,II,451—452。
⑯ 同上书,446。
⑰ M.德沃格(M.de Vogüé):《圣地的教堂》(Les Églises de la Terre Sainte),99。《希腊文献汇编》,IV,339(no.8736)。H.樊尚和F.N.阿贝尔:《伯利恒:圣诞教堂》(Le Sanctuaire de la Nativité),157—161。

腊皇帝对耶路撒冷国王的宗主权已经建立。⑮

至于曼纽尔与伊斯兰教王公们的关系,他与基里耶·阿尔斯兰曾一度融洽。1161—1162年,苏丹还出访过君士坦丁堡,受到皇帝隆重接待,希腊和东方史料都仔细地描述过。苏丹在首都逗留了八天。首都的金银财富让这位名噪四海的客人大开眼界。豪华的宫廷宴会让基里耶眼花缭乱,他甚至不敢在皇帝身旁落座。皇帝特地为苏丹举行了马上比武和竞赛活动,甚至在海上演示了著名的"希腊火"。每日两餐都用金银器皿送到苏丹面前,吃完以后并不回收,听任苏丹处理。有一天,皇帝与苏丹共进晚餐,把所有金银器皿和饰物作为礼物都赠送给了他。⑯

1171年,耶路撒冷国王阿摩利一世出访君士坦丁堡,同样受

---

⑮ 夏朗东:《科穆宁王朝》,II,449。布莱耶尔:《十字军》(1928年第5次修订版),109;布莱耶尔笔误为1172年。关于"曼纽尔拥有圣地宗主权"这一观点遭到樊尚和阿贝尔的否认(《伯利恒:圣诞教堂》,160),但是受到G.德热法尼翁(G. de Jerphanion)的热烈拥护("卡帕多细亚碑铭志和尼西亚的希腊帝国史",《东方基督教杂志》,I〈1935〉,245—246)和J.L.拉蒙特(J.L.LaMont)的抵制("拜占庭皇帝对拉丁人的十字军国家拥有多大程度的宗主权?["To What Extent Was the Byzantine Empire the Suzerain of the Latin Crusading State?"],《拜占庭》[布鲁塞尔],VII[1932],253—264,特别是263)。这一铭文标志着这座教堂只不过是一位强大而虔诚的君主赠给一个基督教世界最著名的教会的礼物。

⑯ 约翰尼斯·辛那姆斯:《历史》,V,3,波恩版,204—208。尼西塔斯·科尼阿特斯:《历史》,III,5—6;波恩版,154—158。《叙利亚的迈克尔的编年史》,夏博译,III,319;根据他的观点,格列高利·阿布尔法拉吉(Gregorii Abulpharagii),即巴尔-赫布莱乌斯(Bar-Hebraei)编写了《叙利亚编年史》(Chronicon Syriacum),布伦和基尔什编,358—359。见夏朗东《科穆宁王朝》,II,463—466。Th.I.乌斯宾斯基:"曼纽尔·科穆宁的东方政策",《俄罗斯巴勒斯坦学会报告》,XXIX(1926),115—117。

第七章 拜占庭与十字军

到奢侈豪华的招待。提尔的威廉对此做了详细的描述。[⑩] 曼纽尔在近东的权威和国际声望已经鼎盛一时。

但是,基里耶·阿尔斯兰访问帝国首都的政治结果无足轻重。双方签订了友好条约,持续时间却不长。数年以后,苏丹向朋友和大臣们宣称,对拜占庭破坏越大,皇帝赠赐的礼物将会越贵重。

在这种情况下,东部边界的和平不可能维持太久。也许是由于弗里德里希的煽动,各地战事又起。曼纽尔亲率部队出征苏丹国首都伊科尼姆(即科尼亚)。1176年,拜占庭军队陷入弗里吉亚山谷。此地离边界不远,筑有米里奥凯法罗(Myriocephalon)城堡。突厥人四面夹击,于1176年9月17日大败拜占庭军队。[⑱] 皇帝九死一生,差点成为阶下囚。拜占庭史学家尼西塔斯·科尼阿特斯写道:"当时的场面催人泪下;更确切地说,这一巨大灾难令人无法表达他们的哀悼;整个战场腥风弥漫,尸体填平沟壑,充斥草丛……亲友们哭喊着死者的名字,路人无不落泪哀恸。"[⑲]

当时有位史学家曾于1179年到过君士坦丁堡。他描写了米里奥凯法罗惨败后曼纽尔的心情:

[⑩] 提尔的威廉:《海外领地政治编年史》,XX,22—24;《十字军历史汇编》,I,981—987;巴布科克和克雷译,II,377—83。见 G. 施伦伯格《12世纪耶路撒冷国王阿摩利一世在埃及的战争》(*Campagnes du roi Amaury Ier de Jérusalem en Égypte, au XII siècle*),311—331。夏朗东:《科穆宁王朝》,II,546—549。

[⑱] 关于战役的日期,见 A. A. 瓦西列夫"米里奥凯法罗之役的确切日期"("Das geneau Datum der Schlacht von Myriokephalon"),《拜占庭研究杂志》(德文),XXVII(1927),288—290。

[⑲] 尼西塔斯·科尼阿特斯:《历史》,247。

据说从那一天起,皇帝因那次致命的灾难而变得郁郁寡欢,一蹶不振。此后,他在自己的臣民面前再也表现不出以往那种愉悦情绪,无论其臣民采取什么办法都不能使他快活。自那以后,他也失去了驰骋疆场的雄风,健康每况愈下。总之,那次灾难时刻压迫着他,使他无法得到心灵的安宁和平静。[⑲]

曼纽尔写了一封长信将这次失败通报给西方的朋友、英国金雀花王朝亨利二世。信中对这次战斗做了详细描写,但对其灾难严重程度尽量淡化。有趣的是,他还谈到了1066年以后在拜占庭战争中出现的英格兰人,特别是那些加入皇帝卫队的英格兰人。[⑮]

即使拜占庭在米里奥凯法罗战役中遭到了毁灭性打击,但一位不知姓名的赞颂词作者却仍然将曼纽尔在突厥人面前的败逃美化为光辉业绩:"遭到大群伊斯马仪人(Ismaelitians,即突厥人)进攻后,他(曼纽尔)单枪匹马,在刀林箭雨中杀出一条生路。"[⑯]曼纽尔的一个侄子,在用油画装饰自己的新房时,"下令将苏丹(伊科尼姆的)的所作所为画出来,如此画在他房间墙壁上的图画,也许更

---

⑲ 提尔的威廉:《海外领地政治编年史》,XXI,12;《十字军历史汇编》,I,1025;巴布科克和克雷译,ii,415。

⑮ 这封信被收入罗格里·范胡埃得内(Roger van Hoveden)的《编年史》中,W.斯塔布斯(Stubbs)编,II,102—104。

⑯ S.兰普罗斯:"马西安手稿"("Ο Μαρκιανὸς Κώδιέ"),《新希腊回忆录》(Νέος Ἑλληνομνήμων),VIII(1911),149。亦见 S. P.谢斯塔可夫(S. P. Shestakov)"对马西安手抄诗歌第524组的注释"("Notes to the Poems of the Codex Marcianus gr. 524"),《拜占庭年鉴》,XXIV(1923—1926),46—47。

适合于保留在黑暗中。"⑬十分可能,这幅不同寻常的画再现了可怕的米里奥凯法罗之役。

但是,不知什么原因,基里耶·阿尔斯兰并未乘胜追击,而是坐下来与皇帝谈判。双方达成和解协议。小亚细亚的一些拜占庭堡垒被拆毁。

1071年的曼兹克特之役已经动摇了拜占庭在小亚细亚的统治。但当时的人们并不理解这一点,还想重整旗鼓,摆脱塞尔柱人的威胁。两次十字军远征并未减少那种威胁。1176年的米里奥凯法罗之役最终毁灭了拜占庭将突厥人驱逐出小亚细亚的希望。自那以后,帝国再也无力在东方发动有效的攻势。她几乎无法保护东部边界,无法击退经常来犯的突厥游牧部落。库格勒宣称:"米里奥凯法罗之役最后决定了整个东方的命运。"⑭

这次战役失败之后,曼纽尔也曾致信于弗里德里希·巴巴罗萨,信中极力贬低突厥人苏丹。但弗里德里希对于曼纽尔的惨败早已了如指掌。⑮他在复信时宣称,"德意志皇帝已经继承了伟大的罗马皇帝们的权力,不仅要统治罗马帝国,还要统治'希腊王国'"(*ut non solum Romanum imperium nostro disponatur moderamine, verum etiam regnum grecie ad nutum nostrum regi et*

---

⑬ 约翰尼斯·辛那姆斯:《历史》,波恩版,267。见夏尔·迪尔《拜占庭艺术手册》,I,405。

⑭ 库格勒:《第二次十字军历史研究》,222。

⑮ 尤斯塔修斯的《编年史》(*Annales Stadenses*)中保留了此信的片断,K.珀茨编:《日耳曼历史遗产,作家》(*Monumenta Germaniae Historica, Scriptores*),XVI,349。此信被误认为是1179年所写。见H.冯·卡普赫尔(H. von Kap-Herr)《曼纽尔皇帝的西方政策》(*Die abendlandische Politik Kaiser Manuels*),104页注6。

sub nostro gubernari debeat imperio);因此,他要求曼纽尔承认西方皇帝的权威,并屈服于教宗的权威。最后,他说,曼纽尔企图在西方帝国的诸侯中间挑拨离间,是枉费心机;今后,他要根据曼纽尔的表现调整自己的策略。[149] 这位霍亨斯陶芬家族的君王认为,拜占庭皇帝应当服从于他这个西方皇帝。因此,独一帝国的观念在12世纪仍然存在。起初,曼纽尔做过这个梦;后来拜占庭大势已去,弗里德里希又开始做这个梦。

1177年,威尼斯会议召开。与会者有弗里德里希、教宗和取胜的意大利城市代表。会议确认意大利各市镇的独立地位,并调节了德国统治者与教宗的关系。换句话说,威尼斯条约结束了德意志、伦巴德同盟和教廷之间的斗争——这场斗争曾经被曼纽尔利用来为其外交政策服务。Th.乌斯宾斯基说:"威尼斯会议对拜占庭帝国是一个打击。它不亚于米里奥凯法罗之役中伊科尼姆苏丹对拜占庭的打击。西方各敌对势力间的和解为西方各国在1204年征服君士坦丁堡并形成东方的拉丁人国家奠定了基础。"[150]

1177年的会议对威尼斯具有特别的意义。它集合了以西方皇帝和教宗为首的欧洲社会精英们。10,000多外国人来到威尼斯,为它的美丽、财富和实力所倾倒。当时的一位史学家向威尼斯人致词,他写道:"啊,在这个安定平和的国家里生活该是多么幸

---

[149] H.冯·卡普赫尔《曼纽尔皇帝的西方政策》第156—157页载有该书信的全文。

[150] "阿列克修斯二世和安德罗尼卡"("Alexius II and Andronicus"),《公众教育部杂志》,CCXII(1880),123—124。

福！愿荣耀永远伴随着你的名字！"[158]

曼纽尔去世前夕,取得了他的最后一次外交成功,即实现了他的儿子、继承人阿列克修斯与法王路易七世的八岁女儿联姻。这位小公主阿格尼斯(Agnes)在拜占庭改名为安妮(Anne)。由于这次联姻,第二次十字军后拜占庭与法国之间的紧张关系似乎有所缓和。萨洛尼卡的尤斯塔修斯写了一篇赞颂词,描写了帝国的新娘从法国到达大都市君士坦丁堡时的盛况。[159]

其次,在米里奥凯法罗战役后,当曼纽尔给英王亨利二世写了那封著名的信件后,两国宫廷之间的关系变得非常友好。史料证明,在曼纽尔统治的最后几年,拜占庭使团曾在威斯敏斯特出现。亨利二世派乔弗里·德·海亚(Gerffrey de Haia)接待希腊使者;后来这位乔弗里又出使君士坦丁堡。[160] 亨利二世知道曼纽尔爱好打猎,遂通过不来梅的一艘商船托运了一箱猎狗送给曼纽尔。[161]

总的来说,曼纽尔的政策与其祖父和父亲所实行的谨慎沉稳的政策大不相同。作为奥古斯都、君士坦丁和查士丁尼的继承人,他沉湎于恢复大一统帝国的幻想之中;他本人又受西方文化、风俗和礼节的强烈影响。所以,他的绝大部分精力都用来与意大利和

---

[158] 《威尼斯历史文献》(Historia ducum Veneticorum)年代不明,1177;珀茨:《日耳曼历史遗产,作家》,XIV,83。见 H.克雷施梅尔(H.Kretschmayr)《威尼斯史》(Geschichte von Venedig),I,268。W.C.哈兹利特(W.C.Hazlitt):《威尼斯共和国:它的兴起、发展和衰落》(The Venetian Republic: Its Rise, Its Growth, and Its Fall),I,231—232。迪尔:《一个贵族共和国:威尼斯》,45—46。

[159] 莱格尔:《拜占庭史料集》,I,80—92;亦见 xiii—xiv。

[160] 《档案大卷》,XXVI,166、187、192、208;XXVIII,125。

[161] 《档案大卷》,XXVIII,19。

匈牙利斗争,并发展与西方帝国、法国、威尼斯和其他意大利市镇的关系。他忽视了东方,致使伊科尼姆苏丹势力坐大,最后,当米里奥凯法罗战役的灾难之后,帝国在小亚细亚的全部希望彻底破灭了。

曼纽尔给予西方的优惠有悖于拜占庭的利益,况且西方与拜占庭当时在文化上存在着差异。这也给帝国带来灾难性后果。曼纽尔对外国人实行开放政策,赐予外国人以要职肥缺,引起国人强烈不满,从而播下了血腥冲突的种子。

曼纽尔时代的史学家这样评论他的政策:"幸亏曼纽尔死得早,未看见他的政策的恶果;当时的有识之士早已预见到这种恶果。曼纽尔皇帝的这份遗产太难接受,他的继任者中无一人可能恢复昔日帝国的地位。接下来的几年,帝国迅速走下坡路;而且可以恰如其分地说,这种衰落正始于曼纽尔统治时期。"[15]其实,早在马其顿王朝时期,在保加利亚人的屠杀者瓦西里二世于1025年死后,拜占庭帝国就开始衰落了——这样说或许更精确。科穆宁王朝的头两位皇帝阿列克修斯和约翰成功地延缓了这一衰落过程,但未能阻止衰落。曼纽尔的错误政策导致帝国回到衰落之路,再无回天之力。赫茨伯格(Hertzberg)评论道:"曼纽尔埋葬了拜占庭古典时期的荣誉和伟大成就。"[16]这位19世纪的史学家与12世纪末科穆宁及安吉列时代的著名作家——萨洛尼卡的尤斯塔修斯

---

[15] 夏朗东:《科穆宁王朝》,II,607—608。亦见 F. 科戈纳索(F. Cognasso)《曼纽尔·科穆宁去世前拜占庭的党争和宫廷斗争》(*Partiti politici e lotte dinastiche in Bizanzio alla morte di Manuele Comneno*)(都灵,1912年),216(4)。

[16] 《拜占庭史》(*Geschichte der Byzantiner*),318。

不谋而合:"随着曼纽尔的去世,罗马人的传统毁灭殆尽。黑暗笼罩了全国,好像发生了日食一样。天意如此!"⑭

曼纽尔·科穆宁这个色彩丰富的历史人物的影响自然不会局限于拜占庭帝国内。他的名字和事迹,特别是他的传奇故事不仅出现于俄罗斯编年史中,也出现于俄罗斯史诗和俄罗斯歌曲中。曼纽尔曾经将以弗所的圣母像送给波洛茨克(Polotzk)公主欧芙罗西尼亚(Euphrosinia)。⑮ 普雷斯特·约翰写给曼纽尔的那封著名的传奇书信也不应被忘记。

科穆宁王朝的最后两位皇帝阿列克修斯二世和安德罗尼卡一世的对外政策

俄罗斯史学家 Th.乌斯宾斯基写道:"科穆宁王朝的最后两代皇帝阿列克修斯和安德罗尼卡统治的五年尤为重要:前朝行政制度的弊端此时显现恶果,朝纲震荡不安,由此顺理成章地引发了国家的改革。"⑯曼纽尔死后,其子阿列克修斯二世(1180—1183年在位)登基。但阿列克修斯仅仅 12 岁,他的母亲、安条克的玛丽(玛丽亚)摄政;然而,直接控制朝政的却是玛丽的宠臣、曼纽尔的侄子阿列克修斯·科穆宁。激烈的宫廷斗争以及日益增长的拉丁势力将著名的安德罗尼卡(Andronicus)引进首都。他早已制定了觊觎

---

⑭ 《被拉丁人占领的萨洛尼卡》(*De Thessalonica a Latinis capta*),波恩版,380。

⑮ 见 A.谢德尼科夫(A. Sedelnikov)"有关曼纽尔·科穆宁的英雄事迹传说"("The Epic Tradition Concerning Manuel Comnenus"),《斯拉夫》(*Slavia*),III(1924—1925),608—618。

⑯ "阿列克修斯二世与安德罗尼卡"("Alexius II and Andronicus"),《公众教育部杂志》,CCXII(1880),100。

皇位的野心计划,此时,他抓住了机会,自称自己是被奸臣围绕的幼皇阿列克修斯二世的保护者和希腊民族利益的维护者。在他进入首都之前不久,对拉丁人的大屠杀就已经开始了。威尼斯资料中没有记载1182年的大屠杀,但毫无疑问,威尼斯商人在这场斗争中损失惨重。

同年,即1182年,安德罗尼卡进入君士坦丁堡。虽然他曾庄严起誓,但还是开始公开地实行独裁统治。他先逮捕了权倾一时的阿列克修斯·科穆宁,弄瞎其双眼;然后,逮捕了摄政太后安条克的玛丽。之后不久,又将不幸的皇帝阿列克修斯二世处以绞刑。1183年,63岁的安德罗尼卡成了拜占庭帝国至高无上的皇帝。为了巩固其地位,他与阿列克修斯二世的遗孀、法国的安妮(安娜)结婚。安妮在她14岁的丈夫死时,还不足12岁。

民众之所以热情拥戴安德罗尼卡,是因为他们对这位新皇帝充满了期望。安德罗尼卡在帝国内部生活中面临着两个主要问题:第一,建立一个民族政权,剔除进入拜占庭的拉丁势力;第二,削弱官僚贵族和土地贵族,因为大土地所有者的势力破坏和摧毁了农村阶层。不管这个计划的实施多么困难,它在普通大众中赢得了巨大支持。

雅典大主教迈克尔·阿克米那图斯(科尼阿特斯)的著作是反映12世纪帝国内部形势的最珍贵的资料之一。他以赞美的语气写道:"我能记得的第一件事,就是罗马帝国在困难和痛苦的时刻如何求助于它以前的宠儿——伟大的安德罗尼卡去推翻压迫者——拉丁君主,这些拉丁人就像杂草一样已经将它自己移植于王国的新生枝蔓上。安德罗尼卡并无大批人马,只有正义。他轻

第七章　拜占庭与十字军

装前进,向那个可爱的城市进发……他对给予他厚爱的首都的第一个回报就是摆脱拉丁暴君的傲慢,清除帝国内的野蛮人成分。"[167]

"随着安德罗尼卡的即位,一个新的党派掌握了政权。"[168]Th.乌斯宾斯基说:"科穆宁王朝的最后一个代表是——至少看起来像是人民的国王,农民的国王。人们歌颂他,并将他的事迹编成故事传诵。这些故事被保存于尼西塔斯·科尼阿特斯的《编年史》和未发表的《历史》手稿的边注中。"[169]尼西塔斯提到许多事情,其中一件就是安德罗尼卡将自己的塑像立于四十殉道者教堂北大门附近。皇帝塑像并未穿皇袍戴玉佩,而是穿着朴素的衣衫,手拿镰刀,是一个勤劳朴实的劳动者形象。[170]

安德罗尼卡大刀阔斧地推行改革。为了减少受贿的可能性,许多官员的年薪被提高;廉洁者被选为法官;税赋负担大大减轻,中饱私囊的税务官受到严厉惩罚。他以强硬措施对待大土地所有者,许多拜占庭贵族被处死。迈克尔·阿科米那图斯写道:"我们很久以前就深信:你对贫穷者温和,对贪婪者严厉,你是弱者的庇

---

[167] 《索佐门的编年史家米哈伊尔·阿克米那特》(Μιχαὴλ Ἀκομινάτου τοῦ Χωνιάτου τὰσωζόμενα),兰普洛斯编,I,157。见 Th. I. 乌斯宾斯基"曼纽尔之后的科穆宁皇帝.反叛的开端"("The Last Comneni. The Beginning of Reaction"),《拜占庭年鉴》,XXV(1927—1928),20。

[168] L. 布莱耶尔:"安德罗尼卡(科穆宁)",《宗教历史与地理词典》,II,1780。

[169] Th. 乌斯宾斯基:"阿列克修斯二世和安德罗尼卡",《公众教育部杂志》,CCXII(1880),18,21。

[170] 《公众教育部杂志》,CCXII(1880),15;乌斯宾斯基谈的不是塑像,而是一幅画或镶嵌画。见尼西塔斯·科尼阿特斯《历史》,波恩版,432。

护者,枉法者的克星;你像西弥斯*(Themis)一样公正无私,廉洁奉公。"[170]

安德罗尼卡对拜占庭那些贵族(包括世袭贵族和土地贵族)的斗争,使意大利的历史学家科戈纳索联想起16世纪的俄罗斯沙皇伊凡雷帝对于俄罗斯贵族的斗争。他写道:

> 同安德罗尼卡曾试图摧毁拜占庭贵族的优势地位一样,伊凡也试图如此办理,摧毁俄罗斯的波雅尔(俄罗斯贵族)势力;而且,他们两个人都同样地被迫诉诸暴力手段,但俄罗斯沙皇做得更甚。然而,令人感到遗憾的是,他们在摧毁贵族势力的同时,也削弱了国家。伊凡四世时,就发现他在斯蒂芬·巴托里的波兰人势力面前无能为力,如同当年安德罗尼卡在诺曼人国王威廉二世面前无能为力一样。伊凡四世作为一个年轻而坚强的人民的君主,以迅雷不及掩耳的速度拯救了俄罗斯;安德罗尼卡则未能完成拜占庭帝国的改革和促其强盛的使命而早早倒台。古代的旧体制不可能继续得到支持,安德罗尼卡所梦寐以求的一个新的组织体系却过早地托付给了那些没有经验的人。[171]

当然,拜占庭社会制度历史久远,安德罗尼卡无力对它实行激

---

* 古希腊神话中司法和正义的女神。——译者

[170] Th.乌斯宾斯基,:"阿列克修斯二世和安德罗尼卡",《公众教育部杂志》,CCXII(1880),19.迈克尔·阿克米那图斯《著作集》,S.兰普洛斯编,142。

[171] 科戈纳索:《曼纽尔·科穆宁去世前的拜占庭党争和宫廷斗争》,290(78)。

进的改革。遭受镇压的土地贵族只是在等待时机,以图推翻这个可恨的统治者,代之以保持前三个科穆宁皇帝的社会政策的统治者。由于害怕叛乱和宫廷阴谋,安德罗尼卡疑神疑鬼,最后干脆采取恐怖政策。他经常滥杀无辜,触犯了上层阶级,也在平民大众中引起了与日俱增的仇恨。以前曾经狂热地接受并敬爱他的人们,现在却因他的背信弃义想抛弃他。他们已经开始寻找一位新皇帝。对那时君士坦丁堡人民的反复无常,尼西塔斯·科尼阿特斯有过鲜明的描写:"任何一个骚动的城市,它的人民都是盲目而顽固的;而君士坦丁堡的群众特别不安分守己,特别狂暴,而且特别'能另辟蹊径',因为其成分十分混杂……对他们来说,对皇帝漠不关心是天大的罪过,今天他们将他拥立为合法主人,明天就会把他贬为罪犯。"⑫

而对外政策的失败更加剧了复杂而危机重重的国内形势。安德罗尼卡认为,从帝国基本的和根本的利益考虑,政治上与外部世界隔绝是不切实际的;为了挽救绝望的形势,他必须与自己所深恶痛绝的西方势力重修旧好。

实际上,西方对拜占庭的态度极具威胁性。曼纽尔死后,拜占庭在西方有两个敌人:德意志国家和西西里王国。曼纽尔朝代两个帝国的联盟曾经是西欧政策的基础,现在已告结束;同时,拜占庭支持伦巴德各城市与弗里德里希·巴巴罗萨斗争使东方帝国的敌人逐渐靠近西西里王国。

在1182年君士坦丁堡大屠杀中幸免于难的拉丁人回到西方

---

⑫ 尼西塔斯·科尼阿特斯:《历史》,波恩版,304—305。

自己的国家。他们讲述了自己的可怕经历,并号召国人为他们报仇雪恨。遭受惨重经济损失的意大利商业共和国更是怒不可遏。还有一些遭受安德罗尼卡迫害的拜占庭贵族家族也逃到意大利,企图劝诱意大利诸国征讨拜占庭。

与此同时,西方对东方帝国的威胁日益加剧。弗里德里希·巴巴罗萨让他的儿子和继承人亨利娶了西西里王国的女继承人康斯坦丝(Constance)。这桩婚事的安排是在1184年,也就是安德罗尼卡去世的前一年在德国宣布的。这次事件意义重大。因为弗里德里希死后,他的儿子可以将那不勒斯和西西里并入德意志国王的地产。如果东方帝国的这两个敌人出于共同政治利益合而为一,将对拜占庭构成可怕的威胁。德意志与诺曼王族的联姻很有可能就是为了在西西里王国建立一个立足点,实现西方皇帝对付拜占庭的计划。因为在诺曼人的帮助下,德意志更容易征服希腊人的"国王"。一位中世纪史学家宣称,至少"这位与希腊人王国为敌的皇帝试图促成皇储与罗杰的女儿结合"。[14] 与安德罗尼卡同时期的西西里国王威廉二世趁拜占庭内乱之机,组织了一次对拜占庭的大规模远征。其目的当然不仅仅是报复1182年的大屠杀或支持拜占庭扶立新君,而是企图夺取拜占庭皇位。安德罗尼卡决定与西方和东方谈判。

1185年,他与威尼斯签订条约。[15] 据说,为了与圣马可共和国

---

[14] 《科隆的马克西米安年代纪》(*Annales Colonienses Maximi*),1185,载珀茨(Pertz):《日耳曼历史文献集,书信集》,XVII,791。

[15] 科戈纳索:《曼纽尔·科穆宁去世前的拜占庭党争和宫廷斗争》,294—295(82—83)。布莱耶尔:"安德罗尼卡(科穆宁)",《历史辞典》,II,1781。

达成协议,"换取对帝国的支持"(pro firmatione Imperii),安德罗尼卡释放了1182年大屠杀之后囚禁于君士坦丁堡的威尼斯人,并答应每年支付赔款,补偿他们的损失。实际上,他已开始履行条约中的义务,并于1185年付出第一笔赔款。[16] 同时,他极力向教宗靠拢,显然,他希望能得到教宗的支持,由此向教宗承诺给予天主教会一些特权。1182年末,教宗卢修斯三世曾派使节到达君士坦丁堡。[17] 而且,据一部西方编年史的重要记载,1185年安德罗尼卡不顾君士坦丁堡牧首的反对,在君士坦丁堡建立了一座教堂,馈赠给它以足量的岁入,供拉丁天主教牧师举行圣礼;"直到今天,那座教堂还被称作拉丁教堂。"[18]

在安德罗尼卡去世前不久,他还与埃及苏丹萨拉丁正式结盟。正如一位西方编年史家所说:"在悲伤和绝望之下,(安德罗尼卡)甚至向萨拉丁求助,并听从他的建议。"[19] 盟约条款经宣誓生效:如

---

[16] 安德烈·丹杜利(Andrae Danduli):《编年史》(Chronicon),穆拉多里(Muratori)编,《意大利历史资料手稿》(Rerum italicarum scriptores),XII,309(1182年?)。亦见 H. F. 布朗(H. F. Brown):"12世纪末君士坦丁堡的威尼斯人和威尼斯居住区"("The Venetians and the Venetian Quarter in Constantinople to the Close of the Twelfth Century"),《希腊研究杂志》,XL(1920),86。

[17] 科戈纳索:《曼纽尔·科穆宁去世前的拜占庭党争和宫廷斗争》,298—299(86—87)。布莱耶尔:"安德罗尼卡(科穆宁)",《历史辞典》,II,1781。

[18] 本尼迪克·阿巴蒂斯(Benedicti Abbatis):《国王亨利二世业绩》(Gesta regis Henrici Secundi),W. 斯塔布斯(W. Stubbs)编,I,257:construxerat ecclesiam quandam nobilem in civitate Constantinopolis, et eam honore et redditibus multis ditaverat, et clericos Latinos in ea instituit secundum consuetudinem Latinorum, quae usque, hodie dicitur Latina. 同样的记载亦见罗格里·德胡埃得内《编年史》,斯塔布斯编,II,205.

[19] 《教士大年代纪》(Chronicon Magni Presbiteri),即《赖歇尔斯贝格年代纪》(Annales Reicherspergenses),珀茨编:《日耳曼历史文献集,书信集》,XVII,511。

果萨拉丁在皇帝的建议和支持下占领耶路撒冷,他就应该占有其他任何一片可能征服的土地——除阿斯卡隆之外,耶路撒冷和整个海岸将获得自由;但前提是,萨拉丁必须承认安德罗尼卡对这个国家的宗主权;如果他们合作成功,皇帝应该拥有伊科尼姆苏丹的被征服地,最远可达安条克和小亚美尼亚。"可惜安德罗尼卡未及实施这个计划便一命呜呼。"[180]这样,根据这项盟约,安条克将被割让给萨拉丁,条件是萨拉丁承认帝国的宗主权。然而,无论是与威尼斯的条约,还是对教宗的讨好,乃至于同著名的萨拉丁的协议都无法挽救拜占庭的厄运或保住安德罗尼卡的权力。

在地中海东部,塞浦路斯岛总督伊萨克·科穆宁宣布独立,脱离帝国。由于缺乏优秀的舰队,安德罗尼卡未能镇压这次扰乱。塞浦路斯丢掉了。这对帝国是个极大的打击。因为那里是拜占庭重要的战略和商业据点,该据点与东方拉丁国家的贸易,可以为国库带来大量的收入。

但主要的和决定性的打击来自西方。西西里的威廉二世精心组织了一次对帝国的远征。像往常一样,战火燃起于都拉基乌姆。都拉基乌姆立即落入诺曼人之手;然后,他们沿着埃格南提亚军路(Via Egnantia)向萨洛尼卡进军。强大的诺曼舰队也抵达那里。威尼斯在这次战争中似乎保持绝对中立。

---

[180] 珀茨:上引书,XVII,511,见 R. 罗恩里希(R. Rohriche)《耶路撒冷王国史(1100—1291年)》(*Geschichte des Konigreichs Jerusalem, 1100—1291*),494(一次正式联盟)。N. 拉多伊契奇(N. Radoječić):《科穆宁朝末代两帝》(*Dva posljednja Komnena na carigradskom prijestolju*),85。科戈纳索:《曼纽尔·科穆宁去世前的拜占庭党争和宫廷斗争》,297(85)。多尔格:《未公布的希腊文献汇编》,II,91(no.1563)。布莱耶尔:"安德罗尼卡(科穆宁)",《历史辞典》,II,1781。

著名的海陆两路围攻萨洛尼卡的十日战开始了。萨洛尼卡大主教尤斯塔修斯目睹了这场战斗,并将其记载下来。他的记载虽然有些夸张,但却是珍贵的史料。1185年8月,仅次于君士坦丁堡的拜占庭第二号城市萨洛尼卡落入诺曼人之手。诺曼人对它进行了疯狂的破坏和大屠杀,以报1182年拉丁大屠杀之仇。当时的拜占庭史学家尼西塔斯·科尼阿特斯说:"我们和他们(拉丁人)之间形成了仇恨的无底深渊;即使我们依然保持外事联系并且经常栖身于同一屋顶之下,我们的心灵再也不能沟通,简直是水火不容。"⑱经过几天的烧杀抢掠,诺曼军队继续向东方行进,直抵君士坦丁堡。

萨洛尼卡的失陷和诺曼军队逼近的消息传到君士坦丁堡,人民发动了起义。他们指责安德罗尼卡抵抗不力。伊萨克·安吉列(Issac Angelus)突然被宣布为皇帝。安德罗尼卡被推翻,在酷刑折磨之下死去。1185年的革命宣告了拜占庭科穆宁王朝的终结。

安德罗尼卡一世登基之时,以保护农业阶级或农民、打击大土地所有者的独裁统治,并消灭拉丁人在拜占庭的膨胀势力为其基本国策。他的短暂统治与其他科穆宁皇帝的统治时期形成鲜明对比。只为这一个原因,安德罗尼卡的统治值得进行认真严密的科学研究。安德罗尼卡时代的一些问题,特别是社会问题和利益问题,至今尚未得到圆满解释。这就为进一步的研究提供了特别具有吸引力的空间。

---

⑱ 尼西塔斯·科尼阿特斯:《历史》,波恩版,391—392。

安吉列王朝的对外政策

安吉列王朝诸皇帝的特征

安吉列王朝由于 1185 年革命而取得皇位。该王朝属阿列克修斯·科穆宁的同时代人君士坦丁·安吉列家族的后人,该家族原是小亚细亚的菲拉得尔菲亚城人(Philadelphia),出身低微,但君士坦丁娶了阿列克修斯皇帝的一位女儿为妻而进入上层社会,此即安吉列家族第一位皇帝伊萨克二世安吉列的祖父。所以,伊萨克二世应该属科穆宁家族的母系支脉。

安德罗尼卡晚期的目标之一是建立一个民族政府;很明显,他大志未酬,并且在其统治行将结束时,开始转向西方。他去世之后,建立民族政府已是大势所趋。所以,正如安吉列王朝伊萨克二世统治时期的意大利史学家科戈纳索所说:"9 月 12 日(1185 年)的革命特别具有民族性和贵族性;所以,在所有的阶级中,只有拜占庭贵族从革命中得到好处。"[182]

伊萨克二世(1185—1195 年在位)并无治国才能。用格尔泽的话来说,他是"邪恶道德的化身,坐在恺撒们腐朽的宝座上"[183]。拜占庭宫廷的穷奢极欲、铺张浪费和强暴专横、敲诈勒索使人民忍无可忍;而在对外关系方面,统治者则表现得盲目、缺乏决断,特别

---

[182] "颓废的拜占庭皇帝安吉列的伊萨克二世"("Un imperatore Bizantino della decadenza Isacco II Angelo"),《贝萨里翁》(*Bessarione*),XXXI(1915),44;抽印本,18。

[183] 《拜占庭帝国史纲要》,1032。

是当巴尔干半岛上的第二保加利亚王国对帝国安全构成新威胁时,在小亚细亚,当突厥人横行而第三次十字军又未能积极阻挡时,表现得尤其如此。所有这一切在全国引起了不满和愤怒。于是,民众的暴乱接连发生,皇帝亦走马灯似的更换。然而,引起普遍不满的主要原因也许是"民众对安德罗尼卡意识到的两种恶行再也无法忍受,即财政官的贪欲和富有者的傲慢"[14]。最后,在1195年,发生了反对伊萨克的阴谋暴乱,策划者是伊萨克的兄弟阿列克修斯,他在一些贵族和军人的支持下,推翻了伊萨克的统治。伊萨克被弄瞎双眼,送进监狱,他的弟弟阿列克修斯做了皇帝,称阿列克修斯三世安吉列(1195—1203年在位)或安吉列·科穆宁,有时候,人们称他为平庸者($Βαμβακοράβδης$)[15]。

新皇帝跟他哥哥一样平庸无能。同样地穷奢极欲,同样地缺乏政治才能。同样地懒于理政,在军事上也同样地无能,这导致帝国更迅速地走向分裂,蒙羞。尼西塔斯·科尼阿特斯辛辣地讽刺阿列克修斯三世:"不管是什么样的文件,只要呈递给皇帝,他立即签字;哪怕这份文件只是一堆废话,或者文件呈递者要求什么人在陆地行船或在海上耕地,或要求将高山移往大海中央,或像神话传奇那样,将阿索斯山搬到奥林匹斯山上,这都无关紧要。"[16]首都贵族竞相效仿皇帝,互相攀比谁更为豪华奢侈。民众暴动在各省和首都此起彼伏。居住在君士坦丁堡的外国人——威尼斯人和比萨

---

[14] 科戈纳索:"颓废的拜占庭皇帝",《贝萨里翁》,XXXI(1915),59;抽印本,33。

[15] 见 N.A.比斯(N.A.Bees)"平庸者,皇帝阿列克修斯三世安吉列",《拜占庭和当代希腊年鉴》,III(1922),285—286。

[16] 《历史》,波恩版,599—600。

人经常在大街上遭遇流血冲突。对外关系方面也同样不成功。

其时,被废黜的伊萨克二世的儿子,年轻的阿列克修斯王子乘坐一艘比萨人的船从拜占庭逃到意大利。此后又到了德国,投奔国王士瓦本的腓力。腓力是伊萨克·安吉列的女婿,阿列克修斯王子的姐夫。那时正是第四次十字军开始发动之时。王子哀求德王和教宗帮助他双目失明的父亲恢复皇位。经过百般周旋,阿列克修斯终于说服威尼斯舰队取消埃及之行,转向君士坦丁堡。1203年,十字军夺取拜占庭首都,废黜阿列克修斯三世,将年老失明的伊萨克扶上皇位(1203—1204年);然后,他们又将王子阿列克修斯扶上皇位,作为共治帝(称阿列克修斯四世)随侍其父左右。十字军则驻扎在君士坦丁堡附近,监督他们订立的各项条款的实施。

然而,皇帝无力履行这些条款,而且两位皇帝对十字军俯首帖耳的行为,在首都引起了暴动。结果阿列克修斯五世杜卡斯·莫卓弗劳斯(Ducas Mourtzouphlos)被立为皇帝(1204年)。阿列克修斯五世娶了阿列克修斯三世的女儿为妻,与安吉列家族建立了姻亲关系。伊萨克二世和阿列克修斯四世在这场暴乱中丧生。十字军看到他们在首都失去了两位皇帝的支持,而且莫卓弗劳斯又举起了反对拉丁人的大旗,与十字军为敌,遂决定将君士坦丁堡据为己有。由于拉丁人的顽强进攻,首都人民的殊死抵抗失败了,君士坦丁堡终于在1204年4月13日落入西方骑士之手,遭到残暴蹂躏,皇帝逃离首都。拜占庭帝国倒台了。取而代之的是以君士坦丁堡为其首都的封建的拉丁帝国和东方帝国各地出现的数个封臣国家。

安吉列王朝或安吉列-科穆宁王朝起源于希腊民族,但他们未能为帝国奉献一位强大的皇帝；在内忧外患中，它只是加速了帝国的灭亡。

诺曼人和突厥人的关系及第二保加利亚王国的形成

在1185年革命那一年，也就是安德罗尼卡一世被废黜和伊萨克·安吉列登基那一年，帝国的形势非常危险。诺曼人陆军在占领萨洛尼卡之后开始进军首都君士坦丁堡，与此同时，诺曼舰队也已经抵达。但是诺曼人取得胜利后得意忘形，开始在征服地区大肆掠夺；他们过分自负和蔑视拜占庭军队，吃了败仗，被迫退出萨洛尼卡和都拉基乌姆。他们的舰队登陆行动的失败迫使他们撤离君士坦丁堡。伊萨克·安吉列与威廉二世签订和约，宣告诺曼战争结束。对于小亚细亚的塞尔柱人的威胁，伊萨克·安吉列以重礼贿赂和年贡换取了暂时安宁。

对于伊萨克·安吉列来说，即使与诺曼人暂时休战，也占了很大便宜。因为在他统治的最初几年，巴尔干半岛发生了对帝国意义重大的几个事件。1018年被"保加利亚人的屠杀者"瓦西里二世征服的保加利亚曾几次试图恢复独立。1186年，保加利亚终于摆脱拜占庭的枷锁，成立了第二保加利亚王国。

这场运动的领袖是彼得，或卡洛彼得（Kalopeter）及亚琛（亚桑［Asen或Asan］）两兄弟。对于他们的家世和瓦拉几亚人参加1186年起义的问题，史学家曾做过几次探讨。以前，史学家们认为这两兄弟曾生活在瓦拉几亚人当中，因而学会了他们的语言。V.瓦西列夫斯基说："这两位领袖正是保加利亚和瓦拉几亚两个民族融合的典范。这一点在所有记载这次自由之战的史料中十分明显,也为近代史学家们所强调。"[160]最近,保加利亚史学家将彼得和亚琛的家世追溯到保加利亚北方的库曼-保加利亚人,否认瓦拉几亚-罗马尼亚人参加过1186年的起义;并且认为,特尔诺沃第二保加利亚王国的建立完全是保加利亚民族的成就,与瓦拉几亚人无关。[161]然而,近代的罗马尼亚史学家激烈地重申瓦拉几亚人在第二保加利亚王国建立中的作用,认为这个新王国属于瓦拉几亚人,即罗马尼亚人。[162]

这个问题掺杂着保加利亚人和罗马尼亚人的一些民族主义因素,因此有必要以尽可能超然和公正的学术态度加以探讨。在可靠资料的基础上,应该得出如下结论:瓦拉几亚人,即今天的罗马尼亚人的祖先,曾经掀起,并轰轰烈烈地进行了12世纪下半叶巴尔干半岛上的这场解放运动;保加利亚人参加了这场运动。从某种程度上说,多瑙河对岸的库曼人也参加了这场运动。瓦拉几亚人在这个重大事件中的作用不可忽视。当时最杰出的希腊史学家尼西塔斯·科尼阿特斯明确表明这场暴动肇始于瓦拉几亚人(Blachi);他们的领袖彼得和亚琛属于这个民族;这个时期拜占庭

---

[160] V. G. 瓦西列夫斯基的评论发表于《公众教育部杂志》,CCIV(1879),181。

[161] 例如,参见 P. 穆塔弗奇也夫(P. Mutafchiev)《普洛塞克的统治者。12世纪末和13世纪初保加利亚历史》(*The Rulers of Prosec. Pages from the History of Bulgaria at the End of the Twelfth and the Beginning of the Thirteenth Century*),6—7。V. 兹拉塔尔斯基:《1185年叛乱首领彼得和亚琛的家世渊源》(*The Origin of Peter and Asen, the Leaders of the Insurrection in* 1185),427。P. 尼克夫(P. Nikov):《第二保加利亚帝国(1186—1936年)》(*The Second Bulgarian Empire 1186—1936*),23。

[162] 见 G. 布拉提亚努"维奇那一世对拜占庭的统治史和热那亚在多布罗加的商业史上的贡献",《罗马尼亚科学院历史研究所简报》,X(1923),136。布拉提亚努:《维奇那和切塔采亚·阿尔巴的研究》(*Recherches sur Vicina et Cetatea Alba*),93。

帝国的第二次战争就是针对瓦拉几亚人;彼得和亚琛死后,瓦拉几亚人帝国由他们的弟弟约翰继承。只要尼西塔斯提到保加利亚人,他总是将他们与瓦拉几亚人相提并论,即"保加利亚人和瓦拉几亚人"。[19] 跟随皇帝弗里德里希·巴巴罗萨进行东征(1189—1190年)的西方教士安斯伯特记载道,皇帝在巴尔干半岛同希腊人和瓦拉几亚人作战,称彼得或卡洛彼得为"瓦拉几亚人和大多数保加利亚人的皇帝"(*Blacorum et maxime paxime partis Bulgarorum dominus*)或"瓦拉几亚人和库曼人的皇帝(*imperator*)",或只声称"被他们称作希腊皇帝的瓦拉几亚人皇帝"(*Kalopetrus Bachorum [Blachorum] dominus itemque a suis dictus imperator Grecie*)。[19] 教宗英诺森三世曾于1204年与保加利亚国王卡洛扬(Calojoannes)通信,称他为"保加利亚人和瓦拉几亚人之王"(*Bulgarorum et Blacorum rex*);在回复教宗的信中,卡洛扬自称"保加利亚之瓦拉几亚王国的皇帝"(*imperator omnium Bulgarorum et Blacorum*),但落款签名是:"保加利亚皇帝卡洛扬"(*imperator Bulgariae Calojoannes*);特尔诺沃大主教自称"全保加利亚与瓦拉几亚人第一主教"(*totius Bulgariae et Blaciae Primas*)。[19]

尽管这场解放运动是瓦拉几亚人发起的,但保加利亚人无疑

---

[19] 尼西塔斯·科尼阿特斯:《历史》,波恩版,482、485、487—489、516、622。

[19] 安斯伯特(Ansbert 或 Ansbertus):《弗里德里希大帝远征史》(*Historia de expeditione Frederici Imperatoris*),26、44、48、54。

[19] 英诺森三世(Innocent III):《书信集》(*Epistolae*),VII;米涅编:《拉丁教父著作全集》,XV,特别是见 col.287;VI,290;VIII,292—293;IX,294;XI,295;XII,295—296。

积极参加了这场运动,可能主要负责新王国的内部组织工作。库曼人也参加了这场运动。从民族学上来说,新生的保加利亚王国是瓦拉几亚-保加利亚-库曼民族的混合国家。如果尼西塔斯·科尼阿特斯的观点可以接受的话,那么它即是瓦拉几亚人所统治的王朝。[133]

这场运动的原因是瓦拉几亚人和保加利亚人对拜占庭统治不满,想要独立。形势似乎对他们特别有利。由于安德罗尼卡时期的混乱和1185年的革命,拜占庭帝国元气大伤,无力采取适当措施平息这场暴动。而尼西塔斯则幼稚地认为,这次叛乱的起因是由于伊萨克·安吉列在筹办其与匈牙利公主的婚礼时,抢走了瓦拉几亚人的牛,才引起了叛乱。[134]

彼得,这个"叛逆的可恶的奴隶"(雅典人迈克尔·阿克米那图斯如此称呼他[135]),和亚琛在开始时遭到拜占庭军队的打击;但他

---

[133] 关于第二保加利亚王国的形成,见 K.R.冯·霍费勒尔(K.R. von Höfler)的经典著作;如果我未弄错的话,在涉及这个问题时,1943年以前学者们在进行这方面研究时从未提到过他的这部专著:《关于斯拉夫人历史的论文集,I.第二保加利亚王国(1186—1257年)的创建者瓦拉几亚人亚琛兄弟》(*Abhandlungen aus dem Gebiete der slavischen Geschichte. I. Die Wallachen als Begrunder des zweiten bulgarischen Reiches der Asaniden*,1186—1257),229—245。N.班内斯库(N. Bănescu):《中世纪历史上的一个问题:第二保加利亚帝国的形成及其特征》,(*Un probleme d'histoire médiévale: Création et caractère du Second Empire Bulgare*),84—93。奥斯特洛戈尔斯基最近强调,库曼人和瓦拉几亚人在彼得和亚琛起义中的作用相当大,《拜占庭国家史》,287页注3。R.L.沃尔夫(R.L. Wolff):"第二保加利亚帝国的起源及其在1204年前的历史"("The Second Bulgarian Empire. Its Origin and History to 1204"),《史鉴》(1949),167—206。

[134] 尼西塔斯·科尼阿特斯:《历史》,波恩版,481。

[135] 《编年史家米哈伊尔·阿克米那特·科尼阿特斯作品拾遗》(Μιχαήλ Ακομινάτου του Χωνιάτου τὰ σωζόμενα),兰普罗斯编,I,246—247。

们却能够从多瑙河对岸的库曼人中补充兵源。战争对帝国愈来愈困难,于是,彼得和亚琛成功地与拜占庭达成了一项和约。彼得在他揭竿而起时已经自称沙皇,并且黄袍加身。现在,这个新保加利亚王国被承认是一个政治上不受拜占庭控制的独立国家,定都特尔诺沃,并建立了独立的国家教会。[⑬] 这个新的王国就是人所共知的特尔诺沃保加利亚王国。[⑭]

与保加利亚起义的同时,一场类似的运动在塞尔维亚境内爆发。统一了塞尔维亚的"大祖潘"(Gereat Župan,伟大的统治者)斯蒂芬·尼曼加(Stephen Nemanja)建立了王朝。他与保加利亚的彼得达成协议,联手对付拜占庭帝国。[⑮]

1189年,第三次十字军的参与者、德意志的弗里德里希·巴巴罗萨在拜谒圣地途中,经巴尔干半岛到达君士坦丁堡。塞尔维亚和保加利亚试图利用这个有利时机取得弗里德里希的帮助。弗里德里希在尼什停留期间,接待了塞尔维亚使节和大祖潘斯蒂芬·尼曼亚(the Great Župan Stephen Nemanya)本人,同时,与保加利亚展开谈判。塞尔维亚和保加利亚建议与弗里德里希联盟对付拜占庭皇帝,条件是弗里德里希允许塞尔维亚合并达尔马提亚和保有征服的拜占庭领土,同时允许亚琛兄弟永久拥有保加利

[⑬] P.尼克夫:《保加利亚和保加利亚教会史史料研究》(Studies in the Historical Sources of Bulgaria and in the History of the Bulgarian Church),8—13。V.兹拉塔尔斯基:《中世纪保加利亚帝国史》,II,441—483。

[⑭] 同[⑬]所引。亦见 P.尼克夫《13世纪初以来的保加利亚外交》(Bulgarian Diplomacy from the Beginning of the Thirteenth Century),76—77。

[⑮] C.吉莱切克:《塞尔维亚史》,I,270。

亚,确保彼得的王位。弗里德里希没有给他们最后答复就上路了。[19] 19世纪的史学家 V.瓦西列夫斯基对此发表评论说:"解决巴尔干半岛斯拉夫人问题的主动权曾一度操纵在西方皇帝手中;巴巴罗萨几乎就要接受塞尔维亚和保加利亚首领的帮助对付拜占庭。毫无疑问,这将会导致希腊帝国的毁灭。"[20]

十字军进入小亚细亚之后不久,拜占庭军队遭到保加利亚人的沉重打击。皇帝本人险些被俘。据当时的资料记载,"大规模的杀戮使诸多城市哀泣,使乡村哀歌。"[21]

1195年,拜占庭爆发革命,伊萨克被废黜并被刺瞎了双眼,他的兄弟阿列克修斯登基。阿列克修斯做的第一件事是巩固皇位。所以,他与保加利亚人和谈。但保加利亚人提出难以接受的条件。不久以后,1196年,由于希腊人的阴谋策划,亚琛和彼得先后被杀害,他们的弟弟约翰接替他们成为统治者。他以前曾作为人质在君士坦丁堡生活过,谙熟拜占庭习俗。他就是"1196年威胁希腊人,后来又威胁拉丁人"[22]的著名沙皇卡洛扬。保加利亚人承认教宗是他们教会的领袖,特尔诺沃大主教也被提升为首席主教。

于是,在安吉列王朝统治期间,巴尔干半岛上崛起了一个以保加利亚国王为代表的强大对手。第二保加利亚王国在安吉列王朝末期势力坐大,成了在拜占庭领土上建立的拉丁帝国所面临的真

---

[19] C.吉莱切克:《塞尔维亚史》,I,271—272。
[20] 瓦西列夫斯基文章,《公众教育部杂志》,CCIV(1879),196—197。
[21] 尼西塔斯·科尼阿特斯:《历史》,波恩版,565。
[22] 瓦西列夫斯基文章,《公众教育部杂志》,CCIV(1879),203。(此处原标明XXIV,即第24卷,经核对前文,确定此处有误。——译者)

正威胁。

第三次十字军和拜占庭

在毫无成就的第二次十字军之后,基督徒东方领土*的局势仍然令人极其不安:各王公之间的内部纷争、宫廷阴谋、军事骑士团间的争执和个人利益的追逐——所有这些都在不断削弱基督徒的势力,使穆斯林得寸进尺。基督徒领土上最重要的中心安条克和耶路撒冷已经无力自保。12 世纪中期夺取大马士革的强大的叙利亚统治者努尔丁·马茂德(Nurad-Din Mahmud)开始对安条克虎视眈眈。然而,真正的危险还是来自埃及。具有强大野心计划的天才首领和精明的政治家库尔德人萨拉丁于 12 世纪 70 年代末推翻了法蒂玛王朝,建立阿尤布王朝,统治了埃及。萨拉丁趁努尔丁去世之机,征服了叙利亚,后来又征服美索不达米亚大部分,从南、东、北三面形成了对耶路撒冷王国的包围之势。

当时,耶路撒冷正经历着严重动乱,这一点萨拉丁非常清楚。当得知他妹妹所在的穆斯林商队遭到基督徒的抢劫时,萨拉丁便进入了耶路撒冷王国,并于 1187 年在靠近提比留海**的赫丁(哈丁)战役中打败了基督徒军队。耶路撒冷国王以及许多其他基督徒王公都落入萨拉丁之手。然后,萨拉丁占领了一些军事重地,如贝鲁特、西顿、雅法等,从而切断了基督徒可能获得的海上供给。接着,他进军耶路撒冷,并于同年(1187 年)秋天轻而易举地占领

---

* 此处指十字军建立的海外领地。——译者
** 即耶路撒冷北方的加利利海,或称加利利湖,是《圣经·新约》记载中耶稣早期生活和传道的重要地区之一。——译者

圣城。欧洲的所有牺牲和宗教热忱都已付诸东流。耶路撒冷又落入异教徒之手。组织一次新的十字军东征已经势在必行。

西方的教宗正为新的东征而积极活动。他成功地敦促法国国王奥古斯都菲利普二世、英国狮心王理查一世和德国国王弗里德里希一世巴巴罗萨这三位君主参加了这次运动。但这次轰轰烈烈的十字军运动并无总的指导思想。首先,参加者都各自试图与将要路经地区和国家的领主们搞好关系。菲利普·奥古斯都和理查经过西西里,自然要讨好西西里国王。弗里德里希·巴巴罗萨要经过巴尔干半岛到达东方,所以要与匈牙利国王、塞尔维亚大祖潘、拜占庭皇帝伊萨克·安吉列,甚至与小亚细亚的伊科尼姆苏丹(萨拉丁的对手,一个穆斯林)进行谈判。由于政治上的需要,十字军的君主们不惜与异教徒结盟。然而,十字军所面临的对手却不是他们以前所面对的那样一盘散沙般的穆斯林军队,而是战无不胜的天才而英明的萨拉丁,他已经征服了埃及、巴勒斯坦和叙利亚,尤其当他拿下耶路撒冷之后,势头更盛。听到十字军出征的消息,他立即号召穆斯林同基督徒,这些"狂吠的狗"和"蠢才"(他在给他兄弟的信中这样称呼十字军[203])做积极的、坚忍不拔的斗争。这是一次抗击基督徒的反十字军运动。一部中世纪传奇记载:在此之前,为了了解基督教国家的局势,萨拉丁曾亲自游历欧洲。[204]

---

[203] 罗恩里希:《耶路撒冷王国史》,491。

[204] 见 F.J. 达奎斯(F.J. da Aquis)《世界图像编年史》(*Chonaca dell' imagine mondo*),《国家历史文献手稿》(*Monumenta Historiae Patria Scriptorum*),III,1561。亦见 G. 帕里斯(G. Paris)"萨拉丁传奇"("La Légende de Saladin"),《学者杂志》(*Journal des Savants*)(1893),7—34。A. 托马斯:"普瓦提埃的萨拉丁传奇"("La Légende de Saladin en Poitou"),《学者报》(1908),467—471。

第七章　拜占庭与十字军

一位近代史学家记述道:"以前的十字军从未如此鲜明地体现两大宗教势力的对抗。"[25]

弗里德里希·巴巴罗萨安然无恙地穿过匈牙利和巴尔干半岛,与塞尔维亚和保加利亚人达成协议。将来的行军是否顺利,首先取决于他与伊萨克·安吉列建立什么样的关系。

由于1182年君士坦丁堡对拉丁人的屠杀,基督教东、西方的关系变得十分紧张。弗里德里希·巴巴罗萨与诺曼人的友好谅解,特别是他的儿子与西西里王国女继承人的联姻更引起伊萨克对他的猜忌。虽然弗里德里希出发前已经与拜占庭皇帝的使者签订了纽伦堡条约,伊萨克·安吉列仍然与十字军的进攻目标萨拉丁展开谈判。萨拉丁遣使拜占庭,签订了对付伊科尼姆苏丹的盟约,条件是:伊萨克全力阻击弗里德里希的东进;萨拉丁则答应将圣地耶路撒冷归还希腊人。伊萨克对弗里德里希的行为越来越感到不安。弗里德里希与塞尔维亚和保加利亚签订的协议显然是针对拜占庭的,这不能不引起伊萨克的警惕。

此时,弗里德里希的十字军占领了菲利浦城(Philippopolis)。在伊萨克致这位西方皇帝的信中,称他为"阿勒曼尼之王"[26],称自己为"罗马人的皇帝"。[27] 他指责弗里德里希企图征服东方帝国,但又答应帮助他渡过赫勒斯滂海,条件是:弗里德里希送一些德意

---

[25] 布莱耶尔:《十字军》,121;(1928年第5次修订版),121.

[26] 尼西塔斯·阿克米那图斯亦称腓特烈为"阿勒曼尼人君主弗里德里希"(Φρεδέρικος ὁ τῶν Ἀλαμανῶν ῥήξ).

[27] 安斯伯特编:《弗里德里希大帝远征史》,《奥地利历史资料集,Ⅰ,作品集》(Fontes rerum austriacarum, Ⅰ, Scriptores),Ⅴ,37.

志贵族人质到拜占庭,并保证将德意志人占领的一半亚洲领土归属拜占庭。在君士坦丁堡的德意志使者则被囚禁。事已至此,弗里德里希决心征服君士坦丁堡。他写信给儿子亨利,让他集合意大利的舰队,向教宗请求许可,组织另一支进攻希腊人的十字军。与此同时,在弗里德里希的军队攻占了亚得里亚堡后,随即占领色雷斯,几乎抵近君士坦丁堡城下。史料记载:"君士坦丁堡全城一片惊慌,感到他们的末日就要来临。"[20]

生死攸关之时,伊萨克投降了。他在亚得里亚堡与弗里德里希讲和,主要条件是:伊萨克准备船只,运送弗里德里希的士兵渡过赫勒斯滂海,进入小亚细亚;向弗里德里希派遣人质;向十字军提供粮食。1190年春,德意志军队越过赫勒斯滂海。

众所周知,弗里德里希的远征彻底失败了。他的军队经历了穿越小亚细亚的长征,到达小亚美尼亚边境上的乞里奇亚境内时已是筋疲力尽。1190年,这位皇帝意外地在一条河上溺水而死;他的军队如鸟兽散。萨拉丁最危险的敌人消失了。

西欧其余两位君主菲利普二世奥古斯都和狮心王理查一世从西西里乘船到达巴勒斯坦。他们的远征几乎没有触犯拜占庭的利益。然而,理查的名字与拜占庭最终丢失其在地中海上的战略要地塞浦路斯有着直接关系。

在安德罗尼卡一世执政期间,伊萨克·科穆宁曾脱离帝国,自封为塞浦路斯的独立统治者,并且与西西里王国达成协议。伊萨

---

[20] 《外国史》(*Historia peregrinorum*),转引自 K. 齐默尔特(K. Zimmert)"1189年7月—1190年2月德意志-拜占庭冲突"("Der deutsch-Byzantinische Konflikt vom Juli 1189 bis Februar 1190"),《拜占庭研究杂志》(德文),XII,(1903),63页注2。

克·安吉列试图收复塞浦路斯岛,但没有成功。在英王狮心理查东征期间,因他的新娘及其妹妹所乘坐的船只遇海难,在塞浦路斯岛的岸边搁浅,塞浦路斯岛君主没有给予应有的保护和尊重,引起理查王勃然大怒。于是,理查王在塞浦路斯登陆,打败了伊萨克·科穆宁,迫其退位。随后,理查王将塞浦路斯岛交给耶路撒冷流亡国王居伊德·吕济尼昂(Guyde Lusignan)。1192 年,吕济尼昂在塞浦路斯建立吕济尼昂王朝,放弃了对耶路撒冷王国的有名无实的权利,因为当时的耶路撒冷已经不再由基督徒所控制。塞浦路斯的新拉丁王国似乎成为此后基督徒对东方行动的一个战略基地,充当了重要角色。

十字军一无所获。英法两个君主空手而归。耶路撒冷依然控制在穆斯林手中。基督徒只保留了从雅法到提尔间的狭长地带。萨拉丁主宰了局面。

亨利六世和他的东方计划

如果说弗里德里希·巴巴罗萨给拜占庭带来了危险,那么他的儿子和继承人亨利六世带来的危险更大。亨利继承了霍亨斯陶芬家族的信念,认为上帝赋予他无限的权力。仅仅出于这一理由,他也无法容忍另一位皇帝,即拜占庭皇帝拥有同样的绝对权力。除此之外,作为诺曼公主康斯坦丝的丈夫,他继承了两西西里王国;同时也继承了诺曼人对拜占庭的顽固敌视和对拜占庭的侵略计划。亨利六世似乎注定要完成其父的未竟事业,即,将拜占庭合并到西方帝国。他向君士坦丁堡发出最后通牒,要求伊萨克·安吉列割让都拉基乌姆和萨洛尼卡之间的巴尔干领土。这些领土曾经被诺曼人征服,又被拜占庭收复。在这份文件中,还提到了弗里德里希·巴巴罗萨在十字军期间遭受的损失赔偿问题和拜占庭派舰队支援亨利远征巴勒斯坦问题。[209] 1195年,伊萨克秘密地派出了使者之后,便被其弟阿列克修斯三世废黜,并被刺瞎双眼。

这次革命之后,亨利六世的威胁日甚一日。他安排他弟弟、士瓦本的腓力与被废黜的皇帝伊萨克的女儿伊琳娜结婚,从而使其弟弟获得对拜占庭的某些权利。在拜占庭新皇帝那里,他对亨利六世的"恐惧不仅由于他是西方皇帝,诺曼诸王的继承人和十字军战士,而且首先是被废黜的伊萨克及其家族的复仇者"[210]。亨利为十字军设计的夺权目标不仅仅是巴勒斯坦,还包括君士坦丁堡。他计划占有所有的基督教东方领土,也包括占有拜占庭。局势似乎对他实现这个目标十分有利:塞浦路斯统治者遣使德意志,乞求他赐予自己国王的称号,并表示愿意"成为罗马皇帝永远的附庸"(*homo imperiiesse Romani*)。[211] 小亚美尼亚的统治者也同样请求获得君主称号。如果亨利能成功地插足于叙利亚,他将完全能够形成对拜占庭的包围之势。

在此关键时刻,教宗站到了拜占庭一边。他十分清醒:如果霍亨斯陶芬家族建立一个包括拜占庭在内的大一统君主国的梦想得以实现,教廷将被打入永恒的冷宫。所以,教宗竭尽全力阻挠亨利

---

[209] 尼西塔斯·科尼阿特斯:《历史》,波恩版,627—628。
[210] W.诺登:《教宗统治和拜占庭》,128。
[211] 《马尔巴森斯年代纪》(*Annales Marbacenses*),佩尔茨编:《日耳曼历史文献》,XVII,167。

进攻东方帝国的计划;圣彼得座的继承人似乎忘了拜占庭皇帝的分裂主义。正如诺登(Norden)所指出的,对教廷来说,希腊问题几乎丧失了它的全部宗教意义,完全表现出它的政治色彩。"如果精神的胜利要以教廷的政治破产为代价,那它还有什么意义!"对教宗来说,拜占庭是抵抗西方帝国主义的屏障,至于她是一个天主教国家还是分裂主义国家,她的皇位上坐的是一个合法的皇帝还是一个篡权者,都无关紧要。对12世纪末的教宗来说,重要的是拜占庭国家保持完全的独立地位。[21]

这时,亨利给阿列克修斯三世送去了恫吓信,与此前送给伊萨克的最后通牒类似。阿列克修斯只能付给亨利六世巨款以购买和平。为此,阿列克修斯在全国开征一种特别税,称"阿勒曼尼税"($\alpha\lambda\alpha\mu\alpha\nu\iota\kappa\acute{o}\nu$),并从皇陵中挖掘珍贵的随葬品。[22] 为了从他的危险敌人那里换得一时安宁,他只能如此委曲求全。1197年夏末,亨利驾临墨西拿,亲自参加十字军的出发仪式。一支庞大的舰队整装待发,其目标可能不只是圣地,还有君士坦丁堡。正值此时,年轻而精力旺盛的亨利却因高烧而卧床不起,并于同年的秋天去世。亨利一死,其宏伟计划也宣告破产。在这一短短的时期,东方第二次逃脱了霍亨斯陶芬王朝的魔掌。拜占庭人得知亨利的死讯和取缔"阿勒曼尼税"的消息十分欢悦。教宗也如释重负。

亨利的活动表明了,在十字军事业中,政治上的考虑已经获得全面胜利。这对拜占庭的未来命运具有非常重要的意义。"亨利

---

[21] 诺登:《教宗统治和拜占庭》,130、132。

[22] 尼西塔斯·科尼阿特斯:《历史》,波恩版,631—632。

最终提出了拜占庭帝国问题,它的解决将很快成为十字军成功的必要条件。"[214]

有些史学家矢口否认亨利六世有建立世界性大一统帝国和征服君士坦丁堡的梦想。他们指出,这种说法只是基于那个时代拜占庭史学家尼西塔斯·科尼阿特斯的记载,而在西方史料中却没有相关的任何证据。这些作者认为,后来得到布莱耶尔赞同的诺尔顿的论断并不可信;他们相信,在1196年时,亨利并没有认真地考虑进攻拜占庭的问题;亨利的十字军与他的拜占庭政策也没有任何关系,认为亨利有着建立一个世界性帝国的梦想只是子虚乌有的神话。[215] 但是,人们无法否认当时的作者尼西塔斯·科尼阿特斯的记载,他清楚地评述了亨利对拜占庭的侵略计划。而且,这一计划是亨利之父弗里德里希·巴巴罗萨对拜占庭政策的直接延续和后果;在第三次十字军运动中,弗里德里希·巴巴罗萨曾经准备夺取君士坦丁堡。[216] 因此,亨利六世的政策不仅是一位十字军战士的政策,也是一位沉湎于建立一个包括拜占庭在内的世界君主国的幻想者的政策。

---

[214] 布莱耶尔:《十字军》,143。

[215] E.特劳布(E. Traub):《1195—1197年皇帝亨利六世的十字军计划及其政策》(*Der Kreuzzugsplan Kaiser Heinrichs VI im Zusammenhang mit der Politik der Jahre 1195—1197*),51—52、60。W.莱昂哈特:(W. Leonhardt):《皇帝亨利六世的十字军计划》(*Der Kreuzzugsplan Kaiser Heinrichs VI*),63、67、89。见多尔格《未公布的希腊文献汇编》,II,101(no.1619)。莱昂哈特的观点得到J.哈勒尔(J. Haller)的支持:"皇帝亨利六世"("Kaiser Heinrich VI"),《历史杂志》,CXIII(1914),488—489,并特别见503。

[216] 见弗里德里希·巴巴罗萨在他死前不久,即1189年于菲利浦城写给他的儿子和继承人亨利的信,见博赫默尔(Böhmer)《皇帝敕令选》(*Acta imperii selecta*),152。

第四次十字军和拜占庭

第四次十字军运动是一次极度复杂的历史事件,混杂着各种各样的利益和情绪;高尚的宗教情感,来世回报的希望,精神活动的渴望,对十字军事业的献身与冒险和攫取的欲望,对长途旅行的爱好和封建时期的尚武好战情绪交织在一起。前几次十字军运动表现出来的物质利益和世俗利益支配精神和宗教情绪的特点,在第四次十字军中表现得尤为明显;在1204年十字军占领君士坦丁堡和建立拉丁帝国的行为中,这一特征更是表现得淋漓尽致。

12世纪末,特别是在亨利六世时期,德意志控制着意大利,亨利的东方计划亦威胁着东方帝国。他的突然去世改变了整个形势。著名的英诺森三世于1198年当选教宗。他致力于恢复被德意志君主损害的教廷权威,并充当基督教反对伊斯兰教运动的领袖。在与德意志人斗争中,意大利站在了教宗一边。教宗知道霍亨斯陶芬家族是教廷和意大利的头号敌人,所以支持当选德意志国王的不伦瑞克的奥托,反对已经去世的亨利六世的弟弟、士瓦本的腓力·霍亨斯陶芬。这似乎为拜占庭帝国推行科穆宁王朝的计划,以一个拜占庭世界国家代替日耳曼世界国家提供了可乘之机。皇帝阿列克修斯三世可能带着这一想法,在英诺森三世当选教宗的那年,写信给教宗说:"我们是仅有的两个世界权力的掌握者——独一的罗马教会和独一的查士丁尼继承者的帝国;因此,我们必须团结起来,防止我们的对手——西方皇帝的东山再起。"[217]

---

[217] 诺登:《教宗统治和拜占庭》,134;诺登是从英诺森三世致阿列克修斯三世的信中得出这一结论的。英诺森三世:《书信集》,I,353;米涅编:《拉丁教父著作全集》,CCXIV,326—327。

实际上,拜占庭的内外形势不可能使这种宏伟计划变为现实。

然而,英诺森三世不愿意看到东方皇帝分离于基督教会之外,于是开始进行教会统一的谈判。谈判进程缓慢,因为在教宗致阿列克修斯的一封信中,恼怒的教宗竟威胁,如果这位皇帝不顺从,教廷将支持被废黜并被致残的伊萨克家族重登拜占庭皇位,[218]这位伊萨克的女儿在此前已同德王士瓦本的腓力结婚。当然,教宗可能并不想这么做。然而,阿列克修斯三世并不赞成教宗关于使教会合一的建议。在一封信中,他甚至声称君权高于教权。[219] 所以,拜占庭与罗马的关系又趋于紧张。

教宗英诺森三世与君士坦丁堡继续谈判,并在德意志进行巧妙的外交宣传,同时也在积极地组织一次全面的十字军行动。他力图使东西方基督教世界的力量都集中起来,以达到一个共同的目标,即将圣地从异教徒的手中解放出来。所有的基督教君主都收到了教宗谕旨;教宗的使节们游说于整个欧洲,允诺将赦免十字军参加者的罪恶,保证他们得到许多世俗的好处;舌巧如簧的教士们则去煽动群众。英诺森在信中描述了圣地的悲惨情景,表达他对那些沉湎于享乐和无谓争斗中的君主和王公的愤怒;他描述了穆斯林(即他信中所称的异教徒)是怎样看待和谈论基督徒的。教宗写道:

> 我们的敌人侮辱我们说:"你们那位既不能自救也不能救

---

[218] 《书信集》,V,122;米涅编:《拉丁教父著作全集》,CCXIV,1123—1124。
[219] 米涅编:《拉丁教父著作全集》,CCXIV,1082—1183。

人的上帝在哪里?我们玷污了你们的圣殿,亵渎了你们所崇拜的圣物并踩躏了你们的圣地。我们无视你们的存在,控制了你们的父之信仰的摇篮。我们打败了法国人,折断了他们的长矛,我们粉碎了英国人的进攻,摧毁了德意志人的斗志,挫败了西班牙人的英雄主义。你们的勇武何用之有?你们的上帝在何方?让他出来帮助你们呀!让他来保护你们和他自己呀!……我们所要做的是,在消灭了那些留守圣地的残兵败将之后,我们必定要降临于你们的土地,将你们的名字抹去,将你们的记忆涂掉。"对这样的奇耻大辱,我们何以作答?我们如何回击这些侮辱?确实,他们的话并非捕风捉影……当异教徒肆无忌惮地耀武扬威的时候,基督徒们再也不敢迈出城门一步。他们惶恐不安地躲在城里。(异教徒的)剑在城外等待着他们;他们则躲在城内瑟瑟发抖。[20]

西欧的主要君主无人响应英诺森三世的号召。法国的腓力二世奥古斯都由于离婚案被开除教籍;英国无地王约翰登基伊始,首先要做的是巩固王权,正忙于解决与男爵们的争端;最后,在德意志,则爆发了不伦瑞克的奥托与士瓦本的腓力之间的皇位之争,双方都无法脱身。在所有的君主中,只有匈牙利国王参加了十字军。不过,西方骑士,特别是法国北部骑士中的一些杰出人物,参加了这次十字军战争。香槟伯爵蒂鲍尔特(Thibault)、佛兰德的鲍德温(Baldwin)、布卢瓦(Blois)的路易以及其他许多人都加入了圣

---

[20] 《书信集》,I,336;米涅编:《拉丁教父著作全集》,CCXIV,309。

战行列。这次十字军由法国人、佛莱芒人、英国人、德意志人和西西里人组成。

但是,十字军的核心人物是威尼斯总督恩利克·丹多罗(Enrico Dandolo)。他从思想上和性格上都属于典型的威尼斯人。他上台时至少有80岁,但他却像青年人一样精力充沛。他忠诚爱国,十分清楚威尼斯的重要目标,特别是经济目标是什么。只要涉及圣马可共和国的尊严、社会安宁和实际利益,丹多罗就会毫不犹豫地采取任何手段。他善于交际,意志坚定,老成持重,是一位杰出的政治家、老练的外交家和经济专家。[21]

在第四次十字军开始的时候,拜占庭和威尼斯的关系不是特别友好。据传说,三十年前,丹多罗在君士坦丁堡作为人质时,希腊人用一面反射强烈阳光的凹镜弄瞎了他的眼睛。因此,他与拜占庭有不共戴天之仇。当然,拜占庭和威尼斯的互不信任和敌对有更深刻的原因。丹多罗十分清楚,整个东方,包括基督教国家和伊斯兰教国家,具有共和国经济发展所必需的取之不尽的资源;他的首选目标是离他最近的拜占庭。他要求全面恢复威尼斯在拜占庭已经获得、但后来被科穆宁朝的末代皇帝曼纽尔削弱了的所有商业特权。丹多罗目睹了威尼斯商人被逮捕,被抢走船只,被没收财产,也目睹了1182年拜占庭人对拉丁人的大屠杀。丹多罗绝对不能容忍威尼斯多年在东方帝国获得的贸易垄断权转到其他意大利城市,如比萨和热那亚,从而损害威尼斯的商业繁荣。精明强干的丹多罗酝酿成熟了一个征服拜占庭、确保东方市场的计划。他

---

[21] 见迪尔《一个贵族共和国:威尼斯史》,47—48。

的伎俩与英诺森三世如出一辙:他要挟阿列克修斯三世说,威尼斯打算支持被废黜和致残的伊萨克·安吉列家族复辟。

于是,在第四次十字军的准备过程中,主要有两个人在起作用:十字军中精神世界的代表、教宗英诺森三世希望从穆斯林手中夺回圣地并统一基督教世界;世俗代表恩利克·丹多罗总督则将商业物质目标放在首位。另外两个人物也对十字军事业有相当的影响:一个是从君士坦丁堡逃到西方的前任皇帝伊萨克·安吉列的儿子,即阿列克修斯王子,另一位是德意志士瓦本的腓力,他是伊萨克·安吉列的女婿、阿列克修斯王子的妹夫。

香槟伯爵蒂鲍尔特被选为这次十字军的指挥官。他德高望重,深受十字军爱戴,是这次东征的中坚力量。但不幸的是,蒂鲍尔特在十字军出发前突然死去。十字军群龙无首,又重新推举了蒙斐拉侯爵博尼法斯(Boniface)任指挥官。这样,十字军的领导权就从法国人之手转入意大利君主之手。

那时的巴勒斯坦属于埃及的阿尤布王朝管辖。著名的萨拉丁死后(1193年3月),埃及国内陷入一片混乱。这种形势似乎有利于十字军的远征。在第四次十字军东征前夕,基督徒在叙利亚和巴勒斯坦还保留有安条克和特里波利两个重要工业中心和一个海岸要塞阿克(Acra,Saint-Jean-d'Acre)。

十字军在威尼斯集结,威尼斯将用它的舰队运载他们去东方,但收取一笔运输费用。当时的巴勒斯坦属于埃及,所以埃及是十字军的最近目标;十字军计划先征服埃及,然后再乘胜追击,一举从穆斯林手中夺回巴勒斯坦。然而,威尼斯要等到收齐全部运输费用之后才肯运载十字军。十字军没有凑足这笔款项,所以他们最终答应威尼斯总督的提议:帮助总督收复前不久脱离威尼斯人控制,投入匈牙利国王麾下,地处亚得里亚海岸的达尔马提亚海岸城市扎拉(扎德尔)。尽管匈牙利国王也发誓参加了十字军,是应该接受保护的成员,然而十字军还是同意了总督的提议,将军队开往这座即将投入十字军运动的城市。于是,原计划进攻异教徒穆斯林的十字军所进行的第一个战役就是进攻一座居住着十字军人的城市。尽管教宗对十字军的行为大发雷霆,并威胁要开除这支十字军的教籍,但它还是攻击了扎拉,为威尼斯人的利益而用武力占领了它,城中的居民将耶稣受难像立于城墙之上也未能阻挡住十字军的屠杀。一位史学家大声疾呼:这是"十字军的一个精彩的开端!"[22]扎拉战役使十字军的威信一落千丈,却给丹多罗带来了庆祝首战告捷的权利。

教宗闻报十字军攻下扎拉,也收到匈牙利国王对十字军和威尼斯人的控诉,决定开除十字军的教籍。英诺森致信十字军:"你们不去上帝特许的圣地,反而渴饮你们兄弟的鲜血。宇宙魔鬼撒旦欺骗了你们……扎拉人民已将耶稣受难像立于城墙之上,而你们竟然熟视无睹,攻击这个城市,逼其投降……我诅咒你们,你们应该停止破坏,将战利品归还匈牙利王的使者。否则,你们将被逐出教门,并被剥夺十字军战士享有的特权。"[23]

---

[22] 克雷施梅:《威尼斯史》,I,290。

[23] 这是英诺森三世所写之信的大致内容。《书信集》,V,161;米涅编:《拉丁教父著作全集》,CCXIV,1178—1179。见 A. 吕谢尔(A. Luchaire)《英诺森三世:东方问题》(*Innocent III: la question d'Orient*),103—105。

第七章　拜占庭与十字军

教宗开除十字军人教籍的威胁并未对威尼斯人产生效果。但十字军人——所谓的"法兰克人"——却千方百计欲使教宗撤销逐教令。最后,承蒙教宗开恩,对法兰克人的逐教令被撤销,但威尼斯人依然遭到诅咒。然而,教宗最终没有禁止被宽恕的十字军同未被宽恕的威尼斯人的合作行动。

在进攻扎拉并使之沦陷期间,第四次十字军的历史上出现了一位新人物——拜占庭的阿列克修斯·安吉列王子,被废黜和致残的伊萨克之子。阿列克修斯从狱中逃往西方,请求获得西方的帮助,以恢复其父亲的皇位。他与教宗在罗马的会晤没有取得任何结果,又向北方跑到德意志,求助于他的妹夫、士瓦本的腓力。腓力的妻子是他的妹妹、伊萨克的女儿伊琳娜。于是,伊琳娜祈求丈夫帮助哥哥,这个"失去了庇护和自己的祖国,除了自己的躯体之外一无所有的、四处流浪的孤星"[29]。当时,腓力正忙于同不伦瑞克的奥托斗争,无暇顾及阿列克修斯。但他遣使扎拉,请求威尼斯和十字军帮助伊萨克父子复位。阿列克修斯答应使拜占庭教会皈依罗马,并且待其父复位以后,支付大笔酬金,他本人也将参加十字军。

这就出现一个问题:十字军的方向和性质可能会完全改变。总督丹多罗立即意识到腓力的建议可以为威尼斯带来好处。他在远征君士坦丁堡和支持伊萨克复位过程中担任的主要角色为他创造了一片广阔的天地。起初,十字军不同意改变原定计划,转变进

---

[29] 尼西塔斯·科尼阿特斯:《历史》,波恩版,712。

攻方向,但最后,双方达成了协议。

大多数十字军决定参加远征君士坦丁堡,但只同意在君士坦丁堡稍作停留便照原计划进攻埃及。于是,威尼斯和十字军在扎拉签订了征服君士坦丁堡的条约。阿列克修斯王子也亲自来到扎拉营地。1203年5月,丹多罗、蒙斐拉的博尼法斯和阿列克修斯王子率舰队从扎拉出发,一个月以后,十字军出现在君士坦丁堡城下。

诺夫哥罗德(Novgorod)的一部罗斯编年史详细记载了第四次十字军、十字军攻克君士坦丁堡和拉丁帝国的建立过程,但这部编年史却没有得到应有的研究。该编年史记载道:"法兰克人及他们的首领们受到伊萨克之子向他们允诺的金银的诱惑,却将皇帝和教宗的规诫置于脑后。"[25]由此可知,按照这部罗斯编年史家的观点,十字军人应该为其原定目标的偏离而受到指责。诺夫哥罗德编年史的研究者P.比济里认为这很重要,因为它提出了西欧史料中从未提及的、解释十字军进攻拜占庭的特殊理论,即"那次十字军是由教宗和士瓦本的腓力共同决定的"[26]。

许多学者对第四次十字军问题进行了较深入的研究工作。他们的侧重点主要转向了十字军改变进攻方向的原因。有一派学者

---

[25] 《诺夫哥罗德编年史》(*The Chronicle of Novgorod*),俄语版,181;拉丁文版见C.霍普夫《未出版的希腊罗马编年史》(*Chroniques grécoromanes inédites ou peu connues*),94。

[26] P.比济里(P. Bazilli):"诺夫哥罗德编年史对第四次十字军的记载"("The Version of Novgorod of the Fourth Crusade"),《历史通报》(*Istoricheskiya Izvestiya*),fasc.,3—4,55。

第七章　拜占庭与十字军

强调这次十字军的不寻常过程纯系偶然条件所致,因而构成所谓"偶然事件论"派。持相反观点的一派则看到威尼斯和德意志的预谋是这次十字军改变方向的原因,因而构成所谓"预谋事件论"派。[20]

约1860年以前,所有的史学家大都依赖关于第四次十字军的主要西方史料、十字军参加者、法国史学家乔弗里·德维拉杜安(Geoffrey de Villehardouin)的记载,从来没有争论过上述问题。在乔弗里的著作中,这次十字军诸事件的发生非常偶然和简单:因为没有船,十字军在威尼斯租船,自然要在那儿集结;他们租了船,又支付不起船费,只好支持圣马可共和国对扎拉的战争;然后,阿列克修斯王子到来,将十字军引向拜占庭。所以,既没有威尼斯的背信弃义,也没有复杂的政治阴谋。

1861年,著名的《塞浦路斯岛史》的作者、法国学者马斯-拉特里(Mas-Latrie)第一次指责了威尼斯:威尼斯在埃及有重要的商业利益,与埃及苏丹签订秘密条约,然后施诡计使十字军放弃远征埃及的原计划,转而进攻拜占庭。[21] 后来,德国史学家卡尔·霍普夫(Karl Hopf)似乎确定威尼斯背离了基督的使命,说威尼斯与埃及苏丹的那份条约签于1202年5月13日。[22] 虽然霍普夫不能

---

[20] 关于这个问题的历史,见P.米特洛法诺夫(P. Mitrofanov)"第四次十字军的改向"("The Change of the Direction of the Fourth Crusade"),《拜占庭年鉴》,IV(1897),461—523;E.格兰:"第四次十字军及其相关问题"("De vierte Kreuzzug und seine Probleme"),《新古典学年鉴》(Neue Jahrbücher fur das Klassischen Altertum),XIII(1904),505—514。克雷施梅尔:《威尼斯史》,I,480—489。

[21] 《塞浦路斯岛史》(Histoire de l'île de Chrypre),I,162—163。

[22] 《希腊史》(Geschichte Griechenlands),I,188。

提供条约的内容,甚至无法指出条约文件是从何处发现的,但这位德国学者的权威性使许多学者不假思索地接受了他的观点。然而不久就证实霍普夫手上根本没有新的资料,他所说的日期也很值得怀疑。法国史学家汉诺陶(Hanotaux)接着研究了这个问题,推翻了所谓"威尼斯背叛"的观点,自然,推翻了"预谋"论。不过,他认为,如果威尼斯人唆使第四次十字军改变方向,他们肯定具有明显的动机:试图威慑叛乱的扎拉;希望扶植亲信登上拜占庭皇位,以报复阿列克修斯给予比萨的支持;如果拜占庭瓦解,他们可以从中渔利。[29] 现在看来,霍普夫的理论站不住脚。假如非要指责威尼斯人,那么他们的背叛不是因为与穆斯林签订了条约,而完全是因为他们考虑到自己在拜占庭帝国的商业利益。

然而,"预谋论"的信奉者并不想去证明威尼斯的背叛。1875年,一位法国学者莱昂伯爵提出了一个新的想法。他试图证明唆使十字军改变方向的主谋者不是丹多罗,而是德王士瓦本的腓力,即被废黜的伊萨克·安吉列的女婿。将十字军引向君士坦丁堡的诡诈的政治阴谋是在德意志炮制的。蒙斐拉的博尼法斯实施了腓力的东方计划。莱昂认为,十字军改向是教廷与帝国长期斗争中的一部分。[30] 腓力利用他在十字军中的领导地位羞辱了教宗,篡

---

[29] G.汉诺陶:"威尼斯人在1202年背叛了基督教吗?"("Les Vénitiens ont-ils trahi la chrétienté en 1202?"),《历史杂志》,IV(1887),74—102。亦见L.施特赖特(L. Streit)《威尼斯与第四次十字军向君士坦丁堡的进攻》(*Venedig und die Wendung des vierten Kreuzzugs gegen Konstantinopel*),33—34:丹多罗是威尼斯的"*Auctor rerum*"(缔造者),捍卫者和当时的复仇者。

[30] 众所周知,英诺森三世支持不伦瑞克的奥托反对士瓦本的腓力。

改了教宗的十字军思想;他希望利用拜占庭的复辟压倒教宗和德皇的竞争者不伦瑞克的奥托。[22]但瓦西列夫斯基的研究成果反驳了莱昂的理论。前者表明,阿列克修斯逃往西方的时间不是1201年,而是1202年——出乎所有史学家意料之外,所以"腓力无法、也无时间去炮制一场复杂的政治阴谋;因此,认为德意志人有阴谋、威尼斯背叛十字军都是站不住脚的"[23]。法国人泰西耶(Tessier)立足于对当时的史料考证,反驳了德国君主作用论,转而承认维拉杜安(Villehardouin)结论的重要意义,即1860年以前盛行的"偶然论"的重要意义。泰西耶说,第四次十字军东征是法国人的运动,占领君士坦丁堡既不是德意志人,也不是威尼斯人的成就,而是法国人的杰作。[24]莱昂的"预谋"论只保留了一个事实:士瓦本的腓力在十字军改向中起了作用,并且像亨利六世一样宣称拥有东方帝国的权力;但史料无法确证第四次十字军的最终命运竟

---

[22] P.E.莱昂:"英诺森三世,士瓦本的腓力和蒙斐拉的博尼法斯"("Innocent III, Philippe de Souabe et Boniface de Montferrat"),《历史问题杂志》(Revue des questions historiques),XVII(1875),321—374;XVIII(1875),5—75。莱昂:"几部新作中的十字军改向问题"("Le Changement de direction de la quatrième croisade d'après quelques travaux recents"),《历史问题杂志》,XVIII(1878),71—114。

[23]《公众教育部杂志》,CCIV(1879),340。西欧学者接受了瓦西列夫斯基的观点。克雷施梅尔:《威尼斯史》,I,483。

[24]《第四次十字军在扎拉的改向与君士坦丁堡》(Quatrième croisade. La diversion sur Zara et Constantinople),特别参见183—184。关于泰西耶的著作,请参看 F.切罗内(Cerpme)的重要文章"第四次十字军中的教宗与威尼斯"("IL Papa ed i Veneziani nella quarta crociata"),《威尼斯档案》(Archivio Veneto),XXXVI(1888),57—70、287—297。

会取决于腓力的巧妙领导计划。

19世纪末,德国史学家W.诺尔顿最终否决了"预谋论",基本同意"偶然论"。他决定对"偶然论"做更进一步的研究。他将第四次十字军的问题置于东西方政治、经济和宗教关系中加以讨论,试图阐明第四次十字军与前一百五十年的历史之间的内在联系。[25]

总之,在第四次十字军复杂的历史中,掺杂有各种力量。既有西方教宗、威尼斯和德意志国王的动机,也有东方拜占庭的内在和外在条件。这些力量的相互作用构建了一种极其复杂的现象,这种现象的细节即使现在也模糊不清。法国史学家吕谢尔(Luchaire)说:"这永远是个谜。对这个悬而未决的问题进行科学的研究比争论不休要好一些。"[26]格雷古瓦最近宣称"第四次十字军根本不存在任何问题"[27]。

但是,在所有的计划、希望和纠葛中,起支配作用的是丹多罗的坚定意志和发展威尼斯贸易活动的不屈不挠的决心。拥有东方市场就拥有无尽的财富和无限的光辉前途。这一点十分明显。而且,那时的近东,特别是君士坦丁堡,热那亚的经济势力不断增长,已经站稳了脚跟。这尤其让丹多罗坐卧不宁。在我们讨论第四次

---

[25] W.诺登:《第四次十字军在西方与拜占庭关系方面的影响》(*Der vierte Kreuzzug im Rahmen der Beziehungen des Abendlandes zu Byzanz*),105—108。诺登:《教宗统治和拜占庭》,152—155。

[26] 《英诺森三世:东方问题》(*Innocent III: la question d'Orient*),97。亦见夏尔·迪尔"第四次十字军和拉丁帝国"("The Fourth Crusade and the Latin Empire"),《剑桥中世纪史》,IV,417。

[27] "第四次十字军的改向问题"("The Question of the Diversion of the Fourth Crusade"),《拜占庭》(布鲁塞尔),XV(1947),166。

第七章 拜占庭与十字军

十字军的问题时,必须将威尼斯和热那亚之间的竞争考虑进去。[23]最后,由于曼纽尔·科穆宁没收威尼斯人的财产而导致拜占庭欠下的债务尚未偿还。这一点可能对十字军的改向也有一些影响。[29]

1203年6月末,十字军舰队出现在君士坦丁堡城墙下。尼西塔斯·科尼阿特斯描述说,在这些西方人眼中,君士坦丁堡就"像锡巴里斯*一样气宇不凡"[30]。参加这次十字军的法国作家维拉杜安描写了十字军看到这座都城时的感受:

> 现在你可以想象那些从未见过君士坦丁堡的人是如何热切地瞻仰它。他们绝没有想到世界上竟有如此富庶的城市:高大的城墙,高耸入云的尖塔,豪华的宫殿和随处可见的庞大教堂——其高其大堪称城市之冠。告诉你,意志如铁的人也会在它面前战栗不已。这也难怪,自创世以来,从来没有人能

---

[23] J.K.福瑟林哈姆(J.K. Fotheringham):"热那亚和第四次十字军"("Genoa and the Fourth Crusade"),《英国历史评论》,XXV(1910),20—57。该作者在《爱琴海征服者马科·萨努多》(*Marco Sanudo Conqueror of the Archipelago*)第16—20页重复了上述观点。

[29] 布朗:"威尼斯人和威尼斯人居住区"("Venetians and the Venetian Quarter"),《希腊研究杂志》,XL(1920),86;作者提到了E.贝斯塔(E. Besta)所著《东方对威尼斯人的大搜捕》(*La cattura dei Veneziani in Oriente*),19。但笔者尚未读过本书。

* 锡巴里斯(Sybaris)为南意大利古代希腊城市,建于公元前720年,因其奢侈繁华而驰名于古典世界。因此,人们以"锡巴里斯"为骄奢淫逸的代名词。——译者

[30] 尼西塔斯·科尼阿特斯:《历史》,波恩版,717。

创造出如此伟大的杰作。[20]

这座壁垒森严的首都抵抗为数不多的十字军似乎不在话下。但十字军已经在欧洲海岸登陆,并且占领了加拉泰市郊。接着,在金角湾左岸突破入口的铁索链,攻入金角湾,烧毁大批拜占庭船只。同时,骑士们猛攻首都。虽然遭到守军,特别是瓦兰几亚雇佣军的殊死抵抗,但十字军仍于7月初攻克了城墙。阿列克修斯三世见大势已去,携带大批国库金银珠宝仓皇而逃。伊萨克二世被释放出狱并复位;他的儿子,与十字军同行的阿列克修斯王子被宣布为共治帝(称阿列克修斯四世)。这是十字军第一次占领君士坦丁堡。其目的是帮助伊萨克复位。

伊萨克复位后,以丹多罗为首的十字军便要求阿列克修斯王子履行承诺:支付巨额酬金并与十字军一起远征,因为西方骑士们已经要求立即出发去埃及。阿列克修斯四世劝告十字军不要住在城内,而去城郊扎营;而且,因他无力支付巨额酬金,只好恳求十字军宽限一段时间。于是,拉丁人和希腊人的关系紧张起来。同时,首都人民也对两位皇帝的政策十分不满,指责他们卖国求荣。一场暴动爆发了。阿列克修斯三世皇帝的女婿、野心勃勃的阿列克修斯·杜卡斯·莫卓弗劳斯在1204年被宣布为皇帝;伊萨克二世

---

[20] 《君士坦丁堡的征服》(*La Conquête de Constantinople*),par..128;N.德维利(N. de Wailly)编,72—73;E.法拉尔(E. Faral)编,I,130—131。参见法拉尔的全面研究,他是想证实维拉杜安的描述的可靠性和真实性;"杰弗里·德维拉杜安。真实性问题"("Geoffroy de Villehardouin. La Question de la sincérité"),《历史杂志》,CLXXVII(1936),530—582。格雷古瓦做过一些批评,见其"第四次十字军的改向问题",《拜占庭》(布鲁塞尔),XV(1941),159—165。

和阿列克修斯四世又遭废黜。不久,伊萨克死在狱中,阿列克修斯四世也被莫卓弗劳斯绞死。

莫卓弗劳斯即后来的阿列克修斯五世,他是由反十字军的民族派所拥立的皇帝。十字军与他没有任何关系。所以,伊萨克父子死后,十字军人认为不再对拜占庭负有任何义务。希腊人与十字军之间的冲突不可避免。十字军开始筹划将君士坦丁堡据为己有。同年(1204年)3月,威尼斯与十字军就占领君士坦丁堡后如何瓜分拜占庭帝国进行谋划,签订了条约。条约的头几句话非常明确:"我们必将凭借基督的名义征服这个城市!"[24]条约的主要条款如下:在这个被征服的城市建立拉丁政权;盟友们按照协议接受君士坦丁堡的战利品;成立一个由六个威尼斯人和六个法国人组成的委员会,选举一位他们认为能够最好地治理这个国家、"光大上帝的荣耀、光大神圣罗马教会和帝国荣耀"的人为皇帝;这位皇帝可得到首都内外被征服领土的四分之一,包括首都的两座皇宫,其余四分之三中的一半归威尼斯,一半归十字军人中的其他部分;圣索菲亚教堂的所有权和牧首的选举权由不提供皇帝的一方控制;所有得到封土的十字军人员,不论其封土大小都要宣誓效忠皇帝,只有总督丹多罗例外。[25] 这就是未来拉丁帝国的统治基础。

十字军的分赃协议完成以后,就全力以赴,由海陆两路进攻君士坦丁堡。首都顽强抵抗,数日不下。最后的一天终于来到,1204年4月13日,十字军攻克君士坦丁堡。皇帝阿列克修斯五世害怕

---

[24] 塔菲尔和托马斯(Tafel and Thomas):《古代商业和国家历史条约集》(Urkunden zur altern Handels-und Staatsgeschichte),I,446,449。

[25] 塔菲尔和托马斯:《古代商业和国家历史条约集》,446—452。

被捉住,以后"变成十字军口中的美味佳肴"[24],遂仓皇逃跑。君士坦丁堡落入十字军之手。拜占庭帝国的首都在"那次罪恶的背叛性远征,即第四次十字军的进攻之下,沦陷了"[25]。

在记述这段历史的时候,尼西塔斯·科尼阿特斯写道:"自然,当一个人要记载在世间天使(安吉列王朝)统治下的城市之女王(君士坦丁堡)之沦陷的这场社稷之难时,会是什么样的心情,是可想而知的。"[26]

攻下了这座城市后,整整三天,拉丁人惨无人道地开始了洗劫,君士坦丁堡几百年来的收藏品被劫掠一空。每一座教堂,每一件圣迹,每一种艺术珍品或任何一件私人财产,都难于幸免。西方骑士和他们的士兵、拉丁教士和修道院院长,都参加了这场劫掠。

尼西塔斯·科尼阿特斯目睹了君士坦丁堡的陷落,并生动地描写了十字军对它的洗劫、亵渎和破坏;甚至征服耶路撒冷的穆斯林在对待基督徒的态度上,也比这些自称基督的战士的人更为仁慈。[27]另一位目击者、以弗所城的尼古拉·梅萨利特(Nicholas Mesarites)在纪念他哥哥的悼词中,也激动地描写了十字军人攻陷君士坦丁堡的劫难。[28]

在十字军大肆劫掠的三天里,大批艺术珍品遭到破坏;许多图书馆被搜刮一空;许多文稿被焚毁。圣·索菲亚教堂也难逃厄运。

---

[24] 尼西塔斯·科尼阿特斯:《历史》,波恩版,755。

[25] N.H.贝恩斯:"拜占庭文明",《历史》,X(1926),289。

[26] 尼西塔斯·科尼阿特斯:《历史》,波恩版,710。

[27] 同上书,757—763。

[28] A.海森柏格:《关于拉丁帝国和教会联合历史的新资料》(*Neue Quellen zur Geschichte des lateinischen Kaisertums und der Kirchenunion.*),I,41—48。

当时的维拉杜安说:"自创世以来,没有任何一个城市可以提供如此多的战利品!"[24]罗斯的诺夫哥《罗德编年史》特别详细地记载了教堂和寺院的劫掠。[25]《罗斯编年史》中也提到了 1204 年这场灾难。[26]

拉丁人将珍宝异玩集中起来,坐地分赃,平信徒和神职人员得到了公平的待遇。第四次十字军以后,整个西欧因君士坦丁堡大劫而富。大多数西欧教堂从君士坦丁堡的"圣物"中得到好处。[27]但大部分保存在法国修道院中的圣物,在法国大革命时被毁。君士坦丁堡竞技场上的装饰物,四匹精致的古典时期艺术品青铜马,也被丹多罗运到威尼斯。今天,它们仍屹立在圣马可大教堂的门楣上。

尼西塔斯·科尼阿特斯模仿《圣经》中希伯来预言家耶利米哀歌和《诗篇》的文学风格,写了一篇慷慨激昂的悼词,描述和哀悼这个城市的毁灭。悼词开篇是:"噢,城市,城市,天下城市的眼睛,全世界作家的主题,世界的奇观,信仰的领袖,教会的支持者,正教的航标,教育的保护神,万善的庇护所!你一滴不漏地饮下主的愤怒之酒,你所罹临的火焰比昔日五城(Pentapolis)的火焰猛烈百倍。"[28]然而,征服者必须承担重建城市的艰巨任务。他们决定恢复城市的旧貌。选举皇帝的问题也提上了日程。有一个人似乎注

---

[24]《君士坦丁堡的征服》,德维利编,par。250,147。
[25]《诺夫哥罗德编年史,1204 年》,186—187;霍普夫编:《未出版的希腊罗马编年史》,97。
[26]《罗斯编年史》(1512),391—392。
[27] C.莱昂:《君士坦丁堡的圣物战利品》,I,xl—xlviii。
[28] 尼西塔斯·科尼阿特斯:《历史》,波恩版,763。

定要当皇帝——此即十字军的领袖、蒙斐拉的博尼法斯。但丹多罗似乎反对这位候选人;他认为博尼法斯势力过于强大,而且其领地太靠近威尼斯。因此,博尼法斯被搁置一边。丹多罗作为威尼斯共和国的总督,不敢觊觎皇位。于是选举团召集会议,选举了新皇帝。在丹多罗的影响下,佛兰德伯爵鲍德温当选。这位伯爵远离威尼斯,又不如博尼法斯强大。鲍德温如期即位,在圣索菲亚教堂隆重加冕。

鲍德温即位时,仍有三位希腊统治者在世:两位前任皇帝阿列克修斯三世安吉列和阿列克修斯五世杜卡斯·莫卓弗劳斯,以及尼西亚君主狄奥多勒·拉斯卡利斯。鲍德温消灭了两位皇帝的党徒;至于拉丁帝国与建立尼西亚帝国的狄奥多勒·拉斯卡利斯之间的关系,则属后面一章的内容。

皇帝的人选确定了,下一个问题就是如何分配征服地。总的来说,"罗曼尼亚[*]——拉丁人和希腊人对东方帝国的称谓——的瓜分"(Partitio Romanie)基本上是按 1203 年 3 月的协议进行。[㉝] 君士坦丁堡在鲍德温和丹多罗之间分配,皇帝得了八分之五,总督得到其余的八分之三和圣索菲亚教堂。首都之外,皇帝得到色雷斯南部领土和小亚细亚西北连接博斯普鲁斯海峡、马尔马拉海和赫勒斯滂海的一小部分,爱琴海上的一些较大岛屿,如莱斯博斯岛、开俄斯岛、萨摩斯岛等也分配给他。就是说,博斯普鲁斯海峡

---

[*] 原文 Romania,自罗马帝国以来,人们对首都罗马城周围的地区的称谓,不是现代国家罗马尼亚。——译者

[㉝] 关于 1204 年的条约见塔菲尔和托马斯《古代商业和国家历史条约集》,I,464—488。

和赫勒斯滂海的两岸都在鲍德温控制之下。

为了补偿蒙斐拉的博尼法斯没有得到皇位的损失,十字军答应将小亚细亚的一些领土分配给他。实际上,他得到了马其顿地区的萨洛尼卡(塞萨洛尼卡)及其周围领土和色萨利北部的领土,形成萨洛尼卡王国。臣属于皇帝鲍德温。

威尼斯在瓜分罗曼尼亚时获得了最大的一份。圣马可共和国得到亚得里亚海岸的一些据点,如都拉基乌姆、爱奥尼亚诸岛、大部分爱琴海岛屿、伯罗奔尼撒的一些地区、克里特岛、色雷斯的一些港口,包括赫勒斯滂海上的加利波里以及色雷斯的一些内陆领土。丹多罗为了避免向皇帝称臣,采用了拜占庭的"僭主"(despot)头衔。他还自封为"占有八分之三罗曼尼亚帝国领土的领主"*(quartae partis et dimide totius imperii Romanie dominator);这个头衔一直被总督们沿用至 14 世纪中期。根据条约,圣索菲亚教堂交给一个威尼斯教士;另一个威尼斯人托马斯·莫洛希尼(Thomas Morosini)被提升为总主教,成为新帝国天主教的首领。拜占庭史学家尼西塔斯·科尼阿特斯是希腊正教会的虔诚教徒,在他的史著中对托马斯·莫洛希尼极尽丑化之描述。㉕

很显然,由于威尼斯的巧取豪夺,新的拉丁帝国与圣马可共和国相比,显得势单力薄。威尼斯掌握了东方的控制权。圣马可占有拜占庭最好的领土、最好的港口、最重要的战略据点和大量肥沃

---

* 此处原文作:lord of the fourth and a half of all the Empire of Romania,即占有罗马帝国领土"四分之一又四分之一的一半",用数学符号表示即:$1/4 + 1/4 \times 1/2 = 3/8$,此处为了更符合中国文字的表达方式,只简略地表述为八分之三。——译者

㉕ 尼西塔斯·科尼阿特斯:《历史》,波恩版,824、854—855。

土地；从威尼斯到君士坦丁堡的整个海路控制在该共和国手中。第四次十字军创造了威尼斯在东方的"殖民帝国"，给予威尼斯共和国以无限的商业优势，使她的政治和经济势力达到极限。这次东征使丹多罗总督精心策划的自私精明的爱国主义政策大获全胜。

拉丁帝国建立在西方的封建制基础之上。皇帝将征服的领土分割成许多大大小小的采邑，获得采邑的西方骑士有义务向君士坦丁皇帝宣誓效忠。

萨洛尼卡国王蒙斐拉的博尼法斯经色萨利南下进军希腊，占领了雅典。在中世纪，雅典是一个几乎被遗忘的行省城市。为了纪念圣母玛利亚，在雅典卫城的古代帕特农神庙的遗址上，建立了一座正教教堂。在13世纪初拉丁征服的时候，迈克尔·阿克米那图斯（科尼阿特斯）担任雅典城大主教已经达三十年之久。他留下了丰富的文字遗产，包括演说词、诗歌和信函等。这些资料有助于我们了解中世纪阿提卡半岛和雅典的情况以及科穆宁和安吉列王朝统治下的拜占庭帝国内部历史。在迈克尔笔下，这两个行省简直是暗无天日：雅典到处是蛮族人（可能一部分为斯拉夫人），到处讲着蛮族的语言；而阿提卡则与世隔绝，人民贫困不堪。"我在雅典待了很长时间，简直变成了一个野蛮人。"迈克尔写道，他还将雅典这座伯里克利之城比作暗无天日的地狱深渊（*tartarus*）。[25] 作为中世纪雅典的捍卫者，迈克尔为祖国鞠躬尽瘁，死而后已。但他无力抵御博尼法斯的军队。于是放弃神职，到阿提卡海岸附近的

---

[25] 迈克尔·阿科米那图斯著作，兰普罗斯编，II, 44, 127。

一座荒岛上聊度余生。征服雅典后,博尼法斯将雅典城与底比斯城一起赐给勃艮第骑士奥松·德拉洛奇(Othon de la Roche),并封他为雅典和底比斯公爵(dux Athenarumatque Thebarum)。雅典卫城的教堂也落入拉丁人之手。

在中部希腊建立雅典和底比斯公爵领地的同时,在南部希腊,即古代的伯罗奔尼撒半岛,当时经常被称为莫里亚(Morea,该词来源不祥*),法国人建立了阿凯亚公国。

著名史学家维拉杜安的侄子乔弗里·德维拉杜安在得悉十字军占领了君士坦丁堡时,正在叙利亚海岸附近;他闻讯直奔君士坦丁堡,但当时海上的恶劣气候条件使他漂流到伯罗奔尼撒南部海岸。于是,他索性在那儿登陆,征服了一部分领土。他自觉难以站稳脚跟,于是向当时在阿提卡的萨洛尼卡国王博尼法斯请求救援。博尼法斯遂将征服莫里亚的权利赐予他的法国骑士威廉·德香普利特(William de Champlite),此人属于香槟伯爵家族。维拉杜安与他一起用了两年时间征服了莫里亚。于是,在13世纪初,拜占庭的伯罗奔尼撒并入法国人的阿凯亚公国,由威廉公爵统治。它被分割为12个男爵领,并引进了西欧的封建制度。威廉以后,公国权力由维拉杜安家族继承。阿凯亚公爵的宫殿以富丽堂皇而著称,"看起来比任何一位国王的王宫都雄伟"[50]。"那儿的人也讲

---

* 这是原作者的看法,20世纪晚期以后,一些希腊学者认为该词源于希腊文的"桑树"($μορεα$),因为伯罗奔尼撒半岛曾经是拜占庭时期的重要桑蚕养殖中心。——译者

[50] 马里诺·萨努多(Marino Sanudo):《罗曼尼亚王国史》(*Istoria del regno di Romania*),载 C.霍普夫:《未出版的希腊罗马编年史》,102。

法语,跟巴黎一样。"[58]拉丁人建立的封建国家和领地在拜占庭领土上形成二十年之后,教宗霍诺留三世在致法国王后布朗什(Branche)的信中说,这个新建的东方国家"简直是一个新的法兰西"(*ibique noviter quasi nova Francia est creata*)。[59]

伯罗奔尼撒的采邑主按照西方模式,修筑了带有尖塔和城墙的城堡。其中最著名的是米斯特拉城堡。它坐落于古代拉克尼亚的塔夫盖突斯(Taygetus)山坡上,靠近古代斯巴达。巴列奥洛格(Palaeologi)王朝从法国人手中收复米斯特拉之后,这座宏伟的中世纪封建领主建筑在13世纪下半期成为伯罗奔尼撒半岛上的希腊-拜占庭君主的首府。甚至在今天,米斯特拉的残垣断壁仍是欧洲的奇观之一,吸引着大批学者和游客。它的教堂完好无损地保留着14世纪和15世纪珍贵的壁画,是了解后期拜占庭艺术史的极其重要的〔资料〕。在半岛的西部是坚固的克莱蒙城堡,它被完好地保存到19世纪30年代,后遭到土耳其人破坏。一位希腊编年史家写道:即使法兰克人丢掉了莫里亚,仍可利用克莱蒙城堡重新征服整个半岛。[60]法兰克人还在半岛上建立了其他一些堡垒。

---

[58] 《拉蒙·蒙塔内尔编年史》(*Chronique de Ramon Muntaner*), chap., 261; J. A. 布孔(J. A. Buchon);《外国编年史》(*Chroniques étrangères*), 502; K. 兰兹(K. Lanz)编, 468—469; 古迪纳夫夫人(Lady Goodenough)编, 627。

[59] "霍诺留三世书信(1224年5月20日)"("Epistolae Honorii III, May 20, 1224"),《高卢和法兰西历史汇编》(*Recueil des historiens des Gaules et de la France*), XIX, 754。

[60] 《莫里亚编年史》(*The Chronicle of Morea*), J. 施密特(J. Schmitt)编, vss., 2712—2713, P. 卡洛那尔斯(P. Kalonares)编, 114。

第七章　拜占庭与十字军

伯罗奔尼撒半岛南部有三个半岛,法兰克人在其中的两个半岛上站稳了脚跟;而在中间那个半岛上,他们虽然修建了两座城堡,但无法真正征服栖居于山中的顽固的斯拉夫人(梅林吉[Mellingi]部落)。莫里亚的希腊人,至少其中的大多数,可能喜欢法兰克人的统治,他们可以借此而摆脱拜占庭政府的经济压迫。[261]

在伯罗奔尼撒南部,威尼斯人占领了两个重要的海港,莫登(Modon)和科朗(Coron)。它们是威尼斯人的船只到东方经商的优良中转站,同时又是利凡特海上贸易的极其优良的观察站,是人们"进行交流的"主要"眼睛"(oculi capitales communis)。[262]

关于拉丁人在伯罗奔尼撒的统治,可谓资料齐全,浩如烟海。特别是人们称之为《莫里亚编年史》(14世纪)的作品,有多种语言的版本存留至今,其中有希腊语(韵诗体)、法文、意大利文和西班牙文等。从准确地揭示历史真实方面来看,莫里亚编年史与其他资料相比,不能居于首位,但它提供的有关法兰克人在伯罗奔尼撒统治时期的内部生活条件,诸如行政制度、公众和私人生活以及当时莫里亚的地理状况方面的资料则甚为丰富、翔实和珍贵。特别值得注意的是,《莫里亚编年史》中,涉及希腊-拜占庭因素和西方封建因素相融合并形成极其有趣的生活条件那一时期的内部史和文化史的极其丰富多彩的资料。

有些学者猜测,[263]显然,法兰克人在莫里亚的统治,也许恰是

---

[261] W. 米勒(W. Miller):《利凡特的拉丁人》(The Latins in the Levant),6。
[262] 见霍普夫《希腊国家历史》(Geschichte Griechenlands),II,10。
[263] 见《莫里亚编年史》,施密特编,lviii—lxvi。

《莫里亚编年史》本身,影响了歌德的创作,他的悲剧《浮士德》第二场第三幕,就是以希腊的斯巴达为背景。浮士德与海伦之间的爱情故事就发生在那里。浮士德的原型就是被封建采邑所环绕的被征服地伯罗奔尼撒的王公;他的统治特征不禁使我们联想起《莫里亚编年史》中所记载的维拉杜安家族的一位王公。J.施密特认为,在靡菲斯特(Mephistopheles)的化身福希斯(Phorcias)与海伦的一场对话中,确实提到过建于拉丁统治时代的米斯特拉城堡。福希斯说:

> 那隆起于斯巴达后方,蜿蜒北行,
> 横卧了多少个春秋的荒凉山脊
> 塔夫盖突斯山的背后,依然有一条欢快的小溪
> 由欧罗塔斯倾泻而下,沿着我们的峡谷
> 蜿蜒流入芦丛,养育着你们的天鹅。
> 在那山谷的背后,一支强悍的民族
> 从辛梅里安人的黑夜中冲出,建立了
> 且维护着一座坚不可摧的城堡,
> 从此他们蹂躏土地和人民,随心所欲。

以后又有一段对这座城堡的描述,它的立柱、壁柱、拱门和拱门饰物、阳台、长廊、锁孔铜盖等具有典型中世纪风格的设施。这出悲剧中所描述的这些段落似乎都受到了《莫里亚编年史》的影响。换言之,法兰克人征服莫里亚这段历史为诗剧《浮士德》提供

第七章　拜占庭与十字军

了一部分素材。㉛

十字军对君士坦丁堡的占领和拉丁帝国的建立使教宗的处境非常尴尬。英诺森三世反对十字军改变方向,并且在十字军夺取扎拉以后将十字军和威尼斯人开除教籍。但在拜占庭帝国首都陷落以后,他不得不面对既成事实。

皇帝鲍德温致函教宗,称自己是"由于上帝恩典成为君士坦丁堡皇帝和永远的奥古斯都",同时又是"教宗的臣属"(miles suus)㉟。他向教宗通报了占领拜占庭首都和他当选皇帝之事。英诺森三世的回信一反常态。他"为上帝喜悦",这个奇迹"颂扬了他的名字,是教宗领的荣耀和福祉,也是基督臣民的福祉和喜悦"㊱。教宗号召所有教士、所有君主和人民支持鲍德温的事业,并衷心希望君士坦丁堡的占领会对收复圣地更加有利。回信结尾时,教宗

㉛　这个观点有时受到反驳。比如 O. 普尼奥渥(O. Pniower):《德国文学报》(*Deutsch Literaturzeitung*),XXV(1904),2739—2741。但多数学者,包括笔者,相信歌德创作时想到了米斯特拉。E. 格兰(E. Gerland):"歌德《浮士德》一剧中海伦那场戏的出处"("Die Quellen der Helenaepisode in Georthes Faust"),《新古典学年鉴》,XXV(1910),735—739。A. 施特鲁克(A. Struck):《中世纪的遗迹米斯特拉》(*Mistra, eine mittelalterliche Ruinenstadt*),17—18。H. 格雷古瓦文章,《拜占庭》(布鲁塞尔),V(1930),781。最近又出现一种新观点:歌德剧本的史料来源不是《莫里亚编年史》,而是拜占庭晚期蒙内姆瓦西亚(Monembasia)的《多洛斯编年史》(*Chronicle of Dorotheus*)。J. 莫拉夫奇克(Moravcsik):"歌德《浮士德》一剧中的海伦那场戏的出处"("Zur Quellenfrage der Helenaepisode in Goethes Faust"),《拜占庭与当代希腊年鉴》,VIII(1931),41—56。H. 格雷古瓦:"第二个浮士德的拜占庭史料"("Une Source Byzantine du second Faust"),《布鲁塞尔大学学报》,XXXVI(1930—1931),348—354。F. 多尔格,"关于歌德的《浮士德》一剧中海伦那场戏的地点"("Die neuentdeckte Quelle zur Helenaszene in Goethes Faust. Die Prophyläen"),《慕尼黑时报副刊》(*Beilage zur Münchner Zeitung*),XXVIII(1931),289—290。

㉟　塔菲尔和托马斯:《古代商业和国家历史条约集》,I,502。

㊱　同上书,516—517。

劝告鲍德温做天主教会忠顺的儿子。㉗ 在另一封信中,教宗写道:"诚然,我们对君士坦丁堡回归母亲怀抱感到欣慰;而如果耶路撒冷回到基督臣民手中,我们将更欣慰。"㉘

但是,当教宗得悉君士坦丁堡遭到可怕的劫掠和十字军瓜分拜占庭帝国的条约内容时,心情急转直下。那份纯世俗的条约很明显是想将教会的干涉排除在外。鲍德温没有请求教宗确认他的皇位;而且,鲍德温和丹多罗擅自决定了关于圣索菲亚教堂归属、总主教的选举、教会财产和其他宗教事务问题。在君士坦丁堡大劫掠期间,许多教堂和修道院以及大批神圣场所被亵渎和玷污。这引起了教宗的高度警觉和对十字军的不满。他致函蒙弗里侯爵说:"你们无权支配希腊人。当你们将矛头从萨拉森人转向基督徒的时候,你们就不是以收复耶路撒冷为己任,而是攻击了君士坦丁堡;当你们不求天堂财富而追逐地上财富的时候,你们已经背弃了你们纯洁的誓言。而更严重的是,你们(十字军)中间有些人竟然不分信仰、性别和年龄而疯狂杀戮。"㉙

因此,以分封制为基础的拉丁人的东方帝国,并不拥有强大的政治权力;而且,在教会事务中,帝国在短期内也无法与恼羞成怒的罗马教廷重修旧好。

西方骑士和商人并未完全达到目的,新生的东方拉丁国家并未能占有全部的拜占庭领土。1204 年以后,建立了三个独立的希

㉗ 英诺森三世:《书信集》,VII,153;米涅编:《拉丁教父著作全集》,CCXV,455。

㉘ 英诺森三世:《书信集》,IX,139;米涅编:《拉丁教父著作全集》,CCXV,957—958。

㉙ 英诺森三世:《书信集》,VIII,133;米涅编:《拉丁教父著作全集》,CCXV,712。

腊国家。它们是拉斯卡利斯王朝统治下的尼西亚帝国,位于小亚细亚西部,居于拉丁帝国在小亚细亚的占领地与伊科尼姆(或罗姆)苏丹国的领土之间,拥有爱琴海岸的一部分。它是独立的希腊人中心当中势力最大的一个,也是拉丁帝国的最危险的对手。此外,在巴尔干半岛西部的伊庇鲁斯,建立了在科穆宁-安吉列家族统治下的伊庇鲁斯君主国。最后,在遥远的黑海东南部海岸,1204年建立了特拉布松(Trebizond)帝国,这里的统治家族是所谓"大科穆宁"家族。

如果说,东方拉丁人没有政治上的统一,那么它也没有宗教的统一。因为上述三个希腊国家依然遵循希腊正教会的教规教仪;在教宗看来,他们是分裂者。尼西亚帝国尤其让教宗不满,因为它的希腊主教无视君士坦丁堡拉丁大主教,依然自称君士坦丁堡大主教。此外,拉丁帝国中的希腊人虽然政治上屈服于拉丁人的统治,但却不接受天主教。军事征服并未带来教会的统一。

第四次十字军东征的结局决定了拜占庭和十字军的悲剧命运。拜占庭帝国从此再不能从第四次十字军的打击下恢复元气,永远失去了世界帝国在政治上的重要性。从政治上来说,东方帝国作为一个整体已不复存在,西欧的一些封建性的国家取代了它的地位,甚至在巴列奥洛格王朝复辟之后,它也无法重振国威,再现昔日的辉煌了。

至于第四次十字军对于整个十字军运动的影响,首先,它以最明显的形式表现出,十字军运动已经完全世俗化;其次,以往吸引西方人到东方的纯朴动机开始发生偏转。1204年以后,西方人不仅要对付巴勒斯坦或埃及的穆斯林,而且要分散很多精力巩固他们在东方的领土,以确保拉丁帝国的权力。当然,其结果是延误了对圣地上的穆斯林进行斗争的事业。

科穆宁和安吉列王朝的内部事务

教会关系

科穆宁和安吉列王朝统治下的拜占庭基督教会生活的重要性,表现在两个方面:首先,在内部教会关系上,集中于解决在当时至关重要的、能引起拜占庭社会动荡的某些宗教问题和疑问;第二,在东西方教会关系上,主要是君士坦丁堡牧首与教宗的关系。

在教会问题上,科穆宁和安吉列王朝的皇帝们笃信"皇帝教权主义"(caesaropapistic)理论,这是拜占庭的重要特征。尼西塔斯·科尼阿特斯的《历史》中曾引述了伊萨克·安吉列的话:"上帝与皇帝的权力在尘世间本无区别;国王们有无限的权力;他们可以在自己的国土上行使那些本属于上帝的权力,因为他们的王权来自于上帝,上帝与他们并无区别。"[20]在谈到曼纽尔·科穆宁的教会政策时,尼西塔斯提到了拜占庭皇帝们的普遍信念:皇帝们认为自己是"上帝与人类事务的一贯正确的审判者"[21]。这种观点在12世纪下半期得到神职人员的支持。安条克牧首狄奥多勒·巴尔萨蒙(Theodore Balsamon)是希腊著名的宗教法学者和所谓伪佛提

---

[20] 尼西塔斯·科尼阿特斯:《历史》,波恩版,583。
[21] 同上书,274。

乌法规(《十四条世俗-教会法规集》)的校注者。他曾经写道:"皇帝和牧首作为教会导师必须受尊重,因为他们由神选定。自然,正教宗帝拥有教导基督徒的权力,他们像牧师一样焚香供奉上帝。"他们的荣耀在于:他们凭着虔诚的正教信仰,像太阳一样照亮整个世界。"皇帝的权力和活动涉及(人的)身体和灵魂,而牧首的权力和活动只涉及灵魂。"[72]这位作家宣称:"世俗法律和宗教教规对皇帝没有约束力。"[72]

科穆宁和安吉列王朝统治下的教会生活使皇帝们能够广泛运用君权高于教权的思想:一方面,"异端思想"和"伪教条"泛滥搅乱了人们的心灵;另一方面,突厥人和帕齐纳克人的威胁以及由十字军运动导致的拜占庭与西方的新的关系,开始危及作为一个独立国家的拜占庭的生存,这迫使皇帝们严肃认真地考虑与天主教会合一的问题。因为天主教会的教宗可能会阻止西方对东方的政治威胁。

在宗教方面,最初两位科穆宁皇帝都是东正教信仰和教会的捍卫者;然而,由于政治上的压力,他们对天主教会做了一些让步。阿列克修斯·科穆宁的女儿安娜受其父亲影响,在她的《阿列克修斯》中不无夸张地称其父亲为"第十三使徒";或者,如果这种荣誉应归于伟大的君士坦丁的话,那么阿列克修斯·科穆宁必须"与君

---

[72] *Ῥάλλη καὶ Πότλη, Σύνταγμα τῶν Θείων καὶ ἱερῶν κανόνων*, IV, 544、545。

[72] 狄奥多勒·巴尔萨蒙(Theotori Balsamonis):《迦太基大公教会议决议(教规)第16条》(*In canonem XVI Concilii Carthaginiensis*),米涅编:《希腊教父著作全集》, CXXXVIII,93。见 G. 维尔纳茨基(G. Vernadsky)"法学导论"中对政教关系的论述及其在17世纪俄罗斯生活中的影响("Die kirchlich-politische Lehre der Epanagoge und ihr Einfluss auf das russische Leben im XVII. Jahrhundert"),《拜占庭与当代希腊年鉴》,VI(1928),120。

士坦丁并列排名,或者,若有人反对的话,也需名列君士坦丁之下"[24]。科穆宁王朝第三代皇帝曼纽尔由于实行不切实际的对西方政策,大大损害了东方教会的利益。

在教会内部生活中,帝国皇帝致力于同那个时代的错误信条和异端运动作斗争。令皇帝们深感担忧的是教会生活的另一面,即教会和修道院的地产过度增长。为制止这种倾向,拜占庭统治当局已经不时地采取过相应的措施。

为了保证国防资金并补偿自己的支持者,阿列克修斯·科穆宁没收了一些寺院地产,将一些圣器化为货币。但是,为了平息此举引起的不满,皇帝后来按照教会所损失的圣器的价值,归还了与之相当数额的财产,而且特别颁布了一则《新律》来纠正自己的过失,《新律》中规定"禁止将圣器用于公共事务"[25]。曼纽尔恢复了被废除的尼斯福鲁斯·福卡斯时期的《新律》(该法于 964 年颁布),限制教堂和修道院财产的增长;但后来他又被迫颁布另外的《新律》,尽可能修正由此而引起的不良后果。

神职人员的混乱和道德堕落也令阿列克修斯·科穆宁极为不安。他在一则《新律》中宣称:"基督教信仰面临着危机,因为神职人员日益腐败"[26];他计划根据宗教教规修正教会生活,改善神职人员的教育,开展教牧活动,以达到提高神职人员道德水准的目

---

[24] 安娜·科穆宁娜:《阿列克修斯》,XIV,8;赖弗谢德编,II,259。

[25] 扎哈利亚·冯·林根塔尔:《希腊-罗马法制史》,III,355—358。见 V. 格鲁梅尔(V. Grumel)"夏尔西杜瓦那的里昂事务。阿列克修斯一世关于圣物的黄金诏书"("L'affaire de Léon de Chalcédoine. Le chrysobulle d'Alexis Ier sur les objets sacrés"),《拜占庭研究》,II(1945),126—133。

[26] 扎哈利亚·冯·林根塔尔:《希腊-罗马法法制史》,III,414。

的。不幸的是,在那个时代的大环境之中,他无法圆满达到自己的最初设想。

虽然科穆宁王朝统治者常常宣称他们反对教会财产增长的立场,然而他们又常常是一些修道院的建立者和庇护者。在阿列克修斯统治期间,皇帝永久免去了阿索斯山修道院^{*}的税赋和其他各项负担;"国家官员不能干涉圣山事务。"[27]像以前一样,阿索斯山不依附于任何主教;普洛多斯(Protos)**,即阿索斯修道院院长会议(protaton)主席直接由皇帝任命,所以阿索斯直属于皇帝。在曼纽尔统治时期,原居住于阿索斯山并拥有那儿的一所小修道院的罗斯人在院长会议的命令下,接管了圣潘特雷蒙(St. Panteleimon)女修道院,此事在今天甚至还有许多人知道。

阿列克修斯·科穆宁也支持圣·克里斯托丢勒斯(St. Chritodulus)在帕特莫斯岛建立了一所修道院,据传说,使徒约翰就是在帕特莫斯写下了他的《启示录》,于是,该修道院以使徒约翰的名字命名。该修道院保存至今。在皇帝对于这件事发布的《黄金诏书》中,将帕特莫斯岛赐予克里斯托丢勒斯,作为他永久的、不可转让的财产,并免除其一切赋税,禁止任何政府官员踏入该岛。[28]该

---

* 阿索斯山位于希腊北部的哈里基的半岛上,是著名的修道山,山上有自中世纪以来建立的二十几所修道院,至今仍然香火不断,但不似旧时兴旺。被世人称为"活的中世纪博物馆"。——译者

[27] P.乌斯宾斯基:《基督教东方,阿索斯山》,III(1),266—227。P.迈耶(P. Meyer):《阿索斯修道院的主要历史文献》(Die Haupturkunden für die Geschichte der Athosklöster),172。

** Protos 来自于希腊文 πρῶτος,意为"首席","第一个"。——译者

[28] 扎哈利亚·冯·林根塔尔:《希腊-罗马法制史》,III,370—371。F.米克洛西奇(F. Miklosich)和 J.米勒(J. Müller):《中世纪希腊法规和外交》(Acta et diplomata graeca medii aevi),VI,45。

472　修道院采用了最严格的管理制度。[29]

夏朗东说:"帕特莫斯岛变成了几乎独立的教会共和国,只有修士才可以居住。"[28]塞尔柱突厥人进攻爱琴海诸岛时,克里斯托丢勒斯和修士们被迫离开帕特莫斯,到埃维厄(Euboea)避难。克里斯托丢勒斯于11世纪死于埃维厄。他的改革也随之结束,他在帕特莫斯的努力完全失败了。[31]

约翰·科穆宁还在君士坦丁堡修建了潘托克雷塔(Pantokrator*)修道院,而且在那儿开设了一所有50个床位的功能齐全的医院,专门为穷人服务。在皇帝签署的法令(*typicon*)[32]中,对医院的内部管理细则有详细的描述。"它可能是历史遗留下来的有关

---

[29]　见"帕特莫斯岛上的圣约翰·塞奥洛吉修道院法规"("Regula pro monasterio S. Ioannis Theologi in insula Patmo"),见米克洛西奇和米勒《中世纪希腊法规和外交》,VI,59—80;也见 K.博尼斯(K. Boïnes)《圣父克里斯托丢勒斯的圣处》(Ἀκολουθία ἱερὰτοῦ ὁσίου καὶ θεοφόρου πατρὸς ημῶν Χριστοδούλου)。

[28]　夏朗东:《科穆宁王朝阿列克修斯一世的统治》,289。亦见 P.雅克文科(P. Yakovenko)《拜占庭豁免权的历史》(*On the History of the Immunity in Byzantium*),10—11。

[31]　E.勒巴尔比耶(E. Lebarbier):《圣·克里斯托丢勒斯和11世纪希腊修道院改革》(*Saint Christodule et la réforme des convents grecs au XIᵉ siècle*)(第2版,1863年),51—56;这部旧的传记有许多错误。R. P.多姆·P.勒诺丹(R. P. Dom P. Renaudin):"克里斯托丢勒斯,帕特莫斯岛上的圣约翰修道院院长"("Christodoule, higoumène de Saint-Jean, à Patmons, 1020—1101"),《基督教东方杂志》,V(1900),215—246。厄科诺摩(Oeconomos):《科穆宁和安吉列时期拜占庭帝国的宗教生活》(*La Vie religieuse dans l'Empire byzantin au temps des Comnènes*),142—152。

*　希腊语原意,即"全能"之意。——译者

[32]　这部法规的希腊文本由 A.德米特里耶夫斯基(A. Dmitrievsky)出版,保存于《东正教图书馆中的礼拜仪式手稿》(*The Description of the Liturgical Manuscripts Preserved in the Libraries of the Orthodox East*),I,682—687。

拜占庭社会人道主义思想的一个最动人的"典范。[23]

科穆宁王朝的知识生活相当活跃。有的学者甚至称之为希腊文艺复兴时代。这一复兴时代是由帝国的一批杰出人物如迈克尔·塞勒斯等人掀起。科穆宁时代的文艺复兴表现在许多不同方面,包括各种异端思想和教义上一些谬误的形成。皇帝们作为正教信仰的捍卫者,与这类异端和教义谬误发生了冲突。科穆宁时代的这种冲突也影响到所谓的"信众誓言"(synodicon)教仪,即直到现在,在每年一度的东正教大斋节的第一个星期,当人们诅咒一切异端分子和反教会信条时,都要诵读那些异端分子的姓名及反教会之教义的名称;"信众誓言"中提到的那些名称中,许多都源自于科穆宁时代的阿列克修斯和曼纽尔时期。[24]

阿列克修斯反对异端的主要活动是对付保罗派和鲍格米尔派,这些宗教派别已经在巴尔干半岛,特别是菲利浦城一带存在了很久。但无论是对异端迫害,还是由皇帝组织的公众批判,甚至以

---

[23] Th. I. 乌斯宾斯基:"保守的拜占庭接受西方影响的倾向"("The Tendency of Conservative Byzantium to Adopt Western Influences"),《拜占庭年鉴》,XXII(1916),26。亦见 L. 厄科诺摩《拜占庭帝国的宗教生活》,193—210。E. 让塞尔姆(E. Jeanselme)和 L. 厄科诺摩(L. Oeconomos):《拜占庭科穆宁时代的慈善机构和医院》(Les Oeuvres d'assistance et les hopitaux byzantins au siècle des Comnènes),11—18。夏尔·迪尔:"科穆宁时代的拜占庭社会"("La Société byzantine à l'époque des Comnènes"),《东南欧历史杂志》,VI(1929),242—249;抽印本,52—57。潘·S. 科代拉斯(Pan S. Codellas):"潘托克雷塔修道院,12 世纪君士坦丁堡的帝国医疗中心"("The Pantocrator, the Imperial Byzantine Medical Cener of the Twelfth Century A. D. in Constantinople"),《医学史简报》(Bulletin of the History of Medicine),XII,2(1942),392—410。

[24] 关于"信众誓言",见 Th. I. 乌斯宾斯基《拜占庭文明史论集》(Essays on the History of Byzantine Civilization),89—145。

火刑焚烧鲍格米尔派首领修士瓦西里,都无法消灭他们的信条。这些信条虽然未能在全国蔓延,但却无法根除。于是,皇帝求助于修士优西米乌斯·兹加贝努斯(Euthymius Zigabenus)。此人精通语法,言辞犀利,是《新约全书》(New Testament)和《圣保罗书信》(Epistles of St. paul)的评注者。皇帝要求他揭露当时的一切异端教义,特别是鲍格米尔派教义;并且根据"教父"的理论基础驳斥它们。为了逢迎皇帝的思想,兹加贝努斯撰写了论文《正教信条大全》(The Dogmatic Panoply of the Orthodox Faith),文中旁征博引,口诛笔伐,成为批判异端教条的手册。[25] 虽然如此,在曼纽尔朝还是发生了著名的修士尼逢(Niphon)传布鲍格米尔教义的著名案件。[26]

在阿列克修斯·科穆宁统治时期,拜占庭文化生活中发生的另一件事,是迈克尔·塞勒斯(Michael Psellus)的学生、博学多才的哲学家约翰·伊达路斯(John Italus,来自于意大利)被控传播"违法的、有违正教教义的异端教条、反对圣著和圣父们的经典、对圣像不恭",等等。[27] 对异端约翰·伊达路斯的公诉报告,是由俄罗斯学者 Th.乌斯宾斯基整理出版并阐释的,它揭开了科穆宁朝第一代皇帝统治时期拜占庭知识生活的意义深远的一页。有关宗教会议对伊达路斯案件的审判,不仅对付的是一个危及教会的异

---

[25] 米涅:《希腊教父著作全集》,CXXX,9—1362。
[26] 厄科诺摩:《拜占庭帝国的宗教生活》,38—47。
[27] Th.I.乌斯宾斯基:"对异端分子约翰·伊达路斯的公诉状"("The Offcial Report on the Accusation of John Italus of Heresy"),《君士坦丁堡俄罗斯考古学院公报》,II(1897),3、10。

端信条的传播者,也是针对一位高等成人学校中任教的、深受亚里士多德、柏拉图和其他哲学家影响的教授。伊达路斯的一些门徒也被传至法庭。经过审议,会议宣布伊达路斯及其门徒是在传播异端教义和蛊惑人心。伊达路斯被移交给牧首接受真理的指导。但最后连牧首本人也成了伊达路斯的信徒,这在教会和人民中成了一个特大丑闻。在皇帝的指令下,伊达路斯的一系列罪状被开列出来。最后宣布诅咒伊达路斯的11条错误信条和作为异端的伊达路斯本人。[28]

由于伊达路斯的著作尚未全部出版,所以无法对他的信条和他本人盖棺定论。自然,学者们在这个问题上也是见仁见智。虽然,Th.乌斯宾斯基认为,"哲学的自由为教父们的著作和《圣经》权威思想所限制"[29],然而,正如贝佐布拉佐夫和布良泽夫(Bryanzev)等学者所说,伊达路斯却"认为在有些问题上,异端哲学可能优于教会教条"[30],他"将神学与哲学分离,并且承认在神学和哲学领域中都可能保持独立的见解"[31]。最后,针对伊达路斯案件,N.马尔提出了"最重要的问题,即伊达路斯审判的兴师问罪者是否具有与伊达路斯相应的知识水平来理解哲学与神学分离的原则?或者,在他们确定思想家伊达路斯是在擅闯神学领域之时,他

---

[28] 这11条信条见Th.I.乌斯宾斯基《大斋节第一个礼拜日的信众誓言》(Synodikon for the First Sunday of Lent),14—18;法语文本见厄科诺摩《拜占庭帝国的宗教生活》,25—28。

[29] Th.乌斯宾斯基:《拜占庭文明史论集》,171。

[30] P.贝佐布拉佐夫:《拜占庭年鉴》,III(1896),128。

[31] D.布良泽夫(D. Bryanzev):"约翰·伊达路斯"("John Italus"),《信仰与理性》(Vera I Razum),II,1(1904),328。

们是否给予他独立哲学思考的自由?"㉒当然,回答是否定的:在那个时候,这种自由是不可能的。不过,不能认为伊达路斯仅仅是个神学家,"他还是一位哲学家。他被判罪是因为他的哲学体系不符合教会的信条"㉓。科穆宁时代宗教生活的研究者最近提出,所有资料清楚地显示,伊达路斯属于新柏拉图学派。㉔ 所有这些争端和分歧表明,从11世纪末和12世纪初拜占庭文化史的角度来看,约翰·伊达路斯问题的意义非同小可。

然而,这并非全部。学术界已经注意到,与伊达路斯同时代出现的西欧哲学思想与伊达路斯的哲学思想极为相似;比如,这种相似可以在12世纪上半叶的法国著名教授,至今仍广为流传的自传《灾难历史》(*Historia calamitatum*)的作者阿伯拉尔(Abelard)那里找到。鉴于当时东西方文化相互影响的问题比较复杂而且人们对此缺乏充分的研究,因此,不能贸然说西欧学术依赖于拜占庭学术;但是可以肯定,"11—13世纪间欧洲思想家所思考的问题,我们在拜占庭思想家那里也可以见到。"㉕

在外部教会事务方面,前三代科穆宁皇帝时期,帝国与教宗和

㉒ "约翰·彼得里茨:11—12世纪伊庇利亚(格鲁吉亚)的新柏拉图主义者"("John Petritzi, Iberian[Gruzinian] Neoplatonist of the Eleventh and Twelfth Centuries"),《俄罗斯考古学会东方分会通报》(*Zapiski Vostochnago otdeleniya russkago Archeologicheskago Obchestwa*),XIX(1909),107。

㉓ 夏朗东:《科穆宁王朝阿列克修斯一世》,316。厄科诺摩:《拜占庭帝国的宗教生活》,29。

㉔ 厄科诺摩:《拜占庭帝国的宗教生活》,29 这位法国学者同意乌斯宾斯基的意见。

㉕ Th.乌斯宾斯基:《拜占庭文明史论集》,178、181、183。

西方教会接触频繁。正如皇帝迈克尔七世帕拉皮纳克斯(Parapinakes)向教宗格列高利七世求援一事所显示出的那样,频繁接触的主要原因是突厥人和帕齐纳克人从外部威胁着拜占庭。这种威胁迫使皇帝们求助于西方,甚至不惜以教会合一为代价。所以科穆宁王朝与罗马教会的联合倾向纯属外部政治因素所致。

在那些最可怕的岁月里,即11世纪80年代末和90年代初,阿列克修斯·科穆宁向教宗乌尔班二世寻求和解,并允诺将在君士坦丁堡召集宗教会议,讨论有碍东西方教会复合的"除酵"*问题以及其他问题。1089年,希腊主教会议在君士坦丁堡召开,由阿列克修斯一世主持。在会上,乌尔班二世提议将他的名字刻入双联记事板上,并在圣事中提及他的名字。在皇帝的压力下,会议一致通过了这个敏感的提议。[29] 保加利亚的塞奥菲拉克特(Theophylact)所写的《拉丁人的谬误》一文可能就是出于这个时期,V. 瓦西列夫斯基从这篇文章中看到了时代的特征。[30] 这篇论文的主题值得注意。作者不承认基督教会已经发生分裂这一普遍接受的观点,也不认为拉丁人的错误使分裂成为定局。他对当时学者们的

---

* 东西方基督教会之间在圣事上的主要分歧之一,是关于圣餐的"除酵"问题。在西方教会中,圣餐中必须使用未经发酵的面饼,而东方教会则用一般发过酵的面包。东方教会认为西方教会的这种习俗有异教犹太人传统的味道,故予以否定。——译者

[29] 见 W. 霍尔茨曼(W. Holtzmann)的特别有趣的文章:"1089年阿列克修斯一世和教宗乌尔班二世之间的合一谈判"("Die Unionsverhandlungen zwischen Alexios I und Papst Urben II im Jahre 1089"),《拜占庭研究杂志》(德文),XXVIII(1928),40;作者列出三个未经公布的希腊文献,该文献涉及了1089年的主教会议,见上引杂志,60—62。

[30] 瓦西列夫斯基:"拜占庭和帕齐纳克人",《著作集》,I,83—85。该条约见米涅《希腊教父著作全集》,CXXVI,226—250。

宗教偏执和傲慢的态度很反感。总之,塞奥菲拉克特在许多问题上愿意接受合理的让步。但信经的词句绝对不能模棱两可,也不得有所增添;换句话说,东正教绝对不能接受将"和子句"纳入信经[*]。

当拜占庭帝国正处于生死关头之际,乌尔班二世在罗马也遇到棘手的事情:那里出现了一个伪教宗,所以,也不可能召集宗教会议了。几年以后开始进行的第一次十字军东征和希腊人与十字军之间的敌对情绪及互不信任情况的出现,也不利于两个教会达成谅解。在约翰·科穆宁时期,皇帝与教宗卡利克斯图斯二世和霍诺留二世开展了教会合一的谈判;约翰致两位教宗的两封信至今仍在。教宗的代表到君士坦丁堡全权处理教会合一问题。㉘可惜会谈没有结果。另外,一些著名的西方拉丁学者也参加了君士坦丁堡的神学争论。德国学者哈维尔堡的安塞尔姆大约于1150年曾经记载了1136年在皇帝约翰·科穆宁面前的一场辩论。在这场辩论会上,"有许多拉丁人在场,其中有三位精通(拉丁和希腊)两种语言、知识渊博的人。他们是威尼斯人詹姆斯,比萨人勃艮蒂奥(Burgeundio)和来自贝加莫城的意大利人摩西(Moses)。摩西精通两种文学,在希腊人和拉丁人中间德高望重。他被双方

---

[*] 所谓"和子句"是东正教会与西方天主教会之间的重要教义分歧之一。东正教会强调《尼西亚信经》和《卡尔西顿信经》都强调圣灵来自圣父,但西方天主教会在中世纪时期将"和子"两个字纳入信经,即强调"圣灵来自圣父和子"。这引发了东正教与天主教僧侣间的激烈争论。见本书第6章有关部分。——译者

㉘ 卡普赫尔(Kap-Herr):《曼纽尔皇帝的西方政策》(*Die abendlandische Politik Kaiser Manuels*),9。诺登:《教宗统治和拜占庭》,91。夏朗东:《科穆宁王朝阿列克修斯一世》,II, x—xi, 162—163。多尔格:《未公布的希腊文献汇编》,II, 59(no. 1302、1303)。

第七章　拜占庭与十字军

指定为忠实的翻译"[29]。

在约翰的继任者亲拉丁的曼纽尔一世时期，东西方教会联系更加活跃。曼纽尔一世希望恢复独一的罗马帝国，而且认为只能从罗马得到这个帝国的皇冠。这为教宗带来了合一的希望。因此，双方的合一谈判很明显是纯政治性的。德国史学家诺尔顿对此做了恰如其分的评论："科穆宁王朝希望通过罗马教廷的帮助统治西方，从而统治教廷；教宗梦想在科穆宁王朝的支持下成为拜占庭教会的主人，从而成为拜占庭帝国的主人。"[30]

第二次十字军以后，曼纽尔与几位教宗都有信函联系。而教宗自己有时也愿意向这位皇帝伸出友谊之手，教宗哈德良四世更是如此。他与西西里王发生了争执，而且对最近登上皇位的弗里德里希·巴巴罗萨非常不满。在致萨洛尼卡大主教瓦西里的信中，哈德良四世表示了自己要"帮助所有信众皈依一个教会"的愿望，并且将东方教会比作丢失的银币（drachma）、迷途的羔羊和死去的拉撒路（Lazarus）。[31]

此后不久，曼纽尔通过使者正式答应教宗亚历山大三世合并教会，条件是教宗将被德意志国王弗里德里希非法占有的罗马帝国的皇冠归还给他；为了达到此目的，曼纽尔可以向教宗提供所需资金和足够的军队。但由于亚历山大三世在意大利的处境有所好

---

[29] 安塞尔姆·哈维尔伯格（Anslmi Havelbergensis）:《对话》(Dialogi), II, chap. I; 米涅编：《拉丁教父著作大全》，CLXXXVIII, 1163。见 C. H. 哈斯金斯（C. H. Haskins）《中世纪科学史研究》(Studies in the History of Mediaeval Science), 144、197。哈斯金斯：《12世纪的文艺复兴》(The Renaissance of the Twelfth Century), 294。

[30]《教宗统治和拜占庭》, 101。

[31] 米涅编：《希腊教父著作全集》，CXIX, 928—929。

转,拒绝了他的提议。

皇帝在首都召集会议,试图结束拉丁人与希腊人之间的争吵,寻求教会合一的途径。曼纽尔竭力规劝君士坦丁堡牧首让步。曼纽尔与牧首在会议上的"对话"是一份重要文件,表明了两个主要会议参与者的态度。在"对话"中,牧首称教宗"充满了邪恶",宁愿要"亚加伦人"(Agarens,即伊斯兰教徒)的枷锁,不愿受拉丁人的统治。这种论调明显地反映了那个时代教会和公众的感情,在15世纪,即拜占庭衰落时代,多次重复。曼纽尔只得让步。他宣布他将"像远离毒蛇"那样远离拉丁人。^⑩ 这样,会议的所有议题都未达成一致意见。会议甚至决定与教宗之流划清界限。

因此,曼纽尔的对外世俗政策和教会政策都彻底破产了。其原因可以归结为他的这两项政策都只是他一厢情愿的个人想法,缺乏真正坚实的公众舆论基础。此时,"恢复大一统帝国"的愿望早已是一种幻想,而且,曼纽尔的统一愿望不可能得到全国人民的同情和支持。

在科穆宁王朝的最后五年(1180—1185年)中,特别是在安德罗尼卡一世统治时期,教会因素与复杂的内外形势交织在一起。安德罗尼卡在其统治初期就坚决反对前任皇帝的亲拉丁政策,因此不可能同意与西方教会的合并。在教会内部事务中,他粗暴地对待君士坦丁堡牧首,不允许对信仰有任何争议。^⑩ 而人们

---

⑩ C.洛巴勒夫(C. Loparev):"关于曼纽尔·科穆宁的联合愿望"("Concerning the Unitarian Tendencies of Manuel Comnenus"),《拜占庭年鉴》,XIV(1907),339、341、342—343、353、355。

⑩ 关于安德罗尼卡与牧首和教会的关系,见厄科诺摩《拜占庭帝国的宗教生活》,113—118。

通常认为是他所讲的"一场反对犹太人的对话",则属于稍后的时期。

安吉列时代在政治生活和教会生活中都是危机四伏。这个王朝的皇帝们自以为能够控制局势。因此,第一任皇帝伊萨克竟然随心所欲地更换君士坦丁堡牧首。

在安吉列王朝时期,拜占庭教会就圣体血问题发生了激烈争论,皇帝本人也卷了进去。当时的史学家尼西塔斯·科尼阿特斯说,争论的问题是:"我们所分享的基督圣体是在他受难和复活之后变为不朽($ἄφθαρτον$)的,或,是在他受难之前可朽的($φθαρτόν$)。"⑭ 换句话说,"我们所分享的圣体是像普通食物那样受自然生理过程的支配,还是不受这些过程的支配。"⑮阿列克修斯·安吉列坚决捍卫"被傲慢地亵渎"的真理,支持"圣体不朽"的观点。12世纪末拜占庭的这一类争论在十字军时代的基督教东方特别激烈,可以说是受了西方的影响。众所周知,西方很久以前就开始了这些争论;甚至在9世纪,就有人提出圣体是和普通食物一样服从自然的生理法则的。

至于安吉列王朝与教宗的关系,也应该注意。出于政治上的考虑,教宗当然希望引诱东方教会接受教会的合一。但他的计划没有实现。复杂的国际形势,特别是在第四次十字军之前的国际形势将德意志国王推上了国际舞台。德意志国王在解决拜占庭问

---

⑭ 尼西塔斯·科尼阿特斯:《历史》,波恩版,682。

⑮ A. 列别德夫:《11世纪末至15世纪中叶拜占庭东方教会的形势》(*The Situation of the Byzantine Eastern Church from the end of the Eleventh Century to the Middle of the Fifteenth Century*)(第2版,1902年),153。

题方面似乎起到了重要作用。德意志国王是教廷最危险的对手。为了阻止这位西方皇帝占有东方帝国,教宗采取一切手段支持"分裂的"东方皇帝,甚至支持篡夺其兄伊萨克皇位的阿列克修斯三世。在第四次十字军期间,罗马天主教会的首领英诺森三世处于十分尴尬的境地,他先是坚决反对十字军改变方向;后来他又被迫改变初衷,宣称对君士坦丁堡史无前例的暴行符合上帝旨意。

总的说来,在科穆宁王朝和安吉列王朝统治的一百二十三年(1084—1204年)间,宗教生活受到外部关系的剧烈影响,更受到内部的矛盾冲突的影响。毋庸置疑,从宗教问题上看,这个时代具有重要的意义,耐人寻味。[306]

内部行政

财政和社会形势。——一般地说,在12世纪,拜占庭帝国的内部局势和行政制度没有什么大的变化。科穆宁王朝和安吉列王朝时期的拜占庭教会历史或许已得到全面研究,而对拜占庭的内部社会经济生活的研究却很薄弱。如果说拜占庭的内部历史未受到足够重视,那么以科穆宁王朝为开端的那个时代的研究则尤其薄弱。即使在今天,对这方面问题的研究也是仅依据一些推测而写的简短的章节,时有偶然的评论或附录,最多就是一两篇简短的专题文章。因此,至少现在,对这个时代的内部历史还没有一个恰如其分的认识。近期的法国学者夏朗东对12世纪拜占庭的内部

---

[306] 厄科诺摩:《拜占庭帝国的宗教生活》,222。

1025—1402年的拜占庭帝国

图例
- 1025年的帝国领土
- 1180年的帝国领土
- 1340年的帝国领土
- 1350年的帝国领土
- 1402年的帝国领土

（据阿弗特·奥斯特洛戈尔斯基）

当代史中的"边界"（有时）被（正确）认为是确定的、已检验的界线。这些地图所涉数个世纪的边界更为模糊且经常变动。另外，此图反映了边界的大略消长。

地名
兴吉都努（贝尔格莱德）、德里纳河、瑞河、德里斯特拉、卡法、纳伊苏斯、撒尔底迦、斯库台、都拉尼乌姆、布林迪西、海德鲁斯、安奇阿鲁斯、菲利波城、锡诺坡、阿马斯特里斯、阿米苏斯、特拉布松、加利波利、帖萨利、君士坦丁堡、布鲁萨、安哥拉（安卡拉）、伊科尼姆、科尔苏斯、底格里斯河、雅典、罗得岛、坎迪亚、劳迪西亚（老底嘉）、艾美萨、克里特、塞浦路斯、地中海、阿克、亚历山大里亚、幼发拉底河

英里 0 50 100 200 300

生活曾经做过全面探讨,但在他预期的续篇出版之前,他却不幸去世。[307]

作为小亚细亚大土地贵族的代表,阿列克修斯·科穆宁成为拜占庭帝国的皇帝之时,由于频繁的军事活动和前朝的内乱,国家财政体系已陷入全面瘫痪状态。虽然如此,登台伊始的阿列克修斯还要犒赏帮助他获得皇位的功臣和追随者,慰劳他的家族成员。与突厥人、帕齐纳克人和诺曼人的恶战和与第一次十字军的周旋都需要巨额开支。大土地所有者和修道院的地产于是被用于弥补国库的亏空。

从各种零星的史料中,人们可以判断,阿列克修斯曾经肆无忌惮地没收大土地所有者的财产;甚至在政治阴谋案件中,也常常以籍没地产的方式代替死刑判决。就连修道院可以终生享用的捐赠地(希腊语 khariskia,后称 kharistikarioi)也无可幸免。

赠地(kharistikia)制度并非始于科穆宁王朝。但由于财政困难,科穆宁皇帝们可能更经常地依赖于这种制度。这种制度与圣像破坏运动时期的修道院地产世俗化,或者与更早时期的社会生活现象相似。这种赏赐方式在10—11世纪已经非常普遍。寺院可以被赏赐给神职人员,也可以被赏赐给俗人,甚至女人。有时,男修道院被赐予女人,女修道院被赐予男人。受赐者(kharis-

---

[307] 夏朗东:《科穆宁王朝阿列克修斯一世》,II,316。参见外交史料,特别是阿索斯山修道院资料中所记载的阿列克修斯的内政、财政和经济政策方面的数据,哲尔曼·茹亚尔(Germaine Rouillard):"关于拜占庭国家历史的最新著述"("A Propos d'un ouvrage récent sur l'histoire d'état byzantin"),《语言学杂志》(Revue de philologie),(1942年10月),175—180。

tikarios)要捍卫寺院的利益,使其免于受到省督们或税务官们随心所欲的横征暴敛;受赐者还要妥善经营修道院经济,完成义务后的那部分收益归自己所有。当然,实际上他常常忽视自己的义务,而且,一般来说,修道院的贡献正是国家收入和利润的来源。结果是修道院经济的衰落。赏赐制度可以为受赠人带来丰厚利润,因此,拜占庭的达官贵人趋之若鹜。阿列克修斯制订的欲将一些教会圣器转化为货币的法令后来也废除了。

然而,没收土地并不足以改善财政。于是,阿列克修斯·科穆宁采用了可能是最恶劣的金融手段,发行劣质货币,使货币贬值。为此,阿列克修斯遭到后人的严厉指责。此前,市面上流通的是足量的金币,称作诺米斯玛(nomisma)、伊佩比路(hyperpyrus)或索里达。阿列克修斯发行了一种铜与金的合金币或银与金的合金币,称诺米斯玛,与足量金币同价。旧的诺米斯玛价值相当于12个银币(米里亚里斯[miliarisia]),新的诺米斯玛价值只相当于四个银币,相当于旧币价值的三分之一。[⑱]但阿列克修斯命令征税者只收足值的货币。这种措施使拜占庭财政更加紊乱,而且激起了民愤。

尽管政府采取了一定的补救措施,但困难重重的外部形势和国内濒于崩溃的财政迫使政府采用了极严厉的税收政策;而由于许多教俗大地产可以免税,税收的负担全部压到下层阶级的头上。在政府的苛捐杂税压榨下,下层人民不堪重负。税收官们在民间

[⑱] 一个诺米斯玛约相当于2美元,一个米里亚里斯相当于15—18美分。(请注意,原注中所列是20世纪30—40年代的比值。——译者)

横行霸道,11世纪和12世纪初期的保加利亚大主教塞奥菲拉克特称他们"无视上帝的法律和帝国法令,形同强盗"。⑩

尽管约翰·科穆宁几乎连年征战,但经过他的苦心经营,国家财政有所改善。然而,他的继任者曼纽尔再一次将国家推上崩溃边缘。而且,在这一时期,帝国人口已经减少,人民的纳税能力也相应减小。小亚细亚的某些地区由于穆斯林入侵而被放弃;那里的人口一部分沦为俘虏,另一部分逃到沿海城市。被遗弃的土地自然不能纳税。而由于匈牙利人、塞尔维亚人和多瑙河以外民族的侵略,巴尔干半岛也发生了类似情况。

与此同时,开支还不断扩大。除了军费开支,曼纽尔还将大批金钱花在来到拜占庭的外国人身上,因为这位皇帝偏袒拉丁人。而且,他还耗费大笔金钱用于大兴土木和维系宫廷的奢侈生活,且用于封赏他的宠臣和宠妇们。

历史学家尼西塔斯·科尼阿特斯对曼纽尔的财政政策引起的广泛怨恨情绪做了生动的描述。⑪爱奥尼亚诸岛的希腊人由于不堪重负,投奔了意大利半岛上的诺曼人。曼纽尔还试图像阿列克修斯一样,通过没收教俗地产来改善财政。他恢复了964年尼斯福鲁斯·福卡斯的著名《新律》,对教会和修道院地产大开杀戒。

只是到了科穆宁王朝末代皇帝安德罗尼卡一世时期,下层人民的处境才得以改善。他的短暂统治与曼纽尔大相径庭。曼纽尔采取亲拉丁政策,支持大土地所有者;安德罗尼卡则以国家利益和

---

⑩ 《书信集》,24;米涅编:《希腊教父文献全集》,CXXVI,405。
⑪ 尼西塔斯·科尼阿特斯:《历史》,波恩版,265—268。

下层阶级的保护者而著名。大土地所有者和税务官受到严格究诘;各省督开始接受国库高薪;公职的出售被停止。与安德罗尼卡同时代的史学家尼西塔斯·科尼阿特斯描写了下面这个田园诗般的画面:

> 用一位先知的话说,每一个人都躺在自己的树下乘凉,津津有味地吃着刚摘下的葡萄和地产的粮食,然后闭目养神。不用害怕税务官的威胁,不用担心贪婪者的勒索,不用警惕地看着他葡萄园中拾穗的人,也不用怀疑捆扎玉米秆的人;是恺撒的就还给恺撒,人们便不会对他苛求;他再也不会像以前一样被别人剥掉最后一件衣服,再也不会像从前一样在死亡线上挣扎。[11]

拜占庭史料将曼纽尔时期的内部生活描写得十分悲惨,安德罗尼卡的短暂的暴力统治当然不会使其得到大幅度的改善。但是,在12世纪80年代,即曼纽尔时期访问过拜占庭的西班牙图得拉城的犹太旅行家本雅明,通过亲身的观察和与人们的交流,写出了自己的旅行见闻。其中对君士坦丁堡不乏赞谀之词。他写道:

> 每年,从希腊帝国各地送来贡品络绎不绝。城堡内的丝绸、紫衣和黄金琳琅满目。如此多的商铺,如此多的财富在世界上实属罕见。据说本市的贡金每年可达20,000金币。这

---

[11] 尼西塔斯·科尼阿特斯:《历史》,波恩版,421—422。

第七章　拜占庭与十字军

些金币都是商铺和市场的租金,以及从海陆入境的商贾所纳的贡金。希腊居民拥有大批的黄金和钻石。他们骑着高头大马、穿金戴银,看起来简直是公侯。的确,这个国家盛产布匹、面包、小麦和葡萄酒。君士坦丁堡的财富无可匹敌。此地颇多知书达礼、博学多才之人。他们都坐在自己的葡萄树和无花果树下,吃着美食,品着佳酿,作诗弄赋。"[312]

在另一处,这位旅行家写道:"各类商贾从巴比伦、什那尔(美索不达米亚)、波斯、米底、埃及各地,从迦南、罗斯帝国,从匈牙利、帕齐那克、卡扎尔人的土地上,从伦巴底和塞弗拉德(西班牙)云集于此。这是一个繁忙的城市,各国商人从海陆两路入境。世界上只有伊斯兰大都市巴格达能与之匹比。"[313]在曼纽尔时期,还有一位阿拉伯旅行家奥尔-哈拉威(al-Haraw)或称艾尔-哈勒威(el-Herewy)到过君士坦丁堡,受到盛情款待。他的游记描写了这个杰出的首都:"君士坦丁堡比人们传说的还要大。似乎慷慨慈祥的主已经认定使它成为伊斯兰人首都!"[314]也许人们会将图得拉的本

---

[312] 图得拉的本雅明(Benjamin of Tudela):《东方旅游》(*Oriental Travels*),M.N.阿德勒(M.N. Adler)译,13;L.格林胡特(L. Grünhut)和 M.N. 阿德勒编,17—18;M.科姆罗夫(M.Komroff)编,《马可·波罗的同代人》(*In Cotemporaries of Marco Polo*),265—266。

[313] 同阿德勒译《东方旅游》,12;格林胡特和阿德勒编,16。关于巴格达,贝阿德勒译《东方旅游》,35—42;格林胡特和阿德勒编,48—57;科姆罗夫编,264。参见 G. 勒·斯特兰奇:《阿巴斯哈里发时期的巴格达》(*Bagdad During the Abbasid Caliphate*),332。

[314] 《朝圣者的地区标志》(*Indications sur les lieux de pèlerinage*),C. 舍费尔译,《拉丁东方档案》(*Archives de l'orient latin*),I,589。A.A. 瓦西列夫:"中世纪君士坦丁堡旅行的几个问题"("Quelques Remarques sur les voyageurs du moyen âge à Constantinople"),《夏尔·迪尔研究文集》,I,294—296。

雅明对君士坦丁堡的描述与科穆宁时代的诗人约翰·柴柴斯(Tzetzes)描写君士坦丁堡的诗文相比较。柴柴斯模仿荷马《伊利亚特》(IV,437—438)中的两首史诗,辛辣而尖刻地写道:"他们(特洛伊人)没有共同语言,南腔北调,他们来自世界各方。""这些居住在君士坦丁堡中的人,个个獐头鼠目;城里人讲着不同的异邦语言;也有不少人一向鬼鬼祟祟,偷窃成性,克里特人、突厥人、阿兰人、罗得人和开俄斯人……所有这些苟且贪婪、腐败的人在君士坦丁堡内却被视为圣贤。"⑮曼纽尔时期君士坦丁堡的繁荣昌盛使A.安德烈亚兹联想到某些大都市,如帝国末期的巴黎在大灾难前夕的生活。⑯

当时首都君士坦丁堡的人口数量很难确定。不过,据估计,12世纪君士坦丁堡的人口可能在 800 000—1 000 000 之间。⑰

至于科穆宁和安吉列时代大地产的增长情况,则是,大土地所有者的势力逐渐膨胀,越来越独立于中央政府;封建过程在帝国发展迅速。科戈纳索提到科穆宁王朝最后两位皇帝和安吉列王朝伊萨克二世时,说:"封建主义在全国蔓延,皇帝必须与行省大地主斗争,因为他们不再像以前(比如在诺曼战争时期)那样慷慨,不愿为中央政府提供兵源……构成帝国社会与政治基础的各元素之间的均衡被打破,贵族占了上风,玩弄帝国于股掌之中。君主的权力和

---

⑮ 《"伊利亚特"的多样历史》(*Historiarum variarum Chiliads*),T.基斯林编《伊利亚特》(*Chilias*),VIII,par.,360—368,496。在以后的篇幅中再讨论柴柴斯其人。

⑯ A.安德烈亚兹:"拜占庭皇帝治下的君士坦丁堡人口",《统计》(*Metron*),I,2(1920),97。

⑰ A.安德烈亚兹:"拜占庭皇帝治下的君士坦丁堡人口",《统计》,I,2(1920),101。

财富被贵族剥夺。"帝国迅速走向毁灭。[18]

曼纽尔曾经颁发过一份重要的《黄金诏书》,规定由皇帝御赐的不动产只能转让给元老院或军事官员;如果不遵守这个规定,不动产则要上交国库。[19] 曼纽尔的禁令剥夺了下层阶级获得帝国土地赏赐的机会,使贵族地产愈加膨胀。[20] 这份《黄金诏书》于1182年12月被阿列克修斯二世科穆宁废除。废除令虽然由阿列克修斯二世签署,但无疑受到了独揽朝纲的摄政者安德罗尼卡的压力。自1182年开始,帝国不动产可以惠赐任何社会阶层。[21]

1182年的《黄金诏书》是安德罗尼卡针对拜占庭贵族和大土地所有者的新政策的开端。他必须同他们作顽强的斗争。文件的签署者科穆宁王朝的阿列克修斯二世只是安德罗尼卡意志的代言人。于是,即产生了对于某些学者之观点的疑问,因为他们认为曼纽尔的禁令是针对法兰克人的,而且很可能确实制止了那些外国商人购买土地,所以,禁令的废除有利于法兰克人;而且与科穆宁王朝阿列克修斯二世的政策是一致的。[22] 确实,年幼的阿列克修斯二世和他母亲的政权曾试图请求可恶的拉丁人给予支持。然而,安德罗尼卡进入君士坦丁堡并做了摄政之后,形势就不同了。

---

[18] "拜占庭的颓废皇帝安吉列王朝的伊萨克二世",《贝萨里翁》(Besarione), XXI(1915),52—53、59—60、269—289;抽印本,26—27、33—34、56—76。

[19] 扎哈利亚·冯·林根塔尔:《希腊-罗马法制史》,III,457;几年以后,这份诏书又被重申(同上书,498)。诏书的颁布日期现在有争议,见上书,457、498。F.多尔格:《未公布的希腊文献汇编》,II,62—63(no.1333);70(no.1398)。

[20] 科戈纳索:《曼纽尔·科穆宁去世前的拜占庭党争和宫廷斗争》,284(72)。

[21] 扎哈利亚·冯·林根塔尔:《希腊-罗马法制史》,III. 507。

[22] 见多尔格《未公布的希腊文献汇编》,II,89(no.1553)。布莱耶尔:"安德罗尼卡(科穆宁)",《历史辞典》,II,1780。

摄政大权独揽,到1182年末,其政策已经公开地与拉丁人作对。

国防和商业。——科穆宁王朝时期,连年征战,耗资巨大。皇帝们梦想恢复大一统帝国,不断加强军队建设。除各军区提供的军队外,政府还从各民族中招募大批雇佣兵。在科穆宁时期,军队中开始出现一个新的民族成员,即盎格鲁-撒克逊人。

盎格鲁-撒克逊人之出现与拜占庭与诺曼人1066年在征服者威廉率领下征服英国事件有关,当时,在黑斯廷斯(Hastings)以北几英里的森拉克(Senlac)之战以后,灾难席卷了英国,从而把英国送入严厉的征服者之手。反抗换来的是血腥镇压,许多盎格鲁-撒克逊人绝望之中离开祖国。英国史学家弗里曼(Freeman)在他那部著名的描述诺曼征服英国史的书中强调:在11世纪80年代,即阿历克塞·科穆宁统治初期,一些足以令人信服的、有关盎格鲁-撒克逊人迁徙到拜占庭帝国的证据已经十分明显。[②] 一位12世纪上半期的西方编年史家写道:"失去自由以后,盎格鲁人万念俱灰……许多青壮年远走他乡,来到遥远的君士坦丁堡,为皇帝阿列克修斯卖命。"[②]这是"瓦兰几亚-英格兰近卫军"的开始。像10—11世纪的"瓦兰几亚—罗斯侍卫队"一样,他们在12世纪的拜占庭历史中同样起了重要作用。显然,在亲拉丁的曼纽尔时期,拜占庭的外国雇佣军的数量最多。

[②]《诺曼人征服英国史》,VI,628。A. A. 瓦西列夫:"11世纪向盎格鲁-撒克逊移民开放的拜占庭舞台"("The Opening Stages of the Anglo-Saxon Immigration to Byzantium in the Eleventh Century"),《康达可夫学院年鉴》,IX(1937),39—70。

[②] 奥德里克·维塔利斯(Orderici Vitalis):《教会史》;米涅编:《拉丁教父著作全集》,CLXXXVIII,309。

第七章 拜占庭与十字军

海军方面,阿列克修斯精心组织的海军似乎逐渐失去了战斗力,到曼纽尔时代衰落了。尼西塔斯·科尼阿特斯在他的著作中严厉谴责曼纽尔破坏了帝国的海上力量。[25] 在科穆宁王朝时期,与帝国联盟的威尼斯舰队发挥了巨大作用。当然,其代价是拜占庭经济独立地位的丧失。

曼纽尔修复和巩固了一些处于衰败中的据点。小亚细亚南岸的重要城市和军事要塞阿塔利亚(撒塔利亚)开始设防。[26] 他也在阿比都斯建立了防务设施并在赫勒斯滂海的入口处修建了一座桥,[27] 这里是拜占庭最重要的海关。从科穆宁王朝开始,威尼斯人和他们的竞争者热那亚人和比萨人就在此地生活。

人们对于科穆宁时期地方行政的研究尚有欠缺。我们知道,11世纪的军区数目已达38个。[28] 随着11、12世纪帝国领土的缩小,各省的领土和数目也不可能保持原样。这方面的资料可在1198年11月安吉列王朝阿列克修斯三世的《新律》中找到[29]。这部《新律》提到皇帝赐予威尼斯的贸易特权,并列出了"罗马尼亚治

---

[25] 尼西塔斯·科尼阿特斯:《历史》,波恩版,75。

[26] 贝内迪克蒂·阿巴蒂斯(Benedicti Abbatis):《亨利二世生平》(*Gesta Regis Henrici Secundi*),斯塔布斯(Stubbs)编,II,195。同样内容见罗杰里·德·韦登(Rogeri de Houedene)《地方行政年鉴》(*Chronica magistri*),斯塔布斯编,II,157。

[27] 见狄奥多勒·普洛德罗姆斯的两首短诗,收于《十字军史料汇编》,II,54—542。

[28] 斯卡巴拉诺维奇(Skabalanovich):《11世纪的拜占庭国家和教会》(*Byzantine State and Church in the Eleventh Century*),186、193—230。

[29] 扎哈利亚·冯·林根塔尔:《希腊-罗马法制史》,III,560—561(1199年条)。塔菲尔和托马斯:《古代商业和国家历史条约集》,I,258—272(1199年条)。正确的日期是1198年;这一文件准确地加以认定,见林根塔尔《希腊-罗马法制史》,565;塔菲尔和托马斯《古代商业和国家历史条约集》,258。

下各行省的名称,同意(威尼斯人)在那些地方进行商业活动"[30]。此法的研究工作尚欠完备,但其中的名单却可以让我们对12世纪帝国各行省的变化有个大概了解。

以前的军区大都由军事总督或"大将军"(strategi)管理。后来,特别在1071年曼兹克特战役以后,由于12世纪突厥的威胁在小亚细亚的加剧以及1186年保加利亚的独立,帝国领土急剧缩小。由于领土的缩小,给予军区统领的重要头衔"大将军"(strategus)在11世纪末已经不再使用。在科穆宁王朝时,"大将军"一衔则彻底消失,因为它已不适用于相对规模较小的行省。渐渐地,"都督"(dux)一职代替了"大将军"这个名称。"都督"这一头衔产生于9世纪以前,由一些小省长官领有。[31]

由于十字军运动,科穆宁王朝和安吉列王朝统治时期的帝国商业形势发生了特别重要的变化:东西方世界发生了直接商业联系,拜占庭丧失了东西方贸易中介的地位。[32] 这对东方帝国的国际商业势力是一个沉重的打击。在阿列克修斯·科穆宁统治初期,威尼斯人已经在首都的一些地方有了稳固的据点。同时,比萨

---

[30] 林根塔尔:《希腊-罗马法制史》,III,560。塔菲尔和托马斯:《古代商业和国家历史条约集》,I,258。

[31] E.施泰因:"晚期拜占庭法制和经济史研究"("Untersuchungen zur spatbyzantinischen Verfassungs-und Wirtschaftsgeschichte"),《奥斯曼历史通报》(*Mitteilungen zur Osmanischen Geschichte*),II(1924),21(重印页码);亦见施泰因对1198年11月所发的《黄金诏书》的注释(20页注2)。

[32] 关于科穆宁和安吉列时代拜占庭与意大利各共和国的商业关系的最好资料,见W.海德(W.Heyd)《中世纪利凡特贸易史》,I,190—264。亦见夏朗东《科穆宁王朝阿历克修斯一世》,II,625—627。汤普逊:《中世纪经济社会史》,380—439。

第七章 拜占庭与十字军

人在君士坦丁堡也得到了很重要的商业特权;他们拥有一处登陆点(港口,意大利语作 scala),一个销售其商品的专门商业区和一些私人房产;在圣索菲亚教堂进行圣事时,有特赐予比萨人的座位,在赛马场有固定的观赏席。[33] 约翰·科穆宁统治末期,热那亚第一次同拜占庭展开谈判,内容当然与商业活动有关。曼纽尔的政策总是与威尼斯、比萨和热那亚的商业利益密切相关。这当然有损于帝国的经济实力,与此同时,又使这三个城市处于永久的商业竞争中。1169 年,热那亚在帝国全境——黑海和亚速海北岸两地除外——获得了极其有利的贸易特权。[34]

1182 年骇人的拉丁大屠杀之后,在安吉列王朝时期,拉丁人取得了更为有利的地位。终于,在 1198 年 11 月,科穆宁王朝阿列克修斯三世极不情愿地对威尼斯特赐《黄金诏书》,重述和确认伊萨克·安吉列以前颁发的有关与威尼斯共同防御的诏书,重申威

---

[33] 全文见米克洛西奇和米勒《中世纪希腊法规和外交》,III,9—13;亦见 J.米勒《关于托斯卡纳城市与东方基督教世界及土耳其关系的文件汇编》(*Documenti sulle relazioni della città Toscane coll'Oriente cristiano e coi Turchi*),43—45、52—54。见海德《中世纪利凡特贸易史》,I,193—194。多尔格:《未公布的希腊文献汇编》,II,53—54(no.1255)。亦见 A.绍布(A.Schaube)《至十字军时代末期的地中海罗马人贸易史》(*Handelsgeschichte der Romanischen Völker des Mittelmeergebiets bis zum Ende der Kreuzzüge*),247—274。

[34] "关于热那亚与拜占庭帝国关系的最新文件"(Nuova serie di documenti sulle relazioni di Genova coll'Imperio Byzantino),A.圣圭内蒂(A.Sanguineti)和 G.贝尔托洛托(G.Bertolotto)编,《利古里亚国家历史学会文集》(*Atti della Società ligure di storia patria*),XXVIII(1896—1898),351、355、360。米克洛希奇和米勒:《中世纪希腊法规和外交》,III,35。多尔格:《未公布的希腊文献汇编》,II,82(no.1482)。G.布拉蒂亚努(G.Bratianu):《关于 13 世纪热那亚在黑海的商业研究》(*Recherches sur le commerce génois dans la mer Noire au XIIIe siècle*),65—66。

尼斯的贸易特权,增补了一些新的条款。威尼斯居住区保持不变。㉝ 一位史学家认为,这个条约的某些条款对奥斯曼帝国的领事裁判权制度有着特别大的影响。㉞

除首都之外,威尼斯人、比萨人和热那亚人在帝国许多行省和岛屿都有居住区,享有充分的贸易特权。帖撒罗尼迦(萨洛尼卡)是帝国仅次于君士坦丁堡的重要经济中心。12世纪的史料证明,在每年的10月底,当举行纪念首都的保护者,使徒圣底米特里的纪念日活动之际,萨洛尼卡城都要举行遐迩闻名的商品交易会,希腊人和斯拉夫人、意大利人、西班牙人(伊比利亚人)和葡萄牙人(卢斯塔尼亚人),"阿尔卑斯山那边的凯尔特人"(法国人)及远方大西洋沿岸的人云集于此。㉟ 希腊的底比斯、科林斯和佩特雷制造的丝绸驰名天下。巴尔干半岛的亚得里亚堡和菲利浦城也是重要的商贸中心。那时的爱琴海诸岛也都有自己的工商业活动。

随着灾难性的1204年的临近,拜占庭的商业优势被威尼斯、热那亚和比萨等意大利各共和国高效极富进取性的商业彻底摧毁。其中,威尼斯起主要作用。正如意大利史学家科戈纳索所说,这个专制帝国失去了"有利于贵族阶级的权力和财富,正像它被迫

㉝ 关于这份《黄金诏书》,参见㉝注后引。亦见布朗"威尼斯人和威尼斯人居住区"("Venetians and the Venetian Quarter"),《希腊研究杂志》,XL(1920),88。

㉞ 穆斯塔法·哈米德(Mustafa Hamid):"土耳其国家的外国侨民法"("Das Fremdenrecht in der Türker"),《伊斯兰世界》,VII(1919),26—27。

㉟ 《蒂马利翁或关于他的苦行。〈讽刺对话集〉》(*Timario sive De passionibus ejus. Dialogus Satyricus*),M.哈泽(M. Hase)编《国家图书馆的手稿注释和摘抄》(*Notices et extraits des manuscrits de la Bibliothèque Nationale*),IX(1813),par.2,171—174;A.埃里森:《中世纪与当代希腊文献选编》(*Analecten der mittel-und neugriechischen Literatur*),IV(I),46—53、98及以下。

放弃了大量其他权利而使之有利于帝国各大城市的世界性商业阶级一样。"㊳

教育、学术、文学和艺术

马其顿王朝的学术、文学、教育和艺术等文化活动非常活跃。9世纪的佛提乌、10世纪的君士坦丁七世波菲罗杰尼图斯和11世纪的迈克尔·塞勒斯在各自文化领域的活动,以及君士坦丁堡高等学府的重建及该学府在11世纪的改革,为科穆宁和安吉列时代的文化复兴创造了有利条件。执迷于古代文学是这一时期的特点。12世纪和13世纪初的作家们竞相研究和模仿赫西俄德、荷马、柏拉图、史学家修昔底德和波利比阿、雄辩家伊索克拉底和德摩斯梯尼、希腊悲剧家和阿里斯托芬以及其他古代文学领域里杰出的大师们。这种模仿在语言学领域里尤其明显。由于过度追求古代阿提卡方言的纯正性,这种模仿变得矫揉造作,晦涩难懂,与现实口语格格不入。正如英国学者柏里所说,这种文学形式,是"传统的奴隶;是那些高贵大师的枷锁,但毕竟是枷锁。"㊴但也有些作家在欣赏古典语言之美的同时,并不忽视当代流行的语言,留下了12世纪流行语言的重要样本。科穆宁和安吉列朝代的作家知道拜占庭文化优于西方文化,在当时的一份资料中,称西方人为"愚昧的游牧部族,其中大部分,即使并不出生于君士坦丁堡,也至

㊳ "颓废的拜占庭皇帝安吉列王朝伊萨克二世"("Un imperator bizantino della decadenza Isacco II Angelo"),《贝萨里翁》,XXXI(1915),60;抽印本,34。

㊴ 柏里:《骑士传奇》,3。

少受过君士坦丁堡的哺育,而且,他们与典雅的风范与智慧无缘",对他们来说,美妙歌声就像"秃鹫和乌鸦的嚎叫"[39]。

在文学领域,这个时代出现了大批杰出的教、俗作家。这场文化运动也影响了科穆宁家族本身,该家族中许多成员由于环境的熏陶,致力于学术和文学活动。[40] 阿列克修斯一世的母亲安娜·达拉西娜(Anna Dalassena)天资聪颖,饱读诗书。她的博学多才的孙女安娜·科穆宁娜说她"不仅是女人的最大骄傲,也是男人的最大骄傲;她美化了人性"。她在出席宴会时,常常手不释卷,席间高谈阔论教父们以及哲学家和殉道者马克西姆(Maxim)的教理思想。[41] 皇帝阿列克修斯·科穆宁亲自写过批驳异端教条的神学论文;他临终前不久还写了《缪斯》,该书于 1913 年正式出版。《缪斯》采用抑扬格韵律,主要是对他的儿子、继承人约翰的"告诫"。[42] 这些《缪斯》诗其实就是一种政治遗嘱。其中不仅涉及抽象的道德问题,还提到许多当时的历史事件,例如第一次十字军。

阿列克修斯的女儿安娜和女婿尼斯福鲁斯·布莱昂纽斯(Necephorus Bryennius)在拜占庭史学编纂方面占有值得尊敬的地位。后者在阿列克修斯和约翰统治期间的国家事务中起了重要作用。阿列克修斯死后,他计划写一部阿列克修斯·科穆宁的传记,可惜壮志未酬身先死。不过,他还是完成了一部家族编年史或

---

[39] 尼西塔斯:《历史》,波恩版,391、764、791。
[40] 关于这个主题,参见夏尔·迪尔的重要和全面的概述:"科穆宁时代的拜占庭社会"("La société"),《东南欧历史杂志》,VI(1929),198—280。
[41] 安娜·科穆宁娜:《阿列克修斯》,III,8;V,9;赖弗谢德编,I,113,181—182。
[42] 马斯:"皇帝阿列克修斯一世的诗",《拜占庭研究杂志》(德文),XXII(1913),348—367。

传记,叙述了迄阿列克修斯登基前夕科穆宁家族的兴起过程。他详细讨论了从1070年到1079年,即至尼斯福鲁斯三世波达尼亚特斯(Botaniates)统治早期的历史;由于他记述的是科穆宁家族成员的活动,他的作品难免显得片面。布莱昂纽斯的文风朴实无华,没有丝毫矫揉造作的痕迹,与他博学多才的妻子的文风正好相反。但其字里行间明显露出色诺芬风格的影响。布莱昂纽斯的著作对于研究拜占庭宫廷内部历史和外部政策,特别是研究突厥人对拜占庭不断加剧的威胁,有着重要意义。

布莱昂纽斯的妻子、阿列克修斯皇帝的长女安娜·科穆宁资质聪慧,受过良好教育,是一部散文体叙事诗《阿列克修斯》的作者。[54] 这是科穆宁时代文学复兴运动的第一部力作,专门记述了安娜的父亲,"伟大的阿列克修斯,宇宙泰斗,安娜的太阳"的辉煌统治。[55] 一位安娜传的作者说:"直到19世纪,世界历史上的女性史学家仍是凤毛麟角。因此,在人类历史上的一个最重要的文学运动中,出现了一位公主,显然她应该受到后世的尊敬。"[56]在安娜所著的这本15卷著作中,涵盖了1069—1118年的历史,她描述了科穆宁家族在阿列克修斯登上皇位之前的逐渐发迹过程,直写到阿列克修斯去世,弥补和完成了她的丈夫尼斯福鲁斯·布莱昂纽斯的意愿。安娜在《阿列克修斯》中,极力颂扬其父阿列克修斯的倾向明晰可见,她试图向读者表明,阿列克修斯,这位"第十三位

---

[54] 赫瑟林:《拜占庭》,336;法语版,321;英语版全书由道斯译(1928)。

[55] 安娜·科穆宁:《阿列克修斯》,XV,11;赖弗谢德编,II,315—316。

[56] F.J.福克斯·杰克逊(F.J. Foakes-Jackson):"安娜·科穆宁",《希伯特杂志》(*Hibbert Journal*),XXXIII(1934—1935),430。

使徒"[347]功盖科穆宁家族任何成员。安娜自幼饱读诗书,熟谙古代经典作家荷马,抒情诗作家,悲剧作家,阿里斯托芬,史学家修昔底德和波利比阿、雄辩家伊索克拉底和德摩斯梯尼、哲学家亚里士多德和柏拉图等。她的文风深受这些古代作家的影响,在她的《阿列克修斯》中,安娜在文字上采用了古典希腊语言。克伦巴赫认为她的文体矫揉造作,"充满了枯燥的书卷气,与当时文学作品中所使用的民间大众口语形式格格不入"[348]。在偶尔提到西方蛮族人或罗斯人(斯基泰人)的名字时,安娜甚至向读者道歉,因为这"有损历史的高尚和主题"[349]。虽然安娜对其父亲业绩的描写有失偏颇,但从历史的角度来看其著述极为重要,因为这部著作不仅基于她个人的观察和口头报告,而且使用了国家的档案文件、外交函件和帝国法令等。《阿列克修斯》是研究第一次十字军远征的最重要的史料之一。近代学者承认"尽管在这部女儿描写父亲的传记中确有诸多瑕玼,但它仍不失为中世纪希腊历史编纂学中的一部杰作"[350],而且,它"将永远是了解阿列克修斯·科穆宁重建希腊国家这段历史的最珍贵的资料"。[351]

---

[347] 安娜·科穆宁:《阿列克修斯》,XIV,8;赖弗谢德编,II,259。
[348] 克伦巴赫:《拜占庭文献史》,277。
[349] 安娜·科穆宁娜:《阿列克修斯》,X,8;VI,14;赖弗谢德编,I,122;II,81。
[350] 克伦巴赫:《拜占庭文献史》,276。
[351] C.诺伊曼(C. Neumann):《12 世纪史学家和史料史》(Geschichte Geschichtschreiber und Geschichtsquellen im zwölften Jahrhundert),28。长期以来,安娜·科穆宁娜只是由于沃尔特·司各特爵士的著作《巴黎的罗伯特伯爵》(Count Robert of Paris)中提到她而驰名。但她的形象由于这位"北方奇才"的描述而面目全非,这一事实却鲜为人知。在这部小说(第 4 章)中,她阅读了自己所写的历史中关于劳迪西亚人(Laodicea,叙利亚的一个地名。——译者)撤退的一段故事——这段故事并未记述在《阿列克修斯》中。福克斯·杰克逊:"安娜·科穆宁娜",《希伯特杂志》,XXXIII(1934—1935),441。

第七章 拜占庭与十字军

阿列克修斯的继承者,他的儿子约翰几乎终生在征战,对于他是否迎合文化的时尚,人们尚不得而知。不过,他的兄弟"至尊"(sebastokrator*)伊萨克不仅有良好的文化修养,热爱文学事业,而且还写了两部关于荷马史诗版本在中世纪之变化问题的小册子,同时,他也为据说是塞拉戈里奥(Seraglio)图书馆收藏的《圣经·旧约·首八卷》的君士坦丁堡抄本写了导论。经研究发现,伊萨克·科穆宁除了这两三部已出版的作品之外,还有许多著述。他的独特之处引起了多方面的注意。[62]

曼纽尔皇帝迷恋占星术。他写过一篇为"天文科学",即占星术辩护的文章,驳斥牧师们对占星学的攻击。此外,他还写了各种神学论文和公众演讲稿。[63] 由于曼纽尔的神学研究,一位赞美他的作者、萨洛尼卡的尤斯塔修斯称他的统治为"皇帝-神父"的统治,他的帝国是"一个司祭的国家"(《旧约·出埃及记》19:6)[64]。曼纽尔不仅自己对文学神学有兴趣,而且还引导其他人。他将托勒密的著名作品《天文学大成》(Almagest)作为礼品赠予西西里国王,其他一些手稿也由曼纽尔在君士坦丁堡的图书馆运至西西里。《天文学大成》的第一个拉丁文版本就是根据上述手稿于

---

* Sebastocrator 是拜占庭中后期贵族品级中的重要级别,一般授予皇子或驸马。其地位低于奥古斯都,高于恺撒。以蓝色为尊,区别于皇帝的紫色,是在某一方面或几方面的执掌大权者。——译者

[62] Th. I. 乌斯宾斯基:"塞拉戈里奥的君士坦丁堡抄本"("The Constantinopolitan Code of Seraglio"),《君士坦丁堡俄罗斯考古研究院公报》,XII(1907),30—31。

[63] 辛那姆斯:《历史》,波恩版,290。尼西塔斯·科尼阿特斯:《曼纽尔》,VII,5;波恩版,274—275。曼纽尔对占星术的辩护是以信函形式写给一位"贬低天文学并斥之为大不敬"的修士的。此信出版于《占星学法则表》,V(1),108—125。

[64] 莱格尔:《拜占庭史料集》,I(1),6;亦见 vii。

1160年翻译出版的。[59] 曼纽尔的弟媳伊琳娜也热爱学问,具有文学天赋。狄奥多勒·普洛德洛姆斯(Theodore Prodoromus)是她的偶像诗人,也可能是她的老师。他曾赠送给她许多诗文。君士坦丁·曼纳苏(Constantine Manasses)亦把自己的韵文体编年史赠予伊琳娜,在序言中称她为"文学的真正朋友"($\varphi\iota\lambda o\lambda o\gamma\omega\tau\acute{\alpha}\tau\eta$)[60]。通常人们认为的安德罗尼卡一世时期的作品《一个反对犹太人的对话》,则属于后一个时期。

上述简略的描述表明科穆宁皇族对文学活动有着浓厚的兴趣。但是,当然,这一现象反映了文化水平的普遍提高,特别反映了文学水平的提高,而且是科穆宁时代最为突出的特点。从科穆宁朝和安吉列朝统治时期开始,历史学家和诗人、神学作者及各个领域的古典文学作者,以及编年史家们留下了大量作品,成为这一时期人们对文学活动充满热情的标志。

历史学家约翰·辛那姆斯是科穆宁的同时代人。他写了一部约翰和曼纽尔统治时期的历史(1118—1176年),接续了安娜·科穆宁娜的历史著作。这部历史仿效希罗多德与色诺芬的风格,也有普洛柯比的影响。这部显然没有完成的历史著作之中心人物是曼纽尔;因此,这部作品一定程度上是一篇赞颂词。辛那姆斯是东方罗马帝国皇权的积极维护者,他坚决反对教宗和德意志君主觊

---

[59] 见 C.H.哈斯金斯:"中世纪思想的传播"("The Spread of Ideas in the Middle Ages"),《史鉴》,I(1926),24。哈斯金斯:《中世纪科学史研究》(*Studies in Medieval Science*),《史鉴》,143、161。哈斯金斯:"12世纪文艺复兴"("The Renaissance of the Twelfth Century"),《史鉴》,292。

[60] 《编年史摘要》(*Compendium chronicum*),波恩版,第3版,V,3。

觎东方帝国的权力。他视曼纽尔为自己心目中的英雄,曼纽尔对他也是恩宠有加;无论如何,他以来源可靠的史料为基础,使用优美的希腊文,写作了一部信史,"以一位忠诚的士兵的语调,表达了对皇帝诚挚的热爱"。㊿

迈克尔·阿克米那图斯和尼西塔斯·阿克米那图斯兄弟也是12、13世纪初的文学大师,他们是弗里吉亚的科内城(在小亚细亚)人士。因此,有时人们根据他们的出生地而称他们为科尼阿特斯(Choniaeae)兄弟。长兄迈克尔曾经在君士坦丁堡师从萨洛尼卡主教尤斯塔修斯,受到良好的古典学教育,并选择了宗教事业,在雅典担任大主教三十余年。㊾ 由于对希腊古典文化的热切仰慕,他将自己的主教府邸设于雅典卫城之上,在中世纪时期,圣母大教堂就建在雅典卫城古代帕特农神庙遗址之上。迈克尔十分庆幸自己能住在雅典卫城,因为他在那里似乎到了"天顶"。他的大教堂给他带来了永恒的喜悦和热情。他以柏拉图时代人的眼光俯视雅典城和她的居民,于是,他惊诧万分地看到当时的雅典人与古代希腊人之间的鸿沟。迈克尔是个理想主义者,他起初无法理解希腊人种变化的既成事实。他的理想主义与晦暗的现实发生了冲

㊿ 诺伊曼:《12世纪史学家和史料史》,99;克伦巴赫尔:《拜占庭文献史》,280。

㊾ 格奥尔格·斯塔德米勒(Georg Stadtmüller)所写的最重要的传记:"雅典大主教迈克尔·乔尼亚茨(约 1138—1222 年)"("Michael Choniates Metropolit von Athen, ca.1138—ca.1222"),《东方基督教杂志》,XXXIII,2(1934),125—325。伊达·卡莱顿·塔隆(Ida Carleton Thallon):《中世纪人文主义者迈克尔·阿克米那图斯》(A Medieval Humanist Michael Akominatos),273—314,这是基于迈克尔之信件所做的非常精妙的研究。另一个十分有价值的研究是由肯尼斯 M. 塞顿(Kenneth M. Setton)所写"12世纪晚期的雅典"("Athens in the Later Twelfth Century"),《史鉴》,XIX(1944),179—207。

突。他只能说:"我住在雅典,但我却看不到雅典。"

据他自己说,他在帕特农神庙里对雅典人发表的精妙绝伦的任职演说是纯朴文风的典范。在这篇演说中,他提醒他的听众切记雅典昔日的风采,切记雅典是雄辩术与智慧之母,他坚信当时的雅典人是古代雅典城邦居民的后代,他敦促雅典人保持其祖先们的高贵风范和传统。他还列出了阿里斯提德斯(Aristides)、埃阿斯(Ajax)、狄奥吉尼斯、伯里克利、地米斯托克利(Themistocles)等杰出人物。�59 实际上,这个演说太过典雅,通篇都是古代和《圣经》引语以及华丽的辞藻。对于新一代的雅典居民发表这样的演说,简直就是对牛弹琴。迈克尔也感觉到,他的演说超出了12世纪雅典人能够理解的范围。在后来的一篇布道词中,他悲愤地呼唤道:"噢,雅典! 智慧之母! 你现在是多么无知! ……当我对你发表如此通俗易懂的演说时,却像在以外国人的语言,以波斯语或西徐亚语言谈论着不可思议的事情。"�независ满腹经纶的迈克尔·阿克米那图斯很快认识到,现实的雅典人并不是古代希腊人的直接后代。他写道:"盛产蜂蜜的海默特斯(Hymottos),安静的比雷埃夫斯(Peiraeus),奥秘无穷的埃琉西斯(Eleusis),马拉松的平原,雅典的卫城……这个城市风韵犹存,然而热爱科学的那一代已经逝去,代之而起的这一代是多么愚昧无知。"㊝生活在野蛮人中间的迈克尔感到自己也快要变成野蛮人了;他哀叹希腊语言的堕落,哀

�59 迈克尔·阿克米那图斯(Michael Acominatus)文集,兰普罗斯(Lampros)编,I,93—106。

� 迈克尔·阿克米那图斯文集,兰普罗斯编,124。

㊝ 迈克尔·阿克米那图斯文集,兰普罗斯编,II,12。

叹它变成了野蛮人的方言,他自己则在雅典生活了三年之后才能听懂它。[62] 他的哀叹可能有些夸张,但他说昔日辉煌一时的雅典现在变得死气沉沉,倒也不算过分。如果没有过去的英雄业绩和著名的时代丰碑,如果没有雅典卫城,阿雷奥帕古斯山(Areopagus)、海默特斯和比雷埃夫斯这些没有被时间嫉恨和破坏的大自然的不朽之作,雅典这个名字也许早已从人们的记忆中消失。[63] 迈克尔在雅典一直生活到13世纪初。当1204年法国人征服雅典之后,他被迫让位于一个拉丁主教,到远离阿提卡海岸的小岛切奥斯聊度残生,于1220年或1222年与世长辞,葬于该岛。

迈克尔·阿克米那图斯留下了丰富的文字资料,包括布道词和各种题材的演说词,以及大量信件和诗文。它们是研究当时政治、社会和文学概况的珍贵史料。他最珍贵的诗文是他为雅典城写的挽歌《为我们所继承的古典时期的光荣城市的毁灭所写的第一首、也是仅有的一首哀歌》。[64] 格雷戈罗维乌斯称迈克尔·阿克米那图斯是照耀中世纪雅典黑夜的一束阳光,"是这座圣城的最后一位伟大公民和最后的荣耀"。[65] 另一位作家写道:"尽管他是一个外邦人,但他对自己的客居地如此迷恋,所以我们可以称他是最后一个伟大的雅典人,他完全有资格与雅典的那些高尚的古人相提并论,他以这些古人为榜样,向他的教民们热情地推荐他们。"[66]

---

[62] 迈克尔·阿克米那图斯文集,兰普罗斯编,44。
[63] 迈克尔·阿克米那图斯文集,兰普罗斯编,I,316。见 M. 塞顿"12世纪晚期雅典",《史鉴》,IX(1944),179—207。
[64] 格雷戈罗维乌斯:《中世纪雅典城史》,I,243。
[65] 格雷戈罗维乌斯:《中世纪雅典城史》,I,204。
[66] 塔隆:《中世纪人文主义者迈克尔·阿克米那图斯》,314。

通过迈克尔所描述的雅典周围的蛮族化和希腊语言的堕落，可以使我们看到一些斯拉夫人影响的印记。因此，有的学者，例如 Th. 乌斯宾斯基依据迈克尔的著述判断：在 12 世纪重要的一个现象是雅典周围存在着斯拉夫公社和自由农所有制。[36] 对此观点，作者不敢苟同。

迈克尔的弟弟尼西塔斯·阿克米那图斯（或科尼阿特斯）是 12 世纪和 13 世纪初的史学泰斗。他于 12 世纪中期出生于弗里吉亚的科内城（Chonae）。像他的兄长一样，尼西塔斯自小被送到君士坦丁堡，在哥哥的指导下学习。哥哥献身于神学事业，尼西塔斯则选择了世俗事业。他显然在曼纽尔统治末期步入仕途，在安吉列王朝时期飞黄腾达，进入宫廷，获得了最高爵位。1204 年十字军大肆洗劫首都，他被迫出走，投奔尼西亚帝国宫廷。尼西亚皇帝狄奥多勒·拉斯卡利斯对他恩宠有加，赐以高官厚禄。这使他能够在晚年潜心写作，完成史学巨著。1210 年之后不久，他便死于尼西亚。迈克尔做悼词一篇，纪念亡弟。这篇催人泪下的悼词是研究尼西塔斯一生经历的重要作品。

尼西塔斯的主要著述就是那部 20 卷史学巨著。它涵盖了从约翰·科穆宁登基到拉丁帝国前期（1118—1206 年）的历史。他的著作是后世了解曼纽尔时代、安德罗尼卡的重要统治、安吉列时代、第四次十字军以及 1204 年君士坦丁堡被占领这一时期的珍贵资料。此书开篇叙述约翰·科穆宁时期的部分十分简洁，结尾部

---

[36] "论拜占庭的农民所有制历史"（"On the History of the Peasant Landownership in Byzantium"），《公众教育部杂志》，CCXXV(1883)，85—86。

分是一个小事件,因之并不完整。也许,正如 Th. 乌斯宾斯基所猜测,这部著作可能没有能够全部出版。[368]尼西塔斯的史著所采用的资料只有两部分,一是一些目击者的叙述,另一方面是他个人的观察。学者们对于他是否使用了约翰·辛那姆斯的作品作为自己的史料意见不一致[369]。尼西塔斯的作品语言夸张,文笔流畅,描述生动,显示了他深厚的古文学和神学功底。然而,著者本人却不这样认为,他在导言中写道:"虽然许多人对它评价甚高,但我不喜欢夸夸其谈,不喜欢卖弄文采和华而不实……我已经说过,晦涩难懂的文风有违史学原则。史学更需要简朴、自然和平铺直叙。"[370]

尽管尼西塔斯在描述各王朝的历史事件时略有偏颇,而且坚信"罗马文化"优越于西方的"野蛮文化"。不过,作为一个史学家,他的作品还是相当可信,值得深入研究的。在一部专论尼西塔斯·科尼阿特斯的专著中,Th. 乌斯宾斯基写道:"他的著作述及中世纪最重要的时代:此间,东西方紧张局势达到极限,引发了十字军远征和拉丁帝国在帝都(Tsargrad,即君士坦丁堡)的建立。仅凭这个原因,尼西塔斯也是值得研究的。他对西方十字军和东西方关系的看法具有严肃的真实性和单纯的历史感——这在西方最好的中世纪作品中也甚为缺乏。"[371]

除了这部《历史》之外,尼西塔斯·科尼阿特斯可能还写过一

---

[368] 《一位拜占庭作者,科内的尼西塔斯·阿克米那图斯》(*A Byzantine Writer Nicetas Acominatus of Chonae*),128。

[369] 《一位拜占庭作者,科内的尼西塔斯·阿克米那图斯》,153—160。克伦巴赫尔:《拜占庭文献史》,283。

[370] 尼西塔斯·科尼阿特斯:《历史》,波恩版,6。

[371] 《一位拜占庭作家,科内的尼西塔斯·阿克米那图斯》,v。

篇关于1204年君士坦丁堡遭到拉丁人毁坏的专题论文；一些诗韵体的作品，在正式场合下赞颂几个皇帝的颂词和一部名为《正教的财富》($Θησαυρὸς\ ὀρθοδοξίας$)的神学论著，但这部著作没有能完全出版，它是优希米乌斯·兹加贝努斯(Euthymius Zigabernus)*的《正教教义大全》(*Panoply*)的续篇，作者对大量作家的作品进行研究后成书，旨在驳斥形形色色的诸多异端谬误。

12世纪的文化领域里还有一位杰出人物。那就是迈克尔·阿克米那图斯的老师、朋友，天才的萨洛尼卡大主教尤斯塔修斯，他是"自迈克尔·塞勒斯以来拜占庭学术界的大师"。[312] 尤斯塔修斯在君士坦丁堡接受过教育，曾任圣索菲亚教堂的辅祭和修辞学教师。他的大部分著述完成于君士坦丁堡，但他的史学著作和各种题材的论文则是后来在萨洛尼卡所写的。尤斯塔修斯在君士坦丁堡的寓所是青年学生们的学校；它后来成为首都思想界和渴求知识的年轻人的活动中心。[313] 作为仅次于君士坦丁堡的拜占庭第二大城市萨洛尼卡的大主教，尤斯塔修斯为了提高当时教会的精神和道德水平付出了极大的努力，这使他在宗教界时常遇到敌对者的攻击。[314] 出于对文化事业的关注，他不断呼吁修士们不要浪

---

* 优西米乌斯·兹加贝努斯是拜占庭东正教著名神学家，生年不详，约去世于1118年之后，在镇压鲍格米尔派异端的斗争中，是皇帝阿列克修斯的重要依赖对象。他写的《正教教义大全》亦名《正教教义武库》，是东正教反对各种异端的权威著作。——译者

[312] 格雷戈罗维乌斯：《中世纪雅典城史》，I，205，207。

[313] 一则最为优秀的对于尤斯塔修斯的评论，见科恩《古代文化实用百科全书》，A.F.保利和G.维索瓦等编，VI，1454。

[314] 见厄科诺摩《拜占庭帝国的宗教生活》，153—165。（本书基于尤斯塔修斯的《修道院生活改革》一书，米涅编：《希腊教父著作全集》，CXXXV，729—910）。

费图书馆的财富,这些呼吁十分有意义。他说:"多么悲哀!你们这些笨蛋,你们怎么能够把寺院图书馆比作你们的灵魂?既然胸无点墨,你们却要使图书馆丧失其科学手段?手下留情吧!学问家和科学的崇拜者都要使用它。前者在图书馆潜心研究后变得更加聪明;后者耻于自己的无知,通过阅读亦可以达到真理。"㉟尤斯塔修斯卒于1192—1194年之间。雅典人迈克尔·阿克米那图斯曾写作悼文一篇,沉痛哀悼这位恩师和朋友。

作为他那个时代政治生活的敏锐的观察者、作为大胆直言修道院堕落生活的博学的神学家,作为一个不仅在拜占庭文明史上而且在古典哲学史上亦占有一席地位的博古通今、思想深邃的学者,尤斯塔修斯无疑是12世纪拜占庭文化生活中的杰出人物之一。他的遗著可以分为两类:一类是他对《伊利亚特》和《奥得赛》、对品达以及其他作家的评论;另一类是在萨洛尼卡完成的著述,包括一部关于1185年诺曼人征服萨洛尼卡的史著;他的一些特别重要的信件;涉及修道院生活改革的著名专题论文;一篇曼纽尔皇帝葬礼上的演说词,等等。在对拜占庭政治和文化生活史的研究中,尤斯塔修斯的著述并没有得到人们充分利用。㊱

保加利亚阿克利达(奥赫里德)大主教塞奥菲拉克特是11世纪末和12世纪初十分杰出的神学家。他出生于埃维厄岛,曾担任

㉟ 米涅:《希腊教父著作全集》,CXXXV,836。

㊱ 克伦巴赫:《拜占庭文献史》,536—541。莱格尔:《拜占庭史料集》,I(1),xi—xvii。关于尤斯塔修斯的创作活动,参见一篇现代希腊语佳作,P.库库勒斯(P. Koukoules):"关于萨洛尼卡的尤斯塔修斯的世俗作品研究"(Λαογραφικαὶ εἰδήσεις παρὰ τῷ θεσσαλονίκης Εὐσταθίῳ),《拜占庭研究年鉴》,I(1924),5—40。

君士坦丁堡圣索菲亚教堂的辅祭。他在著名的迈克尔·塞勒斯名下受到了极好的教育。后来,可能在科穆宁王朝阿列克修斯一世时期,他被任命为隶属于拜占庭的保加利亚阿克利达大主教。但他无法忍受保加利亚艰苦和野蛮的居住条件,念念不忘自己在君士坦丁堡的生活,并挖空心思想回到君士坦丁堡。但最终未能如愿。12世纪初,他死于保加利亚(约1108年,但具体日期不详)。塞奥菲拉克特有一些神学著述,尤以对《新约全书》和《旧约全书》的评注最为出名。然而,以现代观点来看,他最重要的文学遗产当属他的信件和著作《论拉丁人的谬误》(*On the Errors of the latins*)。他的所有信件几乎都写于1091—1108年,[⑪]对拜占庭行省生活的描写极为生动,值得特别研究。然而,从帝国内部历史的角度来看,它们尚未被彻底研究。他的《论拉丁人的谬误》显然具有与天主教会和解的倾向。[⑱]

萨洛尼卡的迈克尔是在曼纽尔统治时期从事写作生涯的。他

[⑪] 见瓦西列夫斯基关于保加利亚的塞奥菲拉克特的讨论:《拜占庭和帕齐纳克人》,《著作集》,I,138。夏朗东:《科穆宁王朝阿列克修斯一世》,I,xxvii(以瓦西列夫斯基的著作为基础)。亦见莱布《11世纪末期的罗马、基辅和拜占庭》,42。

[⑱] 关于保加利亚或阿克利达的塞奥菲拉克特的最好的著述,见瓦西列夫斯基《著作集》,134—149。夏朗东《阿列克修一世·科穆宁》追随他的观点。见莱布:《11世纪末期的罗马、基辅和拜占庭》,41—50。克伦巴赫:《拜占庭文献史》,133—135、463—465(年代的推算有误)。A.勒鲁瓦-莫林尼昂(A. Leroy-Molinghen):"保加利亚的塞奥菲拉克特信件评论出版序言"("Prolégomènes à une édition critique des letters de Théophylacte de Bulgarie"),《拜占庭》(布鲁塞尔),XIII(1938),253—262。见S. G.梅尔卡蒂(S. G. Mercati)"保加利亚的塞奥菲拉克特的诗"("Poesie de Teofilatto de Bulgaria"),《拜占庭和当代希腊研究年鉴》I(1924),173—194。《阿克利达的塞奥菲拉克特书信》(*Letters of Theophylact of Ochrida*)于1931年由"都主教"西梅恩(瓦尔那和普雷斯拉瓦译)译成保加利亚语,收于《保加利亚科学院文集》(*Sbornik of the Nulgarian Academy of Sciences*),XXVII(1931),vii—xxxii,为塞奥菲拉克特的个人传记。

先是担任君士坦丁堡圣索菲亚教堂的辅祭和福音诠释教授,后来获得了修辞大师的荣誉头衔,最后由于追随索特里库斯·潘特杰努斯(Soterichus Panteugenus)的异端教义而被判罪并被剥夺所有头衔。[379] 他写过一些纪念曼纽尔的演说词,其中五篇发表;最后一篇在皇帝死后几天的葬礼上被宣读。[380] 迈克尔的演说词记载了当时历史事件的重要细节。最后两篇演说词至今为止尚未被学者们采用过。

12世纪中期,拜占庭出现了一部模仿卢奇安的《冥间对话》(Dialogues among the Dead)的作品,名为《泰马利翁》(Timarion)。一般认为,这部作品的作者姓名不详。但是,泰马利翁有可能就是作者的真名。[381] 泰马利翁讲述了他旅行冥界(Hades)的故事,再现了他在地府与自己碰到的亡灵之间的对话。地府里,他看见了皇帝罗曼努斯·狄奥吉尼斯、约翰·伊达路斯、迈克尔·塞勒斯,反对圣像崇拜的皇帝塞奥菲卢斯,等等。《泰马利翁》语言活泼幽默,无疑是拜占庭文学领域里模仿卢奇安最成功的作品。除了其纯文学内容外,《泰马利翁》对现实生活,如萨洛尼卡交易会的描

---

[379] 克伦巴赫:《拜占庭文献史》,473。莱格尔:《拜占庭史料集》,I(1),xvii。夏朗东《科穆宁王朝阿列克修一世》,II,xlviii。V. 劳伦特:"萨洛尼卡的迈克尔"("Michel de Thessalonica"),《大公会教神学和礼仪辞典》(Dictionnaire de théologie et liturgie Catholique),X(2),1719—1720。

[380] 莱格尔,《拜占庭史料集》,I(1),132—182(头三篇演说词);I(2),183—228(1917年被发表的第4、5篇演说词)。

[381] 见J. 德莱塞克(Dräseke)"拜占庭的冥世游记"("Byzantinische Hadesfahrten"),《古典文化新年鉴》(Neus Jahrbücher für das klassische Altertum),XXIX(1912),353。

写也非常重要。因此,这部科穆宁时期的作品对研究拜占庭的内部历史具有重要的史料价值。㊲

科穆宁时期的另一位人物约翰·柴柴斯不仅在古典领域,而且在文学、历史和文化领域都具有相当的地位。柴柴斯死于12世纪末期。他在君士坦丁堡受过良好的语言学教育,做过语法教师。后来,他献身于文学活动并以此为生。在他的著作中,他不失时机地谈及自己的生活环境;他向人们展示了一个在12世纪以文为生的人如何经常抱怨自己的穷困潦倒、如何屈辱地服侍富人和贵族,为他们而写作,却常常得不到应有的赞赏。有一天,他竟然沦落到几乎卖掉所有的书,手边只剩一本普鲁塔克的作品。由于没有钱,有时他手中没有必要的书籍,只好凭记忆写作,因此他的著作中对史实的记载多有谬误。他在一本书中写道:"对我来说,我的脑袋就是一个图书馆;由于无钱买书,我常常记不清作者的姓名。"㊳他在另一本书中谈到他的记忆力:"无论从前还是现在,柴柴斯的记忆力都是一流的,这是上帝的恩赐。"㊴柴柴斯确实熟悉许多古代的和拜占庭的作家。他熟悉许多诗人、剧作家、史学家、演说家、哲学家、地理学家和文学家,特别是卢奇安。柴柴斯的著述都是以韵

㊲ 克伦巴赫:《拜占庭文献史》,467—468。蒙特拉蒂奇:《拜占庭文献史,354—1453年》,258—259。H.托泽:"拜占庭讽刺作品"("Byzantine Satire"),《希腊研究杂志》,II(1881),241—257。德莱赛克:"拜占庭的冥世游记",《古典文化新年鉴》,XXIX(1912),343—366。M.哈斯(M. Has)著《手稿注释和摘抄》(Notices et extraits des manuscripts)一书对这则游记做了极妙的介绍和诠释,IX(2),125—268。夏尔·迪尔:"皇帝塞奥菲卢斯传奇",《康达可夫学院年鉴》,IV(1931),33—37。

㊳ 《伊利亚特中的论据和寓言》(Argumentum et allegoriae in Iliadem),XV,87—89;曼特兰加(Mantranga)编:《希腊秘史》(Anecdota Graeca),I,120。

㊴ 《千行诗》(Chiliades),I,277—278;基斯林(Kiessling)编,12。

文写成,充斥着神话和历史典故,多博证旁引、好自我炫耀,读起来晦涩难懂、乏味至极。在他的众多作品中,有一部收集了107封信的书信集。此书虽然在文字上多有瑕疵,却有助于读者了解作者的生平和收信人的生平。还有一部《史集》(Βίβλος ιστοριῶν),共12,000多行,以所谓的民俗的或流行的韵律�869写成,是一部带有史学和文学性质的诗作。该作品的第一位编者为便于引用,将它划分为若干个千行,即第一千行、第二千行等。所以,该《史集》又被称为《千行诗》(Chiliads)*。克伦巴赫认为,约翰·柴柴斯的《历史》或《千行诗》"别无他物,只是对自己信件的巨篇评论,一封信接着一封信地进行解释。其信件与《千行诗》如此接近,所以看起来像是对其信件所做的详细索引"�870。仅此可知,《千行诗》无甚文学价值。另一位学者 V. 瓦西列夫斯基严厉批评道:"从文学的角度看,《千行诗》只是一派胡言乱语,但有时它们确实解释了其散文(即柴柴斯的信)中的晦暗难懂之处。"�871约翰·柴柴斯的另一部著作是《诠释〈伊利亚特〉和〈奥德赛〉》,仍以世俗的韵律写成。作者将它献给皇帝曼纽尔之妻、德意志公主贝尔塔·伊琳娜。书中称她为"最具荷马精神('ομηρικωτάτη)的皇后",�872即"智慧超群

�869 世俗韵文的主要特点是长短音节完全消失、每一句段的音节数量和韵脚完全相同、不断重复。

* Chiliades 是希腊文的拉丁语拼法,是"千"的复数形式,"thousands"之意。——译者

�870 克伦巴赫:《拜占庭文献史》,528。蒙特拉蒂奇:《拜占庭文献史,354—1453年》,261。

�871 "奥赫里德的瓦西里未发表的葬礼演说",《拜占庭年鉴》,I(1894),92。

�872 一位3世纪的新柏拉图主义者,文献学家和修辞学家隆吉努斯(Longinus)曾称呼希罗多德是最具荷马精神的人(ὁμηρικώτατος),见 J. B. 柏里《古希腊历史学家》(*The Ancient Greek Historians*),42页注1。

的荷马,语言的大海"的最伟大的崇拜者,"明亮的满月,它的光源不会被大海的波涛所淹没,而其光源(太阳)本身的辉煌正来自于紫床"[28]。柴柴斯的目的是逐字逐句地阐释,特别是用诠释的手法解释荷马所展现的众神世界。在《诠释》一书的开篇,柴柴斯自负地说:"于是,我开始工作,用我的语言之杖敲击荷马,我将使他的作品通俗易懂,向每一个读者揭示其深邃的寓意。"[29]瓦西列夫斯基声称,这部作品不仅"淡而乏味,而且缺乏理性的意境"[30]。柴柴斯还写过另外一些关于荷马、赫西俄德的作品,对这两位作者和阿里斯托芬的作品做了一些评注(在著作的页边加以评点),以及一些诗歌等。他的作品尚未完全出版,有些似乎早已遗失。

上述评论,使人们或许会问:柴柴斯在 12 世纪的文化活动中到底有没有什么意义。但是,考虑到他不管是怎样在满腔热忱地、勤奋地收集资料,他的作品还是为我们提供了丰富的古典文学注释的重要资料。而且,他的治学方法和对古典文学的精通有助于我们概括科穆宁时代的文化"复兴"的一些特点。

约翰·柴柴斯的兄长、致力于文学和韵律学活动的伊萨克·柴柴斯几乎不值一提,但是,在文学领域,兄弟两人常常被相提并论,被称为"柴柴斯兄弟",似乎两者同样重要。其实,伊萨克·柴柴斯并无任何建树。因此,最好放弃"柴柴斯兄弟"这样的提法。

在前三代科穆宁朝皇帝、特别是约翰和曼纽尔皇帝统治时期,

---

[28] 约翰·柴柴斯:《诠释》,引言,par.1—4,28;曼特兰加编:《希腊秘史》,I,1、2
[29] 约翰·柴柴斯:《诠释》,32—34;马特兰加编:《希腊秘史》,I,2。
[30] "奥赫里德的瓦西里未发表的葬礼演说"("An Unpublished Funeral Oration of Basil of Ochrida"),《拜占庭年鉴》,I,91。

有一位十分重要的文学人物的典型代表——博学多才的著名诗人狄奥多勒·普洛德罗姆斯。他经常自称"贫穷的普洛德罗姆斯"(Ptochoprodromus)*，以唤起人们的同情，掩盖自卑感。他的各类著述为我们研究拜占庭的语文学家和哲学家、神学家和史学家提供了许多资料。尽管普洛德罗姆斯的著述已出版了很多，但仍然有相当一些收藏于东、西方图书馆中的手稿尚未被发表。现在，普洛德罗姆斯其人引起了学者们的很大争议。因为世人尚未弄清楚那些被认为是他所写作的作品究竟是不是都出于他一人之手。一派学者认为有两个叫普洛德洛姆斯的作者，另一派认为有三个同名作者，第三派认为只有一个。[89] 这个问题有待于解决。也许只有与普洛德洛姆斯这一名字有关的所有文学遗产发表以后，此事才能真相大白。

12 世纪上半期是普洛德罗姆姆斯文学创作的鼎盛期。他的叔叔是基辅罗斯国家的都主教（约翰二世），教名约翰。1089 年的罗斯编年史说他"精通诗书，对穷人和寡妇宽厚仁慈"。[90] 普洛德罗姆斯极有可能死于 1150 年左右。

迪尔说，普洛德罗姆斯属于君士坦丁堡的颓废者阶层。这种"文人无产者往往智力超群，温文尔雅，有的甚至蜚声文坛。但严

---

* Ptochos 是希腊文 Πτοχός 的拉丁文拼法，意即贫穷的。Protoromus，意为预言者、先知。因此，该作品亦可译为"贫穷的先知"。——译者

[89] S.帕帕迪米特留(S. Papadimitriu)：《狄奥多勒·普洛德罗姆斯》(*Theodore Prodromus*)，xix—xxi，1 以下。克伦巴赫：《拜占庭文献史》，760。蒙特拉蒂奇：《拜占庭文献史，354—1453 年》，197。

[90] 《拉弗连季和伊帕季编年史》，(*Laurentian and Ipatian Chronicles*)。

酷的生活迫使他们卑躬屈膝,有时迫使他们走上歧途"。㉞ 这些潦倒的作家拼命巴结皇亲国戚和达官贵人,以求获得那些慷慨大方的主人的庇护,摆脱困境。普洛德罗姆斯的一生都在寻求庇护者,在无休止地抱怨着贫困、疾病或衰老,在祈求资助中度过。为此目的,他极尽阿谀奉承、卑躬屈膝之能事——而不问他所奉承和祈求的对象是谁。难能可贵的是,即使在最为贫困潦倒时,普洛德罗姆斯也几乎始终忠于一个人,即曼纽尔的弟媳伊琳娜。有时,普洛德罗姆斯之类的文人之处境确实很凄惨,例如,在一首据说是普洛德罗姆斯所作的诗中,作者后悔自己不是鞋匠或裁缝、抑或染匠或面包匠,因为他们至少能有碗饭吃。而他碰见的第一个人就挖苦讽刺他道:"吃你的文章,靠它们活下去吧,亲爱的! 贪婪地咀嚼你的文章吧! 脱下你的道袍,干活去吧!"㉟

收藏在普洛德罗姆斯名下的各类著述不计其数。他是一位小说家、圣徒传记作者和演说家,写过许多书信和一首占星术诗及一些宗教诗和哲学著作,也写过讽刺和幽默小品。其中许多作品都是在纪念胜利、为新生者或死者葬礼、为某些人的婚礼等写的即兴文章,这些作品对于我们了解当时的一些人物、事件以及首都下层人民的生活非常有价值。普洛德罗姆斯经常招致一些学者的严厉

㉞ 迪尔:《拜占庭人物传》,II,140。

㉟ E.米勒:《语文学和金石学文集》(*Mélanges de philologie et d'épigraphie*),I,142;法语版,143。勒格朗(Legrand):《希腊通俗文库》(*Bibliothèque grecque vulgaire*),I,106,vss.140—142。《普洛德罗姆斯的诗作和希腊通俗文学》(*Poèmes prodromiques en grec vulgaire*),D.赫瑟林和 H.佩尔诺主编,79,vss.137—179。

责备,人们说他"可怜巴巴地哭穷","其诗作令人一看即心生厌恶",[36]并且说,"那些以文为生的人不配作诗弄赋"[37]。这种敌对的评论可做如此解释:长期以来,人们往往依据普洛德罗姆斯的一部最无活力的——却不幸又是最为出名的作品,即夸夸其谈的长篇韵律小说《罗丹夫和多西克勒斯》(*Rhodanphe and Dosicles*),来评判这位学者。学者们认为这部小说枯燥乏味,不忍卒睹。[38] 这种观点当然不能作为定论。如果通盘阅读他的所有著作,包括那些散文、讽刺性对话、诽谤性文章和模仿古人如卢奇安之流的风格所写的讽刺性短诗,或许可以改变人们对他的文学活动的看法。这些作品表述了他对现实敏锐而且有趣的观察,显然对研究当时的社会历史、特别是文学历史有着重大意义。普洛德罗姆斯还有一个重要成就值得注意。在他的一些著述中,特别是幽默作品中,放弃了矫揉造作的古典语言形式,采用了12世纪通用的希腊口语形式,留下了一些重要的精品。这一点尤其值得赞赏。因此,今天的优秀拜占庭学者们都承认,虽然普洛德罗姆斯有诸多不足之处,但他无疑是拜占庭文学史上的一个杰出人物,而且是"为数不多的杰出的文学和史学奇才"[39]。

---

[36] 瓦西列夫斯基:"梅松恩主教尼古拉所描写的小梅勒修斯的生平和狄奥多勒·普洛德罗姆斯的生平"("Lives of Meletius the Younger by Nicolaus Bishop of Methone and of Theodore Prodromus"),《东正教巴勒斯坦文集》(*Pravoslavny Palestinsky Sbornik*),XXVII(1886),5。

[37] D.赫瑟林:《拜占庭》,344;法语版,328。

[38] 克伦巴赫:《拜占庭文献史》,751。

[39] 克伦巴赫:《拜占庭文献史》,750—751。亦见蒙特拉蒂奇《拜占庭文献史,354—1453年》,199—200。必须记住:有几部以普洛德罗姆斯署名的作品并不是他个人的作品,而是他的文学同仁的作品。

在科穆宁和安吉列时代，还有一位鲜为人知的人文主义者，名叫康斯坦丁·斯提尔布斯（Constantine Stilbes）。他受过良好教育，在君士坦丁堡做过教师，后来荣获文学大师称号。至今我们所知的属于斯提尔布斯的著述计 35 篇，几乎全是诗作，但都未获发表。[⑩] 其中最著名的那首诗，描述了 1197 年 7 月 25 日君士坦丁堡的大火，人们首先是从他的这首诗中才知道这次大火。这首诗共 938 行，提供了大量关于东方帝国首都的地形、城市结构和民俗方面的资料。在另一首诗中，斯提尔布斯描写了第二年，即 1198 年发生的另一次君士坦丁堡大火。斯提尔布斯的作品被收藏在许多欧洲的图书馆里，而且他个人也的确值得进一步研究。[⑪]

在科穆宁时代，还有几位写作单调乏味的拜占庭编年史的代表人物，他们都从创世伊始开始记载人类历史。其中之一就是生活于阿列克修斯·科穆宁时期的乔治·塞德里努斯（George Cedrenus），他将自己的历史之下限定在伊萨克·科穆宁统治的开端，即 1057 年；在他的历史中，对于 811 年以后的那个时期的历史的描述几乎与约翰·斯奇利查斯（John Scylitzes）所写的编年史中描述 11 世纪下半期历史的文字一模一样，而斯奇利查斯的希腊文原作至今尚未发表。约翰·佐纳拉斯在 12 世纪编写了一部并

[⑩] 见 C. 鲁帕勒夫（C. Loparev）"论（12 世纪）拜占庭人文主义者康斯坦丁·斯提尔布斯及其著作"（"On the Byzantine Humanist Constantine Stilbes〈of the Twelfth Century〉and On his Works"），《拜占庭评论》，III（1917），62—64。

[⑪] 关于斯提尔布斯的最佳史料，见鲁帕勒夫的上引书，亦参照克伦巴赫《拜占庭文献史》，762。显然，鲁帕勒夫不知道 S. 兰普罗斯的文章，"马尔西安抄本"（"Ο Μαρκιανὸς Κῶδις"），《当代希腊研究通报》（Νεός 'Ελληνομνήμων），VIII（1911），524，在此书中发表了文中所述那篇描述 1197 年 7 月 25 日君士坦丁大火的诗。

不乏味的"显然是高水平的世界历史"[402],其中资料来源翔实可靠,其下限至1118年约翰·科穆宁登基。康斯坦丁·曼纳苏(Constantine Manasses)在12世纪上半期,以世俗韵律形式编写的编年史,是献给曼纽尔皇帝的聪慧的弟媳伊琳娜的,其下限至1081年阿列克修斯·科穆宁登基。几年前,曼纳苏编年史的续作得以出版。它共有79节诗,简述了自约翰·科穆宁到君士坦丁堡第一位拉丁皇帝鲍德温时期的历史;它用几乎一半篇幅记载安德罗尼卡一世。[403]曼纳苏还写过一首涉及当时事件的抑扬格诗,诗名可能是《旅行日记》(Ὁδοιπορικόν,拉丁文为 Itinerarium)。此诗于1904年出版[404]。最后一个编年史作者是迈克尔·格莱科斯(Michael Glycas),他在12世纪完成了一部世界编年史,下限至1118年阿列克修斯·科穆宁去世。

在艺术方面,科穆宁和安吉列时代是拜占庭"第二个黄金时代"的延续。许多学者认为第二个黄金时代开始于9世纪中期,即马其顿王朝建立之时。当然,11世纪科穆宁王朝建立之前的动乱曾一度中断了马其顿时期的艺术繁荣,但随着科穆宁新王朝的开

---

[402] 克伦巴赫:《拜占庭文献史》,371。

[403] H.格雷古瓦:"君士坦丁·曼纳苏的续作及其史料"("Un Continuateur de Constantin Manassès et sa source"),《M.古斯塔夫·舒伦伯格著作集》(*Mélanges offerts à M. Gustave Schlumberger*),I,272—281。曼纳苏续作的史料来源于尼西塔斯·科尼阿特斯:《历史》,波恩版,280。

[404] K.霍尔纳(K. Horna):"君士坦丁·曼纳苏的《旅行日记》"("Das Hodoiporikon des Konstantin Manasses"),《拜占庭杂志》(德文),XIII(1904),313—355。见曼纳苏的作品目录,该目录未被收进克伦巴赫的《拜占庭文献史》,而被收进 P. 马斯"君士坦丁·曼纳苏的艺术散文诗之韵律"("Rhytmisches zu der Kunsteprosa des Konstantinos Manasses")中,《拜占庭研究杂志》(德文),XI(1902),505页注 2。

始,帝国当年的繁荣重现,拜占庭艺术似乎能够承继马其顿时期的光荣传统。但科穆宁时期流行墨守成规的形式主义。"在 11 世纪,我们对古典文化的感觉在衰退;天性自由让位于形式主义;文化活动趋向于神学化。这是个以精细工笔描绘肖像的时代。"[⑤]多尔顿在另一本书中说"进步的源泉枯竭了;机体成长的能力丧失了……在科穆宁时代的后期,神圣艺术本身成了一种仪式化的、单凭记忆的,而且几乎是创作者下意识的行为。艺术失去了火花和灵感,不知不觉地走向形式主义。"[⑥]

但这并不是说拜占庭艺术在科穆宁时期处于衰败状态。特别在建筑领域,这一时期出现了许多传世的杰作。在君士坦丁堡,建成了美丽的布莱舍奈(Blachernare)宫,科穆宁皇族成员从以前的"大皇宫"搬到金角湾尽头的新皇宫。新皇宫绝不次于"大皇宫"。当时的作家曾热情地描写过它。[⑦] 被遗弃的"大皇宫"衰败了。到 15 世纪,它只剩下一些断壁残垣,土耳其人将它彻底毁灭。

科穆宁王朝的名字同样与许多教堂的修建或重建联系在一起,例如,君士坦丁堡的潘托克拉特教堂即建于这一时期,科穆宁王朝的约翰二世和曼纽尔一世,以及后来 15 世纪巴列奥洛格王朝的曼纽尔二世和约翰八世就葬于此。著名的霍拉教堂(Chora,即后来的卡里耶清真寺[Qahrieh jami])重建于 12 世纪初。除首都

[⑤] O.M.多尔顿:《拜占庭艺术和考古学》,18。
[⑥] 多尔顿:《东方基督教艺术》,18—19。
[⑦] 迪尔:《拜占庭艺术手册》,Ⅰ,416—418。J.埃伯索尔特(J. Ebersolt):《拜占庭的奢华艺术》(*Les Arts somptuairies de Byzance*),16。J.帕帕多布鲁斯曾用现代希腊语写过一部关于布莱舍奈宫的专著,该书有一部法译本。

第七章　拜占庭与十字军

之外,各行省也修建了一些教堂。[409] 在威尼斯,圣马可教堂于1095年庄严地举行了落成典礼。该教堂的设计是依据君士坦丁堡的圣使徒教堂的模式,其镶嵌画也反映了拜占庭的影响。在西西里,切法卢、巴勒莫和蒙利尔的许多建筑和镶嵌画也都绘制于12世纪,是仿制拜占庭艺术的精品。在东方,伯利恒的圣诞教堂的镶嵌画就是东方基督教画家在1169年为皇帝曼纽尔·科穆宁制作的著名精品,是保留至今的重要艺术遗存。[410] 因此,无论在东方还是在西方,"希腊艺术的影响在12世纪都是空前的。甚至在那些预想不到的地方,在西西里的诺曼人和叙利亚的拉丁人中间,拜占庭艺术风格也一直是原初的模式,是人们追求典雅的目标"[411]。

11、12世纪的重要拜占庭壁画出现于卡帕多细亚和南意大利;同时,在罗斯、基辅、切尔尼戈夫、诺夫哥罗德及其邻近地区,也有拜占庭艺术家制作的精美壁画。那个时代的许多艺术珍品都可在象牙雕刻、陶器和玻璃、金属制品、印章和玉雕等艺术品中发现。[411]

虽然科穆宁和安吉列时代有诸多艺术成就,然而,第二个黄金时代的初期阶段,即马其顿时期的艺术成就更具独创性,更加光彩夺目。因此,人们无法同意一位法国作者的论调:"12世纪的拜占庭虽然在政治和军事上一蹶不振。然而,帝国和基督教东方的创

---

[409] 迪尔:《拜占庭艺术手册》,II,563以下。
[410] 多尔顿:《东方基督教艺术》,292—292。迪尔:《拜占庭艺术手册》,II,561—563。樊尚和阿贝尔:《伯利恒,圣诞教堂》,167。
[411] 迪尔:《拜占庭艺术手册》,II,563以下。
[411] 多尔顿以上两部著作及迪尔的《拜占庭艺术手册》中都有详细的资料。

造力却在那时臻于顶峰。"[412]

　　12世纪的拜占庭文艺复兴不仅自身意义重大而且因它后导致的后果而意义重大,它是12世纪整个西欧文艺复兴的基本构成部分——这一点在C.H.哈斯金斯的《12世纪的文艺复兴》一书中得到明确的阐述。在序言中,哈斯金斯开头就写道:"对许多人来说,本书的书名似乎明显地自相矛盾。12世纪的文艺复兴!"但事实并非如此。12世纪的西欧目睹了拉丁古典文学、拉丁语言、拉丁散文和诗歌、法学和哲学、历史学的复兴;它是对希腊语和阿拉伯语文献进行翻译的时代,也是大学兴起的时代。哈斯金斯准确无误地说道:"意大利和东方与希腊文化有直接的、值得注意的联系;对希腊原著的直接翻译是古代文化传播的最重要的、同时也是更直接和更忠实的工具。这一点尚未引起足够的重视。"[413] 13世纪,意大利与拜占庭,特别是君士坦丁堡的直接沟通出人意料地频繁和广泛。科穆宁王朝向罗马教宗示好的宗教计划在君士坦丁堡引起了许多争论——在皇帝面前,在那些来自西方天主教会的、欲在拜占庭首都寻求两个教会和解途径的有识之士面前。这种争论大大促进了希腊文化向西方的传播。再者,意大利商业共和国与拜占庭之间的贸易关系以及君士坦丁堡的威尼斯人和比萨人贸易特区,为一些意大利学者来君士坦丁堡居住,并学习希腊语、向西

---

[412] G.迪蒂(G.Duthuit):《拜占庭和12世纪的艺术》(*Byzance et l'art du XIIe siècle*),96。此书徒有其名。其中关于12世纪的艺术的内容甚少。

[413] 哈斯金斯:《中世纪科学史研究》,141。哈斯金斯:"12世纪文艺复兴中的希腊因素"("The Greek Element in the Renaissance of the Twelfth Century"),《美国历史评论》,XV(1920),603—605。哈斯金斯:《12世纪的文艺复兴》,278。

方传播希腊学术提供了有利条件。特别在曼纽尔·科穆宁时代,"经常有教廷使团、帝国使团、法国使团、比萨使团等来到君士坦丁堡;同时,希腊使者也不断出使西方。这使我们想起15世纪早期在意大利的希腊人"[④]。

所有这些活动的探讨说明,科穆宁和安吉列时代的文化运动在拜占庭历史中占有光辉的一页。在前几个时代,拜占庭没有这种复兴。与当时西方的文化复兴相比,12世纪拜占庭的那种复兴具有更深远的意义。在拜占庭历史上,12世纪可以当之无愧地被称为第一次希腊文化复兴时代。

[④] 哈斯金斯:《中世纪科学史研究》,194—195。

第八章 尼西亚帝国
（1204—1261年）

拜占庭领土上形成的新国家

第四次十字军的目标是攻击和掠夺君士坦丁堡,这导致了拜占庭帝国的瓦解,在其原有领土上形成了许多国家,有法兰克人的,也有希腊人的。法兰克人的国家,保持了欧洲的封建制结构。法兰克人建立的国家有：拉丁帝国,或君士坦丁堡帝国,塞萨洛尼卡（萨洛尼卡）王国,伯罗奔尼撒（莫里亚）的阿凯亚公国,以及中希腊的雅典或底比斯公国。威尼斯人的势力伸展到拜占庭属爱琴海和爱奥尼亚海域的岛屿,克里特岛以及许多沿海及内陆地区。与这些在东方帝国支离破碎的土地上建立的拉丁人国家同时存在的,还有三个独立的希腊人中心：小亚细亚的尼西亚帝国和特拉布松帝国以及北希腊的伊庇鲁斯君主国。佛兰德伯爵鲍德温成为君士坦丁堡的皇帝和色雷斯大部分土地的主人；蒙斐拉侯爵博尼法斯成为萨洛尼卡的国王,该王国的势力延及马其顿和色萨利；香普利特的威廉,后来是维拉杜安的乔弗里成为伯罗奔尼撒（莫里亚）的君王,而奥松·德拉罗舍（Othon de la Roche）则采用了公爵

(sire)的头衔,占据了雅典和底比斯;他的希腊臣民称他为 Megaskyr,即"伟大的领主"。在三个希腊人国家里,是以下几位君王在统治:在尼西亚(比提尼亚)是狄奥多勒·拉斯卡利斯;在特拉布松,是阿列克修斯一世科穆宁;在伊庇鲁斯君主国,是迈克尔一世安吉列·杜卡斯·科穆宁。此外,还有两个"异族的国度",在其精力充沛的国王卡洛扬和约翰·亚琛二世统治下的第二保加利亚帝国和小亚伊科尼姆的罗姆苏丹国,在1204年之后出现于拜占庭帝国废墟上的错综复杂的国际关系中表现得特别活跃,保加利亚国家尤其如此。

整个13世纪,在这些以各种形式结盟的国家之间不断地发生着斗争和分化,希腊人与新来者法兰克人、突厥人和保加利亚人相斗;希腊人与希腊人相斗,以民族内部分化的方式,将一些新的分离因素引进本来已经相当无组织无秩序的国家生活中;法兰克人与保加利亚人相斗,等等。所有这些军事冲突之后都出现了各种短暂的国际间的联盟和相互谅解,这种联盟和谅解很容易达成,也很容易破裂。

自1204年的灾难之后,在哪里形成政治的、经济的、宗教的和文化的中心,以及在哪里形成并加强统一秩序的思想就成为特别重要的问题。在复杂混乱的环境下,依照西方的模式在东方建立起来的封建国家及追逐私人利润的人们建立起来的商业据点,引起了更大的混乱和瓦解;它们既不能建立新的秩序,也无力控制它们在第四次十字军后继承的遗产。一位历史学家说,"所有这些建立在东方的西方人领地毫无创造力,而且是破坏性的","因此,它们自己在内耗;而东方因素仍然主导着东方的发展"①。

尼西亚帝国的开端与拉斯卡利斯家族

在尼西亚帝国,希腊民族统一的观念和拜占庭国家重建的观念得以形成和强化,正是从这个帝国内,出现了一位领袖迈克尔·巴列奥洛格(Michael Palaeologus),他于1261年夺回了君士坦丁堡,并恢复了拜占庭帝国——尽管它与原来的帝国相比,规模已经大大缩小了。人们曾一度以为,恢复希腊帝国的任务应该由另一个希腊人中心,伊庇鲁斯君主国承担;但是,由于种种原因,伊庇鲁斯的君主们被迫屈从于日益重要的尼西亚帝国,放弃了在基督教东方的领导地位。第三个希腊人中心特拉布松帝国位于太遥远的地方,以至于不可能承担领导希腊人统一的事业;因此,特拉布松的历史在政治、文化和经济方面有其自己的特殊意义,值得对它进行特别的研究。

尼西亚帝国("一个流亡帝国")的建立者是狄奥多勒·拉斯卡利斯,30岁左右,由于他的妻子安娜、前任皇帝阿列克修斯三世的女儿与安吉列家族建立了联系,经由阿列克修斯三世与科穆宁家族有了亲属关系。拉斯卡利斯家族的源起以及狄奥多勒家乡的名称无人知晓。在阿列克修斯三世时期,他曾经指挥过军队,与十字

---

① C.纽曼(C. Neumann):"拜占庭海军"("Die byzantinischer Marine"),《历史杂志》,LXXXI(1898),1—2。

军人进行了积极的斗争。② 从各方面迹象看,他被君士坦丁堡教会人士视为阿列克修斯·杜卡斯·摩尔祖弗鲁斯(Mourtzouphlos)逃跑后,直至十字军人占领首都君士坦丁堡期间可能继承皇统的人,但是他却逃到了小亚细亚。许多拜占庭的政务和军事贵族、一些著名的教会人士和不肯困于外国势力枷锁下的逃难者,为了逃脱十字军的入侵也在小亚细亚寻求庇护所。但是,君士坦丁堡的最后一任牧首约翰·卡玛特鲁斯(John Camaterus)却离开首都逃往保加利亚王国,拒绝接受狄奥多勒的邀请到尼西亚去。曾在拉丁人入侵之前被免职流放的雅典城大主教迈克尔·阿克米那图斯,曾为一个叫欧波恩(Euboean)的教士写了推荐信,请狄奥多勒关照此人。他写道,这位欧波恩曾经秘密地到过尼西亚,他更乐于在一个流亡的希腊人(罗马人)宫廷里生活,而不愿意留在自己的家乡受到外族人的压迫;在同一封信中,迈克尔强调了,如果这位欧波恩能够在尼西亚找到自己的庇护所,则会深刻地影响到全体希腊人,使他们"将狄奥多勒视为唯一的世界解放者",即整个罗曼尼亚的解放者。③

狄奥多勒·拉斯卡利斯于 1204 到 1222 年间在位,他死后,继位者是他的女婿,即其女儿伊琳娜的丈夫约翰三世杜卡斯·瓦塔

---

② 见 A.伽得内尔(A. Gardner)《尼西亚的拉斯卡利斯王朝:一个流亡帝国的历史》(The Loscarids of Nicaea:),53—54。A.梅里亚拉基斯(Meliarakes):《尼西亚帝国与伊庇鲁斯君主国历史》(Ιστορία τοῦ βασιλείου τῆς Νικαίας καὶ δεσποτ-άτου τῆς Ἠπείρου),8。M. A.安得列瓦(M. À. Andreeva):《13 世纪拜占庭宫廷文化论文集》(Essays on the Curture of the Byzantine Court on the Thirteenth Century),82—85。

③ 迈克尔·阿科米那图斯著作,S.兰普罗斯编,II,276—277。

泽斯(John III Ducas Vatatzes,1222—1254年)④,他是尼西亚帝国最天才且最有能力的皇帝。在他去世后,皇位先后由他的儿子狄奥多勒二世(1254—1258年在位)和孙子约翰四世(1258—1261年在位)占据,而后者继位时还仅是个孩子。后来,约翰四世被君士坦丁堡的光复者迈克尔·巴列奥洛格废黜。

比提尼亚的新国家处境非常危险:在东方,它受到强大的伊科尼姆苏丹国的威胁,后者占领了整个小亚细亚腹地,其南部占据着地中海的沿海部分地区,在北方则占据了黑海沿岸的部分地区;在西方它受到拉丁帝国的压力,后者的主要目标就是摧毁这个新兴的尼西亚帝国。如此复杂而艰巨的任务落在了狄奥多勒·拉斯卡利斯肩上,他在位的前四年并没有称帝,而是称王(despot)。他的国家里充斥着内乱的因素;在一些地区出现了一些割据的统治者;狄奥多勒甚至进不了尼西亚城。

与此同时,在君士坦丁堡定居的拉丁骑士于1204年就决定要征服小亚细亚,并获成功。希腊人几乎已经完全失去了对整个小亚细亚的控制。维拉杜安说道:"这个国家的人民投入了法兰克人的怀抱并开始向他们纳贡。"⑤在此危急时刻,传来了拉丁帝国的皇帝鲍德温被保加利亚人俘虏的消息。

自1196年以后,居于保加利亚王位的国王是卡洛扬,在安吉列朝统治时期他曾经是拜占庭的可怕敌人。拉丁国家在巴尔干半岛上的建立使复杂的局面更加复杂。很显然,十字军人必然向保

---

④ 历史上通常称其为约翰·瓦塔泽斯·约翰三世,是为了与前两个约翰(即约翰·齐米西斯、约翰·科穆宁)的称呼相一致。

⑤ 维拉杜安:《君士坦丁堡征服记》,323;N.维利编,193。

第八章 尼西亚帝国(1204—1261年)

加利亚人提及巴尔干半岛的归属问题。他们之间的关系变得紧张起来,因为十字军人已经无礼地拒绝了卡洛扬提出的建立友好关系的主张,并让卡洛扬明白,他永远不可能与拉丁帝国的皇帝平起平坐,而是必须像奴隶仰视主人那样敬畏拉丁皇帝;拉丁人还警告卡洛扬,如果他胆敢不敬畏拉丁皇帝,十字军人将以武力征服保加利亚,并使它重新回到当年附庸国的地位。[6]

就在拉丁人如此激怒了保加利亚国王的同时,他们也因侮辱希腊人的宗教信仰和宗教仪式而刺激了色雷斯和马其顿的希腊人。希腊与卡洛扬国王秘商,企图在巴尔干半岛上发起一次有利于保加利亚人的起义。[7] 众所周知,前君士坦丁堡牧首约翰·卡玛特鲁斯曾经居住在保加利亚,可以想象在1204—1205年的拜占庭-保加利亚联盟形成一事中他充当了重要角色。[8] 据乌斯宾斯基,这个同盟"结束了卡洛扬的举棋不定,确定了他日后的行动目标。于是,以东方正教和希腊-保加利亚人民的保护者身份出现,抵制拉丁人大公教会的统治地位,同时恢复在拜占庭业已被削弱的皇权,就成了卡洛扬反对十字军人的主要动机"。[9] 保加利亚王对拜占庭皇冠已经垂涎欲滴了。

---

[6] 尼西塔斯·科尼阿特斯:《历史》,见波恩版《拜占庭历史资料文献大全》,808—809。

[7] 见 V.N.兹拉塔尔斯基《1204—1205年的希腊-保加利亚人关系》(*The Greek-Bulgarian Alliance in the Year 1204—1205*),8—11。

[8] 见 P.尼克夫"13世纪以来的保加利亚外交"("Bulgarian Diplomacy from the Beginning of the Thirteenth Century"),《保加利亚历史文库》(*Bulgarian Historical Library*),I(1928),103—104。

[9] 《第二保加利亚王国的建立》(*The Formation of the Second Bulgarian Kingdom*),245—246。

希腊-保加利亚人起义在巴尔干半岛的爆发,迫使十字军从小亚细亚调回征伐狄奥多勒·拉斯卡利斯的军队。在 1205 年 4 月 15 日发生的亚得里亚堡战役中,卡洛扬在库曼人(即波洛伏齐人)骑兵的支持下,取得了对于十字军的决定性胜利。在这次战役中,西方"骑士之花"受到了沉重的打击。拉丁皇帝鲍德温本人则被保加利亚人俘虏,下落不明;很显然,在保加利亚王的命令之下,鲍德温以某种方式被杀害了。⑩ 鲍德温的下落不明,他的兄弟亨利在此期间被选为拉丁帝国的摄政。此前八百余年,即在 378 年,另一位罗马皇帝瓦伦斯在与哥特人的战争中死于亚得里亚堡。

威尼斯的老总督恩利克·丹多罗也参与了这次战斗,并在深夜成功地将残余部队撤离,此后不久,就去世了,后被葬于圣索菲亚大教堂。据流传下来的多数史料记载,他的尸体一直在这座教堂内,直到君士坦丁堡被土耳其人征服,其时,苏丹穆罕默德二世下令将这位威尼斯英雄的尸骨毁掉。⑪

亚得里亚堡的失败使十字军陷入危机。这场战役在拉丁帝国的政治生涯刚刚开始时就给了它以沉重打击,败坏了它的命运。

---

⑩ 伽得内尔:《尼西亚的拉斯卡利斯王朝:一个流亡帝国的历史》,66(据说,鲍德温被关在特尔诺沃。从此再没有人见过他)。E. 格尔兰德:《君士坦丁堡的拉丁帝国》(Geschischte des Lateinichen Kaiserreiches von Konstantinoppel),I,92(卡洛扬在盛怒之下,下令杀死他的战俘)。尼克夫:"13 世纪以来的保加利亚外交",《保加利亚历史文库》,I(1928),104(鲍德温被俘,被押送至特尔诺沃,在那里被监禁起来,并死在狱中);这一信息是以英诺森三世的书信集为根据的;米涅编:《拉丁教父文献全集》,CCXIV,148。

⑪ 见 H. 克雷施梅尔,《威尼斯》,I,321、472。

格尔泽断言,"法兰克人对罗曼尼亚的统治止于此日"[12],而且事实上,"在相当长的一段时间内,君士坦丁堡的拉丁帝国的命运完全掌握在保加利亚王的手中"[13]。

亚得里亚堡战役的胜利对于保加利亚王国和尼西亚帝国都有重要的意义,马其顿与色雷斯地区的希腊人并没有形成民族的中心,他们也未能预见到尼西亚帝国必将成为民族运动的中心,却认为他们有可能与保加利亚人达成谅解并以反抗拉丁人为其共同事业。对于卡洛扬来说,这一事件为实现他的野心,即在敌对的法兰克人王国的土地上,在巴尔干半岛上建立一个以君士坦丁堡为中心的希腊-斯拉夫人的国家提供了最好的机会。但是,如同 V.G. 瓦西列夫斯基所写:"斯拉夫统治者不可能在创造一个代表希腊-斯拉夫世界的事业中充当一个皇帝的世界性角色。卡洛扬在巴尔干半岛上建立一个以君士坦丁堡为都城的希腊-保加利亚王国的野心只是一个幻想。"[14]

与此同时,一旦巴尔干的希腊人爱国者认识到尼西亚的君主可能将他们从拉丁征服者的统治下解放出来,并成为他们民族的希望和未来的代言人时,在非常时期建立的、曾获得亚得里亚堡战役胜利的希腊-保加利亚友好联盟便迅速地瓦解了。在巴尔干半岛上明显出现了反保加利亚人的倾向,对此,保加利亚国王发动了

---

[12] H.格尔泽:《拜占庭帝国史概要》,1042。
[13] Th.I.乌斯宾斯基:《第二保加利亚王国的建立》,250。
[14] "约翰·亚琛二世统治时期保加利亚大主教区的重建"("The Regeneration of the Bulgarian Patriarchte Under the King John Asen II"),《公众教育部杂志》,CCXXXVIII(1885),I,9。

无情的破坏性战争。根据当时的史料记载,卡洛扬对于当年瓦西里二世对保加利亚人的冒犯进行了报复。当年瓦西里二世曾被称为"保加利亚人的屠杀者",卡洛扬则自豪地称自己是"罗马人的屠杀者"(Romaioctonus, Romaioktonos)。希腊人给他取了一个绰号为"约翰狗"(希腊语发音为 Skyloioannes)[15];在他的一封信中,拉丁皇帝称他为"希腊人的大克星"(magnus populator Graeciae)。[16]

一位保加利亚历史学家说:"这里显然表现出了纯粹的保加利亚民族倾向,它决定了卡洛扬反对希腊人因素的帝国政策,而希腊人因素是保加利亚民族独立的死敌,即使在保加利亚人与色雷斯的希腊人城市结盟抵抗拉丁帝国时也是如此。"[17]

约翰在色雷斯和马其顿的流血征伐最后以失败告终。在他围攻萨洛尼卡时(1207 年)突然暴亡。在殉道者圣底米特里的传说中插入了一个希腊故事,说约翰之死是由于他与希腊正教会为敌,因此被萨洛尼卡城的圣保护使徒击毙。这一传说可见于许多希腊文和斯拉夫文版本中,在罗斯的古代编年史中也有如此记载。于是,保加利亚王不可能利用亚得里亚堡战后对他十分有利的形势。尼克夫说,他自己则"作为保加利亚历史上仅有的一位最伟大的外交家而在历史舞台上消失了"[18]。

---

[15] 乔治·阿克罗波利塔:《年代纪》,XIII;收于《名著集》(*Opera Omnia*),A.海森柏格编,23—24。

[16] 见 J.A.布孔《法兰克人占领地历史研究与资料》(*Recherches et matériaux pour servir á une histoire de la domination française*),II,211。

[17] P.尼克夫:《保加利亚史料集和保加利亚教会史研究》,8(重印本)。

[18] 尼克夫:"13 世纪以来的保加利亚外交",《保加利亚历史文库》,I(1928),108。

第八章 尼西亚帝国(1204—1261年)

但是,另一方面,亚得里亚堡战役沉重打击了法兰克人在君士坦丁堡的统治,拯救了尼西亚帝国,使其免于灭亡的命运,有了新生的希望。狄奥多勒·拉斯卡利斯摆脱了西方邻居的威胁,开始积极地组建自己的国家。最为重要的是当狄奥多勒成功在尼西亚稳固落脚之时,就提出了称帝而不是称王的问题。由于法兰克入侵者退回保加利亚后,君士坦丁堡希腊教会的牧首拒绝去尼西亚赴任,一位新的牧首迈克尔·奥托雷阿努斯(Michael Autoreanus)于1208年在尼西亚当选;他以尼西亚为自己的驻节地,并于同年,即1208年,为狄奥多勒·拉斯卡利斯加冕。[19] 1208年的事件对于尼西亚国家日后的历史有着至关重要的影响:尼西亚从此成为帝国和教会的中心。就在拉丁帝国的阴影之下,出现了第二个帝国,这个帝国逐渐兼并了小亚细亚的相当数量的领地,吸引了欧洲希腊人的注意力,燃起了他们的希望。大约于1220年,在狄奥多勒·拉斯卡利斯和威尼斯驻君士坦丁堡的代表(*podestá*)之间达成的一则协议中,显然为威尼斯人所知晓的狄奥多勒·拉斯卡利斯的正式称呼是"狄奥多勒,基督神佑的虔诚皇帝和罗马人的至圣统治者,科穆宁·拉斯卡利斯"[20]。新的帝国的建立导致它与君士坦丁堡帝国关系的紧张化;两个同时建立于拜占庭帝国土地上的帝国不可能和睦友好地共处。

---

[19] 这一年代,即1208年,是在若干年前由A.海森伯格所确定的,见《关于拉丁帝国与教会联合的新问题》,II,5—12;更普遍的观点认为是1206年,参见安德烈:《拜占庭的宫廷文化》,85、180—188。

[20] "Theodorus, in Christo Deo fidelis Imperator et moderator Romeorum et semper augustus, Comnenus Lascarus"。见G.L.F.塔菲尔和G.M.托马斯《威尼斯共和国的古代贸易及国家历史文献》,II,205。

距离君士坦丁堡约 40 英里的尼西亚,成为这个新兴帝国的首都。它位于五六条道路的交汇处,这使它有着特别的政治重要性。在拜占庭的历史上,尼西亚因承办了两次普世基督教主教公会议而声名卓著。该城的居民以其坚固的城墙、塔楼和建于中世纪的城门而自豪。这些遗迹至今仍完好地保存着。在第一次十字军以前不久,尼西亚曾被塞尔柱突厥人占领,后来夺回此城的十字军又被迫、极不情愿地把它归还给阿列克修斯·科穆宁。至今已经踪迹全无的宏伟宫殿、无数教堂和修道院曾经装饰着中世纪的尼西亚。[21] 12 世纪的一位阿拉伯旅行家阿尔-哈拉维(al-Harawy,或 el-Herewy)在谈到尼西亚并回忆起第一次十字军时,这样写道:"在这座城市的教堂内,人们可以看到弥赛亚的形象和坐在宝座上戴着宝冠的教父们。教堂特别庄严肃穆。"[22] 13 世纪的拜占庭与西方历史学家曾记载了尼西亚的地域广阔和财富充裕。[23] 13 世纪的一位作家尼斯福鲁斯·布莱米底斯在他的一首诗中谈到尼西亚,说:"尼西亚,一座有着宽阔街道、熙熙攘攘的人群、墙防坚固的城

---

[21] 关于中世纪尼西亚的最好的资料及其完整的参考书目录,见 J. 索尔赫(J. Sölch)"比提尼亚居民区历史地理研究,尼科米底、尼西亚、普鲁萨"("Historisch-geographische Studien über bithynische Siedlungen. Nikomedia, Nikäa, Prusa"),《拜占庭和当代希腊研究 F 年鉴》,I (1920),263—286。亦见 R. 雅南"尼西亚. 历史和地志研究"("Nicée. Étude historique et topographique"),《东方之声》,XXIV (1925),482—490。安得列瓦:《13 世纪拜占庭宫廷文化论文集》,19—21。

[22] 《朝圣地之地理描述》(Indications sur les lieux de Pelerinage),C. 舍费尔译:《东方拉丁文献档案》,I,590。

[23] 尼西塔斯·科尼阿特斯:《历史》,波恩版,318。维拉杜安:《君士坦丁堡征服记》,304。

市,以其城内的所有而自豪,是皇帝所关注的最突出的标志。"[24]在13、14世纪的文学作品中还保留下来了两篇关于尼西亚城的颂词。其中一篇的作者是皇帝狄奥多勒二世拉斯卡利斯致尼西亚的颂词:"你超越了所有那些自罗马国家多次被外族军队瓜分并毁灭以来所奠基、建设的城市……而且只有你最坚固。"[25]第二首颂词是14世纪一位著名的国务活动家、外交家和政治家、政府官员、神学家、占星学家、诗人及艺术家狄奥多勒·梅托希特斯(Theodore Metochites)所写的,[26]他的名字与著名的君士坦丁堡霍拉修道院(今日之卡利耶清真寺)内的镶嵌壁画有着密切关系,至今它们仍受到很好的保护。

在当今土耳其的不起眼的小城伊斯尼克(Isnik,尼西亚城的误称),第一次世界大战之前发现的中世纪历史遗迹中,除了城墙,人们还可以提到一个相当小的圣母升天教堂。这座教堂大约建于9世纪之前,有着十分精美的镶嵌画,对于研究拜占庭艺术史十分重要。[27]但是,在第一次世界大战期间尼西亚遭到轰炸,几乎无一

---

[24] 尼斯福鲁斯·布莱米底斯(Nicephorus Blemydes):《传记与诗词》(*Curriculum vitae et carmina*),A.海森伯格编,113,vss.22—24。

[25] Th.I.乌斯宾斯基:"关于巴黎国家图书馆珍藏尼西塔斯·科尼阿特斯历史著作的手稿"("On the Manuscripts of the History of Nicetas Acominatus in the National Library of Paris"),《公众教育部杂志》,CXCIV(1877),77。

[26] 印于萨塔斯《中世纪希腊文献目录》,I,139以下。

[27] 见 H.格雷古瓦"尼西亚圣母升天教堂的真正名称及其建立年代。新的最后的定论"("Le véritable nom et la date de l'église de la Dormition à Nicée. Un texte nouveau et décisif"),《纪念亨利·皮朗文集》,I,171—174。亦见夏尔·迪尔《拜占庭艺术手册》,II,520—521,908;格雷古瓦的文章出现得太晚了,乃至于迪尔无法引用。见 O. M.多尔顿《东方基督教艺术》,285。

所建筑物能够幸免。圣母升天教堂受损害尤其严重,只有穹顶下的西拱和教堂前厅南部得以残留。尼西亚城的另一所著名教堂——圣索菲亚大教堂也都破败不堪了。[28]

　　有一部保留下来的重要文献在某种程度上表明了狄奥多勒·拉斯卡利斯的帝国观念。该文献被称为《训谕》(*Silentium*，$\Sigma \varepsilon \lambda \acute{\varepsilon} \nu \tau \iota o \nu$, $\sigma \iota \lambda \acute{\varepsilon} \nu \tau \iota o \nu$),专指拜占庭时期大斋期开始时,皇帝们在宫廷上对贵族众臣们的讲演。但是,此处所提到的这则训谕则被认为是狄奥多勒·拉斯卡利斯在1208年加冕称帝之后致群臣的讲演。[29] 该演说词是由他的同时代人,特别著名的历史学家尼西塔斯·科尼阿特斯所写,当君士坦丁堡被拉丁人攻陷后,他在尼西亚找到了安全的避难处。这篇用韵律体文字写成的讲演稿表明,拉斯卡利斯与任何一位拜占庭皇帝一样,也认为他的权力来自上帝。"朕的地位是罗马世界帝国之父——天父所确立的;上帝的意志决定了我的权力……"上帝已经因狄奥多勒的热诚而允许其"涂圣油并拥有大卫的权力"。帝国的统一也意味着教会的统一,于是,狄奥多勒在其训谕结束时声明,"只能有一个牧人和一群羊"。[30] 事实上,这篇讲演并非出于狄奥多勒本人的笔下,但它却反映了尼西亚帝国出身高贵、受过最好教育的人们中间占主导地位的观念,这种观念在结合了安吉列朝和科穆宁朝两家血统的狄奥多勒·拉斯

---

[28] M.阿尔帕托夫和I.布鲁诺夫(M. Alpatov and I. Brunov):"东方旅行简报"("A Brief Report of a Journey to the East"),《拜占庭年鉴》,XXIV(1923—1926),61,迪尔:《拜占庭艺术手册》,II,11—12。

[29] 海森伯格:《关于拉丁帝国历史的新问题》(*Neue Quellen zur Geschichte des lateinischen Kaisertums*),II,11—12。

[30] 萨塔斯:《中世纪希腊文献目录》,I,99、105、107。

卡利斯于尼西亚成为"罗马皇帝",并意识到他是在承继拜占庭皇帝的大统后,已经有了牢固的基础。

拉斯卡利斯朝的外交政策和拜占庭帝国的光复

自拉丁人在亚得里亚堡战败之后,狄奥多勒的处境暂时有所好转。但继鲍德温之后而坐上君士坦丁堡皇位的鲍德温的兄弟亨利,是个精力充沛才华横溢的领袖和统治者。在他于圣索菲亚教堂加冕后,多少改变了对保加利亚人的敌对态度,而且,他一直企图将尼西亚帝国并入拉丁帝国之内,因而重新视狄奥多勒为主要敌手。尼西亚皇帝不能以武力阻止拉丁人的进攻。但是,保加利亚人对于拉丁人的威胁和塞尔柱人对于狄奥多勒的威胁迫使拉丁人与狄奥多勒达成谅解,签订了和约,条件是狄奥多勒毁掉几座要塞。[31]

塞尔柱突厥人

狄奥多勒与占领了小亚细亚大部分地区的塞尔柱人苏丹的战争,对于新兴的尼西亚帝国意义重大。对于伊科尼姆或罗姆的塞

---

[31] E.格兰:《皇帝鲍德温一世与亨利统治下的历史》(*Geschichte der Kaiser Baldwin I. und Heinrich*),102—114。格尔兰德的著作问世后,L.纽豪斯(Neuhaus)的论著《拜占庭拉丁帝国的两位恺撒,安茹伯爵亨利的摄政统治政策》(*Die Reichsverwesenschaft und Politik des Grafen Heinrich von Anjou, des zweiten Kaisers im Lateinerreiche zu Byzanz*)就没有什么重要意义了。

尔柱人苏丹国家来说,一个新兴的尼西亚帝国的出现是特别令其担忧的,因为它阻止了突厥人进一步向西推进到爱琴海岸。除了这个原因导致两国关系紧张外,还有一个因素,即狄奥多勒·拉斯卡利斯的岳父阿列克修斯三世安吉列已经逃到了苏丹那里,哀求苏丹帮助他恢复自己失去的皇位。苏丹也趁机向狄奥多勒发出威胁,要他放弃皇位,苏丹的真实目的是自己想吞并整个小亚细亚。对抗开始了,尤其在安条克迈恩德河上的卡里亚地方冲突更为激烈。狄奥多勒的主力有 800 名勇敢的西方雇佣兵,在与突厥人的斗争中,异常勇猛,给敌人以重创,他们也几乎全部战死。由于狄奥多勒·拉斯卡利斯的勇敢和意志坚强,他重新控制了局面。在随后的战事中,苏丹被杀,很可能是狄奥多勒所为。一则当时的资料记载,苏丹"像一座高塔一样倒下了",即从他骑着的那匹马上摔下去。[32] 在这场战斗中,投奔了突厥人的拜占庭前朝皇帝阿列克修斯三世被捕,后被软禁于尼西亚的一座修道院中,并逝于此。

这次战争似乎没有给狄奥多勒带来大的领土变化。[33] 但是,尼西亚的希腊基督教宗帝战胜穆斯林在道义上的胜利却是异常巨大的:它表明,新建的尼西亚帝国恢复了拜占庭原有的对伊斯兰教

---

[32] 乔治·阿克罗波利塔:《年代纪》,chap.,10;海森伯格编,17。
[33] 见 G. 德热法尼翁:"卡帕多细亚碑铭志和尼西亚的希腊帝国史",《东方基督教杂志》,I(1935),242—243。P. 威特克(P. Wittek):《门泰谢酋长国,13—15 世纪西部小亚细亚历史研究》(*Das Fürstentum Mentesche. Studie zur Geschichte Westkleinasiens im 13—15. Jahrhundert*),1—23。M. F. 科普鲁鲁(M. F. Koprülu):《奥斯曼帝国的起源》(*Les Origines de l' Empire Ottoman*),35—37。P. 威特克:《奥斯曼帝国的兴起》(*The Rise of the Ottoman Empire*),16—32。

进行斗争的传统,使小亚细亚及欧洲地区的希腊人都十分振奋、勇气倍增,他们第一次从尼西亚帝国身上看到了希腊民族未来实现统一的核心力量。尼西塔斯·科尼阿特斯写了一篇长长的、极其夸张的颂词歌颂狄奥多勒的胜利。[34] 尼西塔斯的兄弟迈克尔·阿克米那图斯,即前任雅典城的大主教,从他后半生的居留地切奥斯(Ceos)岛寄给狄奥多勒一封贺信,他希望狄奥多勒承继君士坦丁大帝时期在上帝最初选定的地点,即君士坦丁堡,所建立的拜占庭帝国的皇位。[35]

拉丁帝国

除了希腊人欢呼狄奥多勒的胜利,惧怕狄奥多勒的西方雇佣军的拉丁皇帝亨利也对这一胜利感到满意,尽管初看起来有点奇怪;因为这些骑士雇佣军几乎都在对突厥人的战斗中牺牲了,在亨利看来,这一胜利实际上是削弱了尼西亚的皇帝。当时的一位历史学家记载道,亨利宣称:"拉斯卡利斯已经被击败了,但他还没有败亡。"[36]但是,亨利错了,此战之后不久,狄奥多勒就在自己麾下重新集合了相当数量的法兰克人和希腊人。[37]

狄奥多勒对于突厥人的胜利使他能够与亨利公开对抗。此时,狄奥多勒的直接目标是以他已经拥有的一支相当规模的舰队进攻君士坦丁堡。亨利于1212年在帕加马写了一封特别重要的

---

[34] 萨塔斯:《中世纪希腊文献目录》,I,129—136。
[35] 迈克尔·阿克米那图斯文集,兰普罗斯编,II,353 及以下。
[36] 乔治·阿克罗波利塔:《年代纪》,chap.15;海森伯格编,27。
[37] 格兰:《皇帝鲍德温一世与亨利统治下的历史》,218。

信件(格兰认为它是一个特别重要的证据[38])致"所有那些能够看到这封信的朋友"(*universis amicis suis ad quos tenor persentium prevenerit*)。这封信表明,亨利认为狄奥多勒是一个十分危险的敌手。他写道:"拉斯卡利斯是首要的最大的敌人,他占据着圣乔治海峡(Brachium Sancti-Georgii)[39]对岸的土地,直到突厥人占领地。他自立为皇帝,时常在海峡对岸威胁着我们……拉斯卡利斯集合了相当大的一支舰队,欲占领君士坦丁堡;君士坦丁堡城在悲哀地发抖,许多人因我们(从小亚细亚)退回君士坦丁堡而绝望,于是,我的许多臣民在计划越过海峡;而且,有许多人倒向拉斯卡利斯,向他承诺将帮助他反抗我……所有的希腊人开始蠢蠢欲动,并向拉斯卡利斯允诺,如果他将来要攻击君士坦丁堡,他们将支持他的行动。"这封信在最后呼吁拉丁人支持亨利,"为取得完全的胜利并守住我们的帝国,我们需要大批拉丁人,我们将把已经占领的和即将获得的土地赐予这些拉丁人;因为,如我们所知,我们不仅要夺取土地,而且必须守护住这些土地"[40]。从这封信可明显看出,亨利已经对狄奥多勒·拉斯卡利斯的敌对行为十分警醒,而且,他的新臣民们的精神正在动摇。

然而,尼西亚企图收复拜占庭帝国原来的首都的早期尝试却是不成功的;尼西亚帝国还不够强大,而且也没有做好充分的准备。成功是在亨利一边,他深入了小亚细亚腹地很远的地方。在

---

[38] 格兰:《皇帝鲍德温一世与亨利统治下的历史》,216。

[39] Brachium Sancti-Georgii,即博斯普鲁斯海峡。

[40] 《高卢与法国历史文献汇编》(*Recueil des historiens des Gaules et de la France*)(第 2 版,1879 年),XVIII,530—533。

第八章 尼西亚帝国(1204—1261年)

最近出版的,而且明显写于 1213 年的一封信中,亨利简明地叙述了他对于希腊人的胜利,"那些希腊人竟如此地侮辱和冒犯罗马的教会,他们认为所有罗马教会的子民,即忠实于拉丁人的人们都是走狗;由于他们侮辱了我们的信仰,我们一般地也称希腊人为狗。"[41]

两个皇帝之间达成的和平协议明确地划定了两个帝国在小亚细亚的边境:小亚细亚半岛北部保留在拉丁帝国手中。换一句话说,这一协议并没有考虑到拉丁帝国在小亚细亚的一些不十分重要的领土兼并,自从此协议签订以后,拉丁人在小亚细亚的占领地与这一帝国在 1204 年分割拜占庭领土时的占领地没有多大的不同。[42]

1216 年,天才而精力充沛的亨利英年早逝。他甚至被希腊人羡慕和热爱着,一位 14 世纪的拜占庭编年史家说,亨利是一个真

---

[41] 见 M.P.拉沃尔(M.P.Lauer)"最新发现的君士坦丁堡皇帝、安茹的亨利写给意大利使者的一封信(1213 年?)"("Une letter inédite d'Henri Ier d'Angre, empereur de Constantinople, aux prélats italiens, 1213?"),《纪念 M.古斯塔夫·施伦伯格文集》(*Mélanges offerts à M. Gustav Schlumberger*),I,201。我不知道拉沃尔为什么确定此信写于 1213 年(第 194 页),亨利自帕加马所发信件的签字日期是 1212 年 1 月 13 日。

[42] 见伽得内尔《尼西亚的拉斯卡利斯王朝:一个流亡帝国的历史》,85—86。格兰德:《皇帝鲍德温一世与亨利统治下的历史》,218—219。有时,人们说,狄奥多勒一世的政治活动在小亚细亚南部也很成功,他在这里夺取了地中海岸边的阿塔利亚城。(见 N.约尔加《奥斯曼帝国史》[*Geschichte des Osmanischen Reiches*],I,120 和格兰:《皇帝鲍德温一世与亨利统治下的历史》,I,246。)但是,这是一个错误,因为人们错误地判断了在阿塔利亚发现的一个碑铭志(可能是在 915—916 年)出现的时间。见 H.格雷古瓦《小亚细亚的希腊基督教碑铭集》(*Recueil des inscriptions grecques chrétiennes d'Asie Mineure*),I,104。亦可见 A.A.瓦西列夫《拜占庭与阿拉伯人》,II,153。

正的"阿瑞斯"。[43] 20世纪的历史学家也高度地评价了亨利个人的品行和活动。格兰宣称:"亨利成了拉丁帝国的真正奠基人。他的政府机构成为法兰克人在希腊领土上的占领地的基础。"[44]A.伽得内尔说:"亨利的去世,显然是拉丁人的灾难,——对于希腊人可能也同样是灾难——因为他的恩威并用的政策,可能比任何其他政策更能修复东方与西方之间的鸿沟。"[45]亨利之死,使尼西亚帝国失去了最危险的敌人。亨利的继承者既没有天才也缺乏精力。

1222年,尼西亚帝国的奠基者狄奥多勒去世。狄奥多勒一世拉斯卡利斯在小亚细亚创建了一个希腊人中心,建立了国家,并引起了欧洲希腊人对它的注意。他已经为他的后继者奠定了一个基础,使他们能够建立一个幅员广阔的国家。迈克尔·阿克米那图斯在写给狄奥多勒·拉斯卡利斯的颂歌中写道:"被蛮族的入侵者掷出君士坦丁堡城墙,来到亚洲一岸的首都以其萎缩的阴影被您接受,从而得到了您的指引和保护。……您应该永远被称为君士坦丁堡城的新建城者和使其再次住满人群的人……在世界灾难中遇难的人们在您的国家里找到了安定的避风港,他们只向往着您并称您为救世主和世界解放者……我以为,除了不久前的瓦西里——保加利亚人的屠杀者和更早一些的希拉克略之外,没有一位曾经统治过君士坦丁堡的皇帝堪与您相比。"[46]

---

[43] 埃弗莱米乌斯·莫那赫斯(Ephraemius Monachus):《皇帝和牧首本纪》(Imperatorum et patriarcharum recensus),V,7735,波恩版,312。
[44] 格兰:《皇帝鲍德温一世与亨利统治下的历史》,251。
[45] 伽得内尔:《尼西亚的拉斯卡利斯王朝:一个流亡帝国的历史》,93。
[46] 迈克尔·阿科尼米那图斯文集,兰普罗斯编,150、151、276、354。

第八章 尼西亚帝国(1204—1261年)

约翰三世杜卡斯·瓦塔泽斯(1222—1254年)

狄奥多勒一世拉斯卡利斯死后,约翰三世杜卡斯·瓦塔泽斯,即狄奥多勒一世的女儿伊琳娜的夫婿继承了尼西亚的王位,并在1222—1254年统治着尼西亚帝国。㊼ 尽管其先人为尼西亚帝国的发展奠定了一些基础,但其内部的情况却迫切要求有一位能够杀伐决断且精力充沛的人。这个人就是约翰·瓦塔泽斯。

当时,有四个国家企图控制东方地区:尼西亚帝国、拉丁帝国、伊庇鲁斯君主国和约翰·亚琛二世的保加利亚王国。因此,约翰·瓦塔泽斯的对外政策既要进行战争,同时又要与一个或另一个国家建立友好同盟关系。幸运的是,巴尔干半岛上的三个国家从来没有决定性的统一行动,相反,它们却在实行相互敌对、相互削弱的政策,或者只能有短暂的联合。因而,这种复杂的国际关系,并没有让约翰·瓦塔泽斯感到棘手。

伊庇鲁斯君主国及其与尼西亚帝国的关系

伊庇鲁斯君主国的历史对于尼西亚帝国的最终命运有着决定性的影响。伊庇鲁斯是第二个希腊人中心,在一定条件下,它应该能够团结希腊半岛西部的希腊爱国者,并由此可能产生恢复拜占庭帝国的思想。但两个希腊国家伊庇鲁斯和尼西亚却不可能在对

㊼ 大多数作者认为瓦塔泽斯逝于1254年。见梅里亚拉基斯《尼西亚帝国与伊庇鲁斯君主国历史》,412。亦见伽得内尔《尼西亚的拉斯卡利斯王朝:一个流亡帝国的历史》,192,作者提到他死于1255年10月13日。在《剑桥中世纪史》,IV,430,提到他的去世年代为1254年。

抗中达到令人满意的和解并实现希腊的统一,因此,不可避免地,双方要为恢复拜占庭而竞争。

1204年,伊庇鲁斯君主国的奠基者是迈克尔一世安吉列。伊庇鲁斯的安吉列家族与科穆宁和杜卡斯家族有亲属关系,因此,伊庇鲁斯统治者的称号有时伴有长长的王朝名称:"安吉列·科穆宁·杜卡斯"。起初,伊庇鲁斯君主国的边界由最北部的都拉索一直向南伸展到科林斯湾;换言之,它占据着古代伊庇鲁斯、阿卡纳尼亚和埃托利亚的领土。阿尔塔城是这个新国家的首都。

13世纪伊庇鲁斯君主国的历史并没有得到深入研究,其资料也不完全;因此,许多问题仍处于值得质疑或模糊不清的状态下。纳乌帕克特城(Naupactus,即Lepanto[勒颁多])的主教约翰·阿坡卡库斯(Apokaukos)的信函披露了当时的许多情况,这些信件于19世纪末由V.G.瓦西列夫斯基整理出版。⑱

在内部政策方面,伊庇鲁斯君主国与它在1204年之前,作为拜占庭的一个行省已经习惯了的制度没有什么不同。国家的名称改变了,但是,这里人民的生活仍未摆脱拜占庭制度的影响。伊庇鲁斯君主国处于拉丁人与斯拉夫人国家的包围之中,在东方是萨洛尼卡封建王国,其北方是保加利亚王国,西方是威胁着伊庇鲁斯海岸的威尼斯人占领地,由此,这个君主国必须发展一支强大的军队,以在必要时对付来自外部的敌人。周围的群山和该国偏僻的地理环境,也为它反抗外来之敌提供了有力的保障。国君迈克尔

---

⑱ "13世纪伊庇鲁斯主教书信集"("Epirotica saeculi xiii"),见《拜占庭年鉴》,III(1896),239—299。

第八章 尼西亚帝国(1204—1261年)

认为自己是完全独立的君主,绝不承认任何像尼西亚的狄奥多勒·拉斯卡利斯之流的人会高于自己或者成为自己的领袖。国家教会也是完全独立的,迈克尔一世命令主教需由伊庇鲁斯都主教授予圣职。

伊庇鲁斯王国的基本目标是在希腊半岛的西部保持古希腊的传统,以避免被其邻国法兰克人和保加利亚人同化。其更广泛的目标,即远远超出其本身的利益的目标,则是在以后出现和发展起来的。

在狄奥多勒·拉斯卡利斯统治时期,尼西亚帝国似乎与伊庇鲁斯国家并没有什么冲突。而当约翰·瓦塔泽斯登上皇位以后,情况发生了变化。当时,被杀害的迈克尔的兄弟狄奥多勒占据着伊庇鲁斯国家的王位。他立志要战胜保加利亚人和拉丁人,以扩大自己的疆土。

在其兄弟在位期间,新君主狄奥多勒·安吉列曾经在尼西亚宫廷内作为人质。当时,尚在世的迈克尔一世曾请求狄奥多勒·拉斯卡利斯让他的兄弟回到伊庇鲁斯,帮助他治理伊庇鲁斯,尼西亚帝国的皇帝答应了迈克尔的要求,但在此前要求狄奥多勒·安吉列向他宣誓效忠,承认尼西亚皇帝及其继承者是伊庇鲁斯的君主。后来,当狄奥多勒·安吉列成为伊庇鲁斯君主之后,他并没有遵守承诺;而且,当他感觉到对抗尼西亚帝国将有利于自己时,就公开采取了敌对态度。

狄奥多勒所采取的第一个引人注目的行动,就是逮捕了君士坦丁堡的拉丁皇帝——法国奥塞尔(Auxerre)伯爵彼得·德库尔特奈(Peter de Courtenay)。当拉丁皇帝亨利去世后(1216年),

贵族们选举了亨利的妹夫、彼得·德库尔特奈为新的拉丁皇帝,他的妻子是鲍德温和亨利的妹妹约兰德(Yolande)。彼得与他的妻子是在法国时被当选的。接到了被选为拉丁皇帝的消息之后,彼得就与妻子一起取道罗马赴君士坦丁堡上任。罗马教宗霍诺留三世在罗马的圣罗伦佐·福瑞·勒穆拉教堂(San Lorenzo Fuori le Mura),而不是在圣彼得大教堂,给彼得加冕称帝,目的是强调东方的罗马(罗曼尼亚)皇帝与西方的皇帝是不同的,如果一位东方皇帝的加冕礼在圣彼得大教堂——查理大帝和奥托一世加冕的场所——举行,就会引起混乱。[49] 彼得在意大利派他的妻子约兰德先行由海路去君士坦丁堡,他自己则率军队沿亚德里亚海岸航行,在都拉基乌姆附近的岸边登陆,希望能从陆路到达君士坦丁堡。但是,狄奥多勒·安吉列却在伊庇鲁斯山区伏击了他,打败并俘获了彼得军队的大部。据一则史料记载,这位拉丁皇帝死于战场上;但另一则史料则说,彼得被狄奥多勒逮捕,死于希腊战俘营中。[50] V.G.瓦西列夫斯基说,"狄奥多勒的"这一"举动完全是希腊-拜占庭式的"[51]。此举在西方产生了深刻的影响,编年史家们以最黑暗的笔调记载狄奥多勒的野蛮残酷。[52] 彼得·德库尔特奈的命运,与第一位拉丁皇帝鲍德温一样,成为历史之谜;从各方面的可

---

[49] 伽得内尔:《尼西亚的拉斯卡利斯王朝:一个流亡帝国的历史》,93。

[50] 关于彼得·德库尔特奈之死的最新作品,见伽得尔内上引书,94;W.米勒(W. Miller):《利凡特的拉丁人》,82—83;《剑桥中世纪史》,IV,427;尼可夫(Nikov):《保加利亚史料集和保加利亚教会史研究》,40。

[51] "保加利亚大教区的重建"("The Regeneration of the Bulgarian Patriarchate"),《公共教育部杂志》,CCXXXVIII(1885),21。

[52] 见梅里亚拉基斯《尼西亚帝国与伊庇鲁斯君主国历史》,125页注2。

第八章 尼西亚帝国(1204—1261年)

能性来判断,彼得是死在狱中。与此同时,已经到达君士坦丁堡的、彼得的寡妻约兰德则在君士坦丁堡坐了两年(1217—1219年)宝座,直到她去世。彼得·德库尔特奈之死,无疑是伊庇鲁斯,即西部的希腊化中心对来到巴尔干半岛的拉丁征服者的第一次攻击。

但是,狄奥多勒·安吉列的反拉丁政策并没有从此停止。此后不久,又出现了萨洛尼卡王国的问题,该国国王蒙斐拉的博尼法斯在1207年与保加尔人的一次战斗中死去。随之,王国发生内乱。拉丁皇帝亨利在位期间,他还能够保护萨洛尼卡王国抵抗其极具威胁性的近邻保加利亚和伊庇鲁斯。而在亨利和拉丁帝国的新皇帝彼得·德库尔特奈死后,萨洛尼卡王国就无法抵抗伊庇鲁斯的狄奥多勒的侵略了。

狄奥多勒对其近邻萨洛尼卡的拉丁王国发动了战争,赢得了胜利,并于1222年毫不费力地占领了萨洛尼卡——前拜占庭帝国的第二大重要城市、君士坦丁堡的拉丁帝国的第一个采邑。"因此,这个伦巴德人建立的短命的拉丁王国——第四次十字军建立的第一个占领地,就这样可耻地覆灭了。"[53]狄奥多勒占领了萨洛尼卡,并将他的领土疆域自亚得里亚海伸展到爱琴海之后,认为自己有权取得罗马皇帝的称号。这就是说,他拒绝承认刚刚登上尼西亚帝国皇位(1222年)的约翰·瓦塔泽斯。伊庇鲁斯的狄奥多勒认为,他自己是光荣的安吉列家族、科穆宁家族和杜卡斯家族的当然代表,比约翰·瓦塔泽斯更有资格继承帝位,而这位瓦塔泽斯

---

[53] 米勒:《利凡特的拉丁人》,83。

之所以能登上皇位,只因为他是狄奥多勒·拉斯卡利斯的女婿。

随后出现的问题是,应该由谁在萨洛尼卡为狄奥多勒加冕。萨洛尼卡的都主教拒绝接受这一荣耀,因为他不愿意侵犯当时住在尼西亚并为约翰·瓦塔泽斯加冕的希腊牧首的权力。因此,狄奥多勒转向另一位大主教,独立于尼西亚希腊正教牧首区之外、享有教区自治权(autocephalous*)的奥赫里德(Ochrida,或 Achrida)及"全保加利亚"大主教底米特里·科玛特努斯。此人的作品,特别是他的信件,对于这一时期的历史有着特别重要的意义。底米特里·科玛特努斯给狄奥多勒举行了加冕涂油礼,于是,狄奥多勒"穿上了紫袍并开始穿红靴子"[54],这是希腊王室的特别标志。在底米特里·科玛特努斯的一封信中提到,伊庇鲁斯的狄奥多勒加冕和涂油仪式的举行,是"经过了西方(即指萨洛尼卡西方的伊庇鲁斯领土)全体元老院成员、修士和所有的大部队的赞许"的。[55] 另一则史料证实,加冕和涂油仪式是在"居住于西方的"全体主教的赞许下进行的。[56] 最后,狄奥多勒自己以拜占庭皇帝的全称"奉天承运罗马皇帝及君主狄奥多勒,杜卡斯"签发了敕令(《金玺诏

---

* 此处是希腊语的拉丁化拼音,即"自治的"。——译者

[54] 乔治·阿克罗波利塔:《年代纪》,chap.21;海森伯格编辑,33。

[55] J.B.皮特拉(J.B. Pitra):《所罗门修士所编教会与古典著作文选》(Analecta sacra et classica spicilegio Solesmensi parata),VI,尤其 114,488—490。见 M.S.德里诺夫(M.S. Drinov)"关于底米特里·科玛特努斯一些作品的史料价值"("On Some Works of Demetrius Chomatianos as Historical Material"),《拜占庭年鉴》,II(1895),II 页注 1。

[56] 瓦西列夫斯基:"13 世纪伊庇鲁斯主教书信集",《拜占庭年鉴》,III(1896),285。

第八章 尼西亚帝国（1204—1261年）

书》[chrysobulls])。�57

关于上述事件的另外一些最新的重要信息见于以上提到的纳乌帕克图斯大主教约翰·阿坡考库斯的信件。在这位大主教的信中，如 V.G. 瓦西列夫斯基所写："我们第一次得知希腊修士们特别是希腊的主教们在伊庇鲁斯人的行动中起到了什么样的作用。狄奥多勒·安吉列被奉为罗马皇帝是经过慎重考虑的；萨洛尼卡被狄奥多勒夺取，是不利于尼西亚帝国的；这时，君士坦丁堡成为狄奥多勒实现其野心的最近的目标，而且势在必得；在当时的演说、人心所向及书信作品中，都有一个共同的看法，即狄奥多勒势必进入圣索菲亚教堂占据正教宗帝的位置，而这个位置恰被拉丁入侵者非法地占据了。实现这一目标并不是可望不可即的梦想；显然，从萨洛尼卡进攻君士坦丁堡远比从尼西亚发动进攻要容易得多。"�58

狄奥多勒之由大主教底米特里·科玛特奈斯行加冕和涂油礼成为萨洛尼卡帝国皇帝，一定引起了萨洛尼卡和尼西亚之间的政治分裂和西方的希腊主教们与尼西亚帝国的主教们之间的宗教分裂，因为尼西亚主教是以"君士坦丁堡大主教"自称的。

在萨洛尼卡的拉丁王国灭亡后的相当一个长时期内，一些西方君主在提到蒙斐拉的家族时，仍然使用萨洛尼卡国王的头衔。他们是萨洛尼卡王国的"名义上的君主"，而在1261年君士坦丁堡的拉丁帝国灭亡后，在西欧也同样出现了一些"名义上的"拉丁

�57 瓦西列夫斯基："13世纪伊庇鲁斯主教书信集"，《拜占庭年鉴》，III(1896)，299。

�58 "保加利亚大教区的重建"，《公众教育部杂志》，CCXXXVIII(1885)，18—19。

皇帝。

于是,自 1222 年[59]以后,即当萨洛尼卡帝国成立并拒绝承认尼西亚帝国之时,在基督教的东方出现了三个帝国:萨洛尼卡及尼西亚两个希腊帝国和君士坦丁堡的、一年年衰弱下去的拉丁帝国。[60] 13 世纪的历史就涉及这三个帝国之间的关系,而保加利亚王国的约翰·亚琛二世在这三方关系中起到了决定性的作用。

萨洛尼卡与尼西亚

两位希腊皇帝,即约翰·瓦塔泽斯与狄奥多勒·安吉列有着一个共同的敌人,就是君士坦丁堡的拉丁皇帝。但是,两位希腊君主对于拉丁皇帝的态度并不能达成共识,他们两人都想不惜一切代价用自己的力量占领君士坦丁堡。他们都以为,恢复拜占庭帝国的事业非自己莫属。因此,他们必须独自与拉丁帝国斗争。结果是两个希腊君主的分裂。

尼西亚与伊庇鲁斯两大帝国之崛起的消息传到西欧,引起人们对于拉丁帝国的关注。教宗霍诺留三世致法国太后路易九世之母布朗什(Blanche)的信中,提到了罗曼尼亚的强大帝国,以及"那里正在创立着一个新的法兰西"的事实,警告这位皇太后,"法国(在东方的)势力已经被削弱,而且因它的敌手正在变得越来越强大而继续衰弱下去,因此,除非给予拉丁皇帝以迅速的援助,否则,拉丁人恐怕会遭遇到不可挽救的人力及资源上的损失"。霍诺留

---

[59] 有时候,人们认为萨洛尼卡帝国建立于 1223 年。
[60] 此处我们不拟讨论特拉布松帝国的情形。

第八章 尼西亚帝国(1204—1261年)

三世进而提出,应向法国国王求助,请他援助拉丁皇帝。[51]

约翰·瓦塔泽斯一登上王位,很快战胜了小亚细亚的拉丁人;然后,以尼西亚帝国已经掌握的一支舰队占领了爱琴海上的开俄斯、莱斯博斯、萨莫斯和其他一些岛屿,此后,他又接受了亚得里亚堡居民要求将他们从拉丁人枷锁下解放出来的吁请,对欧洲采取了敌对行动。他向亚得里亚堡派出了一支军队,似乎不费一枪一弹就占领了这个重要的战略据点。对于约翰·瓦塔泽斯来说,占领亚得里亚堡就是打开了通向君士坦丁堡的大门。作为两位竞争者之一的瓦塔泽斯似乎距离他所珍爱的目标已经不远了。

与此同时,狄奥多勒·安吉列从萨洛尼卡出发,占领了色雷斯的大部分;然后于1225年达到了亚得里亚堡城外,迫使瓦塔泽斯的军队撤离此城。失去亚得里亚堡,对于约翰·瓦塔泽斯的计划是一个致命的打击。同时,狄奥多勒夺取了另外一些据点,使他的军队抵达君士坦丁堡城下。拉丁人处境危险。萨洛尼卡的皇帝几乎已经成为拜占庭帝国的真正恢复者了。他的领土差不多已经从亚得里亚海岸伸展到了黑海。

但是,此时狄奥多勒不得不放弃他与拉丁人斗争中即将获胜的希望,因为他受到了来自北方的强敌保加利亚的约翰·亚琛二世的强大压力,后者同样意在夺取君士坦丁堡。

---

[51] 布凯(Bouquet):《高卢及法兰西历史学家文集》(*Recueil des historiens des Gaules et de La France*),XIX,754。

沙皇*约翰·亚琛二世统治下的保加利亚在基督教东方扮演的角色

约翰·亚琛二世(1218—1241年在位),亚琛家族的最伟大的人,是约翰·亚琛一世的儿子。著名历史学者吉来切克(Jireček)曾经说过:"虽然他自己不是征服者,但他把其王国的领土扩张到此前几世纪从没有人达到过,其后者也无法再度获得的区域;然而当他接手这个王国时,它却正处于混乱无序当中。"[52]由于亚琛对宗教事务的宽容态度,他本身的富有教养,以及他的仁慈宽厚,使他不仅在保加利亚人中间,甚至在希腊人中间也留下了极好的名声。一位13世纪的希腊历史学家乔治·阿克罗波利塔是这样写到亚琛的:"所有的人都认为他是一个非常好的快乐的人,因为他从来不用宝剑镇压他的臣民,也从来不像他以前的保加利亚诸王那样屠杀罗马人。因此,他不仅受到保加利亚人爱戴,也受到罗马人和其他民族民众的爱戴。"[53]

在拜占庭历史上,约翰·亚琛二世是大保加利亚王国思想的非常重要的代表人物,它认为该王国似乎能够把整个巴尔干半岛

---

* 中世纪保加利亚称王者(皇帝)为"沙皇",与后来俄罗斯对王者的称呼是一样的。——译者。

[52] 《保加利人史》(*A History of the Bulgars*),F.布鲁恩(F.Bruun)和 V.帕拉佐夫(V.Palauzov)译,333。V.兹拉塔尔斯基:"约翰·亚琛二世"("John Asen Ⅱ"),《保加利亚历史文献》(*Bulgarian Historical Library*),Ⅲ,1—55。

[53] 乔治·阿克罗波利塔:《年代纪》,chap.25;海森伯格编辑,43。

的正教居民囊括在内,而且要将其首都建于帝都*(君士坦丁堡)。毫无疑问,这一计划是与两个希腊帝国的实际利益相抵触的,自然要引起各方势力之间的敌对。但是,事件的发展似乎有利于保加利亚沙皇实现他的计划。

在罗伯特·德库尔特奈死后(1228年),拉丁帝国的皇位原应传给他的兄弟鲍德温二世,一个11岁的男孩。这样,就产生了摄政的问题。有人建议由约翰·亚琛担任摄政,他是鲍德温的亲戚;而且,为了加强两个国家的友谊,人们建议鲍德温与亚琛的女儿联姻。亚琛十分清楚预想中的协议之有利可图,并企望无须流血即占领君士坦丁堡。于是,亚琛接受了这一建议并向鲍德温承诺,他将帮助鲍德温解放被他的敌人占领的土地,特别是被伊庇鲁斯的狄奥多勒所占领的土地。但是,拉丁骑士和教职人士顽固地抵制选择一位拉丁帝国的死敌来担任摄政者,他们坚持要选择一位法国人,即耶路撒冷的"名义上的国王"布里恩的约翰(John of Brienne),当时这位国王正在西欧,是一位80岁的老人。于是,亚琛夺取君士坦丁堡的第一次机会就以失败告终。

占领了亚得里亚堡之后,萨洛尼卡皇帝、伊庇鲁斯的狄奥多勒就成了巴尔干半岛上的主角,他与亚琛达成了一项协议。但是,他们的友好关系并没有维持很久。有关亚琛要成为君士坦丁堡摄政的计划引起了狄奥多勒的怀疑。他背叛了与亚琛的同盟,重新对保加尔人采取了敌对态度。1230年双方在亚得里亚堡和菲利波利斯城之间一个被称为克洛克提尼扎(Clocotinitza)的地方进行

---

* 此处用词是 Tsargrad(沙皇之都,帝都)。

了决战,此地即今日的塞米提耶(Semidje)。得到库曼人骑兵大力支持的约翰·亚琛获得全胜。[64] 狄奥多勒·安吉列被俘。最初他受到了善待,但后来他阴谋杀害亚琛,阴谋暴露后,眼睛被刺瞎。

1230年克洛克提尼扎战役是13世纪基督教东方历史的转折点。它毁灭了西方的希腊帝国和西方的希腊人中心,该中心似乎已经准备光复拜占庭帝国。短命的西方帝国(1222—1230年)事实上已经不再存续,而曾沦为战俘的曼纽尔,即狄奥多勒·安吉列的兄弟,成为萨洛尼卡的统治者。一些历史学家认为,他不再称为皇帝,而是亲王(Despot)。但这一点值得怀疑:他仍然以适合于皇帝的高贵身份使用红墨水签署敕令,而且在文件上仍然自称为皇帝。[65] 在13世纪的后期历史中,国土互相分离的萨洛尼卡和伊庇鲁斯在巴尔干半岛不再有任何重要作用。此后,为夺取君士坦丁堡的斗争仍在继续,不是在三个竞争者之间,而是在两个竞争者,即瓦塔泽斯和约翰·亚琛之间进行。

战胜了伊庇鲁斯的狄奥多勒之后,保加利亚沙皇不费一兵一卒就占领了亚得里亚堡和整个马其顿以及阿尔巴尼亚,直到都拉基乌姆城(都拉索)。萨洛尼卡、色萨利和伊庇鲁斯仍然控制在希腊人手中。

保加利亚沙皇在保加利亚特尔诺沃的四十殉道者教堂里的一

---

[64] 乔治·阿克罗波利塔称这支骑兵为斯基泰人,见《年代纪》,chap. 25;海森伯格编,42。另一些人认为他们是摩尔多—瓦拉几亚人(Moldo-Wallachs)。见 O. 塔弗拉里《14世纪萨洛尼卡的兴起》,217—218。

[65] 德里诺夫:"底米特里·克马提亚诺斯的一些作品"("Some Works of Demetrius Chomatianos"),《拜占庭年鉴》,II(1895),3页注1。塔弗拉里:《14世纪萨洛尼卡的兴起》,219。

个白色大理石柱子上的一段铭文中,以不容冒犯的口气写道:"我,约翰·亚琛,忠实于基督上帝的保加利亚沙皇和绝对君主,老沙皇亚琛之子……发动了一场进攻罗曼尼亚的战争,打败了希腊人军队,而且,我已经俘获了希腊皇帝狄奥多勒·科穆宁和他的所有波雅尔(即贵族)们,占领了自亚得里亚堡到都拉索的所有城市、希腊的领土及阿尔巴尼亚和塞尔维亚的领土。拉丁人(法兰克人)只保存了帝都周围的城市,但即使他们,也成了朕所掌握的臣民,因为他们没有国王,只有我是他们的国王,他们得感谢我使他们能继续生存。"[56]在亚琛授予拉古萨商人的一份关于在其领土上自由经商的特许状中表明,第一次世界大战之前的全部奥斯曼土耳其人欧洲属地,除了伊斯坦布尔之外,几乎包括全部塞尔维亚和保加利亚,都处于亚琛的势力控制之下。[57]

希腊-保加利亚人同盟。——随后,约翰·亚琛因得不到君士坦丁堡摄政的地位而恼怒,遂出面组织了东方的东正教同盟,包括亚琛本人、尼西亚帝国的约翰·瓦塔泽斯和萨洛尼卡的曼纽尔。这一新的同盟是直接对付拉丁人的。显然,这一同盟是不利于巴尔干半岛上保加利亚人的危险步骤。因此,如 V. G. 瓦西列夫斯基正确地指出的那样,这一联盟的灵魂亚琛"促成萨洛尼卡的曼纽尔和尼西亚皇帝之间、欧洲和亚洲的希腊人之间的友好谅解,为尼西亚主人将其影响扩及原来属于拜占庭帝国的萨洛尼卡甚至是亚

---

[56] A.波戈丁(A. Pogodin):《保加利亚史》(*A History of the Bulgaria*),87。吉莱切克:《保加尔人史》,337。

[57] G.伊林斯基:"保加利亚沙皇约翰·亚琛二世的令状",《君士坦丁堡俄罗斯考古研究所通报》,VII,2(1901)。见波戈丁《保加尔人史》,88。

琛的领土上开辟了道路。正教的东方帝国的复兴部分地也是由于这一亲善关系的建立。"⑱

被重重包围的拉丁帝国首都又一次处于危险地位,当时的人们对此是深有体会的。反拉丁帝国同盟的目标就是完全摧毁拉丁帝国的统治,将拉丁人从君士坦丁堡赶出去,然后在同盟者之间分配他们的领地。1235年,亚琛和瓦塔泽斯的军队从水陆两方面包围了君士坦丁堡,但后来被迫无果而撤。警觉的教宗格列高利九世在写给西方君主要求帮助君士坦丁堡皇帝的信中宣称:"瓦塔泽斯和亚琛,这伙分裂者,最近签署了一项忤逆的合约,以大批希腊军队侵犯了我们亲爱的基督的儿子、君士坦丁堡皇帝的土地。"⑲末代拉丁皇帝鲍德温二世大失所望,离开了君士坦丁堡去欧洲施行,乞求欧洲各国君主以金钱和人力援助他的帝国。

君士坦丁堡暂时摆脱了危险。停止进攻的一个原因是东正教同盟中的一方约翰·亚琛逐渐撤离了战场,他意识到,尼西亚帝国远比垂死的衰弱的拉丁帝国更危险。因此,保加利亚国王改变了政策,开始保护拉丁帝国的皇帝。与这个政治联盟同步进行的是,亚琛采取了与教宗和解的步骤,他向教宗表示了他对罗马大公教会的忠诚,并请求教宗派一位使者来谈判。13世纪最后二十五年间形成的希腊-保加利亚的短期同盟就这样结束了。

---

⑱ "保加利亚大主教区的重建",《公众教育部杂志》,CCXXXVII(1885),30。

⑲ A. 梯也尔(A. Theiner)(*Vetera monumenta historica Hungariam sacram illustrantia*),I,140(no. CCXLIX)。见 L. 奥弗来(Auvray)《格列高利九世书信集》(*Les Registres de Gregoire IX*),II,217。

约翰·瓦塔泽斯与霍亨斯陶芬朝弗里德里希二世的同盟

约翰·瓦塔泽斯时代有一个重要问题,即两个相距甚远的统治者(即尼西亚皇帝和西方皇帝霍亨斯陶芬朝的弗里德里希二世)之间的友好关系。

弗里德里希二世是中世纪最著名的一位德意志国王,他统治时期曾把德意志与西西里王国联合到一起。西西里王国在皇帝亨利四世时期,即在12世纪末期曾经极大地威胁着拜占庭的安全。弗里德里希曾经在西西里的南部巴勒莫度过他的童年和青年时代,这里,曾经居住过希腊人,后来是阿拉伯人最后是诺曼人;他能讲一口漂亮的意大利语、希腊语和阿拉伯语,而且,很可能,至少在他年青时,他的德语讲得极差。他不像他的同代人那样重视宗教问题。在阿拉伯人和犹太人等东方学者(他们中间的大多数聚集在弗里德里希的西西里宫廷)的影响下,他变得专注于科学和哲学。他还在那不勒斯建立了大学,在萨莱诺赞助了一所医药学校,这所学校在中世纪非常著名。简言之,在思想和受教育程度方面,弗里德里希极大地超出了他的同时代人,他们并不总是能理解他。弗里德里希二世统治时期,可以被定位为"文艺复兴的序幕"。19世纪中叶,一位法国历史学者写道:弗里德里希"推动了文艺复兴运动,促成了中世纪的灭亡和近代历史的开始。"[70]他是"一个有创

---

[70] J.于拉尔德-布莱霍尔(J. Huillard-Bréholles):《皇帝弗里德里希外交史导论》(*Introduction à l'histoire diplomatique de l'empereur Frédéric II*),DLVII。

造力的杰出天才人物"[71]。若干年以前,一位德意志历史学家说道:"以其知识的广博性而言,他是一位居于皇位上的真正的文艺复兴运动的天才,同时他也是一位天才的皇帝。"[72]作为一位历史学者们长期热心研究的对象,弗里德里希皇帝在许多方面仍然是一个未解之谜。[73]

弗里德里希继承了皇权无限,皇帝蒙上帝许可获得统治世俗世界之最高权威的理念,他顽固地反对教宗权、反对教宗权高于国王权力的教义。教宗与弗里德里希二世的斗争是十分激烈的;皇帝曾经三次被开除教籍。长期斗争使他筋疲力尽。在这场斗争中,教宗无视任何精神上的目标,全力以赴地对付自己的私敌,他们决心消灭弗里德里希这个"霍亨斯陶芬家族的毒蛇"。

在弗里德里希身上,具有这样的性格特点:政治的计划和目标总是超出宗教的目标。弗里德里希对于教宗的敌意扩展到所有教宗所支持的事物。因此,在对待东方拉丁帝国的政策方面,弗里德里希与约翰·瓦塔泽斯是完全一致的,因教廷把拉丁帝国视为促使东西方教会合并的手段。弗里德里希对于拉丁帝国的敌意是因为他从这个帝国的存在中,看到了教宗势力及其影响的因素;约翰·瓦塔泽斯则从另一个角度来考虑教宗的作用,他认为,教宗拒绝承认当时入驻尼西亚的君士坦丁堡正教牧首的地位,对于他本

---

[71] M.阿马利(M. Amari):《西西里穆斯林史》(*Storia dei Musulmani de Sicilia*),III(2),616;(第2版,1937年),628。

[72] E.坎塔洛维兹(E. Kantarowicz):《皇帝弗里德里希二世》(*Kaiser Friedrich der Zweite*),613。

[73] C.H.哈斯金斯:《中世纪科学史研究》,242。

人占领君士坦丁堡的目标制造了一个难以逾越的障碍。于是,在13世纪40年代,两个皇帝之间建立了密切的关系。弗里德里希毫不犹豫地与"希腊人,即教宗和拉丁帝国的死敌成为盟友"。[74]

早一些时候,伊庇鲁斯的狄奥多勒·安吉列也曾经与西方皇帝有过友好的通信交往,甚至接受过他的经济资助,对此,教宗格列高利九世曾同时诅咒弗里德里希和伊庇鲁斯的君主,将他们开除教籍。很明显,在弗里德里希的政治联盟中,宗教问题,不管它是正教还是公教*,都不具有重要性。

但是,在对于教宗的敌意对抗方面,弗里德里希和约翰·瓦塔泽斯所追求的目标是不一致的。前者希望教宗放弃他对世俗权力的要求;后者希望达成某种妥协,以使西方教会承认东方的教会组织,从而使君士坦丁堡的拉丁教会失去其存在的理由。于是,约翰·瓦塔泽斯希望拉丁帝国迅速消失。教宗对于他的这两个突然结成同盟的敌手也持不同态度。在弗里德里希身上,他看到的是一个不服从教会的孩子,侵犯了"基督的牧人"及圣彼得的继承人的特权,而这从教宗的立场来说是不可剥夺的特权。而在教宗眼里,约翰·瓦塔泽斯是一个分裂主义者,他阻止了教宗去实现他重新恢复教会联合的美梦。两个同盟者达成了妥协,弗里德里希答应瓦塔泽斯帮助他从拉丁人手中解放君士坦丁堡,将它归还给其

---

[74] W.诺登(W. Norden):《教宗统治与拜占庭》,322。

* 这里的"正教"就是在中国民间概念中的"东正教",但由于国人通常容易将"东正教"与俄罗斯正教会相混淆,因此,这里只译为正教,以强调它的拜占庭性质。这里的"公教"亦指国人通常所谓"天主教",但天主教是中国近代传教士的译法,并不是Catholic这个词的恰当翻译,因此,此处做"公教"。实则指罗马教廷和公教会。——译者

合法的皇帝;而在尼西亚皇帝瓦塔泽斯那里,则承诺承认这位西方皇帝的宗主权,并致力于恢复两个教会的联合。当然,这里很难看出双方的承诺究竟有多少诚意。

弗里德里希与约翰·瓦塔泽斯的关系是如此密切,以至于在13世纪40年代,希腊军队甚至在弗里德里希的意大利军队中作战。而且,在约翰·瓦塔泽斯的第一个妻子狄奥多勒一世拉斯卡利斯的女儿伊琳娜死后,两位反对教宗的皇帝之间的联系更加密切。失去妻子的皇帝瓦塔泽斯声称,他"不能忍受自己的孤独"[75],遂娶了弗里德里希二世的女儿、霍亨斯陶芬朝的康斯坦丝,她在加入希腊正教会时只有十一二岁,在正教会取的教名是安娜。有一首由尼古拉斯·伊林尼科斯(Nicolaus Irenikos[Eirenikos])所写的长诗提到在尼西亚举行的这场婚礼,头两行是这样写的:

> 常春藤轻柔地环绕着可爱的柏树;
> 皇后就是那柏树,我的皇帝就是那常春藤。[76]

康斯坦丝-安娜晚于她的丈夫许多年后去世,在她孀居的这些年间,经历了各种危难和变迁。她逝于西班牙的瓦伦西亚,在那里

---

[75] 尼斯福鲁斯·格雷戈拉斯:《拜占庭历史》,II,7,3,波恩版,I,45。

[76] 该诗的全文见 A. 海森伯格所编《巴列奥洛格时期的历史和文献》(*Aus der Geschichte und Literatur der Palaiologenzeit*),100—105。其中头八行亦见于舒伦伯格的文章"葬于瓦伦西亚的一位拜占庭皇后之墓"("Le Tombeau d'une impératrice Byzantine à Valence"),《两个世界杂志》,17(1902年3月);该诗亦见于舒伦伯格的《拜占庭与十字军,中世纪论文》(*Byzance et Croisades, Pages médiévales*),64。亦见伽得内尔的英文版著作《尼西亚的拉斯卡利斯王朝:一个流亡帝国的历史》,308。

第八章 尼西亚帝国(1204—1261年)

的一座圣约翰医院骑士团的小教堂里,仍然存放着这位前尼西亚的皇后的棺木。上面的铭文是:"这里长眠着康斯坦丝夫人,希腊的皇后。"[77]

弗里德里希的宗教思想也反映在他与约翰·瓦塔泽斯的通信中。一些学者曾根据他的宗教思想将其与发动英国宗教改革的国王亨利八世相比较。[78] 其中的一封信中表明,他不仅被瓦塔泽斯的个人魅力所折服,而且为他支持皇权统治之原则的热情所折服:"我们,生活在世俗世界的所有国王和君主们,特别狂热地追随正统的宗教和信仰,对大主教们怀有敌意,且特别反对教会的最高首领。"然后,这位皇帝痛斥了西方修士们的放肆和特权,呼吁道:"噢!幸福的亚洲!噢!快乐的东方国君!他们从来不必惧怕其臣民的武装,也不必惧怕教权的干预。"[79] 尽管弗里德里希是正宗的公教会信徒,但他显然对东方的正教会更有好感;在他致瓦塔泽斯的一封信(该信现有希腊文和拉丁文两种文本)中,有这样的句子:"啊,这个所谓的最高使徒(此处指教宗,拉丁文 sacerdotum princeps,希腊文 ἀρχιερεύς)天天在陛下的所有罗马臣民(拉丁语

---

[77] 舒伦伯格:《拜占庭与十字军》,57—58。夏尔·迪尔:"霍亨斯陶芬家族的康斯坦丝,尼西亚的皇后"("Constance de Hohenstaufen, Impératrice de Nicée"),《拜占庭人物传》,II,207—225。C. 马林内斯库(C. Marinesco):"关于霍亨斯陶芬家族的康斯坦丝,尼西亚皇后的新资料"("Du Nouveau sur Constance de Hohenstaufen, Impératrice de Nicée"),《拜占庭》(布鲁塞尔),I,(1924),451—468(一些从巴塞罗那档案中发现的新文献)。

[78] 于拉尔德-布莱霍尔:《皇帝弗里德里希二世外交史导论》,dxvii—dxviii。于拉尔德-布莱霍尔:《皇帝弗里德里希二世的大臣彼得·德拉维涅的生活及其信件》(Vie et correspondence de Pierre de la Vigne ministre de l'empereur Frédéric II),241—242。伽得内尔:《尼西亚的拉斯卡利斯王朝:一个流亡帝国的历史》,172—173。

[79] 于拉尔德-布莱霍尔:《皇帝弗里德里希二世外交史导论》,VI,685、686。

此处为 Graecos）面前诅咒陛下的名字，无耻地称最正统的罗马人是异端，而恰是从这些罗马人那里，基督教的信仰发展到了世界的最边缘……"㉚在另一封致伊庇鲁斯君主的信中，弗里德里希写道："我们只希望保护我们自己的权利，也保护我们友好亲近的邻邦的权利，他们对基督的纯洁忠诚的爱，使我们联合起来，特别是希腊人，我们的好友……[教宗竟称]这些最虔诚最正统的希腊人是最不虔诚的异端。"㉛

弗里德里希与瓦塔泽斯的友好往来一直持续到弗里德里希去世，尽管在晚年，弗里德里希曾经对尼西亚与罗马教廷间的谈判和互换使者的行为感到担忧。由于这个原因，弗里德里希在致瓦塔泽斯的信中，"像一个居于父亲身份者指责儿子的行为"那样责备瓦塔泽斯，"居然不征求父辈的意见而向教宗派出了使者"。弗里德里希不无讽刺意味地进而写道：在涉及东方事务时，"朕若没有得到你的建议，情愿什么事情也不做，因为对于你的邻国，你了解得更多，远胜于朕。"㉜弗里德里希警告瓦塔泽斯，罗马大主教们"并不是基督的传教士的领袖，而是吞噬基督教民众的贪婪的狼和

㉚ 该文的希腊文本见于 N. 费斯塔（Festa）编"弗里德里希皇帝的希腊文信件"（"Le lettere greche di Federigo II"），《意大利国家历史档案》，XIII(1894)，22。F. 迈克洛希奇（F. Miklosich）和 J. 米勒（J. Müller）：《希腊中世纪外交文献》（Acta et diplomata graeca medii aevi），II(1865)，72。其拉丁文本见于拉尔德-布莱霍尔《皇帝弗里德里希二世外交史导论》，VI，772。

㉛ 费斯塔："弗里德里希皇帝的希腊文信件"，《意大利国家历史档案》，15—16；迈克洛希奇和米勒：《希腊中世纪外交文献》，II，68—69。

㉜ 费斯塔："弗里德里希皇帝的希腊文信件"，27；迈克洛希奇和米勒：《希腊中世纪外交文献》，II，74—75；于尔德—布莱霍尔：《皇帝弗里德里希二世外交史导论》，921—922。

野兽"。㉝

弗里德里希皇帝去世后,特别是他的私生子曼弗雷德(Manfred)成为西西里国王后,尼西亚帝国与神圣罗马帝国的关系发生了变化,曼弗雷德成为尼西亚帝国的敌人。简言之,在瓦塔泽斯死后,即1254年之后"弗里德里希曾经梦想过的联盟不复存在,只余下了它的记忆"㉞。

我们不能说,两个皇帝之间的联盟带来了什么重要的后果;但却可以认为,约翰·瓦塔泽斯依托于西方皇帝的友好支持,一定更有希望最后实现其光复君士坦丁堡的大业。

蒙古人的入侵和小亚细亚诸统治者反对蒙古人的联盟

13世纪40—50年代,在东方出现了蒙古人,即鞑靼人(拜占庭资料中称之为Tahars,Tatars,Atars)入侵的危险。著名的铁木真汗(他曾经号称成吉思汗,即大汗)的一支后裔族人巴图(Batu, Baty)部落冲进了今日俄罗斯的欧洲部分,以其不可抵抗的破坏性的屠杀,于1240年占领了基辅,随后越过喀尔巴阡山到达了波希米亚,后来被迫撤回俄罗斯草原。与此同时,另一支蒙古大军向俄罗斯草原的南方行进,征服了整个亚美尼亚及埃尔祖鲁姆*(Erzerum)并进入小亚细亚,威胁着罗姆苏丹国即伊科尼姆和软

㉝ 费斯塔:"弗里德里希皇帝的希腊文信件",《意大利国家历史档案》,25;迈克洛希奇和米勒:《希腊中世纪外交文献》,75。

㉞ 迪尔:《拜占庭人物传》,II,220。

* 该城位于两河地区,古名狄奥多西。——译者

弱的特拉布松帝国。来自蒙古人威胁的共同压力使小亚细亚的几个国家,即罗姆苏丹国、尼西亚帝国和特拉布松帝国结成盟友。塞尔柱人和特拉布松帝国的军队被蒙古人打败了。此后,伊科尼姆苏丹被迫向蒙古人纳年贡,每年为蒙古人进贡马匹、猎狗等以求得安宁。特拉布松帝国的皇帝也明白自己无法对抗蒙古人,遂与蒙古人迅速达成和约,答应向蒙古人纳贡,成为蒙古人的附庸。对于塞尔柱人和尼西亚帝国来说,幸运的是蒙古人忙于从事其他军事活动,将他们大屠杀的注意力放在西方,使得尼西亚皇帝能对巴尔干半岛采取决定性措施。

从以上的联盟之形成可以明显看出,在13世纪,基督徒与异教徒之间并不因其信仰不同而妨碍他们之间的联合;信守正教信条的尼西亚皇帝和特拉布松的皇帝在共同的危险面前就与伊科尼姆的穆斯林苏丹建立了友好的合作关系。

一位13世纪的西方历史学家、巴黎的马休记载了与鞑靼人入侵有关的两个故事,表明当时在欧洲盛传着一些谣言。[⑤] 在两个故事中,马休都提到1248年有两个蒙古使者被派至教廷,受到了教宗英诺森四世的热烈欢迎,教宗同其他任何一位公教会的成员一样,希望蒙古人能够接受基督教。但是,在第一个版本中,马休也谈到了当时的人们怀疑蒙古王公致教宗的信中,有关于对约翰·瓦塔泽斯(文献中作 Battacium)"一个希腊人,弗里德里希的

[⑤] 巴黎的马休(Matthew of Paris):《马略尔卡编年史》(*Chronica Majora*),H. R. 卢瓦德(H. R. Luard)编,V,37—38;该文献也见于 K. 帕茨编《德意志历史遗产,书信集》(*Monumenta Germaniae Historica Scriptores*),XVIII,301—302。F. 马登(F. Madden)编:《盎格鲁编年史》(*Historia Anglorum*),III,38—39。

女婿,教廷的制造分裂的、不驯服的儿子"发动战争的建议,"而且,教宗对于这一建议并非不感兴趣"。而马休在其《盎格鲁编年史》中提到,教宗指示蒙古使臣向其国王通报,如果他接受了基督教,他就应当带着他的全部军队去进攻约翰·瓦塔泽斯,"一个希腊人,弗里德里希的女婿,教会分裂主义者,他反对教宗和拉丁皇帝鲍德温,在那之后又支持曾经起而反对教廷的弗里德里希"。但是,鞑靼人使者不喜欢鼓励"基督徒内部的相互憎恨",于是通过他们的译员回答教宗,他们无权将这样的条件强加于他们的君主,他们担心,其君主若听到这样的消息会非常愤怒。

当然,上述两种说法,特别是反映了13世纪欧洲流言的第二个说法,并没有任何历史价值,[86]人们也不应该如米勒那样将这一记载视为历史事实。米勒在引用上述第二种说法时这样写道:"这些异教使者在给予圣父关于上述基督教的教训之后,回到了他们自己那未开化的蒙昧国家。"[87]但是,这里特别重要的是要强调这一事实,约翰·瓦塔泽斯的政治影响和他的重要性已经被广泛地承认和赞许,乃至于成为教宗与蒙古使者之间谈判的话题——至少在西方作者笔下是如此。使者们受到教宗英诺森四世的极大尊重和重视,他给蒙古人的"英明君主和贵族们以及鞑靼军队中的所

---

[86] 见 P.佩里奥特(P. Pelliot)"蒙古人与教宗"("Les Mongols et la Papauté"),《东方基督教杂志》,XXIV(1924),330—331;XXVII(1931—1932),3—84。B.阿尔塔内(B. Altaner):《13世纪多明我会传教活动》(*Die Dominikanermissionen des 13 Jahrhunderts*),128。在《盎格鲁编年史》一书中涉及的关于教宗与蒙古人秘密谈判的整个段落都被以红色文字"dubium"标在原文手稿的页边空白处。见巴黎的马休《盎格鲁编年史》,马登编,III,39页注9。

[87] 《剑桥中世纪史》,IV,493。

有王公们及爵爷们"写了一封长信,信中督促他们皈依基督教。⑧当然,在这封信中教宗并没有提到约翰·瓦塔泽斯的名字。与此同时,瓦塔泽斯摆脱了蒙古人自东方入侵的危险,集中自己的全部精力处理巴尔干半岛的问题并取得了辉煌的胜利。

约翰·瓦塔泽斯对外政策的重要意义

约翰·亚琛于1241年死后,第二保加利亚王国的辉煌时期就结束了,亚琛的软弱而没有经验的继承者们不可能维持他所征服的土地。随着他的去世,第二保加利亚王国在巴尔干半岛上建立一个以君士坦丁堡为核心的强大的希腊-斯拉夫帝国的企图也随之破灭。对于10世纪的西梅恩和13世纪的亚琛、卡洛扬及约翰二世来说,这一计划是不可能实现的太过庞大的目标。而这一目标的最后一次尝试,是斯拉夫人,即塞尔维亚人在14世纪以更大的规模所策划和组织的。

约翰·瓦塔泽斯利用保加利亚王国瓦解之机,率领军队穿过了欧洲海岸,几个月内就从保加利亚人手中夺取了马其顿和色雷斯等被亚琛所占领的所有领地。瓦塔泽斯还将他的军队推进到萨洛尼卡城,当时的萨洛尼卡正陷入内乱,瓦塔泽斯没有费更多的力气就占领了这个城市。萨洛尼卡城市国家从此不复存在。当年,瓦塔泽斯夺取了色雷斯地区数座当时仍被拉丁人所控制的城市。尼西亚皇帝向君士坦丁堡城靠近了。伊庇鲁斯的君主屈从了尼西

---

⑧ E.贝尔格:《英诺森四世书信集》(*Les Registres d'Innocent IV*),II,113—114(no.4682);里昂,1248年11月22日。

第八章 尼西亚帝国(1204—1261年)

亚皇帝的宗主权。瓦塔泽斯渴望实现进逼博斯普鲁斯海峡一岸的目标,已经没有竞争者了。

在瓦塔泽斯统治时期结束时,他的领地,包括直接的领有和纳降的附属国在内,已经从黑海伸展到亚得里亚海岸。除了希腊腹地和伯罗奔尼撒半岛外,只有君士坦丁堡还没有被希腊人帝国光复。

1254年,约翰·瓦塔泽斯执政33年后去世,享年62岁。所有的资料几乎都赞扬他。他的儿子、继承人狄奥多勒二世拉斯卡利斯在一首颂歌中写道:"他统一了被那些外来的暴君、那些拉丁人、波斯人、保加尔人、斯基泰人和其他民族的暴君分割得七零八落的奥索尼亚(Ausonian)的土地,惩罚了强盗,保护了他的领土……他使得我们的国家能够抵制外来的敌人。"㉙拜占庭的历史学家们异口同声地赞扬约翰·瓦塔泽斯的功绩。㉚ 即使在历史学家的记载中多少有些夸张之词,但约翰·瓦塔泽斯必须被认为是一位天才有为政治家,是拜占庭帝国之复兴的主要奠基者。

有趣的是,约翰·瓦塔泽斯是如此被人们所爱戴和高度评价,他死之后不久,民间传说中将他誉为圣徒;在与他有关的回忆录中出现了神迹的显示,《仁慈者圣约翰之一生》(*The Life of St. John*

㉙ Th.乌斯宾斯基:"关于巴黎国家图书馆珍藏尼西塔斯·科尼阿特斯历史著作的手稿",《公众教育部杂志》,XIX(1877),76。J.B.帕帕多布鲁斯:《狄奥多勒二世拉斯卡利斯,尼西亚皇帝》,43。

㉚ 见尼斯福鲁斯·格雷戈拉斯《历史》,II,1,2;波恩版,I,24。乔治·阿克罗波利塔:《纪念约翰·瓦塔泽斯的诗文集》(*Epitaph in Memory of John Vatatzes*);见《作品集》,海森伯格编,II,12。亦见《匿名编年史》(Ἀνωνύμου Σύνοψις χρονική),载萨塔斯《中世纪希腊文献目录》,VII,509。

the Merciful）一书也问世了,这是民众中常见的一种封圣方式。那些纪念约翰·瓦塔泽斯的作品并没有得到希腊正教会的承认,供奉他的神龛只限于小亚细亚的吕底亚城境内的马格尼西亚这一有限区域内,因为他就被葬于此。我们不能将这本传记与 7 世纪的圣徒"仁慈者约翰"的传记相混淆。这种事情经常发生。而且,学者们对于这本书究竟于何时何地成书还没有统一意见。即使在今天,马格尼西亚及其周围的教职人士和民众仍然于每年的 11 月 4 日在本地教堂集会,纪念当年这位"仁慈者约翰皇帝"。[91] 正教会的教历在 11 月 4 日这天标着:"约翰·杜卡斯·瓦塔泽斯日"。[92]

瓦塔泽斯的外交活动特别重要,因为他逐渐消灭了那些妄图恢复帝国之伟业的人物,如萨洛尼卡、伊庇鲁斯和保加利亚的统治者,收复了大片土地,事实上已经意味着帝国的恢复。这一任务主要是约翰·瓦塔泽斯完成的,而在 1261 年,迈克尔·巴列奥洛格只是受益于这位最优秀的尼西亚皇帝的能力和顽强毅力所获得的成果。约翰·瓦塔泽斯的后人称他为"希腊人之父"。[93]

---

[91] 海森伯格:"仁慈的约翰·瓦塔泽斯皇帝"("Kaiser Johannes Batatzes der Barmherzige"),《拜占庭杂志》(德文),XIV(1905),160、162。N. 费斯塔:"关于仁慈者圣约翰传记的一个设想"("A propos d'une biographie de St. Jean le Miséricordieux"),《拜占庭年鉴》,XIII(1906),5、9、18;伽得内尔:《尼西亚的拉斯卡利斯王朝:一个流亡帝国的历史》,195—196。安得列瓦:《13 世纪拜占庭宫廷文化论文集》,24。

[92] 大主教塞尔吉乌斯(Sergius):《东方教会完全礼仪日历》(The Complete Liturgical Calendar ［Menologion］)(第 2 版,1901 年),II,344。

[93] W. 米勒:"尼西亚皇帝及君士坦丁堡的征服者",《剑桥中世纪史》,IV,500。

狄奥多勒与约翰·拉斯卡利斯及拜占庭帝国的重生

尼西亚帝国的最后几位统治者是约翰·瓦塔泽斯的儿孙,狄奥多勒二世拉斯卡利斯(1254—1258年)和约翰四世拉斯卡利斯(1258—1261年)。狄奥多勒33岁那一年,"按照传统,坐在盾牌上",[34]在贵族和军队的拥戴下,被宣布为皇帝。

狄奥多勒尽管身体很虚弱,但在他称帝之前,却把全部精力都用在学习和文学活动中。他的聪明睿智的父亲为了培养教育他尽了自己最大的努力,狄奥多勒的学业是在当朝最伟大的学者尼斯福鲁斯·布莱米底斯(Nicephorus Blemmydes)和乔治·阿克罗波利塔(George Acropolita)的精心指导下完成的。

在狄奥多勒二世登上帝位之时,他像他的父亲一样表现出了过人的政治活动能力,这使得他有时候竟然忘却了自己的学业,特别是放松了对他最喜爱的哲学问题的探索。他十分清楚对外关系的重要性,因而,将他的主要精力用于建立一支强大的军队。狄奥多勒写道:"我有一个真理,一个目标,一个愿望,即集中主的羊群,保护他们免受虎视眈眈的狼群的侵害。"[35]狄奥多勒相信希腊人需要依赖于他们自己的力量,而不是依赖于外族同盟者或外族雇佣军,因此,他可能是唯一关注军队的"希腊化"问题的"拜占庭"皇帝,而不是像其他皇帝那样,循规蹈矩地使用外国雇佣军。[36]

---

[34] 尼斯福鲁斯·格雷戈拉斯:《历史》,III,1,2;波恩版,I,55。乔治·阿克罗波利塔:《年代纪》,chap.53;海森伯格编,I,105。

[35] 狄奥多勒·拉斯卡利斯:《信件集》(Epistulae),CCXVII;N.费斯塔编,59。

[36] 米勒:"尼西亚皇帝及君士坦丁堡的征服者",《剑桥中世纪史》,IV,505。

1258 年，年轻的皇帝英年早逝（36 岁），在临死之前，将自己的皇袍换作了修士的道袍。他将瓦塔泽斯所征服的土地完全传给了自己的继承者。这一好学的、受过哲学化教育的皇帝一生都坚定地相信，历史将给予他客观的评价。他在自己的一封信中说道："历史的评判必将由我们的后人做出。"⑨⑦专门记载狄奥多勒二世时期历史的历史学家，亦不无夸张地说："狄奥多勒过早地去世，否则的话，希腊主义可以期望在这位皇帝的统治下有更好的时光，他穷尽毕生精力，以期望将希腊帝国建立在更坚实的基础上。"⑨⑧但是，狄奥多勒的野心只能是一种理论。事实上，代表着不同民族的雇佣军已经在尼西亚帝国的日常生活中发挥了重要作用，在狄奥多勒时期尤其如此。⑨⑨

在对外活动方面，狄奥多勒进行了两次对保加利亚的艰苦征伐。当保加利亚沙皇迈克尔·亚琛听到瓦塔泽斯去世的消息时，立即趁机恢复在瓦塔泽斯时期失去的领地，当时人们担心，瓦塔泽斯的所有欧洲征服地将会重归保加利亚所有。尽管经历了许多困难和自己手下将军们的背叛及胆怯，狄奥多勒的两次对保加利亚战争还是获得了胜利，而且，由于罗斯大公，即迈克尔·亚琛的岳父罗斯提斯拉夫的介入，双方签订了和议。保加利亚和希腊人维持了他们原来的边界，但保加利亚的一个防砦居然割让给了狄奥多勒。⑩⑩

---

⑨⑦ 狄奥多勒·拉斯卡利斯（Theodore Lascaris）：《书信集》（*Epistulae*）；XLIV，费斯塔编，59、119—120。
⑨⑧ 帕帕多布鲁斯：《狄奥多勒二世拉斯卡利斯，尼西亚皇帝》，180。
⑨⑨ 安得列瓦：《13 世纪拜占庭宫廷文化论文集》，50—54，105。
⑩⑩ 乔治·阿克罗波利塔：《年代纪》，62；海森伯格编，126—127。

第八章 尼西亚帝国(1204—1261年)

狄奥多勒与伊庇鲁斯王国的关系与伊庇鲁斯君主之子与狄奥多勒之女订婚之事有关,这导致狄奥多勒得到了都拉基乌姆这个位于亚得里亚海域的重要海港和位于保加利亚和伊庇鲁斯边界上的塞尔维亚防砦。都拉基乌姆"是尼西亚帝国的西出口,而对于伊庇鲁斯诸君主们来说,则更是一根骨刺"[101]。

在小亚细亚,塞尔柱突厥人受到了蒙古人的严重威胁,蒙古人成功地将塞尔柱苏丹变成自己的臣属。当时的局势比较微妙且复杂。由于狄奥多勒曾经在苏丹与蒙古人的斗争中支持了苏丹,尽管并非决定性的支持,使苏丹"变得像一头羞涩的鹿"[102]一样在狄奥多勒的宫廷中接受保护。但是,尼西亚帝国与蒙古帝国之间避免了斗争,一位蒙古使者被派到了尼西亚狄奥多勒的王宫。接待仪式可能是在马格尼西亚宫进行,场面十分壮观豪华;狄奥多勒的主要想法是想给鞑靼人一个下马威,其实,他还是惧怕这些鞑靼人的。皇帝坐在高高的王座上,手持宝剑,接见了使者。拜占庭历史学家详细地记录了这次接待仪式。[103]

一位近代历史学家这样评价狄奥多勒:"简言之,他极端神经质,是当代精神病学专家从事研究的一个很有趣的素材",他"不到四年的短期统治,并不能使他在自己的历史时代留下深刻的痕迹"[104]。后来有人说,"狄奥多勒时期,人们才特别感受到何为'开

---

[101] 伽得内尔:《尼西亚的拉斯卡利斯王朝:一个流亡帝国的历史》,226。
[102] 乔治·阿克罗波利塔:《年代纪》,chop.69;海森伯格编,143。
[103] 见 M. 安得列瓦的十分准确的描述文章"尼西亚宫廷接待鞑靼人使节仪式"("The Reception of the Tartar Ambassadors at the Nicene Court"),《康达可夫纪念文集》,187—200;安得列瓦:《13 世纪拜占庭宫廷文化论文集》,71—72。
[104] 米勒:"尼西亚皇帝及君士坦丁堡的征服者",《剑桥中世纪史》,501、506。

明的专制'"。⑯ 当然,狄奥多勒的统治时期过于暂短,人们还很难因此确定他的统治之重要意义。但在尼西亚的历史上,由于他成功地继承了他父亲的对外政策并且由于他本人渊博的学问,他一直受到后人的尊重。

狄奥多勒的独子和继承人,当时还不满八岁的约翰四世(1258—1261年在位),即使有其父王指定的摄政乔治·穆扎伦(George Muzalon)的协助,仍然难以处理好帝国的复杂事务。约翰·瓦塔泽斯的亲戚,一个野心勃勃而又精明狡猾的迈克尔·巴列奥洛格,"一个从不安分的阴谋家和一个声名狼藉的伪君子,但却是一个能干的官员"⑯,此时就充当了重要角色。他虽然身居要职,官位显赫,却因经常被瓦塔泽斯和狄奥多勒二世怀疑施阴谋、搞政变而试图惩罚,他数次逃脱,甚至一度逃至伊科尼姆的苏丹宫中。"乱世出英雄",巴列奥洛格精明地利用了"乱世",于1259年被加冕为帝。

尼西亚帝国所属巴尔干半岛占领地上的外部威胁来自伊庇鲁斯君主国的国王,他成功地组成了包括他自己在内的反尼西亚同盟,其中有西西里王曼弗雷德(伊庇鲁斯君主的亲戚、德王弗里德里希二世的私生子)和阿凯亚公爵威廉·维拉杜安。迈克尔·巴列奥洛格取得了对这个同盟的几次军事胜利,决定性的战役是在1259年发生于西马其顿地区的佩拉戈尼亚(Pelagonia)平原上,此地距离卡斯托利亚(Castoria)城不远。在迈克尔的军队中参战的

---

⑯ 安得列瓦:《13世纪拜占庭宫廷文化论文集》,107。
⑯ G.芬利:《希腊史》,H.F.托泽(H.F.Tozer)编,III,328。

第八章 尼西亚帝国(1204—1261年)

除了希腊人外,还有突厥人、库曼人、斯拉夫人等。佩拉戈尼亚战役,或者说是卡斯托利亚战役以伊庇鲁斯同盟军的彻底失败而告终。阿凯亚公爵在这次战役中被俘。装备精良的西方骑士在轻装的比提尼亚人、斯拉夫人和东方帝国军队的攻击下落荒而逃。"或许,这是突厥人第一次在希腊人军队中与希腊人在希腊的土地上作战。"[107]一位当时的历史学家乔治·阿克罗波利塔是如此评价这一事件的,他说:"在皇帝的指挥下,我们的军队取得了如此巨大的胜利,其声威远播地球的每一个角落;这样辉煌的胜利即使在人类历史上也是罕见的。"[108]在保留至今的一部迈克尔·巴列奥洛格的传记中,也提到这次战役,说:"随同他们(罗马国家的叛逆者,即伊庇鲁斯君主及其臣僚们)及以阿凯亚公爵为首的同盟者一起被我击溃的还有谁呢?有阿勒曼尼人、西西里人和意大利人,他们来自亚庇基亚人和布伦杜修的土地阿普利亚,来自比提尼亚、埃维厄和伯罗奔尼撒。"[109]

卡斯托利亚战役对于拜占庭帝国的重建是非常重要的。伊庇鲁斯君主的领地只剩下该君主本来占据的伊庇鲁斯世袭领地。拉丁皇帝无法依赖败北的阿凯亚公国,而且,拉丁帝国此时处于软弱

---

[107] 伽得内尔:《尼西亚的拉斯卡利斯王朝:一个流亡帝国的历史》,248。
[108] 乔治·阿克罗波利塔:《年代纪》,chap.81;海森伯格编,171。
[109] 《关于他的生平》(*De vita sua opusculum*), *par. VII*,见《基督教学报》(*Christianskoe čtenie*),II(1885),534;上书的俄文版本,554—555;法文版本见 C.查普曼《迈克尔·巴列奥洛格,拜占庭帝国的光复者》(*Michel Paleologue, restaurateur de l'Empire Byzantin*),171。M.邓迪亚斯不同意曼弗雷德曾经在佩拉戈尼亚战场上与同盟军同遭惨败的说法,见"西西里的曼弗雷德国王及佩拉戈尼亚战役"("Le Roi Manfred de Sicile et la Bataille de Pelagonie"),《纪念夏尔·迪尔研究文集》,1,55—60。

无能的鲍德温二世的统治下。

与此同时,为了保证攻击君士坦丁堡的最后成功,迈克尔·巴列奥洛格与热那亚人签订了和约。热那亚人与威尼斯人在商业利益上的对抗遍及东地中海的每一处。自从第四次十字军及拉丁帝国建立之后,威尼斯人在东地中海的拉丁人占领地获得了相当可观的特殊商业利益,热那亚人却不想对这一既成事实让步。迈克尔非常清楚这一点,遂与热那亚人进行谈判;尽管热那亚人知道,与分裂者希腊人的谈判会引起教宗和整个西方世界的愤怒,但他们更迫切地想把他们的威尼斯对手从东方赶出去,遂与迈克尔签订了和约。

1261年3月,在水神殿(Nymphaeum),迈克尔与热那亚人签订了一个非常重要的条约,给予热那亚人在东地中海与威尼斯人一样的商业特权。这是一次真正的针对威尼斯人的攻守同盟。[⑩]热那亚人获得了在帝国所有行省(包括现有的和将来会占有的)进行自由贸易的永久性特权。特别重要的是关于君士坦丁堡和克里特岛及埃维厄岛上之特权的承诺,迈克尔同意,"如果由于上帝的

[⑩] 关于这一协议的最好的一篇文章,见C.曼弗洛尼(Manfroni)《热那亚人与拜占庭帝国及突厥人的关系》(*Le relazioni fra Genova l' Impero Bizantino e i Turchi*),791—809。该文也见于《意大利国家历史档案》,VII,《热那亚法律文献集》(*Liber jurium reipublicae Genuensis*),I,cols. 1350—1359。W. 海德:《中世纪利凡特贸易史》(*Histoire du commerce du Levant au moyen âge*),I,427—430。G. 卡洛(Caro):《中世纪的热那亚及其地中海贸易,1257—1311年》(*Genua und die Mächte am Mittelmeer, 1257—1311*)。米勒:"尼西亚皇帝及君士坦丁堡的征服者",《剑桥中世纪史》,IV,510—511。查普曼:《迈克尔·巴列奥洛格,拜占庭帝国的光复者》,42。G. 布拉提亚努(G. Brătianu):《13世纪热那亚人在黑海的商业活动研究》(*Recherches sur le commerce génois dans la mer Noire au XIII siécle*),81—83。布拉提亚努:"黑海研究"("Etudes pontiques"),《东南欧历史杂志》,XXI(1944),39—52。

恩赐",他夺回了上述领地,这则协议也将在上述地区有效;士麦拿——作为一个专门从事商业活动的、有着一个良好的港口并拥有所有物品的城市,则指派给热那亚人全权管理;协议允许热那亚人在开俄斯岛和莱斯博斯岛以及其他一些地方建立商站和教堂;黑海将对所有其他外国商人关闭,除非他是迈克尔的忠实臣民热那亚人和比萨人。在热那亚人方面,他们承诺,将保证给予拜占庭帝国的臣民以自由贸易的权利,用舰队支持迈克尔,但前提是,这支舰队不会用来对付教宗和热那亚人的朋友。热那亚人的舰队在迈克尔光复君士坦丁堡的计划中是至关重要的。在君士坦丁堡被迈克尔的军队攻克之前不久,热那亚批准了这项协议。这件事对于热那亚人是一次辉煌的胜利,自从萨拉丁在叙利亚获得了胜利之后,热那亚人曾经遭到惨重的损失。此时在热那亚的经济史上掀开新的一页。"13世纪殖民生活的繁荣与12世纪殖民生活的中断和试探性的举措形成了明显的对比。显然,这是广泛的实践和良好的组织形式,尤其是令人惊异的贸易活动发展所致。"[⑪]

1261年7月25日,迈克尔的军队不费吹灰之力就夺取了君士坦丁堡。此时,迈克尔在小亚细亚,获悉君士坦丁堡被攻克的消息,他立即出发,于8月初进入君士坦丁堡,受到市民的热烈欢迎;此后不久,他就在圣索菲亚大教堂进行了第二次加冕。鲍德温二世逃到了埃维厄(内格罗彭特)。拉丁教会的大主教和其主要的教职人士及时地在君士坦丁堡被攻克之前逃离了该城。在迈克尔的

---

⑪ E. H. 伯恩(E. H. Byrne):"叙利亚的热那亚人殖民地"("The Genoese Colonies in Syria"),《致达那·C. 蒙罗的十字军和其他方面的历史论文集》(*The Crusades and Other Historical Essays Presented to Dana C. Munro*),160。

命令下,不幸的约翰四世拉斯卡利斯被刺瞎了双眼。迈克尔·巴列奥洛格由于成功地利用了尼西亚诸帝所创造的有利局面,成为拜占庭帝国的恢复者、巴列奥洛格王朝的奠基人迈克尔八世。首都则由尼西亚迁回君士坦丁堡。

逃亡的拉丁皇帝鲍德温由埃维厄到达底比斯和雅典。在雅典城,"那不朽的岩石上,上演了君士坦丁堡的拉丁帝国之短剧中令人同情的最后一幕。当时,鲍德温由比雷埃夫斯港驶向蒙内姆巴西亚(Monemvasia);他抛下了莫里亚半岛上的大批贵族,逃往欧洲,乞求欧洲人帮助他恢复失去的东西,开始扮演一个流亡皇帝的悲剧角色。"[12]

于是,用一个德国历史学家格莱雷戈维乌斯的评断来说,这个拉丁帝国,"一个西欧十字军骑士、威尼斯人的贸易政策和教宗至上思想的制造物,在经历了五十七年的卑微生存之后被彻底摧毁,除留下一片混乱外,没有留下任何痕迹。这一畸形的拉丁人骑士的封建国家是历史上最没有价值的现象。德国的诡辩主义哲学家称一切存在的都是合理的,而在这里,则只剩下了荒唐。"[13]另一位德国历史学家则说:"拉丁人的耻辱属于历史的过去。"[14]

但在西方史料中,几乎没有例外地只述及了迈克尔攻克君士坦丁堡,赶走了法兰克人,不像在希腊史料中,表达出来极其欢欣鼓舞的情绪。如乔治·阿克罗波利塔写道:"由于这一事实,所有的罗马人都因此欢乐,带着难以形容的喜悦和振奋之情,无人不是

---

[12] 米勒:《利凡特的拉丁人》,115。
[13] 格莱雷戈维乌斯:《中世纪雅典城史》,I,412。
[14] 格尔泽:《拜占庭帝国史概要》,1049。

第八章 尼西亚帝国(1204—1261年)

如此。"[115]另一方面,在巴列奥洛格手下的一位高官、一个教师、荷马史诗的评注者瑟纳赫里姆(Senakherim)笔下,却出现了不和谐音,他在君士坦丁堡被希腊人攻克之后说:"我听到了什么啊!这件事竟然到了今天我们的时代才发生?我们做了些什么事?要活到今天来目睹这样的灾难?以后,无人可以期望能看到什么好事,因为罗马人又走进了这座城市!"[116]

简言之,多数学者以否定的态度看待拉丁人在占领君士坦丁堡期间的作为。的确,考虑到首都被十字军人所占领,无数的珍宝被散落到欧洲各处,以及拉丁人对正教会的压抑这些情况,当时的希腊作者及多数当代学者的敌对态度是可以理解的。然而,近来,出现了试图为拉丁人解脱罪责的声音。一个天才的亚美尼亚学者E.H.斯威福特(Swift)就讲述了拉丁人对于著名的非凡建筑圣索菲亚"大教堂"的态度。

1907年,E.M.安东尼亚德斯(E.M. Antoniades),一部详尽描述圣索菲亚大教堂专著的希腊作家写道:"拉丁人占领的五十七年是圣索菲亚大教堂有史以来境遇最差的而且是最危险的时期,只是在1261年希腊人收复了这个大教堂之后,它才得到保护。"[117]斯威福特教授则对此提出了质疑。他相信,从一些史料的记载和考古学发掘的印证中,以及从这一建筑目前的情况来看,上述指责

---

[115] 乔治·阿克罗波利塔:《年代纪》,chap.88;海森伯格编,I,188。

[116] 乔治·帕奇梅雷斯(George Pachymeres):《论迈克尔·帕列奥洛格》,I,149。见 P. 雅克文克(P. Yakovenko)《拜占庭令状研究,关于开俄斯岛的新修道院令状》(Studies in the Domain of Byzantine Charters。The Charters of the New Monastery in the Island of Chios),133—135。

[117] 《圣索菲亚教堂》(Hagia Sophia),1,25。

是不成立的。1204年曾经发生过多次地震，都曾经对这所建筑造成破坏，在十字军占领它之前，它已经十分脆弱。十字军发现这所教堂处于特别危险的状态，就立即采取措施来加固这座他们新征服的教堂，以多种方式来维修它，特别是在墙外建立了支柱。因此，斯威福特的结论是："拉丁人并不像有些人所涂抹的那么黑，相反……事实上他们成为希腊著名建筑天才修筑的这一最伟大丰碑的拯救者。"[118] 斯威福特的观察对于研究这座建筑的历史是一个十分重要的，十分可能的是，十字军的确为保护这座非凡的建筑做出了值得嘉许的贡献。但是，无情的事实是，他们又的确劫掠了圣索菲亚大教堂。

基督教会与尼西亚帝国和拉丁帝国的关系

1204年十字军占领君士坦丁堡是违背教宗英诺森三世的意愿的。但是，拉丁帝国建立之后，教宗清楚地看到，尽管东方发生的这一既成事实不那么令人愉快，但它毕竟首先承认教宗的权威，无论如何，它将为进一步加强罗马公教会和教宗的权力开辟了广阔的道路。这一时期教会的主要问题是适应基督教东方发生的政治变化而建立东方和西方教会的互动关系。在十字军于拜占庭领土上建立的拉丁统治区内，必须使罗马公教扎下根来。教宗的首

---

[118] "拉丁人和圣索菲亚大教堂"，《美国考古学评论》，XXXIX(1935)，458—459、473—474。斯威福特：《圣索菲亚教堂》，87—88、113—119，特别是118—119。

第八章　尼西亚帝国(1204—1261年)

要任务是在拉丁人占领地上组建罗马公教会,然后整顿罗马公教会与世俗势力和当地希腊教俗人士的关系。其第二项任务则是在宗教上使希腊人占领区成为罗马教廷的臣民,这些希腊人占领区自1204年以后一直保持着独立,其最高首领则是尼西亚帝国。一言以蔽之,与希腊人的联合问题成为13世纪一切教会关系的关键。

自拉丁帝国在政治上出现之后,教宗的地位十分复杂微妙。按照威尼斯人与十字军人达成的协议,如果拉丁帝国的皇帝是由法兰克人选举的话,那么,拉丁大主教则应从威尼斯的教职人士当中选出。当时,并没有考虑到罗马教廷的利益,在该协议中既没有提到教宗应该参与选举拉丁教会的主教,也没有提到任何一笔教会收入应该进入教宗财库。

在第一位拉丁皇帝鲍德温致教宗的信中,叙述了十字军的"奇迹般的胜利",君士坦丁堡的被占领,希腊人的"无法无天",他们"使上帝都感觉恶心",并提到了他希望在将来继续参与攻取圣地的十字军,[19]等等;但是,他并没有提到主教的选举问题。而且,当圣索菲亚教堂的一批新的由威尼斯人组成的教职人士团选举了一位威尼斯贵族托马斯·莫洛西尼为主教时,教宗尽管一开始宣布这一选举不合乎教会法规,但也被迫认可这一既成事实,"主动地"承认了这一选举有效。

教廷与仍然生活在拉丁占领区内的希腊教职人士的关系也很微妙。据说,许多主教和多数下层教职人士维持了原职。在这一

---

[19]　塔菲尔和托马斯:《威尼斯共和国的古代贸易及国家历史文献》,I,508—510。

问题上,教宗采纳了宽容政策,允许在希腊人占多数的教区给希腊主教们授圣职,给予他们特许权,维持希腊教会的礼仪,例如,允许他们在圣餐礼上使用有酵的面包。然而,教宗还是派出使节到巴尔干半岛和小亚细亚试图劝说希腊教职人士加入他们的教会。

1204年,一个教宗使节第一次企图说服希腊教职人士承认教宗作为基督教会的权威;谈判在君士坦丁堡的圣索菲亚大教堂进行,但是没有任何结果。[19] 谈判中的一个重要角色是尼古拉斯·梅萨利特(Nicholas Mesarites),即后来的以弗所主教,他的个人情况和生平活动,是由A.海森伯格首先加以评述说明的。1205—1206年,谈判继续进行。奥特朗托的尼古拉斯(Nicholas of Otranto)、南意大利卡索勒(Casole)修道院院长参与了这次谈判,并充当翻译。他与当时南意大利的整个教会一样,持有正教信仰,但承认教宗的权威,主张联合。尼古拉斯·奥特朗托留下了许多诗歌和散文作品,几乎都未曾公布过,如海森伯格所评述的,这些东西应该被看作是特殊的专著。[20] 1206年,在十字军到达之前逃往保加利亚的君士坦丁堡牧首约翰·卡玛特鲁斯去世之后,希腊教职人士的地位问题变得更加复杂。在拉丁皇帝亨利的特许下,拉丁帝国统治下的希腊教职人士向教宗英诺森三世请求准许他们选举新的主教,前提是他们必须承认教宗的最高统治地位。但是,希腊人既不屈服于教宗的权威,也不想对这种权力让步。因此,君士坦丁堡的争论没有任何结果,同年,即1206年,拉丁人服从于他

---

[19] 海森伯格:《关于拉丁帝国历史的新问题》,I,48—50,par.37—38(海森伯格的文件中误写为32—38)。亦见该书7—8。

[20] 同上书,8。

第八章　尼西亚帝国(1204—1261年)

们的牧首托马斯·莫洛西尼,而希腊人则服从于他们自己的牧首尼古拉斯·梅萨利特。拉丁帝国的希腊人开始转向狄奥多勒·拉斯卡利斯。[12] 1208年,一位新的正教牧首迈克尔·奥托雷阿努斯(Michael Autoreanus)在尼西亚当选,就是他主持了狄奥多勒·拉斯卡利斯的加冕礼。这不仅对于尼西亚国家是一个伟大的时刻,而且对于拉丁帝国的希腊人也是一个伟大的时刻。

1214年的谈判是在君士坦丁堡和小亚细亚举行的,红衣主教佩拉吉乌斯和他们的代理人,以及尼古拉斯·梅萨利特都参加了这次谈判,但谈判毫无结果地破裂了。当时,尼古拉斯·梅萨利特是以弗所大教区的主教,其头衔是全亚细亚总主教。他对于佩拉吉乌斯在君士坦丁与他会见时的傲慢态度表示了极大的不满。[13] 从拉丁教职人士在东方的影响来看,教宗英诺森三世在其任期的最后阶段,取得了辉煌的胜利:1215年召开的、被西方教职人士们认可为全基督教主教公会议的拉特兰会议上,宣布了教宗为所有东方拉丁教会,即君士坦丁堡、耶路撒冷、安条克等地的拉丁教会的主教们的最高首脑,即是说,从这一时期开始,这些主教得服从罗马教廷的权威。

但是,英诺森三世对于君士坦丁堡的拉丁皇帝将组织一次他已经承诺的十字军的问题完全失望了。世俗的、政治的和外交上的种种利害关系,迫使拉丁皇帝完全放弃了组织一次新的进军圣地的十字军的计划,因而,英诺森开始在西方组织一次新的十字

---

[12] 海森伯格:《关于拉丁帝国历史的新问题》,II,5—6,25—35。

[13] 海森伯格:《关于拉丁帝国历史的新问题》,III,21—23,par.16,P.56。亦见兰格(Gerland)《拉丁帝国史》(*Geschichte des Lateinischen Kaiserreiches*),233—243。

军,而不再依赖君士坦丁堡。

教宗对于东方教会对罗马教廷表现的离心离德的态度很失望;为了取得完全的胜利,教会的联合,即,使服从于希腊教会的人群在精神上服从于罗马,是十分必要的。

尼西亚帝国有着它自己的主教,他以尼西亚为其驻节地。但是,尼西亚人民认为君士坦丁堡主教座迁到尼西亚是"外来者及其附属物"[⑭],希望它终将迁回君士坦丁堡原来的故地。第一个尼西亚统治者狄奥多勒·拉斯卡利斯作为一个君主或皇帝的地位没有得到英诺森三世的认可,在他的信中,仅称呼"尊贵的狄奥多勒·拉斯卡利斯(*nobili viro Theodoro Lascari*)"。[⑮] 在这封致拉斯卡利斯的信中,教宗英诺森三世尽管不赞同十字军人攻取君士坦丁堡的暴行,但是,却仍然提到了这样一个事实,即拉丁人是作为上帝的一个工具来惩罚希腊人的,因为他们不肯接受罗马教廷的权威,因此,他会愿意地看到希腊人成为罗马圣教和拉丁皇帝的顺民。

尼西亚帝国教会关系的要点在于试图争取实现东西方教会谈判和谅解的方法及途径。在尼西亚帝国内,有如以弗所主教尼西拉斯·梅萨利特,他倾向与同罗马教会实现交流和谅解;但是,希腊人民却无论如何不肯接受这样的联合。约翰三世·瓦塔泽斯似乎特别热衷于促成这一联合,但他也只能接受当时的特定政治局势的影响。首先,原耶路撒冷国王"勇者"布里昂的约翰出山时感

[⑭] 尼斯福鲁斯·布莱米底斯:《传记与诗词》,VII;海森伯格编,7。
[⑮] 英诺森三世:《书信集》,XI,47;米涅编:《拉丁教父文献全集》,CCXV,1372。

第八章 尼西亚帝国(1204—1261年)

到了震惊,当时,他很年轻;这位约翰先是作为君士坦丁堡的鲍德温二世的摄政,后来则与鲍德温二世共同称帝。受到教宗支持的约翰有可能对尼西亚帝国采取侵略性措施。因此,瓦塔泽斯努力使教宗转移其对拉丁帝国利益的关注。

1232年,五位方济各会(小兄弟会)的修士从突厥人的战俘营中逃脱来到尼西亚,与牧首哲曼努斯谈判关于教会的联合问题。约翰·瓦塔泽斯善待了他们,并请他们带上希腊教会牧首写给教宗格列高利九世的一封信。信中,牧首向教宗表示要考虑教会的联合问题。[13] 格列高利九世愉悦地接受了这一建议,并于1234年派了一些使者去尼西亚谈判。会议先是在尼西亚召开,后来转移到尼姆菲尔(Nymphaeum)。在这场争论中,尼斯福鲁斯·布莱米

---

[13] 教宗与哲曼努斯二世之间的通信可见于巴黎的马休所著《马略尔卡编年史》中,罗阿尔德编,III,448—469,亦见 J. D. 曼西《新编圣公会议文集》,XXIII,47—62。这两封信的希腊文原文收于萨塔斯《希腊中世纪文献目录》,II,39—49。巴黎的马休错误地将这两封信的写作时间定为1237年。见伽得内尔《尼西亚的拉斯卡利斯王朝:一个流亡帝国的历史》,165—166。G. 戈鲁博维奇(G. Golubovich):《圣地与东方方济各会文献目录集》(*Bibliotheca biobibliographica della Terra Sante e dell' Oriente Francescano*),I,161—162;II,510—512。亦见戈鲁博维奇"对拉丁人和希腊人分析,即格列高利九世的使节对于在比西尼亚的尼西亚和吕底亚的尼姆菲所发生事件的报告"("Disputatio Latinorum et Graecorum seu relatio apocrisariorum Gregorii IX de gestis Nicaeae in Bithynia et Nymphaeae in Lydia"),《方济各会历史档案》,XII(1919),418—424。阿尔塔内:《多米尼克修士团》(*Die Dominikanermissionen*),16。我们显然占有一部涉及牧首哲曼努斯二世的极好专著,是用现代希腊文写的,即 S. N. 罗格帕提斯(S. N. Logopatis)《哲曼努斯二世,尼西亚帝国的君士坦丁堡牧首(1224—1240年),他的生活及教谕》(Γερμανὸς ὁ Β′, πατριάρχης Κωνσταντινου πόλεως Νικαίας (1222—1240). Βίος, συγγράμματα καὶ διδασκαλία αὐτοῦ)(1919年,雅典)。亦见 H. 斯托克的评论,《拜占庭与当代希腊年鉴》。I,(1920),186—189。但笔者从未曾见过这部书。

底斯起了主导作用。⑫ 人们对1234年会议的讨论过程十分清楚,因为关于这次会议有一份极详细的官方报告。⑱ 谈判最后失败了,教宗的使节迫于希腊人的咒骂,不得不撤离,希腊人喊道:"你们是异端。我们发现了你们是异端,是被开除教籍者,所以我们像对待异端者和被除籍者一样远离你们!"罗马公教会的使者们也对希腊人喊道:"你们才是异端!"⑫

在1245年的里昂会议上,格列高利的后继者教宗英诺森四世宣布,他深深为"罗曼尼亚教会,即希腊教会的分裂而苦恼,就在我们这个时代,仅仅是几年前的事情,希腊教会傲慢而愚蠢地离开了她的母亲的怀抱,似乎是在离开她的继母一样绝无留恋"。⑬ 鲁凯尔(Luchaire)因此写道:"两个国家、两种宗教和两个民族,总是深深地互相分离,互相憎恨、互不信任。"⑬约翰·瓦塔泽斯与霍亨斯陶芬朝的弗里德里希二世的联盟,使得尼西亚帝国与教宗之间的关系更趋紧张,尽管弗里德里希统治后期,尼西亚帝国与罗马之间重新开始谈判,并且互派使节。

但是,弗里德里希死后,在约翰·瓦塔泽斯统治后期,似乎出现了有利于东西方教会联合的决定性的契机。尼西亚皇帝提出了

---

⑫ 尼斯福鲁斯·布莱米底斯:《传记与诗词》,海森伯格编:xl—xlii。
⑱ 曼西:《新编圣会议文集》,XXIII,279—319;戈鲁博维奇:《圣地与东方方济各会文献目录集》,I,163—169。关于"拉丁人与希腊人之争"文献的最完整版本,见戈鲁博维奇《圣地与东方方济各会文献目录集》,XII(1919),428—465。
⑫ 曼西:《新编圣公会议文集》,XXIII,306。戈鲁博维奇:《圣地与东方方济各会文献目录集》,XII,463—464。见诺登《教宗统治与拜占庭》,350—352。
⑬ 巴黎的马休:《马略尔卡编年史》,罗阿尔德编,IV,434。
⑬ 英诺森三世:《东方问题》,280。

第八章 尼西亚帝国(1204—1261年)

他的谈判条件——将君士坦丁堡还给他,恢复君士坦丁堡牧首的建制,拉丁皇帝和拉丁教职人士撤离——英诺森四世对这些条件表示认同。为了恢复基督教会的统一,教宗已经准备牺牲十字军创立的国家。为了收回帝国的首都君士坦丁堡,瓦塔泽斯也准备牺牲希腊教会的独立。双方都决定放弃各自传统的政策。但是,这一协议并未付诸实施。在 1253 年尼西亚牧首写给罗马教宗英诺森四世的一封极其重要的信件中,谈到了给予使节以全权与教宗谈判教会联合问题。[132] 但是,1254 年约翰·瓦塔泽斯与教宗英诺森四世的去世,使他们之间达成的关于东西方基督教会联合的最为重要的协议,从此成为一纸具文,再不可能实现。

瓦塔泽斯的儿子狄奥多勒二世拉斯卡利斯继承皇位后,表示他作为皇帝应该指导宗教政策,参与教会事务,主持宗教会议。因此,他并不希望有一个强有力的自主的牧首。布莱米底斯作为牧首候选人的地位因而被取缔了,阿瑟尼乌斯(Arsenius)在三天之内由一位俗人一下子提升为牧首。[133] 在狄奥多勒二世统治时期,尼西亚帝国与教宗的关系是与皇帝的政治追求有着密切关系的;如同他的父亲一样,同罗马的联合对于狄奥多勒来说,只是收复君士坦丁堡的一个步骤。

---

[132] 此信见诺登《教宗统治与拜占庭》,756—759(附录:no. XII)。
[133] 这一记载见于乔治·阿克罗波利塔所著《年代纪》,chap. 53;海森伯格编,106—107。在他的自传中,布莱米底斯说他拒绝了皇帝的任命;见《传记与诗词》,海森伯格编,chap. XLIII—XLV,41—45。海森伯格遵循了阿克罗波利塔的意见(XX),我们也如此认为。巴尔维诺克(Barvinok)反对阿克罗波利塔的意见,同意布莱米底斯的说法,见《尼斯福鲁斯·布莱米底斯及其著作》(*Nicephorus Blemmydes and His Works*),49—54。

与此相关的是,1256年,教宗亚历山大四世派出了一位意大利奥尔维耶托(Orvieto)地方的主教到尼西亚再次开始进行关于教会联合问题的谈判,这个谈判一度因瓦塔泽斯之死中断。[13] 教宗的这一突然决定似乎没有特别的原因。但是,通过对一些新的文献的研究,人们发现,重开谈判的建议是由尼西亚皇帝而不是由教宗最先提出的。[15] 1256年,狄奥多勒向教宗派出两位贵族,请求亚历山大四世重新开始谈判,并派使节去尼西亚。亚历山大四世因皇帝的这一建议而兴奋异常。双方都希望尽可能快地促成此事。教宗的使节、奥尔维耶托的君士坦丁准备在10天内启程。有趣的是,已故皇帝约翰·瓦塔泽斯向教宗提出的谈判条件,也被奉为新一轮谈判的基础。[16] 使节们已经准备好了官方的和秘密的指令。使节们被赋予一些特别的权力,其中最重要的是有权召集一次宗教会议,作为教宗代表主持这个会议,并按照自己的愿望起草会议文件。

这一组织得如此周密和富有希望的教宗使团也完全失败了;奥尔维耶托主教甚至没有得到皇帝的接待,因为皇帝改变了主意。在教宗使节奔赴尼西亚的路上,在马其顿,使节接到命令,让他离

---

[13] 诺登:《教宗统治与拜占庭》,378—379;L.布莱耶尔:"希腊与拉丁教会联合的企图"("Attempts at Reunion of the Greek and Latin Churches"),《剑桥中世纪史》,IV,609。

[15] F.施里曼:"关于拜占庭对亚历山大四世的政策"("Zur byzantinischen Politik Alexanders IV"),《罗马研究季刊》,XXII(1908),108—131。作者从梵蒂冈的档案中找到公布了12卷有关尼西亚与罗马于1256年谈判的文献。

[16] 施里曼文章:《罗马研究季刊》,XXII(1908),14—15(no. II)。在这些文献中,多次提到皇帝 Caloihannes(即瓦塔泽斯)的名字。

第八章　尼西亚帝国(1204—1261年)

开皇帝的领土,并禁止他再前进一步。[137] 当时,狄奥多勒二世正在进行对保加利亚人的战争,而且在政治方面也十分成功,他认为,自己已经不需要教宗的支持。他的最后目标——攻取君士坦丁堡——似乎已经完全实现了,不需要再费力去恢复教会联合的谈判,也就是说,不需要再放弃希腊教会的独立。

1258年,狄奥多勒二世去世,迈克尔·巴列奥洛格于1259年僭取了尼西亚的皇位,他受到了来自西方的反尼西亚同盟的威胁。教宗的支持在这时又成为必要,迈克尔显然也向教宗亚历山大四世派出了使节。但是,教宗对此毫无热情,也不想乘人之危。[138] 最终,迈克尔成功地夺取了君士坦丁堡,并没有依靠来自教宗领的任何支持。

尼西亚帝国保持了正教的教会和正教的牧首领,并使它在君士坦丁堡复位。在尼西亚帝国统治时期,教会联合的计划并没有取得成功。

尼西亚帝国的社会和经济状况

尼西亚帝国的皇帝们一直关注其国内的人民生活问题。经济与财富是他们十分重要的目标。在这方面,约翰·瓦塔泽斯特别

---

[137] 乔治·阿克罗波利塔:《年代纪》,chap.67;海森伯格编,139—140。在《剑桥中世纪》(IV,505)中有一处错误的论述,说:"在接见教宗的全权大使毫无结果时,随后皇帝叫阿克罗波利塔摆脱他们。"

[138] 诺登:《教宗统治与拜占庭》,382—383。亦见 R.雅南对于拉丁占领下的许多教堂和修道院的特别有趣的记载:"拉丁占领下的拜占庭诸圣所"("Les Sanctuaires de Byzance sous la domination latine"),《拜占庭研究杂志》,II(1945),134—184。

值得注意;他的多方面的积极的外交活动并没有阻止他对于自己国家内部的经济财富问题给予足够的关注。他鼓励人们从事农业生产、经营葡萄园和从事畜牧业活动。据当时资料记载,"短期内,所有的仓库都堆满了各种水果;道路、街道、牲畜栏和围场挤满了牲畜和禽类"[13]。当时发生在尼西亚的邻国罗姆苏丹国的饥荒迫使当地的突厥人成群地涌进尼西亚帝国以高价购买生活必需品。突厥人的黄金、白银和东方产品、珠宝及其他奢侈品大量倾入尼西亚的希腊人手中,充实了皇帝的财库。瓦塔泽斯以减税的方式,成功地积累了帝国的经济实力。在饥荒的年代,国家从产粮区大批征调谷物分发给民众。由于掌握着巨量金钱,瓦塔泽斯在全国各地兴建了城堡及医院、救济院、济贫院等。[14] 约翰·瓦塔泽斯担心,"鉴于他的家中已经应有尽有,人们将不会再去伸手救济贫穷简朴的人,因此,罗马国家应该尽力避免发生这种不合理的现象。"[15]

瓦塔泽斯自己就是一个大地主,他的许多贵族也占有相当数量的土地,依靠其地产上的收入过着自给自足的生活。[16] 这些土地似乎是由皇帝赐予其臣僚贵族们的,其性质颇似西方的恩地制(*beneficium*)或拜占庭的普洛尼亚(*pronoia*)制,即是说,由皇帝或者由皇帝的大臣们以皇帝的名义赐给为国家服役的臣属,前提

---

[13] 尼斯福鲁斯·格雷戈拉斯:《历史》,II,6,2,波恩版,I,42。

[14] 狄奥多里·斯库塔里奥特(Theodori Scutariotae):《乔治·阿克罗波利塔之历史的增补篇》(*Addimenta ad Georgii Acropolitae Historiam*);A. 海森伯格编,285—286。尼斯福鲁斯·格雷戈拉斯:《历史》,II,6,2,波恩版,I,42。

[15] 尼斯福鲁斯·格雷戈拉斯:《历史》,II,6,2,波恩版,I,42。

[16] 同上。

第八章 尼西亚帝国(1204—1261 年)

是他们向国家提供军事义务。也许,大土地所有者有时候会对瓦塔泽斯的统治不满而不再对他尽忠。在瓦塔泽斯统治后期,发生了皇帝没收一些可动产和不动产的事件,这一重要现象反映出皇帝与大土地所有者之间的矛盾[⑬],但没有什么史料可资证明。近期一些历史学家甚至因此判断,可能确实发生了贵族反对瓦塔泽斯的暴乱。[⑭] 从社会观点看,瓦塔泽斯可以被认为是农民和城市阶层的保护者;他首先致力于提高他们的财力使其富裕;这种情形可能引起了土地贵族的不满,于是导致了皇帝对于他们实行报复性的严厉政策。

当狄奥多勒二世登上皇位之际,被其父杀害的官僚贵族们期望这位新皇帝能使他们恢复当年的财富和声望。[⑮] 但是,他们的期望没有达到。狄奥多勒的政策是削弱贵族的影响,他显然采取了严厉的手段对付许多贵族成员;当时的一位作者列出了狄奥多勒二世统治时期受到迫害的高级官员的名单。[⑯] 在狄奥多勒二世统治下,贵族们受到打击,一些出身低微的人围绕在皇帝身边;由于他们从狄奥多勒手中得到了现有的一切,因此而成为他手中的驯服工具。[⑰] 狄奥多勒死后,在他的儿子(当时只是一个孩子)统

[⑬] 乔治·阿克罗波利塔:《年代纪》,chap.52;海森伯格编,I,105,第 3—5 行。
[⑭] 帕帕多布鲁斯:《狄奥多勒二世拉斯卡利斯,尼西亚皇帝》,70。安得列瓦:《13 世纪拜占庭宫廷文化论文集》,102—103。
[⑮] 乔治·阿克罗波利塔:《年代纪》,chap.52;海森伯格编,I,105,第 1—3 行。
[⑯] 乔治·阿克罗波利塔:《年代纪》,chap.75,海森伯格编,I,154—155。亦见乔治·帕希梅利斯(George Pachymeres)《迈克尔·帕列奥洛格》(De Michaele Palaeologo),I,15;波恩版,I,40。
[⑰] 帕帕多布鲁斯:《狄奥多勒二世拉斯卡利斯,尼西亚皇帝》,79—81。米勒,"尼西亚皇帝及君士坦丁堡的征服者",《剑桥中世纪史》,IV,504。安得列瓦:《13 世纪拜占庭宫廷文化论文集》,102、108—110、116。

治时期，贵族们重新加强了他们的影响。

由于狄奥多勒的军事行动，帝国的税收增加了。在致尼斯福鲁斯·布莱米底斯的信中，狄奥多勒解释了他实行这一政策的原因是由于其军事行动的需要，尼斯福鲁斯曾经指责这位皇帝对百姓横征暴敛。[14]

尼西亚皇帝也特别重视与其他国家发展商业关系，特别是同威尼斯。1219年8月，狄奥多勒一世拉斯卡利斯与君士坦丁堡的威尼斯使团签订了商业同盟条约，确保威尼斯商人享有在"尼西亚帝国所属各处海陆口岸免于纳税的自由贸易权"(*per totum Imperium meum et sine aliqua inquisitione*)。[15]

按照这一条约，威尼斯人自西方舶来的商品在与通过整个伊科尼姆苏丹国土运抵尼西亚的东方商品的竞争中顺利胜出。东方商品和来自意大利的商品都是市场上的热卖品，花费了民众的大量的金钱。鉴于此，约翰·瓦塔泽斯痛下决心，宁可使贵族们放弃其尊贵的社会地位，禁止他的臣民购买进口产品、穿进口布料，而要他们"满足于穿用那些在罗马的土地上生产，罗马人能够以他们的手工劳动制作的布料"[16]。但是，这种保护地方生产的法规执行了多长时间，却不为人知；可能它很快就被人淡忘了。

---

⑭ 《信件集》，XLIV，费斯塔编，57—58。

⑮ 塔菲尔和托马斯：《威尼斯共和国的古代贸易及国家历史文献》，II，205—207。海德(Heyd)：《中世纪利凡特贸易史》，I，304—305。A.绍布：《至十字军时代末期的地中海罗马人贸易史》，262—263。伽得内尔：《尼西亚的拉斯卡利斯王朝：一个流亡帝国的历史》，95，该书错误地将这一协议签订的时间定为1220年8月。

⑯ 尼斯福鲁斯·格雷戈拉斯：《历史》，II，6，4；波恩版，I，43。转引自扎哈利亚·冯·林根塔尔：《希腊-罗马法法制史》，III，574。

第八章 尼西亚帝国(1204—1261年)

尼西亚帝国与威尼斯人的友好关系没有维持很长时间,在瓦塔泽斯统治时期,圣马可共和国是敌视尼西亚帝国的。当时,瓦塔泽斯与前属拜占庭帝国的罗得岛总督莱昂·伽巴拉斯(Leon Gabalas)之间有些矛盾,伽巴拉斯在1204年以后很快就自命为"基克拉蒂斯群岛之领主",甚至自称"恺撒"。当瓦塔泽斯向他发难时,莱昂不能以自己的军队保护罗得岛,遂与威尼斯人订立了攻守同盟,后者于是单方面破坏了与瓦塔泽斯订立的和约。在1234年由莱昂·伽巴拉斯与威尼斯人签订的重要的条约中,威尼斯人获得了大量的商业特权,莱昂·伽巴拉斯自称为"罗得与基克拉蒂斯群岛的领主——恺撒利奥·伽瓦拉"(*dominus Rhodes et Cicladum insularum Ksserus Leo Gavalla*)。[51] 瓦塔泽斯派军征服了罗得岛,于是该岛成为尼西亚皇帝的占领地。[52]

恰在尼西亚帝国夺取君士坦丁堡之前,热那亚人取得了优于其竞争对手威尼斯人的地位,1261年,迈克尔·巴列奥洛格签订了尼姆菲尔条约。按照这一条约,热那亚人取得了在利凡特地区经商的优势地位。在拜占庭帝国复国以后,迈克尔·巴列奥洛格与热那亚人继续保持着友好关系。

---

[51] 塔菲尔和托马斯:《威尼斯共和国的古代贸易及国家历史文献》,II,320;关于该协议的原文,亦见该书,320—322。

[52] 乔治·阿克罗波利塔:《年代纪》,chap.48,海森伯格编,I,86—88。海德:《中世纪利凡特贸易史》,I,307。绍布:《至十字军时代末期的地中海罗马人贸易史》,263。

教育、学术、文学和艺术

自 1204 年帝国沦陷,其领土被分割为数个拉丁和希腊人的领地之后,尼西亚帝国不仅成为希腊人未来的政治联合的中心,而且成为积极活跃的文化活动的温床。如塞浦路斯的乔治所指出的那样,在 13 世纪的后半期,尼西亚"因拥有众多学者"和"令人惊异的为学术界所珍爱的资料"而被称为"古典时期的雅典"⑮。也许,可以因此顺理成章地回想到,在中世纪西欧,巴黎也被称为"一个新雅典"和"科学之城"。但是,当塞浦路斯的乔治来到尼西亚之后,却对尼西亚城作为他所期望的学术之城应有的氛围而感到大失所望。在狄奥多勒·拉斯卡利斯的一部著作中,他说道:科林斯因音乐而闻名,色萨利以纺织业著称,菲拉得尔菲亚因制鞋业驰名,尼西亚则因哲学而誉满天下。⑯拉斯卡利斯家族的所有君主,除了最后一个幼童约翰四世之外,都是文学和教育事业的真正倾慕者,而且都十分清楚地认识到,精神文化是一个强大国家的基础之一。尽管尼西亚帝国在其早期面临着内忧外患,但首任皇帝狄奥多勒一世仍然十分关心学术的发展。他将许多学者,特别是来自那些被法兰克人占领或威胁着的地区的学者,请到他的宫廷。例如,收

---

⑮ "Λόγος τὰ καθ' ἑαυτὸν περιέχων",米涅:《希腊教父著作全集》,CXLII,21。I.E.特罗斯基(I. E. Troizky):"塞浦路斯的乔治之自传",《基督教学报》,II(1870),167,169—170。

⑯ 狄奥多勒·拉斯卡利斯:《论自然的联合》(De naturali communione),V,2。米涅编:《希腊教父著作全集》,CXL,1354。J.德莱赛克:"狄奥多勒·拉斯卡利斯",《拜占庭杂志》(德文),III(1894),500。

到邀请的学者有:雅典大主教迈克尔·阿科米那图斯,他曾经在拉丁人入侵之前自雅典逃到切奥斯岛,但他没有接受皇帝的邀请,因为他年事已高,且身体状况较差。然而,迈克尔的兄弟,历史学家尼斯塔斯·阿科米那图斯在君士坦丁堡被法兰克人占领后退隐至尼西亚。他在拉斯卡利斯的宫中享受着悠闲安逸的生活,并在此最后完成了自己的历史著作,写了一篇宗教方面的论文"论正教的财富"。狄奥多勒的继承者,著名的约翰三世杜卡斯·瓦塔泽斯,尽管其军事征伐活动频繁,外交工作繁忙,还是用许多时间去满足帝国在文化上的需要。他在自己居住的城市里建立了许多图书馆,特别是艺术和科学技术类图书馆,有时,他派一些年轻人去学校帮助国家的教育事业。在他的时代,出现了13世纪最杰出的文化运动的代表人物,即著名学者、作家和教师尼斯福鲁斯·布莱米底斯。在他的学生中,有身居皇位的天才作家、瓦塔泽斯的继承者狄奥多勒·拉斯卡利斯,和著名的历史学家、政治家乔治·阿克罗波利塔。与他的父亲一样,狄奥多勒对图书馆也有浓厚的兴趣;他搜集了许多书籍,将其分发到不同的图书馆中,他甚至允许读者将图书带回家里阅读。[155]

如同在科穆宁时期一样,除了极少数的例外,13 世纪的有教养的人群使用矫揉造作的希腊文言(school-Greek)写作。这种语言与那些在文学上得不到认可的口语大相径庭。古典作者和希腊教父们的写作模式,是中世纪有教养的希腊人,尤其是 13 世纪的

---

[155] 狄奥多里·斯库塔里奥特:《乔治·阿克罗波利塔之历史的增补篇》;海森伯格编,297。

希腊人生活和思维方式的主要禁锢。

在尼西亚帝国的文化生活中,最杰出的人物无疑是尼斯福鲁斯·布莱米底斯。除了那些各类文体的著作外,布莱米底斯还留下了两部特别重要的自传,于1896年由德国学者A.海森伯格分别整理出版。它们不仅描述了作者的生活,而且记录了作者所生活时代的人物和事件。

布莱米底斯于12世纪末期出生于君士坦丁堡。拉丁人占领首都君士坦丁堡之后,幼年的布莱米底斯与他的双亲迁移至小亚细亚,居住于狄奥多勒·拉斯卡利斯所统治的地区。布莱米底斯在小亚细亚时接受了初等教育。后来,布莱米底斯曾经在许多城市里生活,接触了许多教师,逐渐掌握了诗歌、修辞学、逻辑学、哲学、自然科学、药学、算术学、几何学、物理学和占星学等多方面知识。随后,他进入修道院,而且第一次全身心地学习和研究《圣经》与教父学著作。在瓦塔泽斯统治时期,尼西亚牧首哲曼努斯深爱布莱米底斯,将其留在宫廷内,使他熟悉并了解教会的广泛利益。但布莱米底斯更喜欢孤独的生活,他谢绝了牧首的劝说,放弃了宫廷生活,隐居在拉特罗斯(Latros)山修道院中,这所修道院位于米利都城附近的卡利亚,因其院规严格而著称。布莱米底斯在此醉心于精神生活。在瓦塔泽斯和牧首致力于同教宗使者谈判教会联合问题时,布莱米底斯离开了修道院,当时,他是正教传统的坚定维护者;最后,他出家修道,在一所修道院中安身,致力于科学著作的写作,并建立了一所学校,成为哲学教师。在皇帝委托布莱米底斯辅导的众多青年人中,有后来的历史学家、政治家乔治·阿克罗波利塔。极其重视帝国学术和艺术活动的瓦塔泽斯皇帝,曾派遣

第八章　尼西亚帝国(1204—1261年)

布莱米底斯进行一次学术旅行,在色雷斯、马其顿、色萨利、阿索斯山和其他地区游学,购买珍贵的《圣经》和其他著作的手稿,并且要求如果不能购买,就阅读它们,并做笔记和摘录。布莱米底斯顺利完成了使命,并以新的知识充实了自己的思想,这些新的知识曾使他的同时代人震惊不已。皇帝还把自己的儿子和继承人狄奥多勒·拉斯卡利斯托付于他,由他指导和教诲,这位皇子后来成为杰出的统治者和一代作家。后来,当布莱米底斯建立了自己的修道院后,就退隐于此。他参与了他那个时代的宗教争论,差一点被选为牧首,他将其大部分精力用于文学研究工作,一直活到迈克尔·巴列奥洛格重建拜占庭帝国之后,大约于1272年,他在自己的修道院中安详辞世。布莱米底斯受到了同时代人给予他的最高赞誉。[150]

布莱米底斯的许多著作都得以保存至今,他的两部自传记载了作者个人的生活及他那个时代的宗教、政治和社会史方面的大量资料;事实上,他的第二部自传是关于13世纪拜占庭历史的最重要的资料。布莱米底斯还创作了大量神学作品,涉及神学教义、论辩术、禁欲主义、注释、礼拜仪式、宗教诗歌、布道词和圣者生平等。他的"赞美诗选"是为教会仪式所做,后成为希腊教会晚祷仪

---

[150] 关于布莱米底斯的最好的传记作品,见海森伯格的"论尼斯福鲁斯·布莱米底斯的生活及其写作"("Dissertatio de vita et scriptis Nicephori Blemmydae"),收于海森伯格所编《传记与诗词》一书,ix—xxv;V.巴尔维诺克(V. Barvinok):《尼斯福鲁斯·布莱米底斯及其著作》(*Nicephorus Blemmydes and His Works*),1—84。L.布莱耶尔:"布莱米底斯"("Blemmydes"),《基督教历史和地理辞典》,IX,178—182。M.卡拉皮佩雷斯(M. Karapiperes):《尼斯福鲁斯·布莱米底斯,他的学习与教学生涯》(*Νικηφόρος Βλεμμύδης ὡς παιδαγωγός καί διδάσκαλος*),但我未曾读过此书。

式上的重要部分,又先后为南斯拉夫人的教会和俄罗斯教会所采用。布莱米底斯的世俗作品也相当重要。他的政治论文《论王道》($Bασιλικὸς\ ἀνδριάς$)是写给他的学生、皇帝狄奥多勒·拉斯卡利斯的。文中描述了一个他理想中的统治者,他将成为各类高贵的智者所遵循的榜样;这位理想中的君主是一个完人,身上闪烁的光芒远超过著名的伯里克利;狄奥多勒皇帝必须一生仿效这个榜样。依布莱米底斯之见,统治者是"应上帝之命统治臣服于他的民众,并将他们带往极乐世界的最高长官"。皇帝作为其臣民的"支柱和靠山",必须关心其臣民的幸福,不应该(向其臣民)发怒,必须避开谄媚阿谀小人,必须关注军队和海军的建设。在和平期间,他必须做好应付战争的准备,因为强大的武器就是最好的防御力量;他还需要关注国家的内部结构、宗教问题,以及正义。在结尾处,布莱米底斯说:"愿皇帝陛下悦然接受我的谏言,愿他能够从更明智的人那里接受更好的忠告,并将其印在自己的灵魂深处。"[15]他描述这位理想统治者的全部出发点是基于这样的论断:"首先,皇帝必须控制自己,然后才能统治民众。"[16]但是,布莱米底斯使用了哪些资料却不是很清楚。

学者们对于布莱米底斯这篇论文的意义认识不一。一位专门记载布莱米底斯的生活及其著作的作者说:"布莱米底斯的这部著作有着特别重要的价值,主要是由于它完美地表达了当时希腊人民的诉求。"[17]他们失去了君士坦丁堡,逃到尼西亚避难,梦想着有

---

[15] 米涅编:《希腊教父著作全集》,CXLII,633、657、659、667。
[16] 同上书,613、659。
[17] 巴尔维诺克:《尼斯福鲁斯·布莱米底斯及其著作》,297。

一位经验丰富的、精明强干的、英明的君主,将外来侵略者赶出博斯普鲁斯海峡,让他们能够回到自己的故都。布莱米底斯心中的理想的君主形象即是这样。

与此相反,另一位学者 Th. 乌斯宾斯基却这样评价布莱米底斯的著作:"布莱米底斯根本不了解当代人的需要;他生活在梦幻世界中,完全超出了现实世界。他并不理解当代的生活和时代的需要。布莱米底斯的抽象国王是英明的,但他缺乏人类的感情和血性。他生活在与现实生活和日常人际关系相隔离的环境中,因此他的建议和忠告并不能适应现实生活的需要。……中世纪的希腊人之悲剧在于他们(的激情)被一种怀古的情绪所削弱;他们没有创造力,他们的真正生活被书本掩盖了。通过布莱米底斯的政治论文,我们可以想象,他就是这类人。"[160]

显然,古典传统和宗教的感情对于布莱米底斯的影响很大。在他的生活中,布莱米底斯也曾多次与帝国和皇帝有过密切的联系,因此,也许他并非总是"生活在另一个世界里,完全不了解罪恶的世俗世界"。[161] 在他的修辞考究的论文的字里行间,人们可以想象到与狄奥多勒二世的个性相似的历史真实的痕迹。极具可能性的是,在布莱米底斯写作他的《论王道》一文时,狄奥多勒二世的真实形象浮现在他的眼前,然而,他理想中的统治者的真实形象,被

---

[160] "评 V.I. 巴尔维诺克的著作",见《1912年获金奖报告汇编》(*Sbornik otcětov o premiyach I nagradach za 1912 god*),(1916),108,111。

[161] J.E. 特罗斯基:"阿瑟尼乌斯,君士坦丁堡和尼西亚的牧首阿瑟尼乌斯派"("Arsenius, Patriarch of Nicaea and of Constantinople"),《基督教学报》,II(1869),851。(此条注释所提 J.E. 特罗斯基与前面[原书第549页注4]提到的 I.E. 特罗斯基疑是一人,或许原书有误。——译者)

他埋没在华丽的辞藻和博学的古典学识中。⑬

布莱米底斯的哲学著作主要以亚里士多德的哲学为基础,其中最为著名的当属《物理学摘要》和《逻辑学摘要》,《逻辑学摘要》尤为著名。在布莱米底斯去世后,他的《逻辑学摘要》在整个拜占庭帝国广为人知,并逐渐成为东西方教授哲学的基础著作和最受欢迎的哲学教科书。布莱米底斯之传记的编纂者 A.海森伯格认为,这两部书"确实让其作者的名字流芳百世"。⑮

此外,对于理解 13 世纪拜占庭哲学运动,阐明拜占庭对西欧思想发展的潜在影响,布莱米底斯的《逻辑学》和《物理学》也极其重要。另外,布莱米底斯与狄奥多勒二世拉斯卡利斯之间的一些信件同样提供了当时历史和文化状况的许多信息。布莱米底斯留给后人的丰富多彩的文学遗产,还有两部以教科书式的小型地理学著作:《地球史》和《地理概论》,以及一些世俗风格的诗歌等。⑯尽管我们不得不承认这样的事实,即布莱米底斯的著作中所表现出的思想并没有开辟新的道路,但是,他仍然是尼西亚帝国在其艰难时期的杰出人物,并当仁不让地在拜占庭文学史上占据着重要地位。

在布莱米底斯的学生当中,有两位最为出名,即乔治·阿克罗

---

⑬ 笔者原来是赞同乌斯宾斯基的观点的。见 A.A.瓦西列夫《拉丁人在利凡特的活动》,45;参见安得列瓦《13 世纪拜占庭宫廷文化论文集》,9—10。

⑮ 海森伯格编:《传记与诗词》,lxviii。

⑯ 其中一首六步韵体(20 行)的铭文,用于纪念约翰·瓦塔泽斯重修士麦拿城墙(1222 年)的功绩,被认为是 H.格雷古瓦赠给布莱米底斯的。见《希腊基督教会铭文集》,22—23,并见注释 81—82。格雷古瓦文章:《拜占庭》(布鲁塞尔),V(1930),783—784(784 页注 1,注释 81—82 应阅读注 84)

波利塔和皇帝狄奥多勒二世拉斯卡利斯。乔治·阿克罗波利塔出生于君士坦丁堡,在其青年时代,即约翰·瓦塔泽斯统治时期,就到了尼西亚。他与狄奥多勒·拉斯卡利斯一起在尼斯福鲁斯·布莱米底斯指导下接受了极好的教育。后来,他竟然成为狄奥多勒的老师。他曾经获得很高的官职,但是在军事生涯中失败了。他曾伴随迈克尔·巴列奥洛格到达君士坦丁堡,在皇帝的指令下专门从事外交活动,并在 1274 年的里昂宗教会议上达成了与西方教会合并的协议,尽管他曾经为反对这一合并而斗争。阿克罗波利塔死于 13 世纪 90 年代。

阿克罗波利塔的主要文学著作,叙述了自十字军夺取君士坦丁堡到拜占庭帝国光复(1203—1261 年)时期的历史,是一部重要史料。这部著作可以被称为尼西亚帝国时期的专门史,可以作为尼西塔斯·科尼阿特斯著作的续集。阿克罗波利塔是他所描述的那些事件的同时代人,并以自己的官宦身份参与其中。阿克罗波利塔以清晰的语言准确地描述了他那个时代的历史。在阿克罗波利塔的其他短篇作品中,有一篇为约翰·瓦塔泽斯的葬礼所写的感情激昂、措辞华丽的演说词。

与布莱米底斯的名字有密切联系的人物还有尼西亚皇帝狄奥多勒二世拉斯卡利斯。乔治·阿克罗波利塔是狄奥多勒的正式老师,而布莱米底斯对于这位未来的皇帝却有着极深刻的影响,皇帝狄奥多勒在致布莱米底斯的信中称他为自己的先生,对他充满着敬意。[16] 布莱米底斯和阿克罗波利塔都成功地在这位年轻学生的

---

[16] 安得列瓦:《13 世纪拜占庭宫廷文化论文集》,100。

父亲约翰·瓦塔泽斯在位时,使自己热爱文学事业的思想渗透于这个学生的灵魂中。19世纪末一位意大利学者费斯塔出版的狄奥多勒通信集,对于我们了解这个重要人物的情况提供了许多新鲜资料。狄奥多勒学习了教、俗希腊作者的许多作品,开始熟悉了解许多不同的学科,但他的注意力主要是在哲学,特别是亚里士多德哲学的研究上。他受到了希腊主义及古典文学的训练,在他的一封信中,他以优美的语句描述了他在参观古典时期帕加蒙城遗址及废墟时产生的深刻印象。[156] 这封信从内容到形式都似乎是出自于一位意大利人文主义者之手。

狄奥多勒像他的父亲一样热衷于教育事业,对学术问题特别有兴趣。在他的一封信中提到了一些完成学业后受到皇帝考核的学生。狄奥多勒写道:"人生最大的欢乐莫过于园丁看到他的草坪中盛开着各色鲜花;或者,他可以鉴赏他的哪些花更美丽更茂盛,或者,他可以从同样的角度,想象他如何在某一时刻享受着令人陶醉的美丽果实……尽管我出于一个指挥官的职责,在我的头脑中充斥着暴乱、战争、压力、反抗、狡诈、变化和威胁等种种压力时,竭力压抑着自己想要放松一下的情绪,然而,我却从未使我的注意力离开精神生活的妩媚草坪。"[157]

狄奥多勒二世周围集中着一群受过教育的文人和学者,他自己也热衷于科学、艺术、音乐、诗歌和有关学科。他开办了许多学

---

[156] 狄奥多勒·拉斯卡利斯:《书信集》,LXXX;费斯塔编,107。
[157] 狄奥多勒·拉斯卡利斯:《书信集》,CCXVII;费斯塔编,271—272。

第八章　尼西亚帝国(1204—1261年)

校,在他的一封信中,讨论到学校的组织、课程设置和教育目标。[168]

狄奥多勒·拉斯卡利斯写过一些关于哲学、宗教问题的论文,还有一些赞颂词和上文提到过的大量书信文件(不止200件),这些书信都是他致当时各界的著名人物,特别是致他的导师尼斯福鲁斯·布莱米底斯和乔治·阿克罗波利塔的。在狄奥多勒的作品中,还应该注意到他对于自然科学和数学方面的广泛知识。对于狄奥多勒的那些已经出版的或者尚未出版的[169]文学遗产进行更深入细致的研究,无疑将有助于评价这个"在东方堪与他的同时代人弗里德里希皇帝相提并论的"历史人物,也将有助于更深入地理解13世纪东方基督教社会对于文化的兴趣所在。[170]

12世纪后半期,即尼西亚帝国和君士坦丁堡的拉丁帝国的前期,是两位天才的兄弟学者梅萨利特家族(Mesaritai)的约翰和尼古拉斯文学活动的盛期,他们的活动直到20世纪初期由于A.海森伯格的工作才为世人所知晓。因此,在克伦巴赫的著名《拜占庭文献史》中没有提及此两人的名字。尼古拉斯·梅萨利特在他的兄长去世时所发表的葬礼演说表明,约翰·梅萨利特受到过很好的教育,在科穆宁朝最后两代君主统治期间担任官职,后来,在安吉列朝统治时期成为《圣经·诗篇》的注释教授。他还写了一部关于《诗篇》的评注本,该本的原件在1204年法兰克人攻克君士坦丁

---

[168] 狄奥多勒·拉斯卡利斯:《书信集》,CCXVII;费斯塔编,271;亦见狄奥多里·斯库塔里奥特《乔治·阿克罗波利塔之历史的增补篇》,海森伯格编,291。

[169] 亦见J.B.帕帕多布鲁斯"教师的劝谕,狄奥多勒二世·拉斯卡利斯未出版的作品"("La Satire du Précepteur, oeuvre inédite de Théodore II Lascaris"),《第二次国际拜占庭研究大会报告》(1929),27。

[170] 克伦巴赫:《拜占庭文献史》,478。

堡时被毁。约翰在拉丁帝国早期积极参加了与教宗驻君士坦丁堡使节的争论,坚定地维护正教的立场。他死于 1207 年。[171]

约翰的兄弟尼古拉斯,也曾经在安吉列时期在宫廷任职,并且赞成其兄长对于教宗的态度。在兄长去世后,尼古拉斯来到尼西亚,受到尼西亚牧首的热情接待,后来出任了以弗所的大主教。晚些时候,他充当了尼西亚和教宗为寻求宗教上的和解而举行的谈判首席代表,并且留下了一部详细的记录。尼古拉斯的一些著作,尽管远远不是他的全部著作,已经获得出版。

特别有趣的是尼古拉斯·梅萨利特对于君士坦丁堡的圣使徒教堂及其美丽的镶嵌壁画的描述。[172] 这座圣使徒教堂的内部装潢远不似圣索菲亚大教堂那么奢侈豪华,但它是拜占庭皇帝们的葬身之所,也是威尼斯的圣马可大教堂、以弗所的圣约翰大教堂和法国佩利格(Périgueux)的圣弗隆(st. Front)大教堂的原型。众所周知,圣使徒教堂在 1453 年被土耳其人毁灭了,在其原址建起了征服者穆罕默德二世清真寺。由于该重要古址被破坏,尼古拉斯根据他的亲身经历所做的描述于是就特别重要了。作为第一位研究了与尼古拉斯·梅萨利特有关的学术圈子的学者 A.海森伯格认为,尼古拉斯的作品,可以在某种程度上揭示尼西亚帝国起源的新线索,是记录那个时代信息的重要资料。"无论是谁,只要他有勇

---

[171] A.海森伯格:《文选,关于意大利的拜占庭编年史手稿的报告》(*Analecta, Mitteilungen aus italienischen Handschriften byzantinischer Chronographen*),32—33。海森伯格:《关于拉丁帝国历史的新问题》,I,5—7;其中可见到关于约翰·梅萨利特的完整作品目录,3。

[172] 海森伯格:《文选,关于意大利的拜占庭编年史手稿的报告》,24—25。海森伯格:《君士坦丁堡的圣使徒教堂》,10 及以下。

气整理和编辑梅萨利特的著作,都将是极大的贡献;这一任务并不容易,但是特别有价值,而且值得受到人们的感谢。"[13]

我们不能说梅萨利特兄弟是杰出的天才,但是他们属于那些受过教育、热爱读书的人群,其中一些人生活在安静的修道院里,另一些人在尼西亚宫廷中,是他们推动着13世纪的文化事业,为拜占庭帝国国家精神和政治的新生铺平了道路,而正是这种新生导致了1261年拜占庭的复国。

这一时期的拜占庭编年史的作者只有一位代表人物乔尔(Joel),他可能在13世纪写了一部简短的世界编年史,但此书没有多大的历史价值或文学价值。该书涵盖了自亚当起至1204年拉丁人占领君士坦丁堡这一时期的历史。

上述所有著作都以因循守旧的古典式的、刻意描述的和矫揉造作的文字写成,这种文字已经远离了群众的口头语言。但13世纪也有一些典型的文学作品是用口语和民间韵律写成,这些作品代表了重要的文学新潮流。

尼古拉斯·伊林尼科斯[14](Nicolas Eirenikos)在约翰·瓦塔泽斯与弗里德里希二世的女儿成亲的婚礼庆典上发表的结婚祝词(nuptial poem)是用民间(political)韵律格式写成的,它采用了宫廷庆典诗的风格,与狄奥多勒·普洛德罗姆斯所写的新婚祝词风格极其一致。尼古拉斯·伊林尼科斯的诗向我们介绍了拜占庭宫

---

[13] 海森伯格:《文选,关于意大利的拜占庭编年史手稿的报告》,18、37。
[14] 关于伊林尼科斯,见原书第529页。

廷盛大庆典的新的信息,因此有历史和文化方面的价值。[15] 克伦巴赫认为,此诗与近代希腊的婚礼诗歌相似,因此,作者是直接从当时的民间诗歌中汲取了这类诗歌的精华。但我对这种看法是不能苟同的。[16]

在十字军时期,特别是在第四次十字军以后,在东罗马帝国的领地上建立了许多拉丁的封建领地,出现了一些以民间语言写的史诗作品,描述一些传奇故事,它们以神奇的笔调,主要描写了爱情和骑士冒险故事。在十字军以前的拜占庭史诗文学方面的一部著作,即狄吉尼斯·阿克里特斯的传奇故事特别著名。[17]

十字军时代在拜占庭创立了更复杂的文学形式。法兰克征服者将西方确定的封建主义模式带到了东方,自然也使他们的新臣民了解了西方的 12 世纪骑士文学作品普罗旺斯的冒险传奇(*romans d'aventures*)和其他作品,很快在希腊土地上的拉丁人宫廷广泛传播。中世纪的法国传奇故事在德国、意大利和英国已经证明了它的普世性,当然也一定能在希腊扎根,而且,13 世纪初希腊的社会条件似乎更适合于它。于是,就提出了一个问题,这一时期拜占庭的传奇叙事诗是否仅仅模仿西方的模式呢?或者说,它完全是拜占庭生活条件下的产物,只是这种条件与西方相似,因此,这类传奇故事只是部分地受到了西方的影响呢?柏里认为:

---

[15] 海森伯格:《文选,关于意大利的拜占庭编年史手稿的报告》,III。安得列瓦:《13 世纪拜占庭宫廷文化论文集》,15。

[16] 克伦巴赫:《拜占庭文献史》,768。海森伯格:《文选,关于意大利的拜占庭编年史手稿的报告》,III。

[17] 关于这部史诗,见原书第 369—370 页。

第八章 尼西亚帝国(1204—1261年)

"可能希腊人熟悉了西方浪漫传奇,才促使他们写出吸纳西方思想的作品,这同《贺拉斯歌集》(Odes of Horace),或维吉尔的《田园》(*Eclogue*)及《埃涅阿斯》(*Aenieid*)被认为是受到了它们的希腊原型影响所发生的过程是一样的。"[18]学者们在这个问题上根据对文学资料的研究提出了各种不同的意见。但这些作品通常是匿名作者所写,有的写作年代难以准确判断,其风格、韵律及文学、历史内容也不同。

有一部匿名传奇诗《贝尔山德罗和赫利山查》(*Berthandros and Chrysantza*),其出现时间大约可定在13世纪,是拜占庭传奇文学的一个代表作品。其内容有一些被后人可能在15世纪修改过的痕迹。[19]

这部传奇史诗的大致情节如下:有一位皇帝罗德菲洛斯,他有两个儿子,菲拉尔莫斯(Philarmos)与贝尔山德罗。他的小儿子贝尔山德罗以英俊勇武著称,不堪忍受父亲的迫害,离开自己的祖国去异国他乡碰运气。他行陆路进入了土耳其,然后进入亚美尼亚(即小亚美尼亚,亦称乞里奇亚),到达了塔尔苏斯;在塔尔苏斯附近的一条小溪旁,他看到水里有一颗星星在闪亮。这颗星把贝尔山德罗带到了一个怪异事件百出的神奇城堡——"爱之堡"('Ερωτόκαστρον)。在这座城堡里,他从两个雕像上的铭文中,得知

---

[18] 柏里:《骑士传奇》,5。

[19] E.莱格兰德:《希腊民间文学目录》,I,125—168。海森伯格的文章是在一部 G.梅利阿德斯所著的详细研究中世纪希腊传奇文学、并含注释和词汇解释等的著作中重印的,该书即《12世纪的传奇贝尔山德罗与赫利山查》(*Βέλθανδρος καὶ Χρυσάντζ-α, Μυθιστόρημα XII αἰῶνος*)。见《拜占庭与当代希腊研究杂志》,VI(1928),270。

自己命中注定要与"大安条克国伟大国王的美丽女儿"赫利山查发生一段爱情。[⑩] 他于是决定要看一看"'爱之堡'中所有凄苦的及甜蜜的美人"[⑪]，贝尔山德罗在"爱之堡"的领主，"爱的国王——他戴着皇冠，手持一个巨大的权杖和一支金箭"[⑫]——邀请下，走近了他的御座。听完了贝尔山德罗对自己的生活的陈述之后，国王让他在40位姑娘中选出一个最美丽的，送给她一枚用"钢铁、黄金和黄水晶的丝绞制成的魔杖"。[⑬] 然后，在故事中，对选美场面的描述恰像巴黎人的审美方式，且反映了为皇帝选择最美的新娘的著名拜占庭习俗。当贝尔山德罗将魔杖交给最美丽的姑娘时，他周围的一切，包括国王及40个姑娘就突然间"像梦幻"一样消失了。[⑭] 贝尔山德罗离开了城堡，五天后，到达了安条克城外，他看到了安条克国王带着廷臣和猎鹰正在出猎。安条克的领主给了他一个臣属的位置。突然，贝尔山德罗认出了国王的女儿赫利山查正是"爱之堡"内接受他所赠魔杖的姑娘。这一对年轻人之间立即燃起了爱的火花，他们不顾东方习俗中对于闺房生活的严格限制，于夜间在皇室花园中幽会。但是，这次幽会的结局对于贝尔山德罗来说真是糟透了：黎明时分，皇宫卫队发现了这对年轻人，他们捉住了贝尔山德罗，将他投入监狱。赫利山查于是说服她的忠实女仆去说明，贝尔山德罗在花园中是为了会见这位女仆。赫利山

---

⑩ 莱格兰德：《希腊民间文学目录》，V.421，P.139。
⑪ 同上。
⑫ 莱格兰德：《希腊民间文学目录》，vss.492—494，P.141。
⑬ 同上书，vss.537—538，P.142。
⑭ 同上书，V.724，P.148。

查的父亲闻此言,遂饶恕了贝尔山德罗,并且,在赫利山查的秘密许可下,贝尔山德罗与这位女仆举行了形式上的婚礼。贝尔山德罗与赫利山查的秘密关系于是维持下来。10个月以后,这对恋人、那位女仆和一些忠实的仆人逃离了安条克;在渡过一条湍急的河流时,这位女仆和那些仆人丧生。这对恋人绝处逢生,来到了海岸,遇见了贝尔山德罗的父亲罗德菲洛斯派出来寻找他的小儿子贝尔山德罗的希腊舰队;因为他所宠爱的长子已经死去。船员们认出了贝尔山德罗,遂立即将他和赫利山查迎接上船,回到了首都。对于重见自己的儿子已经感到绝望的皇帝罗德菲洛斯,兴高采烈地迎接了这对年轻人。该传奇故事的结尾描述了贝尔山德罗和赫利山查的庄严婚礼,主教主持了仪式,将皇冠戴在贝尔山德罗的头上。

学者们对于这个匿名作者写的传奇故事的评论,反映了他们对于十字军时期拜占庭传奇故事的一般看法。一些学者认为,是一部已经失传的或尚不为人知的法国骑士传奇构成了《贝尔山德罗和赫利山查》这部传奇故事的基础;在"爱之堡"(希腊语称之为 *Erotocastron*)中,他们看到了法国普罗旺斯史诗中的"爱之堡"(*Chateau d'amour*)的影子。在罗德菲洛斯和贝尔山德罗的名字中,他们看到了人们通常所见的西方名字鲁道尔夫(Rodolph)和贝特朗德(Bertrand)的希腊化的读音;[15]甚至有人认为,"贝尔山德罗和赫利山查"的故事,充其量不过是一部著名的14世纪生

---

[15] 克伦巴赫:《拜占庭文献史》,858—859。

活在百年战争期间的法国骑士贝特朗德·迪盖斯克兰（Bertrand du Guesclin）之传奇故事的希腊文翻版。[⑯] 克伦巴赫倾向于认为，在中世纪发现的希腊民间诗歌如"爱之堡""埃罗斯（Eros）"及其他作品中，其原型都可以归于西欧的资料。他写道，贝尔山德罗和赫利山查的故事无疑是希腊人写的，但却是在长期以来已经对法兰克文化十分熟悉的土地上写的。最主要的是，该故事情节是来自法兰克人的还是来自希腊-东方的资料，仍无法确定，只有待该传奇的真正原版发掘出来之后才会有定论。[⑱] 柏里认为，贝尔山德罗和赫利山查的传奇，从其结构、描述和思想来看，从头到尾都是希腊式的，没有任何理由可以将其归因于西方的影响。在法兰克人和希腊人的土地上，存在着文化的平行发展现象。正如 12 世纪法国的传奇故事皆以大量的史诗为前导一样，13、14 世纪的希腊传奇故事也有其史诗的背景。在上述两个地域，传奇故事之主题的产生，都直接地或间接地受到了希腊化世界的影响：在法国，主要是受到拉丁文学，特别是奥维德诗歌的影响；在希腊，则受到了在那里从来没有泯灭的文学传统的影响……当西方的骑士在东方定居时，希腊人由于他们的体验，已经拥有了为骑士传奇所需要的所有思想、资料和形式。因此，12 世纪的法国文学对于希腊，并没有如在德国那样，产生那样巨大的影响。西方的传奇文学在有着

[⑯] 见 T. 瓦尔顿（T. Warton）《英国诗歌史》（*History of English Poetry*），W. C. 哈茨利特（W. C. Hazlitt）编，II，302—303。

[⑱] M. 吉得尔（Gidel）：《当代希腊文学研究》（*Études sur la litérature grecque moderne*），123—150；关于这部传奇的整个故事的分析和研究，见 105—150。克伦巴赫：《拜占庭文献史》，860。柏里：《骑士传奇》，5—10。

第八章　尼西亚帝国(1204—1261年)

与西方相似的原创性的主题、构思和奇妙素材的人民中间并不显得那么新鲜。当然,在十字军期间,来自法国文学的一些影响,通过两种文学在基督教西方的联系和融合,这一事实却不容否定。但是,总的说来,法国和拜占庭传奇文学有着一个共同的希腊化的基础,它们是沿着平行的道路、互相独立地同时发展的。[118] 如同迪尔所说,贝尔山德罗和赫利山查的传奇故事始终是纯粹的拜占庭的,而且,希腊文明给予征服者法兰克男爵们的东西似乎远比从他们手中接受的东西要多得多。[119] 另一则"爱情故事"《卡利马库斯(Callimachos)和赫利索罗叶(Chrysorroë)》是以民间韵律格式写成,也应是13世纪的作品。[120]

近年来,人们已经开始关注巴尔干半岛西部与伊庇鲁斯君主国,与这个在拜占庭帝国的废墟上建立起来的第二个希腊人中心的历史相关的13世纪著名人物。其中有纳乌帕克图斯(纳乌帕克图斯城,意大利语为勒颁多)大主教约翰·阿波考库斯(John Apocaucus);科西拉(Corcyra,科西拉岛,意大利语称之为科孚[Corfù])都主教乔治·巴尔达内斯(Bardanes);和奥赫利德城(位于马其顿西部,该城于13世纪前半期臣属于伊庇鲁斯君主国)都主教底米特里·科玛特努斯(Demetrius Chomatenos)等。

1897年,当克伦巴赫写作他的《拜占庭文献史》时,还仅仅能

---

[118]　柏里:《骑士传奇》,10,21—24。
[119]　迪尔:《拜占庭人物传》,II,337。
[120]　《用民间语和韵律诗写成的希腊传奇故事选》(Collection de romans grecs en langue vulgaire et en vers),S. 兰普罗斯编,1—109。见克伦巴赫《拜占庭文献史》,855—857。蒙特拉蒂奇:《拜占庭文献史》,191。

提到纳乌帕克图斯参加了反对拉丁人的论争,也可能是一份当时保存在牛津大学尚未发表的信件的作者。[19] 但是,自从 V.G.瓦西列夫斯基以彼得堡的一份手稿为依据,出版了约翰的信件集,而且,法国学者佩特利底斯(Pétridès)以牛津手稿为基础出版了约翰的一部分作品之后,学者们于是能够了解这位作者的传奇人生。[12] 乔治·纳乌帕克图斯的手稿文献的全部出版,还远远没有完成。

约翰·阿波考库斯,纳乌帕克图斯的大主教,死于 13 世纪 30 年代,曾经接受过良好的教育。可能是在青年时代,他曾经在君士坦丁堡生活。后来,他成为纳乌帕克图斯都主教,积极参加了伊庇鲁斯的政治、公共的及宗教的生活。约翰似乎是生活在独立的伊庇鲁斯和该王国临时征服地区生活的希腊正教教职人士中的爱国者的领袖,而且,也许是一个政治领袖;他还在伊庇鲁斯君主们与正教的最高权威、希腊牧首进行的斗争中,支持了伊庇鲁斯的君主们,而伊庇鲁斯君主的竞争者尼西亚君主则支持牧首。[13] E.A.切

---

[19] 《拜占庭文献史》,93、476。

[12] 瓦西列夫斯基:"13 世纪伊庇鲁斯主教书信集",《拜占庭年鉴》,III(1896),233—299。S.佩特利底斯(S. Pétridès):"约翰·阿波考库斯,未出版过的书信和其他文献"("Jean Apokaukos, letters et autres documents inedits"),《君士坦丁堡俄罗斯考古研究所学报》,XIV, 2—3(1909),1—32。另外 11 份与约翰·纳乌帕克图斯的名字有关的文献是由 A.帕帕多布鲁-克拉梅乌斯(Papadopoulo-Kerameus)编辑的"纳乌帕克图斯大主教约翰·阿波考库斯书信集"("Συνοδικὰ γράμματα Ἰωάννου τοῦ Ἀποκαύκου μητροπλίτου Ναυπάκτου"),《拜占庭杂志》(希腊),I,(1909),3—30(只有原文文献)。至于纳乌帕克图斯的约翰·阿波考库斯的全部著作目录,见 M.韦尔恩霍弗尔(Wellnhofer)《约翰·阿波考库斯,纳乌帕克图斯大主教在埃托利亚》(Johannes Apokaukos, Metropolit von Naupaktos in Aetolien)(1155—1233),1—5。

[13] 瓦西列夫斯基:"13 世纪伊庇鲁斯主教书信集",《拜占庭年鉴》,III(1896),234。

尔努索夫(Chernousov)写道,约翰不是一个"远离尘世、禁闭在自己的密室中、仅仅关心宗教事务的忧郁修士。相反,从他的思想方法和性格,他对'自我'的揭示,以及从事文学活动的方式来看,可以看出,在某种程度上,他具有后来意大利人文主义者的特征"[134]。在阿波考库斯的作品中可以明显看出他对写作的兴趣和热情,这使他写出了大量的信件;可以看出他对大自然的热爱和对古典文学的态度,对于古典文学活动中的代表性人物,如荷马、阿里斯托芬、欧里庇得斯、修昔底德、亚里士多德和其他人物,他给予了极高的评价,这些古典作品,和《圣经》一道,是他进行分析和比较的丰富源泉。目前出版的他的作品有40多种,包括信件、各种教理方面的著作和警句寓言等。[135] 与他通信的人物有伊庇鲁斯君主狄奥多勒·科穆宁和著名的雅典城都主教迈克尔·阿克米纳图斯。由于约翰·阿波考库斯的信件没有能全部出版,因此,对于他作为一个作家和政治家身份的更全面确定的评价还有待于将来。[136]

对于伊庇鲁斯君主国统治时期第二个杰出人物、科西拉都主教乔治·巴尔达内斯,长期以来一直有误解。16世纪末,《基督教会年代纪》的作者巴罗尼乌斯红衣主教根据乔治致皇帝弗里德里希和曼纽尔·杜卡斯的信件,推断巴尔达内斯是12世纪的人。因

---

[134] "13世纪拜占庭尚未被人们认识的人物"("From a Byzantine Backwoods of the Thirteenth Century"),《纪念V.P.布泽斯库尔论文集》(*Essays Presented to V.P. Buzeskul*),281。

[135] 佩特利底斯:"约翰·阿波考库斯,未出版过的书信和其他文献",《君士坦丁堡俄罗斯考古研究所学报》,XIV,2—3(1919),1—3。

[136] 韦尔恩斯威廉霍弗尔:《约翰·阿波考库斯,纳乌帕克图斯大主教在埃托利亚》,68—69。

为他们以为这些信件是乔治致弗里德里希一世和曼纽尔一世科穆宁的。[190] 后来的学者们发现,乔治所写的一些著名信件中所论争的问题,与12世纪发生的事件并不一致,就得出了一个结论,认为有两个科西拉的乔治,一位生活在12世纪,另一位生活在13世纪。这一错误被克伦巴赫于1897年出版的《拜占庭文献史》所接受。[191] 但是,在1885年,这一问题就被V.G.瓦西列夫斯基最后解决了,他无可辩驳地证实了历史上只有一个科西拉都主教乔治,他生活于13世纪;而且,他的信中所指的两位皇帝是弗里德里希二世和萨洛尼卡的君主曼纽尔,后者是萨洛尼卡皇帝狄奥多勒·杜卡斯·安吉列的兄弟,而安吉列曾经被保加利亚人逮捕。由此,乔治·巴尔达内斯应该生活于13世纪。[192]

乔治可能是出生在雅典,先是迈克尔·阿克罗波利塔的学生,后来成为他的朋友和与他通信的笔友,这些书信揭示了许多他本人生平的信息。乔治曾经在尼西亚的宫廷生活了一个时期,后来回到了西方,被约翰·纳乌帕克图斯任命为科西拉都主教。伊庇

---

[190] 《基督教会年代纪》(*Annales ecclesiastici*),泰奈尔编,XIX,413—415。
[191] 克伦巴赫:《拜占庭文献史》,91、770。
[192] "保加利亚大教区的重建",《公众教育部杂志》,CCXXXVIII(1885),224—233。E.库尔茨:"乔治·巴尔达内斯,科西拉都主教"("Georgios Bardanes, Metropolit von Kerkyra"),《拜占庭杂志》(德文),XV(1906),603—613。在更多的近期著作中,乔治·巴尔达内斯曾经被诺登错误地认定是12世纪的人,《教宗统治与拜占庭》,112—113;米勒:《利凡特的拉丁人》,12页注2;哈斯金斯:《中世纪科学史》,212页注113。科戈纳索曾经在他的《曼纽尔·科穆宁死后拜占庭的政治分裂和王朝斗争》(*Partiti politici e lotte dinastiche in Bizanzio alla morte di Manuele Comneno*),293页及注1中正确地论述了这件事。戈鲁博维奇在既没有看到瓦西列夫斯基的论述,也没有看到过库尔茨的文章时,表达了他的愿望,希望这一复杂问题能在预期的时间内得到解决。《圣地与东方方济各会文献目录集》,170—175。

第八章 尼西亚帝国(1204—1261年)

鲁斯君主狄奥多勒·安吉列特别宠信乔治。乔治的那些重要信件保留了下来,迈克尔·阿克罗波利塔在读到这些信件时能够感觉到这些信件之文风的优雅和阐述问题的清楚明了;然而,这并不足以阻止迈克尔在他的信件中对乔治进行教诲并纠正其文中的一些败笔。[20] 除了这些信件外,乔治还写了一些反对拉丁人的辩论文章和一些长短句诗歌。

13世纪前半期著名的希腊教职人员和修道士、奥克利达的大主教底米特里·科玛特努斯,由纳乌帕克图斯的约翰加授圣职,后者还为萨洛尼卡的伊庇鲁斯皇帝狄奥多勒举行了加冕仪式。纳乌帕克图斯留下了150余篇作品、书信,其中讨论了许多立法和宗教问题,也有许多教规方面的训词、对来信的回复、司法判决、会议决议等。这些作品对于研究拜占庭法制史,特别是教会法的历史具有特别重要的意义;它们还提供了13世纪前半期伊庇鲁斯、阿尔巴尼亚、保加利亚及拉丁国家的教会历史、民风民俗和国际关系的重要信息和资料。

纳乌帕克图斯都主教约翰·阿波考库斯,科西拉大主教乔治·巴尔达内斯和奥克利达大主教底米特里·科玛特努斯是伊庇鲁斯帝国君主国和短命的萨洛尼卡帝国文化运动中的最著名的代表人物。[20]

在拜占庭艺术发展方面,在拜占庭领地上建立的数个法兰克人公国使得许多艺术家离开君士坦丁堡和萨洛尼卡,到当时强大

---

[20] 迈克尔·阿克罗波利塔文集,兰普罗斯编,II,282—289、289。
[20] 这三位作者在蒙特拉蒂奇的《拜占庭文献史》中并没有被提及。

的塞尔维亚王国去寻找新的发展阵地,或者与那些已经在威尼斯定居的艺术家合流;"当时出现了一次画匠的'大流散'(diaspora*)。这些拜占庭艺术的传播者给斯拉夫画派以方向,迟至今日,我们才开始理解它的全部成就的意义。"[20]但是,艺术的传统在拜占庭并没有泯灭,巴列奥洛格王朝时代的艺术复兴,在一定程度上归因于13世纪保留下来的早期传统和成就。

尼西亚帝国时期的文学运动在拜占庭文化史上有着伟大的意义。在尼西亚皇帝的宫廷内形成的中心成为文化活动的摇篮,它面对政治上的分裂、严酷的国际斗争和帝国内部的矛盾,保存、挽救,并继承发展了科穆宁王朝时期的第一次希腊文化复兴的成就,使得后来在巴列奥洛格王朝时期第二次希腊文化复兴的出现成为可能。尼西亚帝国成了联结两次希腊文化复兴的桥梁。

13世纪,在巴尔干半岛西部,即伊庇鲁斯领土上形成的文化中心是联系基督教东方世界与西欧,特别是意大利的文化运动之间的纽带。13世纪在霍亨斯陶芬朝弗里德里希二世统治下的意大利文化运动的兴起,即"文艺复兴运动的序幕",虽然至今还没有得到深入的研究,但已经受到了普遍的重视、讨论和传播。但是,同一世纪尼西亚帝国文化运动的兴起,特别是被忽视的伊庇鲁斯国家的文化运动,却还没有引起人们的重视。事实上,发生在意大利、尼西亚和伊庇鲁斯这三个地区的文化运动,是大体同步平行发展的,而且或许它们之间有过相互影响。甚至,只要看一看13世

---

* 此处所用的是犹太历史中的专有名词"大流散"。——译者

[20] 多尔顿:《东方基督教艺术》,19—20。迪尔:《拜占庭艺术手册》,II,735—736。

第八章　尼西亚帝国(1204—1261年)

纪伊庇鲁斯文化的兴起,就不会认为它仅仅属于地方性的个别现象,它必定应被置于13世纪欧洲文化发展的整体历史之中。

拜占庭的封建制

在很长一段时间里,封建主义被认为是中世纪西欧的特有现象,因而,将这一地区的历史与其他地区的历史分别加以研究。[203] 人们甚至假定,封建制度的表现形式在所有的西方国家,本质上都是相似的。人们甚至忽视了这一事实,即,封建制度的建立,在西方的各个国家都有其个性的东西。然而,近来,封建主义这一名词被推而广之;学者们开始注意到,封建化的过程可以在世界的不同地区和历史的不同阶段看到。比较历史学的方法消灭了长期占统治地位的重要的历史偏见,即通常被称为封建主义的这一复杂的政治、社会和经济现象只属于中世纪的西欧。因此,目前,封建主义这一名词的使用有了两重含义,一是广义的,另一种是狭义的。中世纪西欧的封建主义只是封建主义的一种形式,而且是封建主义的狭义的使用方式;而在广义的范围内,封建主义是一个文化的发展阶段,而且,据许多历史学家和社会史学家的论断,这是所有民族在其历史发展中的必经阶段。毫无疑问,封建主义的过程并非在每一个地区都达到它完全的发展形态;例如,有时候,它的过程仅限于社会发展的范围内,而不具备政治上的意义。无论如何,

---

[203] 这一节的原文见于我的俄文著作《利凡特的拉丁倾向》,56—74,但在该书的英文版和法文版中被忽视了。本节经过修改后以英文发于《拜占庭》(布鲁塞尔),VIII (1933),583—604。在本节中,这一部分做了一些修改。

将这一问题的研究范围从西欧中世纪的局限性中推及世界,就使得学者们能够发现在古埃及、在阿拉伯哈里发国家、在日本、在太平洋诸岛,以及在古代俄罗斯存在的封建主义形式。在每一个国家,只要条件具备,处于不同发展阶段的封建制度就可能存在;然则,它却不是不可避免的必然现象。

俄罗斯学者 P. 文诺格拉多夫(P. Vinogradov)给封建制度下的一个简洁而准确的定义是:"封建主义是以政治关系的领地方面和领地关系的政治方面为标志的。"[28]显然,这一概念忽略了经济方面。后来,学者们提出并开始重视经济方面,现在,则成为必须考虑的因素。

关于西欧封建制度的起源问题,有过许多不同的意见,有些意见甚至是互相对立互相矛盾的。有些学者将它归因于古代和中世纪转型时期已经存在的日耳曼因素及罗马因素;一些人相信它是加洛林王朝立法的结果;还有一些试图将此复杂的结构归因于几乎无人知道的古代日耳曼生活的社会条件,特别是人们想象中的古日耳曼"马尔克"(March)的社会条件。所有这些理论目前还只有历史上的意义,它们只是深刻地描述了学者们要把对于诸如"封建主义"这样复杂的历史现象的理论解释建立在真正的学术基础上所付出的有时是超凡的劳动。

西欧封建制度的许多典型特征,可以通过罗马帝国在其前三个世纪中的社会条件来解释。那时出现的一些因素后来成为封建

---

[28] "伦巴德人治下意大利封建关系的起源"("The Origin of Feudal Relations in Lombard Italy"),《公众教育部杂志》,CCVII(1880),137。

第八章 尼西亚帝国（1204—1261年）

主义的组成部分。"赐地"（*precarium*）或"恩地制"（*beneficium*）、庇护制以及豁免权等，在罗马帝国时期是非常普遍的现象。"恩地制"原指一种暂时性的财产，有时是由占有者终生享有的。因此，在一定条件下、供一时（经常是终生）占有的授予地，也通常被称为"恩地"（*beneficia*）；在上述条件中，居首位的通常是占有土地者提供军役服务，因此，恩地制通常意味着是以服军役为前提的临时性赐地。后来，当西欧封建制度基本形成以后，恩地演化为封地（*feodum-fief*），即在一定条件下被授予的有继承权的土地。封建主义（*feudalism*）一词就来源于封地（*feodum*）这个词，但该词的词源则还没有弄清楚。庇护制（*patronage*），即将自己置于一个更有力的人保护之下的习俗，从罗马时期一直传续到中世纪，而在封建时期开始有一拉丁化的名称，即侍从（*commendatio*），有时则用德语来表达，即 *mundium*。最后一项，即豁免权（*immunitas*），在罗马时期就普遍存在，在封建时期，特指给予一些个人以一定的国家权利；这些人经常可以免于为国家服役，政府官员也被禁止进入这类获得豁免权的领地。

在罗马帝国的西部，随着中央政权的衰落，上述三个在一个特定时期相互独立的因素逐渐集中到一个人身上；获得这些权利的人，即土地所有主，再向下分配恩地，获得侍从（附庸），并行使豁免权。换言之，土地所有主成了宗主。这一过程既发生在俗界，也发生在教会中；在各个不同的国家是以不同的方式进行的。

拜占庭的封建制问题还没有被人们很好地研究；深入进行研究仍然有必要，而且人们必须慎于下结论。但是，目前至少有可能谈到拜占庭的封建主义和封建化过程问题，而在不久之前，若谈及

"拜占庭封建主义"却显得立论不足了。

鉴于拜占庭帝国是罗马帝国的延续,因此,可以说,类似恩地制、庇护制和豁免权等现象当然可以在拜占庭的内部生活中看到。问题在于这些现象在帝国的东方各行省不同的条件下发展到什么程度,采取了什么形式。

在东方,希腊语词 kharistikion 与拉丁语 beneficium(恩地)是相对应的,希腊语词 kharistikarios 则与 beneficiarius(承恩者)相对应,后者是指获得了土地,而以服军役为交换条件的人。但是,在拜占庭,特别是在 10 世纪早期,将土地作为恩地分配的情况通常用于修道院,这类土地既分配给俗人,也分给修士。有可能的是,这种拜占庭的恩地与破坏圣像时期相联系,当时,帝国反对修士的斗争导致了修道院土地的还俗,使皇帝有了丰富的土地资源可用于恩赐。从各方面推测,可以认为,这种情况就是导致原义并不专指授予寺院土地的名词 kharistikion 失去了其本来意义而专门用来指授赐修道院土地。研究拜占庭内部生活的一个权威人士 P.V.贝佐布拉佐夫写道:"kharistikion 制的特点是,一个修道院的所有者,不管他可能是什么人(皇帝、主教或个人),将该修道院授予某人终生管理,此人即获得 kharistikarios(承恩者)的头衔。该承恩者将收取修道院的全部岁入,并有责任维持修道士们的生活,维修修道院建筑,简言之,即管理修道院的全部经济活动。显然,其余的岁入收获当属于承恩者。"㉖另一位俄罗斯著名的拜占

㉖ 《一位拜占庭时期的作者和政治家——迈克尔·塞勒斯》(*A Byzantine Writer and Statesman, Michael Psellus*),I,29。

庭学者 Th.乌斯宾斯基坦率地指出,"kharistikion"制度,作为授赐修道院和教会土地的一种体制,是先在教会内部发展起来的,与那些在俗界存在的处理土地财产权力的习俗和法规完全一致。[206] 如果上述对教产恩地的定义,特别是乌斯宾斯基的定义,可以接受,那么一定能肯定,罗马过去的所有类似制度都已经消亡。但这一结论是错误的。所谓的 kharistikion 制度是古代罗马的赐地—恩地制的残存,它之所以具有了不同的意义只是由于帝国东半部的特殊情况所使然。

在异教罗马时期,军事地主就已经存在,它的特别表现是帝国边界附近的土地都被赐予军人作为世袭的财产。但是受赐的特别条件是,占有土地者必须保卫帝国的边疆,并将这项义务传给他们的后人。这一措施的开端通常认为是罗马帝国的皇帝塞维鲁·亚历山大统治时期,即 3 世纪前半期,当时他将从敌人手中夺回的边境上的土地都赐给了边境上的士兵(limitanei)和他们的首领,条件是,他们必须世代相袭为国家服军役,这与获得土地的公民的义务没有什么不同。尽管一些学者断言,这种边界领地(agri limitanei)与后来的恩地或采邑(feodum)[207]并没有什么联系,但还是有不少著名的历史学家不无理由地发现了中世纪恩地制的根源就

---

[206] "11—12 世纪君士坦丁堡市地方议会关于分配教会地产(kharistikaria)问题的规定和敕令"("Opinions and Decrees of Constantinopolitan Local Councils of the Eleventh and Twelfth Centuries Concerning the Distribution of Church Possessions〈Kharistikaria〉"),《君士坦丁堡俄罗斯考古研究所学报》,V(1900),5。

[207] 亦见弗斯特尔·库朗热(Fustel de Coulanges):《封建制度的起源》(Les Origines du système féodal),I,11,特别是 9。

在于前基督教时期罗马帝国的土地分配制度。⑳ 被纳入6世纪《查士丁尼法典》中的一则于5世纪前半期狄奥多西二世皇帝颁发的《新律》声称,帝国的东西两部都实行这样的原则,即前线士兵,或称边防兵(limitanei milites)作为占有土地的前提,必须遵照古法(sicut antiquitus statutum est)为国家服兵役。㉙

7世纪初开始,在波斯人、阿拉伯人、阿瓦尔人、斯拉夫人和保加尔人入侵的威胁下——这些民族经常成功地占有帝国重要的和富饶的边境行省,政府在整个帝国范围内加强了军事组织;因此,可以说,它将边境的组织形式用到内陆的行省中。但是,从7世纪到9世纪拜占庭经常遭受到的严重军事失败,特别是破坏圣像时期的内部矛盾和为争夺皇位而进行的斗争,显然破坏了组织良好的军事土地所有制;大土地主,即所谓"权势者"或豪绅,趁机反对国家法令,购买军事地产。因此,当10世纪马其顿王朝的皇帝们颁布著名的《新律》保护农民利益,抵制"权势者阶级"的兼并倾向时,他们也同时在保护军事领地。罗曼努斯·雷卡平、君士坦丁·波菲罗杰尼图斯、罗曼努斯二世和尼斯福鲁斯·福卡斯的《新律》都是以恢复军事领地的稳固和不受侵犯为目的的,特别是要保证这样的军事领地不要落到那些不服军役的人手上;换言之,这些《新律》基本上是重申上述狄奥多西二世时期颁布的,而后为《查士

---

⑳ 吉莱切克:《中世纪塞尔维亚国家和社会史》(Staat und Gesellschaft im mittelalterlichen Serbien),I,40—41。亦见 P. 穆塔弗奇也夫(P. Mutafčiev),《13—14世纪拜占庭的边界领地和士兵》(Vojniški zemi i vojnici v Vizantija prěz),XIII—XIV,34。

㉙ 狄奥多西:《新律》,XXIV;见《狄奥多西丛书》,XVI,T. 蒙森和 P. 梅耶编,II,63。《查士丁尼法典》,XI,60,3。

丁尼法典》所承续的那则法令。曾经认为斯拉夫对拜占庭的影响是拜占庭内部生活中最重要的因素的 Th. 乌斯宾斯基,这样评述军事领地:"如果人们发现,在 10 世纪时一些农村公社的痕迹出现在军事领地的组织中,这显然表明,这种结构是斯拉夫因素的影响而非罗马的起源,但是,它的最初表现一定归于斯拉夫民族在小亚细亚定居时期。"[21]但是,这位著名俄罗斯史学家的假定并不能被证实。拜占庭的军事领地制在某种程度上说一直延续到拜占庭的末日;至少,从 11 世纪—14 世纪的立法文献中可见,10 世纪的皇帝们所确立的原则一直被认为有效,尽管在事实上并非如此。

在一个相当长的时期内,如一些零星资料和模糊不清的事实所能够说明的是,在拜占庭,显然人们没有接受任何一个专门的词汇来特指皇家的恩赐,可能只有 *kharistikion* 这个词是例外;但是,人们还没有从这个角度来研究这个词的用法,因此,人们使用这个词时可能只是一个假设,而且它是一个相当夸张的假设。在 11 世纪以后,开始有一个专门指代皇家恩赐的词汇出现在拜占庭的资料中;这个词汇原来只是与 *kharistikion* 交替使用,但后来开始特别用于皇家的恩赐,即 *pronoia*(普洛尼亚)。

一些学者曾经错误地将这一词汇的来源归于德语词 *Frohne*(意为农役,即强制性的劳役);因为他们先是在塞尔维亚文献中,而不是在拜占庭的文献中发现该词的,他们甚至认为,塞尔维亚人

---

[21] "关于拜占庭农民土地所有者的历史"("On the History of Peasant Landownership in Byzantium"),《公众教育部杂志》,CCXXV(1883),326。

在他们还是哥特人的邻居时就借用了这个词。[21] 自不待说,普洛尼亚一词是希腊词汇,意为"深思、照料",在基督教会中,意为神意(*providence*)。但是,当这个词被用来特指皇家恩赐地产时,并没有因此而失去它原来的含意,因此,在后来无法确定的历史时期内,拜占庭文献中出现的 *pronoia* 一词同时含有上述两种意义;同样,在西方,封建社会的词汇 *beneficium* 也没有失去它原来所具有的"恩赐、恩准"的含义。

那些请求获得或得到了一所修道院作为恩地(kharistikion)的人,就有义务照料这块地产,用希腊语讲,就是获得这块地的监护权(*take pronoia of it*)。因此,接受这样一片领地的人,有时不仅被称为承恩者(kharistikarios),而且是供养人(pronoetes)。在此人照料该领地期间,这块领地就被称为普洛尼亚。据 Th. 乌斯宾斯基的论点,在拜占庭,普洛尼亚一词"意指将一块有居民的土地,或者是另一种吸纳年贡的产业赐予某位官员,作为(受地者)服役的报酬或者是由该产业提供一定的义务为条件"[22]。这里特别指的是军事义务。普洛尼亚并不是一块无条件继承的世袭产业;占有普洛尼亚者不得出售、转让或者放弃这块领地。换言之,普洛尼亚与前基督教时期罗马帝国皇帝们所赐予的军事领地是一个性质。"普洛尼亚"是由皇帝亲自赐予或者以他们的大臣们的名义赐

---

[21] 见 A. 马伊可夫(A. Maïkov):"关于古代塞尔维亚的土地财产"("On Land Property in Old Serbia"),《俄罗斯历史与古迹研究学会通讯》(*Chteniya of the Society of Russian History and Antiquities*),I(1860),28—29,I(1902),注 1。

[22] "拜占庭和南斯拉夫地区普洛尼亚制的意义"("Significance of Byzantine and South-Slavonic Pronoia"),《纪念 V.J. 拉曼斯基(V.J. Lamansky)从事学术研究和教授活动 25 周年关于斯拉夫研究的论文集》,I,22,29。

第八章　尼西亚帝国(1204—1261年)

予的产业。

早在10世纪,就出现了普洛尼亚这个名词,意指一块以军事服役为条件的领地。普洛尼亚一词的特殊用法完全确定只是在11世纪后半期的文献中才开始出现。这一现象并不能证明普洛尼亚的这一意义在早些时候不存在。早期文献的进一步出版和由这一特别角度对早期文献的研究可以确定,普洛尼亚一词的特殊意义的出现早于11世纪。在科穆宁时期,授予臣属以普洛尼亚的体制已经是一件普遍现象。伴随十字军和西欧对拜占庭的影响,特别是在偏爱拉丁人的皇帝曼纽尔一世(1143—1180年在位)统治时期,以希腊文形式出现的西欧封建社会的专有词汇在拜占庭逐渐出现,如 *lizios* 一词,就同中世纪拉丁词汇 ligius 相对应,指一位附庸,即一块采邑的持有者。值得关注的是,当第四次十字军,即西欧领主们开始在东方占领地定居时,他们发现当地的土地占有情况与西方十分相似,很容易采取他们自己的封建形式。在一份13世纪初的文献中,拜占庭皇帝的赐地被称为"采邑"(fiefs)(*de toto feudo*, *quod et Manuel quondam defunctus Imperator dedit patri meo*)[213]。同一时期的另一篇文献证实,西方征服者对于被征服者继续按照原来的方式管理,从他们那里的征伐的税役与他们在希腊皇帝统治下所承受的分量完全一样(*debemus in suo statu tenere*, *nihil ab aliquo amplius exigentes*, *quam quod facere consueverant temporibus graecorum imperatorum*)[214]。关

---

[213] 塔菲尔和托马斯:《威尼斯共和国的古代贸易及国家历史文献》,I,513。(此处为拉丁文,意为:曼纽尔皇帝逝前将这片采邑授予吾父。——译者)

[214] 塔菲尔和托马斯:《威尼斯共和国的古代贸易及国家历史文献》,II,57。(此处为拉丁文,意为:我们将保持原臣属的税赋负担同以前一样,不超出他们在希腊皇帝治下的份额。——译者)

于拜占庭领土上封建关系研究方面的更多的资料见于《莫里亚编年史》中,此书包括了关于这一问题研究的丰富资料。普洛尼亚制度在整个中世纪的拜占庭都存在,一直到帝国的灭亡。

对于拜占庭帝国普洛尼亚制度的研究,以及有关恩地和军事服役份地的研究,值得我们特别关注,而且有可能获得最重要的成果,[215]它的意义不仅在于可以使人们更好地、更正确地全面了解拜占庭的土地经营情况和其内部生活,而且有助于将它同其他国家,包括西方国家、斯拉夫国家和伊斯兰国家,及后来的奥斯曼帝国进行生动而有益的比较。

Pronoia 一词在塞尔维亚文献中经常出现。在俄罗斯历史上,*pronoia* 有时可以与俄罗斯的 *kormlenie*(供养地)相比。这是古代罗斯的传统:古罗斯贵族被赐予城镇或行省作为 *kormlenie*,通常是一块土地,作为服军役的报酬;这些贵族于是有机会从地方居民那里获得食物(*korm*)、礼品和费税,并对当地进行司法及行政的管理,但是俄罗斯的 *kormlenie* 并不意味着占有这块土地,而仅在于使某一城镇或行省的管理者有权享受这一领地上的岁贡。因此,拜占庭的 *pronoia* 与莫斯科公国的 *pomestye* 更为相似,这种 *pomestye* 是一临时占有的领地,条件是占有者提供军役义务,后来,这种制度就迅速有了等级制的特点。

罗马的庇护制(*patrocinium*)或者是西欧类型的侍从-附庸(*commendatio-mundium*)模式在拜占庭也很普遍。狄奥多西和

---

[215] 关于普洛尼亚制的研究,见穆塔弗奇也夫《13—14世纪拜占庭的边界领地和士兵》,37—61。奥斯特洛戈尔斯基:《普洛尼亚制》(1951),以塞尔维亚文撰写。

第八章 尼西亚帝国(1204—1261 年)

查士丁尼的法典中都有相当一些敕令涉及这类问题,自 4 世纪以后,接受庇护者(在法典中称之为 *patrocinium*)受到了严重的惩罚,因为穷人将他们自己置于其富裕而有势力的邻居们的庇护之下,希望以此方式逃避国家的各种义务,特别是沉重的税收,对此,国家是不能认可的。在查士丁尼的法典和后来皇帝们的立法中,有一个希腊语词能够与拉丁语词 *patrocinium* 相对应,此即 *prostasia*,意为"代表某人利益,庇护者,保护者",而不论它以什么形式出现,都是国家所禁止的。尽管中央政府采取了禁止性的措施,大土地所有主(权势者)仍然继续着他们获利甚好的庇护制或是 *prostasia*,在国家的纳税人群之间设立了一派中间势力,皇帝的权威不能控制这种罪恶。罗曼努斯·雷卡平于 922 年签发的《新律》禁止"权势者"从穷人手中接受任何财产,提到了富裕者压迫穷人的各种方式,其中就有 *prostasia*,即庇护制。

拜占庭也有过豁免制度,被称为 *exkuseia* 或 *exkusseia*(ἐξκουσσεία),这仅仅是拉丁语词 *excusatio*(动词为 *excusare*)的希腊语动词 ἐξκουσεύειν,或 ἐξκουσσεσθαι 的简化形式,其意义是相同的。对这种豁免制度特别重视的学者们发现,最早出现的颁赐豁免权的帝国文献(即黄金诏书)是在 11 世纪中期(1045 年),因此人们不能从这一制度中看到距此太久远的罗马时期豁免制度的残余因素,于是试图从其他方面解释它的起源。有一个学者,即 N. 苏沃洛夫把拜占庭豁免制度,即 *exkuseia* 的起源推至西方的传统习俗,它以日耳曼形式传入拜占庭。按照他的意见,"在晚期拜占庭的豁免制与罗马法中的豁免制度中找不到任何历史的联系。即使我们假设日耳曼人的豁免权有着罗马的根源,但它进入拜占庭帝国时,已经带有了法兰克的形式"。⑯ 另一位专门研究 exkuseia (豁免)问题的学者 P.雅科文科(P.Yakovenko)不同意上述意见;他认为,这种豁免制度独立地产生并发展于拜占庭,他还拒绝承认拜占庭的豁免权与罗马时期的豁免权有任何联系,因为在此两种体系中存在着明显的差别。"exkuseia 体制的起源是由于罗马国家体制的退化引起的拜占庭内部政治的无序。与此同时,公法与私法原则的混淆也有一定的影响。由于这些原因,exkuseia 制的核心产生了;国家官员被禁止进入得到特许权的领地,接受豁免权的人也获得了在此领地上征收国家岁入的权力。"⑰

在罗马的立法文献中,拉丁语 immunitas 和 exkuseia 在意义上是一致的,一些著名的法学家试图在此二者之间找到一些确定的区别,却没有最后的结果。⑱

在狄奥多西和查士丁尼的法典中,有一些严厉的条款禁止税收方面的豁免权,其中谈及豁免权时用的是 immunitates 或动词形式 excusare。

拜占庭时期的文献在涉及赐予豁免权(exkuseias)问题时,认为多数受益者是修道院。据这些条例,拜占庭皇帝以豁免证书形式赐予受益人的特权,主要涉及禁止皇帝的官员进入有特权的领地,这些地区享有免税权和司法权等;换言之,在这里,是以西方封

---

⑯ N.苏沃洛夫:《拜占庭年鉴》,XII(1906),227—228。

⑰ 见《论拜占庭豁免权的历史》(On the History of Immunity in Byzantium),38、46、63。

⑱ 见《论拜占庭豁免权的历史》,6。亦见 C.乌斯宾斯基"拜占庭帝国的豁免权"("Exkuseia-Immunity in the Byzantine Empire"),《拜占庭年鉴》,XXIII(1923),76。

第八章 尼西亚帝国(1204—1261年)

建模式出现的真正的中世纪豁免权。

人们通常认为,最早赐予上述豁免权的皇帝诏书出现于11世纪中期。但这并不足以证明,在此以前没有颁赐过豁免权,尤其是传至今日的11—12世纪这类文献的表达方式和风格表明,豁免权的概念在当时已经相当普遍,而且确定无疑、众所周知,不需要任何解释。但这还不是全部理由。9世纪晚期到10世纪的马其顿王朝的皇帝们赐予阿索斯山修士们的特许状中,已经包含了豁免权的所有相关因素。瓦西里皇帝(867—886年在位)颁布的一则特许状,保护所有那些"选择了在阿索斯山的修道生活"的修士们免于受到军事指挥官、帝国官员、市民个人和农民的干扰,以"使任何人不得进入阿索斯山的圣处,打扰这些修士们"[219]。这一特许状在瓦西里的儿子智者利奥六世时期(886—912年在位)得到了重申。另一则重申这则"早期统治者"批准的特许状的文件是10世纪前半期由罗曼努斯一世雷卡平(919—944年在位)签署的。[220] 在划分阿索斯山地界的其他现存的10世纪文献中,也都提到此前历代皇帝们的特许状;这些特许状是在7世纪和8世纪早期由君士坦丁四世(668—685年在位)、受劓刑者查士丁尼二世(685—695年、705—711年在位)和第一位恢复圣像崇拜的女皇伊琳娜(797—802年在位)以及她的儿子君士坦丁六世(780—797年在

---

[219] P.乌斯宾斯基:《基督教的东方,阿索斯山》(*The Christian Orient Athos*),III(1),37、295。

[220] 同上书,45、49、298、299。

位)颁布的。㉑ 当然,人们不可能确切说明这些文献包含哪些内容,但是根据阿索斯修士们对于土地划分问题的争议来看,可以假定,这些文件也提到了豁免权。㉒

刻在一则铭文中的、皇帝查士丁尼二世于688年9月颁布的敕令,可以视为早期"豁免权"的实例。在这则敕令中,查士丁尼二世将萨洛尼卡的一块盐田赐予圣德米特里教堂,使它"从此以后直到永远"成为教堂的财产,它将被免除以前的任何义务。在他的敕令中,查士丁尼二世坦率地说明了他赐予这块盐田的目的,是要使这块盐田上的全部收益用于教堂照明、僧侣的日用支出、维护教堂建筑的必要花费和僧侣们的所有其他需要。㉓

享有特权的修道院往往被称为修道院公爵领(monastery-princedoms)㉔,它们是在查士丁尼大帝(527—565年在位)时期发展起来的,这些修道院的豁免权可能与4世纪时君士坦丁皇帝和他的继承者赐予基督教僧侣的特权有关。㉕ 事实上,所有这些零星文献中所涉及的豁免权问题,都完全是涉及修道院生活的。但是,许多早期的特许文献业已丢失,而且,关于拜占庭豁免权的问题所做的相关研究,尤其是它在11世纪以前的历史情况,非常之

㉑ P.乌斯宾斯基:《基督教的东方,阿索斯山》,51。

㉒ C.乌斯宾斯基:"拜占庭帝国的豁免权",《拜占庭年鉴》,XXIII(1923),99。

㉓ A.A.瓦西列夫:"查士丁尼二世于688年9月颁布的一则敕令"("An Edict of the Emperor Justinian II, September, 688"),《史鉴》,XVIII(1943),9。

㉔ C.乌斯宾斯基:《拜占庭史纲要》,187、190—191、195。

㉕ 关于修道院豁免权的详细情况,见C.乌斯宾斯基"拜占庭帝国的豁免权",《拜占庭年鉴》,XXIII,99—117。

第八章 尼西亚帝国(1204—1261年)

少。许多拜占庭资料,包括历史、年代纪、圣徒生活等,都已经出版,却很少有人从豁免权的角度对之进行研究。如果这些现成的文献得到了充分研究,那么,也会出现一些新的、更重要的、涉及拜占庭世俗人士的豁免权方面的资料。也许可以因此确定,拜占庭豁免权的起源可上溯至罗马的豁免权制度,并且是基督教帝国从异教罗马帝国那些承接下来的复杂的社会遗产的一部分。㉘

关于拜占庭帝国的庇护制(prostasia)和豁免权(exkuseia)问题的进一步研究,对于更好地理解拜占庭的内部生活和其邻国阿拉伯帝国和斯拉夫国家的内部历史,特别是古代罗斯国家的内部历史也是特别重要的。N. 帕弗洛夫—西尔万斯基(Pavlov-Silvansky)对于古罗斯国家的封建制进行了重要研究,将西方的庇护制与俄罗斯的 zakladnichestvo(抵押)相比较,并将西方的豁免权与俄罗斯的 bayar samosud(俄罗斯贵族享有的司法权)进行对比,然而,如果该作者能够使用拜占庭的资料而不是只把自己局限于对西方资料的分析,这一成果会有更大的价值。

大土地所有主(他们在罗马帝国时期被称为 latifundia)的存在也是拜占庭帝国社会结构中的一个特点。有势力的行省中的巨富们有时对于中央政权极具威胁性,乃至于帝国中央政府不得不采取严厉的措施对付他们,但时常是不成功的。

在这方面,积极地反对大土地所有主的查士丁尼大帝统治时期,有着特别重要的意义。普罗柯比的《秘史》和查士丁尼的《新

㉘ 乌斯宾斯基否定这一点;他写道:"拜占庭的豁免权并不是从罗马的豁免制度中继承下来的。"见 C. 乌斯宾斯基"拜占庭帝国的豁免权",《拜占庭年鉴》,XXIII,115。

律》披露了关于此问题的重要资料；带有偏见地、片面地编撰的6世纪作品《秘史》显然反映了大地主的思想和他们的利益，但只要使用得当，它仍然是反映当时拜占庭内部生活的一部最有价值的资料。《秘史》和查士丁尼的《新律》揭示了拜占庭皇帝反对以大地主为基础的贵族阶层的斗争，这场斗争不仅反映了6世纪的情况，而且持续到此后很久。查士丁尼的一则针对卡帕多细亚省督的《新律》，谴责了这一地区各行省的国有和私有地产主们在地方富豪的肆意盘剥下所遭遇的无助状态，其中有如下的重要内容："朕闻得各行省中官员的滥用职权达到如此登峰造极的程度，乃至于其上层机关的任何人亦无法纠正之。朕甚至羞于提及那些被保镖所簇拥着到处招摇过市的大地产的庄头们是多么无耻至极，他们正在如何被大批下等人所追随，在无耻地掠夺一切。"接着，在列举了一些私人地产后，《新律》继续阐述："国家财产已经尽入私囊，因为它们被掠夺、被侵吞，甚至包括所有那些马匹，而且，竟然没有一个人会站出来讲公道话，因为所有的人被他们用黄金堵住了嘴。"[22]从这些论述来看，卡帕多细亚的大地主们对于所在行省有着完全的支配权，而且他们拥兵自重，或者其他武装人员或保镖等，控制着私人和国家的土地。关于查士丁尼时代埃及的相似情况，也可以在草纸文献中发现。一个著名的大土地贵族阿比安家族在6世纪埃及的许多地方占有巨量的地产。整片的村庄都是他的私产。他的住宅几乎就是皇宫。他有自己的秘书、看门人、成群的奴仆、自己的估税员和征税人、自己的司库、自己的

---

[22] 《新律》,30,5;舍埃尔-克罗尔编,228;扎哈利亚·冯·林根塔尔编,I,268。

第八章 尼西亚帝国(1204—1261年)

保安,甚至自己的邮政。许多这样的大地主私设监狱并养着自己的军队。[28]

为了对付大地主,查士丁尼进行了无情的斗争。他以多种方式有意识地、持续不断地摧毁大地产。但是他没有完全成功,大地产直到帝国后期仍然保持着它的活力。

一方面,查士丁尼是世俗大地产的确切无疑的敌人,另一方面,他却致力于保护和增加教会和修道院的财产。在拜占庭帝国,查士丁尼时代是教会和修道院大地产形成的最重要时期,这些享有豁免权的大地产形成了诸如修道院公爵领或修道院采邑等封建的中心。根据一位历史学家的意见,它们在拜占庭的地位,相当于西欧的公爵领和伯爵领。[29] 但是,西欧封建领地的特点首先是,它们是不稳定的、软弱的且有时是与中央集权相分离的。从封建的角度看,拜占庭修道院的大领地,是由反封建的因素创立和管理的,管理修道院的住持(igumens)拥有全部的权力,实际上是他们自己领地上的君主或独裁者。也许这就是拜占庭封建制的一个最典型的特点。

在拜占庭教会和修道院的大地产形成过程中,7世纪是最为重要的时期。自从阿拉伯人占领了修道主义特别繁荣的巴勒斯坦和埃及之后,相当一部分修道士逃到了帝国的内地;旧的修道院挤

---

[28] H.I.贝尔:"拜占庭属埃及的奴隶制"("The Byzantine Servile State in Egypt"),《埃及考古杂志》,IV(1917),101—102。A.A.瓦西列夫:《拜占庭帝国史》(法文版),I,208。关于阿庇安家族的情况和它的财产,见 E.R.哈尔迪(E.R. Hardy)《拜占庭埃及的大地产》(*The Large Estates of Byzantine Egypt*)。

[29] C.乌斯宾斯基:《拜占庭史纲要》,198。

满了避难者,新的修道院也建立起来。因此,7世纪后半期和8世纪早期可以认为是修道院大地产发展的鼎盛时期。修道院享有种种特权,削弱了国家财政;随着大批强壮男丁进入修道院从而免于服军役,又削弱了帝国的军事力量。国家对此是不能容忍的。瓦西列夫斯基说:"没有任何疑义,我们可以推断,早在破坏圣像运动之前,东方教会在占有土地的规模上与西方教会相比已经毫不逊色。法兰克国王们早就开始抱怨说,他们的国库已经衰竭,他们的财富都转移到了主教们和修士们手中;到7世纪末,法兰克国家有三分之一的土地已经属于教会。我们相信,在同一时期的拜占庭帝国,许多情况与在法兰克国家是一样的。"[29]

可以设想,以破坏圣像政策著称的伊苏里亚诸帝所进行的斗争不仅仅是针对圣像本身,也是针对修道院的地产或修道院的封建制的斗争。[30] 在破坏圣像时期,拜占庭修道院的土地被无情地没收,那些并非是由于宗教的动机,而是为了免于担负各类国家规定义务而进入修道院的僧侣们以及那些附属于修道院地产的人,因此而被迫承担他们对国家的责任。

---

[29] "拜占庭国家内政史料"("Materials for the Internal History of the Byzantine State"),《公众教育部杂志》,CII(1879),222。另见瓦西列夫斯基《著作集》,IV,319—320。

[30] C.乌斯宾斯基特别强调这一点,见他的《拜占庭史纲要》,213;亦见 N.约尔加"破坏圣像运动的起源"《罗马科学院历史部通报》,XI,(1924),147—148;约尔加:《拜占庭生活史》,II,32—43。夏尔·迪尔和 G.马尔赛:《东方世界,395—1081》,263,特别是注 46。这一观点受到 G.奥斯特洛戈尔斯基的强烈反对,见他的"论伊苏里亚时期的所谓的改革活动"("Ueber die vermeintliche Reformtatigkeit der Isaurier"),《拜占庭杂志》(德文),XXIX(1929—1930),399页注 2。亦见奥斯特洛戈尔斯基"中世纪拜占庭的农业状况"("Agrarian Conditions in the Byzantine Empire in the Middle Ages"),《剑桥欧洲经济史》,I,208—209。

第八章 尼西亚帝国(1204—1261年)

但是,随着破坏圣像运动的结束,以及马其顿王朝的皇帝登上皇位,情况发生了变化。修道院的数量再次迅速增长,所掌握的土地数量也迅速地增长。破坏圣像的皇帝们暂时中断的,在教会和修道院中发生的封建化的过程又开始以一种无法估量的方向发展,甚至有时危及了中央政府的权力。法国学者查尔斯·迪尔在写到这一时期时说:"(对小地产的)掠夺在继续;大土地贵族的势力一直在增长;封建主义一直在发展。在9世纪,这种危机已经特别严重。"㉓

在帝国的政治生活中,6世纪末的总督与西欧的封建领主、公爵、伯爵等有极其相似之处。这些总督在皇帝莫里斯统治时期(582—602年)是两片大领地,即北非的迦太基总督区和拉文纳总督区的统治者。总督们(*exarchs*)首先是军事指挥官,后来逐渐地在他们手上集中了行政和司法权,并对总督区里的教会事务有了最终决定权。无论何时,只要总督进入罗马城,人们总是像迎接帝王一样地迎接他们。总督们进入罗马城的典礼后来成为迎接法兰克国王和德意志皇帝所参照的模式。例如,774年查理大帝进入罗马城时,就是按照当年迎接总督的仪规进行的。在整个中世纪,罗马城都按照这一模式迎接帝王们。㉓ 因而,毫不奇怪,迦太基和

㉓ 夏尔·迪尔《拜占庭兴衰史》,167。

㉓ L.杜切斯内:《大主教手册》,I,497:cum adclamationum earundemque laudium vocibus ipsum Francorum susceperunt regem, obviam illi eius sanctitas dirigens venerandas cruces id est signa, sicut nos est exarchum aut patritium suscipiendum, eum cum ingenti honore suscipi fecit(在教宗哈德良时期,772—795年,对查理大帝的入城式的描述)。E.埃赫曼(E. Eichmann):"西方皇帝加冕仪式研究,II,关于皇帝加冕礼的地点"("Studien zur Geschichte der abendländischen Kaiserkrönung, II, Zur Topographie der Kaiserkrönung"),《历史学年鉴》,XLV(1925)。E.坎塔罗维茨(E. Kantarowicz):"'国王驾临式'和圣萨拜那门上神秘的镶嵌板"("The 'King's Advent' and the Enigmatic Panels in the Doors of Santa Sabina"),《艺术通讯》(*The Art Bulletin*),XXVI(1944),211页注23。

拉文纳的总督们一次又一次揭竿而起,向皇帝的宝座挑战。7 世纪初非洲总督希拉克略的起义,导致了拜占庭帝国以这位总督的儿子(也叫希拉克略)为帝的新王朝的建立。

与此相关的是莫里斯皇帝统治时期,这两位几乎是完全独立的总督受命在莫里斯死前数年病重期间为他草拟遗嘱。这一遗嘱显然在莫里斯生前无人知晓,是在希拉克略时期被发现和披露出来的。遗嘱中,莫里斯将帝国分给自己的儿子们:他指定将君士坦丁堡和东方各行省分给他的长子;罗马、意大利和地中海上诸岛给他的幼子们。[24] 这一遗嘱没有得到实行,因为 602 年发生了革命,莫里斯皇帝被推翻;但这一遗嘱显然是一次典型的封邦建国的企图,这种分封行为在西方所谓"封建时期"(*appanage*)的墨洛温王朝和加洛林王朝以及古罗斯都是经常发生的。

新的行省制度,用拜占庭的词汇说,即"军区"(*theme*)制的形成过程,它的组织结构也可以用作从事封建比较的资料。在 7 世纪,由于波斯人、阿拉伯人和保加利亚人、斯拉夫人的威胁,拜占庭实行了一种新的行省组织,在一些大的区域内指定一位军事首领,使他逐渐取得对于行政事务的最高控制权。后来,这些行省总督在 9—10 世纪时就逐渐将他们的权力和职衔在家族内一代一代传续;他们于是成为自己管理的行省中世袭的统治者,摆脱了皇权的控制。[25] 他们的地位相当于西方同时代的世袭公爵和伯爵们。

在小亚细亚的东方前线上与阿拉伯人几乎不间断的战争导致

---

[24] 塞奥菲拉克特·西莫加特:《历史》,VIII,2,7;德博尔编,305—306。

[25] 从圣徒的传记中可以发现一些这样的实例,见 A. 鲁达科夫(A. Rudakov)《以希腊圣徒传记资料为依据的拜占庭文化简史》(*Outlines in Byzantine Culture Based on Data from Greek Hagiography*),201—202。

第八章 尼西亚帝国(1204—1261年)

了所谓"边境武士"(akritai)的出现。Akrites(复数形式为 akritai)在拜占庭时期用于指代帝国边防线上的保护者,它来自希腊语词汇 akra,即"边境"。这些边境武士有时相对于中央政府保持一定的独立性,因此有理由将他们与西欧封建时期的边地侯(margraves)们(意为边境上*的统治者)相比,也有理由将他们与俄罗斯历史上乌克兰(ukraina,意即边境)的哥萨克相比。在这些边境地区,战事连绵不断,毫无"安定"可言,用一位法国历史学家 A.兰姆鲍德(Rambaud)的话来说:"人们感觉到远离拜占庭帝国,而且人们甚至不是生活在一位英明的君主管理下的行省,而是在西方那样混乱无序的封建状态下。"[29]英国历史学家 J.B.柏里说,在东方与萨拉森人(阿拉伯人)进行的不间断的斗争,促进了一类新的战士(kavallarios,即骑士,德语称 Ritter)的出现,"他们心中充满了冒险精神,习惯于不受皇帝和军事领袖之权威的束缚……在 10 世纪,他们中间的许多人占有着大片的领地,更像是西欧那样的封建男爵,而不像罗马的军官"[30]。小亚细亚著名的福卡斯家族、斯克莱鲁斯家族、马雷努斯家族、菲罗卡尔家族都是小亚细亚大地主的典型代表,他们占有大片的地产,不仅是帝国社会中的特殊阶层,而且由于他们能够在自己的周围集结自己的军队,成为统治者家族的严重政治威胁,马其顿时期的瓦西里二世(976—1025 年在位),与他们进行了不妥协的、坚持不懈的斗争。马其顿朝诸帝颁布的保护小土地所有主的诸多《新律》再一次表

---

* 此处用的是日耳曼传统词汇 march,即"马尔克"。——译者
[29] 《拜占庭历史研究》,73。
[30] 《骑士传奇》,17—18。

明,从国家的角度看,大地产的发展对国家有何等严重的威胁。

11世纪的艰难时期的特征是小亚细亚那些依仗军事力量的大土地所有主与中央政府的斗争。斗争的结局是1081年,大土地所有主的代表人物阿列克修斯·科穆宁夺取了皇位,建立了一个持续时间较长(1081—1185年)的王朝。但是,阿列克修斯被迫承认特拉布松是一个几乎完全独立的国家。并且在他统治时期,他采取了严厉的措施反对教俗界的大土地所有主。反对大土地占有者的尖锐斗争发生在科穆宁朝的最后一代皇帝安德罗尼卡一世(1182—1185年在位)时期。但是,在安吉列王朝时期,大地产的势力又取得了优势。

随着十字军时期的到来,西方十字军人和其他西方人士出现了。开始,他们只是路过拜占庭的领地;后来,特别由于曼纽尔皇帝的亲拉丁政策,他们大批定居,深入到拜占庭社会和经济生活的所有领域。最后,在第四次十字军之后,他们占领了拜占庭的大部分领土。到这一时期,拜占庭的封建化过程已经取得了确定的形式。西方人发现,在帝国的所有方面,没有任何东西会令他们感到新奇。

大批重要的、可用来研究十字军时期拉丁人占领地的封建制情况的资料,可见于这些国家编纂的法典中。其中,占首要地位的是所谓《耶路撒冷法典》(*Assises of Jerusalem*)或曰《圣墓文献》(*Letters of the Holy Sepulchre*)。这一文献,据后来的耶路撒冷文献确认,出现于耶路撒冷王国的第一位统治者戈弗雷时期。当然,这里并不涉及关于该法典的诸多不同版本的复杂的争议性问题,以及所有涉及原法典和后来的《耶路撒冷法典》之间关系问题的讨论。该法典,无论起源如何,都是纯粹的13世纪的法典,而且,"《耶路撒冷法典》是以第一次十字军人带到东方的11世纪的封建法典为基础的"[28]。该法典不仅有助于更好地理解与地方条件有关的基督教东方的封建关系,而且有助于全面理解封建制度问题。一位专门研究耶路撒冷王国制度的法国历史学家迦斯东·多迪写道:"《最高法庭法》(Assises de la Haute Cour,该法规是《法典》中涉及拉丁王公与他们的附庸之间关系的那部分)代表了最古老、最纯粹的法国封建制的表述方式";现存文献的编辑者们"为我们留下了完整的关于封建领地制的记载,它远胜于中世纪留给我们的任何东西"。人们必须到《耶路撒冷法典》中来"研究封建制度的真正特点"。[29] 最近,一位美国历史学者约翰·L.拉蒙特写了一部关于晚期拉丁帝国封建王权的著作,其中他强调了同样的思想,他写道:"《最高法庭法》基本上是法国的封建法律,而且,如果封建制度仅仅意味着土地贵族之间的关系的话,那么,耶路撒冷的封建制度就是西方十字军人自他们的家乡带来的纯粹的西方封建制度。它一旦建立,就一直保持下来。在西方影响封建主义的因素在缓慢发展的东方影响很有限。因此,前人所强调的是正确的,即,在耶路撒冷的封建制度中,我们能够找到几乎是典型的封

---

[28] J.L.拉蒙特(J.L.La Monte):《1000—1291年耶路撒冷的拉丁王国中的封建王权》(*Feudal Monarchy in the Latin Kingdom of Jerusalem 1000 to 1291*),97。

[29] 多迪(Goston Dodu):《1099—1291年的封建王权史》(*Histoire des institutions monarchques… 1099—1291*),36、59。

建主义形式。11—12世纪的西方制度被移植到半开化的土地上,并且保持到此后的历史时期,而在这个时期,西方已经大部分放弃了这种制度。"[20]因而,基督教东方出人意外地为学者们留下一部封建时期的法典,它确立了一种制度,西欧在这个制度下曾经度过了一个很长的时段。

第四次十字军之后,《耶路撒冷法典》被十字军人所征服的莫里亚公国所接受,也被其他建立在拜占庭领土上的拉丁占领区,包括塞浦路斯所接受;在塞浦路斯,这部法典被译成希腊文。安条克的法典可以被认为是上述《耶路撒冷法典》的一个精妙的补充,它曾经给予安条克拉丁公国以正确的立法思想。安条克法典的原件已经遗失,现存着一部亚美尼亚的翻译本,19世纪时这部亚美尼亚文的法典被译成现代法语。因而,这些法国-东方版的法典对于研究西欧的封建历史,对于研究拉丁和希腊-拜占庭东方的历史,甚至对于研究奥斯曼法典的历史有着极其重大的意义。

对于拜占庭封建制的研究刚刚开始。1879年,一位俄罗斯历史学者 V. 瓦西列夫斯基在讨论到"普洛尼亚"制度时,下了这样的结论,即,只是在科穆宁和安吉列时代,人们才可能注意到,在拜占庭有一种"真正的封建秩序的胚胎,但还不是发达的制度"[21]。事实上,瓦西列夫斯基从来没有对拜占庭的封建制度进行专门的研究。他甚至不能想象在11世纪末以前,科穆宁登基的时候,拜占

---

[20] 见《1000—1291年耶路撒冷的拉丁王国中的封建王权》,xx.《罗曼尼亚法典中所披露的封建制度》(*Materials for the Internal History of the Byzantine State*),P. W. 托平译。(此处的罗曼尼亚,专指君士坦丁堡周围自称为罗马国土的地区。——译者)

[21] "拜占庭国家内政史料",《公众教育部杂志》,CCII(1879),415。

庭会存在任何封建化的过程。当然,西欧社会出现的组织严密的封建等级制度制造出了一系列封建领主、陪臣和附庸,这种制度在拜占庭从来没有出现过。"但是,"如夏尔·迪尔所正确评价的那样,"在拜占庭帝国,这种强大的行省贵族已经产生了同西方中世纪国家一样的结果;特别是在国家的中央政权被削弱之后,它们成为最危险的混乱及无序的根源。"[24]

所谓的社会、政治和经济封建化的过程,在拜占庭的整个历史上都可以观察到。

---

[24] 迪尔:《拜占庭兴衰史》,178。

第九章 拜占庭的灭亡

巴列奥洛格王朝的对外政策

"君士坦丁堡,宇宙的卫城,罗马帝国的首都,曾经沦于拉丁人的手中,现在,遂上帝所愿,又重新归于罗马人的统治之下——该城蒙上帝通过朕而赐予他们。"这些话出自迈克尔·巴列奥洛格(Michael Palaeologus)的自传,他是重建的拜占庭帝国的第一位皇帝。[①]

帝国的总体形势

迈克尔帝国的疆域,比起科穆宁和安吉列王朝时期的拜占庭帝国的领土,特别比起第一次十字军东征之后的领土范围来说,已经大大减小了。1261年,帝国包括小亚的西北角、色雷斯和马其顿的大部分、萨洛尼卡,以及爱琴海北部的一些岛屿。因此,博斯普鲁斯海峡和赫勒斯滂海,这些非常重要的战略和贸易水路,都属

---

① 《关于他的生平》,Par. viii,收于《基督教学报》,II,535;俄文版,556;法文版见C.查普曼《迈克尔·巴列奥洛格(1261—1282年),拜占庭帝国的光复者》,172。

于重建后的帝国。伊庇鲁斯王国又回到了帝国的宗主权之下。在迈克尔统治初期,在卡斯托利亚战役中俘获了亚该亚公爵威廉·维拉杜安(William Villehardouin),作为这位公爵的赎金,迈克尔得到了伯罗奔尼撒半岛上三个坚固的法兰克人要塞:一是蒙内姆巴西亚,坐落在希腊东海岸,巨大的岩石高耸于埃皮达弗鲁斯古剧场附近的海面上。这"不仅是伯罗奔尼撒半岛最独特的地方之一,而且还有着英勇的保持独立的辉煌纪录,仅凭这一点,它就有资格在世界的堡垒要塞名单中占据一个重要的位置";[②]其二是出了名的坚固城堡米斯特拉;第三个城堡是马伊那,是法兰克人在塔夫盖突斯山上建立的,目的是为了监视居住在那里的斯拉夫人。这三个据点成为拜占庭皇帝的军队成功地同法兰克的公爵威廉作战的战略基地。

但是这个以前伟大帝国的残余在所有方面都受到政治和经济上强大民族的威胁:土耳其人从小亚细亚,塞尔维亚人和保加利亚人从北方威胁着他们;威尼斯人占据了爱琴海中的一些岛屿;热那亚人当然指向黑海;还有拉丁骑士占据着伯罗奔尼撒半岛和中希腊的一部分。迈克尔·巴列奥洛格甚至不能使整个希腊的中心部分联合在一起。特拉布松帝国继续保持独立和分离的状态,拜占庭在克里米亚的领地——克尔松军区及附属于它的那片被称为"哥特高地"的领土——在特拉布松的皇帝们统治之下,并向他们缴纳贡赋。伊庇鲁斯的君主国是仅有的在一定程度上依赖于重建的迈克尔帝国的地区。在迈克尔·巴列奥洛格统治下,帝国的边

---

② W.米勒:《关于拉丁东方的论文》,231。

界达到了它后期的最大范围,但这些边界仅存于他的统治时期。因此,"在这方面,迈克尔·巴列奥洛格是第一个也是最后一个光复了的拜占庭的伟大皇帝"。③ 按照法国学者迪尔所说,巴列奥洛格一世的帝国就像"一个虚弱的、残疾的躯体被安置着一个巨大的头颅——君士坦丁堡"④。

帝国的首都,在1204年的洗劫后再没有恢复元气,至迈克尔时已是虚弱不堪;最好的和最富丽的建筑物矗立在那里,好像刚刚被洗劫过;教堂珍贵的陈设品已经被抢走了;布莱舍奈宫,从科穆宁时代起就是皇家的住地,一直用它丰富的装饰和镶嵌品向陌生人炫耀,如今已经完全被毁。据一名当时的希腊人所说,在它里面,充斥着从拉丁皇帝的喧闹的酒宴中散发出的"意大利人的烟尘和气味"⑤,已经不适合居住了。

尽管从文化发展的角度看,巴列奥洛格时期的拜占庭帝国仍然具有极大的重要性,但君士坦丁堡作为欧洲政策中心的地位消失了。"巴列奥洛格重建后的帝国,几乎仅具有中世纪希腊民族王国的地域性意义。在实质上,它只是尼西亚帝国的延续,尽管它建立在布莱舍奈宫内,并以过去拜占庭帝国的古代模式为自己定位。"⑥

---

③ T.弗洛林斯基(T. Florinsky):《14世纪第二季的拜占庭和南斯拉夫人》(*The Southern Slavs and Byzantium in the Second Quarter of the Fourteenth Century*),I,23。

④ 《巴列奥洛格时期的拜占庭帝国,拜占庭研究》(*L'Empire byzantin sous les Paleologues, Etudes Byzantines*),220。

⑤ 乔治·帕希梅利斯:《迈克尔·巴列奥洛格》,II,31;收于《拜占庭历史文献大全》,I,161。

⑥ B.A.潘臣克(B.A. Pančenko):"拉丁人占据的君士坦丁堡和教宗英诺森三世"("The Latin Constantinople and Pope Innocent III"),《诺沃罗西亚大学历史-哲学协会年鉴》(*The Annals of the Historical-Philological Society at the University of Novorossiya*),XXI(1914),1。

第九章 拜占庭的灭亡

围绕着这个正在衰老的机体,新来者正在成长和聚集力量,尤其是 14 世纪在斯蒂芬·杜尚(Stephen Dušan)统治之下的塞尔维亚人和奥斯曼土耳其人。有进取心的意大利商业共和国热那亚和威尼斯,特别是前者,控制着帝国的全部贸易,帝国在财政上和经济上越来越依赖于它们。唯一的问题是,上述哪一支民族能够结束东方基督教的帝国,占有君士坦丁堡,成为巴尔干半岛的主人。14 世纪的历史将使这个问题向着有利于土耳其人的方向发展。

虽然巴列奥洛格时期的拜占庭在国际政治生活领域占据次要的地位,但它的国内生活仍值得关注。在巴列奥洛格时期在希腊人中间出现了爱国主义情绪,随之有了重返古希腊的辉煌的倾向。例如,在形式上,皇帝们继续持有"罗马人的皇帝(basileus)"[*]和独裁统治者"这一通常的称号,但是这个时代的一些著名人物努力劝说皇帝们接受"希腊人的皇帝"这一新的称呼。这个由不同民族组成的曾经十分庞大的帝国,已经蜕变成一个领土十分有限的仅由希腊人构成的小国。在 14、15 世纪希腊人表现出来的爱国主义情绪和他们对光辉的希腊古代表现出的热情中,人们可以不无理由地看到促进 19 世纪当代希腊再生的要素。而且,巴列奥洛格时期,当东方和西方的因素都在帝国内部奇迹般地交错混杂在一起,产生了一种强有力的精神和艺术文化;考虑到当时帝国的内忧外患,这些在最初是很难预料的。在那个时代,在知识的各种领域,拜占庭不仅培养出相当多的学者和有教养的人、作家等,有时甚至

---

[*] *Basileus* 是希腊语对君主的称呼,在中世纪拜占庭,它成为希腊语中与拉丁词"皇帝"(*Imperator*)的对应词,取代了 *Imperator* 的地位。——译者

是很有创造力的天才。诸如卡里耶清真寺（Qahriye—jami,原拜占庭霍拉修道院的教堂）、伯罗奔尼撒半岛上的米斯特拉堡、圣山阿索斯的教堂内镶嵌艺术的丰碑都可以作为评价巴列奥洛格时期艺术创造力的重要依据。人们经常将这一艺术的繁荣与西欧原初的文艺复兴艺术,即意大利人文主义的早期艺术相比较。文学和艺术领域的这些现象,以及与19世纪和20世纪的许多学者的作品相关联的最重要的问题,都属于巴列奥洛格时期的拜占庭后期文化。

巴列奥洛格时代是拜占庭历史研究领域最少被重视的时代,其原因一方面是由于这一时期的内外历史,特别是内部历史非常复杂,另一方面是由于资料来源的丰富和多样化,许多资料还没有被出版,以手稿的形式保存在西方和东方的图书馆里。迄今为止*,还没有一部涵盖巴列奥洛格王朝所有统治者之活动的专著,现存的一些论文也只涉及这些皇帝活动的某一方面或另一方面。但有一个例外,即在1926年出现了C.查普曼（C. Chapman）的关于迈克尔·巴列奥洛格的专著,它简短、浅显,但具有通论的特点。⑦

巴列奥洛格王朝属于名门望族,从第一代科穆宁家族的皇帝开始,巴列奥洛格家族给拜占庭贡献了许多精力充沛和有天分的人,尤其是在军事领域。随着时间的推移,他们逐渐与科穆宁、杜

---

* 此处指本书英文版出版的时代。近几十年来,西方出版了许多研究巴列奥洛格王朝时期的专著,许多资料也得到整理出版。——译者

⑦ 《迈克尔·巴列奥洛格》,亦见Th.乌斯宾斯基《拜占庭帝国史》,III,607—656。

卡斯和安吉列的皇家有了亲缘关系。借助于这种亲属关系的力量,第一代巴列奥洛格家族的皇帝迈克尔八世经常在帝号后签署四个家族的姓氏,例如迈克尔·杜卡斯·安吉列·科穆宁·巴列奥洛格,而安德罗尼卡二世及其共治者——他的儿子迈克尔九世在多数情况下这样做,而安德罗尼卡三世则时而这样做。后来,皇帝签名时就只签"巴列奥洛格"[8]了。

巴列奥洛格王朝占据拜占庭王位一百九十二年(1261—1453年),是整个拜占庭历史进程中延续时间最长的一个王朝。[9] 第一个登上这个动荡的、大大缩小了的东部帝国王位的巴列奥洛格皇帝迈克尔八世(1261—1282年在位),生性狡猾、残酷,但却是位天才的外交家,成功地摆脱了来自西方,即两西西里王国的威胁,挽救了帝国,并把皇位传给了他的长子安德罗尼卡二世(1282—1328年),这位安德罗尼卡"本来应成为一名神学教授,但却碰巧成了拜占庭皇帝"[10]。安德罗尼卡有两段婚姻,他的第一个妻子安妮是匈牙利国王斯蒂芬·杜尚五世的女儿;他的第二个妻子维尔兰塔-伊

---

[8] P.雅科文科:《拜占庭文献研究领域文集,开俄斯岛上的新修道院研究》(Studies in the Domain of Byzantine Charters, The Charters of the New Monastery in the Island of Chios),79—80。亦见海森伯格《巴列奥洛格时期的历史和文献》,26(安德罗尼卡二世和他的两个家族姓氏)和图表III(安德罗尼卡二世巴列奥洛格。V.劳伦特:"巴列奥洛格早期皇帝的谱系"("La Généalogie des premiers Paléologues"),《拜占庭研究》(布鲁塞尔),VIII(1933),125—149。早期巴列奥洛格家族的谱系(11、12世纪),至迈克尔八世和他的兄弟们时期终止,146;比较简明的谱系表,见148—149。另见狄奥多勒·斯潘都吉诺(Theodore Spandugino,1538年以后去世)所记载的不大可靠的巴列奥洛格家族的谱系表,收于C.萨塔斯《中世纪希腊文献目录》,IX,175。

[9] 马其顿王朝统治的时间仅次于巴列奥洛格王朝,延续了189年。

[10] W.米勒:《雅典的加泰罗尼人》(The Catalans at Athens),4。亦见《利凡特的拉丁人》,176。

琳娜是北意大利的蒙斐拉侯爵的妹妹。维尔兰塔在她哥哥死后,成为侯爵领地的女继承人;作为拜占庭皇后,她不能继承领地,就把她的一个儿子送到那儿,在蒙斐拉建立了巴列奥洛格王朝的统治。该家族在那里的统治一直传续到16世纪前半期。[11]

安德罗尼卡在1295年给他前妻所生的长子迈克尔戴上帝国皇冠。迈克尔于1320年,先于其父去世,在历史著作中经常称他为他父亲共治皇帝的迈克尔九世。迈克尔曾计划迎娶库尔特奈家族的卡特琳娜,她是有名无实的罗马帝国(前拉丁帝国)皇帝的女儿,教宗对此计划很感兴趣;[12]但是最后,迈克尔娶了一位亚美尼亚公主克塞尼亚-玛丽亚。

迈克尔九世之子,即安德罗尼卡二世的孙子小安德罗尼卡,是父亲有生之年和他祖父在世时期的最爱。但是小安德罗尼卡轻率浮华,风流韵事不断,由于他的一次莽撞行为,其兄长被意外谋杀,其父亲迈克尔九世随之英年早逝。这完全改变了祖父对他的态度。不久祖孙俩人之间爆发内战。反对老安德罗尼卡的一方形成了一个强大派别,其精神领袖是后来著名的坎塔库津(Can-

---

[11] 维尔兰塔-伊琳娜死于1317年。见 F. 科戈纳索:"迈克尔九世巴列奥洛格为蒙斐拉的狄奥多勒一世颁布的金玺诏书"("Una crisobolla di Michele IX Paleologo per Teodoro I di Monferrato"),《拜占庭研究杂志》(意大利),II(1927),43。

[12] 关于这一主题,见 G.I. 布拉提亚努(G.I. Brătianu)"关于皇帝迈克尔九世巴列奥洛格与库尔特奈的卡特琳娜的婚姻安排(1288—1295年)"("Notes sur le projet de mariage entre l'empereur Michel IX Paleologue et Catherine de Courtenay, 1288—1295"),《东南欧历史杂志》,I(1924),59—63。C. 马林内斯库:"关于皇帝安德罗尼卡二世的两个儿子与拉丁人公主的婚姻安排的尝试"("Tentatives de mariage de deux fils d'Andronic II Paléologue avec des princesses latines"),《东南欧历史杂志》,I,139—140。

tacuzene)。内战以小安德罗尼卡的胜利而告终,1328年,小安德罗尼卡突然占领了君士坦丁堡并迫使老安德罗尼卡退位。被他废黜的老皇帝以修道士的身份结束了余生,死于1332年,他的长期统治对拜占庭帝国来说是衰败的新时期。

在小安德罗尼卡(1328—1341年在位)的政权中,居于首位的是参与叛乱的主要头目约翰·坎塔库津,帝国的内部行政管理和外交事务都落入他的手中。新皇帝像以前一样放纵于娱乐活动和狩猎聚会,他感到自己没有兴趣忙于处理政府事务,但他参与了其统治时期的多次战争。坎塔库津并不满足于他获得的巨大影响力,因为他的目标在于帝国的皇位,或至少是全权的摄政者。在安德罗尼卡政府统治的十三年间,这一想法一直主宰着坎塔库津,并且是激发他所有行为的动力。安德罗尼卡的母亲、寡妇克塞尼亚·玛丽亚和他的第二位妻子,西方的公主萨瓦的安妮⑬,都敌视坎塔库津。但是他以各种阴谋手段成功地保持了自己的权位,直到安德罗尼卡死去。

1341年安德罗尼卡三世死时,他的长子、新皇帝约翰五世(1341—1391年在位)只有差不多11岁。在围绕少年皇帝王位的长期内战中,约翰·坎塔库津扮演了主要角色。为了对付约翰·坎塔库津,帝国内形成了一个强大的集团,其中包括萨瓦的安妮,她已经被宣布为摄政;还有她的同党、坎塔库津从前的亲信,野心勃勃、精力充沛的君士坦丁堡牧首阿列克修斯·阿波考库斯;以及其他人等。这场14世纪的内部冲突的典型特征是外族人的参与,

---

⑬ 安德罗尼卡与德意志公主伊琳娜的第一次婚姻没有留下子嗣。

塞尔维亚人、保加利亚人,特别是塞尔柱突厥人和奥斯曼土耳其人时而支持这一党,时而支持另一党,追逐着各自的政治目标。安德罗尼卡三世去世几个月后,坎塔库津在色雷斯的一个城市中宣布自己为皇帝(称约翰六世)。不久,在君士坦丁堡隆重举行了约翰五世巴列奥洛格的加冕礼。这样,在帝国境内出现了两个皇帝。坎塔库津获得了土耳其人的强有力支持(他甚至把他的女儿嫁给了一个奥斯曼苏丹),因此他占了上风。他的主要对手阿波考库斯在君士坦丁堡被杀。坎塔库津在亚得里亚堡接受了耶路撒冷牧首的加冕,这位牧首把一顶金冠戴在新皇帝的头上。然后首都向他敞开了大门。摄政太后萨瓦的安妮被迫屈服,坎塔库津被承认为是同约翰·巴列奥洛格享有同样地位的皇帝。1347年,坎塔库津第二次加冕,他的女儿嫁给了年轻的巴列奥洛格皇帝约翰五世。坎塔库津的雄心勃勃的计划实现了。

这一年,罗马市府被一个著名的、满怀罗马共和国过去辉煌回忆的梦想家,即保民官科拉·迪里恩佐(Cola di Rienzo)控制了一个时期。坎塔库津向他派了一个大使,带着一封贺信,祝贺他取得了对罗马的权力。[14]

在约翰五世巴列奥洛格被推到后台期间,坎塔库津的残暴统治对这一时期的国际关系产生了重要影响。对坎塔库津来说,他须全力去取代巴列奥洛格家族;他宣布其子为共治皇帝和继承者,并禁止人们在教堂和公共节日中提到约翰·巴列奥洛格的名字。

---

[14] 科拉·迪里恩佐:《书信集》,A.加布列利(A. Gabrielli)编,收于《意大利历史文集,书信集》中,XIV 页注 6。

但坎塔库津在民众中的影响正在逐渐减弱,土耳其人在欧洲的立足给他的声望以致命一击。在热那亚人的帮助下,约翰·巴列奥洛格于1354年底进入了君士坦丁堡。坎塔库津被迫退位后,取了约萨法(Ioasaph)的教名退隐修道院,在撰写他的重要回忆录中度过了余生。⑮ 巴黎国家图书馆保存的一份希腊文手稿中保存了两幅重要的坎塔库津的微型画像,其中一幅中有两个坎塔库津,一个穿着皇袍,另一个穿着修道士的道袍。他的儿子也随之退位。

约翰五世巴列奥洛格最终成为了唯一的皇帝,但在毁灭性的内战和对外战争失败后,他接受的是一份可怜的遗产。T. 弗洛林斯基(T. Florinsky)说道:"一些岛屿和一个行省(色雷斯)完全毁灭了,人口大为减少,贪婪的热那亚人在靠近首都的海峡岸边得到了一个立足点,在海峡的另一边则出现了强大的土耳其人国家。这就是他必须统治的帝国。"⑯

约翰家族的麻烦并没有就此结束。约翰五世素来与自己的长子安德罗尼卡不睦,后者于1376年在热那亚人的帮助下废黜了老约翰,并加冕称安德罗尼卡四世(1376—1379年在位),他的儿子约翰同时成为共治皇帝。老约翰五世和他最喜爱的儿子和继承者曼纽尔却被送入监狱。1379年,约翰五世成功逃出,在土耳其人的帮助下恢复了皇位。约翰五世和安德罗尼卡达成了一项协议,该协议一直持续到1385年后者去世。此后,约翰五世无视他孙子的权利,而为其子曼纽尔加冕,使之成为自己的共治皇帝。终于,

---

⑮ 坎塔库津死于1383年。
⑯ 弗洛林斯基:《14世纪第二季的拜占庭和南斯拉夫人》,I,135。

就在约翰五世统治末期,他的孙子发动了反对他的叛乱。1390年,小约翰控制了君士坦丁堡,并作为皇帝约翰七世统治了几个月。来自威尼斯档案馆的新文献表明,1390年约翰的叛乱是由苏丹巴耶齐德组织的。同往常一样,威尼斯元老院经由她的商人而对君士坦丁堡的局势了然于胸,显然可以断定,当时巴耶齐德很可能控制着拜占庭的皇位。无论如何,1390年在威尼斯给那些将要去君士坦丁堡的特使的指示中,告诫他们:"如果在君士坦丁堡发现穆拉德的儿子[巴耶齐德],你必须设法从他那儿获得对威尼斯船只实行扣押的解除令。"[17]由于曼纽尔的积极努力,约翰五世得以复位。1391年初,经过长期的、飘摇不定统治的约翰五世死去,他的儿子曼纽尔成为皇帝(1391—1425年在位)。

这位新皇帝登上王位之前不久,娶了北马其顿统治者君士坦丁·德拉戈什(Constantine Dragosh)的女儿海伦,她是斯拉夫人,或者如 C.吉莱切克(C. Jireček)所说,是"唯一成为拜占庭皇后的塞尔维亚人"[18]。她生了六个儿子,其中两个是拜占庭最后的皇帝约翰八世和君士坦丁十一世;人们经常用他的外祖父的斯拉夫名字称君士坦丁十一世为德拉戈什(Dragases)。因此,帝国皇位上这两个最后的巴列奥洛格家族成员,都有一半斯拉夫人血统。海伦的一幅标以巴列奥洛格姓氏的画像,可见于巴黎卢浮宫博物

---

[17] M.西尔伯施密特(M. Silberschmidt):《土耳其帝国入侵时期的东方问题》,66—68。

[18] "伊庇鲁斯国君的寡妻与她的儿子"("Die Wittwe und die Söhne des Despoten Esau von Epirus"),《拜占庭与当代希腊年鉴》,I(1920),4;年谱表,6。在她去世之前,海伦隐居于一个叫作伊波梅尼的女修道院中。一些历史学家称君士坦丁十一世的母亲为伊琳娜,而不是海伦。

馆内一珍贵的希腊手抄本上一幅美丽的微型画中,画上描绘了曼纽尔皇帝和他的妻子海伦以及他们的三个儿子被圣母玛利亚加冕的场景。卢浮宫的珍藏品中,还有伪丢尼修(St. Dionysius)的作品,这一手抄本是在曼纽尔从巴黎返回到君士坦丁堡之后几年作为礼物送给巴黎的。[19] 海伦的另一幅肖像画被保存在一个铅制印章(*molybdobullon*)上。[20]

曼纽尔其人,潇洒,高贵,受过良好教育,富于文学天才,甚至年轻时在其父亲生前就明确地感到他所继承的帝国面临的所有恐怖形势和耻辱。当他父亲将萨洛尼卡统治权托付给他时,他开始同这座被苏丹穆拉德的军队所占领的马其顿城市的全体居民谈判,希望打败土耳其守备军,把该城从土耳其人束缚下解放出来。苏丹得知此计划便决定严厉惩罚萨洛尼卡的统治者。由于不能进行充分抵抗,曼纽尔企图寻求他那受惊吓的父亲对自己进行庇护,但没有成功,于是不得不直接动身到穆拉德的驻地,向他表达了对自己行为的忏悔之意。于是"并不虔诚但富有理性的苏丹",如15世纪一位历史学家所说,"十分好意地视他如座上宾招待好几天,并在他离开时给他带上旅行所需的食物和丰厚的礼品,并带一封信回到他父亲那儿,信上,苏丹请求约翰五世原谅他儿子的愚蠢行

---

[19] 这幅微型画被经常地再版重印。见 S. 兰普罗斯"巴列奥洛格家族的约翰八世的画像"(*Εἰκόνες Ἰωάννου Η΄ τοῦ Παλαιολόγου*),《当代希腊的珍藏品》(*Νέος Ἑλληνομνήμων*),IV(1907),386—387。兰普罗斯:《拜占庭皇帝,拜占庭皇帝画像辑录》(*Empereurs byzantins. Catalogue illustre de la collection de portraits des empereurs de Byzance*),53。G. 施伦伯格:《拜占庭和十字军》,145,和插图 4。

[20] B. A. 潘臣克:《君士坦丁堡的俄罗斯考古研究所收藏铅印目录》(*A Catalogue of the Molybdobulla of the Collection of the Russian Archeological Institute in Constantinople*),I,133(no. 380)。

为。"穆拉德在与曼纽尔告别时说:"要和平地统治属于你的国土而不要去追求别国的领土。但是,如果你需要钱或其他任何帮助,我将总是会很高兴地满足你。"[21]

后来,穆拉德的后继者巴耶齐德要求约翰五世送给他指定的贡品——他儿子曼纽尔和一些希腊人辅助军队。曼纽尔被迫屈服,加入掠夺成性的土耳其人远征军,直抵小亚细亚各地。在曼纽尔的信中很明显感到他的屈辱、无助和旅行的困苦。在描述了自己所忍受的饥饿、寒冷、疲劳和越过"甚至连野兽都吃不饱"的荒山野岭后,曼纽尔凄凉地评论道:"整个军队都处于这样的境况中;但对我们来说有一件事不能忍受:我们在和他们[土耳其人]共同作战,而且是为他们而战,这意味着我们在增强他们的势力而减弱我们自己的力量。"[22]在另一封信中,曼纽尔描述了他在远征期间看到的被毁城市:"当我问到那些城市叫什么名字时,他们回答,'由于我们已经毁了它们,因此时间已经毁了它们的名字';悲凉即刻涌上心头;但我只是在心里默默地难过,仍然能隐藏我的感情。"[23]因此,在曼纽尔登上王位之前就蒙受着被土耳其人役使的耻辱,但从中也得到一些好处。

曼纽尔的可贵之处表现在他对自己的父亲约翰五世的态度。当约翰五世由意大利回国途中因不能归还所欠债款而被威尼斯人扣押之时,曼纽尔赎回了他。当时,曾在父亲外出时在帝国监政的

---

[21] 乔治·弗兰策:《年代纪》,I,2;波恩版,48—49。

[22] 《皇帝曼纽尔·巴列奥洛格书信集》(*Lsttres de l'empereur Manuel Paleologue*),E. 勒格兰德编,28—29(书信,no.19)。

[23] 《皇帝曼纽尔·巴列奥洛格书信集》,E. 勒格兰德编,28—29(书信,no.16)。

约翰的长子安德罗尼卡却对其父要他征收这笔到期债款的请求充耳不闻,而曼纽尔立即筹集到这笔钱并亲自送到威尼斯,赎回了他那屈辱地被囚禁的父亲。

在经历了长期而痛苦的统治之后,曼纽尔在自己生命的最后几年,逐渐淡出,把国事委托给自己的儿子约翰,全身心研究神学著作。不久,曼纽尔突患中风;在他去世的前两天,他以马休的教名获得神职。

曼纽尔的儿子即后继者约翰八世的统治从 1425 年一直持续至 1448 年。这位新皇帝有过三次婚姻,三个妻子各属于不同的民族。他的第一位妻子是年轻的罗斯公主安娜,莫斯科大公瓦西里一世的女儿;她在君士坦丁堡仅仅住了短暂的三年,但在首都广受欢迎。后来她死于瘟疫。约翰的第二个妻子是意大利人,蒙斐拉的索菲亚,她是个品德极为高尚但外表却毫无吸引力的女人,以至于约翰对她极为反感;拜占庭历史学家杜卡斯曾以他那个时代流行的谚语来描述她的外貌:"Lent in front and Easter behind."[24]她在宫廷里不能忍受这种受屈辱的地位,于是在加拉塔的热那亚人帮助下逃往意大利,在修道院中结束了她的余生。这让她的丈夫很满意。他的第三位妻子是约翰在科穆宁家族里发现的一位叫玛利亚的特拉布松公主,"由于她的美貌和举止端庄而出名"。[25]一位拜占庭历史学家和去往圣地的法国朝圣者都曾评论过这位绝

---

[24] 迈克尔·杜卡斯:《拜占庭历史》,chap.20;波恩版,100。(这句打油诗的意思似强调面貌之丑陋,"前看是大斋期,后看是复活节",用现代社会上常用的讽刺语即"背多分"。——译者)

[25] 同上书;波恩版,102。

色佳人的迷人之处。当看到她离开圣索菲亚大教堂时,他被皇后的美貌迷住了。㉖ 她对这位死于她之后的皇帝产生了极大的影响。今天在普林斯群岛的一个小岛上(接近君士坦丁堡)还矗立着由这位美丽的特拉布松皇后建立的圣母玛利亚小礼拜堂。

约翰三世的三个妻子没有给他留下子嗣。当他于1448年秋去世时,继承人的问题被提了出来。拜占庭太后,即约翰的母亲、曼纽尔二世的妻子还健在,她和已故皇帝的兄弟们、君士坦丁堡的高级官员们选定了约翰八世的一个兄弟、当时是莫里亚的邦君君士坦丁。奥斯曼人的苏丹知道了选择新皇帝的事并认可了这位候选人。代表团被派往莫里亚,告知君士坦丁他被选为曾经伟大的拜占庭帝国的皇帝。1449年年初,君士坦丁从中世纪的斯巴达,即从米斯特拉的邦君驻地出发,乘坐一艘加泰罗尼亚船只立即航行到君士坦丁堡,受到人民的隆重欢迎。长期以来,人们一直认为君士坦丁十一世是由俗人加冕称帝的。但是,由于Sp.兰普罗斯编辑的约翰·尤金尼科斯(John Eugenicus)作品的出版,人们得知,君士坦丁十一世根本就没有被正式举行过加冕礼。按照教会的规则,这应该由牧首执行,但很可能因为教会党和他们的对手之间的紧张对抗关系而被延误了。㉗ 君士坦丁有两次婚姻,他的两

㉖ 贝特朗东·德拉布罗吉耶(Bertrandon de la Broquiere):《海外之旅》(*Le Voyoge d'outremer*),C.舍费尔编,155。

㉗ P.查拉尼斯:"再论莫迪奥鲁斯加冕问题"("The Crown Modiolus Once More"),《拜占庭》(布鲁塞尔),XIII(1938),379、381—382。其中列出的有关资料和论述。1938年,F.多尔格写道,君士坦丁十一世是由一位俗人加冕登位的;《拜占庭史》,XXXVIII(1938),240。在1940年,G.奥斯特洛戈尔斯基说,君士坦丁是在莫里亚被加冕为帝的;《拜占庭国家史》(德文版),408。

个妻子都属于在东方基督教国家定居的拉丁家族——一个是托克家族的成员,另一个是位于莱斯博斯岛屿的热那亚人加提鲁西奥家族——但在君士坦丁登上拜占庭皇位之前,两个妻子都先后辞世。关于为新皇帝选择第三位妻子的谈判,在西方和东方,在威尼斯、葡萄牙、特拉布松和伊庇利亚(今格鲁吉亚),都毫无结果。君士坦丁堡的陷落和君士坦丁的去世使这些计划未能履行。君士坦丁十一世的亲密朋友、巴列奥洛格时代的外交家和历史学家乔治·弗兰策在他的《年代纪》一书中保存了他为皇帝在特拉布松和伊庇利亚寻找新娘的有趣描述。[28] 法国历史学家迪尔评论道,尽管在拜占庭皇帝和西方公主之间存在着持续的婚姻往来,在危急时刻的最后一位皇帝还是把寻觅新娘的眼光转向了与其同类和同宗的东方。[29]

君士坦丁十一世于1453年5月,在土耳其人攻陷君士坦丁堡之际被杀。于是,在基督教的东方君主国的原地,建立了奥斯曼土耳其人的强大军事帝国。

在君士坦丁十一世的幸免于难的兄弟中,底米特里·巴列奥洛格被穆罕默德二世俘获,他的女儿被迫嫁给穆罕默德二世,而他则成为修道士,以大卫的教名死于亚得里亚堡。另一个兄弟托马斯则靠教宗维持生计,梦想着组织一场反对土耳其人的十字军圣战,但最后死于意大利。他那已成为天主教徒的儿子安德列阿斯(Andreas,或Andrew),是巴列奥洛格家族中唯一有权继承已经

---

[28] 乔治·弗兰策:(George Phrantzes)《年代纪》(Annales),III,1;波恩版,206及其后。

[29] 夏尔·迪尔:《拜占庭人物传》,II,289—290。

丧失的拜占庭皇位的合法继承人。现存的一份重要文献证明,安德列阿斯·巴列奥洛格将他对君士坦丁堡和特拉布松帝国原有的权力同时授予了塞尔维亚的专制君主和法兰克国王查理八世。当后者在15世纪末开始对那不勒斯进行远征时,他以为这就是他最终征服君士坦丁堡和耶路撒冷的进身阶梯,换句话说,15世纪末,圣战的梦想仍然存在。安德列阿斯把他的权力传给查理八世的承诺,好像从来没有完全兑现,因为后来安德列阿斯又把他的拜占庭君权的权力传给了西班牙(卡斯蒂利亚)的斐迪南和伊莎贝拉。[30] 当然,此一行动也无疾而终。

佐伊是托马斯·巴列奥洛格的女儿、安德列阿斯的妹妹,她嫁给了遥远的莫斯科大公,即伊凡(约翰)三世,她在俄国皇室里被称为索菲亚·巴列奥洛格娜。一位罗斯历史学家克鲁切夫斯基(Kluchevsky)曾说过:"作为衰落的拜占庭皇室的女继承人,这位罗斯的新王后,已经把拜占庭皇室统治权转到了莫斯科,即新的帝都(Tsargrad),她将同他的丈夫分享这些权利。"[31]

莫斯科开始被同"七丘罗马"相比较,被称作"第三罗马"。莫斯科大公变成了"正教的皇帝",莫斯科作为俄罗斯的首都也变成

---

[30] 见 A.A.瓦西列夫:"论安德列阿斯·巴列奥洛格将拜占庭的权利转移给法国国王查理八世"("The Transmission by Andreas Palaeologus of the Rights to Byzantium to the King of France, Charles VIII"),《纪念 N.I.卡里夫论文集》(*Papers Presented to N.I.Kareev*),273—274。关于其文献原文,见方谢曼涅(Foncemagne)《皇家铭文和书法学院纪念文集》(*Mémoires de l'Academie royale des inscriptions et belles-lettres*),XVII(1751),572—577;瓦西列夫俄文译文,见《纪念 N.I.卡里夫论文集》,275—278。

[31] 《俄罗斯历史》(*A History of Russia*),II,150;英译本由 C.J.赫加斯(C.J.Hogarth)翻译。

了"新的君士坦丁城"(即一个新的帝都)。㉜16世纪初一位罗斯学者、修士菲罗戴乌斯(Philotheus)写道:"两个罗马都衰亡了,第三个罗马屹立着,第四个罗马将不会再出现。"㉝教宗曾经提醒伊凡三世的后继者,要注意维护他的"君士坦丁堡的遗产"㉞。这样,君士坦丁堡的衰落和伊凡三世与索菲亚·巴列奥洛格娜的婚姻,便提出了莫斯科的统治者作为东方正教会的代表和保护者,对拜占庭帝国王位的权利要求问题,而拜占庭已于1453年被奥斯曼土耳其人占领。

迈克尔八世的对外政策

拜占庭和两西西里王国,安茹家族的查理及西西里晚祷事件(*Sicilian Vespers*)。——迈克尔八世对两西西里王国的态度是他对外政策的基石。由此,便形成和发展了他与意大利共和国热那亚及威尼斯,还有罗马教宗领的关系。他与东方土耳其人的关系也取决于他的西方政策。

12世纪末,德意志国王霍亨斯陶芬朝的皇帝亨利六世、弗里德里希·巴巴罗萨的儿子,由于与诺曼公主——南意大利和西西

㉜ H.沙德尔(H. Shaeder):《作为第三罗马的莫斯科:斯拉夫世界政治思想史研究》(*Moskau das Dritte Rom. Studien zur Geschichte der politischen Theorien in der slavischen Welt*),36—37.作者对罗斯史料十分熟悉。

㉝ V.马里宁(V. Malinin):《埃利亚沙尔修道院的老修士菲罗戴乌斯和他的著作》(*The Old Monk of the Monastery of Eleazar, Philotheus, and His Works*),见附录部分。

㉞ 见L.P.皮埃灵(L.P. Pierling):《俄罗斯和圣城之围》(*La Russie et le Saint-Siége*),I,221—239.亦见N.约尔加的重要著作《拜占庭帝国之后的拜占庭》(*Byzance après Byzance*),26页注5。

里的诺曼国家的女继承人康斯坦丝的婚姻而获得了控制两西西里国王的权力,并继承了诺曼人对拜占庭的顽固敌意和侵略计划。两西西里王国和德意志的联盟一直持续到1250年。当弗里德里希二世霍亨斯陶芬去世时,他的亲生儿子曼弗雷德成了西西里的国王,而私生子康拉德则在德意志开始了其统治,但只维持了很短一段时期。曼弗雷德不仅关心其王国的物质利益而且关心其精神利益,在他统治两西西里王国时期,西西里享受到了一段时间的和平。他的宫廷在那个时代是最辉煌的,外国的统治者非常尊重他;最后一个拉丁皇帝鲍德温二世从君士坦丁堡逃出后,曾向他呼吁,请求他帮助重新夺回失去的王位。关于拜占庭帝国,曼弗雷德采纳了其祖先的政策,这一政策曾使迈克尔八世十分恐慌,尤其考虑到君士坦丁堡有可能重建拉丁帝国。被剥夺了王位的鲍德温二世出现在曼弗雷德的宫廷,带着确定的计划来寻求帮助。而且,在当时的拜占庭占据非常有利贸易条件的热那亚驻君士坦丁堡的最高商务代表(podestá)也同曼弗雷德进行了谈判。他提出了一个用突袭方式攻取君士坦丁堡并在那里恢复拉丁人统治的计划。得知这一消息后,愤怒的迈克尔八世把热那亚人驱逐出首都,并开始与威尼斯人进行谈判。结果,和圣马可共和国签订的新条约恢复并重申了威尼斯人以前曾经享有的特权;条约还规定,如果热那亚人公开反对帝国,威尼斯人应当和希腊人一同作战。

但是,曼弗雷德没有足够的时间对拜占庭采取实际行动;他成了罗马天主教会阴谋的牺牲品。在教宗不可调和的敌人弗里德里希二世死后,霍亨斯陶芬朝的力量削弱了,教宗遂决定消灭曼弗雷德,对可憎的霍亨斯陶芬王朝施以致命的打击。法兰克国王路易

第九章 拜占庭的灭亡

九世(圣路易)的兄弟、安茹的查理于是成了罗马天主教会计划的执行者。在邀请查理去接管西西里王国时,教宗不仅考虑到要摧毁霍亨斯陶芬王朝,而且希望查理将致力于协助在东方重建拉丁帝国的事业。至少在1265年,教宗克莱蒙四世希望在查理的援助下,"恢复罗马帝国的地位"(imperii Romani status reformabitur)。[35] 安茹的查理接受了教宗对南意大利事务进行干涉的提议后,开始远征意大利——这是一个对法兰西根本利益和需要最具破坏性的时期,此后持续几个世纪;法国一直在意大利耗费她的精力和财富,而没有把其军力和关注转向她最近的邻居,例如荷兰和莱茵兰。

安茹家族的查理是在历史学家笔下描写得最为灰暗的少数杰出历史人物之一,也许他们不太公正。近期的著作已经不再视他为一位真正的暴君,"贪婪,狡猾和邪恶,即使遇到最小的反抗也热衷于施以血腥镇压"[36]。在罗马教宗们请求查理进军意大利时,他们似乎没有考虑到查理性格中的与众不同之处,而这一性格使得查理完全不可能成为另一个人手中的工具。他受过很好的训练,精力充沛,有时很严厉,甚至是个残酷的统治者,但他并不是没有爱好,他热爱竞技比赛,对诗歌、艺术和科学感兴趣,最重要的是他不愿意成为邀请他去意大利的教宗手中的傀儡。

---

[35] 见 E. 马特内(E. Martene)和 U. 杜朗(U. Durand):《新史料集成》(The saurus novus anecdotorum),II,197。见 E. 若尔丹(E. Jordan)《克莱蒙四世信件集(1265—1268年)》(Les Registres de Clement IV, 1265—1268),61—62(no. 224)。W. 诺登:《教宗统治与拜占庭》,444 页注 1。

[36] E. 若尔丹:《安茹家族占领意大利的起因》(Les Origines de la domination angevine en Italie),410、414—415。

当1266年,查理带军来到意大利时,他在贝内文托击溃了曼弗雷德。随后曼弗雷德去世,西西里和那不勒斯又处在法兰克的摇摆不定的统治之下。安茹的查理成了两西西里的新国王。法兰克人开始大批离开他们的国家,移民到查理统治的这片条件极好的新领土上。[57]

不久之后,查理对拜占庭的态度也逐渐明朗。在教宗赞同并出席的情况下,查理和被驱逐的拉丁皇帝鲍德温二世在罗马北部的一个意大利小城维特波,签订了一个条约,规定后者把他在拉丁帝国统治区域内所有的法兰克人占领地的统治权转让给查理,他自己只保留了对君士坦丁堡和爱琴海的几个小岛屿的统治权,而它们将在查理帮助下从希腊人手里夺取。在法国人对两西西里的压力下,诺曼人觊觎拜占庭领土的野心再次得到了完全的满足。

意识到日益迫近的危险,迈克尔八世又熟练地求助于外交。一方面,通过同教宗协商东西方教会的合并,迈克尔使教宗摆脱了与查理的密切合作,并使得他寄希望于一种关于拜占庭的调和政策。另一方面,迈克尔决定同热那亚人缔结和约。如上所述,热那亚人已经同西西里的曼弗雷德建立了联系,计划把君士坦丁堡转交给拉丁人,因此他们已经被驱逐出了首都。现在热那亚人被准许回到君士坦丁堡,分配给他们一些街区,但不是在城里,而是在金角湾对岸的郊区加拉泰。这个距离没有阻止热那亚人重新获得他们以前的贸易特权,且他们还扩展了金融活动,强迫他们的竞争

---

[57] 见 F. 卡拉贝雷丝(F. Carabellese)对于查理在意大利占领地的热情描述,《安茹的查理关于威尼斯与东方的政治和贸易关系的报告》(*Carlo d' Angio ner rapporti politici e commerciali con Venezia e l' Oriente*),xviii—xxx,该作品是作者的遗作。

第九章 拜占庭的灭亡

对手威尼斯人退到后台。例如,扎卡利亚家族的一个热那亚人从皇帝手中得到了开采小亚山区的明矾矿的权利,该矿靠近弗凯亚(Phocaea)城(意大利语为弗吉亚[Fogia],弗格利亚[Foglia]),在士麦拿海湾的入口处。他发了大财。[38] 最后,整个拜占庭东部,在巴列奥洛格统治下,热那亚人取代了威尼斯人。

与此同时,安茹的查理占领了科孚岛,这是他实现入侵拜占庭计划的第一步。迈克尔八世,希望对教宗更加成功地实行和解政策并效仿安茹的查理的侵略性政策,他请求后者的兄长法国国王路易九世帮助他,路易是当时最虔诚和最公正的,并且是当时最受尊敬的统治者。在此前不久,英格兰已乞求他作为仲裁人来处理一些复杂的国内事务。形势将路易卷进拜占庭历史。迈克尔送给路易九世一幅附有微型画的《新旧约全书》的手抄本。在接近该世纪第 70 个年头的时候,拜占庭使节到达法兰西,"关注希腊和罗马教会的重新统一",迈克尔建议法国国王应该"作为仲裁人解决两教会联盟问题,并向他保证一定提前得到他的完全同意"[39]。

起初,路易九世反对他的兄弟查理征服南意大利,后来他好像才对此"既成事实"(fait accompli)妥协,或许是他感觉到这会有利于以后的圣战活动。而且,查理征服拜占庭的计划也遭到路易的强烈反对,因为如果查理的主力军转向君士坦丁堡,他们就不能

---

[38] S.W.海德:《中世纪利凡特贸易史》,I,438。W.米勒:"弗凯亚和开俄斯的扎卡利亚家族(1275—1329 年)"("The Zaccaria of Phocaea and Chios",1275—1329),《关于拉丁东方的论文》(Essays on the Latin Orient),284—285。亦见 R.洛佩兹的著作《12 世纪的航海国家热那亚。航海者和商人贝内文托·扎卡利亚》(Genova marinara nel deucento. Benedetto Zaccaria ammiraglio e mercante),II,23—61。

[39] J.埃伯索尔特:《东方与西方》,34。

投入足够的力量组织解放圣地的十字军。这一想法强烈影响着路易。而且,路易已经通过使者得知,迈克尔决定请求他成为教会联合问题的仲裁人,而且这位皇帝还承诺将完全服从于他的决定,于是,法国国王、这位热心的天主教徒完全站到了拜占庭皇帝这边。

很难期待来自路易的压力会真的说服他好战的兄弟放弃他的针对帝国的侵略计划。但在某种程度上,查理对拜占庭的敌意被路易向突尼斯发动第二次十字军的行动推迟了*,它影响了查理在西方的政策。关于查理对这次十字军东征的态度问题,学者们的观点各不相同。⑩ 1270年,路易在突尼斯的突然死亡破坏了迈克尔与路易合作的希望。如一份希腊手稿所述,在路易死前不久抵达突尼斯准备谈判的拜占庭使者,"两手空空,一无所有地"⑪回国了。查理出现在突尼斯,并在两场辉煌的胜利后强迫突尼斯的酋长按照他的条件缔结了和约。酋长应当补偿查理的军事费用,并且每年上交贡赋。然后查理决定实施入侵拜占庭的计划。但在他从突尼斯返回的途中,遭受到了一场可怕的风暴,他的舰队大部被毁。所以,至少在一个时期内,他不可能按照他原先的计划大范围实施对拜占庭的攻击了。

然而,在70年代初,查理可以派送大量的辅助部队到伯罗奔尼撒半岛,进入阿凯亚。在那里他们成功地击败了帝国的军队。

---

* 此处所谓"第二次十字军"是指法国国王路易九世对埃及发动的第二次进攻,而不是真正意义上的"第二次十字军"。——译者

⑩ E. 拉维斯(E. Lavisse):《法国史》(*Histoire de France*),III(2),101—102。诺登:《教宗统治与拜占庭》,468。

⑪ 乔治·帕希梅利斯:《迈克尔·巴列奥洛格》,V,9;波恩版,I,364。

第九章 拜占庭的灭亡

同时查理在巴尔干半岛确立了他的地位。他夺取了几处设防坚固的地方,其中最重要的是都拉基乌姆(都拉索),位于爱奥尼亚海东海岸。阿尔巴尼亚山区的土著居民成为查理附庸,伊庇鲁斯的君主向他宣誓效忠。所以,两西西里国王开始称呼他自己为阿尔巴尼亚之王(*regnum Albaniae*)。[42]

在一份文献中,查理称自己为"上帝恩宠下的西西里和阿尔巴尼亚之王"(*Dei gratia rex Sicilie et Albanie*)[43]。在一封信中,查理写道,阿尔巴尼亚人"选举朕和朕的继承人作为国王和上述王国的永久主人"(*nos et heredes nostros elegerunt in reges et dominos perpetuos dicti Regni*)。[44] 一位 20 世纪的意大利历史学家评论道:"当查理的手稿广为人知并受到很好的研究之后,世人将知道他作为一个欲实现阿尔巴尼亚民族内政自治的不那么光艳夺目的先驱的真实面目,而这种自治愿望,即使是在 20 世纪初,也似乎是一个梦想和模糊的概念,是不可预测的渴望。"[45] 但是查理并不满足。他联络了塞尔维亚人和保加利亚人,在他们中间发现了热心

---

[42] C. 吉莱切克:"德拉斯城市的过去和它的地位"("The Situation and Past of the City of Drač"),《塞尔维亚地理学会杂志》(*Transactions of the Geographical Society of Serbia*),I,2(1912),6(塞尔维亚语);德语文献见 L. 冯·塔洛奇(L. von Thalloczy)编《伊利里亚-阿尔巴尼亚研究》(*Illyrisch-albanische Forschungen*),161。

[43] P. 都里耶(P. Durrieu):《那不勒斯的安茹家族的档案,国王查理一世的法令研究》,I,191 页注 5。《中世纪阿尔巴尼亚外交文献中的趣事》(*Acta diplometa res Albaniae mediae actatis illustrantia*),L. 冯·塔洛奇,C. 吉莱切克和 E. 德苏弗来(E. de Sufllay)编,I,77(no. 270)

[44] J. A. 布孔(J. A. Buchon):《对莫里亚法兰克人公爵领的最新研究》(*Nouvelles recherches historiques sur la Principauté Français de Morée*),II,317。

[45] 卡拉贝雷丝:《安茹的查理关于威尼斯人与东方的政治和贸易关系的报告》,XL。这几句话写于 1911 年。

的盟友。保加利亚沙皇和塞尔维亚王("*imperatoris Vulgarorum et regis Servie*")的使者出现在他的宫廷里。[46] 南方的斯拉夫人开始投奔他,向他的意大利统治区域移民。俄国学者 V.马库谢夫(Makushev),从意大利的公文档案中得到了大量的有关斯拉夫人的资料,他写道,尽管材料不完整且过于简单,但"人们可以看到斯拉夫人在南意大利定居的过程,从斯拉夫人世界的所有角落涌入此地,大批斯拉夫人为安茹家族服役……从13世纪到15世纪,南部意大利的斯拉夫定居点是不断增长的:新的居民点正在建立,旧有的正在扩充"[47]。1323年的一份那不勒斯文献,提到"一个称作保加利亚的地区"(*vicus qui vocatur Bulgarus*)。[48] 塞尔维亚和保加利亚使者抵达那不勒斯进行谈判。很明显,斯拉夫-法兰克的结盟使拜占庭感受到严重的威胁。在查理王国的政治、经济、金融生活中占据重要地位的威尼斯,也与他关系友善,查理对于东方帝国的政策也支持了威尼斯人。[49] 而且,尼西亚的最后一个皇帝约翰四世拉斯卡利斯被迈克尔八世废黜和弄瞎了眼睛,从拜占庭的监狱逃走,在查理的邀请下,来到了他的宫廷。

这样,安茹的查理的周围聚集了所有对拜占庭皇帝不满和被他冒犯的人;塞尔维亚人和保加利亚人,鲍德温二世和约翰四世拉斯卡利斯,甚至谨慎的威尼斯都变成了雄心勃勃、手腕高明的国王

---

[46] C.吉莱切克:《塞尔维亚史》,I,323。

[47] 《意大利档案资料中保留的关于斯拉夫人的历史》(*The Italian Archives and Material on the History of the Slavs Preserved in Them*)II,67—68。

[48] 同上书,69;并见吉莱切克《保加尔人史》,363。

[49] 关于威尼斯,见卡拉贝雷丝《安茹的查理关于威尼斯人与东方的政治和贸易关系的报告》,xxxiv—xxxviii,106—142。

第九章 拜占庭的灭亡

手中的工具。鲍德温的儿子和查理的女儿之间的婚姻使鲍德温希望在他的新亲家的帮助下重建拉丁帝国。当时意大利和巴尔干半岛的国际局势即是这样,这必然使迈克尔八世感觉到这是对君士坦丁堡和他的王位的巨大威胁。㊿

但是狡猾的政治家查理面对的是迈克尔八世,一个毫不逊色的、同样优秀的政治家。迈克尔八世把注意力集中在教廷,信誓旦旦地向教廷表示要接受教会的合并。教宗格列高利十世欣然倾向于这位皇帝的愿望,不仅是因为对查理日益增长的权势的恐惧,这一点只能使他感到惊惶;而且因为,教宗十分希望建立教会的和平、统一,并进一步解放耶路撒冷。在他对于东方教会采取的致力于和解的和平政策中,格列高利十世必然会遇到来自查理的许多障碍,而查理正准备用武力征服这位皇帝。但是教宗成功地说服了查理对拜占庭的征服计划推迟了一年,而在此期间,他完成了东西方教会的联合。

迈克尔·巴列奥洛格向法国派出的参加里昂宗教会议的使者安全地通过了查理的统治区。查理提供给他们特殊的安全保护和必要的供给。㊼ 1274年,教宗和迈克尔八世的代表在里昂达成了联合。根据最近对于梵蒂冈文献的研究,这次联合使得教宗和迈

㊿ 遗憾的是,卡拉贝雷丝的作品中并没有系统地提到查理与迈克尔·巴列奥洛格的关系,见《安茹的查理关于威尼斯人与东方的政治和贸易关系的报告》,xxix。作者说:"但是,关于涉及巴列奥洛格的大批文献,无论是出版过的还是未出版过的,我们将随后谈到。"我想作者是没有足够的时间完成他的想法。

㊼ 见卡拉贝雷丝《安茹的查理关于威尼斯人与东方的政治和贸易关系的报告》,23—24。

克尔八世立即举行了一次关于建立反土耳其人同盟的协议。在隆冬时节,一位高级红衣主教前往君士坦丁堡。教宗和皇帝之间举行一次私人会晤的时间和地点立刻被确定了下来:这两位大人物将于1276年复活节的星期一在布林迪西或者瓦罗纳见面。但是就在这一年初,1月6号,教宗突然去世,这个计划不了了之。㊷ 然而,迈克尔感到这个联合给了他可以在教宗的支持下重新征服巴尔干半岛的机会,而巴尔干半岛曾经处于帝国统治之下。因此他公开与查理的军队和他的盟友为敌,并取得了巨大的成功,而此时的查理正被热那亚带来的麻烦所困扰。

由于里昂的联合,查理同教宗之间产生了一些矛盾,随后,查理成功地使他的一个好朋友、法国人马丁四世,登上了教宗的宝座。这位教宗完全支持西西里国王的政策,并毁弃了同迈克尔的联盟。于是在1281年,名义上的拉丁皇帝查理和威尼斯人,"为了恢复在巴列奥洛格统治下动摇的罗马人的帝国"(*ad recuperationem ejusdem Imperii Romaniae, quod detinetur per Paleologum*)而达成了一项协议。㊸ 一个庞大的针对拜占庭的联盟形成了:拉丁人拥有的在前拜占庭帝国领土上的军队、意大利的和查理

㊷ V.劳伦特:"格列高利十世(1271—1276年)及其建立一个反土耳其人同盟的计划"("Gregoire X⟨1271—1276⟩et le projet d'une ligue anti-turque"),《东方之声》杂志,XXXVII(1938),257—273,特别是269。这篇文章取自劳伦特计划中的著作,《第二次里昂会议和迈克尔八世巴列奥洛格的宗教政策》(*The Second Council of Lyons and the Religious Policy of Michael VIII Palaeologus*)。

㊸ G.L.F.塔菲尔和G.M.托马斯:《威尼斯共和国的古代贸易及国家历史文献》,III,289。(此处"罗马人的帝国"用的是"Romaniae",因传统上,罗马人经常将其周围地区称为Romania。——译者

第九章 拜占庭的灭亡

自己的法国军队、威尼斯舰队、教宗的武装力量,还有塞尔维亚人和保加利亚人的军队。拜占庭帝国似乎已经处于崩溃的边缘,而安茹的查理,这位"13世纪的拿破仑的先驱"[54]则把世界权力握于手中。一位14世纪的希腊作家格雷戈拉斯(Gregoras)这样描述查理:"如果他拥有了君士坦丁堡,他就会梦想实现恺撒和奥古斯都的绝对君主制。"[55]一位同时代的西方编年史家萨努多(Sanudo)说,查理"正在渴望成为世界的君主"(asperava alla monarchia del mondo)[56]。这一时期,是迈克尔的对外政策中最值得批评的时段。1281年,迈克尔八世同埃及苏丹卡拉万公开谈判,商讨结成军事联盟对付"共同的敌人",用智慧来对付安茹的查理。[56]

对拜占庭命运的最后裁决突然来自西方,来自西西里。1282年3月31日,在西西里发生了一场针对法国人统治的叛乱,迅速扩展到了整个岛屿,在历史记载中,被称为"西西里晚祷事件"。[57]迈克尔八世也插手了这场叛乱。

西西里晚祷事件,是意大利政治统一的早期历史中著名的事件之一。它总是会使人想起著名的意大利历史学家和爱国者米凯勒·阿玛利(Michele Amari)的著作《西西里晚祷战争》(The Wars of the Sicilian Vespers)。该书写成于19世纪50年代初,已

---

[54] 诺登:《教宗统治与拜占庭》,604。
[55] 尼斯福鲁斯·格雷戈拉斯:《历史》(Historia),V.I.B;波恩版,I,123。
[56] 载于《罗曼尼亚统治史》(Historia del regno di Romania),见霍普夫《未发表过的著名希腊—罗马编年史》,138。
[56] 见以下注73提及的专著。
[57] 这一事件的名称"西西里晚祷事件",约在15世纪末以后,即第一次法国人远征意大利之后,即出现在文献中。

经被修订了许多次,成为对这一问题的科学研究的基础。当然,在阿玛利生活的年代,许多资料是无法接触到的,而且阿玛利本人也是逐渐开始熟悉这一领域的新发现,并在后来的版本中更改和修订他的著作。1882年,在西西里举行的庆祝西西里晚祷600周年的纪念活动,激发了人们对这一问题进行研究的新的兴趣,当时出现了许多新的出版物。大量的新的重要文献已经出版,更多的、收藏于西班牙语档案中、收藏于那不勒斯的安茹家族的档案和罗马梵蒂冈的档案中的资料陆续面世。西西里晚祷,看起来似乎是属于西欧历史中发生的事件,但在拜占庭的历史中也占有一席之地。

在阿玛利的作品出现之前,一般认为1282年西西里起义的发起者和领导人是一个西西里流放者乔瓦尼·普罗希达(Giovanni Procida,或 Prochida,Prochyta),他为了个人的复仇,同阿拉贡的彼得、拜占庭皇帝迈克尔八世、西西里贵族的代表,还有其他人进行了协商,并赢得了他们的支持,发动了这场起义。14世纪伟大的人文学者佩特拉克认为普罗希达是这场起义的主要发动者。[38]但经过阿玛利的考察,这种说法是将历史事实传奇化的结果。在西西里起义的原因中,这只是一个间接因素。[39]

西西里人对于法国人的严酷统治十分痛恨。法国人对待附属民族的傲慢态度和他们征收的高额赋税,特别是查理对拜占庭的耗资巨大的困难远征,是3月31日起义的主要原因。除了查理,

---

[38] F.佩特拉克:《歌集·叙利亚巡游诗人》(Itinerarium Syriacum, in Opera Omnia),559。G.伦布罗索(G. Lumbroso):《意大利辉煌之古典时代的记载》(Memorie italiane del buon tempo antico)。

[39] 洛佩兹:《12世纪的航海国家热那亚。航海者和商人贝内文托·扎卡利亚》,69—71,88页及注28。

那个时代的两位最优秀的政治家,迈克尔八世和阿拉贡的彼得,成功地利用了西西里人中的不满分子。彼得和霍亨斯陶芬朝的弗里德里希二世的私生子西西里前国王曼弗雷德有亲属关系,他不可能对查理的过分强大的权力做出妥协,他感到占领西西里是他权力之内的事。迈克尔八世利用了彼得的野心,向他许诺说,如果彼得与查理公开为敌,他将提供资金。在意大利,保皇派吉伯林派(Ghibellines)和一部分西西里贵族同彼得站在一个立场上。乔瓦尼·普罗希达在所有的谈判中都是中介者,仅此而已。

起义成功了。同年8月,一接到西西里人的邀请,阿拉贡的彼得就登上了西西里岛,并在帕勒莫戴上曼弗雷德的王冠,登基为王。这时,查理已经从东方与拜占庭进行战争的战场上归来,他试图重新征服西西里并驱逐阿拉贡的彼得,但没有成功。查理被迫放弃了占领迈克尔八世的帝国的计划。此后,查理仅是南部意大利的国王。西西里晚祷事件使得查理丧失了西西里,从致命的危险中拯救了东部帝国,这一事件对于拜占庭的重要性是显而易见的。而且,同1282年起义有关的事件奠定了拜占庭皇帝和阿拉贡国王之间友好关系的基础。迈克尔用资金支持了阿拉贡的彼得,因此他参与了西西里问题的解决。在迈克尔八世的自传中,谈到查理对他的帝国的远征,他评论道:"西西里人蔑视查理控制着的残余武装力量,勇敢地拿起武器从奴役制下解放了他们自己;因此如果我曾说过上帝通过我们给予他们自由,那我应当说实话。"[60]

---

[60] 迈克尔·巴列奥洛格:《关于他的生平》(*De vita sua opusculum*),par. ix;收于《基督教学报》,II(1885),537—538;俄文版,558;法文版,查普曼编,145、174。

西西里晚祷事件严重影响了教宗马丁四世的地位。如历史学家兰克写道,"人民,无视罗马教宗的命令,而敢于自己树立国王",这不仅是史无前例的革新。[61] 而且,1282年的一系列事件削弱了教宗对拜占庭政策的基础。教宗曾经破坏了里昂协议,完全支持了安茹家族的查理的对东方征服计划,并且期待君士坦丁堡被拉丁人占有。西西里晚祷事件使得这一切都成为不可能,因为它肢解和削弱了查理统治下的南意大利王国,这个王国此前一直是西方人反拜占庭的侵略政策的基地。

1282年的革命对威尼斯的政策产生了反响,就在一年之前,威尼斯人还与查理结盟反对拜占庭。得知西西里起义的消息之后,预见到查理国力的衰落,以及查理的对东方政策的失败,圣马可共和国迅速改变了政策;她意识到查理不再对其有用,就与他绝交了,而与拜占庭结成亲密关系。三年之后,威尼斯人与迈克尔的后继人老安德罗尼卡缔结了友好条约,并且与阿拉贡的彼得建立了友好关系。

因此,由于这一时代的国际关系和西西里人对法国统治的不满,使得迈克尔八世有机可乘,从而使拜占庭摆脱了来自强大的安茹家族查理的致命威胁。

迈克尔八世的东方政策。——君士坦丁堡收复之后,尼西亚的皇帝迈克尔八世为了收复巴尔干半岛而把他的主要精力转向了西方,并和安茹的查理进行了精疲力竭的斗争,这实际上决定了光复后的拜占庭帝国的命运。东方的边界有点被忽视了,拜占庭政

---

[61] 《世界历史》(*Weltgeschichte*),VIII,538。

府有时似乎忘记了那里的致命危险。15世纪的拜占庭历史学家乔治·弗兰策写道:"在迈克尔·巴列奥洛格统治时期,由于在欧洲进行的反对意大利人的战争,罗马帝国已经将自己的亚洲部分暴露于土耳其人的威胁之下。"[62]当然,土耳其人对拜占庭的威胁更早就已开始了;但是历史学家的这一观察更强调了迈克尔八世统治时期对东方政策的特点。对于帝国来说,幸运的是,13世纪的土耳其人正由于蒙古人的军事胜利而处于混乱时期。

13世纪30—40年代,蒙古入侵的危险出现在东方。与尼西亚帝国东部接壤的塞尔柱人的罗姆苏丹国或称伊科尼姆苏丹国,已经被蒙古人击败。在13世纪的下半个世纪,即在迈克尔八世时代,最后的塞尔柱人诸王国只是占据着波斯的蒙古人的傀儡,这个波斯的蒙古人王国的领土从印度一直延伸到地中海,其首领是旭烈兀,他奉东方的蒙古大汗为他的领主。1258年,旭烈兀占领巴格达,并在那里残酷处死了最后一个阿拔斯朝的哈里发。后来,旭烈兀入侵和洗劫了叙利亚、美索不达米亚及其周边地区。他还计划发动对耶路撒冷的远征,并很可能攻入埃及。但蒙古大可汗蒙哥死去的消息传来,他被迫停止了对南方的侵略计划。在13世纪的最后十年,建于波斯的蒙古王朝是基督徒对抗伊斯兰的一个盟友。就像一位近期的历史学家所说的:"旭烈兀率领中亚的聂斯脱利突厥人(即信奉基督教的突厥人)进行了一次真正的反对伊斯兰教的'黄色十字军'(*Croisade Jaune*)运动。"[63]1260年,蒙古军队在

---

[62] 乔治·弗兰策:《年代纪》,Ⅰ,3;波恩版,23。
[63] R.格鲁塞:《亚细亚史》(*Histoire d'Asie*),Ⅲ,100。

阿因扎鲁特被埃及的马木路克人击败。此时,另一个非常强大的蒙古国家在北方的俄罗斯建立。它就是金帐汗国或称钦察汗国,它的首都在萨莱,位于伏尔加河下游。迈克尔·巴列奥洛格认识到了在他那个时代的国际生活中新的蒙古人因素的极端重要性,他曾数次试图利用这个新因素来为他的对外政策服务。[64]

在此,很重要的是要记住 1250 年在埃及建立的马木路克王朝,在人种学上它是与南部罗斯人有联系的。"马木路克"(Mamluk)这个词意味着"拥有""属于"或"奴隶",而且埃及的马木路克原来是土耳其人奴隶组成的贴身侍卫,最早出现于萨拉丁的继承人统治时期。1260 年,这些"奴隶"夺取了王位,并且在 1260 年到 1517 年统治着埃及,直到奥斯曼土耳其人征服埃及之时止。从 13 世纪 30 年代起,马木路克侍卫们的主要支系在俄罗斯南部形成了突厥人的库曼人即波洛伏齐人部落。在蒙古人入侵之前,其中一些人逃离了此地,另一些人被俘虏而被卖为奴隶。[65] 一位拜占庭历史学家说过,马木路克人起源于"居住在亚速海和顿河一带的欧洲的斯基泰人部族"[66]。

因此,由于许多马木路克人与库曼人的亲缘关系,他们对于保

---

[64] 关于这一问题,有两篇俄文论文甚为重要,一是 Th. I. 乌斯宾斯基的"拜占庭历史学家论蒙古人和埃及的马木路克人"("Byzantine Historians on the Mongols and Egyptian Mamluks"),《拜占庭年鉴》,XXIV(1923—1926),1—6;G. 维尔纳茨基:"在迈克尔·巴列奥洛格统治时期的金帐汗国、埃及和拜占庭之间的关系"("The Golden Horde, Egypt, and Byzantium in Their Mutual Relations in the Reign of Michael Palaeologus"),《康达可夫学院年鉴》,I(1927),73—84。

[65] 维尔纳茨基上引文章,见《康达可夫学院年鉴》,2(1927),76。

[66] 尼斯福鲁斯·格雷戈拉斯:《历史》,IV,7,1;波恩版《拜占庭历史资料大全》,I,102。

第九章 拜占庭的灭亡

持和发展同他们的俄罗斯南部同胞的关系十分感兴趣。在那里,甚至是蒙古征服之后,还有许多库曼人幸存了下来。而且金帐汗国的可汗已经信奉了伊斯兰教,埃及苏丹马木路克·拜巴尔斯也是一个穆斯林。然而旭烈兀却是一个萨满教的信奉者,即异教徒,[67]是伊斯兰教的敌人。因此旭烈兀和金帐汗国的可汗贝雷克之间激烈的对抗不仅有政治方面的因素,还有宗教因素。

马木路克国家和金帐汗国之间的陆地道路被旭烈兀阻住了。埃及和俄罗斯南部的海上交通必须通过赫勒斯滂海、博斯普鲁斯海峡和黑海,但这两个海峡都在拜占庭皇帝的控制之下。马木路克人需要得到迈克尔·巴列奥洛格的准许才能使用它们。[68]因此埃及苏丹派使者去觐见迈克尔·巴列奥洛格,表示,"愿意成为罗马人的朋友,并希望准许埃及商人一年一度通过我们的海峡(赫勒斯湾和博斯普鲁斯)"。[69]但是,困难在于此时的迈克尔同波斯的蒙古首领旭烈兀保持着较好的关系;所以埃及使者经常被扣留在君士坦丁堡。1265年金帐汗国可汗贝雷克宣布对迈克尔开战,在这场战争中,保加利亚沙皇君士坦丁·提克站到了贝雷克的将军诺盖指挥的蒙古人一边。蒙古人(鞑靼人)和保加利亚人战胜了拜占庭军队。此次失败后,迈克尔被迫抛弃旭烈兀,加入了金帐汗国-埃及联盟。[70]为了笼络大权在握的诺盖,迈克尔把自己的私生女

---

[67] 萨满教是乌拉尔—阿尔泰语族人民信奉的一种原始宗教。
[68] 乔治·帕希梅利斯:《迈克尔·巴列奥洛格》,III,3;波恩版,I,176—177。
[69] 尼斯福鲁斯·格雷戈拉斯:《历史》,IV,7,1;波恩版,I,101。
[70] 维尔纳茨基:"在迈克尔·巴列奥洛格统治时期的金帐汗国、埃及和拜占庭之间的关系",《康达可夫学院年鉴》,I(1927),79。P.尼克夫:《中世纪鞑靼人-保加利亚人之关系》(*Tartaro-Bulgarian Relations in the Middle Ages*),6—11。见查普曼《迈克尔·巴列奥洛格(1261—1282),拜占庭帝国的光复者》,74—75。G.I.布拉提亚努:《13世纪热那亚人在黑海的商业活动研究》,207—208。

嫁了给他。在随后同保加利亚沙皇君士坦丁·提克的战争中,迈克尔得到了女婿的大力支持,迫使保加利亚国王停战。[71] 金帐汗国、埃及和拜占庭之间的外交关系在迈克尔统治期间一直维持得很好。[72] 迈克尔·巴列奥洛格和埃及苏丹马木路克·卡拉万(1279—1290 年)之间的友善关系一直维持到他统治结束,这是非常重要的。共同的危险促使两位君主达成了一致,因为安茹的查理的雄心勃勃的计划威胁着两个帝国。很明显,这些关系导致了一份正式的友好贸易条约的签订。根据法国学者 M.卡纳尔推断,这一友好条约实际上缔结于 1281 年,但是德国学者 F.多尔格推测,它并没有超出外交谈判这一阶段。安茹的查理之衰落和"西西里晚祷事件"完全改变了东西方的形势。[73]

---

[71] 尼克夫:《中世纪鞑靼人-保加利亚人之关系》,11—12。

[72] 亦见 S.兰内-波尔(S.Lane-Poole)《中世纪埃及史》(*A History of Egypt in the Middle Ages*),266。

[73] M.卡纳尔:"1281 年迈克尔·巴列奥洛格与苏丹卡拉万的贸易协定"("Le Traité de 1281 entre Michel Paléologue et le sultan Qalâ'un"),《拜占庭》(布鲁塞尔),X(1935),669—680。卡纳尔:"13 世纪拜占庭与埃及之间的一份和约及迈克尔八世巴列奥洛格与马木路克苏丹拜巴尔斯和卡拉万之间的外交关系"("Un Traité entre Byzance et l'Egypt au XIIIe siècle et les relations diplomatiques de Michel VIII Paleologue avec les sultans Mamlukes Baibars et Qalâ'un"),《迦得弗洛瓦-德蒙尼内文集》(*Mélanges Guadfroy-Demombynes*),197—224。F.多尔格对此问题的疑问和评价,见《拜占庭杂志》(德文),XXXVI(1936),467;XXXXVII(1937),537—538。多尔格:《未发表的希腊文献大全》,III,74(no.2052),提及上述协议签订的时间为 1281 年;III,75(no.2062),此处提及上述协议签订的时间为 1282 年。在此,多尔格并没有使用卡纳尔使用的阿拉伯资料,即卡尔卡山迪(Qalqashandi)的记载,该作者死于 1418 年。但是,现在可以看多尔格的研究作品:《关于埃及的苏丹卡拉万与巴列奥洛格皇帝迈克尔八世的关系》(*Der Vertrag des Sultans Qala'un von Aegypten mit dem Kaiser Michael VIII Palaiologus.*),载《索纳森西亚文集》(*Serta Monacensia*)(雷登,1952 年),68、78—79。

第九章　拜占庭的灭亡

在小亚细亚，迈克尔·巴列奥洛格并没有受到明显的威胁。虽然他已经同旭烈兀决裂了，但波斯的蒙古人忙于处理国内动乱而没有采取决定性的措施反对拜占庭。至于罗姆苏丹国，它只是蒙古帝国的一个小小的附属国。尽管如此，个别的土耳其军团有时就是真正的强盗，他们完全不顾皇帝和苏丹们正式缔结的条约，不断骚扰拜占庭的领土，侵入国家的内部，洗劫城市、小村庄和修道院，屠杀并俘获当地居民。

从阿拉伯强盛时代开始，拜占庭帝国就在小亚细亚的东部边境建立了一系列防御地点，特别是在各主要山口要塞（clisurae），而且除了常规军，还组织了特殊的边界防卫者，专门负责保卫帝国外围边界，称为 akritai 边地领主。逐渐地，随着土耳其人向西方的前进，拜占庭的边境线连同边地领主们（akritai）也被推至西方。因此，在13世纪时，这些边地领主主要集中在比提尼亚的奥林匹斯山脉，也就是在小亚细亚的西北角。在尼西亚帝国时期，要给这些边地领主提供土地，免除税收和贡赋，因此他们十分富有，但他们仅仅提供军事服务，保卫帝国边境免受敌人侵犯，从有关资料中看，可以断定他们勇敢全身心地保卫了边境。但是当首都从尼西亚迁至君士坦丁堡之后，这些边地领主失去了原来由政府提供的支持，拜占庭政府位居新的行政中心，感到它对东方的边境线不那么依赖了。而且，迈克尔·巴列奥洛格在试图进行财政改革时，对边地领主们的财富进行了正式的调查，并将他们所赖以生存的大部分土地收归国库。这种措施逐渐削弱了比提尼亚的边防驻军的经济实力，而这些驻军恰恰依赖这样的经济实力来进行备战，这正是"战争的精神内核"[74]。于是,帝国的东部边境被置于毫无防备的状况下。政府还镇压了由边地领主们发动的叛乱,并仅仅因为害怕他们为土耳其人打开通路而完全解散了他们。由于受俄罗斯学者 V.I.拉曼斯基的影响,一些学者认为比提尼亚的边地领主都是斯拉夫人。[75] 但是更可能的是他们出身于许多不同的民族,其中可能有很久以前就定居在比提尼亚的斯拉夫人的后代。迈克尔八世的对外政策受安茹的查理的帝国主义政策的强烈影响,对东部边境产生了极坏的作用。

当突厥人在经过一段动乱和衰变期之后,又在奥斯曼土耳其人的领导下重新统一和强大起来时,迈克尔所实行的强制性的东方政策的恶果就显露出来了;这支土耳其人将对拜占庭帝国施以最后的打击并摧毁这个东方基督教帝国。

两位安德罗尼卡统治期间拜占庭的外部政策

安德罗尼卡二世和安德罗尼卡三世祖孙俩的对外政策不同于他们的先祖迈克尔八世的政策。来自西方安茹家族的查理对迈克尔的巨大威胁已经在迈克尔去世那一年,随着"西西里晚祷事件"的发生已经永远被排除了。土耳其人因其内部的纠纷,而不能顺

---

[74] 乔治·帕希梅利斯:《迈克尔·巴列奥洛格》,I,5;波恩版,I,18。
[75] V.I.拉曼斯基:《小亚细亚、非洲和西班牙的斯拉夫人》(The Slavs in Asia Minor, Africa, and Spain),11—14。Th.I.乌斯宾斯基:"关于拜占庭农民土地所有者的历史",《公众教育部杂志》,CCXV(1883),342—345。P.穆塔弗奇也夫:《13 世纪和 14 世纪拜占庭的军事领地和士兵》,67。

利地在帝国的东部边境充分利用他们的有利地位。

　　安德罗尼卡二世和安德罗尼卡三世必须面对两个新的强大的仇敌:巴尔干半岛的塞尔维亚人和小亚细亚的奥斯曼土耳其人。像安茹的查理一样,这两个民族的统治者的明确目标都是与拜占庭帝国作战,完全摧毁这个帝国及其组织,在它的废墟上建立一个希腊-斯拉夫人的帝国或者希腊-土耳其人的帝国。查理建立希腊化拉丁帝国的计划失败了。14世纪塞尔维亚伟大的君主斯蒂芬·杜尚似乎正要建立一个大斯拉夫帝国。但是由于多种原因,只有奥斯曼土耳其人成功地执行了这一计划:在15世纪中期,他们将建立一个庞大的帝国,不仅仅是希腊-土耳其式的,而且是完全控制了塞尔维亚人和保加利亚人的希腊-斯拉夫-土耳其式的大帝国。

　　奥斯曼土耳其人。——奥斯曼土耳其人的兴起是两安德罗尼卡统治时期近东出现的重要事件。由于向小亚细亚的推进,蒙古人已经将古兹(Ghuzz)部族的一支土耳其游牧部落,从波斯行省霍拉桑推向西方,进入到伊科尼姆苏丹的领土上,苏丹允许他们在自己的领土上从事游牧生活。与蒙古人作战失败之后,塞尔柱王国分裂成几个由不同家族统治的相互独立的埃米尔(酋长)国家,这使拜占庭帝国受到严重的干扰。随着塞尔柱帝国的衰落,古兹的土耳其游牧部落也独立了。13世纪末,这支土耳其人的首领奥斯曼(Othman),创建了奥斯曼王朝并以他的名字称呼他统治下的土耳其部族。从那时起,他们就被称为奥斯曼土耳其人。奥斯曼家族建立的王朝在土耳其的统治一直持续到 1923 年。[76]

从 13 世纪末期起,奥斯曼土耳其人开始严重骚扰仍然在拜占庭权力笼罩之下的小亚细亚的小部分领土。帝国军队很难保住小亚细亚的三个最重要的军事据点:布鲁萨、尼西亚和尼科米底。共治皇帝迈克尔九世被派去同土耳其人作战但失败了。君士坦丁堡看来处于危险中,皇帝"似乎睡着了或死去了"[77]。

东方的西班牙(或加泰罗尼亚)团队。——没有外国的援助,安德罗尼卡不可能掌控形势,他从西班牙雇佣兵,所谓的"加泰罗尼亚兵团"或"阿尔穆格哈瓦人"(Almughavars),[78]那里得到了援助。各种国籍的雇佣兵,在"兵团"的名称下,以战争为生,他们愿意为了金钱而替任何人打仗,在中世纪的后半期,他们是非常出名的。"加泰罗尼亚兵团"不仅由加泰罗尼亚人组成,而且还有阿拉贡人、纳瓦拉人、马略尔卡岛和其他地方的居民参与其中。西西里晚祷起义后爆发的战争中,他们曾作为雇佣兵为阿拉贡的彼得而

---

[76] H.A.吉本:《奥斯曼帝国的建立》。F.吉斯(F.Giese):"关于奥斯曼帝国兴起的问题"("Das Problem der Entstehung des osmanischen Reiches"),《闪米特人研究杂志》(Zeitschrift für Semitistik),II(1923),246—271。关于奥斯曼兴起问题,带有评价和资料介绍性质的较有价值的作品,可见 E.L.朗格(E.L.Langer)和 R.P.布莱克所写"奥斯曼土耳其人的兴起及其历史背景"("The Rise of the Ottoman Turks and Its Historical Background"),《美国历史评论》,XXXVII(1932),468—505。M.F.科普鲁鲁(M.F.Köprürü):《奥斯曼帝国的起源》(Les Origines de l'Empire Ottoman),5—32。P.威特克(P.Wittek):《奥斯曼帝国的兴起》(The Rise of the Ottoman Empire),33—51。

[77] 乔治·帕希梅利斯:《安德罗尼卡·巴列奥洛格》,V,21;波恩版,II,412。

[78] "almughavars"(阿尔穆格哈瓦人),是从西班牙阿拉伯人那里借用的阿拉伯语词,字面上的意义是"发动一次远征",因此,这里是"轻装骑兵"之意。

战。在 14 世纪初期，西西里和那不勒斯之间缔结了和平，他们不再需要加泰罗尼亚人为之作战。这些习惯于战争、掠夺和暴力的盟友在和平时期成为当初邀请他们加盟的人们的巨大威胁，因此这些当年的雇主打算摆脱掉这些不安定分子。而且，兵团战士并不喜欢和平的生活，不断寻找新的机会。于是，加泰罗尼亚人选择了罗哲尔·德弗洛尔，一个具有德意志血统的人作为领袖，他的父姓 Blum（即一种花），翻译成西班牙语就是"Flor"。

在征得同伙同意后，能够讲一口流利希腊语的罗哲尔，向安德罗尼卡二世提供了服务，帮助他同塞尔柱人和奥斯曼土耳其人作战，并向这位处境窘迫的皇帝勒索了前所未闻的代价：这个傲慢无礼的冒险家要求安德罗尼卡同意把侄女嫁给他，并授予他 megadukas（大都督）的头衔，还要求付给他的兵团一大笔雇佣金。安德罗尼卡被迫屈服了，随之这些西班牙兵团成员上船向君士坦丁堡进发。

西班牙语和希腊语文献详细记载了西班牙人的参与在拜占庭末期历史上所起的作用。一方面，这次兵团远征的参与者，加泰罗尼亚的编年史家蒙塔内尔（Muntaner）[79]把罗哲尔和他的同伙描写成为了正义、为了国家的荣誉而战的勇敢、高尚的战士；另一方面，希腊历史学家则认为加泰罗尼亚人是掠夺者，是傲慢的暴徒，其中一个历史学家说道："但愿君士坦丁堡从来没有看到过拉

---

[79] *Chronica o descripcio fets e hazanyes del inclyt rey Don Jaume*；载于布孔《外国编年史》(*Chroniques étrangères*)，K. 兰兹（K. Lanz）编。关于蒙塔内尔，可见 I. 约尔加："拉蒙·蒙塔内尔及拜占庭帝国"（"Ramón Muntaner et l'empire byzantin"），《东南欧历史评论》，IV(1927)，325—355。

丁人罗哲尔！"㉚19世纪的历史学家十分注意加泰罗尼亚人的远征。研究这一问题的一个西班牙学者将加泰罗尼亚兵团将士的行为同16世纪那些征服墨西哥和秘鲁的著名将领科泰斯和皮扎罗做了比较，他不知道"其他人是否可能把这一历史事件看作我们对东方的辉煌远征而感到自豪"，他认为这一远征是西班牙民族荣誉的永恒证明。㉛德国历史学家霍普夫声称"加泰罗尼亚人的远征是巴列奥洛格帝国历史中最引人注目的事件"，如果考虑到它戏剧性的结果则尤其如此。㉜芬利曾写到，如果加泰罗尼亚人"由一个如利奥三世或瓦西里二世这样的君主来领导，本可能征服塞尔柱突厥人，把奥斯曼人的势力扼杀在摇篮中，并带着拜占庭胜利的双头鹰回到陶鲁斯山脚下，回到多瑙河河畔"㉝。芬利还评论道："加泰罗尼亚兵团在东方的远征是一次成功的典型，但其中有时杂有掠夺和犯罪的行为，是有违于通常人们所主张的中庸的理念的。"㉞关于这次远征，西班牙档案馆关于这场远征依旧提供了许多新信息。

㉚ 乔治·帕希梅利斯：《安德罗尼卡·巴列奥洛格》，V，12；波恩版，II，393。

㉛ A. 鲁比奥·伊·鲁齐(A. Rubió y Lluch)：《加泰罗尼亚人对东方的征服和占领》(*La expedición y dominación de los Catalanes en Oriente*)，6、7、10。鲁比奥·伊·鲁齐：《加泰罗尼亚人在希腊。其统治的最后年代。历史年表》(*Los Catalanes en Grecia. últimos años de su dominación. Caudros históricos*)，6。C. 巴努斯·伊·科玛斯(C. Banús y Comas)：《14世纪早期加泰罗尼亚人与阿拉贡人对东方的远征》(*Expedicion de Catalanes y Aragoneses en Oriente en principio del siglo XIV*)，43、46，其中提到，罗哲尔·德弗洛尔参加对东方的远征是为了寻求光荣与获得战利品。

㉜ 霍普夫：《从中世纪早期到当代的希腊史》，I，380。

㉝ H.F. 托泽编：《希腊史》，III，388。

㉞ 托泽编：《希腊史》，IV，147。鲁比奥·伊·鲁齐对于加泰罗尼亚人在希腊的情况做的概括性研究，可见《加泰罗尼亚人在希腊》，19—50。

第九章 拜占庭的灭亡

14世纪伊始,罗哲尔·德弗洛尔连同他的兵团抵达了君士坦丁堡。⑤ 这支远征军差不多有10,000人,但这个数字包括他们的妻子、情妇和孩子。罗哲尔同拜占庭皇帝的侄女在君士坦丁堡隆重地举行了婚礼。首都的热那亚人忌妒加泰罗尼亚人在帝国的特权,感到这些新来者是他们的对手,与之发生了一些严重冲突。之后,这些加泰罗尼亚人终于渡海到达了小亚细亚。那里,土耳其人正在围困士麦拿东部的大城市菲拉德尔菲亚。在一支帝国军队支持下,这支由西班牙人和拜占庭人组成的小股军队在罗哲尔·德弗洛尔指挥下,从土耳其人的围攻中解放了菲拉德尔菲亚。这些西方雇佣兵取得胜利的消息在首都受到热烈的欢迎,一些人认为土耳其人对帝国的危险永远消除了。继第一次的胜利之后,对小亚细亚的土耳其人所进行的斗争相继取得了胜利。但一方面,由于加泰罗尼亚人对当地居民实行了令人难以忍受的勒索和残酷的专制;另一方面,罗哲尔欲在小亚细亚建立一个他自己的、但是在皇帝的宗主权之下的公国的明显意图亦暴露出来,于是,雇佣兵和小亚居民之间、和君士坦丁堡政府之间的关系趋于紧张化。皇帝于是把罗哲尔召回欧洲,而后者带着他的兵团在通过了赫勒斯滂海峡之后首先在加利波利海峡占领了一个重要据点,然后占领了整个加利波利半岛。在罗哲尔和拜占庭皇帝之间新的一轮协商结束时,罗哲尔得到了恺撒的封号,这是仅次于皇帝的头衔,在拜占

---

⑤ 在马德里的元老院宫中,有一幅19世纪的西班牙画家约瑟·莫莱诺·卡博内罗(1888—?)的作品,画上描绘了罗哲尔·德弗洛尔进入君士坦丁堡时的场景。在巴努斯·伊·科玛斯的著作《14世纪早期加泰罗尼亚人和阿拉贡人对东方的远征》(第48页)中描述了这幅画;书中附有该画的复制品。

庭历史上,这一头衔从没有授予过任何一个外邦人。在重回小亚细亚之前,新的恺撒与他的帮伙先到了亚得里亚堡,当时安德罗尼卡的长子、共治皇帝迈克尔九世就驻节在此。在迈克尔煽动下,罗哲尔和他的同伙在一个节日庆典上被杀死。屠杀西班牙人的狂潮波及帝国其他地区,首都和其他城市中的西班牙人也都被杀害了。

集中在加利波利半岛上的加泰罗尼亚人怒气冲天,渴望复仇,他们撕毁了其作为皇帝盟友的条约,向西方进军。所经之处,用火和剑毁灭了一切。色雷斯和马其顿受到了严重的破坏,甚至连阿索斯山上的修道院也不能幸免。一个目击者、丹尼尔的一个学生、阿索斯山上一所塞尔维亚修道院奇兰达里翁的住持(*igumen*),这样写道:"眼见圣山在敌人手下被毁灭的情景真是太可怕了。"⑯加泰罗尼亚人还点燃了阿索斯山上的俄罗斯人建立的圣潘特利蒙修道院,但他们对萨洛尼卡的攻击失败了。为了报复加泰罗尼亚人的蹂躏,安德罗尼卡下令没收进入拜占庭水域的所有加泰罗尼亚人船队的商品,并逮捕加泰罗尼亚商人。⑰

加泰罗尼亚人在色萨利停留了一段时间后,就向南方开拔。越过了著名的温泉关,进入中希腊的雅典和底比斯公爵领,这是在

---

⑯ P.乌斯宾斯基:《基督教的东方,阿索斯山》,III(2),118。

⑰ 见《阿拉贡文献。詹姆斯二世的外交通信中所见德意志、意大利、法兰克、西班牙等国的教会史与文化史资料(1291—1327年)》(*Acta Aragonensia. Quellen zur deutschen, italienischen, franzöischen, spanischen, zur Kirchen-und Kulturgeschichte aus der diplomatischen Korrespondenz James II*),芬克(H. Finke)编,II,741(no.458)。在这一版中,提到这一事件发生的时间是1293年5月2日。但是,该文献中涉及这一年代处佚失了。笔者以为这一事件发生的时间还应该是14世纪初,因为,在1293年,加泰罗尼亚兵团还没有进入拜占庭的历史。

第九章 拜占庭的灭亡

第四次十字军东征后建起来的,处于法国人的控制之下。1311年春,在靠近科拜湖(位于现在的斯克里普村)的塞菲苏斯河附近的维奥蒂亚爆发了一场战斗。加泰罗尼亚人取得了对于法国人的决定性胜利。结束了法国领地雅典和底比斯的繁荣,在此地建立了持续八十年的西班牙人的统治。雅典卫城上的古帕特农神庙,即圣母教堂均转归于加泰罗尼亚的神职人员之手,这所教堂的庄严和富丽堂皇给他们留下了深刻的印象。14世纪下半叶,雅典的一个西班牙公爵称雅典卫城为"世界上最贵重的珍宝,基督教世界的所有国王也只能徒然地模仿之"⑱。

加泰罗尼亚的雅典公国只是14世纪偶然建立的,其社会组织是按照西班牙的或西西里的模式,通常被认为是一个严酷的、压迫性的、破坏性的政权,它曾经统治过的痕迹在雅典和希腊所留甚少。加泰罗尼亚人曾重修雅典卫城,特别是在防御工事的部署上,但是却没有留下来任何痕迹。而在希腊民间传统和希腊语中,却残留了一些有关西班牙入侵者残酷和不公的回忆。例如,甚至今天,在希腊的一些地区,在埃维厄岛,人们在指责违法和不公正行为时仍然这样说:"甚至加泰罗尼亚人也不这样做。"在阿卡纳尼亚,直到今天,"加泰罗尼亚人"这个词还是"野蛮人、强盗、罪犯"的同义语。在雅典,使用"加泰罗尼亚人"这个词,被认为是一种冒犯。在伯罗奔尼撒半岛的一些城市,当一个人想要说一个女人道

---

⑱ 米勒:《雅典的加泰罗尼亚人》(*The Catalans at Athens*),14。米勒:《关于拉丁东方的论文集》,129。塞顿:《加泰罗尼亚人对雅典的占领(1311—1388年)》(*Catalan Domination of Athens, 1311—1388*),17、187、257。

德败坏时,他可以说:"她肯定是一个加泰罗尼亚娘们儿。"[89]

但最近以来,许多新资料的发现,特别是在巴塞罗那档案馆中的材料表明,过去的历史学家对于这个问题的认识是有偏见的。14世纪加泰罗尼亚人在中希腊统治的这些年,不仅仅是麻烦和破坏,他们还是很有创造力的。被加泰罗尼亚人称作塞提纳城堡的卫城加强了防守;自从查士丁尼大帝关闭了雅典学园之后,加泰罗尼亚人在此地第一次建立了一所大学。[90] 在希腊中部和北部,加泰罗尼亚人也建立了防御工事。[91] 一位现代的历史学家,研究中希腊加泰罗尼亚人问题的权威A.鲁比奥·伊·鲁齐宣称:"在我们看来,现代研究者在中世纪的政治生活中发现了一个加泰罗尼亚人统治的希腊是意外的惊讶。"[92]当然,加泰罗尼亚人在希腊统治的最充分的细节仍然在研究中;但我们必须认识到,过去关于这个问题的作品和许多著名学者对这个问题的看法必须被修正。

---

[89] 鲁比奥·伊·鲁齐:《加泰罗尼亚人对东方的远征和占领》,14—15。G.施伦伯格:《"阿尔穆格哈瓦人"即加泰罗尼亚兵团对东方的远征》(*Expédition des "Almugavares" ou routiers catalans en Orient*),391—392。

[90] A.鲁比奥·伊·鲁齐:"加泰罗尼亚人占领下的雅典"("*Atenes en temps dels Catalans*"),《加泰罗尼亚研究所年鉴》(*Anuari de l'Institut d'Estudis Catalans*),II,(1907),245—246。

[91] 鲁比奥·伊·鲁齐:"希腊半岛上的加泰罗尼亚人城堡"("Els Castells Catalans de la Grecia continental"),《加泰罗尼亚研究所年鉴》,III(1908),362—425。

[92] 鲁比奥·伊·鲁齐:"自鲁利亚的罗哲尔之死到西西里的弗里德里希三世统治时期加泰罗尼亚人统治的希腊(1370—1377年)"("La Grecia Catalana des de la mort de Roger de Lluria fins a la de Frederic III de Sicilia,1370—1377"),《加泰罗尼亚研究所年鉴》,V(1913—1914),393。亦见鲁比奥·伊·鲁奇"加泰罗尼亚人占领期间的一个雅典人,底米特里·任迪"("Une Figure Athéninenne de l'époque de la domination catalane. Dimitri Rendi"),《拜占庭》(布鲁塞尔),II(1925),194。

重新研究加泰罗尼亚人在希腊统治的历史必须依据新材料。[33] 1379年纳瓦拉人的入侵给予加泰罗尼亚人在希腊的统治以致命一击。

土耳其在小亚细亚的进展。——14世纪初,加泰罗尼亚兵团成功地战胜了奥斯曼土耳其人。但是这种军事胜利没有持续很长时间。在罗哲尔·德弗洛尔被谋杀之后,加泰罗尼亚兵团穿越巴尔干半岛的血腥进军,以及安德罗尼卡祖孙俩之间的内部斗争,把帝国的武装力量和注意力从东部边境转移到内地。土耳其帝国抓住这一有利时机,在老安德罗尼卡统治的最后几年和小安德罗尼卡统治期间,在小亚细亚取得了一些重要的进展。奥斯曼苏丹和继他之后,他的儿子奥尔汗征服了拜占庭的主要城市布鲁萨、尼西亚和尼科米底,然后扩展到了马尔马拉海岸。小亚细亚西海岸的几个城市开始向土耳其纳贡。1341年,当安德罗尼卡三世去世时,奥斯曼土耳其已经成为小亚细亚的真正主人,并且有了入侵帝国欧洲领土甚至威胁君士坦丁堡的明显企图;色雷斯面临着来自他们的不断侵犯。同时,由于害怕来自土耳其帝国的危险,一些塞尔柱人埃米尔国家为了对抗拉丁人和土耳其帝国,和帝国建立了友好关系。

拜占庭帝国和塞尔维亚的兴起;斯蒂芬·杜尚。——13世纪

---

[33] 鲁比奥·伊·鲁齐:"加泰罗尼亚人占领下的希腊,自弗里德里希三世之死到纳瓦拉人的入侵(1377—1379年)"("La Grecia Catalana de la mort de Frederic III fins a la invasió navarresa, 1377—1379"),《拜占庭》(布鲁塞尔),VI(1915—1920),199。亦见他的《东方加泰罗尼亚人的外交》(*Diplomatari de l'Orient català*),巴塞罗那,1948年,此书是在他去世后出版的。亦见他的《加泰罗尼亚人在希腊》,13。关于鲁比奥·伊·鲁齐诸多著作的目录,见《剑桥中世纪史》,IV,862和相关部分,286—291。

末,拜占庭在巴尔干半岛的领地包括整个色雷斯和南马其顿及萨洛尼卡;但那些进一步延伸到西方和南方的土地,如色萨利、伊庇鲁斯和阿尔巴尼亚,却只有部分地方不同程度地承认帝国的权力。在伯罗奔尼撒半岛,迈克尔·巴列奥洛格的帝国从法兰克人手中又重新夺回了半岛东南部的拉克尼亚,然后是中部行省阿卡迪亚。在伯罗奔尼撒半岛和中希腊的其他地方,拉丁人继续着他们的统治。而在爱琴海上,拜占庭只是在海的北部和东北部占有一些岛屿。

与奥斯曼人在东方的威胁相似的是,另一种对拜占庭的巨大威胁正在巴尔干半岛生长。在14世纪上半期,这一威胁来自塞尔维亚人。

塞尔维亚人和与其血缘极近的、也许是完全同族的克罗地亚人,在7世纪希拉克略皇帝时期已经出现在巴尔干半岛,并占领了半岛的西部。居住在达尔马提亚和萨瓦河及德拉瓦河之间的克罗地亚人开始同西方有了密切的接触,并皈依了罗马大公教。11世纪,他们丧失了独立,处于匈牙利(马扎尔人)王国的统治之下。塞尔维亚人则保持着对拜占庭和东部教会的忠诚。很长时期以来,直到12世纪的下半期,与保加利亚人不同,塞尔维亚人一直没有形成统一的国家。他们居住在独立的区域,称为"祖比"(župy),其首领则被称为"祖潘"(župans)。直到12世纪,塞尔维亚人才出现统一的倾向,而与此同时保加利亚正朝着建立第二个保加利亚王国的方向发展。就像亚琛家族在保加利亚领导着独立运动一样,尼曼加家族在塞尔维亚充当了与其相似的角色。

12世纪下半期,塞尔维亚君主国的建立者是斯蒂芬·尼曼加(Stephen Nemanja),他称自己为"大祖潘"(Great Župan),他是依靠家族的力量统一塞尔维亚的第一人。由于拜占庭对保加利亚进行了成功的战争,斯蒂芬大大扩展了塞尔维亚的领土。完成了政治任务后,斯蒂芬立即辞职,以修士身份在阿索斯山上的一个修道院内度过了余生。在第三次十字军东征期间,斯蒂芬·尼曼加同当时正经过巴尔干半岛的德意志国王弗里德里希·巴巴罗萨进行了协商,欲同弗里德里希结成反对拜占庭皇帝的同盟,但是,弗里德里希不同意塞尔维亚人将达尔马提亚海岸剥离拜占庭的控制,并将它纳入塞尔维亚人的版图。这次协商毫无结果。

[斯蒂芬·尼曼加退隐后,]他的儿子们之间发生了内战,最后,他的儿子斯蒂芬于1217年登基并由教宗使者加冕,成为塞尔维亚的国王,并自称"第一个被加冕的""所有塞尔维亚人的"国王(Kral)。在他统治期间,塞尔维亚教会接受了由教宗代表任命的一个塞尔维亚大主教充当教会的首领。但是塞尔维亚对罗马教会的依附是短暂的,新王国保持着对东正教会的忠诚。

拉丁帝国企图扩大它在巴尔干半岛的影响,却遇到了来自两个斯拉夫国家保加利亚和塞尔维亚的极大阻力。1261年拉丁帝国衰落之后情况发生了变化:拉丁帝国由被恢复的虚弱的拜占庭帝国所取代;大约在同时,保加利亚也由于内部动乱而被削弱,领土大大缩减,力量也大不如前。1261年之后,塞尔维亚成为巴尔干半岛最重要的国家。但塞尔维亚国王犯了一个策略性的错误而没能吞并西部塞尔维亚(克罗地亚)的土地;在没有取得民族统一的前提下,他们就把注意力转向了君士坦丁堡。

14—15世纪的保加利亚人和塞尔维亚人

保加利亚人
1344年保加利亚人的征服
塞尔维亚人
在杜尚领导下塞尔维亚人的征服

黑海
迪拉基乌姆　普里莱普　梅尔尼克　君士坦丁堡
塞萨利
爱奥尼亚海
凯法利尼亚
莱斯博斯岛
爱琴海
罗得岛
克里特
0 50 100 150 200 英里

土耳其帝国的扩张

1350年土耳其人领地
1354—1402年土耳其人的征服

黑海
迪拉基乌姆　普里莱普　梅尔尼克
塞萨利
爱奥尼亚海
凯法利尼亚
莱斯博斯岛
埃维尼岛
爱琴海
罗得岛
克里特
0 50 100 150 英里

14—15世纪拜占庭帝国的灭亡

左上角的地图展示了14世纪塞尔维亚人和保加利亚人占领的领土和他们于这一世纪内对拜占庭的入侵。左下图揭示了1354—1402年土耳其人的向西扩张。上图则表现了15世纪时威尼斯人、热那亚人、法兰克人和加泰罗尼亚人控制的区域,以及纳克索斯公爵领的疆域。如果将这些图与拜占庭于1340、1350和1402年的疆域图(见本书末页)相比较,这些地图则展示了拜占庭帝国在1453年最后灭亡前领土的逐步减少。图上标志的主要区域是根据奥斯特洛戈尔斯基的著作《拜占庭国家史》中的地图绘制的。

在两安德罗尼卡进行内战期间,塞尔维亚国王支持祖父安德罗尼卡三世。其同盟者塞尔维亚人 1330 年对保加利亚人的胜利对塞尔维亚的未来有重要意义,这场战役发生于上马其顿的维尔布什德(Velbužd,即现在的克斯坦迪尔[Köstendil])。年轻的王公斯蒂芬·杜尚注定要成为塞尔维亚的著名国王。尽管资料中有一些矛盾之处,[94]但都认为杜尚对这次胜利有决定性的贡献。在上述战役中,保加利亚国王被打败并被杀死。维尔布什德战役的结果对于年轻的塞尔维亚王国有重要意义。希腊-保加利亚的联盟瓦解,保加利亚抑制塞尔维亚进一步发展的可能性也永远被破坏。此后,塞尔维亚王国在巴尔干半岛扮演了领导角色。

塞尔维亚在斯蒂芬·杜尚统治期间(1331—1355 年),达到其国力的最高峰。在他登上王位之前十年,斯蒂芬和他的父亲在大主教祝福下一起被加冕。因此资料中称他"斯蒂芬,年轻的国王"(*rex juvenis*),以区别于"老国王"(*rex veteranus*)。T. 弗洛林斯基(T. Florinsky)评论说:"父子同时加冕在塞尔维亚历史上是一个值得注意的新现象。它清楚地表明了拜占庭帝国的影响,在拜占庭,皇帝任命他们的共治者并为他们加冕使之取得皇帝头衔是一个古老的传统。"[95]

在斯蒂芬·杜尚统治的第一个十年期间,拜占庭的统治者是安德罗尼卡三世。杜尚利用了皇帝和约翰·坎塔库津忙于应付奥

---

[94] 弗洛林斯基:《14 世纪第二季的拜占庭和南斯拉夫人》II,55。吉莱切克:《塞尔维亚史》,I,362。

[95] 见《14 世纪第二季南斯拉夫和拜占庭》,II,45—46。亦见吉莱切克《塞尔维亚史》,I,355—356。

斯曼人来自东方威胁的有利形势,实施了他的侵略计划。一方面兼并了北马其顿,另一方面,则占领了阿尔巴尼亚的大部分地区,此前,安德罗尼卡的军队刚刚在阿尔巴尼亚取得胜利。1341年,当皇帝安德罗尼卡去世前,斯蒂芬·杜尚尽管还没有充分实施他对拜占庭的计划,但已经证明了他对于帝国来说是一个多么强大的敌人。

阿尔巴尼亚人向南方的发展。——14世纪上半期,阿尔巴尼亚人在巴尔干半岛的历史中第一次扮演了相当重要的角色。安德罗尼卡三世和斯蒂芬·杜尚都曾经同他们作战。

自古典时代以来,阿尔巴尼亚从来未能形成一个单独的统一实体,阿尔巴尼亚人的历史总是一些外族人历史的一部分。在内部,他们分成几个小公国和自治的山区部落,他们的兴趣只在于本地。"阿尔巴尼亚有许多还没有勘查过的古代遗迹。因此,在没有考察那些被小心地保护了几个世纪之久的阿尔巴尼亚土地上的珍贵遗迹的前提下,人们不可能写出准确的、完整的阿尔巴尼亚历史。只有当这些考古的珍宝能够昭然于世的时候,才可能写出一部科学和真实的阿尔巴尼亚历史。"[56]

阿尔巴尼亚人的祖先是古代的伊利里亚人,他们沿着从伊庇鲁斯伸展到潘诺尼亚平原的北方亚得里亚海东岸而居。2世纪的希腊地理学家托勒密,曾提到一个阿尔巴尼亚人的部落和一个阿尔巴诺堡的城市。11世纪时,阿尔巴尼亚人这一称呼被广义地用

---

[56] C.A.切克莱奇(C.F.Chekrezi):《阿尔巴尼亚——过去与现在》(Albania - Past and Present),8。

于所有其他的古伊利里亚民族。这个民族在希腊语中被称作 *Albanoi*、*Arbanoi* 或者是 *Albanitai*；在拉丁语中是 *Arbanenses* 或 *Albanenses*；从拉丁语或罗马的形式演化为斯拉夫语的 *Arbanasi*，在现代希腊语中是 *Arvanitis*，在土耳其语中是 *Arnaut*。阿尔巴尼亚人也称他们自己为 *Arber* 或者 *Arben*。后来又出现了一个称呼阿尔巴尼亚人的新名词，此即 *Shkipetars*，它的词源来历还不能确定。⑰ 今天的阿尔巴尼亚语充斥着罗曼语成分，它源于古拉丁语，终于威尼斯人的方言。所以一些专家称阿尔巴尼亚语为"一种半罗曼斯语的混合语言"(*halbromanishe Mischsprache*)。⑱ 过去的阿尔巴尼亚民族是信仰基督教的民族。在早期拜占庭时代，阿那斯塔修斯一世皇帝即来自伊利里亚的主要海岸城市都拉基乌姆，他很可能就是阿尔巴尼亚人。查士丁尼大帝家族也可能源于阿尔巴尼亚血统。

阿尔巴尼亚民族人种的巨大变化发生在 4、5 世纪所谓的蛮族入侵和巴尔干半岛被斯拉夫人逐渐占领时期。后来阿尔巴尼亚（此时史料上还没有这样称呼）先后归属于拜占庭和大保加利亚王

---

⑰ C.吉莱切克："历史上的阿尔巴尼亚"("Albanen in der Vergangenheit")，《东方的奥地利王权》(*Oesterreichische Monastschrift für den Orient*)，1—2(1914)，2；重版于塔洛齐(Thallóczy)《伊利里亚—阿尔巴尼亚研究》(*Illyrisch-albanische Forschungen*)，I，66。关于 Shkipetars 一词的来源，见 A.C.查特济斯(Chatziz)"何为 Shkipetar 民族?"(Πόθεν τὸ ἐθνικόν Σκιπετάρ)，《雅典科学院报告》(Πρακτικά of the Academy of Athens)，IV(1929)，102—104。亦见 H.格列古瓦著《拜占庭》，IV(1929)，746—748；按照当代希腊语的发音 σκιππέττο 相当于意大利语的 *shiopetto*，或法语的 *escopette*，意为"枪"、"炮"，"装备了武器的人"。这个问题至今还没有完全解决。

⑱ 吉莱切克："历史上的阿尔巴尼亚"，《东方的奥地利王权》，1—2(1914)，2；塔洛齐：上引书，I，67。G.格鲁伯(G. Gröber)：《罗曼语系的形成》(*Grundriss der romanischen Philologie*)(第 2 版，1904—1906 年)，1039。

国的西梅恩。诺曼人与拜占庭人在巴尔干半岛的冲突之后,阿尔巴尼亚第一次作为一个族群的名称,出现在11世纪拜占庭的资料里。⁹⁹ 在拉丁帝国和巴列奥洛格一世时期,阿尔巴尼亚相继被伊庇鲁斯王国、第二保加利亚王国和尼西亚皇帝约翰·杜卡斯·瓦塔泽斯所控制,最后被安茹的查理所制伏,查理称呼他自己为"奉天承运的西西里和阿尔巴尼亚国王"。在14世纪40年代,安德罗尼卡去世之前不久,塞尔维亚国王斯蒂芬·杜尚征服了阿尔巴尼亚的大部分地区。

在这一时期,阿尔巴尼亚人开始大规模地向巴尔干半岛南部推进,他们首先进入色萨利,后在14世纪的下半叶和15世纪,又扩伸到整个中希腊、伯罗奔尼撒半岛和爱琴海的许多岛屿。阿尔巴尼亚殖民运动的强大潮流甚至在今天还能感觉到。19世纪上半叶德国学者法尔梅赖耶提出了一个令人震惊的理论,希腊人已经完全被斯拉夫人和阿尔巴尼亚人灭绝;"流淌在当代希腊基督教民族静脉里的血液没有一滴来自古代的希腊人。"他在其《中世纪莫里亚半岛史》的第二卷中写道,自14世纪的第二季起,居住在希腊的希腊-斯拉夫人被阿尔巴尼亚定居者所取代和排挤,从土耳其束缚下把希腊解放出来的19世纪希腊革命,实际上是阿尔巴尼亚军队的杰作。法尔梅赖耶通过在希腊的旅行,发现在阿提卡、维奥蒂亚和伯罗奔尼撒半岛的大部分地区都有相当数量的阿尔巴尼亚定居者,他们有的甚至不懂希腊语。法尔梅赖耶还写道,如果称这个国家是新阿尔巴尼亚,那也是恰如其分的。希腊王国的那些行

---

⑨ 迈克尔·阿塔利特斯:《历史》,9、18。

省与希腊文明的关系并不比苏格兰高地与阿富汗的坎大哈及喀布尔地区的关系更紧密。[100]

尽管法尔梅赖耶的理论基本上已经被摒弃,但事实上,直到今天,爱琴海上的许多岛屿和几乎整个阿提卡和远至雅典的地区都是阿尔巴尼亚人的领地。根据学者的大概统计,现在伯罗奔尼撒半岛的阿尔巴尼亚族人数量超过全部人口的12%(大约有92,500人)。[101] 1854年德文著作《阿尔巴尼亚研究》的作者J.G.哈恩(Hahn)评估"在100万希腊居民中大约有173,000人是阿尔巴尼亚人",一位当代作家评论道:"在这期间没有发生实质性的变化。"[102]

于是,安德罗尼卡三世时代的一个显著特征就是阿尔巴尼亚人向希腊南部直到伯罗奔尼撒半岛的殖民运动,以及因此带来的希腊半岛人口中重要的人种改变。

威尼斯和热那亚。——迈克尔八世的政权在两个西方商业共和国威尼斯和热那亚之间的竞争中,给了热那亚明确的优先权。考虑到当时的政治环境,他与威尼斯又恢复了友好关系,灵活地运

---

[100] J.P.法尔梅赖耶:《中世纪莫里亚半岛历史》,II,xxiv—xxvii。

[101] 菲利普森(Philipson):"关于伯罗奔尼撒的种族问题"("Zur Ethnographie des Peloponnes"),《彼特曼通报》(*Petermann's Mitteilungen*),XXXVI(1890),35。菲利普森:《关于拜占庭帝国的地理状况》(*Das Byzantinische Reich als Geigraphische Ercheinung*),131。D.A.扎基希诺斯(Zakythinos):《莫里亚的希腊王国》(*Le Despotat Grec de Morée*),102—105。

[102] J.哈恩:《阿尔巴尼亚研究》(*Albaniesische Studien*),I,32(这一数字是估计的数字);亦见II,1(几乎相当于希腊人口的一半);亦见前言,vi。见柴克莱斯(Chenkrezi)《阿尔巴尼亚——过去与现在》,25页注1、205。芬利(《希腊史》,IV,32)统计在希腊境内有约20万阿尔巴尼亚族人。

用两共和国之间的对抗。安德罗尼卡二世延续了他父亲对热那亚实行特权的政策,因此导致热那亚和威尼斯之间的持续对抗。

13世纪末,基督教徒在叙利亚占领的属地全部丢失。1291年,穆斯林从基督徒手中夺走了他们最后一个重要的沿海城市阿克(Acra,古代的托勒密城);剩下的所有沿海城市几乎毫无抵抗地向穆斯林投降了。整个叙利亚和巴勒斯坦落入穆斯林的控制之下。

这一事件对威尼斯来说是可怕的打击,因为这使她丧失了整个地中海东南部,在这一地区,有很长一段时间她都占有贸易上的优势。另一方面,在博斯普鲁斯海峡有着坚实立足点的热那亚人,把他们的影响延伸到黑海,很明显他们希望在那儿实现贸易的垄断权。这在克里米亚是相当重要的,因为,威尼斯人和热那亚人都在那儿建立了殖民地。威尼斯人意识到热那亚人对她的商业霸权的威胁,于是对热那亚宣战。他们之间的许多战斗都发生在拜占庭帝国的领土和水域上。威尼斯舰队突破了赫勒斯滂海和马尔马拉海,掠夺和焚烧了博斯普鲁斯的土地和热那亚人居住的地方加拉泰郊区。热那亚人在君士坦丁堡防御性城墙的后面建立了安全的侨居地,君士坦丁堡皇帝也积极支持热那亚人,居住在首都的威尼斯人受到了残杀。热那亚人从安德罗尼卡二世手中获得了建立围墙和护城河保护加拉泰的授权。不久之后,他们的侨居地建起了许多公共的和私人的建筑。侨居地政府的长官(podestá)是由热那亚委派的,他代表着所有居住在帝国领土上的热那亚人的利益,依法管理这块侨居地。T.弗洛林斯基说:"在东正教的皇城旁边,出现了一个小的,但是设防良好的拉丁人城市,那里有着热那亚人的城市长官、共和组织以及拉丁教会和修道院。除了在商业上的重要地位之外,热那亚人也在拜占庭帝国获得了重要的政治意义。"[103]至安德罗尼卡三世登基,加拉泰已经成为一个国中之国,而到他统治末期,人们已经可以很强烈地感受到这种局面。在热那亚和威尼斯之间已经不可能出现真正的和平。

除了这两个最强盛的商业共和国外,另一些在13世纪末和14世纪的君士坦丁堡建立了侨居地的西方城市——例如意大利、比萨、佛罗伦萨和安科纳,亚得里亚海上的斯洛文尼亚城市拉古萨(杜布罗夫尼克)[104],以及若干个法国南部城市,如马赛——也有着相当引人注目的贸易活动。

安德罗尼卡祖孙俩的统治结局都是可悲的。在东部,奥斯曼土耳其帝国已经成为掌控小亚细亚形势的主人;在巴尔干半岛,斯蒂芬·杜尚已经获得一些真正的成功,预示了他将来继续扩展的计划。加泰罗尼亚兵团在他们向西方进军的过程中已经严重破坏了帝国的许多地区。最后,热那亚人的加拉泰区在经济上十分强大,在政治上亦几乎完全独立,已经巩固了自身地位,并和君士坦丁堡平起平坐。

约翰五世(1341—1391年在位)、约翰六世坎塔库津(1341—

---

[103] 《14世纪第二季的拜占庭和南斯拉夫人》,I,32—33。
[104] N.约尔加:"一个变成了斯拉夫人城市的罗马城市:拉古萨"("Une ville 'romane' devenue slave: Raguse"),《罗马研究院历史研究所通讯》,XVIII(1931),32—100。P.斯科克(P. Skok):"拉古萨的起源"("Les Origines de Raguse"),《斯拉维亚》(*Slavia*),X(1931),499—500。M.安得列瓦的通俗性简介:"多布罗夫宁克"("Dubrovnik"),《国际巴尔干研究杂志》(*Revue internationale des études balkaniques*),II(1935)125—128。

1354年在位)和在斯蒂芬·杜尚统治下的塞尔维亚巅峰时代。——在约翰五世的前任安德罗尼卡三世统治时期,斯蒂芬·杜尚已经占有了北马其顿和阿尔巴尼亚的大部分。随着约翰五世登上王位,激烈的国内战争开始分裂帝国,杜尚的侵略计划拓展了,并明确制定了对付君士坦丁堡的方针。14世纪的拜占庭历史学家尼斯福鲁斯·格雷戈拉斯借用约翰·坎塔库津的口气,强调道:"伟大的塞尔维亚人(指斯蒂芬·杜尚)[15]像决堤的河水一样,已经远远漫过它的堤岸,其浪涛淹没了罗曼尼亚(Romania)*帝国的一部分,正威胁着另一部分。"[16]斯蒂芬·杜尚时而与坎塔库津言和,时而向约翰五世示好,左右逢源,从中取利。他利用拜占庭帝国军队自相残杀的危急形势,毫无困难地征服了除萨洛尼卡之外的几乎整个马其顿地区,并且包围和占领了塞雷(Seres,横亘于萨洛尼卡和君士坦丁堡之间的东马其顿地区的重要防砦)。塞雷的沦陷具有极大的重要性:杜尚获得了一处仅次于萨洛尼卡的防砦和纯粹的希腊城市,它可以成为通往君士坦丁堡的重要门户。从这时起,针对帝国的扩张计划在这位塞尔维亚领袖人物的心目中形成。

现代拜占庭资料把塞雷的陷落同杜尚采用沙皇头衔并公开宣称他对东方帝国的主权要求等联系起来。例如,约翰·坎塔库津写道:"国王(*The Kral*)接近了塞雷并占领它……此后,他变得过

---

[15] 尼斯福鲁斯·格雷戈拉斯在文中称杜尚为"伟大的垂宝(Triball)",这是古代色雷斯的一个部族的名称,格雷戈拉斯以此名称代称塞尔维亚人。

* 指罗马帝国,即拜占庭,下同。——译者

[16] 《历史》,XIV,4;波恩版,II,817。

度自负,视他自己为帝国大部分领地的主人,自称是罗马和塞尔维亚人的沙皇,[107]并授予他的儿子以王(Kral)的头衔。"[108]在杜尚由塞雷写给威尼斯总督的一封信中,列举了自己的一系列头衔,其中誉美自己为"罗曼尼亚多数领地的主人"(et fere totius imperii Romaniae dominus)。[109]在杜尚以珠笔签署的希腊文法令中,声称自己为"奉基督上帝名义,忠诚的国王,塞尔维亚和罗曼尼亚的统治者斯蒂芬。"[110]

杜尚所设计的攻克君士坦丁堡的宏大计划不同于9世纪和13世纪保加利亚国王西梅恩和亚琛的计划。西梅恩的主要目标是把斯拉夫人的土地从拜占庭帝国的权力之下解放出来,建立一个大斯拉夫帝国;"他占领君士坦丁堡的真正企图,"T.弗洛林斯基写道,"同样是出于摧毁希腊人权力并由斯拉夫人取而代之的目标……"[111]"他希望占有帝都(Tsargrad),并以保加利亚沙皇、而不是罗马人皇帝的身份去统治希腊人"[112];亚琛所追求的也是同样的目标,他所渴望的是保加利亚人民的解放和完全独立,并希望建立一个应当包括君士坦丁堡在内的保加利亚帝国。

---

[107] 与尼斯福鲁斯·格雷戈拉斯一样,坎塔库津在自己的回忆录中也用古代色雷斯地区部族的名称"垂宝"(Triballs)称呼塞尔维亚人。

[108] 《历史》,III,89;波恩版,II,551—552。

[109] 弗洛林斯基:《14世纪第二季的拜占庭和南斯拉夫人》,II,108,111;吉莱切克:《塞尔维亚史》,I,36。

[110] 萨塔斯:《中世纪希腊文书籍目录》,I,239;弗洛林斯基:《阿索斯山法令集和收于圣著集中的照片》(The Athonian Acts and Photographs of Them in the Collections of Sevastyanov),96。

[111] 《14世纪第二季的拜占庭和南斯拉夫人》,II,109。

[112] 同上书,110。

第九章 拜占庭的灭亡

但是,以皇帝(*basileus*)和专权者(*autocrat*)自称的斯蒂芬·杜尚却在追求着不同的目标。他所要求的,不再仅仅是从东部皇帝的影响下解放塞尔维亚人民。毫无疑问,杜尚给他自己树立的目标是建立一个新的帝国来代替拜占庭帝国,这个新帝国不再仅仅是塞尔维亚的,而是塞尔维亚-希腊的,并且"塞尔维亚人民,塞尔维亚王国,和所有依附于它的斯拉夫的土地将仅仅是罗马帝国的一部分,他称自己是他们的领袖"[13]。他企图使自己成为君士坦丁大帝、查士丁尼和其他拜占庭皇帝之尊位的继承者,因此,杜尚首先希望自己成为罗马人的皇帝,然后才是塞尔维亚人的皇帝,简言之,他要在拜占庭的御座之上建立他个人的塞尔维亚王朝。

对杜尚来说,重要的是把被征服地区的希腊神职人员吸引到他这一边来。他意识到,在人民的眼中,自己要宣称自己是塞尔维亚和希腊人的沙皇的举动,只有被教会的高级权力机构批准才是合法的。附属于君士坦丁堡牧首的塞尔维亚大主教是难能担当此任的;即使宣布塞尔维亚教会完全独立,塞尔维亚的大主教或教宗也只能为国王加冕为塞尔维亚的沙皇。要想得到"塞尔维亚人和罗马人的沙皇",这一或许能帮助他登上拜占庭皇位的尊号,需要做更多的事情。很自然,君士坦丁堡的牧首不会同意给他加冕。于是,杜尚开始计划通过著名的阿索斯圣山上希腊修道院的修道士以及被征服地区的希腊最高神职人员的认可来神化他的新头衔。

---

[13] 《14 世纪第二季的拜占庭和南斯拉夫人》,II,110。

出于这个意图,他在被征服的马其顿地区巩固并扩展了希腊修道院的特权并增加了对该修道院的捐赠,许多属于阿索斯山的大地产($\mu\varepsilon\tau\acute{o}\chi\iota\alpha$)也归于他的权力之下。哈尔基季基(Chalcidice)半岛连同阿索斯山上的修道院也尽落入杜尚的掌握之中,修士们不可能不明白修道院的保护已经从拜占庭皇帝转到新主人手中,他们的进一步繁荣将依赖于新主人。用希腊语拟就的、并被杜尚授予阿索斯山的希腊修道院的宪章("黄金诏书"[chrysobulls])证明了杜尚不仅仅对他们以前的特权、免税权和财产权给予重新确认,而且还追加了一些新的特权。除了分别为一些修道院制定宪章之外,还有一个通用性的宪章授予所有阿索斯山修道院;在这个宪章中,他说:"朕(Our Majesty),已经收服了(处于朕的控制之下)位于圣山阿索斯上的所有修道院,他们已经心悦诚服地依靠于朕并成为朕的臣民。为了使居住在那儿的修士们能够和平和不受干扰地进行他们虔诚的工作,朕以本法令(chrysobull)授予他们以大量恩惠。"[114]

1346 年的复活节是塞尔维亚历史上有重大意义的一天。在杜尚的首都斯科普里(Skoplje, Uskub,位于马其顿北部),聚拢了整个塞尔维亚王国的贵族王公,以塞尔维亚大主教为首的所有高级神职人员,被征服地区的保加利亚的和希腊的神职人员,最后,还有圣山修道士公会的首席代表(protos*,他掌管着圣山阿索斯

---

[114] 弗洛林斯基:《阿索斯山法令集和收于圣著集中的图像》,95;乌斯宾斯基:《基督教的东方》,III(2),156。

* protos 在希腊语中是第一的意思,此处是对阿索斯山修道院议会首领的称呼。——译者

第九章 拜占庭的灭亡

和山上的修士们及隐士们)*。这个巨大而神圣的会议将"正式批准并认可由杜尚实现的政治革命:建立一个新的帝国"[115]。

首先,这次会议建立了一个完全独立于君士坦丁堡教区的牧首之外的塞尔维亚大教长辖区。杜尚需要一个独立的塞尔维亚主教为他加冕,使他成为皇帝。由于主教的选举没有全体东部基督教主教的参与,希腊人主教和阿索斯山的隐士们不得不代替君士坦丁堡主教。塞尔维亚主教被推选出来了,但君士坦丁堡牧首拒绝承认这个委员会的决议,反而把塞尔维亚教会开除教籍。

主教选举之后,庄严地举行了杜尚加冕为拜占庭皇帝的仪式。这一事件很可能发生在杜尚占领塞雷之后不久,正式宣布自己为沙皇的典礼之前。与这些事件相关,杜尚在他的宫廷中引入了虚浮的宫廷礼仪,并采纳了拜占庭的习俗和惯例。新皇帝(basileus**)变为希腊贵族的代表;希腊语似乎正式取得了与塞尔维亚语的同等地位,因为杜尚的许多宪章是用希腊语颁布的。"塞尔维亚的特权阶级,那些大地主和拥有巨大的影响力和权力、并限制塞尔维亚国王行动自由的神职人员,现在被迫屈服于沙皇这个绝对的最高权威。"[116]比照拜占庭的传统风俗,杜尚的妻子也接受了加冕,他们的10岁儿子被宣布为"所有塞尔维亚土地的王"。加冕后,杜

---

* 修士,此处用的是希腊语词 iguman,这是在阿索斯圣山上过集体修道生活的修士;隐士,即 hermit,是在山上过离群索居生活的独立修士。——译者

[115] 弗洛林斯基:《14世纪第二季的拜占庭和南斯拉夫人》,II,126。

** "basileus"是希腊语中对皇帝的称呼。这里指塞尔维亚王僭领了拜占庭皇帝的头衔,因此成为希腊民族的代表。——译者

[116] 弗洛林斯基:《杜尚之立法活动的丰碑》(The Monuments of Dushan's Legislative Activity),13。

尚颁布了许多宪章法令表达他对希腊教士和教会的感激和支持。他还同他的妻子赴阿索斯山访问，在那里停留了大约四个月，在所有的修道院中祈祷，并赠给教士们许多礼物。在各处他都受到"那些过着圣洁生活的圣徒和圣父的祝福"[⑩]。

斯蒂芬的唯一梦想就是抵达君士坦丁堡；在他的胜利和加冕礼后，他可以毫无阻碍地达到这一目的了。尽管在他统治的最后时期，塞尔维亚对拜占庭的战争不像以前那样频繁，而且他的注意力时而转向西方或北方的战事，时而转向国内事务，但正如弗洛林斯基所说："对所有那些事件，杜尚只是暂时转移了自己的注意力，并没有更多的投入，他的目光和头脑深处仍然一如既往地专注于巴尔干半岛东南部那最具诱惑力的角落。控制这个东南角的欲望，或者更确切地说，控制位于那个角落的那个世界城市的欲望，现在仍然完全地占据着这位沙皇的头脑，成为他行动的主要动机。这决定了他的统治时代的所有特征。"[⑪]

杜尚梦想着自己将轻易征服君士坦丁堡，在这一狂热情绪驱动下，他没有立刻处理已经存在着的妨碍他实现自己计划的几个严重障碍。首先，土耳其人的势力正在增长，他们也一直觊觎拜占庭的首都，而组织涣散的塞尔维亚军队不可能战胜土耳其人；另外，要想夺取君士坦丁堡，必须有一支海军，而杜尚还没有。为了增强自己的海上力量，杜尚打算同威尼斯人结成同盟。但这一计划从一开始就注定要失败。圣马可的共和国，对于君士坦丁堡归

---

⑩ 弗洛林斯基：《14世纪第二季的拜占庭和南斯拉夫人》，II，134。
⑪ 同上书，141。

第九章 拜占庭的灭亡

于巴列奥洛格之手一直耿耿于怀,因此绝不会同意杜尚征服并入主君士坦丁堡;如果威尼斯人征服了君士坦丁堡,将会符合这座意大利城市的利益。杜尚同土耳其人联盟的企图因为约翰·坎塔库津的政策也失败了;无论如何,杜尚的利益和土耳其人的利益肯定相互抵触。实际上拜占庭内部的斗争对杜尚的计划也无所助益。在杜尚统治的最后几年,一支帮助约翰五世巴列奥洛格皇帝与土耳其人作战的塞尔维亚军队遭到了土耳其人的屠杀。杜尚命中注定是要失望了,很明显,通往君士坦丁堡的道路正在向他关闭。

据后来的拉古萨的编年史记载,杜尚在他去世那年曾对君士坦丁堡发动了一场规模巨大的远征,但他的去世阻止了这一行动的彻底完成。上述史实没有能被当时的任何材料所证实,很多最优秀的学者都认为这不是事实。[⑲] 1355年,这位塞尔维亚的伟大领袖没有实现他的雄心就去世了。因此杜尚没能创建一个希腊-塞尔维亚帝国来取代拜占庭帝国。他只是成功地组建了一个囊括了许多希腊土地的塞尔维亚帝国。[⑳] 他死后,帝国就崩溃了,就像约翰·坎塔库津所说的:"分成了上千块。"[㉑]

杜尚的君主专制只持续了很短的一段时间,对此,弗洛林斯基评论道:"关于这段时期,只有两个时刻值得注意:首先是杜尚的整个统治的形成时期,随之是它的瓦解时期,这个瓦解时期于它的建

[⑲] 弗洛林斯基:《14世纪第二季的拜占庭和南斯拉夫人》,II,200—201、206—207。

[⑳] 同上书,208。

[㉑] 约翰·坎塔库津:《历史》,IV,43;波恩版,III,315。

立者去世之后立即开始了。"⑫另一位俄国学者说:"十年后,塞尔维亚帝国的强大似乎已经属于遥远的过去。"⑬因此,斯拉夫人的最宏伟的尝试,即他们的第三个也是最后一个,要在巴尔干半岛建立一个以君士坦丁堡为首都的伟大帝国的尝试,最后以失败告终。巴尔干半岛对于好战的奥斯曼土耳其人的侵略计划来说,几乎是不加防御的,完全开放的。

14 世纪下半叶拜占庭的政策

土耳其人。——在小安德罗尼卡统治末期,土耳其人几乎完全控制了小亚细亚。地中海东部地区和爱琴海受到土耳其人,包括奥斯曼人和塞尔柱人海盗船的持续不断的威胁。半岛、沿海地区和岛屿上的基督教人民越来越陷入水深火热之中,贸易也停止了。土耳其人攻击阿索斯山的修道院,迫使一个隐士阿塔那修斯离开阿索斯山迁往希腊的色萨利,在那里,在"空中",建立了"奇妙怪异的米蒂奥拉修道院,像王冠一样矗立在荒凉的卡拉巴卡峡谷一侧高耸突兀的岩石上"⑭。塞浦路斯国王和自 14 世纪以来即占有着罗得岛的圣殿骑士团(或称圣约翰骑士团)的首领恳请教宗号

---

⑫ 《14 世纪第二季的拜占庭和南斯拉夫人》,II,1。
⑬ A.波戈丁:《塞尔维亚史》,79。
⑭ N.A.比斯:"关于米蒂奥拉修道院创建者的历史研究和民间传说"("Geschichtliche Forschungsresultate und Mönchs-und Volkssagen über die Gründer der Meteorenklöster"),《拜占庭与当代希腊年鉴》,III(1922),364—369。米勒:《利凡特的拉丁人》,294—295。I.波吉阿齐德(I.Boghiatzides):"米蒂奥拉修道院编年史"(*Τὸ χρονικὸν τῶν Μετεώρων*),《拜占庭研究学刊》(*'Επετηρὶς Εταιρείας Βυζαντινῶν Σπουδῶν*),II(1925),149—182。

召西欧国家采取武力反对土耳其人。虽然不是完全不成功,但只有很少的救援性质的远征者响应罗马教宗的呼吁,对此严重局面不能有多少改善。土耳其人已经注定要在欧洲海岸牢固建立他们自己的地盘;而正是由于约翰·坎塔库津在拜占庭帝国内战期间将土耳其人引进帝国领土的行为,便利了土耳其人建立其基地的活动。

奥斯曼土耳其人在欧洲的第一次立足通常是与约翰·坎塔库津的名字联系在一起的,他在与约翰·巴列奥洛格的斗争中,常常寻求他们的支持。坎塔库津甚至把他的女儿嫁给了苏丹奥尔汗。在坎塔库津的邀请下,土耳其人以同盟者的身份几次蹂躏了色雷斯。尼斯福鲁斯·格雷戈拉斯评价道,坎塔库津憎恨罗马人,但他却喜爱野蛮民族。[12] 土耳其人第一次定居于加利波利半岛非常可能是得到坎塔库津的承认和同意的。这位拜占庭历史学家写道,当宫廷教堂内正在进行基督教的礼拜仪式时,获准进入帝国首都的奥斯曼人在这座宫殿附近载歌载舞,"用不可思议的声音高唱赞颂穆罕默德的颂歌和赞美诗,于是吸引群众去倾听他们的声音而不是聆听上帝的福音"。[13] 为了满足土耳其人在财政上的要求,在帝国经济不景气的时期,坎塔库津甚至将莫斯科大公傲慢者西蒙为重修圣索菲亚教堂而从俄罗斯运来的金钱送给他们。

尽管在欧洲,即在色雷斯和加利波利半岛曾存在一些土耳其人的私人定居地,但是,从一切迹象来看,在坎塔库津统治的最初

---

[12] 尼斯福鲁斯·格雷戈拉斯:《历史》,XXVIII,2;波恩版,III,177。
[13] 尼斯福鲁斯·格雷戈拉斯:《历史》,XXVIII,40;波恩版,III,202—203。

若干年内,这些私人性质的定居地并没有什么危险性,因为它们是处于拜占庭的权力之下。但在 14 世纪 50 年代初,一个靠近加利波利的小据点吉姆帕落入土耳其人之手。坎塔库津企图以贿赂方式劝土耳其人撤出吉姆帕的做法也未能成功。

1354 年,几乎整个色雷斯的南部海岸都遭遇到可怕的地震。许多城市和堡寨被毁坏。土耳其人巩固了吉姆帕并夺取了半岛上的几个地震后被人们遗弃的城市,其中就包括加利波利。然后,他们开始修建城墙,建造坚固的堡垒并建立了一处军械厂,在此地安置了一处颇具规模的营房,于是,加利波利城便成为他们在巴尔干半岛进一步发展的极其重要的战略中心和支援基地。君士坦丁堡的人民立刻意识到他们处于危险之中,加利波利半岛被土耳其人占领的消息使他们感到绝望。当时的一位杰出作家底米特里·辛多内斯记载,整个城市上空回响着人们的痛哭悲号声。

他写道:"那么,在这座城市我们更多地听到怎样的议论呢?我们不是要遭殃了吗?难道被困在[首都]城墙内的我们不会像网中之鱼一样被野蛮人活活抓住?那些在这些危险来临之前离开这座城市的人难道不会感到欣慰吗?""为了逃避被奴役的命运",所有的人匆忙逃往意大利、西班牙,甚至逃往更远的海勒立斯石柱(今天的直布罗陀海峡)之外,[127]或许跑到了英格兰。一位俄国编年史家这样评论上述事件:"在 6854 年(公元 1346 年),穆斯林(即土耳其人)通过这个据点进入了希腊土地。在 6865 年(公元 1357

---

[127] 底米特里·辛多尼斯:《建言》($Συμβουλευτικὸς\ ἕτερος$),见米涅编《希腊教父著作全集》,CLIV,1013。

年),他们从希腊人那里夺取了加利波利。"[120]

在那个时代,威尼斯驻君士坦丁堡代表注意到君士坦丁堡的政府已经受到来自土耳其人的威胁,他也关注到土耳其人有可能夺取帝国的剩余部分,拜占庭帝国内的民众对其皇帝和政府的普遍不满,最重要的是,城中的大多数百姓宁愿处于拉丁人尤其是在威尼斯的权力统治之下。在这位官员的另一份报告中写道,君士坦丁堡的希腊人希望受到保护并抵制土耳其人,首要的愿望是希望被置于威尼斯人的控制之下,或者,如果有可能,他们也愿意接受"匈牙利国王或塞尔维亚国王"[121]的保护。但我们很难断定,威尼斯代表的观点在多大程度上反映了君士坦丁堡内的真实情况。

历史学家通常称约翰·坎塔库津是导致土耳其人在巴尔干半岛第一次立足的唯一原因;他在与约翰·巴列奥洛格争夺权力期间,为得到土耳其人的援助而吁请了他们。于是给人们留下这样的印象,即随后土耳其人在欧洲的野蛮行径都应该由坎塔库津负全部责任。但显然,这个对于拜占庭和欧洲都是致命性事件的发生,并不能由坎塔库津一个人负责。主要原因在于拜占庭和巴尔干半岛当时所处的外部环境,在那里没有任何重要的阻碍可以抵挡不可一世的土耳其人对西方的猛烈进攻。如果坎塔库津不曾将他们召进欧洲,他们仍可以在任何时间到来。如同 T.弗洛林斯基

---

[120] 《沃斯克莱森斯克编年史》(*Voskresenskaya lietopis*),收入《俄罗斯编年史全集》,VII,251。

[121] N.约尔加:"东方的拉丁和希腊人,以及土耳其人在欧洲的立足(1242—1362年)"("Latins et Grecs d'Orient et l'etablissement des Turcs en Europe,1242—1362"),《拜占庭杂志》(布鲁塞尔),XV(1906),217。霍普夫:《希腊史》,I,448。

所说:"土耳其人不间断地侵扰,为他们征服色雷斯铺平了道路;希腊-斯拉夫世界的自相残杀的内部环境,大大有利于土耳其人毫无阻碍地成功入侵;最后,各巴尔干国家和民族的政治领袖……几乎没有意识到来自强大的穆斯林势力的威胁;相反,所有这些政治领袖为了一己狭隘的私利,却在寻求与土耳其人妥协;坎塔库津也不例外。"像坎塔库津一样,威尼斯人和热那亚人,"这些享有特权的基督教保卫者和伊斯兰教反对者",在那个时期也在积极与土耳其人结盟。伟大的"塞尔维亚和希腊的独裁君主"杜尚也在寻求同样的联盟。"当然,没有一个人会认为坎塔库津是绝对没有责任;在导致土耳其人在欧洲立足这一不幸事件中,他不可能完全摆脱责任;但我们不应忘记他不是唯一应该负此责任的人。而且,如果不是坎塔库津先发制人,阻止了杜尚与奥尔汗达成同盟的协议的话,斯蒂芬·杜尚也会像坎塔库津那样将土耳其人引进半岛。"[13]

土耳其人在加利波利立足后,充分利用拜占庭及各斯拉夫(即保加利亚和塞尔维亚)国家内部从未止息的矛盾冲突,开始在巴尔干半岛扩大自己的征服地。奥尔汗的继承人苏丹穆拉德一世占领了许多非常靠近君士坦丁堡的要塞,夺取了对诸如亚得里亚堡、菲利普波利斯等重要的战略要地的所有权,并向西进发,开始威胁萨洛尼卡城。土耳其人国家的首都也迁往亚得里亚堡。君士坦丁堡逐渐被土耳其的领土包围。皇帝继续向苏丹纳贡。

这些征服地使穆拉德直接面对塞尔维亚和保加利亚,而这两个国家却因为其内部的问题已经失去了他们从前的实力。穆拉德

---

[13] 弗洛林斯基:《14世纪第二季的拜占庭和南斯拉夫人》,II,192—193。

第九章 拜占庭的灭亡

开始进军塞尔维亚。塞尔维亚君主拉扎尔出兵迎战。1389年夏,双方在塞尔维亚中部的科索沃平原上进行了决战。最初的胜利似乎是在塞尔维亚一方。先是一名塞尔维亚贵族米洛什·奥布里克,强行冲进土耳其的营地,对土耳其人谎称自己是一个逃兵,并进入穆拉德的帐篷用喂了毒的匕首刺死了他。土耳其人营中的混乱很快被巴耶齐德平息。他包围了塞尔维亚军队并给予它摧毁性打击。拉扎尔在战斗中被俘并被杀害。科索沃战争发生的这一年也许可被视为塞尔维亚崩溃之年。塞尔维亚帝国的残余部分可能继续存在了七十多年,但却称不上是一个国家了。1389年,塞尔维亚成为土耳其的附属国。[133] 四年后,在1393年(即约翰五世死后),保加利亚的首都特尔诺沃也被土耳其人占领,不久以后,保加利亚的全部领土都被土耳其帝国控制。

年迈多病的约翰五世不得不承受新的屈辱,这加速了他的死亡。为保卫首都,抵抗来自土耳其人的危险,约翰着手重建城墙并建造堡垒。得知这一情况后,苏丹立即命令他拆毁他所建造的一切,并威胁道,若约翰不服从此令,苏丹将把当时在巴耶齐德的宫中被扣作人质的约翰皇帝之子、他的继承人曼纽尔的眼睛刺瞎。约翰被迫屈服并执行了苏丹的命令。君士坦丁堡进入了它建城以来的最危险时期。

---

[133] 关于这一战役的希腊史料,见 N.拉多伊契奇(N. Radojčić)"关于科索沃战争的希腊史料"("Die griechischen Quellen zur Schlacht am Kossovo Polje"),《拜占庭》(布鲁塞尔),VI(1931),241—246。H.格雷古瓦:"拜占庭人对科索沃战争的评述"("L'Opinion byzantine et la bataille de Kossovo"),《拜占庭》(布鲁塞尔),VI(1931),247—251。

热那亚,1348 年的黑死病和威尼斯-热那亚战争。——在拜占庭皇帝安德罗尼卡三世统治末期,热那亚人的殖民地加拉泰获得了强大的经济和政治地位并成为国中之国。热那亚人充分利用拜占庭缺乏水师的弱点,派遣它的船只到爱琴海的所有港口,并夺取黑海和海峡的全部进口贸易。据同时代的资料,即尼斯福鲁斯·格雷戈拉斯的记载,来自加拉泰的海关关税收入每年总计达 200,000 金币,而拜占庭仅得到 30,000 金币。[12] 坎塔库津意识到加拉泰对于拜占庭的危险,尽管当时帝国的内乱正在耗尽自己的力量,他仍然在失衡的帝国经济允许的范围内,开始为军事和商业目的而修造船只。加拉泰警觉的热那亚人决定武力反抗坎塔库津的计划;他们占据了加拉泰的制高点,且在那里建造了城墙、一座塔楼和各种地堡,并开始向坎塔库津发难。热那亚人对君士坦丁堡的第一次进攻失败了。坎塔库津建造的船只进入金角湾与热那亚人交战,而热那亚人一看到拜占庭强大的新水师就开始寻求和平。但希腊指挥官缺乏经验,加之又突发了风暴,致使希腊舰队覆灭。加拉泰的热那亚人遂夺取了被摧毁的希腊水军中的帝国旗帜,将他们的船只伪装起来,胜利地在帝国宫殿旁边驶过。依据和平条件,本来有争议的加拉泰高地仍被控制在热那亚人手中,加拉泰对君士坦丁堡的威胁越来越大了。

已经有着巨大影响的热那亚人之势力的持续发展,不能不影响到热那亚在东方的主要商业敌人威尼斯的地位。两个共和国在黑海和亚速海海域发生了激烈的利益冲突,在那里,热那亚人已经

---

[12] 尼斯福鲁斯·格雷戈拉斯:《历史》,XVII,1,2;波恩版,II,842。

第九章　拜占庭的灭亡

在克法(今天克里米尔半岛上的狄奥多西城)和顿河(靠近今天的亚速海)河口附近的塔那建立了领地。进入黑海的通道博斯普鲁斯海峡也被热那亚人所控制,同时,热那亚人还占据着加拉泰,在海峡两端的岸边建立了关税机构,对来自非热那亚人的所有船只,尤其是对威尼斯和拜占庭航行进入黑海的船只征收商业税。热那亚人的目的是在博斯普鲁斯建立贸易垄断。在爱琴海的岛屿上和拜占庭的海岸线上,威尼斯和热那亚的利益也发生了冲突。

两个共和国之间的直接冲突由于1348年和随后年代里的瘟疫而暂时避免,瘟疫使其军队的战斗力锐减。这场被称为黑死病的可怕瘟疫是从亚洲内陆被带到亚速海海岸和克里米尔半岛的,感染了此种瘟疫的热那亚商船自塔那和克法驶出,将此瘟疫传到整个君士坦丁堡。根据西方史籍中可能夸张了的描述,有2/3或8/9的人口被夺去生命。[13] 从君士坦丁堡开始,瘟疫传到爱琴海诸岛和地中海沿岸。拜占庭的历史学家曾留下了对这场瘟疫的详细描述,表明在对抗这场瘟疫中医生们的无能为力。[14] 约翰·坎塔库津描述这场瘟疫时,则模仿了修昔底德在其著作的第二卷中对雅典瘟疫的描述。如西方史学家所记,热那亚的商船将此疾病从拜占庭传播到了意大利、法国和西班牙的沿海城市。M.科瓦略夫斯基(M. Kovalevsky)评论道:"令人感到有些不可思议的是,这些

---

[13] 《东方编年史》(Chronicon Estense),见 L. A. 穆拉多里《意大利历史资料手稿》,XV,448。巴托罗梅乌斯·德拉·普格里奥拉:《波洛尼亚综合史》(Historia miscella Bononiensis),《意大利历史资料手稿》,XVIII,409。

[14] 尼斯福鲁斯·格雷戈拉斯:《历史》,XV,1,5;波恩版,II,797—798。约翰·坎塔库津:《历史》,IV,8;波恩版,III,49—53。

被感染的船只竟然能不受阻挠地在地中海的诸多港口间徘徊。"[13]
通过这些港口,瘟疫传到了欧洲北方和西方,感染了意大利、西班牙、法国、英格兰、德意志和挪威等[各国居民]。[14] 在这一时期,意大利的薄伽丘写了他的名著《十日谈》,该书的开端"对黑死病进行了经典性的生动描述,并以审慎的态度评价之[15]",那时很多"身体非常健康"的勇士、美女和仪表堂堂的青年"早晨还在与他们的亲属、同伴、朋友共进早餐,而当夜晚来临时,则在另一个世界与他们的祖先共进晚餐了"[16]。学者们将薄伽丘和修昔底德对瘟疫的描述做了比较,其中一些人给予人文主义者的评价甚至超过古典作家。[17]

大瘟疫通过德国和波罗的海及波兰侵入俄国的普斯科夫、诺夫哥罗德和莫斯科,莫斯科大公傲慢者西蒙于 1353 年死于瘟疫,而后它传遍整个俄国。在俄国的一部编年史中记载,有些城市竟至无一人幸存。[18]

---

[13] 《欧洲的经济增长》(*Economic Growth of Europe*),III,191;M. 库波尔伯格(M. Kupperberg)译,V,236;A. A. 瓦西列夫:《克里米亚的哥特人》(*The Goths in the Crimea*),175—177。见本书参考文献。

[14] 关于挪威的情况,见 K. 杰尔斯特(K. Gjerset)《挪威人民史》(*History of the Norwegian People*),I,202。

[15] A. N. 维切洛夫斯基(A. N. Veselovsky):"蒲伽丘,他生活的环境和他的同时代人"("Boccaccio, his Environment and Contemporaries"),《A. N. 维切洛夫斯基著作集》(*Works of A. N. Veselovsky*),V,448、451。亦见《俄罗斯语言和文学学部文集》一书中的词条,LII,444、447。

[16] 《十日谈》,第一天,前言。

[17] M. 科勒林(M. Korelin):《早期意大利人文主义及其史学》(*The Earlier Italian Humanism and Its Historiography*),495。

[18] 《尼康编年史》,见《俄罗斯年代纪全集》,X,224。

威尼斯在积极备战。当人们对恐怖的大瘟疫多少遗忘了之后,圣马可共和国和阿拉贡的国王缔结了同盟。后者对热那亚不满,同意攻击意大利海岸和海上诸岛以转移热那亚人的注意力,并以此保证威尼斯在东方作战的优势。约翰·坎塔库津经过一番左右为难的考虑,加入了阿拉贡-威尼斯的反热那亚同盟;他指责"热那亚人是忘恩负义的民族",忘记了"上帝的恐惧","带着掠夺的冲动"毁坏了海洋,并且总是"以其海盗式的攻击骚扰平静的海洋和航海者"[14]。

主要的一场战役于14世纪60年代在博斯普鲁斯海峡打响,约有150艘希腊人、威尼斯人、阿拉贡人和热那亚人的船只参战。但这场战役没有决定性的结果,交战各方都宣称自己获得了胜利。热那亚人和奥斯曼土耳其人之间的友好关系迫使约翰·坎塔库津放弃了与威尼斯的结盟而与热那亚人和解,并向热那亚人承诺他从此不会再支持威尼斯人。他甚至还同意给予加拉泰热那亚人殖民区更多的土地。经过诸多冲突后,精疲力竭的威尼斯和热那亚开始寻求和解。但由于未能解决双方冲突中的主要问题,这次和平仅持续了很短的时间;战争再次于特内多斯爆发了。特内多斯是仍在拜占庭皇帝掌握之中的少数爱琴海岛屿之一,由于它占据着自爱琴海进入达达尼尔海峡的重要枢纽位置,成为那些与君士坦丁堡和黑海沿岸国家有商业联系的国家必争之地。由于海峡两岸都已经处于奥斯曼土耳其人手中,特内多斯于是成为监督土耳

---

[14] 约尔加:"东方的拉丁和希腊人,以及土耳其人在欧洲的立足(1242—1362年)",《拜占庭杂志》(德文),XV(1906),208。

其人行为的最好地点。威尼斯对这个岛屿觊觎已久,通过与皇帝的长期协商,最终得到了他的许可。但热那亚人不能容忍将特内多斯让与威尼斯;为了阻止威尼斯人占领此岛,他们成功地在君士坦丁堡策划了一场骚乱,废黜了皇帝约翰五世,将其长子安德罗尼卡推上王位达三年之久。两个共和国之间爆发的战争使它们两败俱伤,并伤害了所有那些在东方有商业关系的国家。最后,在1381年,双方在萨伏伊公国的首都都灵签署了和约,宣告战争结束。

关于都灵会议的大批详细资料至今犹存。[14] 由于萨伏伊伯爵的个人参与,会谈中还讨论了那个时代已经很复杂的国际生活中的各种一般性问题并签订了和约;在此和约中,只有那些结束了威尼斯和热那亚之间的争吵,并涉及拜占庭问题的条款是重要的。威尼斯撤出特内多斯岛,岛上的城堡被夷为平地;岛屿将在指定的日期内"移交到萨伏伊伯爵手中"(*in manibus prefati domini Sabauic comitis*),因为他与巴列奥洛格(由安德罗尼卡三世的妻子,萨伏伊的安娜而论)有亲属关系。因此,威尼斯和热那亚都没有能得到这个重要的战略要地,尽管他们对此都曾有过强烈的渴望。

一位曾在1437年参观过君士坦丁堡的西班牙旅行家佩罗·塔夫尔(Pero Tafur),留下了关于特内多斯的一段十分精彩的

---

[14] 《热那亚共和国法律文献集》(*Liber jurium reipublicae Genuensis*),II,858—906;收于《意大利国家历史档案》,IX。《关于斯拉夫人历史记载》(*Monumenta spectantia historiam slavorum meridionlium*),IV,199—263。

描述：

> 我们来到特内多斯岛，抛锚靠岸。在船只维修期间，我们前去游览这个方圆8或10英里的岛屿。岛上覆盖着葡萄园，兔子很多，但葡萄园全都遭到了踩躏。特内多斯港口看起来相当新，乃至于人们会认为它是由一位大师级的专家在今日建造的。港口的防波堤由巨大的石块和柱子组成，是船只系泊的优良抛锚地。当时还有其他的一些地方可供船只系泊，但这一段的港口是最好的，因为它位于罗曼尼亚［达达尼尔］海峡入口的对面。由港口向上是环绕着坚固城堡的巨大山丘。这一城堡是导致威尼斯人和热那亚人多次战争的原因，直到教宗下令将它摧毁，致使它不属于任何一方。但，毫无疑问，这是非常糟糕的建议，因为它是世界上最好的港口之一。任何船只在进入海峡之前必然要在这里停泊以找到进入海峡的狭窄入口，并且土耳其人知道有多少船只到达那里，遂武装起来隐蔽在那里，寻找机会杀戮基督教徒。[14]

至于热那亚人在黑海和亚速海，尤其在热那亚的殖民地塔那的贸易垄断问题，根据都灵和约的条款，热那亚必须放弃她向威尼斯人

---

[14] 《佩罗·塔夫尔在世界各地的旅行游记》(*Andanças é viajes de Pero Tafur por diversas partes del mundo avidos*, 1435—1439), 135—136; 马尔科姆·莱兹著作, 113—114; 见 A. A. 瓦西列夫"佩罗·塔夫尔，一位15世纪的西班牙旅行家和他在君士坦丁堡、特拉布松和意大利的旅行"，《拜占庭》(布鲁塞尔), VII (1932), 75—122。夏尔·迪尔："一位西班牙旅行者在君士坦丁堡"，见《格罗茨文集》(*Mélanges Glotz*), I, (1932), 319—327。

关闭黑海市场并阻断其接近塔那的企图。意大利各商业国家恢复了同位于顿河河口的塔那城所进行的商业往来,而这里恰是与东方民族进行贸易的最重要中心之一。热那亚和重新获得王位的年老的约翰五世之间恢复了和平关系。拜占庭再次在威尼斯和热那亚两个商业共和国之间摇摆,而这两个共和国之间的商业利益冲突仍然在持续,即使他们已经签订了相应的和约条款。然而,都灵和约毕竟结束了由于威尼斯和热那亚的经济竞争而引发的大战,这仍然是十分重要的,因为它使得那些一直与罗曼尼亚交往的国家恢复了其被迫中断多年的贸易。但他们下一步的命运取决于奥斯曼土耳其人,在 14 世纪结束时,土耳其人将拥有基督教东方领地的趋势已经很明显了。

曼纽尔二世(1391—1425 年)和土耳其人

曼纽尔二世曾在他的一篇文章中写道:"当我度过了我的童年却还未成年时,我的生活中就充满了苦难和烦恼;但种种迹象告诉我们,它可能预示着,我们的未来将使得我们乐于回顾这些过去的不受限制的平静的时光。"[⑭]曼纽尔的预感并没有欺骗他。

拜占庭,或者更确切地说是君士坦丁堡,在约翰五世统治的最后年代中处于极其危险和屈辱的地位。约翰死时,曼纽尔正在苏丹巴耶齐德的宫廷里。当他得到其父的死讯后,成功地逃离了苏

[⑭] 贝格尔·希弗里(Berger de Xivrey):"皇帝曼纽尔·巴列奥洛格对自己生活与事业之回忆"("Mémoire sur le vie et les ouvrages de l'empereur Manuel Paléologue"),《法兰西学院回忆录》(*Mémoires de l'Institut de France*),XIX(2),25—26。

丹,回到君士坦丁堡,加冕为帝。根据杜卡斯的记载,巴耶齐德害怕曼纽尔受到民众的拥护,因而后悔未能在曼纽尔在自己宫中为人质时杀掉他。于是,如杜卡斯所记载,巴耶齐德派出使者往君士坦丁堡觐见曼纽尔,将苏丹的话转告新皇帝:"如果你愿意执行我的命令,就把城门关上,在城内进行统治;但城外的一切均属于我。"[15]此后,君士坦丁堡事实上已经处于包围中。首都能够幸免于难的唯一原因在于土耳其舰队还不那么遂人心意;因此,即使这一时期土耳其人已经占有了达达尼尔海峡两岸,却还不能切断拜占庭通过海峡与外界的联系。尤其令东方基督教世界恐惧的时刻是,巴耶齐德竟然施展诡计,将以曼纽尔为首的巴列奥洛格家族的代表和斯拉夫人的王公们集合在一处,似乎要立即除掉他们,"从而",用曼纽尔在一部作品中所引用的苏丹的话说,"在这块土地上清除各邦君主后,通过这种手段,他向我们(即向基督教徒)表示,他的儿子们将可能在基督教的土地上跳舞,而不担心划破他们的脚。"[16]后来,巴列奥洛格家族的代表被赦免了,但苏丹冷峻的愤怒震撼了许多随行的贵族。

1392年,巴耶齐德在黑海组织了一次由海上公开讨伐锡诺坡的远征。但苏丹让皇帝曼纽尔担任土耳其舰队的指挥。因此,威尼斯人认为这次远征并不是针对锡诺坡,而是爱琴海上达达尼尔

---

[15] 迈克尔·杜卡斯(Michael Ducas):《拜占庭史》(*Historia byzantina*),XIII;波恩版,49。

[16] 曼纽尔·巴列奥洛格:《在其兄弟狄奥多勒·巴列奥洛格亲王葬礼上的讲演》(*Oratio funebris in proprium ejus fratrem despotm Theodorum Palaeologum*);米涅编《希腊教父文献全集》,CLVI,225。

海峡南部的威尼斯殖民地——它不是一次土耳其人的远征,而是由土耳其军队支持的,伪装成土耳其人的希腊远征军。如最近的一位历史学家所说,14世纪末的东方问题可能因土耳其-希腊帝国的形成而得到解决。⑩ 关于这个引人注目的事件的资料,主要存于威尼斯的档案馆中,但它没有什么重要的结果。不久以后,拜占庭和巴耶齐德之间的友好关系开始破裂,曼纽尔于是再度转向一段时间以来曾被他所忽略的西方。

在强大的压力下,曼纽尔开始与威尼斯进行友好会谈。巴耶齐德企图切断君士坦丁堡的食品供应。首都感受到了问题的迫切性,如一位拜占庭编年史家所说,人们为了有木柴烘烤面包而推倒他们的房屋。⑱ 在拜占庭特使的请求下,威尼斯向君士坦丁堡运去了一些谷物。⑲

匈牙利国王西吉斯蒙德的十字军和尼科波利斯战役。——与此同时,土耳其人在巴尔干半岛的成功再次使西欧感到了现时的危险。保加利亚和几乎整个塞尔维亚之被征服,使得土耳其人抵达了匈牙利边界。匈牙利国王西吉斯蒙德感到只依靠自己的军力无法对抗土耳其人的威胁,于是他呼吁欧洲各国的统治者给予帮

---

⑩ 西尔伯施密特:《东方问题》,78—79。该书作者使用了错误的词汇,"希腊-土耳其帝国"("Griechisches Reich türkischer Nation")(79)。见萨罗蒙在《拜占庭杂志》(德文)中的评论,XXVIII(1928),144。亦见彼得·哈拉尼斯"巴列奥洛格家族与土耳其人之间的斗争(1370—1402年)"("The Strife Among the Palaeologi and the Ottoman Turks,1370—1402"),《拜占庭》(布鲁塞尔),XIV,1(1944),286—314。作者除使用了其他资料外,还大量使用了来自底米特里·辛多尼斯的记载。

⑱ 迈克尔·杜卡斯:《拜占庭史》,XII;波恩版,50。

⑲ 西伯尔施密特:《东方问题》,87。

助。法国以最大的热情回应了这次呼吁。但依照法国民众的愿望,法王派出了一支由勃艮第公爵统率的小规模军队。波兰、英格兰、德意志和一些小国也派出了军队。威尼斯人参加了这场战争。就在西吉斯蒙德的十字军出征之前,曼纽尔似乎与爱琴群岛(即莱斯博斯岛和开俄斯岛)的热那亚人,以及罗得岛上的骑士团,即爱琴海上的诸基督教前哨基地组成了联盟。[13] 至于曼纽尔与西吉斯蒙德的十字军的关系,他可能承诺了要分担部分战争费用。

这次十字军以彻底的失败告终。1396 年,十字军在尼科波利斯(在下多瑙河右岸)战役中被土耳其人打败,不得不返回故乡。勉强逃脱了被俘命运的西吉斯蒙德,乘着一只小船通过多瑙河河口和黑海到达君士坦丁堡,又在爱琴海诸岛和亚得里亚海域经过辗转迂回的航行返回匈牙利。[14] 尼科波利斯战役的参与者,曾被土耳其人俘虏并在加利波利居住过的巴伐利亚士兵希尔特伯格,亲眼看见了土耳其人未能阻止西吉斯蒙德通过达达尼尔海峡。据他讲,土耳其人让所有的基督徒战俘沿海峡岸边排成一行,并轻蔑地向西吉斯蒙德喊号,让西吉斯蒙德下船就范,以使土耳其人能释放他的人民。[15]

西方十字军人在尼科波利斯失败之后,胜利的巴耶齐德计划

---

[13] 西伯尔施密特:《东方问题》,119。

[14] 阿齐兹·苏尔雅·阿提亚(Aziz Suryal Atiya):《尼科波利斯的十字军》(*The Crusade of Nicopolis*)。H. L. 萨瓦热(H. L. Savage):"库西七世的战争与尼科波利斯之战"("Enguerrand de Coucy VII and the Campaign of Nicopolis"),《史鉴》,XIV (1939),423—442。

[15] H. 希尔特伯格(H. Schiltberger):《旅行手册》(*Reisebuch*),V. 朗曼特尔(V. Langmantel)编,7。

向君士坦丁堡发动最后的一击,摧毁一些尽管只在名义上从属于拜占庭皇帝、但却可能使被包围的首都获得一些帮助的地区。他摧毁了向他臣服的色萨利,并且,据土耳其人的资料,他甚至一度占领了雅典;[13]他的一个最好的将军蹂躏了伯罗奔尼撒半岛,当时此岛是由曼纽尔的兄弟僭领管理的。

与此同时,首都民众的普遍不满在日益增长;对曼纽尔厌倦不已的民众牢骚满腹,指责曼纽尔给他们带来了不幸,并开始将其目光转向曼纽尔的外甥约翰,他曾在1390年废黜了曼纽尔的老父亲约翰五世,并登位掌权几个月。

马歇尔·布奇科(Marshal Boucicaut)的远征。——曼纽尔意识到,他不可能用自己的力量战胜土耳其人,遂决定向西欧最有权势的统治者和俄罗斯大公底米特里耶维奇·瓦西里一世寻求帮助。教宗、威尼斯、法国、英格兰,可能还有阿拉贡,皆友好地复信,表示将支持曼纽尔的请求。他的请求似乎尤其满足了法王的虚荣心,如一位同时代的编年史家所称:"这是整个古代世界的皇帝第一次向这样一个遥远的国家求助。"[14]曼纽尔向西方的恳请,得到了一定的、但并不充足的金钱和法国有可能提供人员帮助的希望。

曼纽尔向莫斯科大公的援助请求,得到了君士坦丁堡牧首的

---

[13] J.H.莫德特曼(J.H.Modtmann):"14世纪末期土耳其人对雅典的一次征服"("Die erste Eroberung von Athen durch die Türken zu Ende des 14 Jahrhunderts"),《拜占庭与当代希腊年鉴》,IV(1923),346—350。R.洛埃纳兹(R.Loenertz):"14世纪的伯罗奔尼撒(1382—1404年)"("Pour l'histoire du Péloponèse au XIVe siècle, 1382—1404"),《拜占庭研究》,I(1944),185—186。

[14] 《圣德尼的教会编年史》(*Chronique du Religieux de Saint-Denys*),贝拉盖特(Bellaguet)主编,II,562。

支持,他向俄罗斯提出了同样的请求,莫斯科愉快地接受了请求。似乎是,由莫斯科宫廷向君士坦丁堡派遣军队是没有问题的;问题的关键在于,它是在"向那些处于被土耳其人包围之中,处于如此不幸的境遇中且迫切需要援助的那些人提供援助"[15]。金钱被送往君士坦丁堡,人们怀着极大的感激之情接受了它。但是金钱的捐助不能在实质上帮助曼纽尔。

法王查理六世履行了他的承诺,向君士坦丁堡派出了1200名武装士兵,这支武装部队的首领是马歇尔·布奇科。布奇科是14世纪末15世纪初最引人注目的角色之一。他英勇而坚定,一生致力于长期旅行和冒险事业。在他年轻时,他去过东方、君士坦丁堡,游遍了整个巴勒斯坦;他曾经到过西奈山并在埃及做过几个月俘虏。在返回法国途中,他听到了匈牙利国王西吉斯蒙德的呼吁,遂急忙前往,在尼科波利斯战役中英勇作战但最后成为巴耶齐德的俘虏。他近乎奇迹般地逃脱了死亡,并被赎回,顺利地回到了法国,随后,即意气风发地担任了查理六世派遣的军队指挥前往东方。

在布奇科的武装分队中囊括了法国最杰出的骑士家族的成员。他从海路出发。巴耶齐德注意到他的船只正在接近达达尼尔海峡,遂企图阻止他在此通过。但布奇科经历了许多危险,付出了大量努力,成功地闯过达达尼尔海峡,到达了君士坦丁堡,在那里,民众们最热烈地欢迎了他的舰队。布奇科和曼纽尔沿着马尔马拉海和博斯普鲁斯海峡的亚洲海岸对土耳其人进行了多次毁灭性的

---

[15] 尼科诺夫斯卡娅:《尼康编年史》,《俄罗斯年代纪全集》,IV(1897),168。

攻击，甚至进入黑海地区。但这些成功并未能改变局面；他不能力挽狂澜，使君士坦丁堡摆脱面临的覆灭。看到曼纽尔和他的首都的严峻形势，出于对财政和给养情况的双重考虑，布奇科决定返回法国，而且他说服了拜占庭皇帝和他一起去西方，以期引起西方各国的更大重视，并劝说西欧统治者采取更有决定性的步骤。像布奇科这样的小规模征伐活动，显然对拜占庭所面临的极其危险的形势无所助益。

曼纽尔二世的西欧之行。——当曼纽尔决定前往西方后，他的外甥约翰同意在皇帝外出期间监政。在1399年后期，曼纽尔和布奇科在一位神职人员扈从和世俗代表们的陪同下，离开首都前往威尼斯。[⑮]

当拜占庭向圣马可共和国请求援助时，圣马可共和国颇感为难。威尼斯人在东方的重要商业利益，使他不能仅从基督教国家的立场出发，而是要从贸易国家的立场出发来考虑土耳其人的问题，尤其在土耳其人于尼科波利斯战役取得胜利之后。威尼斯甚至同巴耶齐德签订了一些条约。当时，威尼斯人在东方与热那亚的商业竞争，以及威尼斯对其他意大利国家的态度，也使得她的军队不能帮助曼纽尔。威尼斯国家需要这些军队。但是威尼斯和曼纽尔访问的其他意大利国家都给了他崇高的敬意并向他表示了巨

---

⑮ 关于曼纽尔这次旅行的详细情况，可见 A. A. 瓦西列夫"拜占庭皇帝曼纽尔二世巴列奥洛格在西欧的旅行(1399—1403年)"("The Journey of the Byzantine Emperor Manuel II Palaeologus in Western Europe, 1399—1403")，《公众教育部杂志》, N. S. XXXIX(1912), 41—78, 320—304。亦见 G. 施伦伯格"一位拜占庭皇帝在巴黎和伦敦"("Un Emperuer de Byzance à Paris et à Londres")，《两个世界杂志》, XXX(1915年12月15日)；并在他的《拜占庭与十字军》(Byzance et croisades)一书中重印，(接下页)

大的同情。关于这位皇帝是否见过教宗,是存在争议的。当曼纽尔离开意大利时,被威尼斯、米兰公爵的承诺和教宗的训令所鼓舞,并计划对西欧最大的中心巴黎和伦敦进行访问,他仍相信他的这次长途旅行是重要而有效的。

皇帝在一个形势复杂而微妙的时期,即法国和英格兰进行百年战争时期,到达了法国。他到达时的休战状态可能会被随时破坏。在法国,阿维农的教宗和巴黎大学之间正在进行一场具有实际意义的积极论战,它削弱了罗马教宗在法国的权威并导致法国国王在教会事务中的决定性权威的确立。而国王查理六世也得了阵发性精神失常病。

法国为曼纽尔举行了一个隆重的欢迎仪式并在巴黎的卢浮宫内为他准备了一处装饰华丽的寝宫。一位曾目睹皇帝进入巴黎的法国人这样描写皇帝的出现:他中等身材,体格强壮,留着长长的已经很白的胡须,拥有令人尊敬的外表,在法国人心目中,确实堪称一位皇帝。[15]

曼纽尔在巴黎居住了四个多月,得到了满意的结果:法王和御前会议决定支持他,向他提供一些武装军人,仍然由马歇尔·布奇科担任首领。带着对这种承诺的满意,皇帝前往伦敦。在那里,他

(续上页)87—147。M. 朱吉(M. Jugie):"皇帝曼纽尔·巴列奥洛格在西方的旅行"("Le Voyage de l'Empereur Manuel Paléologue en Occident"),《东方之声》,XV,(1912),322—332。H.C. 卢克:"金雀花王朝和兰卡斯特王朝期间来自东方的访问者"("Visitors from the East to the Plantagenet and Lancastrian Kings"),《19 世纪》(Nineteenth Century),CVIII(1930),760—769,对于曼纽尔文章的简明注释。

[15] 《圣德尼教会编年史》,XXI,1;贝拉盖特主编,756。

同样获得了崇高的敬意和许多承诺,但他很快就失望了。在他自伦敦发出的一封信中,曼纽尔写道:"国王援助我们以战士、神枪手、金钱和运送所需军队的船只。"⑬但这些承诺并没有兑现。在伦敦停留了两个月后,曼纽尔满载着礼物和至高无上的尊荣,但却没有得到任何有关军事支援的承诺,返回了巴黎。15世纪英国的一位历史学家亚当·乌斯克(Adam Usk)写道:"我以为,这位来自遥远东方的伟大基督教君主,受到那些异教徒的压力,被迫访问遥远的西方岛屿,乞求帮助以反对土耳其人,这是多么令人悲哀的事。上帝啊!你对罗马的古代荣耀做了些什么?今天,这个帝国的辉煌竟然泯灭了吗?也许在这里可用耶利米的这句话:'先前在诸省中为后的,现在成为进贡的'(《耶利米哀歌》I:1).'谁会相信,你竟然陷入如此痛苦的深渊,尽管你曾高踞在帝王的宝座上统辖着世界万物,可现在你难道竟至无力维护基督教的信仰么?"⑭

曼纽尔第二次在巴黎停留了大约两年。关于这次访问的信息是贫乏的,对法国人而言,他的这次停留,显然不那么新鲜了。同时代的编年史家记载了许多涉及曼纽尔第一次停留在巴黎的细节,但很少有关于他第二次访问的细节。仅有的关于这个主题的信息来自他的信件。在这些涉及第二次访问情况的信件中,开始时,皇帝还带着很高的热情,但当他意识到,他不能够指望来自法国或英格兰的任何重要的支持时,其热情逐渐减少。在法国停留的最后一段时间里,没有任何信件出现。

---

⑬ 《曼纽尔·巴列奥洛格书信集》,莱格兰德编,I,52。
⑭ 《亚当·德乌斯克编年史》(*Chronicon Adae de Usk*),E.M.汤普逊编(第2版,1904年),57;英文版,220。

但是,有一些现存的有趣记录,描写了皇帝在巴黎打发空闲时间的方式。例如,在卢浮宫装潢华丽的城堡中,即曼纽尔下榻的宫室,皇帝在众多装饰物中,特别注意一幅华美的挂毯,这是一幅哥白林装饰挂毯,上面织着春天的景象。皇帝曼纽尔用一种相当诙谐的文体写了一篇文章,描绘了在"一幅御用的编织幕帘"上织出的春天。这篇文章保存到了今天。⑯

安卡拉战役＊**及其对拜占庭的意义。**——曼纽尔劳而无功地停留在巴黎的时间似乎太长了。期间发生在小亚细亚的一件事促使皇帝立即离开法国返回君士坦丁堡。1402年7月,爆发了著名的安卡拉战争,由于帖木儿击败了巴耶齐德,由此减轻了君士坦丁堡迫在眉睫的危险。这个极重要事件的讯息在战后传到巴黎只用了两个半月。皇帝快速准备他的返程并经热那亚和威尼斯,在离开三年半后回到了首都。亚得里亚海上的斯洛文尼亚城市拉古萨(杜布罗夫尼克)希望皇帝在返乡途中可以在此地下榻暂住,并做了欢迎他的各方面准备,但他经过那里时没有停留。⑯ 为了纪念自己在巴黎的生活,曼纽尔赠送给巴黎附近的圣德尼修道院一部精美的伪丢尼修著作的手抄本,它收藏在今天的卢浮宫。这个手

---

⑯ 米涅:《希腊教父文献全集》,CLVI,577—580。A. A. 瓦西列夫在其"拜占庭皇帝曼纽尔二世巴列奥洛格在西欧的旅行(1399—1403年)"一文中用俄文引用了这篇文章。见《公众教育部杂志》,XXXIX(1912),58—60。

＊ 安戈拉(Angora)战役,指在土耳其今日首都安卡拉或其周围地区发生的一次战役,此处译为安卡拉,用的是现名,以免读者发生不必要的误会。——译者

⑯ M. 安得列瓦:"关于皇帝曼纽尔二世巴列奥洛格对西欧的访问"("Zur Reise Manuels II Palaiologos nach West-Europa"),《拜占庭杂志》(德文),XXXIX(1934),37—47。

抄本中有曼纽尔皇帝、皇后和他们的三个儿子的微型画。曼纽尔的画像十分引人注目。土耳其人发现他一些相貌特征与伊斯兰教的创立者穆罕默德特别相像,因而非常崇拜他。拜占庭的历史学家弗兰策记载,巴耶齐德评价曼纽尔时说道:"一个不知道其皇帝身份的人可能从其面相上一眼就看出他是皇帝。"[16]如果考虑到帝国实质上的需要,曼纽尔的西欧之行,显然是徒劳无功的;同时代的历史学家和编年史家都认识到这一访问成效甚微,并在他们的编年记载中表明了这一态度。[16]但若从另一角度看,即西方因此而知道了拜占庭帝国已经处于日薄西山的状况,这次访问却是引人注目的。这次旅程是14世纪末15世纪初,在意大利文艺复兴时期,东欧与西欧之间文化交流的一个插曲。

安卡拉战役对于拜占庭帝国的最后岁月具有重要意义。14世纪末,分崩离析的蒙古帝国在帖木儿或跛子帖木儿(Tamerlane,即Timur-Lenk,意为铁一般坚强的跛足人*[iron-lame],Timur the Lame)的权势下被再次统一起来。帖木儿对南俄罗斯、北印度、美索不达米亚、波斯和叙利亚发动了许多大规模的毁灭性的征伐。他的进军伴随着骇人听闻的残酷行为。成千上万的男子被屠杀,城市被摧毁,田地被破坏。一位拜占庭历史学家写道:"当帖木儿的蒙古人离开一座城市向另一座城市进发时,这座城市已完全被毁灭,荒凉至极,以至于在城市里听不到一声犬吠、

---

[16] 乔治·弗兰策:《年代纪》,I,39;波恩版,117。
[16] 乔治·弗兰策:《年代纪》,I,15;波恩版,62。亦见《特莱维编年史》(Chronicon Tarvisinum),收于穆拉多里《意大利历史资料手稿》,XIX,794。
* 中国史籍上因而称之为铁木儿。——译者

鸡鸣或者婴儿的啼哭。"[16]

帖木儿征伐了叙利亚后进入小亚细亚,与奥斯曼土耳其人发生了冲突。1402年,苏丹巴耶齐德迅速从欧洲赶回小亚细亚迎战帖木儿,并在那里的安卡拉城与帖木儿展开了血战,战斗以土耳其人的彻底失败而告终。巴耶齐德成为帖木儿的俘虏;不久,他死于监禁中。帖木儿并没有在小亚细亚止步。他发动了对中国的远征但在途中死去。他死后,庞大的蒙古帝国再次分裂,不再具有重要地位。土耳其人在安卡拉被打败后,也已经相当虚弱,乃至于在很长时间内没有能力对君士坦丁堡采取决定性步骤;因而,这个濒死的帝国又苟延残喘地维持了五十年。

尽管曼纽尔对欧洲的出访毫无成就可言,但他从西欧返回后并未放弃他的计划,仍然在寻求西方的援助以对付土耳其人。这里有两封值得重视的信件,是曼纽尔写给阿拉贡国王马丁五世(1395—1410年在位)和斐迪南一世(1412—1416年在位)的。其中第一封信,是曼纽尔通过当时住在意大利的著名拜占庭人文学者曼纽尔·赫里索罗拉斯(Mannuel Chrysoloras)代表自己转交给马丁的;信中,曼纽尔告诉马丁,应他的请求,送给他一些珍贵的圣迹,并恳请他将在西班牙收集到的、用来支持拜占庭帝国的金钱运到君士坦丁堡。[16] 然而,赫里索罗拉斯的出使并未得到预期的

---

[16] 迈克尔·杜卡斯:《拜占庭史》,XVII;波恩版,76—77。
[16] C.马林内斯库(C. Marinescu):"曼纽尔二世巴列奥洛格及阿拉贡的国王们。对拜占庭使节所递交的四封拉丁文信件的评注"("Manuel II Paléologue et les rois d'Aragon. Commentaire sur quatre letters inedites en latin, expediées par la chancellerie byzantine"),《罗马学术院历史部通报》,XI(1924),194—195、198—199。

效果。后来,在曼纽尔出巡莫里亚公国期间,在萨洛尼卡写了另一封信,这次是写给斐迪南一世的。信中表明,斐迪南曾向曼纽尔的儿子、莫里亚的君主狄奥多勒承诺,他将派遣一支可观的军队前往那里帮助基督教徒,特别是帮助曼纽尔。曼纽尔在他的信中表示了自己希望在伯罗奔尼撒半岛见到斐迪南,但斐迪南并没有来。[160]

伯罗奔尼撒半岛的处境。——在拜占庭帝国苟延残喘的最后五十年里,伯罗奔尼撒半岛出乎意料地引起了中央政权的关注。当帝国的版图被缩小到了君士坦丁堡、色雷斯附近地区、爱琴海上一两个岛屿以及萨洛尼卡和伯罗奔尼撒半岛时,伯罗奔尼撒半岛明显地成为仅次于君士坦丁堡的、希腊人占领地的最重要部分。当代人发现它是古典的、纯粹的希腊人国家,它的居民是真正的希腊人而非罗马人,而且,只有在这里,而不是在任何别的地方,有可能创立一个与奥斯曼人坚持斗争的基地。当时的北希腊已经沦为土耳其人的战利品,而且古代希腊的其他地区也已经屈服于土耳其的奴役,于是,在伯罗奔尼撒半岛兴起了一个希腊民族精神和希腊人爱国主义的中心,这个中心受到一个从历史观点来看是虚妄的梦想的强烈影响,这个梦想就是使帝国再生,以抵抗奥斯曼国家的权势。

---

[160] C.马林内斯库:"曼纽尔二世巴列奥洛格及阿拉贡的国王们。对拜占庭使节所递交的四封拉丁文信件的评注",《罗马学术院历史部通报》,XI(1924)195—196、200—201;"Vestra Excellentia illustri filio nostro, despoti Moree Porfirogenito, notificaverat qualiter accedere intendebat pro communi utilitate christianorum et specialiter nostra ad dictas partes Moree cum potencia maxima."亦见 D. A. 扎基希诺斯(Zakythinos)《莫里亚的希腊君主》(Le Despotat Grec de Morée),168。

第九章 拜占庭的灭亡

第四次十字军后,伯罗奔尼撒半岛(或莫里亚)被纳入拉丁人的势力范围。在拜占庭帝国光复者迈克尔八世巴列奥洛格统治之初,阿凯亚拉丁人君主威廉·维拉杜安被希腊人俘虏,遂割让给希腊人三个要塞用以赎身,这三个要塞是:蒙内姆巴西亚、马伊纳和新修建的米斯特拉。由于希腊人的权势在伯罗奔尼撒半岛缓慢地,但却在不断地削弱拉丁人占领地的形势下持续地增长,于是,作为往日拜占庭的一个行省,伯罗奔尼撒半岛在14世纪中期变得如此重要,它被重新组织为一个独立的藩国*,成为君士坦丁堡皇帝之次子的封地,这位皇子相当于皇帝派驻伯罗奔尼撒半岛的一位总督。14世纪末,伯罗奔尼撒半岛被土耳其人无情蹂躏。莫里亚君主对于完全依靠自己的力量抵御土耳其人失去了希望,遂计划将他的领地转让给当时控制着罗得岛的圣约翰医院骑士团的骑士们,但是,由于该藩国的首府米斯特拉的民众在听闻这个动议后立即发动了起义,才阻止了他。安卡拉战败后奥斯曼土耳其人的虚弱,使得伯罗奔尼撒半岛有可能恢复了一些元气,并有望希求较好的处境。[16]

莫里亚国家的主要城市米斯特拉,即中世纪的斯巴达,是莫里亚藩王的驻跸地,是14世纪和15世纪初复兴希腊文化的政治和文化中心。这里有莫里亚皇帝的陵墓。约翰·坎塔库津即在此处高龄去世,并埋葬于此。农村居民的状况使一位当代人马扎里斯

---

* 此处借用中国古代的封国概念,即由君主封给自己的亲人和皇子的封地。英文原文为despot,过去译为僭主,不足以表明此处的意义。——译者

[16] 扎基希诺斯:《莫里亚的希腊君主》,该书是一部相当精辟的著作。

担心他会变成一个野蛮人,[168]而在藩王宫廷,即米斯特拉城堡内,却成为吸引众多有教养的希腊人、学者、硕学之材和朝臣的文化中心。据记载,14世纪的斯巴达有一所培养专门抄写古代手稿的抄胥的学校。格雷戈罗维乌斯恰当地将米斯特拉的宫廷和文艺复兴时期意大利王公的一些宫廷相比较。[169] 在曼纽尔二世统治时期,著名的拜占庭学者、人文学者和哲学家杰米斯图斯·普勒桑(Gemistus Plethon)就生活在莫里亚藩王的宫廷中。

1415年,曼纽尔亲自巡视了伯罗奔尼撒半岛,那时,他的次子狄奥多勒是该藩国的藩王。皇帝用来保护半岛抵御未来入侵的第一步,是在科林斯地峡修建了布有众多塔楼的城墙。城墙建造于公元前5世纪的防御土墙的遗址之上,当时该半岛的民众曾修建这堵土墙用于阻止薛西斯的进军;3世纪,皇帝瓦勒良在希腊修筑抵抗哥特人的防砦时将其修复;当希腊受到匈奴人和斯拉夫人威胁时,查士丁尼大帝再次修复了它。[170] 15世纪时,同样为了应对土耳其人的危险,狄奥多勒的继承人曾在伯罗奔尼撒半岛上的许多荒凉地区建立了阿尔巴尼亚人移居地;当曼纽尔二世在狄奥多勒的葬礼上发表演说时,[171]赞扬了他的这些防范措施。

吉米斯图斯·普勒桑所策划的改革。——在那个时期,记载

---

[168] 马扎里斯:《马扎里斯逗留哈得斯记》(Ἐπιδημία Μάζαρι ἐν Ἅιδου);A.埃里森(A.Ellissen):《中世纪与当代希腊文献选编》(Analekten der mittel-und neu griechischen Litteratur),IV,230。

[169]《中世纪雅典城史》,II,240—283。

[170] 见米勒《利凡特的拉丁人》,377。

[171] 曼纽尔·巴列奥洛格:"葬礼演说词";米涅:《希腊教父著作全集》,CLVI,212—213。

了伯罗奔尼撒半岛历史的有两个具有完全不同特点的同时代的重要作家。一个是拜占庭的学者和人文学者吉米斯图斯·普勒桑，他是一个希腊民族主义者，出身于伯罗奔尼撒半岛最尊贵和最著名的，曾获得"最伟大的和最值得庆祝的功绩的'希腊人'家庭"。他固执地认为，伯罗奔尼撒半岛人才是最纯正和最古老的希腊人的血统后代。[12] 另一位是马扎里斯，即《马扎里斯逗留哈得斯记》的作者，"毫无疑问"，K. 克伦巴赫如此评价这部作品（但不排斥其中的夸张成分），是"迄今为止人们所知道的对卢西安著作的最糟糕的模仿"。[13] 此书作者带着一种轻蔑的语气，以讽刺手法描绘了伯罗奔尼撒-莫里亚的风俗习惯，它将希腊语词汇 Moria（μωρία）简写为 Mora（μώρα，意指呆、傻、愚笨）[14]。与吉米斯图斯·普勒桑相比，马扎里斯将伯罗奔尼撒半岛的人口划分为七个部族：希腊人（按马扎里斯的说法，即斯巴达人和伯罗奔尼撒人），意大利人（即拉丁征服者的残余），斯拉夫人（Sthlavinians），伊比利亚人（即阿尔巴尼亚人），埃及人（吉普赛人）和犹太人。[15] 马扎里斯的这些断语是符合历史真实的。尽管在引用这两个作家——博学的乌托邦主义者普勒桑和讽刺作家马扎里斯所留下的记载时都应该谨慎处之，但二者留下的都是关于 15 世纪上半叶伯罗奔尼撒半岛的丰

---

[12] 吉米斯图斯·普勒桑（Gemistus Plephon）：《演说词一》（Oratio prima），2—3；埃里森编：《中世纪与当代希腊文献选编》，494。

[13] 《拜占庭文献史》，494。

[14] 马扎里斯：《马扎里斯逗留哈得斯记》，2，埃里森，《中世纪与当代希腊文献选编》，IV(7)，192。

[15] 马扎里斯：《马扎里斯逗留哈得斯记》，22；埃里森：《中世纪与当代希腊文献选编》，239。

富而重要的文化资料。

涉及曼纽尔二世时代时,应该提及由吉米斯图斯·普勒桑所写的论及伯罗奔尼撒半岛迫切需要进行政治和社会改革的两个重要的"进言"或"演说"。其中一篇是写给皇帝的,另一篇则是写给莫里亚藩王狄奥多勒的。德国历史学家法尔梅赖耶在他的《莫里亚半岛史》中,最先引起了学者们对这位希腊民族主义梦想者所构想之计划的关注。[16]

普勒桑试图复兴伯罗奔尼撒半岛,为此目的,他草拟了一个计划,拟进行社会制度的彻底变革和处理土地问题。[17] 根据普勒桑的计划,社会应分为三个等级:(1)土地耕种者(耕地者、掘地者,例如,葡萄园的掘地者和牧羊人);(2)提供劳动工具的人(即那些照料公牛、犍牛等的人);[18]和(3)管理社会安全和秩序的人,即军队、政府和国家官员;在他们之上是一个皇帝——*basileus*。普勒桑倡导建立一支希腊人的本土军队,而不是雇佣军队;而且这支军队可以奉献他们全部的时间和注意力去履行其恰当的职责。普勒桑

---

[16] 《莫里亚半岛史》,II,300—366。见 H.F.托泽"一位拜占庭改革者(吉米斯图斯·普勒桑)",("A Byzantine Reformer 〈Gemistus Plethon〉",《希腊研究杂志》,VII(1886),353—380。J.德莱赛克:"普勒桑和贝萨里翁关于伯罗奔尼撒事务的回忆录"("Plethons und Bessarions Denkschriften über die Angelegenheiten im Peloponnes"),《新古典学年鉴》,XXVII(1911),102—119。

[17] 吉米斯图斯·普勒桑:《论伯罗奔尼撒半岛的再生·演说词二》(*De Rebus Peloponnesiacis Orationes duae*),埃里森编:《中世纪与当代希腊文献选编》,IV(2);亦见米涅编《希腊教父著作全集》,CLX,821—866。

[18] 吉米斯图斯·普勒桑:《演说词一》,par.12;《演说词二》,par.13。米涅编:《希腊教父著作全集》,CLX,829—853。见托泽"一位拜占庭改革者(吉米斯图斯·普勒桑)",《希腊研究杂志》,VII(1886),370。他称第二等级为"那些在工商业中受雇者",或"工商业者阶级"(372)。

将人口分为两大类:纳税人和那些提供军事服务的人;军人不应该被征税。而那些不参加管理和防御的纳税者,被普勒桑称为希洛(Helots)*。私人土地所有权将被废除;"全部的土地,因为它似乎是大自然的恩赐,就应该是人民的共有财产;每一个人都可以在他喜欢的地方耕种并安家,而且尽其所能,耕种他所愿意耕种的任何大小的土地。"⑬这是普勒桑计划的主要观点。他的方案显然受到柏拉图的影响,而柏拉图是拜占庭人文学者极其敬慕的人。该计划应该是巴列奥洛格时期拜占庭文艺复兴的一个值得注意的文献。一些学者指出,在普勒桑的方案中可以找到与让·雅克·卢梭的《社会契约论》和圣西门思想的相似之处。⑭

如是,在拜占庭最后覆灭的前夜,普勒桑向曼纽尔二世提出了一项使希腊重生的改革方案。法国拜占庭历史学家Ch.迪尔写道:"当君士坦丁堡被削弱和衰落时,一个希腊国家企图在莫里亚诞生。即使这些抱负和愿望看起来可能是如此徒劳无益,然而这种希腊化意识的再生和这种模糊的、为希腊更美好的未来做准备的意识是拜占庭历史上最值得关注的重要现象之一。"⑮

1422年对君士坦丁堡的围困。——直到15世纪30年代,在史料记载中,关于曼纽尔和奥斯曼国家的一位贵族代表、巴耶齐德

---

* 希洛,此处普勒桑借用了古典时期斯巴达人对奴隶的称呼来指代劳动者,表明他固守伯罗奔尼撒古典希腊传统的立场。——译者

⑬ 吉米斯图斯·普勒桑:《演说词一》,par.18;埃里森编:《中世纪与当代希腊文献选编》,IV(2),53;米涅编:《希腊教父著作全集》,CLX,833。

⑭ 埃里森:《中世纪与当代希腊文献选编》,IV(2),143页注3;托泽:"一位拜占庭改革者(吉米斯图斯·普勒桑)",《希腊研究杂志》,VII(1886),379。

⑮ 迪尔:《拜占庭研究》(*Études byzantines*),323。

的继承人穆罕默德一世之间的关系基本上是和平并相互信任的,即使在皇帝曼纽尔方面有过一些过错。苏丹穆罕默德一世曾经应皇帝的邀请,途经君士坦丁堡市郊会见了曼纽尔。但两位君主都没有离开自己的船舰,而是在各自的船上进行了友好的交谈,两支舰队同时穿越海峡,到达了苏丹搭建帐篷的亚洲一岸;但皇帝并未下船登岸。在晚餐时间,两位君主各自从自己的餐桌上选最美味的食物送给对方品尝。[18] 但在穆罕默德的继承人穆拉德二世时,情况发生了变化。

在曼纽尔的晚年,他不再亲理国政,而把国事交付儿子约翰,约翰没有治国经验,也没有他父亲那种贵族气质和处事的中庸态度。他执政时,坚定地支持了一位觊觎苏丹王位的土耳其谋反者;但这一谋反的企图失败了,愤怒的穆拉德二世决定包围君士坦丁堡,立刻摧毁这个觊觎已久的城市。

但是,尚未来得及从安卡拉战败后恢复过来、并被内乱削弱了的奥斯曼军队,对于进行这样一次攻击还准备不足。1422年,土耳其人包围了君士坦丁堡。有一部拜占庭的文献著作专门记载了这次围攻,该书由当代人约翰·卡纳苏斯(John Canasua)所写,标题是《6930(公元1422)年君士坦丁堡战争的故事,当阿穆拉德-贝伊率大军进攻这座城市并将占领它时,遭遇了圣母的阻止》。[19] 一个强大的、各种战斗器械齐备的穆罕默德军队企图强行攻占这座城市,但被首都人民的英勇战斗所挫败。奥斯曼帝国内部的争斗

---

[18] 乔治·普兰策:《年代纪》,I,37;波恩版,111—112。
[19] 约翰·卡纳苏斯:《1422年对君士坦丁堡的征服》,波恩版,457。

迫使土耳其人放弃了这次围攻。像一直以来那样,首都这次脱险的故事,在大众的传说中是与君士坦丁堡的永久保护女神——圣母的干预相联系的。土耳其军队不满足于仅仅攻击首都;在试图夺取萨洛尼卡失败后,他们南下进入希腊,摧毁了曼纽尔时期在科林斯地峡上修建的城墙,并蹂躏了莫里亚。[14] 曼纽尔的共治皇帝约翰八世曾花费了约一年时间在威尼斯、米兰和匈牙利寻求援助。根据与土耳其人签订的和平条约,皇帝保证向苏丹支付一定数量的贡品,并将几座色雷斯城市割让给苏丹。君士坦丁堡的领土越来越少了。这次围攻后,首都又苟延残喘地存活了约三十年,焦虑地期待着它的不可避免的毁灭。

1425年,瘫痪的曼纽尔去世了。送葬的首都大批民众怀着深深的哀悼之情伴随着灵车。此前,在任何一位皇帝的葬礼上也未曾见过如此拥挤的致哀人群。[15] 一位专门研究曼纽尔生平活动的学者贝格尔·德西弗里(Berger de Xivery)写道:"对任何一位记得这位君主如何与其臣民共赴国难,如何尽力帮助他们,总是对他们怀有深深的同情并与他们有着共同感受的人而言,这种感情似乎都是真挚的。"[16]

曼纽尔时代最重要的事件是安卡拉战役,它使得君士坦丁堡

---

[14] 作为目击者,吉米斯图斯描写了土耳其人在希腊的暴行。他的长诗"安科纳书记官希腊人约翰·吉米斯图斯为教宗利奥十世所写"("Ad S. D. N. Leonem X. Pont. Maximi Ioannis Gemisti Graeci a secretis Anconae Protreptico et Promosticon")被 C. 萨塔斯收入他的《中世纪希腊文献目录》一书中,VIII,546—591,特别是 543—550;亦见上引书,IX,vii。

[15] 乔治·普勒桑:《年代纪》,I,40;波恩版,121。

[16] "皇帝曼纽尔·巴列奥洛格对自己生活与事业之回忆",《法兰西学院回忆录》,XIX(2),180。

的陷落延迟了五十年。但即使拜占庭能短期摆脱奥斯曼人的危险,也不是依靠拜占庭皇帝的军力,而是借助在东方偶然出现的蒙古人的力量。曼纽尔曾寄予希望的重要事件,即在西欧发动一次新的十字军,并未发生。土耳其人在1422年发动的对君士坦丁堡的围攻,仅仅是1453年之战的序幕。在评价曼纽尔时代与土耳其人的关系时,人们不应忽略曼纽尔皇帝对土耳其苏丹的个人影响,这种影响曾几次延迟了帝国的最后灭亡。

约翰八世(1425—1448年在位)和土耳其人的威胁。——约翰八世统治时期,帝国领土缩小到了最低程度。在其父亲生前不久,约翰就已经将色雷斯的几座城市割让给苏丹。当约翰成为帝国的唯一统治者后,准确地说,他的权力之延伸范围只扩展到君士坦丁堡及最接近首都的农村地区。在帝国的其他地方,如伯罗奔尼撒半岛、萨洛尼卡和分散在色雷斯各处的一些城市,虽处于约翰的兄弟们控制之下,但几乎是完全独立于中央政权之外的。

1430年,萨洛尼卡被土耳其人征服。以藩主身份统治着萨洛尼卡的约翰八世的一个兄弟意识到只依靠自己的力量不能对付土耳其人的进攻,因而将城市卖给威尼斯,获得了一大笔金钱。据杜卡斯记载,威尼斯在获得这个垂涎已久的重要商业据点时,曾发誓"要保护和支持它,使它更加繁荣,并成为第二个威尼斯"[18]。但已经占领了萨洛尼卡周围地区的土耳其人,不能容忍威尼斯在萨洛尼卡立足。在苏丹的亲自指挥下,土耳其人包围了萨洛尼卡;这次行动的过程和最后结局被一位当代人约翰·阿纳格诺斯特斯

---

[18] 迈克尔·杜卡斯:《拜占庭史》,XXIX;波恩版,197。

(Anagnostes，即 Reader)详细记载于他的专著《论萨洛尼卡的最后陷落》中。[18] 萨洛尼卡的拉丁人驻军很少，而且城市的民众视他们的新主人威尼斯人为异类。城市的民众无力抵御土耳其人，经过短期的围攻后，土耳其人猛烈攻占了这座城市，并使它遭到了可怕的破坏和暴行蹂躏。城市老幼妇孺皆遭到屠杀。城中的基督教堂被改为清真寺，但萨洛尼卡城的主要圣保护使徒、圣底米特里的教堂被暂时留给基督教徒，但已经是破败不堪了。

也有一首韵体诗描述了萨洛尼卡被土耳其人占领的事件，这首诗是由君士坦丁堡的一位高级教会官员记载在其《土耳其帝国编年史》中的。[19] 同时，亦有一些描述这次灾难事件的希腊民族歌曲。[20] 萨洛尼卡的失陷强烈震撼了威尼斯和西欧。君士坦丁堡也显然感受到了最后时刻的即将来临。

关于当时的君士坦丁堡，有一份重要记载，这是从耶路撒冷返回西欧的朝圣者、勃艮第骑士贝特朗东·德拉布罗吉耶(Bertran-

---

[18] 《论萨洛尼卡的最后陷落》(*De extremo Thessalonicensi excidio*)，波恩版，481—528。

[19] 《土耳其帝国编年史》(Ἱέρακος χρονικὸν περὶ τῆς τῶν Τούρκων βασιλείας)。萨塔斯:《中世纪希腊百科全书》(*Bibliotheca graeca medii aevi*)，I，256—257、360—388;同一片断出现在"萨洛尼卡的普拉塔修道院及其遗产"("Η ἐν θεσσαλονίκῃ μονὴ τῶν Βλαταίων καὶ τὰ μετόχια αὐτῆς")一文中，《拜占庭杂志》(德文)，VIII(1899)，421。其中有一段简要的关于萨洛尼卡失陷的希腊文记载，见403—404。亦见S.兰普罗斯"关于土耳其人占领萨洛尼卡的三首未发表的悼词"("Τρεῖς ἀνέκδοτοι μονῳδίαι εἰς τὴν ὑπὸ τῶν Τούρκων ἅλωσιν τῆς Θεσσαλονίκης")，《当代希腊研究》，V(1908)，369—391(含两段韵诗，一段散文)。

[20] 见弗罗伦斯·麦克弗森(Florence McPherson)所写"一些现代希腊歌曲中的历史痕迹"("Historical Notes on Certain Modern Greek Folk-songs")，《希腊研究杂志》，X(1889)，86—87。

don de la Broquière)所写的,他在萨洛尼卡沦陷后不久的30年代初游览了巴列奥洛格的首都。他赞扬了君士坦丁堡城墙,尤其是陆地一侧城墙的良好状况,但也注意到城市里的一些荒凉之处;他提到了两处美丽宫殿的废墟,据说,这两处宫殿是一位皇帝按照土耳其苏丹的命令予以摧毁的。这位勃艮第朝圣者参观了首都的教堂和其他遗址,参加了神圣的教堂仪式。在圣索菲亚教堂,他参观了一个神秘宗教仪式的表演,这是以三个年轻人被尼布甲尼撒扔进燃烧的火炉为主题的,他对于来自特拉布松的拜占庭皇后的美丽十分着迷,并对关心贞德(她刚刚在鲁昂被烧死)之命运的皇帝讲了著名的"奥尔良姑娘"的"整个故事"。[⑲] 这位朝圣者还通过自己对土耳其人的观察,相信欧洲人有可能把他们驱逐出欧洲,甚至夺回耶路撒冷。他写道:"在我看来,我所注意到的三个国家的贵族和良好的政府,即法兰西、英格兰和德意志是非常使人敬畏的,而且,如果他们能组织起足够数量的军队,将有能力经由陆路到达耶路撒冷。"[⑳]

约翰八世已经意识到首都即将到来的危险,遂大兴土木修复君士坦丁堡城墙。如今可在城墙上所见的多处题为"奉天承运约翰·

---

⑲ 拉布罗吉耶(La Brouquière):《海外之旅》,舍费尔编,150—165;A. A. 瓦西列夫:"拜占庭文献中的百年战争和贞德"("La Guerre de Cent Ans et Jeanne d'Arc dans la tradition byzantine"),《拜占庭》(布鲁塞尔),III(1926),249。当时,关于贞德的故事已经传到拉古萨,见 N. 约尔加《关于十字军历史的注释和摘要》(*Notes et extraits pour servir à l' histoire des Croisades*),II,272:"On parle 'd'una mamoleta virgine, la qual gli è (al rè Carlo) apparuta maravigliosamente, la qual rege et guida lo suo exercito"(见《拉古萨档案》[*Archives of Ragusa*],1430年4月30日至11月28日,法国的消息)。

⑳ 拉布罗吉耶:《海外之旅》,舍费尔编,230。

巴列奥洛格"的铭文,说明了基督教皇帝最后一次企图修复当年狄奥多西二世的防砦之艰难,而当年这座城墙几乎是不可攻破的。

但这并不能满足对奥斯曼人斗争的需要。如同他的前任一样,约翰八世希望通过与教宗合作而从西方得到对抗土耳其人的真正帮助。为此目的,皇帝与希腊牧首、他的一位杰出的臣僚乘船前往意大利。这次出行的结果就是著名的佛罗伦萨联合条约的缔结。然而,如果考虑到拜占庭所需要的真正帮助,这位皇帝的意大利之行是徒劳的。

罗马教宗尤金四世倡导了一次十字军,并成功发动了匈牙利人、波兰人和罗马尼亚人投入对抗土耳其的斗争。在波兰和匈牙利国王弗拉迪斯拉夫及著名的匈牙利民族英雄、军队领袖约翰·匈亚迪(John Hunyadi)统率之下,一支十字军组建起来。1444年,在瓦尔纳战役中,十字军被土耳其人击溃。弗拉迪斯拉夫在战斗中阵亡。约翰·匈亚迪带着残兵败将退回匈牙利。瓦尔纳战役是西欧最后一次试图帮助衰亡中的拜占庭。此后,君士坦丁堡只能独自面对它的最后命运。[13]

一些近期出现的、来自巴塞罗那档案馆的文献,揭示了文艺复兴时期著名的梅塞纳斯*,即死于1458年的阿拉贡国王"慷慨者"

---

[13] 阿齐兹·苏尔亚·阿提亚:《晚期中世纪的十字军》(*Crusade in the Later Middle Ages*);见 O. 哈勒基的书评,载《拜占庭》(布鲁塞尔),XV(1940—1941),473—483。哈勒基:《瓦尔纳战役中的十字军。对一些有争议问题的讨论》(*The Crusade of Varna. A Discussion of Controversial Problems*),96。这是一部相当好的专著。

* 梅塞纳斯(Maecenas)是古罗马时代奥古斯都皇帝的杰出外交官和国务顾问,著名的文学活动的赞助者。由于阿方索在欧洲文艺复兴时期积极赞助文学艺术活动,故有"梅塞纳斯"的绰号。——译者阿方索五世(Alfonso Ⅴ the Magnanimous)的进军计划。他于 15 世纪中期一度将西西里和那不勒斯重新统一在自己的权力之下后,遂计划像安茹的查理那样,在东方进行一场规模宏大的进攻性战争。君士坦丁堡是阿方索的目标之一,而且他一直没有放弃建立一支抵抗土耳其人的十字军的理想。很长时间以来,他认识到,如果奥斯曼人日益增长的权势和"鲁莽的成功"不被击溃的话,他的王国的海上边界将没有安全感。但阿方索的雄心勃勃的计划没有实现,并且,土耳其人从未感到这个天才的和杰出人文学者及政治家对自己有任何严重威胁。⑲

土耳其人在瓦尔纳胜利后,并未参加这次十字军战斗的约翰八世立即与苏丹开始谈判,他试图用贡礼软化苏丹。他成功了,直到他的统治结束,他一直保持着与苏丹的和平关系。

尽管如此,约翰八世统治下的拜占庭还是遭受了不断的、痛苦的失败。然而,在伯罗奔尼撒半岛(莫里亚),一个近乎独立于中央政权的封地上,希腊军队获得了一次重大的、但短暂的胜利。除了拜占庭的领土外,在伯罗奔尼撒半岛还有阿凯亚公国的残存部分,尤其在半岛南端的一些地区,是属于威尼斯的。15 世纪初,威尼斯确立了自己的目标,欲夺取伯罗奔尼撒半岛仍被拉丁人掌控的

---

⑲ F.切罗内(F. Cerone):"阿拉贡的阿方索的东方政策"("La politica orientale di Alfonso d'Aragona"),《那不勒斯省历史档案》(Archivio storio per le provincie Napolitane),XXVII(1902),425—456,555—634;XXVIII(1903),167。诺登:《教宗统治与拜占庭》,731—733。C.马林内斯库正在计划根据巴塞罗那的一部丰富的未公布档案集《阿拉贡科罗纳的档案》(Archivios de la Corona de Aragon)写一部专门研究阿方索与东方关系的著作。见"曼纽尔二世巴列奥洛格及阿拉贡的国王们。对拜占庭使节所递交的四封拉丁文信件的评注",《罗马学术院历史部通报》,XI(1924),197。亦见《第二届国际拜占庭研究会论文集》(1929 年),162。

部分；为此目的，威尼斯开始和半岛上各族统治者进行谈判。一方面，圣马可共和国为了有效抵抗土耳其入侵者，希望拥有在穆拉德二世统治时修建的科林斯地峡上的城墙；另一方面，威尼斯被她的商业利益吸引，因为共和国代表收集到的信息表明，这个国家在金、银、丝、蜂蜜、谷物、葡萄干和其他物品方面的资源具有极大的优势。然而，在约翰八世统治期间，莫里亚希腊藩国的军队开始公开反抗拉丁人，迅速获得了伯罗奔尼撒半岛的拉丁内部分并因而终结了法兰克人在莫里亚的权势。从那时起到土耳其人征服时期，整个半岛属于巴列奥洛格家族，威尼斯只维持了她以前拥有的南部据点。

注定要成为拜占庭最后一位皇帝的莫里亚藩主君士坦丁，是拜占庭皇帝约翰八世的兄弟，他充分利用了土耳其人在巴尔干半岛的一些困难向北方进军，通过了科林斯地峡进入希腊的中部和北部；而在这时，土耳其人已经开始征服希腊腹地。土耳其苏丹穆拉德二世在瓦尔纳战役取得了对基督教徒的胜利后，认为君士坦丁对希腊北部的入侵是对他的冒犯；于是，他率军向南挺进，突破了科林斯地峡上的防御城墙，疯狂地劫掠了伯罗奔尼撒半岛，并掳走大批希腊人俘虏。恐惧的莫里亚藩主君士坦丁乐意按照苏丹的条件缔结和平条约；他保持了作为莫里亚藩主的地位，并承诺向苏丹纳贡。

在君士坦丁·巴列奥洛格统治时期，一位当代的著名旅行家、考古学家和商人安科纳的希里亚库斯（Cyriacus）造访了米斯特拉，在那里，他受到莫里亚藩主君士坦丁和他的达官显贵们的亲切接待。在宫廷中，希里亚库斯遇到了"他那个时代最博学的人"吉米斯图斯·普勒桑和他在雅典的一个朋友乔治的儿子,对拉丁文和希腊文都非常精通的年轻人尼古拉斯·卡尔克康迪勒斯(Nicholas Chalcocondyles)。[15] 尼古拉斯·卡尔克康迪勒斯可能正是后来的历史学家劳尼科斯(Laonikos)·卡尔克康迪勒斯,因为 Laonikos 一名,就是尼古拉斯(Nicolaos、Nicholas)的细微变体。在希里亚库斯于藩主狄奥多勒·巴列奥洛格统治时期第一次驻留米斯特拉期间,即在1437年,他曾参观了斯巴达的古代遗址并拓写了希腊碑文。[16]

君士坦丁十一世(1449—1453年在位)和土耳其人对君士坦丁堡的占领。——拜占庭最后一位皇帝所统辖的领土仅限于君士坦丁堡和色雷斯靠近城墙的近邻地区,以及距离首都有些距离的、由皇帝的兄弟们统治着的伯罗奔尼撒半岛,即莫里亚的主要部分。

---

[15] 见希里亚库斯对伯罗奔尼撒的描述,先是出于 R. 萨巴迪尼(Sabbadini)"列奥纳多·波塔所译安科纳的希里亚库斯及其描述伯罗奔尼撒的手稿"("Ciriaco d'Ancona e la sua descrizione autografa del Peloponneso trasmessa da Leonardo Botta"),《塞利阿尼札记》(*Miscellanea Ceriani*),203—204。关于安科纳的希里亚库斯,见 G. 卡斯特拉尼(Castllani)"关于安科纳的希里亚库斯的一段未公之于世的希腊文片断"("Un Traité inédit en Grec de Cyriaque d'Ancône"),《希腊研究杂志》,IX(1896),225—228。E. 齐巴斯(E. Ziebarth):"安科纳的希里亚库斯在伊庇鲁斯"("Κυριακòς ὁ ἐξ Ἀγκῶνος ἐν Ἡπείρω"),见《伊庇鲁斯编年史》(Ηπειρωτικὰ Χρονικά),II(1926),110—119;另外一些补充和修正的资料,可见 D. 卡布鲁鲁(Δ. Καμπουρογλοῦ)所写文章,同样见于《伊庇鲁斯编年史》,III(1928),223—224;他准确地推算了希里亚库斯去世的年代为1452年(第224页)。F. 帕尔(F. Pall):"安科纳的希里亚库斯和针对土耳其人的十字军"("Ciriaco d'Acona e la crociatta contro i Turchi"),《罗马学术院历史部通报》,XX(1937),9—60。亦见扎基希诺斯《莫里亚的希腊君主》,231—235。

[16] 见《安科纳的希里亚库斯在伊利里亚周边发现的铭文》(*Epigrammata reperta per Illyricum a Cyriaco Anconitano apud Liburniam*),XXXVII。扎基希诺斯:《莫里亚的希腊君主》,236。

第九章　拜占庭的灭亡　　　　　　　　　　　　　　　　987

　　正直、仁慈、有活力、勇敢,且热爱祖国,是君士坦丁十一世的性格,同时代的许多希腊资料和他在君士坦丁堡被困期间的行为,证明了这些。一位意大利人文学者弗朗切斯科·菲勒尔弗(Francesco Filelfo)在驻留君士坦丁堡期间结识了登上皇位之前的君士坦丁。在一封信中,他称呼这位皇帝是一个"虔诚和具有高尚情操"(pio et excelso animo)[⑰]的男子。

　　君士坦丁的强大和可惧的敌人是21岁的穆罕默德二世,他暴烈残酷,嗜杀成性等许多卑劣的恶习,但同时对科学、艺术、教育有浓厚的兴趣,集将军、政治家和组织者的活力和天赋于一身。一位拜占庭历史学家谈到,他乐于阅读科学著作,尤其是占星学著作,还阅读马其顿的亚历山大、朱利安·恺撒及君士坦丁堡各代皇帝们的英雄事迹;他除了讲母语土耳其语外,还会讲其他五种语言。[⑱]东方国家的资料赞扬他的虔诚、正义、仁慈,是学者与诗人的保护者。19世纪和20世纪的历史学家对穆罕默德二世却有不同的评价;有些人否认他所有的积极品质,[⑲]另一些人则承认他是一个天才。[⑳]征服君士坦丁堡是这位年轻苏丹魂系梦牵的渴望,正如历史学家杜卡斯所说:"无论在宫里还是在宫外,在起床时还是在睡梦中,他朝朝暮暮反复思考着可能采用的占领君士坦丁堡的军事策略和手段。"他度过了无数不眠之夜,在地图上画出君士

[⑰] 约尔加:《关于十字军历史的注释和摘要》,IV,83。
[⑱] 乔治·弗兰策:《年代纪》,I,32;波恩版,93、95。
[⑲] 例如,埃里森在其《秘史》(III,87—89)中就提到穆罕默德热心于科学、诗歌和艺术等,见J.卡拉巴切克(Karabaček)《西方艺术家对15—16世纪的君士坦丁堡的描述》(Abendländische Künstler zu Konstantinopel im XV, und XVI. Jahrhundert),2。
[⑳] N.约尔加:《奥斯曼帝国史》,II,3。

坦丁堡的城区以及它的防御工事，找出它最易被攻击的地方。[201]

战争中的这两个对手的画像，都有现存资料，君士坦丁·巴列奥洛格的画像可以见于印章和后期的手稿中[202]，而穆罕默德二世的画像则见于15世纪的意大利艺术家为了纪念苏丹而打制的金属像章和一些肖像中，尤其是一幅由著名的威尼斯艺术家詹蒂耶·贝利尼（Gentile Bellini）绘制的肖像，他在穆罕默德统治末期曾经短期（1479—1480年）居住于君士坦丁堡城内。[203]

既然决定给予君士坦丁堡以最后攻击，穆罕默德就开始进行极其周密的准备。首先，穆罕默德在君士坦丁堡的北方，在博斯普鲁斯海峡的欧洲一岸最狭窄的地方，建筑了一处坚固的设有塔楼的要塞，它的宏伟的残迹（鲁梅利要塞）至今犹存；要塞内可见被大炮射进去的巨型石弹，这种石弹在当时非常普遍。

当土耳其人在博斯普鲁斯海峡上建造要塞的消息四处传开之

---

[201] 迈克尔·杜卡斯：《拜占庭史》，XXXV；波恩版，249、252。

[202] 见兰普罗斯"君士坦丁·巴列奥洛格的画像"（Αἱ εἰκόνες Κωσταντίνου τοῦ Παλαιολόγου），《当代希腊研究》，III、(1906)，229—242；兰普罗斯：新发现的"君士坦丁·巴列奥洛格的画像"（"Νέαι εἰκόνες Κωσταντίνου τοῦ Παλαιολόγου"），《当代希腊研究》，IV(1907)，238—240；VI(1909)，399—408。S. 兰普罗斯：《拜占庭皇帝.拜占庭皇帝画像集目录》（Empereurs byzantins. Catalogue illustré de la collection de portraits des empereurs de Byzance），57—58。

[203] L. 特瓦斯内（L. Thuasne）：《詹蒂尼·贝利尼和苏丹穆罕默德。关于这位威尼斯画家在君士坦丁堡的记载（1479—1480年）》（Gentile Bellini et Sultan Mohammed II. Notes sur le séjour du peintre vénitien à Constantinople, 1479—1480），50—51。在这本书中，印出了穆罕默德的画像和像章。亦见卡拉巴切克《西方艺术家对15—16世纪的君士坦丁堡的描述》，I，24—29；此书收集了许多图片。在第一次世界大战之前，贝利尼的这幅著名画像是由威尼斯的埃尼德·拉雅德女士私人收藏；战争期间，此画转移到伦敦。见卡拉巴切克上引书，44。

时,首都君士坦丁堡、亚洲、色雷斯和爱琴海上岛屿各处的基督教人群,如杜卡斯所说,发出了绝望的惊叫。"君士坦丁堡城的末日到来了;现在,我们要看见我们种族的毁灭了;反基督的时代即将到来了;我们的身份将发生什么样的变化? 我们该做什么? ……保护这座城市的圣徒在哪里?"[24]另一位经历了君士坦丁堡被围困期间的所有恐怖生活的同时代人和目击者,珍贵的《君士坦丁堡围攻记》一书的作者、威尼斯人尼科罗·巴尔巴罗(Nicolo Barbaro)写道:"从海上来看,这个要塞极其坚固,绝对不可能被攻占,因为在岸上和城墙上配置了大量的射石炮;要塞的陆地一面也是非常坚固的,尽管与海上防务设施相比,略为逊色。"[25]这个要塞切断了君士坦丁堡城与北方和黑海港口的联系,因为所有的进出博斯普鲁斯海峡的外国船只,都被土耳其人封锁;当君士坦丁堡被围期间,它将得不到来自黑海港口的谷物供应。土耳其人很容易实行这些措施,因为与土耳其人建在欧洲的要塞相对,在博斯普鲁斯海峡的亚洲一岸,有苏丹巴耶齐德在14世纪末期修建的配有塔楼的要塞(阿纳托利要塞)。接下来,为了阻止莫里亚的藩主在万一情况紧急时前来援助君士坦丁堡,穆罕默德占领了莫里亚的希腊领土。经过这些最初的步骤后,穆罕默德,即巴尔巴罗笔下的,这个"基督教人民的异教敌人",[26]开始围攻这座伟大的城市。

君士坦丁尽其最大的努力,在势力对比极其不均衡的条件下,

---

[24] 《拜占庭史》,XXXIV;波恩版,238。

[25] 《君士坦丁堡围攻记》(*Giornale dell' assedio di Constantinopoli*),E. 克奈特(E. Cornet)编,2。

[26] 同上书,18。

应付这个强大的敌人,其结果显然是可以预料的。皇帝将首都四周所有可能供应的谷物都运进城中,并对城墙进行了修补。城内的希腊驻军只有数千人。君士坦丁看到了即将来临的致命危险,遂向西方求助;但是,西方并没有派出最必要的军事支援,而是派来了一个希腊出身的罗马枢机主教、前任莫斯科大主教区主教、佛罗伦萨会议的参与者伊西多尔。为纪念东西方教会之间和平的恢复,他抵达君士坦丁堡后在圣索菲亚教堂举行了联合的宗教仪式,这引起了城里居民的最强烈的震动。拜占庭的一位最著名的显贵卢卡斯·诺塔拉斯发表了著名的断言:"我们宁愿在首都看到土耳其穆斯林头巾的权力,而不是教宗之法冠的权力。"[207]

威尼斯人和热那亚人参加了首都的防御战。君士坦丁和城中民众尤为倚赖拥有巨大军事声望的热那亚贵族约翰(乔瓦尼·基斯蒂亚尼),他率领两艘载着 700 名士兵的巨舰到达了君士坦丁堡。如在过去的危险时刻曾多次发生的那样,金角湾海湾被一条巨大的铁索封锁。据说,直到近代仍可以在拜占庭的圣伊琳娜教堂内见到这条铁索的残存部分,现在,在那里修建了奥斯曼军事历史博物馆。[208]

穆罕默德在海上和陆上的军队中除了土耳其人外,还包括他所征服的不同民族的人民,其数量大大超过了君士坦丁堡的少数防御者,包括希腊人和一些拉丁人,尤其是意大利人。

世界历史上最重要的一个历史时刻即将来临。

---

[207] 迈克尔·杜卡斯:《拜占庭史》,XXXVII;波恩版,264。
[208] 现在,人们相信这条铁链是罗得岛港口上的铁链之残余部分,它在土耳其人征服罗得岛后被带到君士坦丁堡。

土耳其人包围和占领"神佑城市"——君士坦丁堡的真实情况,在许多资料中留下了深刻的痕迹,这些资料使用不同的语言——希腊文、拉丁文、意大利文、斯拉夫文和土耳其文,从不同的角度,叙述了拜占庭帝国的最后时刻,在某些逐日逐时的记载中,使人感受到这场惊心动魄的历史剧之进程的最后一幕。

主要的希腊资料对这一事件的评价是不同的。经历了这场围攻战的乔治·弗兰策,是末代皇帝君士坦丁的亲密朋友、极为著名的外交官,他在帝国内享有高职,满怀对他的英雄帝王和巴列奥洛格王室的无限眷恋,反对教会联合;他描述拜占庭的末日,是想恢复失败的君士坦丁、他的被凌辱的国家和被侮辱的希腊正统信仰的荣誉。另一位同时代的作者,投靠了土耳其人的希腊人克里斯托布鲁斯(Critobulus),想表示他对穆罕默德二世的忠诚,将他那本明显受到修昔底德写作风格深刻影响的历史著作,献给"最伟大的皇帝,王中之王穆罕默德";[29] 尽管他并未攻击他的希腊同胞,但他却从奥斯曼帝国的新的臣民的立场出发来评述拜占庭的末日。还有一位小亚细亚的希腊人杜卡斯、教会联合的倡导者,他认为,帝国安全的唯一途径就是实现教会的联合。他从支持西方的立场写起,尤其强调热那亚指挥官基斯蒂亚尼的贡献和功绩,贬低君士坦丁的作用,但同时对希腊人也不乏关爱和同情。拜占庭最后时期的第四位希腊历史学家,拜占庭文献史上唯一的雅典人,是劳尼科斯·卡尔康迪勒斯(Chalcocondyles 或 Chalcondyles),他所选择的历史著作的主题不是拜占庭,而是土耳其帝国。他采取了一

---

[29] C.米勒:《希腊文献作品片断》(*Fragmenta historicorum graecorum*),V,52。

种新的、庞大的主题去描述——"年轻的、崛起于希腊,法兰克和斯拉夫国家废墟上的奥斯曼帝国势力的非凡发展"。[20] 他的作品写得很一般。此外,劳尼科斯并不是君士坦丁堡最后时期发生事件的目击者,因此,他的这部著作只具有次要的参考价值。

在以拉丁语写就的最有价值的资料中,有一些是由那些经历了君士坦丁堡被围时期生活的数位作家写的。其中一篇是勉强逃脱了被土耳其人俘获之命运的枢机主教伊西多尔所写的《致君士坦丁堡所有虔诚的基督徒》(*Ad universos Christifideles de expugnatione Constantinopolis*)的呼吁。他恳请所有的基督教徒武装起来抵御正在消亡的基督教信仰。另一位逃脱了土耳其人俘获的开俄斯主教列奥纳多(Leonard),给教宗的报告中说明了曾降临在拜占庭身上的巨大灾难是对希腊人脱离天主教信仰的惩罚。还有一位曾在土耳其俘虏营中度过了一段时间的意大利人普斯库鲁斯(Pusculus)写作的一首四节韵文诗"君士坦丁堡"。他仿效维吉尔的写作风格,在一定程度上也仿效了荷马。他是一位热诚的天主教徒,将自己的诗献给了教宗;而且他像列奥纳多一样,深信拜占庭是由于分裂教会的罪行而受到了上帝的惩罚。

威尼斯贵族尼科罗·巴尔巴罗用古威尼斯方言和一种枯燥乏味的商业风格写成的极其珍贵的《君士坦丁堡围攻记》留给了我们一份意大利文的资料。他逐日列举了围攻期间希腊人和土耳其人之间的战斗,因而他的作品对于重修君士坦丁堡被围时期的编年

---

[20] 克伦巴赫:《拜占庭文献史》,302。亦见 W. 米勒"雅典的最后一位历史学家:劳尼科斯·卡尔康迪勒斯"("The Last Athenian Historian: Laonikos Chalkokondyles"),《拜占廷与当代希腊研究杂志》,XLII(1922),38。

史最重要。

在俄罗斯古文献中,亦有一部关于占领帝都(Tsargrad)之"伟大和可怕的功绩"的重要历史著作,由"无名和卑微的聂斯托尔·伊斯金德尔(Nestor Iskinder,或 Iskander)"所著。[21] 此人可能是俄罗斯人,曾在土耳其苏丹的军队中战斗,真实地、尽可能地逐日描述了土耳其人在围城期间和城市陷落后的行为。在各种俄罗斯编年史中也经常谈到君士坦丁堡的陷落。

还有一些土耳其文的资料,这些资料是从成功的、无往不胜的伊斯兰教和它的杰出代表征服者穆罕默德二世的角度来评价这一历史事件的。有些土耳其的资料还搜集了关于君士坦丁堡和博斯普鲁斯海峡的土耳其民间传说。[22]

以上列举的重要资料说明,在研究土耳其人围攻和占领君士坦丁堡问题上,的确存在着相当丰富多样的信息。

1453年4月初,对这座伟大城市的围攻战开始了。这场围攻

---

[21] 聂斯托尔—伊斯坎德尔(Nestor-Iskander)所记《帝都的故事》(*The Tale of Tsargrad*),雷奥尼德斯(Leonides)住持所编:《古代作品精华》(*Pamystniki drevney pismennosti*),LXII(1886),43。至于其他相关的斯拉夫文字记载,见《剑桥中世纪史》,IV,888。有一个俄罗斯传说,是1853年的版本,由约尔加出版,见"君士坦丁堡的起源及其被占领的记载",《罗马科学院历史部通报》,XIII(1927),89—105。目前的问题是,这一传说的原始文本或许并不是希腊文,或者斯拉夫文的记载可能不是俄罗斯人所写而是塞尔维亚人所写。见 N. 约尔加"一则被忽视的关于君士坦丁堡之陷落的文献"("Une Source négligée de la prise de Constantinople"),《罗马科学院历史部通报》,XIII(1927),65。B. 安伯高(B. Unbegaun):"古代罗斯关于君士坦丁堡之陷落的记载"("Les Relations vieux-russes de la prise de Constantinople"),《斯拉夫研究杂志》,IX(1929),13—38;该文论述了关于君士坦丁堡被土耳其人占领之过程记载的伊斯金德尔的俄罗斯文版本和埃涅阿斯·西尔维乌斯记载文本的古俄语翻译本。

[22] F. 巴宾格尔(F. Babinger):《奥斯曼人及其战争史》(*Greschichtsschreiber der Osmanen und ihre Werke*),23—45 及其他各处。

战争的胜利绝不仅仅是土耳其人无敌的庞大军队的成就。巴尔巴罗称之为"这个背信弃义的土耳其人"[213]的穆罕默德二世是历史上第一个掌握了真正的火炮基地的君主。土耳其人的青铜大炮是那个时代规格最为巨大、能够远距离抛掷大量石弹的优势武器,它的破坏力是君士坦丁堡的古老城墙不能抵御的。古罗斯文的《帝都的故事》说,"破坏者穆罕默德"将"大炮、火绳枪、塔楼、攻城器械和其他的攻城设备"[214]向城墙附近集中。同时代的希腊历史学家克利托布鲁斯(Critobulus),给予大炮的决定性作用很好的解释,他写道,土耳其人在城墙下及其周围挖掘的掩体和地下通道"被证明是不必要的、仅仅是浪费,因为火炮决定了一切"。[215]

19世纪下半叶,在斯坦姆堡*(Stamboul)的一些地方,人们仍然可以看到地面上的巨大石弹,它们是在战斗中被抛过君士坦丁堡城墙的,现在,则躺卧在几乎是1453年被抛落地时的原位。4月20日,在围攻期间基督教徒唯一的幸事发生了:四艘前来援助君士坦丁堡的热那亚船只,打败了数量远远超过它的土耳其舰队。"你很容易想象,"近代一位描写拜占庭首都被包围和攻克过程的历史学家舒伦伯格(Schlumberger)写道,"希腊人和意大利人难以形容的快乐。君士坦丁堡竟然一度以为自己得救了。"[216]但是,这

---

[213] 《君士坦丁堡围攻记》,克奈特编:20,21。
[214] 《帝都的故事》,雷奥尼德斯(Leonides)编,27。亦见《帝都的故事》,V. 雅可夫列夫(V. Yakovlev)编,92,93。约尔加:"君士坦丁堡之起源和陷落",《罗马科学院历史部通报》,XIII(1927),99。
[215] 克利托布鲁斯著作,I,31,33;米勒编,80。
* 即君士坦丁堡,土耳其人称之为伊斯坦布尔,或斯坦姆堡。——译者
[216] 《1453年君士坦丁堡被土耳其人围困和攻陷的历史》(*Le Siège, la prise, et le sac de Constantinople par les Turcs en* 1453),140。

第九章 拜占庭的灭亡

次成功当然对这次围攻战的结果没有真正的意义。

4月22日,这座在皇帝指挥下的城市突然因一个极其恐怖的现象而震惊:土耳其船只出现在金角湾的上游。在前一天夜里,苏丹成功从博斯普鲁斯海峡通过陆路将船只运进金角湾;为此目的,土耳其人在两山谷之间的上方特地搭建了一个木制平台,将船只放在滚木上,让大量"贱民"(canaille)将船只拉过这些平台,据巴尔巴罗记载,这些贱民是由苏丹役使的。[211] 于是,驻扎在金角湾上封锁铁链内的希腊-意大利舰队,两面受敌,首都岌岌可危。被围驻军在夜里试图用火攻毁灭进入金角湾土耳其船只的计划由于叛徒向苏丹泄露而中止。

与此同时,几个星期以来使城内居民疲惫不堪的重炮轰击仍在持续;男女老少、教职人士和男女修士们被迫夜以继日地顶着炮火修补城墙上数不胜数的缺口。围攻已经持续了50天。当苏丹得知一支支援这座城市的基督教舰队可能很快到达的消息(此消息可能是编造的)时,遂加快了对君士坦丁堡的决定性攻击。克利托布鲁斯甚至模仿修昔底德历史著作中著名演说的风格,描写了穆罕默德向他的军队鼓舞士气时发表的演说;苏丹宣称:"要打胜这场战争,必须具备三个条件:必胜的信心,耻于失败的精神,和对指挥官的服从。"[212]最后总攻时间被定在5月29日夜晚。

东方基督教的古老首都,预见到自己将面临不可避免的毁灭。最后的攻击来临的前夜,陷于一片祈祷和悲哀哭泣。在皇帝的命

---

[211] 巴尔巴罗:《拜占庭与当代君士坦丁堡围攻记》,克奈特编,28。
[212] 克利托布鲁斯著作,I,50,2;米勒编,91。

令下,在"哦,主啊,怜悯我们吧!"的合唱声中,教职人员沿着城墙开始游行。人们互相鼓励要在战斗的最后一刻顽强地抵抗土耳其人。希腊历史学家普兰策[219]在其著作中引用了君士坦丁皇帝的长篇演说,在此演说中,君士坦丁激励人民勇敢抵抗,但他已经清楚地意识到他们的命运。他说道,土耳其人"依仗枪炮、骑兵、步兵和其数量上的优势,而我们,依仗的是上帝,我们的主和救世主的名,而且,还要靠我们的双手和借上帝之权威赐予我们的力量。"[220]君士坦丁如此结束他的演说:"我恳请并祈求你们的爱,并给予你们的指挥官以足够的尊重和服从;每一个人都要对得起他的军衔、他的军阶和他的军人身份。须知,如果你们真诚地履行我对你们的所有命令,我希望,借助上帝的帮助,我们将免于受到上帝正义的惩罚。"[221]在这一天夜里,人们在著名的圣索菲亚教堂举行了最后的祈祷仪式。英国历史学家E.皮尔斯(E. Pears)基于拜占庭的资料,描绘了这次震撼人心的场面:

> 这天夜里,在圣智*教堂举行的最后的基督教圣礼是最伟大的且一定会在世界的历史场景中成为最不寻常的典礼……皇帝和那些能够暂离战场的指挥者出席了这一仪式,教堂再一次而且是最后一次挤满了基督徒。不需要用巨大的想象力去描述这个景象。教堂的内部极其美丽,这里曾是基

---

[219] 乔治·普兰策:《年代纪》,III,6;波恩版,271—279。
[220] 乔治·普兰策:《年代纪》,III,6;波恩版,273。
[221] 乔治·普兰策:《年代纪》,III,6;波恩版,278。
* 即圣索菲亚教堂。——译者

督教艺术诞生地,而且,仍然华美的陈列品更为它的美丽增添了色彩。牧首和红衣主教的神职人员队伍代表着东方和西方的教会;皇帝和贵族,曾经辉煌和勇敢的拜占庭特权阶层的最后的残余;教士和士兵混杂着在一起;君士坦丁堡市民,威尼斯人和热那亚人,所有出席者全都意识到了他们面临的危险,而且感觉到,与即将来临的危险相比,很多年来他们所致力于斗争的敌人是如此渺小而不值得他们去考虑。皇帝和他的追随者一起分享了"纯洁和神圣的祭礼",并向牧首告别。这次典礼实际是一次葬礼。帝国已经进入了它的弥留之际,而且,为它的灵魂之离去而举行的宗教仪式,在这所最美丽的教堂内并在它的最勇敢的皇帝面前完成是适当的。如果说布赖斯先生所描述的查理大帝的加冕典礼和一个帝国之诞生的典礼是历史上最生动最有活力的,那么在圣索菲亚教堂举行的最后一次基督教仪式则是最为悲壮的。[22]

弗兰策写道:"谁愿意描述在这所圣殿中所涌出的泪水和呻吟!即使是铁石心肠的人也忍不住会哭泣。"[23]

对君士坦丁堡的总攻开始于星期二的夜间,即5月28—29日的凌晨一、二点之间。发出进攻信号后,君士坦丁堡城同时受到三

---

[22] 《希腊帝国的瓦解和土耳其人占领君士坦丁堡的历史》(*The Destruction of the Greek Empire and the Story of the Capture of Constantinople by the Turks*,330—331)。一位研究皮尔斯上述著作的法国学者舒伦伯格在其《1453年君士坦丁堡被土耳其人围困和攻陷的历史》中的记载,见该书269—270。R.拜伦:《拜占庭的成就。历史的回顾,330—1453年》,295—298。

[23] 乔治·弗兰策:《年代纪》;波恩版,279。

个方面的进攻。前两次进攻被挫败。最后,穆罕默德组织了非常周密的第三次,也是最后一次进攻。土耳其人异常猛烈地攻击圣罗曼努斯门(St. Romanus,或 Pempton)的城墙,拜占庭皇帝即在此处迎敌。城市的主要防御者之一,热那亚人基斯蒂亚尼受了重伤,被迫放弃战斗;人们克服重重困难将他抬到船上并使之成功地离开了君士坦丁堡港口前往开俄斯岛。基斯蒂亚尼在该岛上或者就在途中死去。他的坟墓仍留在开俄斯岛上,但以前保存在这个要塞的圣多米尼克教堂内的拉丁文墓志铭显然佚失了。[29]

基斯蒂亚尼的撤离和去世对于被围困的人民来说是无法弥补的损失。城墙上越来越多的新缺口出现了。皇帝身先士卒地英勇战斗并在战斗中阵亡。但人们没有找到关于最后的拜占庭皇帝死亡时的准确记载;他的死因于是很快成为一个传说故事的主题,使历史真实无从考证。

君士坦丁皇帝死后,土耳其人冲进城市,进行了可怕的破坏。大量的希腊人跑到圣索菲亚教堂寻求庇护,希望在那里求得平安。但土耳其人破门而入,冲进教堂;他们不分性别和年龄,对藏在这里的希腊人进行屠杀和凌辱。首都被攻占的当天或次日,苏丹隆重地进入了被征服的君士坦丁堡并进入圣索菲亚大教堂,举行了一次穆斯林的宗教仪式。然后,穆罕默德在布莱舍奈皇宫内安置了他的住处。

---

[29] F. W. 哈斯鲁克:"开俄斯岛的拉丁文遗址"("The Latin Monuments of Chios"),《雅典不列颠学院年报》,XVI(1909—1910),155 和图 18。该碑铭的文字在此期刊上可见。作者强调:"这是著名的乔瓦尼·基斯蒂亚尼的墓,他的受伤是君士坦丁堡灭亡的直接原因。"(155)。

第九章 拜占庭的灭亡

所有的资料都向人们揭示,土耳其人对君士坦丁堡城市的劫掠持续了三天,正如穆罕默德曾向他的士兵们所承诺的那样。城内的居民遭到无情屠杀。以圣索菲亚为首的所有教堂和修道院以及它们的全部财富被抢劫和玷辱;私人财产被劫掠。在这些灾难的日子里,数不胜数的文化资料遭到毁灭。许多书籍被焚烧或被撕成碎片,被践踏或出卖,以换取一些毫无用处的东西。据杜卡斯描述,大量书籍被装上马车并分散到各个不同的国家;大量的书本,如亚里士多德和柏拉图的作品,神学书籍和许多其他书籍只为了一个金币就被出卖;《福音书》封面上的精美金银装饰被扯下来,《福音书》则被卖掉或被抛弃;所有的圣像都被烧毁,土耳其人在火上烤肉吃。[25] 然而,一些学者,如 Th. 乌斯宾斯基认为:"土耳其人在1453年的表现,比1204年夺取了君士坦丁堡的十字军更温和而人道。"[26]

一个颇为流行的基督教传说提到了土耳其人出现在圣索菲亚教堂的那一刻:一个圣餐仪式正在举行;当主持这个庄严圣餐仪式的教士看到穆斯林冲入教堂时,圣坛墙奇迹般地在他面前打开,他进入墙中消失了;故事还说,当君士坦丁堡再次交回到基督教徒手上时,这位教士会从墙中走出来并继续这个圣餐仪式。

大约在六十年前,当地的向导常向游客展示,在斯坦姆堡的一处偏僻地方,有一座据称是最后一位拜占庭皇帝的墓,在墓上面有

---

[25] 迈克尔·杜卡斯:《拜占庭史》,XLII;波恩版,312。

[26] "东方问题的起源和发展"("The Start and Development of the Eastern Problem"),《斯拉夫慈善事业协会报》(*Transaction of the Slavonic Charitable Society*),III (1886),251。

一个长燃的普通油灯。当然,这个无名的坟墓不是真正的君士坦丁皇帝之墓;他的埋葬地点是无人知道的。1895年,E.A.格罗斯沃诺(E. A. Grosvenor)写道:"今天,在斯坦姆堡的阿布·维发(Abou Vefa)区,可以看到一个低矮的无名墓冢,它被卑微的希腊人尊为君士坦丁的墓。胆小的祭祀者们将一些粗陋的祭品撒布在它的周围。在墓的周围,不分日夜都有燃烧着的蜡烛。直到八年以前,它还(尽管是秘密的)是一处经常的祈祷地。接着奥斯曼政府用严厉的惩罚进行干涉,于是,它自此几乎被荒废了。所有这些,只是会使那些笃信此事的人高兴的传说。"[21]

通常有个说法,在君士坦丁堡陷落后两天,一支西方的救援舰队抵达爱琴海,当他们了解到城市陷落的消息后立即返航了。根据一些新的证据,到目前为止,这个说法被否定了:根本就没有教宗,或者热那亚,或者阿拉贡的舰队去东方支援君士坦丁堡。[22]

1456年,穆罕默德从法兰克人手中夺取了雅典;[23]不久,整个希腊和伯罗奔尼撒半岛也归属于他。古代的巴特农神庙,即中世纪的圣母教堂在苏丹的命令下改为清真寺。1461年,遥远的特拉布松被移交给土耳其人,它曾经是一个独立帝国的首都。与此同时,他们占领了伊庇鲁斯王国的残余部分。正教的拜占庭帝国灭亡了,在它的遗址上,穆罕默德的奥斯曼帝国建立并发展起来。它

---

[21] 《君士坦丁堡》,I,47。

[22] G.B.皮科蒂(G. B. Picotti):"关于君士坦丁堡陷落之时教宗舰队东航问题"("Sulle navi papli in Oriente al tempo della caduta di Costantinopoli"),《威尼斯新档案》(*Nuovo Archivio Veneto*),N.S.XXII(1911),416、436。

[23] 这一时间是正确的。有时候,人们认为此事是在1458年发生的。亦见格雷戈罗维乌斯《中世纪雅典城史》,II,381。

第九章 拜占庭的灭亡

的首都从亚得里亚堡迁到了君士坦丁堡,土耳其人称之为伊斯坦布尔(斯坦姆堡)。[29]

杜卡斯模仿尼西塔斯·阿科米那图斯在1204年君士坦丁堡被拉丁人洗劫后写作的《耶利米哀歌》的风格哀悼1453年的事件:

> 哦,都城,都城,众城之首! 哦,都城,都城,世界四方的中心! 哦,都城,都城,基督教徒的骄傲和野蛮人的毁灭! 哦,都城,都城,西方的第二个伊甸园,各种植物都结满了累累的精神之果! 去哪里会找到你的美丽,哦,伊甸园? 去哪里会找到你神佑的精神力量和希腊的精神之体? 去哪里会找到我主的使徒们的圣体? ……去哪里会找到圣者的遗骨,还有殉教者? 去哪里会找到君士坦丁大帝和其他帝王的遗体? ……[30]

另一位同时代人波兰历史学家扬·德鲁戈兹(Jan Dlugosz)在他的《波兰史》中写道:

---

[29] 阿拉伯地理学家、10世纪的阿尔-马苏第记载,在他的时代,希腊人称他们的首都为布林(Bulin,即希腊文 Polin),也称为 Istan-bulin(希腊文 στὴν πόλιν,stinpolin,即进入城市),并不使用"君士坦丁堡"这一名称。见 G. 勒斯特朗吉(G. LeStrange),《东方哈里发的土地》(*The Lands of the Eastern Caliphate*),138页注A。安得烈德斯(Andreadès):"拜占庭皇帝统治时期君士坦丁堡的人口"("De la population de Constantinople sous les empereurs byzantins"),《统计》,I(1920),69页注2。因此,伊斯坦布尔(斯坦姆堡)其名的希腊文原意是"进入城市"(to the city)之意。

[30] 《拜占庭史》,XLI;波恩版,306。见圣兰普罗斯在其关于君士坦丁堡之陷落的记载中收集的九篇不同形式的哀歌和悼文,其中六篇是以散文形式写的,三篇是以韵文形式写的,"关于君士坦丁堡陷落的哀歌和悼文"("Μονῳδίαι καὶ θρῆνοι ἐπί τῆ ἁλώσει τῆς Κωνσταντινουπόλεως"),《当代希腊研究杂志》,V(1908),190—269。

君士坦丁堡这一不幸又令人惋惜的失败是土耳其人的巨大胜利,希腊人的最大毁灭,拉丁人的耻辱;由于这一失败,罗马公教的信仰被损害,宗教思想混乱了,基督之名受到了辱骂和践踏。基督教的两只眼睛被挖出了一只,两只手臂被砍掉了一只。由于图书馆被焚毁,希腊文献的典籍遭到了破坏,而读不到希腊的典籍,任何人也不会成为博学的人。[22]

一位更遥远的格鲁吉亚编年史家虔诚地评述道:"那一天,当土耳其人占领君士坦丁堡时,太阳也失去了光辉。"[23]

君士坦丁堡的崩溃给西欧人留下了可怕的印象,他们最先想到的是土耳其人的继续进攻,都充满了沮丧之情。更重要的是,基督教的一个重要中心的毁灭,即使从大公教会的角度来看,认为希腊教会是宗教分裂者,也不能不引起西方虔诚的基督徒们的恐惧心理和试图补救这种状况的热情。当时教宗、各国君主、主教、诸侯和骑士们留下的许多书信和文献资料生动描绘了人们对这一事件的恐惧,他们还呼吁发动一次十字军去对付胜利的伊斯兰国家和它的代表者穆罕默德二世,这个"反基督教的先锋和第二个森那克里布(Sennacherib)"[24]。在许多信件中,人们把君士坦丁堡的毁灭视为一个文化中心的毁灭而悼念。在西方皇帝弗里德里希三世

---

[22] 德鲁戈兹(Dlugosz)作品的拉丁文原文由 O.哈勒基(O.Halecki)发表于"波兰与拜占庭帝国"("La Pologne et l'Empire Byzantin")一文中,《拜占庭》(布鲁塞尔),VII(1932),65

[23] M.布罗塞特(M.Brosset):《格鲁吉亚史》(*Histoire de la Georgie*),I,683。

[24] G.沃格特:《埃尼亚·西尔维奥·皮科罗米尼》(*Enea Silvio Piecolomini*),II,95。

向教宗尼古拉五世的呼吁中,称君士坦丁堡的崩溃"是基督教信仰的全面灾难",并写道,君士坦丁堡是"文学和所有人文研究的真正殿堂[*velut domicilium proprium*]。"㉓红衣主教贝萨里翁悼念这座城市的崩溃时,称它是"最好的艺术殿堂"(*gymnasium optimarum artium*)。㉖ 著名的埃尼亚·西尔维奥·皮科罗米尼(Enea Silvio Piccolomini),即后来的教宗庇护二世,号召人们关注对拉丁人而言仍是一无所知的无数拜占庭书籍,他称土耳其人对这座城市的征服是荷马和柏拉图的第二次死亡。㉗ 一些作家称土耳其人为特洛伊人(Teucrians 或 Teucri),认为他们是古代特洛伊人的后裔,并警告欧洲,苏丹已经制订了进攻意大利的计划,意大利的"财富及其特洛伊祖先的坟墓"吸引着他。㉘ 一方面,15世纪50年代的各种书信都提到"苏丹,像背教者朱利安一样,最后将被迫承认基督的胜利";无疑地,基督教徒的强大足以对付土耳其人而不必有丝毫担忧;"基督徒将准备一次强大的远征"(*valida expeditio*)并且,他们将能够击败土耳其人并"将他们驱逐出欧洲"(*fugare extra Europam*)。但是,另一方面,一些书信中预感到即将到来的与土耳其人的斗争将会遇到的巨大困难和遇到这些困难的主要原因,将是基督徒内部的相互不合作,"这种现象将助长苏丹的气焰"㉙。埃尼亚·西尔维奥·皮科罗米尼在他的一封信中描述

㉓ 巴罗尼(Baronii):《基督教会年鉴》(*Annales ecclesiastici*),泰奈尔编,XXVIII,598。

㉖ 约尔加:《奥斯曼帝国史》,II,41。

㉗ 沃格特:《埃尼亚·西尔维奥·皮科罗米尼》,II,94。

㉘ 约尔加:《关于十字军历史的注释和摘要》,IV,74。

㉙ 约尔加:《关于十字军历史的注释和摘要》,IV,64、76、82、84、90。

了当时基督徒之间相互关系的非常真实生动的画像。他写道：

> 我并不指望事情发展会如我所愿。基督徒已经不再有领袖：无论是教宗还是皇帝都不能受到充分尊重和服从；他们被视为徒有虚名的偶像。每个城市都有自己的王；王公的数目如房屋一样多。一个人怎样才能说服众多的基督徒统治者拿起武器呢？看看基督教吧！你说意大利已被平定。我不知道达到什么程度。阿拉贡国王和热那亚人之间的战争仍然在继续。热那亚人将不会同土耳其人作战：据说他们还要向后者纳贡！威尼斯人已经和土耳其人缔结了和约。如果意大利人不参加，我们根本不能指望海战。在西班牙，正如你所知，有许多把握着不同权力、不同政策、不同意愿、不同思想的国王；但是这些居住在遥远西方的统治者不可能被吸引到东方，特别是他们正忙于对付格兰纳达的摩尔人之时。法国国王已经把他的敌人从其王国中驱逐出去；但他仍处于困难之中，因为害怕英格兰人会突然在法国登陆，他不敢派他的骑士走出王国的边界。而对于英格兰人而言，他们关注的仅仅是为自己被逐出法国而复仇。至于生活在世界尽头的苏格兰人，丹麦人，瑞典人和挪威人，除了他们的国家就无别的追求。德意志人更是分裂成数十处，根本无法使他们统一。[24]

不管是教宗和君主的呼吁，还是个人及团体的宗教冲动，或是在奥斯曼土耳其人的威胁面前而感受到的共同的危险，都不能使

---

[24] 沃格特：《埃尼亚·西尔维奥·皮科罗米尼》，II，118—119。

第九章 拜占庭的灭亡

分裂的西欧为了同伊斯兰教作战而结合成一个整体。土耳其人继续向前推进,在17世纪末,他们甚至威胁到了维也纳。这是奥斯曼土耳其帝国力量的最高峰。后来他们被驱逐出了欧洲,但是君士坦丁堡,众所周知,甚至今天仍在土耳其人手中。

巴列奥洛格王朝统治下的教会问题

不管是从希腊东正教会和教宗权力之间的关系这一角度看,还是从帝国内部生活的宗教运动的方面来看,巴列奥洛格王朝时代的教会史都是很有趣的。与罗马教廷的关系是采取了争取与天主教会实现联合的形式,这种关系,除与里昂的联合有些特别外,是与不断增长的土耳其的危险紧密相关的。因为在拜占庭皇帝看来,土耳其人的危险只有在教宗和西欧君主们干涉的情况下才能被阻止。教宗对东部君主的提议十分赞同,但他的想法常常取决于西方的国际形势。

里昂联合。——13世纪下半叶的教宗们,在他们的东方政策中,不希望重复第四次十字军东征的历史,它没有解决希腊教派分裂这个非常重要的问题,而只是推迟了十字军去收复圣地的另一个重要问题。现在看来,教宗希望实现与希腊人的和平联盟,它将结束往日的分裂并为解放耶路撒冷打下基础。1261年,希腊人重新夺回君士坦丁堡对教宗来说是一个沉重的打击。教宗呼吁各个君主国,挽救拉丁人在东方所取得的成果。但是教宗的态度取决于意大利的事务:例如,教宗们不希望与他们憎恨的霍亨斯陶芬家族的曼弗雷德采取一致行动。然而,当曼弗雷德在南意大利的势力被安茹的查理(他受教宗邀请而来)所摧毁时,查理对拜占庭的侵略政策却对教宗十分不利。教宗们意识到,查理将会由于征服拜占庭而权力大增,这对于教宗世界地位的影响,不亚于霍亨斯陶芬家族对于拜占庭的政策的左右摇摆而带来的危险。因此,有意思的是,在迈克尔·巴列奥洛格统治时期,拜占庭与教宗在里昂达成的首次联合协议并非迫于东方土耳其人的压力,而是在安茹的查理之侵略政策的威胁下实现的。

自从科穆宁王朝掌权以来,东方帝国皇帝对教会联合的态度已经大大改变了。在科穆宁王朝统治时期,尤其是在曼纽尔时代,皇帝寻求联合不仅仅是出于外部土耳其威胁的压力,而且也希望(这仅仅是一种错觉),能够在教宗的帮助下获得影响西方世界的至高无上的权力,也就是说,恢复以前的罗马帝国。这种渴望与教宗们在西方世界获得最高世俗权力的相似欲望相抵触,因此没有形成联合。但是,当巴列奥洛格王朝的第一位君主进行联合谈判时,就有了更合时宜的理由。他并不是想在西方扩张拜占庭帝国,而是想在教宗的帮助下,对付西方的一位强有力且颇具威胁力的安茹家族的人物查理。罗马教廷赞同他的提议,因为他们意识到拜占庭教会对罗马的屈从也将带来政治上的屈服,甚至可能防止西西里的危险。但这样一来,就可能加强教宗的世俗权力,因而遭到了西欧统治者的明确反对。而当东方帝国的皇帝赴罗马教会与之谈判后回国之时,也遭到了希腊教职人员的坚决抵制,这些僧侣中的绝大多数,一直保持着对希腊正教的忠诚。历史学家诺尔顿说,教宗格列高利十世"用神圣的原则影响了西西里国王;巴列奥洛格皇帝则用政治原则影响了高级教士"[⑳]。

---

⑳ 诺登:《教宗统治与拜占庭》,595。

第九章 拜占庭的灭亡

希腊教会的著名代表之一,即后来担任了牧首的约翰·贝库斯(Beccus 或作 Veccus),曾被格雷戈拉斯称为"一个聪明的人,雄辩和理性的主人"[22],却因反对联合而被囚禁。在被拘禁期间,他又成了一名东西方教会合并的拥护者和皇帝同罗马教廷和解计划的积极支持者,这对于迈克尔的目标来说是很重要的事件。

1274 年在法国城市里昂召开了关于教会联合的宗教会议。迈克尔派去了由前任牧首哲尔曼努斯和历史学家、高级行政官员、皇帝的朋友乔治·阿克罗波利塔率领的正式使团。托马斯·阿奎那中世纪天主教学术的最著名人物,本应当代表罗马在大会中起领导作用,但他却死于前往里昂的途中。他的位置由同样出名的红衣主教波纳文图拉所代替。一位蒙古主教也参加了此次会议。[23] 16 世纪《圣者波纳文图拉之生活》一书的作者彼得鲁斯·迦勒西尼乌斯(Petrus Galesinius 或 Pietro Galesino),还有 15 世纪和 16 世纪的其他一些作者都断言,在教宗邀请下,拜占庭皇帝迈克尔·巴列奥洛格亲自前往里昂出席了会议。但 17 世纪利奥·阿拉提乌斯(Leo Allatius)发现并驳斥了这种错误。[24]

---

[22] 《历史》,V,2、5;波恩版,I,128。

[23] L. 布瓦(L. Bouvat):《蒙古帝国》(*L'Empire Mongol*),I。

[24] 关于迈克尔西行里昂的情况,见君士坦丁堡教父狄奥多勒·斯潘都吉诺(Theodore Spandugino,1538 年后去世)所著《奥斯曼帝国的起源》(*De la origine deli imperatori Ottomani*),收于萨塔斯《中世纪希腊文献目录》,IX,143。亦见《卡斯帕罗·颇赛罗出版和传播的嘉里永编年史》(*Chronicon Carionis a Casparo Peucero expositi et aucti*),V,part 3,874—875。还有这部编年史的其他一些古本。如弗拉维乌斯·布隆都斯(比昂多)的抄本,他死于 1463 年。关于人们对这一记叙的反驳,见利奥·阿拉提乌斯《关于东西方教会的永久和解》("De ecclesiae occidentalis atque orientalis perpetua consensione"),II,chap.15,753。阿拉提乌斯在此提到了其他一些名字。

里昂联合谈判的前提是,皇帝需承认 filioque（和子句）、azyme*（无酵面包）和罗马教宗至高无上的权威。乔治·阿克罗波利塔以迈克尔的名义宣誓遵守这些条款。[24] 迈克尔也向教宗表示他愿意为了圣地的解放以军队、金钱和补给来支持拟议中的联合十字军,但他要求必须同安茹的查理缔结和平,因为只有这样,皇帝才可能倾其军力去东方战场,而不必担心来自西方的攻击。[24] 缔约的任何一方都对联合的结果不满意。正如人们所预料到的,迈克尔在大多数希腊教士当中遇到了顽强的对抗,且在色萨利举行了针对迈克尔·巴列奥洛格和约翰·贝库

---

* 这是东西方教会在教义上分歧的敏感之处。filioque 是拉丁文"和子"之意,即在阐述圣三位一体关系时,强调圣灵(圣言)来自于"父与子",而在东派教会中,只强调圣灵来自于"父";另一个词 azyme,是西方基督教会圣餐礼上使用的圣体饼,无酵,而东派教会中直到当代仍在圣餐仪式上使用发过酵的面包。——译者

[24] 见 F. 沃内特(F. Vernet)写的一篇很有意思的文章中引用的关于乔治代表皇帝迈克尔·巴列奥洛格表达信仰过程的描写,"第二次里昂全基督教主教公会议,1274 年 5 月 7 日—6 月 17 日"("Le IIe concile de Lyon et la réunion de l'église grecque"),《天主教神学辞典》,IX,1384—1386;亦见 V. 格鲁梅尔"第二次里昂全基督教主教公会议,与希腊教会的联合",上引辞典,1391—1410。两篇文章都提供了关于里昂联合会议的资料。亦见诺登《教宗统治与拜占庭》,520—615。

[24] 关于里昂的联合,有一部古老的俄罗斯作品,记载准确,但却完全站在希腊正教的立场上。此即弗拉基米尔·尼科尔斯基(Vladimir Nikolsky):"里昂联合。中世纪基督教会史上的一个片断(1261—1293 年)"("The Union of Lyons. An Episode from Medieval Church History"),《东正教评注》(Pravoslavonoe Obozrenie),XXIII(1867),5—23、116—144、352—378;XXIV(1867),11—33。根据尼科尔斯基的判断,"这次联合是一副沉重的担子,是迈克尔心中的耻辱。自然,这次联合失败了,给它的构建者带来了羞辱,留给后人一堆破烂垃圾——这是迈克尔的继承者们必须承受和解决的"(XXIII,377—378)。

斯的反联合会议。[20]十字军远征的设想也使皇帝心焦,第四次十字军的教训还历历在目。还有另外一个困难,就是迈克尔·巴列奥洛格与叙利亚的拉丁人所公开宣称的敌人——埃及的苏丹关系很好。

为了加强联合,从1274年到1280年,有五位教宗的大使到过君士坦丁堡。[28]但在1281年,安茹的查理安置在宝座上的新教宗、法国人马丁四世破坏了联盟,并完全支持查理对拜占庭的侵略计划。然而,迈克尔直到其去世的那一天都束缚于里昂联盟。

阿瑟尼乌斯派(Arsenites)。——除了联盟问题之外,迈克尔统治时期的拜占庭还困扰于宗教-政治党派的斗争,其中最重要的派别即所谓的阿瑟尼乌斯派。

从12世纪初,在拜占庭教会里出现了两个互不妥协的派别,他们为了争夺教会的管理权及其影响而争斗不休。这两个派别,一方在拜占庭的文献里被称为"狂热派"($\zeta\eta\lambda\omega\tau\alpha i$);另一方被称为"政治派"($\pi o\lambda\iota\tau\iota\kappa o i$)或"稳健派",[29]教会史家 A. 列别德夫以

---

[20] V. 格鲁美尔(V. Grumel):"第二次里昂会议之后的东方"("En Orient après le IIe concile de Lyon"),《东方之声》,XXIV(1925),321—322。见 G. 茹亚尔"迈克尔八世巴列奥洛格对修道士的政策"("La Politique de Michael VIII Paleologue a l'égard des monastères"),《拜占庭研究》,I(1944),73—84。迈克尔八世和阿索斯山的僧侣们。

[28] V. 格鲁美尔:"第二次里昂联合后来到拜占庭的教宗使节(1274—1280年)"("Les Ambassades pontificales à Byzance après le IIe concile de Lyon"),《东方之声》,XXIII(1924):446—447。在这篇文章中,纠正了 W. 诺登的编年史的一些错误。见M. 维勒(M. Viller)"从里昂会议到佛罗伦萨会议期间(1274—1438年)希腊与拉丁教会联合的若干问题"("La Question de l'union des eglises entres Grecs et Latins depuis le concile de Lyon jusqu'a celui de Florence"),《基督教会史杂志》,XVI(1921),261。

[29] 尼斯福鲁斯·格雷戈拉斯:《历史》,VI,1,7;波恩版,I,165。乔治·帕希梅利斯:《安德罗尼卡·巴列奥洛格》,IV,12;波恩版,I,280。

"'机会主义者'(opportunists)这一当代法国议会术语"[29]来称呼这个派别。

所谓的"狂热派",是教会自由和独立的支持者,反对国家干涉教会事务,因而不断与皇帝发生冲突。在这方面,"狂热派"的思想与著名的狄奥多勒·斯图迪昂(Theodore of Studion)的思想颇为相似,后者在9世纪曾经公开演讲和著述,反对国家干涉教会事务。狂热派不愿意向皇权让步;他们希望皇帝服从严格的教规,并不惧怕他们的思想会导致与国家和社会的任何冲突。他们在不同时期都卷入了政治纠纷和动乱,所以他们被认为既是教会派别也是政治派别。他们受教育程度很差,知识贫乏,也不重视受过教育的修士们,但他们忠诚地遵守严格的道德规范和苦行主义的规则。在他们与其对手的斗争中,经常得到修士的支持;在他们成功的时刻,则为修士们打开了通向权力和社会活动的道路。当时的一位历史学家格雷戈拉斯注意到一个主教"甚至不能正确地阅读"[30]。当这位历史学家谈到一个狂热派成员成为主教时多数修道士的反应时,他写道:"看来,对那些恶毒的修士来说,这是在暴风雨之后的平静,严冬过后的春天。"[31]狂热派是东方正教原则的狂热支持者,顽固地反对迈克尔联合的倾向,他们在大多数民众中产生了很大影响。

"政治派"或称"稳健派"是直接反对狂热派的。他们坚持由国家支持教会,主张国家和教会协调合作,因此他们不反对国家对教

---

[29] 《拜占庭东方教会历史论文集》(第2版,1902年),266—297。
[30] 《历史》,VIII,12,1;波恩版,I,360。
[31] 《历史》,VI,7,4;波恩版,I,193。

会施加影响。他们相信,一个有无限权力的强大的世俗政权对于一个国家的强盛是必须的,因此他们愿意对皇权做出重大让步。他们实行所谓的"系统"理论,强调教会在与国家的关系中应当调整自身以适应环境;政治派成员通常参照使徒和圣父的生活来证明这一理论。由于意识到了教育的重要性,他们努力派遣有识之士担当教会职务。他们给予严格的道德教条以十分自由的解释,且对于严酷的苦修缺乏热情。政治派不仅在修士当中,而且也在世俗教士和知识分子阶层中寻求支持。

本质上,两派的活动极为不同。俄国教会史家 A.列别德夫说:"当政治派在教会这个舞台上表演时,他们稳健地实施他们的理论,带来暂时的平静;相反,当狂热派统治国家时,他们依赖的是修道士,甚至在某种程度上是没有文化的群氓,这类在拜占庭社会中极其多变的因素,总是吵吵闹闹,通常特别激烈,有时甚至带有煽动性。"[23]大多数政治派赞成里昂联盟,支持迈克尔·巴列奥洛格的宗教政策。

一些学者把狂热派和政治派之间斗争的起源追溯到破坏圣像运动时期和9世纪伊格那修斯和佛提乌之间的争论,当然,这种斗争深入到了民众之中,并因此而激起极大的不安。有时,它甚至导致家庭的分裂。当时一位历史学家说:"教会分裂已经达到这样一种状态,即居住在同一屋檐下的家庭成员间也发生了分裂:父亲和儿子对立,母亲和女儿对立,儿媳和婆母对立。"[24]

---

[23] 《拜占庭东方教会历史论文集》,298。
[24] 乔治·帕希梅利斯:《迈克尔·巴列奥洛格》,IV,28;波恩版,I,314。

在迈克尔·巴列奥洛格统治下,狂热派(或者,像在13世纪末和14世纪初,他们有时被称为阿瑟尼乌斯派)的行动极为激烈。阿瑟尼乌斯派这一名词来自于君士坦丁堡牧首阿瑟尼乌斯(Arsenius)的名字,他两次登上牧首的宝座,第一次在尼西亚,第二次在帝国重建后的君士坦丁堡。作为一个几乎没有什么学识的人,阿瑟尼乌斯竟然被尼西亚皇帝狄奥多勒二世拉斯卡利斯选为牧首,这位皇帝希望,通过提升这个没有什么实际能力的阿瑟尼乌斯,会使之仅仅成为自己手中的一个工具。但是,狄奥多勒的愿望没有实现。在阿瑟尼乌斯任期,他同皇帝发生了激烈的冲突,由此导致了阿瑟尼乌斯派的形成,并从此扰乱了希腊教会几十年。阿瑟尼乌斯毫不犹豫地革除了迈克尔·巴列奥洛格的教籍,因后者违背了自己的誓言,废黜了尼西亚帝国的最后一个皇帝即不幸的约翰·拉斯卡利斯,并弄瞎了他的眼睛。被激怒的皇帝废黜了阿瑟尼乌斯并将其流放,最后他死在流放地。阿瑟尼乌斯认为,他的被革职和君士坦丁堡新主教的任命是非法的,这将导致教会的毁灭。阿瑟尼乌斯的理念唤醒了人民,神职人员和群众中形成了许多派别集团。最终形成了"阿瑟尼乌斯"教派。他们选用了使徒保罗说过的一句话作为格言:"不可拿……不可摸"(《歌罗西书》2:21),也就是不要接触那些阿瑟尼乌斯曾谴责的东西。正教的热切的监护人阿瑟尼乌斯派与狂热派的区别仅仅在于他们对于阿瑟尼乌斯牧首的态度。

阿瑟尼乌斯派赢得了人民强有力的支持。他们向各地民众派出了秘密使者、朝圣者和云游者,深入许多家庭,播下教派分裂的种子。他们被人民称为"虔诚者",而历史学家帕希梅利斯

(Pachymeres)则称他们为"穿粗麻布衣者"($\sigma\alpha\kappa\kappa o\varphi\acute{o}\rho o\iota$)。㉕ 俄罗斯教会史家 J.E.特罗斯基(J.E.Troizky)是这样描述的:

> 在拜占庭帝国,存在这样一种秘密的、不被承认的势力。这是一股奇怪的势力。它没有名称,只有在紧急情况下才显现出来。它是错综复杂,令人难解的,它的起源和特点亦不清楚。它的组织成分异常繁杂。其成员中有乞丐、"穿粗布麻衣者、朝圣者、呆子、身份低贱的流浪汉、疯子和其他邋里邋遢的人"——他们不知道自己来自何处,且居无定所。由于多种原因,许多失宠的贵族、被免职的主教、被革除教权的神父、被修道院驱逐的修士,有时,甚至还有那些不被人们尊敬的皇家成员也加入他们的群体。这个派别的起源和结构决定了它的精神。因为他们的特殊社会地位,它只能秘密地,通常是消极地、但却是有效地反抗他们所生存的环境和造成这种环境的权力,即皇帝的权力。这种反抗通常是通过统治机构中那些或多或少对他们抱有同情心的人传播流言的方式表达出来。这派政治势力很少公开冒险以激起政治惩罚,但它对统治机构的影响通常都很大,对于它,统治机构有着多方面的担心,一方面,这种秘密的行动很难追查,另一方面,它对社会组织产生了重大的影响。因为痛苦、沮丧、愚昧的人民很容易受骗和迷信,在外部敌人和国家官员的压力下,他们担负着过高的赋税,受着特权阶级和外国商业垄断者的压榨——人民很容

㉕ 乔治·帕希梅利斯:《迈克尔·巴列奥洛格》,Ⅳ,2;波恩版,Ⅰ,277。

易受一些来自社会偏僻角落中那些秘密势力的代表的暗示。更重要的是,这种在人民中间形成并一同遭受了人民生活苦难的势力,保留着在决定性的时刻发泄他们之怨愤的秘密。首都的人民特别受到这些暗示的影响。……这种力量在反对国家政权的行动中,往往使用不同的口号;但是一旦它的旗帜上附有这个有魔力的单词"Orthodoxy"(正教派)时,它的反对行动对国家首脑就具有特别的危险性。[24]

在迈克尔·巴列奥洛格统治时期,被刺瞎双目并遭到废黜的前皇帝约翰·拉斯卡利斯的一派人加入了阿瑟尼乌斯派。

迈克尔·巴列奥洛格政权采取了严厉的镇压措施,阿瑟尼乌斯派被迫逃离了其活动的中心、首都君士坦丁堡。于是,帝国各行省成为他们公开宣传的场所,成帮结伙的行省人民聚集起来倾听这伙人的煽动性演讲,谴责皇帝和赞扬被废牧首。阿瑟尼乌斯的死并没有结束这个分裂的教派,斗争仍在继续。正如 J. 特罗斯基所说,在迈克尔统治下的教派斗争,"以其斗争的狂热活力和无所顾忌,使我们回忆起在 4、5、6 世纪中与异端斗争的最激烈时代"[25]。

里昂的教会联合在许多方面改变了阿瑟尼乌斯派的地位。联

---

[24] 《阿瑟尼乌斯与阿瑟尼乌斯派》(*Arsenius and the Arsenites*),99—101。亦见 I. 西库特赖斯(I. Sykutres)"论阿瑟尼乌斯派分裂运动"("Περὶ τὸ σχίσμα τῶν Ἀρσενιτῶν"),《希腊人》(*Ελληνικά*),II(1929),267—332;III(1930),15—44。作者说,俄罗斯神学家伊凡·特罗斯基的理论是他最难以接受的(II,269)。

[25] 特罗斯基:《阿瑟尼乌斯与阿瑟尼乌斯派》,178。

合的问题引起了更广泛的关注,因为它涉及了希腊教会的基础——正统教会。于是,带有狭隘利益和偏激思想的阿瑟尼乌斯派问题暂时被推至幕后。国家和人民的注意力几乎完全转向了东西方教会联合的问题。这一事实解释了为什么从里昂联合到迈克尔八世之死这段时间内,有关阿瑟尼乌斯派活动资料几乎阙如。但在1278年却有一个相当模糊的暗示,此即,这一年在色萨利或伊庇鲁斯举行了阿瑟尼乌斯派的宗教会议;它的主要目标是争取阿瑟尼乌斯事业的成功并弘扬阿瑟尼乌斯的名誉。[28]

迈克尔感觉到阿瑟尼乌斯派这个顽固的对手在公开或秘密地反对他的联合计划,因此在他统治的最后几年行事十分残忍。

迈克尔皇帝面对的有关帝国教会生活的两个困难的问题:联合问题和阿瑟尼乌斯派与官方教会之间的斗争问题,同样留给了其继承者即他的儿子安德罗尼卡二世。首先,新皇帝庄严地否认了联合,并恢复了正教。当时的一位历史学家写道:"公使们带着皇帝的诏令被派往各处,诏令中宣布教会的动乱已经结束,那些因对宗教事务的热情而被流放的人都可以自由返回。那些受到其他方式惩罚的人得到了赦免。"[29]这一措施的推行并没有太多的困难,因为大多数东派教会修士和民众都反对与罗马教会的联合。里昂联盟在形式上只持续了八年(1274—1282年)。

放弃联合意味着狂热派和阿瑟尼乌斯派的理念的胜利。他们是教会联合确定无疑的敌人,坚定的"正教徒"和一切"拉丁"事物

---

[28] 格鲁美尔:"第二次里昂会议之后的东方",《东方之声》,XXIV(1923),234—235。

[29] 尼斯福鲁斯·格雷戈拉斯:《历史》,VI,1,2;波恩版,I,160。

的顽固对手。但是阿瑟尼乌斯派并没有满足于此,而是同拉斯卡利斯一起策划了一起针对皇帝的政治阴谋。他们希望,万一成功的话,他们可以取得在国家中的绝对影响力。但是阴谋被及时揭露而失败。此后,阿瑟尼乌斯教派活动渐止,一直到长者安德罗尼卡统治结束。虽然阿瑟尼乌斯派给这位皇帝带来了许多麻烦,但皇帝还是同意了阿瑟尼乌斯派与教会正式和解。达成和解后,一些分裂的阿瑟尼乌斯派"从联盟中退出,又开始恢复到了分离状态";[60]但 J.特罗斯基说,这是"这个过时的运动灭亡之前的回光返照,在当时处处得不到支持,不久就连同它的最后一批追随者一起消失了,一丝痕迹都没有留下,内政和教会中开始出现一些新问题"[61]。

到 13 世纪末,由于放弃了联合和国家恢复正教政策的胜利,以修道士和修道思想为基础的狂热派的势力大大增强。他们在 14 世纪特别活跃,不再局限于教会内部的问题,而且扩展到了政治和社会运动中。例如,狂热派积极参与了 14 世纪萨洛尼卡市民争取实现一些还没有明确政治目标的内乱;他们还支持皇帝约翰五世巴列奥洛格反对坎塔库津,约尔加因而称狂热派为"正统主义者"[62]。最近,罗马尼亚学者塔弗拉里(Tafrali)依据著名的拜占庭神秘主义者尼古拉·卡巴西拉斯(Nicholas Cabasilas)的一份没

---

[60] 尼斯福鲁斯·格雷戈拉斯:《历史》,VII,9,4;波恩版,I,262。
[61] 《阿瑟尼乌斯和阿瑟尼乌斯派》,445。
[62] "东方的拉丁人与希腊人",《拜占庭杂志》,XV(1906),185。本章随后将讨论萨洛尼卡的骚乱。

第九章 拜占庭的灭亡

有公之于众的演说词,对狂热派的政治观点进行了初步分析。[33]

14世纪前半期,狂热派和修士们逐渐取得了对于世俗教士们的优势。在所谓的"静修派"(Hesychast)论战时期,因阿索斯山的修道士担任了君士坦丁堡牧首而使这一狂热派运动达到了完全的胜利。这一时期结束了从政府官员和世俗神职人员中选举主教的历史。"此后,教会的最高职位完全由修道士所占据,君士坦丁堡的牧首位由阿索斯山的修士代表担任。"[34]

在长者安德罗尼卡二世统治时期,阿索斯山的管理发生了重要变化。早在11世纪末期,阿列克修斯·科穆宁曾经试图使阿索斯山独立于一切教俗权力之外,只服从于皇帝的控制。由他指定阿索斯山修道院院长(Igumens)联合管委会的长老(*protos*),委任他管理所有的修道院。但长者安德罗尼卡时期放弃了对阿索斯山的直接权力,将这些修道院交由君士坦丁堡牧首管理,由牧首授予联合管委会长老的头衔。在皇帝的《黄金诏书》中,阿索斯山,"第二个伊甸园,星光照耀的天堂,所有美德的集中地"的管委会长老将处于"牧首的伟大精神力量的控制之下"[35]。

长者安德罗尼卡时期,拜占庭发生了其历史上最后一次重要的宗教改革。由于帝国领土范围的萎缩,皇帝对主教辖区进行了重新分配。13世纪末,拜占庭的教区保持着与据称是智者利奥在

---

[33] 《14世纪萨洛尼卡的兴起》,225—272。
[34] 特罗斯基:《阿瑟尼乌斯和阿瑟尼乌斯派》,522。
[35] P.乌斯宾斯基:《基督教的东方》,III(2),140、141、144、633、651。P.梅耶:《关于阿索斯山历史上首领的任命》(*Die Haupturkunden für die Geschichte der Athosklöster*),191、193。

公元900年前后所做的划分大体一致的格局,尽管在科穆宁和安吉列统治时期有一些变化。但是13世纪时,情况已经完全改变了。帝国的领土大大减少:小亚几乎完全失去了;在欧洲,斯拉夫和拉丁国家占据了以前属于帝国的大部分领土。然而长者安德罗尼卡所圈定的,"由神佑城市君士坦丁堡的使徒及牧首统辖的都主教区的名单"㊱,完全无视帝国领土的现状:列出了处于外国人统治下的城市和地区,但它们在宗教方面仍从属于君士坦丁堡牧首。人们可能会注意到在这一名单上所标明的几个最远点,即设在高加索地区、克里米亚、俄国、加利西亚和立陶宛等地的都主教区。在长者安德罗尼卡时期,主教教区的划分也是很重要的,因为后来虽然发生了一些变化,但它在君士坦丁堡仍然是有效的。一位研究东正教的俄国专家J.索克洛夫(Sokolov)写道:"目前实施的这份全基督教主教区的列表,可以上溯到古代,其中一部分毫无疑问是从拜占庭时期直接传续下来的。"㊲

静修派运动。——14世纪前半期,拜占庭出现了神秘主义的宗教派别静修派(Hesychast),引起激烈的辩论。静修派(希腊语 $ησυχασταί$),即"那些过着平静生活的人",或称隐士,用于称呼那些全身心地实现与上帝"融为一体"为目标的人。他们选择与世界完全隔离作为唯一的生活方式。hesychia($ησυχία$)意为"缄默

㊱ 格尔泽:《未经印刷出版的都主教名册文献。拜占庭教会及其管理问题研究》(*Ungedruckte und ungenügend veröffentlichte Texte der Notitae Episcopatuum. Ein Beitrag zur byzantinischen Kirchen-und Verwaltungsgeschichte*),595、597、599—600、605。

㊲ 《当代君士坦丁堡教会的教区》(*The Eparchies of the Constantinopolitan Church of the Present Time*),66。

的,无语的。"

关于静修派的争论严重搅乱了帝国的内部生活,它出现在帝国正在为生存而斗争这一动乱和复杂的时期。首先是反对土耳其人与塞尔维亚人的入侵,随后是两安德罗尼卡祖孙之间,以及约翰·巴列奥洛格和约翰·坎塔库津之间尖锐对立和冲突而导致的严重内乱。而这时,曾严重影响了教会和国家事务的阿瑟尼乌斯教派才刚刚消失了很短一段时间。

关于静修派的争论起因于南意大利(卡拉布里亚)的希腊修士巴尔拉姆。他歪曲和嘲笑了主要流行于阿索斯山修道院的静修派教义,一位没有受过教育的拜占庭修士与他进行的交流使他错误地理解了它的教义。在一份呈送给牧首的报告中,有这样的几行:"直到最近一段时间以前,我们还生活在和平与寂静中,以朴实的信赖和诚恳态度接受了信仰和虔诚这两个单词,这时,因为魔鬼的忌妒和他自己的傲慢,这个巴尔拉姆跳出来反对静修派,而静修派成员却在以其返璞归真之心,过着纯洁的、接近上帝的生活。"[20]这样,一向以正教意识形态和修道主义卫士著称的阿索斯山卷入了这一争论。当然,阿索斯山在这一争论的发展和最后结局方面起到了领导作用。

学者们认为这次争论是 14 世纪非常重要的事件。德国的拜

---

[20] Th. 乌斯宾斯基:《拜占庭文明史论集》,327。关于静修派最好的文献记载,见修士瓦西里耶(Vasiliy,即 Krivoshein)"阿瑟尼乌斯派和圣格雷格利乌斯·帕拉玛斯的神学教义"("The Ascetic and Theological Doctrine of St. Gregorius Patamas"),《康达可夫学术讲座》,VIII(1936),99—151。以及阿齐曼德立特·塞浦利亚(Archimandrite Cyprian):"圣格雷格利乌斯·帕拉玛斯的人学"("The Anthropology of Saint Gregory Palamas")(巴黎,第 2 版,1951 年)。

占庭学者格尔泽相当夸张地说,这一宗教斗争"从历史文化角度看,属于所有时代最著名和最主要的事件"[20]。另一个学者,对于这个问题的最新研究者,曾在俄国接受教育的希腊人帕帕米凯尔(Papamichael)认为,静修派运动是当代最重要的文化现象,值得专门研究。[21] 学者们对于静修派运动的内涵意见不一。特罗斯基认为这是狂热派与政治派之间斗争的继续,[22]或者换句话说,是隐修士和世俗教士之间斗争的继续,在此期间,这场斗争是以修道士的完全胜利而告终的。Th.乌斯宾斯基的结论则是,静修派争论是两个哲学流派之间的斗争,此即,是已经被东部正教会所接受的亚里士多德派哲学理论与受到教会强烈谴责的另一个哲学派别柏拉图学派的斗争。后来,这场争论便转入神学领域。在这场同西方的冲突中,静修派理论的代言人所代表的不仅仅是希腊的民族思想,而且,更重要的是他们代表了以阿索斯为中心的修道士运动,并得到了阿索斯和依附于圣山的巴尔干半岛上的修道院的支持。[23] 近期对这一问题进行了研究的帕帕米凯尔(他的著作于1911年出版)并没有否认修道士(狂热派)同政治派之间的斗争,同时,在这场运动中,一些哲学派别的斗争也是次要的因素。但是他认为对静修派争论的最好的解释主要仍然是纯宗教性质的。一

---

[20] 格尔泽:《拜占庭帝国史概要》,1058。
[21] G.帕帕米凯尔(G. Papamichael):《萨洛尼卡大主教圣者格雷格利乌斯·帕拉玛斯》(Ο ἅ γιος τρηγόριος παλαμᾶς ἁρχιεπίσκοπος Θ εσσαλονίκης),14—15。见 J.索克洛夫在《公众教育部杂志》,N.S.XLIV(1913),381 中对此书的详细分析。对于格雷格利乌斯·帕拉玛斯和"帕拉玛斯争端"的十分细致的研究,见 M.朱吉(M. Jugie)的文章"帕拉玛斯与帕拉玛斯争端",《天主教神学辞典》,XI(2),1755—1818。
[22] 特罗斯基:《阿瑟尼乌斯与阿瑟尼乌斯派》,521。
[23] Th.乌斯宾斯基:《拜占庭文明史论集》,273、364、366。

方面,由于当时不仅在西方而且在东方,尤其是在阿索斯山盛行强烈的神秘主义;另一方面,由于西方的希腊修道士巴尔拉姆企图通过合乎理性的讽刺性的打击,使东正教的拜占庭教会拉丁化,从而动摇了拜占庭修道主义的权威。[23]

巴尔拉姆是否改宗拉丁派信仰,目前还没有被充分证明。撇开这个不谈,虽然静修派运动最初是宗教性的,但是在与西欧和东欧流行的神秘主义以及意大利文艺复兴时期的一些文化现象联系起来后,就变得十分有趣了。对于静修派运动的研究有待于未来。

14世纪静修派最重要代表人物、把静修派教义最完美地简化为一个理论体系的人,是萨洛尼卡主教格雷格利乌斯·帕拉玛斯。他受过良好教育,是一个很有能力的作者,是巴尔拉姆的死敌和以他的名字命名的帕拉玛斯派的首领。同时,也有其他一些静修士在解释和说明静修派的教义,特别是一个拜占庭神秘主义者尼古拉斯·卡巴西拉斯(Nicholas Cabasilas),不幸的是他不太为人所知,但他的思想和著作都值得仔细研究。

依据上述帕帕米凯尔的著作和由J.索克洛夫评论的说法,静修士们全身心地投入了对神学的理解和研究,并千方百计、不遗余力地试图达到同上帝结为一体的目标。他们远离"整个世界和所有能使他们记起这个世界的东西","通过专心致志和集中思想的方式"自我隔离。为此,静修士们必须排除他们自己所有的想象、概念、思想和一切知识,以保证自己能够完全独立地飞升,自由地

---

[23] 帕帕米凯尔:《萨洛尼卡主教圣格雷格利乌斯·帕拉玛斯》,18。见J.索克洛夫发于《公众教育部杂志》上的文章,N.S.XLIV(1913),382。

和更加容易地融进真正无知的神秘主义黑暗中。一个最理想的静修士所做的最崇高、最真诚、最完美的祈祷是与上帝最直接的交流,在这种交流中,不存在观念、思想,没有现在,亦没有过去的记忆。这是最崇高的祈祷——祈祷上帝本体,这是一种完美的灵魂超脱肉体、摆脱一切俗务的状态。再没有比这样的祷告更完美更崇高的思想境界了。它是一种"入静"的状态,是同上帝的一种神秘结合,使自己神化(apotheosis; ή θέωσις)。在这种状态下,精神完全超越物质的界限,摆脱了一切意念,完全漠视外界的感觉,乃至于视而不见,听而不闻。静修士不仅与外界感观刺激完全隔绝,而且超越了自我,失去自我意识,完全沉浸在对上帝的默祷中。达到这种出神入化境界的人就不再作为个人而存在;他的精神和肉体的生活停止了,他的思想静止了,只依附于默祷。静修派的基础和核心就是对上帝的出自灵魂、心智和意念深处的热爱,通过对万物,尽管是渺小和遥远的,但仍可能使他们回忆起世界和世界的含义的一切东西的自我克制,渴望达到对神圣的体验。静修士通过绝对的独处和沉默,通过"内心的思考"和思想的禁锢、持续的忏悔、无数的眼泪、对上帝和死亡的回忆以及不断在内心重复默祷"上帝耶稣基督,请对我施以仁慈,噢,上帝之子,帮助我"来达到他们的目标。这种祈祷精神的结果是达到有福祉的谦卑。后来,这一神秘的静修派的教义更加系统化,尤其是在阿索斯山的修士当中,在那里,人们通向达到更加完美的"静修"状态有好几个阶段,由明确的"计划"和"阶梯"组成,例如其中之一就是"无言的四个层次":初始、进阶、成功和完美。很少有人成为完美者,即达到静修者的最高阶段："入静"。苦行主义者的绝大多数仅仅达到第一阶段。[24]

静修派运动的领导者是萨洛尼卡的主教格雷格利乌斯·帕拉玛斯。在安德罗尼卡二世的保护下，他曾在君士坦丁堡接受了全面的教育；从年轻时起，他就致力于研究修道士的生活问题。20岁时，他成为阿索斯山一名修道士。后来分别在阿索斯山、萨洛尼卡和马其顿的一些偏僻的地方隐修。在圣山上，他在实行禁欲和全身心达到"入静"的状态方面胜过所有的同伴。他拟定了一个他自己所谓的"入静"（$\theta\epsilon\omega\rho\iota\alpha$）的概念，而且利用自己的文学才能来阐述他的禁欲主义思想。为了使自己完全沉浸于"内心"祈祷，他想完全脱离世俗而隐居，但他的这一意图因为巴尔拉姆在阿索斯山上引起的纠纷而失败了。

巴尔拉姆出于什么目的来到拜占庭，尚未得到满意的解释。但巴尔拉姆在君士坦丁堡获得了极大的信任，以至于他被任命为君士坦丁堡修道院的院长。在与著名的拜占庭学者尼斯福鲁斯·格雷戈拉斯的辩论失败后，巴尔拉姆先逃到萨洛尼卡然后逃到了阿索斯山。在那儿，通过一个"无知"的修士，他开始接触静修派的教义。他谴责那些达到完美的最高程度的静修士"能够用肉眼看到在他们周围闪烁着的、无法创造的神圣之光"；于是，如果修士们断言他们能用肉眼看到圣光，他们就破坏了教会的教义，因为由此他们可以声明神的护佑是能够被创造的，而神圣是可以理解的。

---

[24] 索克洛夫文章，见《公众教育部杂志》，N.S.(1913)，384—386；《公众教育部杂志》，N.S.XXIV(1913)，171—172、181—182。

帕拉玛斯和巴尔拉姆之间由于这一问题引起教义上的争论，并由此形成了帕拉玛斯派和巴尔拉姆派，但争论没有达到明确的结果。这一事件被报呈君士坦丁堡，在那里，决定召集一个会议，讨论关于他泊山（Thabor）上之圣光的本质问题。也就是说，照耀在耶稣基督身上的闪耀的光，即基督显圣身之时其使徒曾在他泊山上看到过的光。这种光是被造的还是非被造的？按照帕拉玛斯的教义，道行高深的静修士可以看到的这种光或者说是闪光，事实上和耶稣的门徒们在他泊山上看到的光是相同的。圣光是非造物，他泊山上的光也是非被造的。

在圣索菲亚教堂召集的这个会议上，帕拉玛斯在同巴尔拉姆的争论中占了上风。巴尔拉姆被迫为他的错误公开忏悔。然而，关于这个会议的资料却是相当矛盾的，例如，Th.乌斯宾斯基就怀疑这次会议的结果，即巴尔拉姆是否的确受到了谴责并被宽恕。不管怎样，帕拉玛斯对于这次会议的决议也是不满的。[25]

教会的斗争还在继续，有争论的问题又在其他宗教会议上提出讨论，教会的代表们同约翰·巴列奥洛格和约翰·坎塔库津两派的政治斗争搅在一起。帕拉玛斯过着动荡不定的生活。有一段时间，他甚至因为他的宗教观念被君士坦丁堡牧首关进了监狱。这段时间，他遇到了一位强大的对手尼斯福鲁斯·格雷戈拉斯。此人以前曾积极反对巴尔拉姆，后来同罗马达成和解，站到了教宗一边。最终，帕拉玛斯的理念胜利了，他的教义被宗教会议认定为整个东派教会的真正教义。会议的宣言列举了"巴尔拉姆的亵

---

[25] Th.乌斯宾斯基：《拜占庭文明史论集》，336。

渎",宣布"由于他的诸多错误,他已经被基督教徒们所弃绝。他宣称上帝显圣的光,即在耶稣的圣使徒们陪同基督登上山峰时所见的圣光,是被造的,是可以被描述的,和身体感觉到的光没有什么不同"[26]。但是,帕拉玛斯的艰苦斗争和他所遇到的许多不幸已经侵蚀他的健康,在一场严重的疾病过后,他于1360年去世。在巴黎国家图书馆中收藏的约翰·坎塔库津作品手抄本中的一个漂亮的微型插图中,绘着在这次涉及他泊山上的圣光之本质问题的宗教会议上,坐在皇位上的约翰·坎塔库津画像。

14世纪中期的静修派争论以严格的东正教教义的决定性的全面胜利,特别是阿索斯山修道院理念的胜利而告终。修道士们开始支配教会和国家。根据当时的另一个反对派代表,绰号为"智者"的塞浦路斯的约翰(John Cyparrisioted)的记载,帕拉玛斯的死敌尼斯福鲁斯·格雷戈拉斯的尸体,在君士坦丁堡被拖拽着经过大街小巷,遭到弃市示众的侮辱。[27] 在这一时刻,根据L.布莱耶尔的描述,对帝国而言,一个黑暗的时代开始了。[28] 但是研究拜占庭文化的德国学者格尔泽对那个时期阿索斯山修道士的生活却进行了田园诗般的描绘。他写道:

---

[26] 米涅:《希腊教父著作文献大全》,CLI,718—719。

[27] 塞浦路斯的约翰:《帕拉玛斯争端文献》(*Palamiticarum Transgressionum Liber*),chap.10;米涅编:《希腊教父著作文献大全》,CLII,733—736。见R.居兰德(R.Guilland):《论尼斯福鲁斯·格雷戈拉斯》(*Essai sur Nicéphore Grégoras*),54。L.布莱耶尔:"巴列奥洛格时期的文艺复兴与思想运动"("La Renovation artistique sous les Paléologues et le mouvement des idées"),《迪尔研究》,I,9。

[28] 布莱耶尔:"巴列奥洛格时期的文艺复兴与思想运动",《迪尔研究》,I,9。

圣山被证明为真正信仰的锡安山(Zion)*。在整个民族面临灭亡的严重危急中,当土耳其人正残忍地征服罗马人民时,阿索斯山成了一个庇护所,它的寂静吸引着诸多破碎的灵魂和许多坚强的人,他们在世俗生活中已走进了歧途,宁愿在远离尘世的地方,以与上帝结合的方式来经历精神上的斗争。在那个艰难的时代,修道士的生活对不幸的民族提供了最合适的、持久的和真正的慰藉。[25]

对于静修派在他们所处的那个历史时期中的政治斗争中起到什么作用,目前还没有明确的结论。但是政治派别的首领们,例如巴列奥洛格和坎塔库津,都清楚地意识到了静修派的重要性和力量,并在纯世俗问题上多次地向他们请求帮助。但是,迫于日趋危机的政治形势,诸如不断凸显的土耳其人的危险,却迫使皇帝们——甚至那些曾寻求静修派帮助的人——背离胜利的帕拉玛斯的严格正统教义和他的教派,去寻求同罗马教宗的和解。在东部皇帝看来,只有这样做,才能够刺激西欧起来保卫基督教。坎塔库津皇帝被废黜之后,这种倾向于西方的趋势变得越来越强烈,因其母亲而有一半拉丁血统的约翰五世巴列奥洛格登上皇帝宝座后,甚至皈依了天主教。

皇帝约翰五世对天主教信条的皈依。——到了14世纪70年

---

* 锡安山位于耶路撒冷,被犹太教徒视为其民族重生的希望,基督徒也同样视耶路撒冷为圣地,称锡安山为圣山。——译者

[25] 格尔泽:《拜占庭帝国史概要》,1059—1060。

代，土耳其人成了小亚细亚和欧洲一岸加利波利半岛的主人，而且正开始向巴尔干半岛深处前进，威胁着君士坦丁堡周边。约翰五世巴列奥洛格遂把他所有的希望都寄托于教宗。

14 世纪是所谓的"巴比伦之囚"时期；从 1305 年到 1378 年，先后占据圣彼得御座的七位教宗，都在阿维尼翁的罗纳河岸有几近长期永久的住所，而且事实上依赖于法国国王。教宗向西方统治者发出的提供反土耳其人援助的呼吁几乎毫无结果，或者只能带来规模很小的远征，虽有时能取得短暂的成功，但是对东方的形势没有长远的帮助。西方社会不再有任何参与十字军的热情。而且，在当时的西欧人眼里，分裂的希腊教派比穆斯林土耳其人更加可憎。佩特拉克曾经写道："土耳其人是敌人，但是希腊人是分裂者，比敌人更坏。"㉘

1367 年，教宗乌尔班五世决定从阿维尼翁迁回罗马。在他赴不朽之城途中，遇到了拜占庭使者向他通报，说皇帝急切希望皈依天主教，为此目的，他很愿意来到罗马。约翰五世经由那不勒斯从海上来到罗马。㉙ 约翰决定皈依天主教的举动没有得到拜占庭教会的支持，显然陪伴他到罗马的高级官员中，没有一个拜占庭教士的代表。1369 年 10 月在罗马，约翰庄严地朗读了与罗马公教会的教义完全一致的信仰告白。教宗在圣彼得大教堂举行了庄严的仪式，在仪式上，约翰五世再次宣读了信仰告白，又一次确认了圣

㉘ F.佩特拉克：《古代资料》(Rerum senilium)，liber VII，收于《作品集》，912。巴罗尼：《基督教会编年史》，泰奈尼编，XXVI，135。

㉙ H.格尔泽曾错误地认为 1369 年时约翰还是得去阿维尼翁朝见教宗（见他的《拜占庭帝国史概要》，1060 年）。

灵来自于圣父和圣子的教义以及教宗是所有基督徒之首领。同一天,皇帝和教宗共餐;所有的红衣主教都被邀出席宴会。皇帝取道那不勒斯和威尼斯返回君士坦丁堡。他在威尼斯的逗留以被羞辱而结束。他被威尼斯人作为破产的债务人逮捕。只有当他高贵而精力充沛的儿子——未来的皇帝曼纽尔亲自来到威尼斯才赎回了他。皇帝离开不久,教宗乌尔班五世返回了阿维尼翁。

在他的通谕中,教宗表现出自己对于约翰回归天主教信仰并与希腊教派断绝关系的举动十分愉悦,并宣布,他希望这一举动将被"无数追随希腊教派和希腊人错误的人"所仿效。然而同时,君士坦丁堡牧首菲罗塞尔斯给帝国教众,甚至超越了他的职权范围给叙利亚、埃及、南斯拉夫国家和遥远的俄罗斯的正教徒们发布了消息,要求他们坚持正教的信仰。这对于约翰的宗教政策是一个坚决的抵制。约翰之皈依罗马的举动对于拜占庭的命运并没有真正帮助;他从教宗那里得到的仅仅是关切、礼品和允诺。尽管罗马教宗一再呼吁,但西欧各国却没有给他任何援助以反抗土耳其人。约翰的皈依,尽管被如此庄重地通告世人,却只是个人行为。帝国的绝大多数人继续保持对正教的忠诚。[22] 无论如何,皇帝的这次西行在文艺复兴时期被认为是拜占庭和西欧的文化交流史上一件

---

[22] 在笔者对于约翰赴罗马和接受天主教信条的研究中,曾错误地将约翰五世的皈依天主教描述为"1369 年与罗马的联合"。见"拜占庭皇帝约翰五世巴列奥洛格的意大利之行(1369—1371 年)和 1369 年与罗马的联合"("Il viaggio dell'Imperatore Bizantino Giovanni V Paleologo in Italia,〔1369—1371〕,e l'Union e di Roma del 1369"),《拜占庭与当代希腊研究杂志》,III(1931),151—193。约翰的皈依是个人行为,而且无论如何没有得到来自拜占庭教职人士的任何支持。请参照 O. 哈勒基所做的细致而充分的研究:《一位拜占庭皇帝在罗马》(Un Empereur de Byzance à Rome),尤其是该书的 188—234。亦见奥斯特洛戈尔斯基《拜占庭国家史》,388—389。

第九章 拜占庭的灭亡

颇有意义的事件。

佛罗伦萨联合会议。——最值得庆祝的教会联盟是 1439 年的佛罗伦萨联合协议。此时的正教所面临的政治气氛比起约翰皈依时期更加危急。土耳其人对塞尔维亚和保加利亚的袭击,十字军在尼科波利斯的失败,皇帝曼纽尔二世西欧之行的徒劳和土耳其人于 1430 年夺取萨洛尼卡,这一切都使得东部帝国陷入了十分危急的地步,只是在安戈拉(安卡拉),由于土耳其人被蒙古人击败才暂时挽救了它。土耳其人的胜利对欧洲也是一个巨大的威胁;佛罗伦萨宗教会议强烈感到有必要成立一个广泛的拉丁-希腊联盟以反对土耳其人。尽管局势让人绝望,拜占庭正教的民族主义派别仍然反对联合的主张,他们不仅害怕失去希腊正教的纯洁性,而且害怕联合带来的西部援助将使东部在政治上不得不听命于西方。换句话说,也就是害怕日益迫近的土耳其人的统治将被拉丁人的统治所取代。在 15 世纪初期,拜占庭辩论家约瑟夫·布莱昂纽斯(Joseph Bryennius)写道:"不要让任何人被意大利盟军迟早将赶来帮助我们这一虚假的愿望所误导。如果他们确实假装起兵来保护我们,他们会用武装来破坏我们的城市、民族和我们的名誉。"[28] 15 世纪初,高贵者阿方索(Alfonso)对东部的政治计划证实这种推测是正确的。

大约与此同时,继比萨和康斯坦兹会议之后,在西方举行了15 世纪的第三次大型宗教会议,即巴塞尔会议。这次会议宣布,

---

[28] 卡洛格拉斯(Kalogeras):《温和者马克和红衣主教贝萨里翁》(*Μάρκος ὁ Εὐγενικὸς καὶ Βησσαρίων ὁ Καρδινάλις*),70(根据 1768 年出版于莱比锡的极少见的约瑟夫·布莱昂纽斯作品所写)。亦见诺登《教宗统治与拜占庭》,731。

主要议程是讨论教会首领和成员的改革,以及如何处理胡司(Hussite)运动问题。在约翰·胡司死后,这场运动已经广泛扩展。教宗尤金四世同会议的意见并不一致。巴塞尔会议和教宗,分别代表各自的立场与皇帝约翰八世谈判。巴塞尔会议与君士坦丁堡互换了使者。希腊使节君士坦丁堡修道院院长,后来的莫斯科都主教伊西多尔发表了一篇赞同教会联合的演说,说道:"这将创造一个足以同罗得岛的巨像相媲美的伟大丰碑,它的顶部将直达天穹,东方和西方都能看到它的光辉。"[24]经过了一场毫无结果的对下一阶段会议举行地点的争论后,巴塞尔会议的大主教们决定先平定胡司派的骚乱,然后再考虑希腊问题。拜占庭希腊人,正教的真正代表,被置于同"异端"胡司学说同样的位置,他们感到被深深冒犯了。于是,在君士坦丁堡"发生了一场真正的风暴"[25]。其时,皇帝几乎已经同主持着教会复合谈判的教宗达成了协议。由于担心巴塞尔会议的宗教改革倾向,尤金四世将会议转移到了北意大利城市弗拉拉继续举行;后来,当地发生了瘟疫,又将会址转到佛罗伦萨。然而,出席会议的一些成员违抗罗马教宗的命令,继续留在巴塞尔开会,甚至又选出了另一位教宗。

弗拉拉-佛罗伦萨会议在不同寻常的严肃气氛中召开。皇帝约翰八世和他的兄弟、君士坦丁堡牧首约瑟夫;以弗所大主教马克代表,一个坚定的反联合派;贝萨里翁,天才的、受过良好教育的教会复合的支持者;还有许多修士和俗人代表经由威尼斯来到弗拉

---

[24] 见皮埃灵《俄罗斯与圣城之围》(第 2 版,1906 年),I,11。
[25] 同上书,12、15。

拉。莫斯科大公黑暗者(盲人)瓦西里二世派来了莫斯科都主教伊西多尔,此人是赞成联合的。许多俄国修士随员陪伴着他。这是意大利文艺复兴的兴盛时期,弗拉拉处于埃斯特家族统治下,而佛罗伦萨在美第奇家族统治下,两地都是艺术和文化活动繁盛的中心。

会议的争吵和辩论,最后简化为两个主要问题——和子句的问题和教宗的地位问题,对于此两问题的讨论持续了很长一段时间。希腊人并不愿意承认这些条件,心力交瘁的皇帝已经准备就这样离开佛罗伦萨。反对教会联合的牧首约瑟夫在联合协议正式公布之前于佛罗伦萨病逝。但是,莫斯科都主教伊西多尔非常积极地支持联盟。最后,1439年7月6日,在拜占庭皇帝面前,在佛罗伦萨的圣玛利亚·德菲奥勒教堂庄严地颁布了以两种语言起草的联合声明。然而,以以弗所的马克为首的一些希腊修士拒绝在这则声明上签字。

在今天的意大利,还有许多涉及佛罗伦萨教会联合会议的遗址。佛罗伦萨的一家图书馆,即罗伦佐图书馆收藏了用三种语言——拉丁语、希腊语和斯拉夫语写就的一份非常重要的该联合声明的现代复制品;这份文献上除了有拉丁语和希腊语的签名外,还有当时出席会议的"谦卑的主教苏兹达尔的阿布拉米乌斯(Abramius of Suzdal)"的俄语签名。当年在此颁布联合声明的佛罗伦萨大教堂圣玛利亚·德菲奥勒现在仍然存在。今天,在佛罗伦萨的另一个教堂圣玛利亚新教堂内,你还能看到逝于会议期间的君士坦丁牧首约瑟夫的墓碑和与其真身同比例的壁画肖像。位于佛罗伦萨的里卡尔第宫内,还保存有15世纪的意大利画家贝诺佐·戈佐里(Benozo Gozzoli)所作的壁画,它描绘了东方三博士(Magi)到伯利恒去朝拜新生的耶稣基督的队列;画家依照约翰·巴列奥洛格和牧首约瑟夫的样子塑造了博士们的形象,虽然相貌多少是凭着画家的想象,但他一定出席了约翰和约瑟夫进入佛罗伦萨的仪式。罗马也有一些佛罗伦萨联合时期的遗物。在著名的圣彼得教堂入口处,在15世纪制作的救主基督、圣母玛利亚和圣使徒彼得和保罗的大型浅浮雕之间,有一些关于佛罗伦萨会议的小型浅浮雕:皇帝从君士坦丁堡起航;他抵达弗拉拉;佛罗伦萨会议召开的情形;皇帝及其随员从威尼斯出发等。在罗马的一个博物馆中还保存有一座漂亮的等同于约翰·巴列奥洛格真身比例的青铜半身像,雕像上的约翰戴着一顶尖帽子。这个经常被复制的半身像也许是皇帝在佛罗伦萨期间,艺人临摹的仿真作品。[26]

像里昂联合一样,佛罗伦萨的联合在东方帝国没有被人民所接受。在约翰返回到君士坦丁堡途中,他很快意识到他所从事的努力是错误的。以以弗所的马克为首的许多正教徒拒绝签署联合声明;许多已经签署该协议的人也反悔了。在莫斯科,伊西多尔命令在圣母升天大教堂庄严宣读联合声明,但是他发现得不到人们的支持。大公称伊西多尔不再是自己臣民们的牧羊人和教师,而是一只贪婪地捕杀羊群的狼。伊西多尔被囚禁在一所修道院里,从那儿他逃到了罗马。东方地区的亚历山大里亚、安条克和耶路撒冷牧首也都宣布反对联合,在1443年的耶路撒冷,佛罗伦萨宗

---

[26] 这具雕像的作者现在还时常有人讨论。见拜伦《拜占庭的成就。历史的回顾》,318:"现存于天主教传道总会博物馆内的皇帝半身像可以被认为是19世纪的赝品。"

第九章　拜占庭的灭亡

教会议甚至被宣称为"非正统的"。[27]

然而,罗马公教会仍然承认佛罗伦萨会议联合声明的合法有效性,直到19世纪,教宗利奥十三世在他关于教会联合的教谕中仍旧呼吁正教回归到联合声明中来。

拜占庭最后一个皇帝君士坦丁十一世,像他的兄弟约翰八世一样,也认为挽救帝国灭亡的唯一途径就是同西部教会的联合。

关于圣索菲亚宗教会议。——一些学者认为,1450年在圣索菲亚教堂曾经召集了一次宗教会议。出席者有来自君士坦丁堡的许多正教教职人士的代表,包括安条克、亚历山大里亚和耶路撒冷的牧首;会议谴责了佛罗伦萨教会联合和它的教派偏见,并宣告恢复正教。17世纪意大利一位非常著名的学者利奥·阿拉提乌斯首先披露了这次会议文件的一些残片,但是他认为它们是伪造的。从那时起,学者们的观点就分为两派:一派遵循阿拉提乌斯的观点,认为所谓圣索菲亚会议的决议是伪造的,并且认定这个会议从来没有召开过;另一派,尤其是希腊神学家和希腊学者,对这样一次会议十分感兴趣,认为所传布的会议决议是真实的,而且圣索菲亚宗教会议也是历史事实。最近以来,学界大都认为圣索菲亚会议的决议是伪造的,而且倾向于否认这次宗教会议召开的事实,[28]

---

[27] 利奥·阿拉提乌斯(Leo Allatius):《关于东西方教会的永久和解》(*De ecclesiae occidentalis atque orientalis perpetua consensione*),III(4),939。

[28] 关于这一问题,见K. 帕佩奥努(K. Papaioannu)"所谓的1450年圣索菲亚宗教会议决议及其历史意义"("The Acts of the So-called Council of Sophia(1450) and their Historical Significance"),《拜占庭年鉴》,II(1895),394、413。列别德夫:《拜占庭东方教会论文集》(*Essays on the Byzantine-Eastern Church*)(第2版,1902年),294。上述两部著作都认为这次会议的决议是伪造的。

但仍有一些学者认为会议确实召开过。[29] 历史上并没有足够的证据表明,在君士坦丁皇帝统治时期曾经举行过公开否定教会联合的会议。相反,当他看到自己的城市正在接近其最后危险的时候,君士坦丁曾再次呼吁西方给予援助。希望中的军事援助没有到来,只有莫斯科的前任主教、当时罗马公教会的红衣主教、参加了佛罗伦萨联合会议的伊西多尔,在城市陷落之前五个月,即1452年12月,来到了君士坦丁堡。他在圣索菲亚大教堂宣读了庄严的联合声明,并举行了庆祝教会联合的仪式,包括在仪式上称颂教宗的名字。这一举动在这样的一个危急时刻,激起了前所未有的最大规模的城市平民骚乱。

君士坦丁堡陷落之后,希腊人的宗教信仰和宗教组织结构都在土耳其人统治下保存了下来。尽管偶尔有土耳其统治当局及穆斯林民众反对希腊教会和信仰正教代表的一些暴行,但在穆罕默德二世和他的继任者统治下,授予基督教徒的宗教权力受到了严格保护。牧首、主教和教士们被宣布为不可侵犯。教士们得到了免税权,然而其他希腊人每年必须交纳贡赋(*charadj*)。首都教堂的半数被改为清真寺,另一半继续留给基督教徒使用。在有关教会内部管理的所有事务上,教会法规继续有效,权力掌握在牧首和主教手里。神圣的牧首会议继续存在,牧首和主教会议继续负责处理教会管理的各种内部事务。所有的宗教活动都可以自由举

---

[29] 见 J. 德拉赛克(J. Dräseke)"关于1439年的宗教会议"("Zum Kircheneinigungsversuch des Jahres 1439"),《拜占庭杂志》(德文),V(1896),580。L. 布莱耶尔:"关于促使希腊与拉丁教会重新联合的努力"("Attempts at Reunion of the Greek and Latin Churches"),《剑桥中世纪史》,IV,624—625。

行；例如，在所有城市和村庄，人们可以隆重地庆祝复活节。在土耳其帝国内，这种宗教宽容一直持续到今天。[20] 但是随着时间推移，土耳其人冒犯基督徒宗教权力的事例越来越多，基督教人民的处境越来越艰难。

土耳其人攻下城市不久，君士坦丁堡就由神职人员选出了新统治者治下的首任牧首吉那第乌斯·斯科拉利乌斯。苏丹承认了他的地位。此人曾随同约翰八世参加过弗拉拉和佛罗伦萨宗教会议，并且赞成教会联合。但后来他改变了自己的观点，变成了一个狂热的东正教的维护者。随着他的就职，希腊-罗马教会的联合彻底地终止了。

帝国的政治和社会状况

巴列奥洛格王朝统治时期的帝国内部情形是在拜占庭历史研究方面最少涉及和问题最复杂的时期。关于这方面的浩如烟海、形式多样的资料，还没有得到令人满意的研究和充分评价。许多珍贵的资料，特别是有关帝国的《黄金诏书》和修道院及私人档案，还没有被编辑出版，仍然散落在东西方许多图书馆中的手抄本库藏中。在这方面，阿索斯山修道院的手抄本是最重要的。但是阿索斯山上的正教修士十分警惕地保护着他们的图书馆，在18世纪和19世纪前半期，非基督教东方正教徒的学者，根本无法看到阿索斯山的手抄本。因此，在阿索斯山手抄本的早期研究中，俄国正教学者捷足先登。

---

[20] 1923年，土耳其帝国改制为共和国。

18 世纪,俄国旅行家 V.G.巴尔斯基(V.G.Barsky)曾两次访问了阿索斯山的修道院(分别是在 1725—1726 年和 1744 年)。他是第一个了解这些隐秘档案的人,通过他的详细叙述,人们发现了一个保存在阿索斯山图书馆中的历史资料宝藏。[29] 在 19 世纪,俄国学者,主教波菲利乌斯(乌斯宾斯基)、P.塞瓦斯提亚诺夫(P. Sevastyanov)、T.弗洛林斯基和 V.莱格尔在圣山的修道院勤奋钻研,出版了一系列关于拜占庭帝国内部情况的非常重要的文献资料。特别重要的是附于数期俄国《拜占庭年鉴》增刊中的文献,但这些文献还没有得到充分研究。19 世纪初,希腊学者 Sp.兰普罗斯出版了一份阿索斯山上的希腊文手抄本的书目。但是由于环境所限,他没能把保存在拉弗拉和瓦托佩第修道院的两份最重要的手抄本收藏品收进他的书目。瓦托佩第修道院图书馆的希腊手抄本目录于 1924 年才公之于众。[29] 1915 年,法国学者 G.米勒(G. Millet)受命前往阿索斯山,在那里,他从拉弗拉修道院的档案馆中收集了一系列文献资料,其中的一则皇帝敕令规定,拉弗拉修道院是"整个修道院共同体的首脑和卫城"。[28]

在瓦托佩第目录的绪言中,作者宣布:"圣山挽救和保存了完

---

[29] 见《1723—1747 年 V.G.巴尔斯基在东方圣地的旅行》(*Travels of V.G. Barsky in the Holy Places of the East from 1723 to 1747*),N.巴尔苏可夫(N.Barsukov)编,I,xxxiii。

[29] 见 S.尤斯特拉提亚德斯(S.Eustratiades)和瓦托佩第的阿卡第奥斯(Arcadios of Vatopedi):《圣山阿索斯瓦托佩第修道院图书馆的希腊文献手稿目录》(*Catalogue of the Greek Manuscripts in the Library of the Monastery of Vatopedi on Mt. Athos*)。

[28] G.茹亚尔:"拉弗拉的档案(米勒的使命)"("Les Archives de Lavra〈Mission Miller〉"),《拜占庭》(布鲁塞尔),III(1926),253。G.茹亚尔和 P.科罗姆普(P. Collomp):《拉弗拉文献集》(*Actes de Lavra*)(1937),I。

第九章　拜占庭的灭亡

整无缺的拜占庭文明和古希腊人民的精神力量。"[28]

在其他的图书馆也发现了许多巴列奥洛格时期的资料。其中较为重要的除了由希腊学者C.萨塔斯（C. Sathas）编纂的为数众多的希腊文版本外，还有米克罗西奇（Miklosich）和米勒出版的手抄本《中世纪希腊文献》。特拉布松附近的瓦扎龙修道院的律令集也于最近出版，提供了许多农民和修道院地产的历史资料，不仅包括13—15世纪特拉布松帝国的情况，而且涉及整个拜占庭的历史。[29]

因为重建的巴列奥洛格帝国的领域十分狭小，而且还不断地受到诺曼人、土耳其人、塞尔维亚人、威尼斯和热那亚人的威胁和侵占，巴列奥洛格时期的帝国只是一个二流国家，不再是一个正规的、组织良好的国家。帝国各个机构的混乱无序和中央政权的软弱无力是这一时期的典型特征。帝国内部陷于长期的王朝斗争，先是在两个安德罗尼卡皇帝（即祖父和孙子）之间，后是在约翰五世巴列奥洛格和约翰·坎塔库津之间；为了实现教会的联合而屈服于教宗，以及与此相关的，皇帝几次屈辱的西欧之行（约翰五世在威尼斯因为欠债而被逮捕，曼纽尔二世和约翰八世，同样在土耳其苏丹面前以各种方式低声下气，忍受屈辱）；他们向土耳其人纳贡，被迫在土耳其宫廷当人质，帝国公主出嫁所奉献的嫁妆——这

---

[28] 尤斯特拉提亚德斯和瓦托佩第的阿卡第奥斯：《圣山阿索斯瓦托佩第修道院图书馆的希腊文献手稿目录》，i。

[29] Th. I 乌斯宾斯基和V. 贝内赛维奇：《瓦扎龙律令集，关于13—15世纪拜占庭农民和修道院土地占有的资料》（*The Acts of Vazelon. Materials for the History of Peasant and Monastery Landownership in Byzantium from the Thirteenth to the Fifteenth Century*）。

些都削弱和降低了拜占庭皇帝在人民心目中的形象。

在拉丁人掠夺和洗劫之后落入巴列奥洛格王朝之手的君士坦丁堡,仍然只是一片废墟。当时到过君士坦丁堡的许多希腊作家、外国旅游者和朝圣者都看到了首都的衰落。

14世纪初,阿拉伯地理学者阿布尔非达(Abulfeda),在简单描述了君士坦丁堡最重要的古迹之后,讲道:"在城内有播种着的耕地和菜园,还有许多被破坏的房屋。"[28]15世纪初,西班牙旅行者罗伊·贡扎勒·德克拉维约(Ruy Gonzales de Clavijo)写道:"城内到处都有许多宏伟的宫殿、教堂和修道院,只是大部分现在都荒芜了。然而,很显然,原未受到破坏的君士坦丁堡是当时世界上最著名的首都之一。"而当克拉维约渡过金角湾到对岸参观热那亚人居住区佩拉时,他将此地与君士坦丁堡做了比较,他注意到:"佩拉城只是一个小镇,但是人口众多。它由一条坚实的城墙围绕,有十分漂亮的房屋,所有的建筑都很精美。"[29]与此同时,一个意大利人,佛罗伦萨的波昂德尔蒙蒂(Buondelmonti)也写到君士坦丁堡最著名的一个大教堂——圣使徒教堂处于衰落不堪的状态(*ecclesia jam derupta*)。[30]纵使这样,14世纪和15世纪,虔诚的朝圣者依然从各个国家来到君士坦丁堡,包括七名俄国朝圣者,他们因

---

[28] 《阿布尔非达地理学》(*Géographie d'Aboulféda*),J.T.雷纳德译,II(I),315—316。

[29] 《1403—1406年赴撒马尔罕帖木儿宫廷的旅行日记》(*A Diary of the Journey to the Court of Timur〈Tamerlane〉, to Samarqand in 1403—1406*),J.斯来茨涅夫斯基(J. Sreznevsky)编,87—88;G.勒斯特朗吉编,88—89。

[30] 《对阿奇佩尔岛的描述》(*Description des îles de l'Archipel*),E.莱格兰德编,88;波恩版(与辛那姆斯的作品在一处),181。

君士坦丁堡教堂的装潢和圣迹而感到震撼,甚至迷恋于其中不能自拔。㉙ 1287 年,蒙古王公的使者、修士拉班·索玛(Rabban Sauma)在会见了皇帝安德罗尼卡二世之后,由于皇帝的特殊恩准,他虔诚地参观了这一城市的教堂和圣迹。㉚ 1422 年,在曼纽尔二世统治时期,一名勃艮第旅行者,外交官和道学家吉尔伯特·德拉诺瓦,受到皇帝和他的小儿子即继承人的友好接待,他们允许他参观"城市和教堂的奇迹和古迹"㉛。

1437 年,一名西班牙旅行者佩罗·塔夫尔(Pero Tafur)在君士坦丁堡受到皇帝约翰八世的厚待。当他从克里米亚和特拉布松返回途中,又一次访问了君士坦丁堡,此时皇帝约翰还在意大利,约翰的兄弟"亲王德拉格斯(Dragas)"正摄政。塔夫尔评论说,"他们称之为瓦拉耶尔纳(Valayerna,即 Blachernae)的教堂在今天已被烧成一片灰烬而无法修复";他还说,"造船厂原来肯定十分宏伟,即使现在它还足以容纳许多船只","皇帝的宫殿也曾是十分

㉙ J.埃伯索尔特:《拜占庭的君士坦丁堡和向利凡特地区的旅行》(*Constantinople byzantine et les voyageurs du Levant*),41—43;J.埃伯索尔特:《拜占庭的奢华艺术》(*Les Arts somptuaires de Byzance*),118—119。

㉚ J.B.夏博:"关于聂斯脱利派大主教马尔·亚巴拉哈三世(1281—1317 年)以及阿尔贡国王派往西方的使节(1287 年)、修士拉班·索尔的历史"("Histoire de Marjabalaha III, patriarche des Nestoriens[1281—1317], et du moine Rabban Cauma, ambassadeur du roi Argoun en Occident[1287]"),《东方拉丁杂志》(*Revue de l'Orient Latin*),II(1894),82—87;抽印本,54—59。亦见《聂斯脱利派大教长亚巴拉哈三世及其助手巴尔·索玛的历史》(*The History of Yabellaha III Nestorian Patriarch and of his Vicar Bar Saume*),J.A.蒙格麦里(J.A.Montgomery)编,52—54。

㉛ 《旅行家、外交家及道学家吉尔伯特·德拉诺瓦的作品集》(*Oeuvres de Ghillebert de Lannoy, voyageur, diplomate, et moraliste*),C.波特文(Potvin)编,65;见佩特拉斯·克利玛斯(Petras Klimas)《吉尔伯特·德拉诺瓦在中世纪立陶宛》(*Ghillebert de Lannoy in Medieval Lithuania*),80。

宏伟的,只是现在已经如此衰朽不堪,宫殿与首都的衰败现状表明,这里的人们遭受到邪恶的统治,而且还得继续忍受它……城市里人口稀少……居民衣衫褴褛,凄惨贫穷,表明他们遭受了极大的苦难,只是这种苦难与他们应该遭受的苦难相比还不是太坏,因为他们是一个邪恶的民族,浸透在罪恶之中"。也许在此追忆塔夫尔的这一陈述也不算错误,"皇帝的身份依旧高贵威严,因为古代的种种仪式丝毫也没有减免,但是,正确地说,他就像一个没有教区的主教"[⑫]。

14世纪后半期,土耳其人和塞尔维亚人征服巴尔干半岛后,君士坦丁堡及其最近的色雷斯领地被土耳其人的领地所包围,几乎不能从海上保持与帝国其他统辖地区,如萨洛尼卡、色萨利和莫里亚君主的联系,这些领地于是几乎完全独立于中央政府之外。在此情况下,作为首都重要谷物供应线的黑海北岸航路被土耳其人切断后,位于爱琴海北部的利姆诺斯岛就成为君士坦丁堡的临时粮仓。[⑬]

因为帝国内部封建化的过程早于巴列奥洛格王朝之前已经开始,组织严密的中央政府机构被逐渐削弱了;有时,由于帝国已经分裂,组织混乱到了顶点,中央行政部门几乎无事可做。在

[⑫] 《佩罗·塔夫尔游记》(*Andanças é viajes de Pero Tafur*),176、181、184。英译本《佩罗·塔夫尔游记》,142、145、146。A. A. 瓦西列夫:"佩罗·塔夫尔,一位15世纪的西班牙旅行家和他在君士坦丁堡、特拉布松和意大利的旅行"("Pero Tafur, A Spanish Traveler of the Fifteenth Century and his Visit to Constantinople, Trebizond and Italy"),《拜占庭》(布鲁塞尔)(1932),111—113。

[⑬] 茹亚尔:"拉弗拉修道院档案",《拜占庭》(布鲁塞尔),III(1926),255—256、257。

第九章 拜占庭的灭亡

巴列奥洛格王朝统治下,帝国财政由于拉丁帝国的统治而造成的严重破坏,已经完全枯竭了。皇帝仍旧控制着的几个饱受蹂躏的省份几乎无法纳税,国库所有的资金都被花光,帝国的珍宝也被售卖一空,士兵们没有军饷。全国到处是一片凄凉。㉝ 14世纪的历史学家尼斯福鲁斯·格雷戈拉斯如此描述约翰五世的婚礼庆典:

> 当时,由于皇室如此贫穷,以至于没有金银制作的酒器或高脚杯;有一些是用锡做的,其余的都是黏土烧制的酒杯……在庆典上,皇帝的王冠和服饰上装饰的大多只有假的金银珠宝首饰;(实际上)他们大多是皮革鎏金的,像制革工时常所做的那样,或者是由反射着各种色彩的玻璃制成;人们时而会在这里或那里发现少量闪光的宝石或光艳的珍珠,这是不可能被人们的眼光错过的。罗马帝国古代的繁荣和辉煌竟然衰落到了如此地步,已是完全湮灭和消亡了。我在向你们谈及此事时,不能不感到羞耻。㉞

那些特别受到土耳其人威胁的城市,其市民几乎跑光。加利波利被土耳其人占领后,君士坦丁堡的许多居民动身逃到西方。㉟ 1425年,许多居民迁离了萨洛尼卡,其中部分人来到君士坦丁堡,

---

㉝ 见约翰·坎塔库津《历史》,Ⅳ,5;波恩版,Ⅲ,33。
㉞ 尼斯福鲁斯·格雷戈拉斯:《历史》,ⅩⅤ,2,4;波恩版,Ⅱ,788—789。
㉟ 尼斯福鲁斯·格雷戈拉斯:《历史》,ⅩⅤ,2,4;波恩版,622—623。

希望首都会比萨洛尼卡更安全些。㊚这是最紧张的时刻,当时萨洛尼卡被威尼斯人占领,而土耳其人正打算夺取它,1430年他们达到了目的。

帝国日益缩减的领土和稀少的人口使得巴列奥洛格政府无法维持一支庞大的本族军队,军队主要是由各种国籍的雇佣兵组成。在巴列奥洛格王朝时期,曾出现过西班牙(加泰罗尼亚)兵团、土耳其人、热那亚人、威尼斯人、塞尔维亚人和保加利亚人。像以前一样,还有盎格鲁-撒克逊雇佣兵,所谓的瓦兰几亚人或盎格鲁-瓦兰几亚人,以及属于突厥人血统的瓦尔达尔人(Vardariots)。㊛由于不能及时发饷,政府有时不得不忍受他们傲慢的躁动和对所有行省及大城镇的骚扰,例如,加泰罗尼亚人穿越巴尔干半岛的血腥之路。巴列奥洛格拥有了一支虚弱无序的陆军后,试图恢复已处于完全衰退境地的海军,但他没有成功。迈克尔·巴列奥洛格的确在这方面做了一些事情,但他的继任者安德罗尼卡二世又忽视了舰队建设,于是,帝国控制下的爱琴海诸岛不再能够防御来自海盗

㊚ S.库热阿斯(S. Kugéas):"萨洛尼卡大主教区书记员关于15世纪初年的笔记"("Notizbuch eines Beamten der Metropolis in Thessalonike aus dem Anfang des XV"),《拜占庭杂志》(德文),XXIII(1914—1919),152(par.82),158。塔弗拉里:《14世纪的萨洛尼卡》,16。

㊛ 见迈克尔·巴列奥洛格的敕令,1272年,见海森伯格《论巴列奥洛格时期的历史和文献》,39,49—50。E.施泰因:"晚期拜占庭立法和经济史研究"("Untersuchungen zur spätbyzantinischen Verfassungs-und Wirtschaftsgeschichte"),《奥斯曼历史通报》(*Mitteilungen zur Osmanischen Geschichte*),II(1924),47—49。在科迪努斯(Kodinus)的作品中,也多次提到瓦兰几亚人和汪达尔人;海森伯格的作品中多次提及。

第九章 拜占庭的灭亡

的侵袭。[309] 拜占庭海军根本无法对抗装备精良的热那亚和威尼斯的强大舰队,甚至不能对付土耳其人刚刚建立的海军。黑海和爱琴海已经完全脱离了拜占庭的控制,在 14 世纪和 15 世纪前半期,意大利商业共和国的舰队成了这里的主人。

行省的(或军区的)组织已经由于拉丁帝国的统治而被破坏,而且在巴列奥洛格时期亦不能正常发挥作用。而帝国领土之小,也不能像早期那样实施行省统治。原作为军区之"将军"(strategus)的头衔,在科穆宁统治时期就完全消失了,被一个更名副其实的头衔"都督"(dux)所取代。[310] 现代学者有时使用军区(theme)这个术语指代 14 世纪的马其顿和色萨利省。[311] 但是,当某一省被土耳其和塞尔维亚的领土割断了与帝国的联系时,它就成为独立的专制领地。它的统治者几乎完全独立于中央政权之外。通常,许多皇室成员就成为这样的新领地的首领。14 世纪末,萨洛尼卡的王公就是皇帝约翰五世的一个儿子。莫里亚的王公也是皇帝的儿子或者兄弟。

在巴列奥洛格王朝时期,上等阶级与下层阶级之间的社会关系是非常紧张的。农业作为帝国经济繁荣的真正基础也陷于衰退。许多富饶的省份失去了,其余的领地也由于持续不断的内战和加泰罗尼亚兵团的血腥骚扰而变得荒芜不堪。以农业经济为基

---

[309] 关于安德罗尼卡二世时期的海军,可见乔治·帕希梅利斯所著《安德罗尼卡·巴列奥洛格》一书(I,26)中特别有意思的一些段落。波恩版,II,69—71;亦见尼斯福鲁斯·格雷戈拉斯《历史》,VI,3;波恩版,I,174—175。见雅克文科《拜占庭文献研究》(*Studies in Byzantine Charters*),180—181。

[310] 见施泰因"晚期拜占庭立法和经济史研究",《奥斯曼历史通报》,II(1924),21。

[311] 见塔弗拉里《14 世纪萨洛尼卡的兴起》,44—50。

础的小亚边境领主(akritai)*,由于迈克尔八世的镇压政策和土耳其人的胜利进军而被彻底削弱了。

大土地所有者的存在是巴列奥洛格时期的典型特征。破产的农民处于他们的领主势力之下。1261年之后,色萨利的不少希腊人成为有势力的大地主。在伊庇鲁斯君主控制的色萨利西部,以及属于拜占庭皇帝所有的色萨利东北部,富裕的领主充当着非常重要的角色,他们并同小领主建立了封建关系。但是由于14世纪初加泰罗尼亚军团的蹂躏和阿尔巴尼亚人的入侵,色萨利的土地制度陷入了混乱状态。许多阿尔巴尼亚人成为大土地所有主。当1348年塞尔维亚王斯蒂芬·杜尚占领色萨利之后,曾对土地经营方式做了一些改善。[311] 在色萨利山区,还有一些个人的小土地所有主和自由农民村社存在。[312]

马扎里斯描述了伯罗奔尼撒半岛那些有权有势的大地主(ar-

---

* 这种边境领主是亦军亦农的边界中小领主,在拜占庭与突厥人长期冲突的时期曾经起到保卫边疆的作用。但附着小亚细亚领土越来越多地沦入突厥人之手,他们往昔的生活方式已经不能维持,帝国政府尤其不能保证他们的基本生存条件——土地产业。——译者

[311] J.索克洛夫,"巴列奥洛格时期色萨利的大小土地所有者",《拜占庭年鉴》,XXIV(1923—1926),35—42。I.波吉阿齐德(I. Boghiatzides):"米特拉编年史"("Τὸ χρονικὸν τῶν Μετεώρων"),《拜占庭研究学会年刊》(Επετηρὶς Εταιρείας Βυζαντινῶν Σπουδῶν),I(1924),146—156。乌斯宾斯基和贝内塞维奇《瓦扎龙律令集》,92—93。A. V.索洛维夫:"14世纪色萨利的大地主们。拜占庭—塞尔维亚模式下的封建制"("The Thessalian Archonts in the Fourteenth Century. Trace of Feudalism in the Byzantino-Serbian Order"),《拜占庭—斯拉夫研究》,IV,1(1932),159—174。

[312] 索克洛夫:"巴列奥洛格时期色萨利的大小土地所有者",《拜占庭年鉴》,XXIV(1923—1926),42。

chonts)的重要情况。[314] 在 14 世纪早期,约翰·坎塔库津曾写到,伯罗奔尼撒半岛内部的衰败不是由于土耳其和拉丁人的入侵,而是内部斗争的恶果,这使得"伯罗奔尼撒半岛比斯基泰更荒凉"。当约翰五世之子曼纽尔被任命为莫里亚的王公时,他多少恢复了当地的农业,所以"伯罗奔尼撒半岛呈现了短时间的农业繁荣",人们又开始回到他们的家园。[315] 但是土耳其人的征服结束了拜占庭在莫里亚的努力。

在享有绝对权力的大土地主的压榨下,村民和农民阶级忍受了极大的苦难。小农阶级破产了。有人时而强调,当时农民的状况不是非常坏,例如在 14 世纪的萨洛尼卡地区,至少是在大土地所有者的领地上,情况是这样的。[316] 但即使这是真实的,从总体上看,农民命运之悲惨也是毫无疑义的。阶级斗争及下层群众对有权者阶级的憎恶,不仅在行省,而且在帝国的一些主要城市内都可以被感受到。在 1328 年革命期间,君士坦丁堡的人民就抢劫了狄奥多勒·梅托希特斯的宏伟宫殿。[317]

从贵族和民主势力之间的社会矛盾这一角度看,14 世纪中期萨洛尼卡爆发的革命是非常有趣而重要的。1341 年在亚得里亚堡爆发的、与坎塔库津要求即皇帝位有关的革命运动,显示出了群

---

[314] J. 德塞赛克:"拜占庭的艰难航程"("Byzantinische Hadesfahrten"),《新古典学年鉴》,XXIV(1912),364—365。

[315] 约翰·坎塔库津:《历史》,IV,13;波恩版,III,85—86。

[316] 见雅科文科刊于《拜占庭年鉴》,XXI(1914)上的文章(183)。

[317] 见 R. 茹亚尔"狄奥多勒·梅托希特斯宫殿"("Le Palais de Théodore Métochite"),《希腊研究杂志》,XXXV(1922),82、92—93。埃伯索尔特:《拜占庭的奢华艺术》,109。

众反对富有阶级（δνυατοί）的实力。而且起初是成功的，然后革命扩展到帝国的其他城市。[⑱] 其中，14世纪50年代在萨洛尼卡发生的狂热派革命特别重要。[⑲]

相关资料将萨洛尼卡的居民划分为三个阶级：(1)富人和贵族；(2)中产阶级或称市民（bourgeoisie），或称之为"中间的"（οἱμέσοι）阶级，其中有零售商贩、制造商、富有的手工业者、小土地所有者和职员等；(3)贫困民众——小户农民、小手工业者、海员和工人。随着富有阶级财富和势力的增长，下层阶级，特别是那些靠近萨洛尼卡城的农民，其土地屡遭入侵敌人破坏，地位亦每况愈下。这一重要经济中心的所有商业活动和与此相关的特权都掌握在上层阶级手中。民间的愤怒不断增长，任何偶然的事件都可能导致激烈的斗争。于是约翰·坎塔库津在贵族的支持下宣布为皇帝，民主势力马上开始维护巴列奥洛格家族。塔弗拉里写道："这不再是两个人之间争夺最高统治权的斗争，而是两个阶级之间的斗争，其中一个阶级要保持自己的特权，而另一个则试图挣脱枷锁。"[⑳]一份当时的资料这样写："萨洛尼卡被认为是其他城市人民反对贵族的起义的榜样。"[㉑]

萨洛尼卡民主运动的首领是狂热分子。他们在1342年驱逐

---

⑱ 约翰·坎塔库津：《历史》，III, 28；波恩版，II, 175—179。
⑲ 我们现在已经拥有了 P. 查拉尼斯关于萨洛尼卡历史上这一动荡岁月的资料丰富的研究成果："14世纪拜占庭的内部斗争"（"Internal Strife in Byzantium in the Fourteenth Century"），《拜占庭》（布鲁塞尔），XV（1940—1941），208—230。
⑳ 《14世纪萨洛尼卡的兴起》，224。
㉑ 底米特里·辛多尼斯，引自查拉尼斯"14世纪拜占庭的内部斗争"，《拜占庭》（布鲁塞尔），XV（1940—1941），217。

了城市中的贵族,掠夺了他们的豪宅,建立了由狂热派成员组成的共和政府。1346年,城市中的混乱导致一场对贵族的血腥大屠杀。尼古拉斯·卡巴西拉斯是为数甚少的一个幸免于难者。甚至当坎塔库津同约翰五世巴列奥洛格达成协议之后,狂热党的政府仍在萨洛尼卡延续着,并"在某种程度上很像一个真正的共和国"[22]。狂热者们不接受君士坦丁堡的命令,萨洛尼卡作为一个独立的共和国,一直持续到1349年,这一年,约翰五世和坎塔库津依靠他们的联合军队终于成功结束了这个激进派的民主政体。

萨洛尼卡革命的真正原因还不是十分清楚。罗马尼亚历史学家塔弗拉里认为主要是城里人民经济上的窘境所致,他在狂热派中看到了为自由和未来更好的社会而斗争的勇士。[23]迪尔写道,"14世纪萨洛尼卡公社悲惨而又血腥的历史揭示了阶级间的斗争,富人同穷人的斗争,贵族和平民的斗争及其残暴性";这次斗争"把模糊的共产主义运动倾向引入歧途"[24]。另一方面,另一位历史学家仍然认为,在萨洛尼卡起义中,政治要素,即反抗约翰·坎塔库津党徒的斗争要超过社会要素。[25]这个问题值得进一步研究,但是表面上,似乎在萨洛尼卡革命中社会背景的因素占据了首要位置;然而,在那个时代,由于约翰五世和约翰·坎塔库津之间爆发的内战,社会问题往往与政治利益掺杂在一起。作为阶级斗争

---

[22] 塔弗拉里:《14世纪萨洛尼卡的兴起》,249。

[23] 塔弗拉里:《14世纪萨洛尼卡的兴起》,255、259—272;见查拉尼斯"拜占庭的内部斗争",《拜占庭》(布鲁塞尔),XV(1940—1941),221。

[24] 《拜占庭兴衰史》,20。夏尔·迪尔:"拜占庭文明"("Byzantine Civilization"),《剑桥中世纪史》,IV,760。

[25] 雅克文科文章,见《拜占庭年鉴》,XXI,3—4(1914),184。

的一个代表,在萨洛尼卡爆发的革命是中世纪社会问题的总体历史中最重要的现象之一。

由于帝国的内忧外患,拜占庭失去了贸易控制权。然而在土耳其人明确切断所有联系之前,君士坦丁堡像以前一样,仍是一个集中着来自各地区的货物,并有可能遇见各民族国家商人的中心。

14 世纪上半叶一位服务于巴尔迪贸易商号的佛罗伦萨代理商、同时也是一名作家的弗朗切斯科·巴尔都齐·佩戈洛蒂(Francesco Balducci Pegolotti)留下了关于在君士坦丁堡本地以及加拉泰和佩拉地区的商品和西方商人情况的珍贵资料。[26] 佩戈洛蒂提到了热那亚人、威尼斯人、波斯人、佛罗伦萨人、普罗旺斯人、加泰罗尼亚人、安科纳人、西西里人以及"所有其他外乡人"(*e tutti altri strani*)。[27] 14 世纪上半叶的一名勃艮第旅行者贝特朗东·德拉布罗基耶也写道,他在君士坦丁堡看到了各国商人,但是威尼斯人"更具优势";而在另一处记载中他也提到了威尼斯人,热

---

[26] 关于佩戈洛蒂,见 W. 海德《中世纪利凡特贸易史》,I,xvii—xviii。C.R. 比兹雷:《近代地理的曙光》,III,324—332。《不列颠百科全书》中有一篇文章是根据比兹雷的作品所写。H.J. 于勒(云南人民出版社中译本中,张绪山译作"裕尔"。——译者):《东域纪程录丛》(*Cathay and the Ways Thither*),II,278—308;H. 科迪耶主编,III,137—142。E. 弗里德曼(E. Friedmann):《佛罗伦萨中世纪商业活动的地理范围〈据巴尔都奇·佩戈洛蒂的贸易活动所见〉》(*Der mittelalterliche Welthandel von Florenz in seiner geographischen Ausdehnung〈nach der Pratica della mercatura des Balducci Pegolotti〉*),3—5。

[27] 弗朗切斯科·巴尔都奇·佩戈洛蒂:《贸易活动中的什一税和其他税收》(*La pratica della mercature della decima e delle alter gravezze*),III,24;阿兰·埃文斯编,xv—xxvi,并见佩戈洛蒂的资料,xxvi—1。当然,对于巴列奥洛格时期拜占庭贸易活动进行研究的最好的综合性资料是海德的《中世纪利凡特贸易史》,I,427—527,及 II。

第九章 拜占庭的灭亡

那亚人和加泰罗尼亚人。[28]在君士坦丁堡当然也有来自西方的(如亚得里亚海上的拉古萨)和来自东方的商人。君士坦丁堡的商业交往是真正国际性的。

但是贸易本身已不再为拜占庭人所操纵,而是完全转入了西方商人手里,主要是威尼斯和热那亚商人,在某种程度上也包括波斯人、佛罗伦萨商人和其他一些商人。从迈克尔八世统治时期开始,热那亚在拜占庭经济生活中占据了首要位置。热那亚人拥有免税权,被允许在加拉泰进行城市建设及设防,而且在爱琴海群岛、小亚细亚、黑海海岸、特拉布松,以及在克里米亚上的卡法(Caffa,即狄奥多西城[Theodosia])及顿河河口的塔纳地区都可以组建他们的商站和侨居地。[29]卡法尤其是拥有坚固的防御工事和详尽的行政管理条例(1449年)的繁荣而组织良好的城市。[30]拜占庭历史学家帕希梅利斯非常崇拜热那亚人,因为即使是冬天的

---

[28]《在另一个海上的航行》(*Voyage d'autremer*),舍费尔编,150、164。

[29] 见布拉提努努所著《13世纪热那亚人在黑海的商业活动研究》,关于13世纪热那亚在拜占庭帝国的商业活动一章中特别重要的记载,108—154。关于14世纪威尼斯人与特拉布松人之间的贸易契约,见 D.A.扎基希诺斯《特拉布松的阿列克修斯三世科穆宁皇帝赐予威尼斯人以特权的金玺诏书》(*Le Chrysobulle d'Alexis III Comnène empereur de Trébizonde en faveur des Vénetiens*),4—12。

[30] 关于1449年这一特别有趣现象的记载出于 V.于尔格维奇(V. Yurguevich)发于《奥德萨历史和考古学会通报》(*Transactions of the Historical and Archeological Society of Odessa*)上的文章,V[1865],631—837;以及 P.维格纳(P. Vigna)发于《利古里亚国家历史学会会刊》(*Atti della Società Ligure di Storia Patria*)中的文章,VII[2],567—680。关于热那亚人在卡法的碑铭文献,见埃林娜·斯克尔金斯卡(Elena Skerzinska)"克里米亚的热那亚人侨居地的拉丁文碑铭"("Inscriptions latines des colonies genoises en Crimée"),《利古里亚国家历史学会会刊》,LVI(1928),1—180。关于1449年的行政法令,见 A.A.瓦西列夫《克里米亚的哥特人》,226—227。

风暴也不能阻止他们的船只在黑海上航行。威尼斯也拥有免税权,在两个强大的政权热那亚和威尼斯之间一直存在着政治和经济上的敌对状态,有时还会导致暴力战争。拜占庭在这些战争中的位置是极为微妙的。13世纪末,当1291年十字军在叙利亚的最后一个堡垒圣让达克落入了埃及苏丹手中时,威尼斯也就丧失了其在地中海东南部的贸易权;此后,威尼斯为夺回它在拜占庭、爱琴海和黑海的经济优势而集中全力在北方同热那亚进行残酷的斗争。关于佛罗伦萨和君士坦丁堡之间经济联系的新证据表明,这种商业活动是非常活跃的且主要是谷物方面的贸易。

所有这些西方商人在拜占庭人进行的商业活动,其利润已经不再由拜占庭控制,而是掌握在西方商人自己手中;巴列奥洛格王朝在经济上完全依赖富裕的,进取性极强的那些西方的商业共和国和城市。在经济上,巴列奥洛格并没有控制帝国。

在拜占庭货币上也可看到意大利人的影响。14世纪在安德罗尼卡二世、安德罗尼卡三世和约翰五世时期,出现了一次以佛罗伦萨的货币为模式的币制改革的尝试。威尼斯的形式也可能被考虑过。拜占庭帝国最后的金币是在曼纽尔二世时期铸造的,也许是为了庆祝他的加冕,在金币图案上是复国后的君士坦丁堡城墙

乔治·帕希梅利斯:《安德罗尼卡·巴列奥洛格》,波恩版,I,419—420。

W.海德所不可能得到的13—14世纪的一些文献在R.戴维森的《佛罗伦萨历史研究》(Forschungen zur Geschichte von Florenz)中可以看到,见该书III,69—70(no. 315)、135(no. 686)、193(no. 974)。亦见弗里德曼《佛罗伦萨中世纪商业活动的地理范围》,26。当然,一些15世纪的文献亦可见于J.米勒的著作《关于托斯卡纳地区城市与东方基督教世界和土耳其世界联系的文献》(Documenti sulle relazioni delle città toscane coll' Oriente Cristiano e coi Turchi),149—150、162—163、169—177、283—284。

第九章　拜占庭的灭亡　　1051

围绕着的圣母教堂。人们没有看到过拜占庭最后一个皇帝君士坦丁十一世时发行的货币。㉝ 有一种理论认为在曼纽尔二世和约翰八世期间，拜占庭实行了一次银本位制的改革。㉞ 但这种观点没有被证实。

西方在拜占庭的经济势力由于奥斯曼土耳其的胜利进军而结束了；土耳其人逐渐控制了君士坦丁堡和帝国的其他地方，特拉布松和黑海北岸地区。

拜占庭帝国的内政外交虽然江河日下，但人们诧异地读到了一位匿名作者（有人认为此人是科迪努斯，但显然是错误的）对于14世纪的拜占庭宫廷官员情况的一些描述文章。这部论述描述了拜占庭宫廷高官显贵们绚丽多彩的服饰、风格迥异的头饰、他们的鞋子和所佩装饰物；还有对于宫廷礼节、加冕仪式和官员晋升到不同级别的仪式细节。该作品是对10世纪那部著名的关于拜占庭宫廷礼仪一书内容的补充。10世纪，是帝国权力最辉煌的时期，这一著作的出现是可以理解的和必不可少的。但是在14世纪帝国最后崩溃的前夕，出现这么一部类似的著作，实在是让人费解，该作品也揭露了拜占庭末代王朝皇帝们的宫廷中显然被一种短视无知的风气所主宰。克伦巴赫也对14世纪出现这么一份著

㉝　W.若斯：《大不列颠博物馆藏拜占庭货币目录》，I，lxviii—lxxv；II，635—643。A.布兰切特："拜占庭皇帝所发行的最后的货币"（"Les dernières monnaies d'or des empereurs de Byzance"），《钱币学评论》（Revue Numismatique），IV，4（1910），89—91。亦见 E.施泰因在"晚期拜占庭立法与经济研究"（"Untersuchungen zur spatbyzantinischen Verfassungs-und Wirtschaftsgeschichte"）中所提到的关于巴列奥洛格时期拜占庭钱币的一些有趣的片断，《奥斯曼历史通报》，II（1924），11—14。

㉞　布兰切特，"拜占庭皇帝所发行的最后的货币"，《钱币学评论》，IV，4（1910），14—15。

作感到困惑,他讽刺道:"也许,这大概可用一句中世纪希腊谚语加以概括,'世界末日即到,吾妻犹在购置新装'。"[39]

学术、文献、科学和艺术

从政治和经济方面看,巴列奥洛格统治时期的帝国的确处于一片危机之中。在奥斯曼土耳其人进逼下,帝国节节败退,领土越来越少,最后只余君士坦丁堡及其周围地区,还有莫里亚。很明显,帝国既没有合适的时间和空间,也没有合适的条件来推动文化的发展。然而,事实上,14、15世纪处于衰败中的帝国,特别是君士坦丁堡,却是一个充满活跃气息的学术和艺术活动的中心。君士坦丁堡的学校仍然像这个城市最辉煌的时代那样繁荣,这里的学生不仅来自遥远的希腊地区,如斯巴达和特拉布松,甚至还来自正处于文艺复兴高潮时期的意大利。以杰米斯图斯·普勒桑为首的哲学家,解释了亚里士多德和柏拉图的思想。那些研究着最好的古典著作的样本,并努力使自己同古典风格相匹配的修辞学家和文献学者们,吸引了成群结队的热情听众和追随者,在他们的活动和兴趣中,出现了一些堪与意大利人文主义相媲美的学者。许多历史学家描绘了帝国的末日。以静修派运动为标志的活跃的宗教生活以及同罗马教会联合的问题都在文学、教会教义、神秘主义和修辞学作品中留下了痕迹。在诗歌创作中也表现出了一种复苏。文学复兴紧跟着是艺术的复兴,留下了极富价值的丰碑。除

---

[39] 克伦巴赫:《拜占庭文献史》,425。

了君士坦丁堡外,米斯特拉-斯巴达也因活跃的学术活动而闻名。14世纪是萨洛尼卡城在文学和艺术上的黄金时代。[35]

总之,在帝国的政治和经济衰退时期,希腊文明看起来似乎在聚集着它所有的力量展现古典文化的勃勃生机,并为将来19世纪希腊的复兴奠定了基础。一名历史学家这样说过:"在它就要灭亡的前夕,所有的希腊人似乎在重新积聚了她的聪明才智和力量,焕发着最后一道璀璨的光芒。"[36]

帝国家族的许多成员都以其学识而著称于世,巴列奥洛格和坎塔库津就是这样的人。迈克尔八世写了一些有利于教会联合的论文和涉及一些重要殉道者的教规,还留下了一部非常有趣的自传[37],该自传的手稿现藏于莫斯科的教会图书馆;他还曾在君士坦丁堡创建了一座语法学校。长者安德罗尼卡热爱文学和艺术,是学者和艺术家们的恩主。一些学者肯定,他对学者和艺术家们的保护优化了当时的艺术氛围,从而出现了如君士坦丁堡霍拉*修

---

[35] 米勒:《关于拉丁东方的论文》,278—279。塔弗拉里:《14世纪的萨洛尼卡》,149—169。

[36] E.拉维斯(E. Lavisse)和 A.兰姆鲍德(A. Rambaud):《自4世纪起至当代通史》(Histoire générale du IVe siècle à nos jours),III,819。夏尔·迪尔:《拜占庭艺术手册》,II,750。譬如,仅以15世纪初拜占庭的辩论家约瑟夫·布莱昂纽斯的作品为基础而写的,对于巴列奥洛格时代之文化的模糊而带有偏见的描述,见于 L.厄科诺摩"据约瑟夫·布莱昂斯所记载所见14世纪中期拜占庭的文化和精神",《迪尔研究文集》,I,225—233;特别是226;文化和精神生活的日趋衰落。亦见 N. H.贝恩斯在《希腊研究杂志》,LII(1932)上发表的一篇相当不错的评论。

[37] 该自传的一些部分被查普曼译成了法文,见《迈克尔·巴列奥洛格(1261—1282年),拜占庭帝国的光复者》,167—177。

* 对霍拉修道院内壁画和镶嵌画的研究(附有精美图版)已经于2001年由英国牛津大学著名拜占庭艺术和考古史学家西里尔·芒戈出版。——译者

道院(今卡里耶清真寺)那样的优秀艺术和镶嵌画作品。[39] 曼纽尔二世还特别因其所受的教育和文学天才而著称。作为一位优秀的神学家、研究古典学的权威、机敏的演说家、杰出的修辞学家,曼纽尔留下了许多作品:一篇描述圣灵之产生的论文,一篇攻击伊斯兰教的文章,一些就不同主题发表的演说,以一种相当诙谐的风格所写的对于"一幅皇家壁毯上所织造的春天的描述",以及写给他那个时代许多著名人士的重要信件,这些信件有的写于他被迫滞留于土耳其宫中时,也有的写于他在欧洲旅行时期。所有这些出于曼纽尔笔下的现存手迹共有 109 篇论文和书信。[40]

但是,就文学活动来看,在皇帝中居于首位的当属约翰六世坎塔库津,他在被迫逊位后即以约瑟夫的教名退隐于一座修道院,从事科学和文学的写作,以排遣自己的孤独。他的主要文学著作是四卷本的《历史》,或者可以说是"回忆录",它囊括了自 1320—1356 年的历史,为其以后的历史著述提供了重要的史料。作者在前言中说,他所要写的,都是历史的真实[41],但是,他在记载自己参与的事件时背离了自己的宗旨,也许是无意识的。他极力为自己受的责难开脱,并极力褒扬自己和他的朋友及同伙;与此同时,他试图贬低、嘲笑和污蔑他的政敌。坎塔库津是唯一撰写详细回忆

---

[39] D. 阿伊那洛夫(D. Aïnalov):《14 世纪的拜占庭绘画》(*The Byzantine Painting of the Fourteenth Century*),132—133。

[40] 贝格尔·德希弗里(Berger de Xivrey):"皇帝曼纽尔·巴列奥洛格对自己生活与事业之回忆"("Mémoire sur Manuel Paléologue"),《法兰西学院回忆录》,XIX(2),1。L. 佩迪(L. Petit):"曼纽尔二世巴列奥洛格",《天主教神学辞典》,IX(2),1925—1932。曼纽尔的作品没有能全部出版。一些零星信件和论文上面已经引用。

[41] 《历史》,前言;波恩版,I,10。

第九章 拜占庭的灭亡

录的拜占庭皇帝,而且,尽管他对历史事件的评论带有偏见,它们却成为了对于14世纪巴尔干半岛复杂的历史及斯拉夫人,特别是巴尔干地区的地理状况进行研究的十分重要的资料来源。坎塔库津也写了一些神学著作,其中,大部分还没有出版。例如,其中与巴尔拉姆、犹太人和穆斯林争论方面的论文。约翰·坎塔库津将他对文学的兴趣传给了他的儿子马休,后者在父亲下台后,也被迫穿上了修士的黑袍,他亦写了一些神学和修辞学方面的文章。

巴列奥洛格时代产生了一群重要和天才的历史学家,他们专门记载和解释了当时的悲剧性事件。历史学家帕希梅利斯(1242—1310年)学识渊博,在希腊人驱逐了拉丁人后,才由尼西亚来到君士坦丁堡。由于所占据的高官位置,帕希梅利斯可以根据可信的官方文献补充他自己的观察。他是一个热情的希腊民族精神的代言人,因此,他反对与西方教会联合的主张。除了他的一些修辞学和哲学方面的论著、以六韵节文字写的自传及一些书信外,他还是一部非常重要的历史著作的作者,该著作记载了自1261年至14世纪初年(1307—1308年)的历史。这是研究迈克尔八世时期及长者安德罗尼卡统治时期所需要的主要资料。在拜占庭历史学家中,帕希梅利斯是第一位主要关注他那个时代细微复杂的宗教教义争论的人。克伦巴赫写道:"这些人,似乎害怕谈及帝国政治生活中引人烦恼的事件,企图在抽象的对宗教问题的研究中获得安慰和放松,而这类宗教问题当时扰乱了所有人的思想。"[94]帕希梅利斯所写的历史中一个最有趣的部分是对罗杰·德

---

[94] 克伦巴赫:《拜占庭文献史》,288。

弗洛尔之加泰罗尼亚兵团的描述,它与加泰罗尼亚编年史家蒙塔内尔的描述恰形成重要的对比。[93] 帕希梅利斯的作品中,荷马时期的语言与神学概念及各种外来的或民间使用的语言相混杂,充满了对于古典写作风格的八股式的模仿;帕希梅利斯甚至模仿人们很少能知道的阿提卡语称呼各个月份,而不使用通行的基督教历中的月份名称,显然使其作品失之清晰。帕希梅利斯的一些作品至今仍然没有出版,甚至他的主要历史著作也仍然需要有一部批判性的版本。[94]

14世纪早期,尼斯福鲁斯·卡利斯图斯·克山索普罗斯撰写了他的《基督教会史》,他的原初计划可能是要将这部历史写到他所生活的时代,但是,在记载了911年的事件后,他的记载中止了。他的著作只有涉及基督之诞生到7世纪初期之事件的部分目前保

---

[93] 见A.鲁比奥·伊·卢克(A. Rubió i Lluch)写的一篇极好的文章"帕希梅利斯与蒙塔内尔",《加泰罗尼亚研究所历史考古分部,回忆录》(*Secció historico arqueologica del Institut d'Estudis Catalans, Memories*),I(1927),33—60。

[94] 见A.海森伯格"乔治·帕希梅利斯的一份手稿"("Eine Handschrift des Georgios Pachymeres"),收于他的作品《巴列奥洛格时期的文学》(*Aus der Gcschichte und Literatur der Palaiologenzeit*),3—13。关于帕希梅利斯的手稿可见于耶路撒冷图书馆。见《拜占庭与当代希腊年鉴》,II(1921)227。亦见克伦巴赫《拜占庭文献史》,288—291;以及蒙特拉蒂奇(Montelatici)《拜占庭文献史》224—225。更近期的作品,见V.劳伦特(V. Laurent)"乔治·帕希梅利斯的拜占庭历史手稿"("Les Manuscrits de l'Histoire Byzantine de Georges Pachymère,"),《拜占庭》(布鲁塞尔),V(1929—1930),129—205:"十篇历史手稿的编辑、描述和引用的历史。"劳伦特:"乔治·帕希梅利斯关于拜占庭历史的两篇新发现的手稿",《拜占庭》(布鲁塞尔),XI(1936),43—57;有两篇新增加的手稿。

存得比较完整。他也写了教会的诗歌、赞美诗和其他一些作品。[36]

14世纪也有一位描写拜占庭之最后两个世纪历史的最伟大的学者和作者尼斯福鲁斯·格雷戈拉斯,他参与了静修派的争论活动。他拥有广博的知识、能言善辩,而且有着坚强的性格,他几乎比拜占庭巴列奥洛格时期所有的精英都更优秀,甚至可以将他随意与西方文艺复兴时期最优秀的代表相比。他接受过绝好的教育,十分熟悉古典学术传统,而且热衷于研究天文,他甚至向皇帝提交了一份进行历法改革的建议。在从事了多年成功的教学活动之后,格雷戈拉斯积极地投入了他那个时代的激烈神学争论之中,并写了许多著作,其中相当一部分还没有出版。[36] 他起初是卡拉布里亚的修士巴尔拉姆的强大对手,但渐渐地转变立场,站到了联合派一方;为此,他多次受到当权者的严酷迫害甚至被打入囚牢。格雷戈拉斯很可能是在1360年前后结束了他轰轰烈烈的生涯。他的作品几乎涉及拜占庭学术的所有领域——神学、哲学、天文、历史、修辞学和语法等。其中最为重要的作品是他的庞大的37卷本的罗马史,覆盖了自1204年到1359年,即尼西亚时期和拉丁帝国时期以及前四任巴列奥洛格皇帝及约翰·坎塔库津时期的历史。他对于1204年以前的历史做了简要的概括,而详细的历史记载,包括对于他那个时代之教义争论的记载,则由这一年开始。格

---

[36] 克伦巴赫:《拜占庭文献史》,291—293。亦见蒙特拉蒂奇《拜占庭文献史》,226。亦见M.朱吉"尼斯福鲁斯·卡利斯图斯·克山索普罗斯",《拜占庭》(布鲁塞尔),V(1929—1930)。朱吉在这里发表了尼斯福鲁斯的十首教会诗篇。

[36] R.居兰德:《论尼斯福鲁斯·格雷戈拉斯》,xxxii—xxxiii。居兰德:《尼斯福鲁斯·格雷戈拉斯的书信集》,xii—xviii。

雷戈拉斯情不自禁地详细描述了宗教争论的细节,在这一宗教争论中,他是主要参与者之一;因此,他所写的历史明显地反映了他自己的情绪,难免带有一些偏见。也许,他的历史更应该属于一部回忆录,而不是一部历史。人们可以认为,它是"一部对于波澜壮阔的宗教斗争进行了主观描绘的画卷"。学者们在谈到格雷戈拉斯的重要性时,意见颇不一致。克伦巴赫称他是"拜占庭最后两个世纪中最伟大的博学者";蒙特拉蒂奇将他描写为"他那个时代最伟大的学者"。最近研究格雷戈拉斯之生平的一位学者居兰德,不同意克伦巴赫的意见。他写道:"格雷戈拉斯确是如克伦巴赫所喜欢称呼的那样,是巴列奥洛格时代最伟大的博学者吗?不,他是14世纪拜占庭的一位最杰出的作者,但不是最伟大的……格雷戈拉斯不是最伟大的,但却是这个世纪最伟大的作者,而这个世纪尽管在拜占庭文明史上乃至于欧洲文明史上都十分重要,却仍然寡为人知。"无论如何,格雷戈拉斯之学识的广博是令人惊讶的,而且,在拜占庭历史上很难找到与这位拜占庭文艺复兴时期的天才代表相媲美的人物。

15世纪重要的政治事件在当时的历史文献中留下了相当多的痕迹。约翰·卡纳努斯(John Canacns)写了一篇文章记载了1422年土耳其人对于君士坦丁堡的不成功的围攻。卡纳努斯使

㊆　克伦巴赫:《拜占庭文献史》,293—296。居兰德:《论尼斯福鲁斯·格雷戈拉斯》,236—238。

㊆　《拜占庭文献史》,288。将熟悉许多领域之知识的学者被称为"博学者"。

㊆　《拜占庭文献史》,225:"il più grande erudito del suo tempo"。

㊆　居兰德:《论尼斯福鲁斯·格雷戈拉斯》(*Essai sur Nicéphorus Grégoras*),296。

用了几乎接近于民族口语的文字,将首都君士坦丁堡之摆脱围困的事件归因于圣母显灵的神迹。也许,约翰·卡纳努斯也是一篇极其简明的旅行记的作者,他记载了自己在德意志、瑞典、挪威、利沃尼亚甚至远到冰岛的旅行历程,而这部游记曾经被认为是卡纳努斯·拉斯卡利斯的作品。㊿

作家约翰·阿纳格诺斯特斯(John Anagnostes)留下了对于1430年土耳其人攻击萨洛尼卡事件的真实记载。与卡纳努斯不同的是,阿纳格诺斯特斯严格地对于文学写作的手法循规蹈矩,十分小心地保持其使用之希腊语的纯正。

对于1453年君士坦丁堡之陷落这一深刻震撼了其当代人的最后事件进行了记载的有四位作者,他们的作品各有其不同的立场和价值。这些,我们已经讨论过了。但是,这四位作者——乔治·弗兰策、杜卡斯、劳尼科斯·卡尔科康迪勒斯,以及克利托布鲁斯——所留下的资料,不仅可以用来研究君士坦丁堡之陷落,而且可以用于巴列奥洛格王朝的整个时期。

弗兰策的编年史现存两种版本,一个是简本,另一个相当详细。那部简本,通常被称为"迷你"(minus)本,仅记载了1413—1478年的事件,而那部详本(maius)即弗兰策所著《历史》包括了自1258—1478年间的重要事件;它之开端是尼西亚帝国的末期,

---

㊿ 卡纳努斯·拉斯卡利斯:《北欧诸国游》(*Reseanteckningar fran nordiska länderna. Smärre Byzantinska skrifter*), V. 伦茨特罗姆(V. Lundstrom)编, 14—17; A. A. 瓦西列夫编: "拉斯卡利斯·卡纳诺斯, 15 世纪游历北欧和冰岛的拜占庭旅行家" ("Laskaris Kananos, Byzantine Traveler of the Fifteenth Century Through Northern Europe and to Iceland"),《纪念 V. P. 布泽斯库尔文集》(*Essays Presented to V. P. Buzeskul*), 397—402。克伦巴赫:《拜占庭文献史》, 422。

其结束则于土耳其人攻击君士坦丁堡之时;在围城期间,他本人就在城内,因此,作为一位目击者,他做了很详尽的记载。君士坦丁堡陷落后,他被土耳其人搜捕。后来,他被赎出,一度逃至当时还没有被土耳其人攻占的米斯特拉。在土耳其人征服伯罗奔尼撒半岛之前,弗兰策逃到了当时仍然属于威尼斯人的科孚岛上。他在一所修道院中皈服了圣道,取名格雷戈利乌斯(Gregorius),在一些科孚名流人士的要求下,写下了自己的这部历史。[59] 由于弗兰策作为巴列奥洛格王朝之廷臣的经历,并且与该王朝有着密切的关系,这就决定了弗兰策成为巴列奥洛格家族的御用历史家,他经常夸耀他们的才能而掩盖他们的过失。弗兰策之作品的显著特点是他对土耳其人的恨、对于正教会的虔诚与崇敬以及对巴列奥洛格王朝的忠心不二。尽管他有着一些偏见,但这部著作,作为一部由接近其所记载事件的目击者的作品,是非常重要的,特别是关于约翰八世统治时期以后的记载尤其重要。弗兰策的写作风格简朴无华,其中有一些土耳其和意大利用语。一位研究弗兰策的传记作家评价道:"尽管他基本上是一位国务官员——这本身就构成了他所写的历史之价值——但他像多数拜占庭历史学家一样,拥有丰富的文学知识。"[60]"国务官员"(A Man of Affairs)一词意指弗兰策与君士坦丁十一世的个人和国家事务,以及帝国面临的实际

---

[59] W. 米勒:"历史学家杜卡斯和弗兰策"("The Historians Doukas and Phrantzes"),《希腊研究杂志》,XLVI(1926),70。

[60] 米勒,"历史学家杜卡斯和弗兰策",《希腊研究杂志》,XLVI(1926),71。学者们对于他的两部著作进行研究后,在此基础上提出了问题,即弗兰策是否的确是那部详细编年史的作者。J.B.法勒尔·帕帕多布鲁斯(Faller-Papadopoulos):"弗兰策是另一部长编年史的作者吗?"《保加利亚考古学研究所通报》,IX(1935),177—189。

第九章 拜占庭的灭亡

状况等有着密切的关系。

杜卡斯是小亚细亚的希腊人,他"以一种略作修饰的希腊口语"[53]记载了1341—1462年的历史事件,即由约翰五世即位到土耳其人征服莱斯博斯岛之时。在其著作的开卷几页,他简略地记载了自亚当开始的编年史;最后三位巴列奥洛格统治时期的历史在书中记载得尤为详尽。尽管他是地地道道的希腊正教徒,但还是接受了与罗马的和解,认为这是拯救帝国于危难之中的唯一途径。杜卡斯几乎一生都在为一位统治莱斯博斯的热那亚人做事,但他却从来没有与希腊人民中断联系。他以深切的悲哀注视着他们的末日,而且,他对君士坦丁堡之陷落的描写是以一首哀歌结尾的,其中的一个片断我们在前面已经引用了。杜卡斯的著作并不仅仅以希腊文本保存下来,还有一部意大利文的版本,在这一版本中,有数处补充的部分是希腊原文版中不曾有的。[54] 一位研究杜卡斯的传记作者说道:"公平地说,尽管杜卡斯表现出了他的爱国主义思想,但他的作品的沉稳、平实、凝练,却使他成为人们真实无误地理解历史人物和事件的优秀向导。"[55]杜卡斯的最近一位传记作者评论道:"杜卡斯是一位值得研究的作者;因为他忠于史实,而且,有时候——在多数情况下——他是目击者,按照历史学家的眼光看,这就远远超过了他的文字风格上的缺陷,而他的文风的粗

---

[53] 克伦巴赫:《拜占庭文献史》,306;蒙特拉蒂尼:《拜占庭文献史》,231。

[54] 迈克尔·杜卡斯著作的意大利文版本,而不是希腊文版本,可见于波恩版《拜占庭文献大全》。

[55] E.切尔努索夫(E. Chernousov):"杜卡斯,一位拜占庭衰落之际的历史学者"("Ducas, One of the Historians of the Fall of the Byzantium"),《拜占庭年鉴》,XI(1914),221。

糙,曾经激起了不够完善的波恩大全的编者的勃然大怒。"[57]

劳尼科斯·卡尔科康迪勒斯(或卡尔科坎迪勒斯),或者是以它的简写形式:卡尔康迪勒斯(Chalcodyles)[58]。他是雅典人,他的作品之核心内容不是关于巴列奥洛格宫廷,也不是君士坦丁堡,而是关注新兴的、朝气蓬勃的奥斯曼土耳其帝国。他写了一部10卷本的《历史》,记载了自 1298—1463 年,或者更确切地说,至 1464 年年初的事件;[59]他不仅记载了巴列奥洛格王朝的历史,也记载了奥斯曼人和他们的统治者们的历史。劳尼科斯曾经被迫逃出雅典,在伯罗奔尼撒半岛居住到土耳其人征服时期,然后到了意大利,或者更可能是到了克里特,在克里特完成了他的著作。劳尼科斯仿效修昔底德和希罗多德的文风,是一个典型的,只能从文字上模仿古典语言,却难以理解其精义的希腊人。他像修昔底德那样,纯属想当然地让他笔下的人物发表演说。他所记载的欧洲一些民族和国家的资料,通常是相当不准确的。[60] 最近一位研究劳尼科斯的学者认为:"在民族仇恨怒火熊熊燃烧的这片世界土地上,他

---

[57] 米勒:"历史学家杜卡斯和弗兰策",《希腊研究杂志》,XLVI(1926),63。

[58] Chalcocondyles 意即"笔锋锐利者"(有着黄铜笔尖的人,转意为"厚颜无耻"。——译者),而 Chalcondyles 意为"拥有黄铜烛台的人"。他的首名 Launikos 与 Nikolaos,Nicholas 是一致的。

[59] 米勒:"雅典的最后一位历史学家:劳尼科斯·卡尔科康迪勒斯",《希腊研究杂志》,XLII(1922),37。亦见 L. 坎普罗戈鲁斯(L. Kampourroglou)《卡尔科康迪勒斯专论》(Οἱ χαλκοκονδύλαι. Μονογραφία),104—171。

[60] E. 达科(E. Darkó):"劳尼科斯·卡尔科康迪勒斯生平新探"("Neuere Beiträge zur Biographie des Laonikos Chalkokondyles,1927"),《1927 年第二届国际拜占庭研究大会文集》,25—26。亦见 K. 迪特里奇《对于地球与文化认知的起源和研究》(Quellen und Forschungen zur Erd-und Kulturkunde),II,124—125。瓦西列夫:"拜占庭文献中的百年战争和贞德",《拜占庭》(布鲁塞尔),III(1926),242—248。

第九章 拜占庭的灭亡

以少有的公允态度描述了他的祖国之大敌的起源、组织和成功,他还将他的笔触伸展到希腊帝国疆域以外的世界,以一种节外生枝的好奇心,仿效希罗多德的文风,深入到塞尔维亚人、波斯尼亚人、保加利亚人和罗马尼亚人中间;他还写了东南欧以远的国家——包括匈牙利、德意志、意大利、西班牙、法兰西和英格兰等地的风土人情。这种广博性证实了一种批评意见,即'他具有刺激人们的好奇心从而引起众人注意力的天才,使得我们在读他写的书时不至于感到困倦。'"㉚

最后一位是克利托布鲁斯,他不成功地模仿了修昔底德的文风,于1451—1467年为穆罕默德二世写了一部曲意奉迎的历史作品。

巴列奥洛格王朝的时代,虽然产生了几位历史学家,但几乎没有多少编年史家。在14世纪,只有一位编年史家,即伊弗雷姆(Ephraim),他以韵文体写了一部编年史(大约有 100 000 行),包括了自朱利乌斯·恺撒时期至迈克尔·巴列奥洛格于1261年复国期间的历史。但从历史的角度看,这部编年史毫无用处。

教会联合在巴列奥洛格王朝时期成为特别紧迫的问题,达成了两次正式的联合,导致了长期而激烈的"静修派"争论,刺激了神学和辩论文学的蓬勃发展。辩论文学的发展产生了数个对于联合和静修派运动取赞成态度或反对态度的一批作者;其中一些人前面已经有所交代。

㉚ 米勒:"雅典的最后一位历史学家:劳尼科斯·卡尔康迪勒斯",《希腊研究杂志》,XLII(1922),38。

在赞成联合一派中,应该提到三位作者兼活动家,他们是:死于13世纪末期的约翰·贝库斯,生活于14世纪的底米特里·辛多尼斯和15世纪著名的、知识广博的神学家,尼西亚的贝萨里翁。

约翰·贝库斯与迈克尔·巴列奥洛格是同时代人,他起初反对与罗马和解,并抵制迈克尔的教会策略。因此,他激怒了皇帝,皇帝无视他居有很高的教职,将他投入监狱。据资料披露,贝库斯是一个受过良好教育、有杰出才智的学者。一位希腊历史学家讲:他"学识渊博、经验丰富,具有杰出的辩才,足以使(这场)宗教分裂活动停止。"[362]另一位14世纪的历史学家称他是一个"聪明绝顶的人、雄辩术和智慧的大师,他具有同时代任何人所不具备的天才……他思维敏捷、出口成章,熟悉教会规章律法,其他那些人在他面前只不过是乳臭未干的幼童。"[363]尼西亚时期的尼斯福鲁斯·布莱米底斯的著作,使他改变了自己的宗教思想倾向。他开始成为赞同联合的人。迈克尔八世将他扶上了君士坦丁堡牧首的宝座,一直到安德罗尼卡二世破坏了教会联合,罢免了他,并将他投入监牢死去。贝库斯的最长的一部专著是:《论古罗马和新罗马教会之联合与和平》,文中,作者企图证明,希腊教父们已经承认了拉丁教会的教义,但是,后来以佛提乌为首的希腊神学家们亵渎了它们。贝库斯也论证了所谓圣灵的发展过程。他还以上述风格写了其他的神学论文。对于后来追随其联合立场的人们来说,贝库斯

---

[362] 乔治·帕希梅利斯:《迈克尔·巴列奥洛格》,V,24;波恩版,I,403。
[363] 尼斯福鲁斯·格雷戈拉斯:《历史》,V,2,5;波恩版《拜占庭文献大全》,I,128—129。

第九章　拜占庭的灭亡

的著作是他们能够从中汲取所需资料的丰富源泉。[64]

底米特里·辛多尼斯是巴列奥洛格王朝统治时期的一位天才的神学和修辞学作者。他于14世纪初出生于萨洛尼卡,死于15世纪初,因此他几乎活了整整一个世纪。[65]在米兰时,他逐渐地全面掌握了拉丁语言和文学。他相继在萨洛尼卡、君士坦丁堡和克里特生活,并获得威尼斯市民资格[66],最后他死于一座修道院。辛多尼斯积极参与了他那个时代的宗教争论问题,热衷于同罗马实现和解。在他的作品中,表现出他比许多同时代人更精通拉丁语,并且能够使用最著名的西方著作家和学者们的著作。他写了许多论述不同问题的神学、修辞学以及哲学方面的文章。[67]在辛多尼斯的著作中有一篇文章论及"圣灵的发展进程",显然不是他的作

---

[64] A.D.佐托斯(A.D.Zotos):"新罗马——君士坦丁堡牧首约翰·贝库斯"(Ἰωάννης ὁ Βέκκος πατριάρχης Κωνσταντινουπόλεως Νέας Ῥώμης)。

[65] 见G.卡梅利(G.Cammelli):"底米特里·辛多尼斯:生活和作品概要"("Demetrio Cidonio:Brevi Notizie della vita e delle opere"),《意大利古典文献研究》(Studi Italiani di filologia classica),N.S.I(1920),144—145;辛多尼斯出生于1300—1310年,一直活到大约1403—1413年。居兰德:《尼斯福鲁斯·格雷戈拉斯书信集》(Correspodance de Nicéphore Grégoras),325—327,认定辛多尼斯死于1400年。M.贾吉:"底米特里·辛多尼斯与14—15世纪的拉丁神学"("Démétrius Cydonès et la theologie latine à Byzance aux XIVᵉ et XVᵉ siècles"),《东方之声》,XXXI(1928),386—387,指出辛多尼斯出生于1310—1320年间,死于1399—1400年。最新、最详细的一部传记是由G.卡梅利所写《底米特里·辛多尼斯,通信集》(Démétrius Cydonès, Correspodance),v—xxiv。

[66] 关于辛多尼斯的威尼斯市民权问题,见R.洛恩内兹(Loenertz)"底米特里·辛多尼斯,威尼斯市民"("Démétrius Cydonès, citoyen de Venise"),《东方之声》,XXXVII(1938),125—126。

[67] 居兰德:《论尼斯福鲁斯·格雷戈拉斯》,327—331。

品,而是他的一个学生曼纽尔·卡勒卡斯(Manuel Calecas)的作品。[68] 除了其他一些作品外,辛多尼斯还将托马斯·阿奎那的著名神学著作《神学大全》由拉丁语译成了希腊语。这一翻译作品至今还没有出版。一位大公教会的信徒如此评价:"这一部使得圣托马斯以大马士革的圣约翰之口气说话的力作曾经在图书馆的尘埃中埋没了四个世纪之久。这难道也是它未来的命运吗? 难道我们就找不到一个既是托马斯主义者又是希腊主义者的一个神学家或者一个使徒去向希腊教会传播辛多尼斯为未来社会准备的遗产吗?"[69]难道这一译著不是"引导东西方教会联合的向导吗?"

在辛多尼斯的讲演中,似乎应该注意两篇"商讨式的"演说词,其中描述了面对土耳其人的危险时,君士坦丁堡城内的居民之忧患情绪,讨论了迁徙至西欧的可行性,督促希腊人和拉丁人联合其全部力量抵抗共同的敌人。[70]

但是,14 世纪文化史上的最重要问题,是辛多尼斯的大量通信。其中多数还没有得到出版;在 447 封信中,只有 51 封得以印

---

[68] 这是近期一位意大利学者 G. 梅尔卡第发现的。见 M. 朱吉"底米特里·辛多尼斯",《东方之声》,XXXI,(1928),385。

[69] E. 布维(Bouvy):"圣托马斯,其著作的拜占庭翻译者"("Saint Thomas. Ses traducteurs, byzantins"),《奥古斯丁杂志》(*Revue augustinienne*),XVI(1910)。407—408。亦见 M. 拉克尔(Rackl)"底米特里·辛多尼斯,圣托马斯·阿奎那的辩护者和翻译者"("Demetrios Kydones als Verteidiger und Uebersetzer des hl. Thomas von Aquin"),《天主教会。天主教神学与教会生活》(*Der Katholik. Zeitschrift für Katholische Wissenschaft und Kirchliches Leben*);XV(1915),30—36。朱吉:"底米特里·辛多尼斯",《东方之声》,XXXI(1928),148。

[70] G. 卡梅利:"最新底米特里·辛多尼斯演说精选"("Demetrii Cydonii orations tres adhuc ineditae"),《拜占庭与当代希腊年鉴》,III(1922),67—76;IV(1923),77—83,282—295。

第九章　拜占庭的灭亡

刷出版。在他的通信集中,可以提到的有曼纽尔二世(32 封信),约翰·坎塔库津(11 封信),对于这位约翰,他在信中满是友好的语汇,此外,还有与他那个时代另外一些名人的通信。⑳

只有辛多尼斯的所有信件得以出版,学者们才可能期望对于他的生平和全部著作进行研究。此外,如果不能对这一新的资料进行细致深入的研究,拜占庭最后几个世纪的希腊文明史也很难得到完全的了解和足够的评价。这一研究不仅涉及希腊文明,而且将揭示拜占庭和意大利文艺复兴之间的文化联系,而辛多尼斯恰巧密切地与此一问题有关。14 世纪末期一位意大利文艺时期的最著名代表人物克鲁乔·萨卢塔蒂*(Coluccio Sautati)曾经给

---

⑳ G.卡梅利:"14—15 世纪的拜占庭人,底米特里·辛多尼斯书信研究"("Personaggi bizantini dei secoli XIV—XV attraverso le epistole di Demetrio Cidonio"),《贝萨里翁》,XXIV,151—154(1920),77—108。至于一份有关辛多尼斯之已经出版和尚未出版的著作之初步的目录,见卡梅利"底米特里·辛多尼斯"("Demetrio Cidonio"),《意大利古典文献研究》,N.S.I(1920),157—159。1930 年卡梅利出版了辛多尼斯的50 封书信,附以法文翻译和 447 封注有日期或没有日期的书信的总目;见《底米特里·辛多尼斯。通信集》。亦见 V.劳伦特对于此书信集的详细评论:"关于底米特里·辛多尼斯的通信集"("La Correspondance Démétrius Cydonès"),《东方之声》,XXX(1931),339—354。劳伦特:"曼纽尔·巴列奥洛格和底米特里·辛多尼斯,评两者之通信"("Manuel Paléologue et Démétrius Cydonès. Remarques sur leur correspondance"),《东方之声》,XXXVI(1937),271—287,474—487;XXXVII(1938),107—124。G.梅尔卡第:"关于底米特里·辛多尼斯的书信"("Per L'Epistolario di Demetrio Cindone"),《拜占庭与当代希腊研究杂志》,III(1931),210—230。P.查拉尼斯:"14 世纪下半期的希腊历史资料"("The Greek Historical Sources of the Second Half of the Fourteenth Century"),《美国波兰研究院季刊》(The Quarterly Bulletin of the Polish Institute in America)(1944 年 1 月),2—5。

* 克鲁乔·萨卢塔蒂(1331—1406 年),意大利人文主义者,佛罗伦萨首相(1375—1406 年)。——译者

辛多尼斯写过一封相当长而且对其大加颂扬的信。[312]

在安德罗尼卡二世巴列奥洛格统治时期两次荣登牧首位置（1289—1293年；1304—1310年）的君士坦丁堡牧首阿塔那修斯一世显然能够为他那个时期的帝国之政治、宗教和社会状况提供最为重要的资料。他的一些已经得到出版的作品使我们可以得出这样的断言。[313]

著名的尼西亚的贝萨里翁（Bessarion of Nicea）也属于联合派的成员，他是佛罗伦萨会议的参与者、后任罗马教会的红衣主教。但是，他个人和他的活动之重要意义远远超出了他的神学作品；他有一些教义方面的论文表明他是从拉丁教会的观点考虑问题的，因此，在讨论拜占庭和文艺复兴的关系时将对于这些论文进行讨论和评价。

教会联合派的对立方也有他们的作者群，但是，他们难以与诸如辛多尼斯和贝萨里翁这样知名的联合派代表相匹敌。塞浦路斯的格列高利（他的俗名叫作乔治），是安德罗尼卡二世时期的牧首，是约翰·贝库斯的主要的、但却是不十分成功的对手，他同时代的资料中称他是"以其学识而著称的人"[314]，他留下了一些讨论教义

---

[312] 见《克鲁乔·萨卢塔蒂书信集》（Epistolario di coluccio Salutati），F.诺瓦蒂（F. Novati）编，III，105—119；该书信写于1396年。

[313] R.居兰德："君士坦丁堡牧首（1289—1293年；1304—1310年）阿塔纳修斯书信集"（"La Correspondance inédite d'Athanase, patriarche de Constantinople, 1289—1293; 1304—1310"），迪尔：《研究文集》，I，121—140。N.班内斯库："牧首阿塔纳修斯与安德罗尼卡二世巴列奥洛格时期帝国的社会、政治和宗教"（"Le Patriarche Athanase Ier et Andronic II Paleologue. Etat religieux, politique et social de l'Empire"），《罗马科学院历史部通报》，XXIII，1（1942），1—29。

[314] 尼斯福鲁斯·格雷戈拉斯：《历史》，VI，1，5；波恩版，I，163。

的作品,试图以希腊人的观点来解释"圣灵的发展进程"。格列高利的修辞学作品特别重要。例如,在费拉拉-佛罗伦萨会议上拒绝签署联合协议的以弗所都主教马尔库斯(马克)·尤金尼科斯曾经写过几篇辩论性的短文,其中一篇针对贝萨里翁的文章中,恰当地将贝萨里翁归于为了希腊民族的立场而赞成联合的代表之列。㉟

拜占庭教会中最伟大的辩才,土耳其占领下的第一位君士坦丁堡牧首吉那第乌斯·斯科拉利乌斯(俗名为乔治)是神学和哲学方面的优秀学者。他也参加了费拉拉-佛罗伦萨会议。他本来是赞成联合的,但是事实上,特别是在以弗所的马尔库斯影响下,转向了反对联合者一边。他是一位非常多产的作家、一个多才多艺的神学家和学者,他的作品几乎涉及文学的所有领域。他写了数篇辩论文章。基于他同杰米斯图斯·普勒桑关于亚里士多德和柏拉图主义的辩论而写的哲学著作,使得他与人文主义结下了不解之缘,乃至希腊学者萨塔斯称他为"最后一位拜占庭人和第一位希腊人"。㊱他写的《我生活中的不幸》(*Lament on the Misfortunes of My Life*)详细地叙述了在穆斯林占领君士坦丁堡的早期,作者的生活、工作及希腊教会的情况。他也写过一篇简要的历史作品,即一部《编年史》,根据其亲笔手稿整理的作品已经于1935年首次出版。尽管这部《编年史》只有九页,它却包含了自亚当时期到

㉟ 关于以弗所的马尔库斯,见 L. 佩迪在《天主教神学辞典》中所写的一篇极妙的文章。见该书 XI,2(1927),1968—1986。

㊱ 萨塔斯:《希腊文献目录》,IV,vii 页及注 7。

1472年的全部年代。⑰

参与静修派运动争论的双方都涌现出一些作家,其中包括该运动的创立者西奈山的格雷戈利乌斯·帕拉马斯,他是静修派的精神领袖,写作了许多教义论文和演说词,其中有66篇在色萨利梅泰奥拉的一所修道院中被发现。⑱ 强烈反对静修派运动的尼斯福鲁斯·格雷戈拉斯的文学活动,前面已经讨论过了。另一位帕拉马斯的对手,塞浦路斯人约翰生活于14世纪后半期,他可能是"揭示圣灵的自然因子"(Ἔκθεσις στοιχειώδης ῥήσεων θεολογικῶν或 *Exposition materiaria eorum quae de Deo a theologies dicuntur*)一文的作者,而这篇文章恰是试图按照西方经院哲学的模式研究教义问题的初步尝试。⑲

最伟大的神学家,当代最优秀的拜占庭作者、东派教会最天才的神秘主义者尼古拉斯·卡巴西拉斯也属于14世纪。卡巴西拉斯与西欧神秘主义者相同,其思想的基础都是一位被称为丢尼修·伪阿莱奥帕吉特者(Dionysius Pseudo-Areopagite)的著作,

---

⑰ 吉那第乌斯(Gennadius)的著作最近有八卷问世,《吉那第乌斯·斯科拉利乌斯全集》(*Oeuvres complètes de Gennad Scholarios*),L.佩迪、X.A.西德里台、M.朱吉编。近期关于吉那第乌斯的论文,见 M.朱吉"乔治·斯科拉利乌斯,哲学大师"("Georges Scholarios, professeur de Philosophie"),《拜占庭与当代希腊研究杂志》(意大利),V(1939),482—494。对于吉那第乌斯的个人传记,其活动和文学成就进行详细研究还是十分必要的。

⑱ 由于 N.A.比斯的不懈努力,梅泰奥拉修道院中的手稿已经为人们所知晓和描述。见 J.德莱赛克"梅泰奥拉新发现的手稿资料"("Die nëuen Handschriftenfunde in den Meteoraklöstern"),《新古典文献研究年鉴》(*Neue Jahrbücher fur das klassische Altertum*),XXIX(1912),552。

⑲ 克伦巴赫:《拜占庭文献史》,106—107(埃尔哈得)。该文收于米涅《希腊教父学著作全集》,CLII,741—992。

第九章 拜占庭的灭亡

此人的写作年代似乎应该是在 5—6 世纪之交。拜占庭神秘主义在 7 世纪经历了一场重要演变,要归功于忏悔者马克西姆斯,他将伪阿莱奥帕吉特著作中的神秘主义思想与他的新柏拉图主义思想因素分离开来,并将它与东派正教会的教义相结合。马克西姆斯的影响在 14 世纪的神秘主义者的著作中仍然可以感觉到,而尼古拉斯·卡巴西拉斯则是他们的主要代表。

尼古拉斯·卡巴西拉斯是知名度较小、而其著作也很少有人研究的作者。因为,他的许多作品都没有出版。其中相当一部分,特别是他的演说稿和信件,现保存在巴黎国家图书馆内的一些手稿中,其中一种曾经被罗马尼亚历史学家塔弗拉里用于他所写的关于萨洛尼卡的专著中。㉚ 研究卡巴西拉斯的神学作品,有两篇文章是很重要的,即"活在基督里面的七句话"(*De vita in Christo*)和"圣礼的阐释"(*Sacrae liturgiae interpretatio*)。㉛ 如果我们在这里讨论卡巴西拉斯"活在基督里面就是与基督教结合"的论点,显然与本书此处的宗旨相距太远;但是,人们显然可以说,卡巴西拉斯在拜占庭神秘主义方面的论述不仅有其本身的意义,而且,联系到静修派运动和西方欧洲神秘主义运动,应该在 14 世纪的拜占庭文献史上占有相应的位置,亦应该能引起学者们的关注,而此

㉚ 塔弗拉里:《14 世纪的萨洛尼卡》,iv 和书中其他各处。在我曾出版的《拜占庭帝国史》英文版和法文版中,曾经随着他人的说法,错误地称卡巴西拉斯是"萨洛尼卡都主教"。但他从来没有做过任何城市的都主教。

㉛ 米涅:《希腊教父著作大全》,CL,367—492、493—726。见 S. 萨拉维尔"尼古拉斯·卡巴西拉斯'在基督里面'一文的两部手稿"("Deux manuscrits du 'De vita in Christo' de Nicholas Cabasilas"),《罗马科学院历史部通报》,XIV(1928);《1927 年第二届国际拜占庭研究大会会议文集》(*Compte-rendu du deuxième Congrès international des études byzantines*, 1927),79。

前,学者们相当错误地忽视了这位重要的作者。学者们在评价卡巴西拉斯的神秘主义思想时意见不一,其中一些人甚至宣称,卡巴西拉斯的思想,根本称不上是神秘主义的东西。[82] 卡巴西拉斯的书信也值得出版。按照法国学者居兰德的说法,卡巴西拉斯的写作风格简朴而优雅(尽管有时太过细腻),而且,收集了许多新的重要的数据。[83]

巴列奥洛格时期哲学领域的代表人物是著名的乔治·普勒桑。[84] 他对古典时期的希腊文化怀着满腔热情,是柏拉图的一个崇拜者,他通过对于新柏拉图主义的研究而完全了解了柏拉图,他也梦想着用古代神话中的众神来创建一种新的宗教。他是一个真正的人文主义者,并与意大利有着密切联系。在拜占庭,对于古典哲学,特别是对亚里士多德,以及 11 世纪以来对柏拉图的兴趣,从来没有停顿过。11 世纪的迈克尔·塞勒斯、12 世纪的约翰·伊达

---

[82] P. 阿尼基也夫(Anikiev):"论东派基督教的神秘主义"("On the Problem of Orthodox-Christian Mysticism"),《俄罗斯正教论集》(*Pravoslavnorusskoys Slovo*),XI-II(1913),200—217。蒙特拉ноч奇:《拜占庭文献史》,251—252。F. 沃内特:"尼古拉斯·卡巴西拉斯",《天主教神学辞典》,II(2),209—1295。

[83] "尼古拉斯·卡巴西拉斯未出版过的书信"("La Correspondance inédité de Nicolas Cabasilas"),《拜占庭杂志》,XXX(1929—1930),98。见 S. 萨拉维尔《尼古拉斯·卡巴西拉斯:圣礼的阐释》(*Nicolas Cabasilas: Explication de la devine liturgie*)(巴黎,1943 年)。这篇论文的法文译文及附加的一篇长长的导言中有卡巴西拉斯的生平介绍。见 V. 格鲁梅尔写的一篇对此论文极其褒扬的书评,《拜占庭研究》,XII(1945),265—267。

[84] 他的真名是乔治·杰米斯图斯(George Gemistus);Pleson(普勒桑)与 Gemistus(杰米斯图斯)是同义词,意为"满的"。杰米斯图斯开始自称为普勒桑,是希望用这个更有"希腊"风格的名词取代一般的希腊语名字。这里可比较 Desiderius 与 Erasmus 两个词的区别。见 H. 托泽"一位拜占庭改革家:杰米斯图斯·普勒桑"(A Byzantine Reformer: Gemistus Plethon),《希腊研究杂志》,VII(1886),354。

路斯、13世纪的尼斯福鲁斯·布莱米底斯,都曾经在哲学研究方面投入甚多,其中,塞勒斯主要研究柏拉图,而其他几位主要研究亚里士多德。柏拉图与亚里士多德两派哲学思想的斗争,是中世纪哲学的标志性特征,在拜占庭"静修派"运动争论中表现得十分突出。因此,就为杰米斯图斯·普勒桑这个特别重要的人物铺平了道路。

普勒桑在君士坦丁堡接受了基础教育,在莫里亚王国的文化中心米斯特拉度过了他大半生的岁月,几乎长达一个世纪之久。他曾陪同皇帝约翰八世参加了弗拉拉-佛罗伦萨宗教会议。普勒桑逝于米斯特拉,大约是在1450年。1465年,一位意大利籍的将军、文学活动的赞助者,出身名门望族的马拉泰斯塔从土耳其人手中攻取了斯巴达,遂将普勒桑的骨灰转移到意大利小城里米尼,至今,他的骨灰仍安置于圣弗朗西斯科教堂。[38]

普勒桑的哲学著作之目标是通过对柏拉图与亚里士多德哲学的比较,解释柏拉图哲学的重要性。普勒桑在亚里士多德主义与柏拉图主义的斗争中开辟了一片新的天地。他将他对柏拉图的了解和他的热情带到意大利,在科西莫·美第奇和意大利其他人文主义者中间产生了深刻的影响。事实上,是他提出了在佛罗伦萨建立柏拉图学院的思想。

在佛罗伦萨城,普勒桑写了"论亚里士多德和柏拉图的区别"

---

[38] F.舒尔泽(F. Schultze):《文艺复兴时期哲学史》(*Geschichte der Philosophie der Renaissance*),I,23—109。J. W.泰勒:《乔治·吉米斯图斯·普勒桑对柏拉图和亚里士多德的批判》(*Georgius Gemistus Pletho's Criticism of Plato and Aristotle*),1—2。

的文章,他努力证明他所钟爱的哲学家柏拉图比亚里士多德高明。这位拜占庭学者在佛罗伦萨的侨居,是希腊古典学术向意大利传播、柏拉图哲学在西方复兴的历史过程的重要一幕。[38] 普勒桑的主要作品是一篇类似"乌托邦"的文章"论法律"(Νόμων συγγραφή),很遗憾,这篇文章没有能全部保存下来。一方面,这反映了在当时颇带倾向性,却势必失败的企图,即通过建立新柏拉图的哲学而在基督教的废墟上恢复传统古代宗教;与此同时,它也试图为人类设计出理想的生活条件。为了说明人类的幸福包括哪些因素,普勒桑认为,有必要彻底理解人的自然性和包括人类在内的宇宙体系。普勒桑也为伯罗奔尼撒的复兴向曼纽尔提出了他的计划。

普勒桑的重要性和他的影响,已经远远超出了拜占庭文化史的研究范围,仅仅因为如此,他的思想也需要得到深刻的关注。他的活动和重要性还没有得到充分的估价,因此,对于杰米斯图斯·普勒桑之重要性的研究,是研究拜占庭帝国晚期文化史的历史学者所面临的一个最有魅力的课题。[39]

在与哲学通常有关的修辞学方面,人们大概能够记得一些作者。塞浦路斯的格雷格利乌斯(乔治),是长者安德罗尼卡在位时

---

[38] 埃里森:《秘史》,IV(2),11。

[39] E. 斯台法努:"近期对普勒桑的研究"("Études récentes sur Pléthon"),《东方之声》,XXXI(1932),207—217。其中有一个非常好的参考书目,特别是第217页。这里没有足够的空间讨论关于杰米斯图斯·普勒桑的大量作品。最近分量最重的一篇文章是米尔顿·V. 阿纳斯托斯所写"普勒桑的历法和仪式记载"("Pletho's Calender and Liturgy"),《顿巴登橡树园研究文集》,IV(1948),183—305。其中有极好的参考书目。

的一位君士坦丁堡牧首,曾经写过一部文字优雅且颇为重要的自传。㊿ 与塞浦路斯的格雷格利乌斯生活在同一时代的尼斯福鲁斯·查姆诺斯(Nicephorus Chumnos),也是他的学生,写了一系列关于神学、哲学和修辞学方面的论文,并留下了172封书信。从他的哲学论文中可知,他是亚里士多德最热情、最灵活的辩护者。查姆诺斯与他那个时代许多在政治、宗教或文学领域声名卓著的人物保持着通信联系。尽管与他的老师相比,查姆诺斯在其风度、创造性和学识方面略为逊色,但仍然是研究他那个时代拜占庭和意大利文艺复兴关系时值得特别关注的重要人物。"尽管查姆诺斯有些奴性,但却以他对古典学术的热爱、以他的热情以及他广博的知识,成为意大利和西方文艺复兴的先驱人物。"㊿

马扎里斯的作品——对卢西安作品的模仿,《马扎里斯在冥府的逗留》*The Sojourn of Mazaris in Hades* 和《回到人世之后》*A Dream After the Return to life*,还有他在15世纪早期关于伯罗奔尼撒事务的信件——提供了卢西安在拜占庭文学作品中被人们模仿的重要实例,并给了我们关于当时拜占庭文化生活的重要细节,尽管这位模仿者的文学才能很差。

㊿ G.米施克(G. Misch):"13世纪的一位君士坦丁堡牧首的自传和历史著作。关于一位拜占庭人文主义者的研究"("Die Schriftsteller-Autobiographie und Bildungsgeschichte eines Patriarchen von Konstantinopel aus dem XIII, Jahrhundert Eine 'Studie zum byzantinischen Humanismus'"),《教育及教学历史杂志》(*Zeitschrift fur Geschichte der Erazichung und der Unterrichts*),XXI(1931),1—16。

㊿ 居兰德:《尼斯福鲁斯·格雷戈拉斯书信集》(*Correspondance de Nicephore Grégoras*),324,其中有一章谈及查姆诺斯(Geogios Chumnos),317—324。乔治·查姆诺斯:"选自一首希腊诗歌中的《创世记》和《出埃及记》的旧约故事"("Old Testament Legends from a Greek Poem on Genisis and Exodus"),F.H.马夏尔(F.H.Marchall)编。

在文学方面,巴列奥洛格时期亦产生了为数不少的重要作家。就思想倾向而言,他们是一个新的文化时代的先驱,如克伦巴赫所说,他们与自己的拜占庭前辈,如佛提乌或萨洛尼卡的尤斯塔修斯等人的联系,远逊于他们与西方古典学复兴时期的第一批代表人物的联系。[29] 但是,巴列奥洛格时期的语言学家的工作中有一个方面却不无理由地要受到研究古典学的学者们的责备。这就是他们对于古典文献的态度。虽然11世纪和12世纪的注释家和抄胥们几乎完整地保留下来了亚历山大和罗马时代的手稿遗产,但巴列奥洛格时期的语言学家们却从他们"净化"希腊语的偏见出发去改写古代作家的文章,有时甚至使用了新的韵体形式。这种倾向导致了研究古典时期学术的学者们尽可能地去参照巴列奥洛格之前的手稿。无论这种行为曾经多么令人恼火,但也必须从当时的客观条件出发来评价它。这一时期的文学家们已经不再满足于纯粹地模仿其前辈的技术手段,开始试着表现他们自己的创造性倾向,尽管他们使用的方法是如此鲁莽笨拙。

在这一批文学家中,有修士马克西姆斯·普拉努底斯(Maximus Planudes,俗名曼纽尔),他是巴列奥洛格王朝前两代皇帝时期的人,一直在闲暇时从事科学和教学事业。他曾经作为拜占庭的使节访问过威尼斯。由于他在拉丁语言和文学方面的知识才能,使之与当时西方兴起的文化运动保持了密切联系。普拉努底斯是一个勤勉不倦的教师,他写过一些语法方面的论文,且有100多封书信表现出他个人的知识水平和学术兴趣及他所致力于从事

---

[29] 克伦巴赫:《拜占庭文献史》,541。

的事业。普拉努底斯还留下了一部根据古典作家著作编写的历史和地理文献摘录,以及对于一些如老加图(Cato de Elder)、奥维德、西塞罗和恺撒等拉丁作家作品的译文。他在西方最为声名卓著的作品可能是他的希腊作者作品选。现存的大量普拉努底斯的手稿表明,在人文主义时代的早期,他的这些手稿经常在西方教授希腊文的教材中选用。同时,从拉丁文翻译为希腊语的大量手稿,也为文艺复兴时代东西方文化上的新联系做出了巨大贡献。

生活于安德罗尼卡二世时期的普拉努底斯的学生、也是他的朋友曼纽尔·莫斯霍布鲁斯(Moschopulus),与其老师一样,对于我们认识13世纪末和14世纪初拜占庭学术的特点,以及古典学术在西方的传播有着重要意义。他的《语法问答》和《希腊语词典》与普拉努底斯的翻译著作一样,都是西方人学习希腊语的热门教材。而且,他对于一些古典作家的评述和他的书信集也提供了重要的史料,而这些都还没有受到足够的研究或评估。

与安德罗尼卡二时同时代的狄奥多勒·梅托希特斯在拜占庭历史上通常被认为是一位语言文学家。但是,他广泛而多方面的活动却远远超出了单纯语言文学的范围。在本书中谈到尼西亚帝国时,曾经提到他是尼西亚的一篇赞颂词的作者。他受到过很好的教育,是古典学术领域的一位权威人士,是普鲁塔克和亚里士多

---

⑭ 对于普勒努底斯所进行的最近的、也是最深入的研究作品是 C. 文德尔(C. Wendel)为《保利斯真实百科全书(修订版)》(*Paulys Real-Encyclopädie. Neue Bearbeitung*) 所写的条目,XX(1950),2202—2253。

⑮ 克伦巴赫:《拜占庭文献史》,350—353;克伦巴赫称狄奥多勒·梅托希特斯是拜占庭文艺复兴时期最著名的博学者之一。

德的仰慕者,但他尤其仰慕柏拉图,称柏拉图是"智慧的奥林匹斯山"、"活的图书馆"和"缪斯女神的赫里孔山"[692]。作为一个精明的政治家,安德罗尼卡二世时期的第一位总理大臣,狄奥多勒·梅托希特斯是14世纪前半期拜占庭人文主义者中杰出的典型代表。这位博学者和杰出的政治家曾经对国家事务发生过特别的影响,受到过皇帝的特别信任。与他同时代的尼斯福鲁斯·格雷戈拉斯曾经写道:"从早到晚,他以饱满的热情完全从事公务,似乎根本不像一位学者;而一到深夜,当他离开了宫廷之后,就完全被科学研究所吸引,似乎他完全是一位学者,从来与任何其他事务没有关系。"[693]萨塔斯曾经以梅托希特斯在其著作中时不时表现出来的政治观点为根据,得出了一个有趣的结论,认为,梅托希特斯既不倾向于民主制,也不倾向于贵族制,他有自己的政治观点,即主张一种立宪君主制。迪尔评价道:"这位14世纪的拜占庭人在如此绝对主义的、决心行使神圣权利的'皇帝'(basileus)的国度内怀抱着这样的梦想,其思想的开创性并不是无关紧要的标志。"[694]当然,拜占庭的政治理论发展史还没有得到阐述。但是,这一例证却显然揭示了"拜占庭政治理论的历史并不是同类事物的令人生厌的重复。它是有生命力的,而且在发展"[695]。最近的研究成果使得人们认识到,梅托希特斯的论述,可能并不是一种用于实践的政治理

---

[692] 尼斯福鲁斯·格雷戈拉斯:《历史》,VII,2,2;波恩版,I,272。萨塔斯:《中世纪希腊文献目录》,I,前言,60—61。

[693] 尼斯福鲁斯·格雷戈拉斯:《历史》,VII,2,3;波恩版,I,272—273。

[694] 《拜占庭研究》,401。亦见居兰德《尼斯福鲁斯·格雷戈拉斯书信集》,361。

[695] V.瓦尔登伯格:"查士丁二世致提庇留的演说词"("An Oration of Justin II to Tiberius"),《苏联科学院通报》,II,(1928),140。

论,而是柏拉图思想在新柏拉图主义精神中的演绎。[39]

在安德罗尼卡被废黜的动乱中,狄奥多勒失去了他的地位、金钱和家庭,被打入囚牢。由于身患恶疾,他被允许终老于君士坦丁堡的霍拉修道院(今天的卡里耶清真寺)。在他拥有权力时,他曾经使这座衰败不堪的古老修道院得到恢复,并配置了图书馆,用镶嵌画装饰它。今天,在这座清真寺中所保留的众多镶嵌画中,人们还可以看到在通向教堂主要入口的门楣内部上方,有一坐在宝座上的基督形象,在他脚下是身穿拜占庭最高等显贵之华丽宫服的狄奥多勒跪像,手中捧着一座教堂模型;他的名字嵌在画上。他于1332年逝于此地。

著名的尼斯福鲁斯·格雷戈拉斯是狄奥多勒的众弟子之一,在尼斯福鲁斯的著作中,以热情洋溢的语言详尽描述了他的老师。[40] 他的多学科的大量作品——哲学和历史论文,修辞学和星象学的作品、肖像和大量写给当时名流人士的书信等——都还没有出版,而且只有极少数被研究过。这些作品使得尼斯福鲁斯·格雷戈拉斯与底米特里·辛多尼斯与狄奥多勒·梅托希特斯一样,被列为14世纪拜占庭最杰出的人文主义者。最近研究梅托希特斯作品的一位学者声称:梅托希特斯"可能是14世纪最伟大的

---

[39] D.C.赫瑟林:("制度下的皇权")("*Een Konstitutioneel Keizershap*"),《赫尔墨斯杂志》,XI(1938—1939年),89—93。《拜占庭杂志》(德文),XXXIX(1939),263。

[40] 见圣·贝兹德基(St. Bezdeki):《尼斯福鲁斯·格雷戈拉斯所绘制的狄奥多勒·梅托希特斯的肖像》(*Le Portrait de Théodore Métochite par Nicéphore Grégoras*)。《历史研究文集》(*Mélanges d'histoire générale*),57—76。

作者和拜占庭文学史上最伟大的作家之一"[338]。他的哲学研究使得一些学者(如萨塔斯和 Th.乌斯宾斯基)认为,梅托希特斯是 15 世纪拜占庭柏拉图主义者,特别是杰米斯图斯·普勒桑的先行者。[339]

在他的所有著作中,最著名的是《道德的评价与注释》(*Commentaries and Moral Judgments*),通常亦被称为《杂记》(*Miscellanies*)(或《哲学与历史札记》,[*Miscellanea philosophica et historica*]),它是百科全书式的作品,"是研究梅托希特斯之思想的无可估价的宝库",使得它的读者有理由羡慕梅托希特斯的博学多才。梅托希特斯引用了,而且很可能通读了 70 位希腊作家的著作。希奈修斯似乎是他最重要的资料来源和他最喜欢的作者。[340] 在他的著作中,处处有重要的历史记录,其中不仅涉及拜占庭,也涉及其邻国的人民;一个典型事例是他对自己于 1298 年出使塞尔维亚沙皇宫廷,安排安德罗尼卡二世一个女儿的婚事之使命的详细记载。[341]

梅托希特斯写过 20 余首诗歌,只有两首得到出版。第一首有 1355 行,是一篇描写他自己生活和霍拉修道院的长诗;第二首也

---

[338] R.居兰德:"狄奥多勒·梅托希特斯未编辑出版的诗歌"("Les Poésies inédites de Théodore Métochite"),《拜占庭》(布鲁塞尔),III(1927),265。居兰德:《尼斯福鲁斯·格雷戈拉斯书信集》,358。

[339] 萨塔斯:《中世纪希腊文献目录》,I,前言,64。Th.乌斯宾斯基:《拜占庭文明史论集》,263—264。

[340] 居兰德:《尼斯福鲁斯·格雷戈拉斯书信集》,360—362。克伦巴赫:《拜占庭文献史》。551—552。

[341] 萨塔斯:《中世纪希腊文献目录》,I,22;涉及"外交使节"的文字见 154—193。居兰德:《尼斯福鲁斯·格雷戈拉斯书信集》,364。该文献被尼克夫(Nikov)在其《塔塔尔人和保加利亚关系》(*Tartaro-Bulgarian Relations*)一书中予以重印和评价,54—95。

第九章 拜占庭的灭亡

是描述该修道院的[42]；其他18首尚未得到出版的诗在前面曾经加以评价，涉及了作者生活和他所生活的时代之历史事件的大量信息。[43] 在第19首诗中，梅托希特斯详尽地描述了他所居住的宫殿之富有、舒适和漂亮，[44]但在1328年的动乱中，他失去了这一切。他的诗歌是以一种刻意修饰的风格写成，有时很难理解。但是，这并不是他个人的问题；许多拜占庭作家，无论是写作散文抑或诗歌，都使用这种寓意模糊的风格，都需要加以注释。在他们看来，越难理解的风格越有价值。

梅托希特斯也留下了一些信件，其中只有四封没有什么重要价值的信件保留了下来。从各方面的可能性看，其他信件是被他的敌人毁掉的。[45] 梅托希特斯在艺术史上也有其重要地位，这主要归因于霍拉修道院的镶嵌画。他曾经希望，自己在艺术领域中的工作"将使他给子孙后代留下辉煌的记忆，直到世界末日"，[46]这一想法是正确的。

毫无疑问，在研究巴列奥洛格的文艺复兴时，最重要的问题是

---

[42] M.特鲁（M. Treu）：《大行政官狄奥多勒·梅托希特斯的作品》（*Dictungen des Gross-Logotheten Theodoros Metochites*），1—54。

[43] 居兰德："狄奥多勒·梅托希特斯未编辑出版的诗歌"（"Les Poésies inédites de Théodore Métochites"），《拜占庭》（布鲁塞尔），III（1927），265—302。克伦巴赫：《拜占庭文献史》，552—553。近来，关于这些诗歌的手稿鉴定问题，见 I.切维恩科（I. Ševčenko）的文章："对 Th.梅托希特斯之演说及诗歌集的考察"（"Observations sur les recueils des discourse et des poèmes"），《著作》（*Scriptorium*），II（1951），279—288。

[44] 居兰德："狄奥多勒·梅托希特斯的宫殿"（"Le Palais de Théodore Métochites"），《希腊研究杂志》，XXXV（1922），82—95；在86—93，他引用了该诗希腊文稿的一部分，附以法文译文。亦见埃伯索尔特《拜占庭浮华的艺术》，109。

[45] 居兰德：《尼斯福鲁斯·格雷戈拉斯书信集》，368。

[46] 见迪尔：《拜占庭研究》，401。

研究狄奥多勒·梅托希特斯的全部著作。还有许多工作有待我们去做。作为一个伟人,梅托希特斯在 14 世纪文化运动中的地位刚刚开始被人们所认识。只有完全出版和研究他的作品,才有可能恰当地评价这一伟大文化时代的伟大人物。

在安德罗尼卡二世统治时期的文献学家中,还应该提到托马斯·马吉斯特(Thomas Magister),他属于莫斯霍布鲁斯(Moschopulus)、狄奥多勒·梅托希特斯和格雷戈拉斯的文学活动圈子,而且为古代作家的作品、演说稿和书信等写了许多评注,而他的文学作品更应该比目前受到更多的关注。[40] 同一时期的另一位文献学家是底米特里·特里克利尼乌斯(Demetrius Triklinius),一个出色的文学批评家。如克伦巴赫所说,他可以与一些现代的作家相提并论[408];同时,他也是研究古典作家,如品达、埃斯库罗斯、索福克勒斯、欧里庇得斯和阿里斯托芬、忒奥克里托斯等人物的权威人士。

在法学方面,巴列奥洛格时期产生了最后一部重要的法学著作,至今仍保有生命力。这是由 14 世纪的一位法官及法学家、萨洛尼卡的君士坦丁·哈尔梅诺布鲁(Constantine Harmenopulos)所编辑的大型著作,人们通常称其为《法学六卷》(Hexabiblos, ἑξάβιβλος),因为它被分成六部分;或者称它为《法学手册》(Promptuarium,或 Πρόχειρον νόμων)。这一法律汇编含有民法和刑法的内容,并收进了一些增补的法条,如人们广为知晓的

---

[40] 居兰德:《尼斯福鲁斯·格雷戈拉斯书信集》,348—353。
[408] 克伦巴赫:《拜占庭文献史》,554。

《农业法》。作者使用了早期的一些立法著作,包括《法学手册》、《帝国法典》、《新律》、《法律选编》、《法学导论》*,及其他法学著作的资料。[409] 在谈及《法学六卷》所使用的资料时,人们已经提出了一个非常重要的问题,但却没有得到令人满意的阐述。事实表明,哈尔梅诺布鲁使用了许多非常古老、未经查士丁尼大帝的立法委员会改动和增删过的法律文献中的资料;[410]换一句话说,《法学六卷》对于批判性地研究查士丁尼《民法大全》所使用的资料、其原始的形式及改动过的部分,以及在拜占庭立法著作中的所谓的"罗马法"的痕迹,提供了极有价值的资料。1453年之后,哈尔梅诺布鲁的《法学六卷》在西方得到了广泛传播,人文主义者认真仔细地研究了这一"衰亡的拜占庭"的法学著作。哈尔梅诺布鲁的法学汇编至今仍应用于希腊和比萨拉比亚**的法学实践中。[411]

在巴列奥洛格时期,一些医药学方面的论著反映了阿拉伯人的影响。13世纪末期的一部医学手册甚至对西方医药学有过相

---

* 以上法典除《新律》、《法律选编》外,皆出自马其顿时期(见本书马其顿王朝一章)。《新律》是各个时期都有的法典,而《法律选编》(Ecloga)则产生于伊苏里亚王朝,即破坏圣像时期,见本书相应部分。——译者

[409] P.科林内:"拜占庭立法",《剑桥中世史》,IV,722—723。

[410] L.西西里亚诺(L. Siciliano):"拜占庭立法",《意大利法律百科全书》(Enciclopedia Giuridica Italiana),IV(5),72。科林内:"拜占庭立法",《剑桥中世史》,IV,723。

** 位于黑海西北岸和德涅斯特河流域,公元前7世纪的希腊移民区;15—20世纪先后归属摩尔多瓦、奥斯曼帝国、俄罗斯、罗马尼亚和苏联。——译者

[411] L.卡索(L. Kasso):《比萨拉比亚的拜占庭法》(Byzantine Law in Bessarabia),42—49。

当重要的影响,直至17世纪以前,它一直是巴黎医学专业所使用的基本教材。然而,我们先前已经多次强调,拜占庭在医学方面完全没有原创性成果。一位曾经特别关注拜占庭时期的法国医学教授曾经评价道:"如果有谁想[在医学方面]记载什么原创性的东西,他将一无所获,在这一千多年的史页上,将只能留下空白。"[42]在巴列奥洛格时期,数学和天文学也很繁荣,而且,前面提到过的那些多才多艺的百科全书式人物也都从欧几里德、托勒密等古典作家的作品及波斯、阿拉伯作品中汲取资料,而且,波斯和阿拉伯人作品的大部分,也是以希腊的资料为依据的。

巴列奥洛格时期诗歌作品的主要代表是曼纽尔·霍罗波鲁斯(Holobolus)和曼纽尔·菲勒斯(Philes)。霍罗波鲁斯的诗歌经常被评价为非原创性的和矫揉造作的,他总是尽力使自己的作品投合宫廷人士的兴趣,因而经常是因循守旧的,有时出现不可宽恕的虚伪和奴性。[43]但是,更近的研究表明,上述评价是错误的;的确,这些诗是在描写宫廷仪式的辉煌壮观,但却没有表现出作者对皇帝个人的吹捧和谄媚。[44]霍罗波鲁斯还为皇帝曼纽尔八世写过一

---

[42] E.让塞尔姆(E.Jeanselme):"论巴黎国家图书馆一手稿中所见拜占庭的医疗手册(希腊文增补卷764):翻译、注解及评注[Sur un aide-mémoire de thérapeutique byzantine contenu dans un manuscript de la Bibliotheque Nationale de Paris(Supplement grec,764):traduction,notes et commentaire]",《迪尔研究文集》,I,170。

[43] 见M.特鲁,"曼纽尔·霍罗波鲁斯",《拜占庭杂志》(德文),V(1896),538—559。克伦巴赫:《拜占庭文献史》,770—772;克伦巴赫论曼纽尔·霍罗波鲁斯的论文是以特鲁的论文为依据的。

[44] 海森伯格:《论巴列奥洛格时期的历史和文献》,112—132。

篇颂辞。⑮曼纽尔·菲勒斯一生穷困潦倒,不得不借用自己的文学天才赚钱糊口,因此,他忍辱乞怜,极尽奉承和谄媚之事。从这方面看,他似乎可与12世纪的狄奥多勒·普洛德罗姆斯相比。

14世纪最后一位伟大的文学天才是狄奥多勒·梅利特尼奥特斯(Meliteniotes)。有数个与此同名的人物生活于13世纪末和14世纪初,因此,要确认其中哪一个写了署名为梅利特尼奥特斯的著作,是一件非常困难的事。⑯然而,很显然,生活于14世纪的狄奥多勒·梅利特尼奥特斯写出了拜占庭整个历史时期最具科学性的天文学巨著,同时也写了一部长篇寓言诗,含3062句的"民间语"韵体诗《论审慎》(Concerning Prudence)中。⑰有人提出了一个有趣的问题,即梅利特尼奥特斯所写的诗是否在薄伽丘的《爱情

---

⑮ 见 X.西德里德斯(X.Siderides):"曼纽尔·霍罗波鲁斯为皇帝曼纽尔八世巴列奥洛格写的颂辞"("Μανουὴλ ὁλοβώλου Ἐγκώμιον εἰς Μιαὴλ Η ΊΙ αλαιολόγον"),《拜占庭研究》(希腊),III(1926),168—191。

⑯ 克伦巴赫:《拜占庭文献史》,782。F.多尔格:"关于阿列克修斯·梅托希特斯和狄奥多勒·梅利特尼奥特斯的最新研究"("Neues zu Alexios Metochites und zu Theodorus Meliteniotes"),《文献与研究》(Studi et testi),CXXIII(1946),238—251。参见 M.米勒"梅利特尼奥特的讽喻诗,据皇家图书馆手稿公布"("Poème allégorique de Méliténiote,publié d'après un manuscrit de la Bibliothèque Impériale"),《国家图书馆手稿之注释和摘编》(Notices et extraits des manuscrits de la Bibliothèque Nationale),XIX,2(1858),2—11。

⑰ 参见米勒上引文,《国家图书馆手稿之注释和摘编》,11—138。蒙特拉蒂奇的《拜占庭文献史》没有提到这首诗。关于梅利特尼奥特的天文学作品之片断,可见米涅编《希腊教父文献大全》,CXLIX,988—1001。另一篇较好的文章和更多的片断可见《希腊天文学书卷目录》(Catalogus codicum astrologicorum graecorum),V,3(1910),133—147(书卷摘要[Excerpta ex codice],21,梵蒂冈,1059);XI,1(1932),54(埃斯克里亚尔抄本[codices escorialenses])。

的幻影》*(*L'Amorosa Visione*)⑩直接影响下所为。这一事件可以再一次揭示在巴列奥洛格时期,拜占庭与意大利文化交流的重要意义。近期一些学者已经指出了《论审慎》与《查理大帝的朝圣》(*Pélerinage de Charlemagn*)两篇文章的相似之处。⑪

巴列奥洛格时期以民间口语形式写成的一些重要的文学作品也得到了保留。长达9000句之多的以韵文写成的《莫里亚编年史》的希腊文版,在谈及拉丁人征服伯罗奔尼撒半岛的历史事件时,已经从历史的角度对此做了相应的评述。这部著作提供了当时希腊民间口语的一个有趣的范例,这时的口语已经从当时征服并统治这一地区的罗马人那里汲取了许多词汇和习惯用法。该编年史的原始版本究竟是以哪种语言写成,目前还有一些疑问:一些学者认为原文是法文,也有一些学者认为其原文是意大利文,而且很可能使用了威尼斯方言。⑫ 但依笔者之见,其原文是希腊语。

---

* 薄伽丘的著名寓言诗集。——译者

⑩ F.多尔格:"拜占庭文学与但丁"("Die Byzantinische Literatur und Dante"),《第二届世界拜占庭大会论文集》,(1927),47—48。在这次大会上,多尔格提交了这篇论文,认为狄奥多勒的诗是在但丁《神曲》的影响下完成的。但后来,根据S.G.梅尔卡第的建议,他改变了自己的观点,认为这首诗与薄伽丘有关。在文艺复兴时期,薄伽丘的一些著作译成了希腊语。薄伽丘的《苔塞伊达》(Theseis)译成希腊语后,"开始出现了曾经在意大利一度繁荣的爱情诗歌系列作品。"J.施密特:"薄伽丘的《苔塞伊达》(Théséide,薄伽丘早年写的爱情史诗。——译者)和希腊的《苔塞伊达》"("La 'Théséide' de Boccace et la 'Théséide' grecque"),《当代希腊文学研究》(*Études de philologie néogrecque*),J.普希沙瑞(J. Psichari)编,280。亦见克伦巴赫《拜占庭文献史》,870。

⑪ M.施劳赫(M. Schlauch):"君士坦丁堡的瑚恭宫"("The Palace of Hugon de Constantinople"),《史鉴》,VII(1932),505、507—508。

⑫ J.隆尼翁(J. Longnon):《关于阿莫利公爵领之征服》(*Livre de la Conquête de la Princée de L'Amorée*),lxxxiii—lxxxiv。

该书之希腊文版的作者通常被认为是一个希腊化的法兰克人,他恰好生活于书上所描述之相应事件发生的时期,而且,作者对于伯罗奔尼撒事务十分熟悉。

在上述同一历史时期,有一部诗体传奇(大约含有4000行)"利比斯托罗斯和罗达姆内"(Lybistros and Rhodamne),它的故事情节和思想内容与浪漫传奇诗"贝尔山德罗和赫利山查"(Belthandros and Chrysantza)极其相似。其故事情节比较简单:利比斯托罗斯在梦里得知,罗达姆内是他未来的妻子;他发现,她原来是一位印度公主,遂向她求爱,最后,他与自己的情敌决斗取胜,赢得了罗达姆内作为自己的妻子。但他的情敌使用巫术拐走了罗达姆内,最后,罗达姆内经历了重重磨难,平安地与利比斯托罗斯团圆。[421] 对这一传奇诗,人们必须注意到法兰克文化与东方生活条件的交融。在"贝尔山德罗与赫利山查"这首诗中,法兰西文化与希腊文化还有明显区别,而在"利比斯托罗斯"一诗中,法兰克文化已经深深地植根于希腊的土壤之上;但与此同时,它也屈服于希腊传统的影响。无论如何,尽管此诗歌受到拉丁文化的影响,但却不是对西方文化模式的简单模仿。迪尔说:"如果说,诗中所描述的社会已经渗透了相当一些拉丁文化的成分,但它总的来讲还是保持了明晰的拜占庭色彩。"[422]该诗作的原文产生于14世纪。

---

[421] 其希腊文版本可见 W. 瓦涅(W. Wagner)主编的《中世纪的三部叙事诗》(Trois Poèmes du moyen âge),242—349;对于该诗进行的详细分析,见 M. 吉得尔《当代希腊文学研究》(Études sur la littérature grecque moderne)151—196。新版见 J. A. 兰姆伯特(J. A. Lambert)所编,545。J. B. 柏里:《希腊土地上的骑士传奇》(Romance of Chivary on Greek Soil)11—12。

[422] 迪尔:《拜占庭人物传》,II,348。

现存的传奇诗"利比斯特罗斯和罗达姆内"版本,经过了后人的修订。

也许,一部希腊文版的托斯坎尼诗歌《菲奥里欧和比安西菲欧勒的传奇》(*Il cantare de Fiorio e Biancifiore*,14世纪的作品)也是15世纪翻译引进的。该叙事诗的希腊文版本含有2000行,是用民间通俗希腊语或者说是以"民间韵律"写成。希腊文献中没有一处提到这首诗是希腊的诗歌。克伦巴赫认为,该韵体诗的作者是一个"希腊化的法兰克人"[43],即,是一个信奉罗马公教派基督教的信徒。但是,这一评断现在看来是错误的。很有可能,这部希腊版作品的匿名作者是一位希腊正教徒。[44] 史诗《菲奥里欧和比安西菲欧勒的传奇》的希腊文版本(Φλωρίον καὶ ΙΙ λάτδια Φλώρης)对于了解巴列奥洛格时期的民间通俗希腊语有特别重要的意义。

可能是在15世纪初,产生了题为"拜占庭的阿基里斯"(The Byzantine Achilleid)的诗篇,它也是用民间韵律写成。尽管这篇诗作的标题使人们想起特洛伊战争和荷马史诗,但这首叙事诗却与荷马史诗毫无关联。这首诗的背景是法兰克移民的封建领地。而该诗的主角阿基里斯则受到另一位拜占庭英雄传奇诗中之角色狄吉尼斯·阿克里特斯的影响。"阿基里斯事实上是一位受洗时取了古人名字的狄吉尼斯"[45]。对于《阿基里斯》一书的作者是否了解上述拜占庭传奇叙事诗(即关于阿克里特的叙事诗)的某一个

---

[43] 克伦巴赫:《拜占庭文献史》,868。

[44] 《菲奥里欧和比安西菲欧勒的传奇》(*Le roman de Phlorios et Platzia Phlore*),D.C.赫瑟林主编,9、13—14;亦见104,1794。

[45] 《拜占庭的阿基里斯》(*L'Achilléide Byzantine*),D.C.赫瑟林主编,9。

版本,或者,他是否从两首诗的共同资料来源,即民众的传奇诗歌中采纳了相似的情节,我们并不清楚。这一问题目前还不能完全得出结论,但是,两首传奇诗中的一些相似情节,使得第一种假设更可能成立。⑥ 这首传奇诗以阿基里斯在特洛伊死于帕里斯和迪丰博斯手中,希腊人为了给他报仇攻克了这座城市而结束。

巴列奥洛格时期拜占庭艺术的惊人成就是不能一眼掠过的,而应该给予强调说明。巴列奥洛格王朝时期拜占庭艺术的复兴,产生了诸如卡里耶清真寺、米斯特拉、阿索斯和塞尔维亚等地的镶嵌画作品。它的发生是如此突然和令人费解,以至于学者们提出了形形色色的假说,解释这些新的艺术风格的源泉。所谓"西方来源说"的追随者,认为自第四次十字军以后,拜占庭生活中的各个方面都受到西方的影响。他们把拜占庭出现的艺术作品与意大利"14世纪"壁画和乔托,特别是其他一些在巴列奥洛格时期第一批"东方文艺复兴"的作品问世之时住在意大利的艺术家们的作品相比较。从而得出结论说,14世纪意大利的"大师"们一定影响到了拜占庭的艺术家,这就是东方出现新的艺术模式的源泉。但是,"西方派"的假说是不能接受的,确切地说,与之相反,人们现在已经证明,拜占庭对意大利艺术的影响而不是意大利对拜占庭艺术的影响是存在的。

第二种假说,即所谓"叙利亚源"假说,是20世纪初由斯特拉齐格夫斯基和Th.施密特提出来的。他们认为巴列奥洛格时期拜

---

⑥ 《拜占庭的阿斯里斯》,3—15;亦见克伦巴赫《拜占庭文献史》,848—849。蒙特拉蒂奇:《拜占庭文献史》,192—193。

占庭的最好的艺术成果仅仅是古老的叙利亚原版的复制品,即事实上,4—7世纪的原版艺术,被拜占庭艺术采用了不止一种新的形式。倘若人们接受了这一假说,就没有了14世纪拜占庭的艺术复兴,或者说,没有原创性的成果,拜占庭的大师们就没有任何创造性力量;因而,所有已经出现的佳作是对那些人们还不甚了解的优秀古代模式的逼真模仿。这一被N.K.康达可夫称为"回归古代运动"[47]的理论,已经有了些许追随者。[62]

查尔斯·迪尔在1910年出版的《拜占庭艺术手册》第一版中,反对上述两种理论。他看到,巴列奥洛格时期的艺术复兴植根于那个时代极为典型的文化复兴的总体环境中,植根于极有生命力的希腊爱国主义感情之中,也植根于早在11世纪,即科穆宁时期就已经出现的拜占庭艺术新潮的逐渐兴起的过程中。因此,"对于那些仔细考察了这一事件的人来说,14世纪的艺术运动并不是突然出现的意外现象。它的出现归因于特别有利于艺术自然发展的生气勃勃的条件;至于外部的影响,则只是在某种程度上促进了它的繁荣。它还是从它自己身上,从它植根于历史温床上的根源中,汲取了强有力的创造性特质。"[62]

1917年,D.阿伊那洛夫批评了迪尔的结论在方法论上的错误。迪尔并非以分析艺术作品本身为依据,而是从文献学、科学及其他方面的数据中间接得出结论。阿伊那洛夫认为,研究13世纪和14世纪拜占庭绘画新模式的出现,只能用比较的方法来解决。

---

[47] 《马其顿,一次考古旅行》(*Macedonia. An Archarological Journey*),280。
[62] 迪尔:《拜占庭艺术手册》(第2版,1926年),II,744—745。
[62] 迪尔:《拜占庭艺术手册》;上引文是对第1版(1910)中之文字的重复,702。

通过对于君士坦丁堡的卡里耶清真寺及威尼斯圣马可大教堂的镶嵌画的地理和建筑上的特点之个案的考察,阿伊那洛夫强调了这些艺术形式与意大利早期文艺复兴时期风景画之间的明显关系。他得出结论说,14 世纪的拜占庭绘画不能认为是拜占庭艺术的本来形式,它只是意大利绘画发展新模式的反映,而这种新发展是以早期拜占庭艺术为基础的。"威尼斯是这种早期文艺复兴对后期拜占庭艺术'反作用'的中介地之一。"⑩

Th. 施密特认为,面对巴列奥洛格时期帝国的经济和政治总崩溃的局面,14 世纪真正的艺术复兴是不可能的。⑪ 对于这一联系,迪尔正确地评价道:"这一假设看来可能有些天真,但它却是一种断语,而不是证据。"⑫1925 年,多尔顿不拘泥于阿伊那洛夫的结论,写到 14 世纪时说:"在塞尔维亚、米斯特拉或君士坦丁堡出现的来自意大利的新事物,是相当大量的希腊事物回到自己的家,但其表层却染上了锡耶纳的魅力。因此,我们不能完全把 14 世纪的斯拉夫人绘画或拜占庭希腊人的绘画看成是西方影响的产物。意大利赋予一种并没有改变的艺术以优雅和活力。"⑬考察了 G. 米勒、布莱耶尔和阿伊那洛夫的近期著作后,迪尔在他的《拜占庭艺术手册》第二版中,称 14 世纪是真正的艺术复兴,从而对这一问题的讨论做了总结。这次复兴完全继承并发展了 11 世纪和 12 世纪

---

⑩ 阿伊那洛夫(Aïnalov):《拜占庭绘画》(*Byzantine Painting*),86、89、96。

⑪ "14 世纪拜占庭绘画的'复兴'"("La 'Renaissance' de la peintur Byzantine au XIVe Siècle"),《考古学杂志》,II(1912),127—128。

⑫ 迪尔:《拜占庭艺术手册》,II,748。

⑬ 多尔顿:《东方基督教艺术》,240。

艺术演进的趋势,因此,在历史的过去与 14 世纪之间并没有艺术风格发展的间断。在这一问题上,迪尔重复了上面引述的,他在第一版中所写的那段话。⑭

1930 年,L. 布莱耶尔写道:"巴列奥洛格时期的拜占庭艺术是支配着拜占庭历史的两股精神力量,古典的和神秘主义的精神力量的综合。"⑮1938 年,A. 戈拉巴尔(A. Grabar)指出,巴列奥洛格时期拜占庭艺术的"突飞猛进"(l'essor)特别明显;在这一过程中,艺术的最后复兴,特别是绘画的复兴,不仅表现在其领土已经最后大大缩小到君士坦丁堡及其近郊的帝国内部,而且表现在各个独立自治的希腊公国(如斯巴达、特拉布松等)和那些追随着拜占庭道路的斯拉夫各王国内。⑯ 鉴于以上观点,以下的结论却似乎有些费解:"拜占庭艺术的历史随着法兰克人于 1204 年攻克君士坦丁堡就已经结束了。"⑰相反,拜占庭艺术复兴是一个内容丰富成果斐然的领域,值得进行更多的研究。⑱

---

⑭ 《拜占庭艺术手册》,II,751。关于 14 世纪拜占庭文艺复兴艺术的整章(735—751)在《拜占庭》杂志(布鲁塞尔)得以重印(II,[1926],299—316)。在他的著作之第二版中,迪尔还无法使用多尔顿的著作之结论,但是一段时期以后,他在《拜占庭杂志》(德文)发表了对多尔顿著作的详细评论,XXVI(1926),127—133。

⑮ "艺术的复兴"(La Rénovation artistique),《迪尔研究文集》,II,10。

⑯ 《拜占庭艺术》,7、10。

⑰ H. 皮尔斯(H. Pierce)和 R. 泰勒:《拜占庭艺术》,15。

⑱ 见夏尔·迪尔为 G. 米莱之著作《对于福音书中之圣像的研究》(*Recherches sur l'iconographie de l'Evangile*)写的书评,发于《学术杂志》,N.S.XV(1917),376。亦见 G. 索特利乌(G.Soteriou)"14 世纪希腊本土的拜占庭绘画。14 世纪大型绘画之风格问题之讨论"("Die Byzantinische Malerei des XIV. Jahrhundert in Griechenland. Bemerkungen zum Stilproblem der Monumentalmalerei des XIV. Jahrhundert"),《希腊研究》('Ελληνυκά),I(1928),95—117。

第九章 拜占庭的灭亡

巴列奥洛格时期拜占庭艺术复兴的许多作品保存了下来。在建筑艺术中,教堂建筑艺术是最为突出的,特别在伯罗奔尼撒半岛米斯特拉城堡的七座教堂、阿索斯山上的一些教堂,以及分布在塞尔维亚及其统治下的马其顿的许多教堂。巴列奥洛格时期的镶嵌画和壁画艺术的繁荣留下了丰富的遗产,君士坦丁堡卡里耶清真寺的壁画前面已经提到过了,还有许多壁画保留在米斯特拉、马其顿和塞尔维亚。在阿索斯山上,保留着13世纪、14世纪和15世纪的绘画,但是,阿索斯山的特别繁荣时期是在16世纪。著名的拜占庭画家、萨洛尼卡的曼纽尔·潘瑟里诺斯(Penselinos),即拜占庭画家中的"拉斐尔"和"乔托"可能就生活于16世纪的前半期;他的一些作品也许仍然能在阿索斯山见到,但是,关于这一点还是不能十分确定。[39]

许多巴列奥洛格时期的圣像画和微型画也保留了下来,特别著名的当属14世纪西班牙马德里的一本含有约翰·斯蒂利特编年史的手稿,其中有600幅有趣的袖珍画,反映了自811年到11世纪中期的拜占庭历史,这一时期,恰是斯蒂利特编年史所囊括的年代。[40]另外两幅巴黎的手稿前面已经提到[41],一是14世纪的绘有约翰·坎塔库津主持关于静修派运动的宗教会议的情景,另一幅是15世纪的附有曼纽尔二世的肖像微型画。

---

[39] 迪尔:《拜占庭艺术手册》,II,840—844;关于潘瑟里诺斯的生卒年代,见该书第842页和多尔顿《东方基督教艺术》,238注1。

[40] 这批绘画的全部照片收于巴黎高级研究院的照片集中;也见于J. 埃伯索尔特所著《拜占庭微型画》(*La Miniature byzantine*),59。

[41] 关于巴列奥洛格时期的微型画,见迪尔《拜占庭艺术手册》,II,872—874。

巴列奥洛格时期的艺术及其对于斯拉夫各国,特别是对于俄罗斯的影响,尚没有得到深入的研究;这一时期的典型代表作品还没有被全面搜集并进行研究,甚至有些东西人们还没有发现。N.P.康达可夫在1909年,讨论到13世纪和14世纪对于圣像画的研究时曾经说过:"总体看来,我们进入了一座黑森林,还没有人踏出一条小径。"[44]另一位近期研究拜占庭14世纪绘画的学者阿伊那洛夫补充道:"但是,在这座森林中,一些先驱已经向各个方向开辟了道路,并做了一些重要的积极的探察。"[45]1919年,G.米勒在他论及塞尔维亚教堂的著作中,试图否认塞尔维亚艺术只不过是拜占庭艺术的一个分枝的说法,并证明了塞尔维亚艺术有它自己本身的特点。[46]

总括巴列奥洛格时期的文化运动,人们首先必须肯定,它的伟大力量、生命力及多样化的特点并不见于更早的时期,即帝国的总体形势似乎更有利于文化成就的时期。自然,这一兴起,不能认为是突然的,是没有什么历史基础的。这些因素的根源可以在科穆宁时期的文化复兴中看到;而且,由于拉丁十字军的统治而被截然分开的这两个时期之间的联系纽带,是以尼西亚帝国的尼斯福鲁斯·布莱米底斯及开明的拉斯卡利斯王朝的皇帝为代表的文化生活。尽管当时的政治形势危机重重,尼西亚的皇帝们还是保存和

---

[44] 见康达可夫《马其顿,一次考古旅行》,圣彼得堡,285。
[45] 《14世纪的拜占庭绘画》,68。
[46] 《古代塞尔维亚艺术。宗教画》(*L' Ancient art serbe. Les églises*),9。米勒:"拜占庭文化复兴"("La Renaissance byzantine"),《第二届国际拜占庭研究会文集》,19—21。

发展了当时最优秀的精神财富,把它留传给巴列奥洛格家族复生的帝国。在巴列奥洛格王朝时期,特别是13世纪末和14世纪初,帝国的文化生活极其繁荣。此后,在土耳其威胁的压力下,文化运动在君士坦丁堡开始衰落,而15世纪最早的思想家如尼西亚的贝萨里翁及杰米斯图斯·普勒桑则把他们的活动范围转移到伯罗奔尼撒半岛,即米斯特拉,这是与一些较小的意大利文艺复兴中心相似的文化中心,且不像萨洛尼卡或君士坦丁堡那样明显地处于土耳其人征服的威胁下。

关于拜占庭文化的重要性及其问题曾经多次被人们与意大利文艺复兴时期的重要性及其问题相比,认为它们之间有共性。意大利和拜占庭都经历了一个有着许多共同特点及共同起源的深刻的文化运动时期,这一起源即十字军带来的经济和文化革命。这一时期并不是拜占庭的或者意大利的文艺复兴时代,而是一个广泛的、不局限于一国范围内的、希腊—意大利文艺复兴时代,或者,总的来说,是南欧文艺复兴时代。后来,即在15世纪,东南欧的这一文化复兴被土耳其的征服所终止;在西方,即意大利,总体形势发生了变化,文化生活得以深入发展,并传播到其他国家。

当然,拜占庭没有产生但丁。拜占庭的文艺复兴还受到它过去传统的束缚,在这种束缚下,艺术的创造性精神和发展的独立性受到了教会和国家权威的严格支配。拜占庭古代传统的主要内容是它的形式主义和保守性。考虑到拜占庭社会生活的这些特点,人们不能不因巴列奥洛格时代出现的积极活跃的学术活动及最优秀的思想家们在文学和艺术领域开辟自由、独立的新道路时的热情工作而感到惊诧。但是,东罗马帝国最后灭亡的命运过早地摧毁了这一文学、科学和艺术的胚胎。[45]

拜占庭和意大利文艺复兴

考虑中世纪希腊传统,尤其是拜占庭希腊人对意大利文艺复兴产生了什么样的影响时,首先要记住的是,并非是人们对古典文献的兴趣和了解导致意大利文艺复兴的发生,引发了文艺复兴的意大利的生活背景才是人们对古希腊文化的热情高涨的真正原因。

在19世纪中叶,一些历史学家认为,在土耳其危机之前,尤其是1453年君士坦丁堡陷落之前逃往意大利的部分拜占庭希腊人,促进了意大利文艺复兴的产生。例如,19世纪上半叶的一位俄国斯拉夫文化优越论者J.V.吉列也夫斯基(Kireyevsky)就曾写道:"君士坦丁堡陷落之后,从东向西吹来了一阵清风,使西方思想家

---

[45] A.海森伯格在他的"拜占庭文艺复兴问题"("Das Problem der Renaissance in Byzanz")(《历史杂志》,CXXIII[1926],393—412)一文中基本上否定了"拜占庭文艺复兴"的存在,但他是这样结束他的文章的:"只是在若干世纪之后,(拜占庭的)统治阶层才感觉到,在国家和教会所顽固推行的古典传统的覆盖下,新的、更丰富和深刻的生活处于深深的底层。但是,在这一时刻,由于西欧的贪婪,拜占庭世界永远衰落了;真正的文艺复兴既不属于拜占庭也不属于东欧其他的东正教国家。"(第412页),亦见F.多尔格在《德意志文学报》(*Deutsche Literaturzeitung*)的论述,XLVII(1926),1142—1143、1445。R.居兰德则在他的《论尼斯福鲁斯·格雷戈拉斯》中(第294—295页以及其他部分),强调了14世纪拜占庭的"真正文艺复兴"。参见由C.纽曼写的绝妙的但多少有些片面的文章"拜占庭文化和文艺复兴文化"(Byzantinische Kultur und Renaissancekultur),《历史杂志》,XCI(1903),215—232。

第九章 拜占庭的灭亡

能更自由自在地呼吸,整个经院哲学结构立刻崩溃。"[46]众所周知,15世纪上半叶,文艺复兴确实已经遍及意大利,但所谓的意大利人文主义的主要领袖佩特拉克、薄伽丘却生活在14世纪。很明显,除非在基本年代学上的证据以外还存在其他原因,这种观点是十分站不住脚的。

有两个问题需要解决,即中世纪的希腊传统对文艺复兴的影响,以及拜占庭希腊人对文艺复兴的影响。首先考虑第二个问题,究竟有哪些希腊人的名字与文艺复兴早期,即14世纪到15世纪初这一时期,相联系呢?

按年代顺序来看,第一个人物是巴尔拉姆,南意大利卡拉布里亚的希腊人,约死于14世纪中叶,曾参加过静修派的斗争。他在成为卡拉布里亚修道院的修士之后,将其名字贝尔纳多(Bernardo)改为巴尔拉姆(Barlaam),并在萨洛尼卡、阿索斯山和君士坦丁堡驻留了一段时间。幼者安德罗尼卡皇帝命其担负重要使命,就组织讨伐土耳其人的十字军和恢复教会联合问题赴西方谈判。在一趟毫无成果的旅程之后他返回拜占庭,参加了静修派宗教运动,接着又前往西方,最后终了于此。巴尔拉姆是早期人文主义者经常谈及的人物,而且,19世纪的学者们在对他的评价上也颇有争议。佩特拉克曾在阿维尼翁遇到过巴尔拉姆,并为了能读懂希腊作家的原著而随他研习希腊语。在一封信中,佩特拉克谈到巴尔拉姆说:"另一个唤起我最大热情的老师,在我刚开始学习(in

---

[46] 《著作集》,II,252。这一意见甚至见于J.库拉科夫斯基的《拜占庭历史》(第1版),I,12;在其第2版(1913年)中,这一论断又不见了。

ipso studiorum lacte)时,就离开了人世。"在另一封信中,他又写道:"他(即巴尔拉姆)的希腊语口才是最好的,可拉丁语却很差;他富有思想且思维敏捷,但要让他用语言表达自己的情感却很为难。"⑭在第三封信中他还说:"我一直渴望研究所有的希腊文学,要不是命运嫉妒我的起步而夺走我的老师,现在的我可能就不只是一名初级的希腊文化研究者了。"⑭在阅读希腊文学原著方面,佩特拉克一直未能成功。另外,巴尔拉姆对薄伽丘也产生了一些影响。薄伽丘在他的著作《神谱》(Genealogia deorum)中称巴尔拉姆为一个"虽然身体瘦小却拥有渊博知识"的人,而且只要是涉及希腊学者方面的问题,薄伽丘都完全信任他。⑭

巴尔拉姆在神学和数学方面的文章、笔记和演说词并不能提供足够的理由称巴尔拉姆为人文主义者。我们只能猜测,也许佩特拉克对其著作一无所知;薄伽丘曾清楚地说过他"从未看过任何一本他的著作"。⑭也没有足够的资料证明他曾广泛培养学生或在文学方面有特殊的才智,换句话说,没有理由相信巴尔拉姆拥有足够的天赋或知识力量能极大地影响其才华横溢且受过良好教育的意大利同代人、那些时代精神的前导,即像佩特拉克和薄伽丘这

---

⑭ F.佩特拉克:《家事和各类书信集》(Epistolae de rebus familiaribus et Variae),XVIII,2;XXIV,12;G.弗拉卡赛蒂(Fracassetti)主编,II,474;III,302。见Th.乌斯宾斯基《拜占庭文明史论集》,301—302。A.维切洛夫斯基(A. Veselovsky):"薄伽丘,他身边的人和同时代人",《著作集》,V,86。

⑭ F.佩特拉克:《家事和各类书信集》,XXV,G.弗拉卡赛蒂主编,II,369。Th.乌斯宾斯基:《拜占庭文明史论集》,303。

⑭ 《神谱》,XV,6;1532年,389。M.科勒林(Korelin):《早期意大利人文主义及其史学》(The Early Italian Humanism and Its Historiography),993。

⑭ 《神谱》,XV,6;1532年版,390:hujus ego mullum vidi opus。

样的人。因此,我们不能赞同把巴尔拉姆对于文艺复兴的影响估计过高,这种估计有时会出现在一些优秀著作中。例如,德国学者 G.科尔廷(Körting)曾评论说:"由于巴尔拉姆在阿维尼翁过早离世,使得佩特拉克不可能更深入地学习希腊语言和文明知识,从而破坏了能引人自豪的前景的构想,并决定了此后几个世纪欧洲人民的命运。可谓小因而大果!"[63]俄国学者 Th.乌斯宾斯基就同一个问题写道:"文艺复兴时期意大利人所具有的丰富活跃的思想观念和对希腊研究的重视完全应归功于巴尔拉姆直接或间接的影响。因此中世纪文学历史的最伟大成就归功于他……我们还可以根据事实断言他兼具当时存在的学术上最优秀的品质并使之延续下来。"[64]

巴尔拉姆在文艺复兴历史中的作用事实上远没有那么复杂。他只是一名不太成功的希腊语教师,能传授语法基础知识并起到活字典的作用,科勒林认为,"其中还有一些非常不精确的资料"[65]。对于巴尔拉姆在文艺复兴中的作用,A.维切洛夫斯基给予了更为正确的评价:"在意大利人文主义早期历史中,巴尔拉姆的作用是表面性的,偶然的……作为一名中世纪的经院哲学家和唯心主义哲学的敌人,他仅能给予他的西方朋友以希腊语言方面的知识及一些学问的断片;但他的德行却因人文主义用以表现自己的理想和期待而被夸大了,而他是无法对这种期望做出回

---

[63] G.科尔廷:《佩特拉克的生活和工作》(*Petrarca's Leben und Werke*)(莱比锡,1878年版),154。

[64] Th.乌斯宾斯基:《论拜占庭文明史论集》,308。

[65] 《早期意大利人文主义及其史学》,998。

应的。"㉔

第二个在文艺复兴早期发挥了重要作用的希腊人是巴尔拉姆的学生莱昂提乌斯·皮拉图斯(Leontius Pilatus),他和他的老师都是卡拉布里亚人,也死于 14 世纪 70 年代。他从意大利移居到希腊,后来又返回意大利。在意大利他被看作是萨洛尼卡的希腊人,而在希腊又被看作是意大利人,不论在哪儿生活他都会与人发生争论。他曾在佛罗伦萨与薄伽丘一起生活三年,给薄伽丘讲授希腊语并对《神谱》给予一些建议。佩特拉克和薄伽丘都在他们的著作中提及了莱昂提乌斯,并以相似的方式描绘了这个"有着禽兽般举止、行为怪僻的人"㉕倔强、严厉、急躁的性格和难以接近的外表。在写给薄伽丘的一封信中,佩特拉克写道,莱昂拉乌斯在对意大利和意大利人进行了傲慢无理的抨击之后离开了他,而在旅程中又写给他一封"比其胡子和头发更长更令人作呕的信,信中,他向上天赞美可恨的意大利,贬低和谴责他以前极为赞颂的希腊和拜占庭,并以此为乐;接着他恳求我让他回去,比使徒彼得向基督祈求掌控水性还要诚挚"。在同一封信中还有如下有趣的内容:"现在听吧、笑吧,还有其他更有趣的事情,他请求我给君士坦丁堡皇帝写信推荐他,可我既不认识这位皇帝也不知道他的名字;但他

㉔ 《著作集》,V,100—101。
㉕ 佩特拉克:《佩特拉克个人书信集》(*Lettere sinili di Petrarca*),V,3;弗拉卡赛蒂编,I,299;亦见 III,6,弗拉卡赛蒂编,I.73:"è certamente una gran bestia。"见《佩特拉克个人书信集》,弗拉卡赛蒂编,IV,98。薄伽丘:《神谱》,XV,6,1532 年,389。见维切洛夫斯基"薄伽丘",《著作集》,VI,364。

想要如此,并想当然地以为(那位皇帝)会像罗马皇帝*对我那样仁慈、宽厚;似乎他们的头衔相同,就表示他们完全相同,或者由于希腊人称君士坦丁堡为第二罗马就敢于认为它不仅与古代的罗马一样,甚至还在人口和财富上超过了前者。"⑥ 在《神谱》中,尽管薄伽丘将莱昂提乌斯描绘得极其丑陋,总是全神贯注地陷于沉思,态度粗鲁、不友善,但他却是活生生的希腊文学的泰斗和希腊神话、寓言的取之不尽用之不竭的活档案。⑥ 当然,当莱昂提乌斯与薄伽丘在一起时,曾完成了第一部文学上的《荷马史诗》的拉丁语译本。然而,这个译本很不完善,以至于后来的人文主义者认为有必要以一部新的译本取而代之。正像薄伽丘所表明,我们必须考虑到一个事实,即莱昂提乌斯的许多知识都是受惠于他的老师巴尔拉姆,而 Th. 乌斯宾斯基说"后者的价值必须在我们的眼中居于更高的地位"。⑥

我们完全承认在希腊语研究方面莱昂提乌斯·皮拉图斯对薄伽丘的重要影响,但在文艺复兴的全部历史过程中,皮拉图斯的作用却只限于通过授课和翻译手段在意大利传播希腊语言和文学知识。此外,薄伽丘之所以能名垂后世,也并非依赖着希腊文学提供

---

* 此处的罗马皇帝,应是德意志神圣罗马帝国的皇帝,而与古代罗马皇帝没有任何关系。——译者

⑥ 佩特拉克:《佩特拉克个人书信集》,III,6。弗拉卡赛蒂编,I,174—175。弗拉卡赛蒂编《书信集》,IV,98。见维切洛夫斯基"薄伽丘",《著作集》,VI,362—363。

⑥ 《神谱》,XV,6;1532 年,390。见维切洛夫斯基"薄伽丘",《著作集》,VI,351—352。

⑥ 《拜占庭文明史论集》,308。见薄伽丘《神谱》,XV,6;1532 年,390:"Leotium… ut ipse asserit, praedicti Barlaae auditorem."

的养料,而是完全不同的基础。

因而,这些出身于南意大利(卡拉布里亚)而非拜占庭的希腊人在早期人文主义运动历史中所起的作用,仅仅在于他们传播了语言和文学方面的专门知识。

我们经常强调的是巴尔拉姆和莱昂提乌斯·皮拉图斯都是南意大利卡拉布里亚人这一事实,在整个中世纪时期,那里的希腊语言和民间传统都很活跃。尽管南意大利古老的"大希腊"(Magna Graccia)因素还没有完全被罗马吸收,但一般来说,6世纪的征服者查士丁尼一世也向意大利尤其是南意大利引入了许多希腊因素。查士丁尼一世之后不久,征服了意大利大部分地区的伦巴德人自己也受到希腊潮流的影响,从而在某种程度上成为希腊文明的提倡者。考察希腊人口逐渐增加的南意大利和西西里的希腊化是很必要的。6、7世纪,许多希腊人在入侵希腊的斯拉夫人压力下被迫离开他们的祖国前往南意大利和西西里。[49] 7世纪,由于拜占庭大部分领土被波斯人和阿拉伯人征服、劫掠,导致大批希腊人向西西里和南意大利的移民浪潮。8世纪,大批希腊修士为逃避破坏圣像派的皇帝们之迫害而来到意大利。9、10世纪,西西里被阿拉伯人征服时,来自西西里希腊难民的足迹踏遍了南意大利。这可能是拜占庭南意大利希腊化的主要根源,因为拜占庭文化仅在10世纪才开始在那里繁荣,"好像仅仅是西西里文化的继续和

---

[49] P.查拉尼斯(P. Charanis):"论西西里和南意大利的希腊化问题"("On the Question of the Hellenization of Sicily and Southern Italy"),《美国历史评论》,LII (1946—1947),74—86。

第九章　拜占庭的灭亡

继承"。⑥ A.维切洛夫斯基写道:"这样,在南意大利形成了希腊人口密集的群岛和靠单一语言、宗教以及修道院为代表的文化传统团结起来的人民及其社会。这种文化的繁盛期自9世纪下半叶一直延续到10世纪下半叶,甚至持续到更晚的诺曼人时代……南意大利许多最重要的希腊修道院都是12世纪建立的。这些修道院的历史也就是南意大利希腊化的历史。它们各有自己的初始时期、在洞穴里沉溺于读写经文的隐修士时期,也有组织良好的集体结构的修道时期,其中有其抄胥的学校、图书馆和文化活动。"⑥中世纪希腊人的南意大利出现了许多作者,他们不仅描写了圣徒生活,也创作了宗教诗歌;他们"还保存了学术传统"。13世纪下半叶,罗杰·培根(Roger Bacon)提及了教宗们已经注意到,"在意大利许多地方,神职人员和居民都是纯粹的希腊人"⑥。同一时期的一位法国编年史家指出,"卡拉布里亚的农民只说希腊语"⑥。14世纪,在佩特拉克的一封信中谈及了一名听从其建议而前往卡拉布里亚的青年:他本来希望直接去君士坦丁堡,"但了解到曾经是人才济济的希腊现在已大不如前,因此相信了我的话……;他从我这里知道,卡拉布里亚有许多人相当熟悉希腊文学知识……他

---

⑥ P.巴蒂福尔(P.Batiffol):《罗萨诺修道院》(*L'Abbaye de Rossano*),ix。

⑥ "薄伽丘",《著作集》,V,22。

⑥ 同上书,23。

⑥ "Nec multum esset pro tanta utilitate ire in Italiam, in qua clerus et populus sunt pure Graeci in multis locis."见罗杰·培根《哲学纲要》(*Compendium studii philosophiae*),chap.6;培根:《未出版作品集》(*Opera quaedum hactenus inedita*),434。

⑥ "Et par toute Calabre li Païsant ne parlent se grizois non"。P.梅耶:"古代法国历史编纂的先驱"("Les Premières compilations françaises d'histoire ancienne"),《罗曼尼亚》,XIV(1885),70页注5。

就决定到那里去了。"⑮这样,14世纪的意大利人不需要为了掌握希腊语言的初级知识和希腊文学的入门知识而去求助于拜占庭;他们有一个更近的知识来源,即南意大利,正是在这里,产生了巴尔拉姆和莱昂提乌斯·皮拉图斯。

拜占庭对意大利的真正影响开始于14世纪末并在整个15世纪延续下来,即曼纽尔·赫里索罗拉斯,杰米斯图斯·普勒桑和尼西亚的贝萨里翁等真正的拜占庭人文主义者的时代。

曼纽尔·赫里索罗拉斯大约在14世纪中叶出生于君士坦丁堡,并在其家乡以杰出的教师、雄辩家和思想家而闻名。一位年轻的意大利人文主义者瓜利诺(Guarino)为了能拜曼纽尔·赫里索罗拉斯为师而前往君士坦丁堡;赫里索罗拉斯教授了他希腊语,由此瓜利诺开始研究希腊诸作家。由于皇帝的命令,赫里索罗拉斯赴意大利执行一次特殊的政治使命,他的名声传到哪里,就在哪里受到热情的接待。意大利各地人文主义中心竞相热切地向这位外国学者发出邀请。他用了几年时间在佛罗伦萨大学教书,有许多人文主义者去听他的课。那时,皇帝曼纽尔二世恰好在意大利,赫里索罗拉斯应召前往米兰,一段时间后又在帕维亚成为教授。赫里索罗拉斯回拜占庭稍作停留后又返回意大利,作为皇帝的使节进行一次长途旅行,到达了英国、法国,可能还有西班牙,最后与罗马教宗和教廷进行了密切接触。他受罗马教宗的派遣前去德国筹划即将召开的宗教会议,到达了会议举办地康斯坦兹,1415年死于此地。赫里索罗拉斯能受到如此重视很明显是由于他的教学和

---

⑮ 《佩特拉克个人书信集》,XI,9;弗拉卡斯蒂编,II,164.

第九章 拜占庭的灭亡

向其听众传授大量希腊文学知识的能力。他的神学论文、希腊语法、翻译作品(例如,对柏拉图著作的翻译)和信件等多种形式的著作并没有表明这种重视是归因于他杰出的文学天赋。但他对人文主义学者的影响是巨大的,他们倾其所能给予这位拜占庭学者最高赞誉和最真挚的热情。瓜利诺把他比作照耀了陷于黑暗蒙昧之中的意大利的太阳,并希望心怀敬意的意大利人应在他经过的地方竖立一座凯旋门。[466] 他有时也被誉为"希腊雄辩术和哲学之王"。[467] 在文艺复兴这一新的运动中,许多杰出人物是他的学生。一位文艺复兴时期的法国历史学家莫尼耶在回忆人文主义者对巴尔拉姆和皮科图斯的评价时写道:"这里没有迟钝的智者,令人厌烦的胡须,也没有随时想嘲笑泰伦斯(Terecnce)*那令人钦佩的智慧之光的粗鲁的卡拉布里亚人。曼纽尔·赫里索罗拉斯是一名真正的希腊人;他来自拜占庭;他是高尚的;他是博学的;他不仅懂希腊语,还懂拉丁语;他是庄重而温和的,虔诚而节俭的;他似乎是为美德和荣耀而生的;他熟悉最先进的科学和哲学成就;他是一位大师。他是第一位因在意大利占据一个教席而使古典传统重拾声望的希腊教授。"[468]

但对15世纪意大利影响更深更广的却是拜占庭文艺复兴的

---

[466] 见莫尼耶《15世纪。15世纪意大利文学史论》(*Le Quattrocento. Essai sur l'histoire littéraire du XVe siècle italien*),II,6。

[467] 科勒林:《早期意大利人文主义及其史学》,1002。

* 古罗马著名希腊籍剧作家。——译者

[468] 莫尼耶:《15世纪》(*Le quattrocento*),II,4:"Quis enim praestantiorem Manuele virum, aut vidisse aut legisse meminit, qui ad virtutem ad gloriam sine ulla dubitatione natus erat?..."德森布里奥(Decembrio)认为,"谈到他的文学知识,他似乎不是凡人,而是天使"。

著名先驱,杰米斯图斯·普勒桑和尼西亚的贝萨里翁。前者是佛罗伦萨柏拉图学院的发起人,使西欧柏拉图哲学再生的人物;而后者则是这一时期文化运动的首要人物。

贝萨里翁于15世纪初生于特拉布松,在那里受到基础教育,后来被送往君士坦丁堡深造,接着又开始彻底研究希腊诗人、雄辩家和哲学家。与意大利人文主义者,即当时参加了君士坦丁堡课程学习的菲勒尔弗(Filelfo)的会面,使贝萨里翁了解了意大利人文主义运动,并对后来出现于意大利的古代文学艺术深感兴趣。隐修之后,在伯罗奔尼撒半岛即米斯特拉,贝萨里翁受教于著名的普勒桑,继续学习。他后来作为尼西亚的大主教,伴随皇帝参加了弗拉拉-佛罗伦萨宗教会议,极大地影响了趋向教会联合的谈判进程。贝萨里翁在这次宗教会议期间写道:"不论有多少看似合情合理的原因,我都不认为与拉丁人的分离是正确的。"[49]

在意大利驻留期间,贝萨里翁热切地投身于文艺复兴的紧张生活中。就其才能和所受的教育,他绝不逊于意大利人文主义者。他与这些人文主义者过从甚密,而且由于他在联合问题上的立场,也与教廷有了密切接触。在返回君士坦丁堡时,贝萨里翁很快地意识到,由于大多数希腊人的敌对情绪,教会的联合不可能在东方实现。恰在此时,他接到了来自意大利的消息,得知自己已经被任命为罗马教会的红衣主教。考虑到在国内的尴尬地位,他产生了返回人文主义中心意大利的愿望,随后离开拜占庭前往意大利。

---

[49] 《关于促成教会联合的宣教词》(*Oratio dogmatica pro unione*);米涅编:《希腊教父文献全集》,CLXI,612。

在罗马,贝萨里翁的居所成为人文主义思想交流的中心。人文主义的杰出代表波焦(Poggio)和瓦拉(Valla)等都是他的朋友。由于贝萨里翁在两种古典语言方面都极为出色的学识,瓦拉称他为"拉丁人中最好的希腊人和希腊人中最好的拉丁人"(*latinorum graecissimus*, *graecorum latinissimus*)[⑳]。通过购买书籍或订购手抄副本,贝萨里翁收集了丰富的藏书,包括东西方教父的著作和一般的神学著作以及人文主义文学作品。在其生命的最后阶段,他将其丰富的藏书送给了威尼斯,这些藏书成为现代著名的圣马可图书馆的主要基础之一;在其入口处,我们仍能看见贝萨里翁的肖像。

贝萨里翁最为感兴趣的一个想法是组织一支对付土耳其人的十字军。在听到君士坦丁堡陷落的消息之后,贝萨里翁立即给威尼斯总督写信,要他注意土耳其人对欧洲威胁的危险性,并要求他因此而采取军事行动反抗土耳其人。[㉑] 当时,欧洲人还不可能理解任何其他的理由。1472年,贝萨里翁死于拉文纳,他的遗体运往罗马,并举行了神圣的葬礼。

贝萨里翁的文学活动是在意大利开展起来的。除了大量关于联合问题的带有神学性质的书籍、一部《教义演说》(*Dogmatic*

[⑳] H. 瓦斯特(H. Vast):《红衣主教贝萨里翁(1403—1472年)》(*Le Cardinal Bessarion*, 1403—1472),扉页。R. 罗硕尔(R. Rocholl):《贝萨里翁,文艺复兴史研究》(*Bessarion. Studie zur Geschichte der Renaissance*),105。L. 莫勒尔(L. Mohler):《神学家、人文主义者和政治家,红衣主教贝萨里翁》(*Kardinal Bessarion als Theologe, Humanist und Staatesmann*),406。

[㉑] 见 A. 萨多夫(A. Sadov)《尼西亚的贝萨里翁》(*Bessarion of Nicaea*),276。莫勒尔:《红衣主教贝萨里翁》,275—276;关于贝萨里翁的图书馆,见408—415。

Oration），对以弗所马可（Marcus Eugenicus）的批驳等，以及一些辩论和《圣经》评注方面的著作，贝萨里翁还留下了一些包括德莫斯提尼和色诺芬在内的古典作家作品的译本、亚里士多德形而上学思想的著作，表明他是一名人文主义者。作为柏拉图的崇拜者，贝萨里翁在他的著作《反对柏拉图的诽谤者》（*In Calumniatorem Platonis*）中，成功地保留了或多或少的客观性，这一特点在其他论述亚里士多德主义和柏拉图主义的著作中无以匹敌者。不久以前，贝萨里翁歌颂其出生城市特拉布松的长篇《颂歌》（*Eulogy*）问世。从历史角度来看，这一颂词具有极为重要的意义。[⑫]

正像贝萨里翁的一位法国传记作者所说，在贝萨里翁时代的所有杰出人物中，他比任何其他人都更好地显示出了希腊语和拉丁语的双重才华，正是从这两种才华的融合中促发了文艺复兴的产生。"贝萨里翁生存于两个时代的交替处。他是一个拉丁化的希腊人……一名保护学者的红衣主教，一名为柏拉图主义而斗争的经院神学家，一名对现代文化的开端做出最大贡献的古典作品的热烈倾慕者。他极力主张实现基督教联合，动员一支反土耳其十字军，因此他属于中世纪；他又在自己的生活年代中居于领导地位，并以热情驱策着这个时代进入新的进步的轨道和文艺复兴运动中。"[⑬]一个与贝萨里翁同时代的人，迈克尔·阿颇斯托利乌斯（Apostolios）怀着满腔热情崇拜贝萨里翁的人格和他的天赋，乃至于将他比作一个半人半神的英雄。在为贝萨里翁做的葬礼演说

[⑫] 兰普罗斯：《当代希腊回忆录》（*Νέος Ἑλληνομνήμων*），XIII(1916)，146—194；也有抽印本出版。

[⑬] 瓦斯特：《红衣主教贝萨里翁》，ix、xi。

中,他写道:"〔贝萨里翁〕是神圣和真正智慧的结晶。"⑭许多关于贝萨里翁的著作仍未被出版。还有一个有趣的现代版的赞颂词,即19世纪末意大利出版了一种以实现东西方基督教会为宗旨的天主教杂志,这份杂志就以"贝萨里翁"命名。

但是,拜占庭对于文艺复兴历史的伟大贡献不仅在于它通过授课或演讲的方式,灌输了希腊语言和文学知识,并通过普勒桑或贝萨里翁等天才人士的活动,向意大利展现了的新视野;另一方面,除了拜占庭的希腊教父著作及文献资料外,拜占庭也给予了西方大量最优秀的古典作家著作的早期希腊原稿。

大约于15世纪40年代,即佛罗伦萨会议时期,意大利人文主义者在著名藏书家波焦的指引下曾游历意大利和西欧,并搜集了几乎所有那些我们现在所知道的拉丁语文献。曼纽尔·赫里索罗拉斯在意大利唤起了人们对古代希腊的热情崇敬,这里明显出现了积极搜索希腊书籍的运动。为了这个目的,意大利人希望能够使用拜占庭图书馆。已经前往拜占庭学习希腊学术的意大利人带着希腊书籍返回意大利。其中第一人是赫里索罗拉斯在君士坦丁堡的学生瓜利诺。波焦为收集罗马文学著作做了什么,乔瓦尼·奥里斯帕(Giovanni Aurispa)在收集希腊文学著作时就做了什么;他前往拜占庭,从君士坦丁堡,伯罗奔尼撒半岛和各岛屿带回了至少238卷书,换言之,即带回了包括最优秀的古典作家作品的一整座图书馆。

---

⑭ "贝萨里翁的葬礼词"("Laudatio funebris Bessarionis");米涅编:《希腊教父文献全集》,CLXI,140。

由于土耳其的征服,拜占庭的生活条件变得越来越糟糕,也越来越危险,大批希腊人迁居西方,同时带来了他们的文学作品和文献。拜占庭之客观情况所引起的古典世界的珍宝在意大利的集中,为西方世界了解希腊遥远的过去以及她永恒的文化创造了特别有利的条件。通过向西方传播古典著作并因此保护它们免于落入土耳其人手中而惨遭毁弃,拜占庭为人类未来命运完成了伟大的业绩。

附录

拜占庭帝国皇帝年表
（324—1453 年）

君士坦丁大帝（Constantine the Great，帝国唯一皇帝）	324—337（在位，下同）
君士坦丁（Constantine）	337—340
康斯坦斯（Constans）	337—350
康斯坦提乌斯（Constantitus）	337—361
背教者朱利安（Julian the Apostate）	361—363
乔维安（Jovian）	363—364
瓦伦斯（Valens）	364—378
狄奥多西大帝（Theodosius the Great）	379—395
阿卡第（Arcadius）	395—408
幼者狄奥多西二世（Theodosius II The Younger）	408—450
马西安（Marcian）	450—457
利奥一世大帝（Leo Ⅰ the Great）	457—474
利奥二世（Leo Ⅱ）	474
芝诺（Zeno）	474—491
阿那斯塔修斯一世（Anastasius Ⅰ）	491—518
查士丁一世（Justin Ⅰ）	518—527
查士丁尼大帝（Justinian the Great）	527—565
查士丁二世（Justin Ⅱ）	565—578
提庇留二世（Tiberius Ⅱ）	578—582
莫里斯（Maurice）	582—602
福卡斯（Phocas）	602—610

希拉克略(Heraclius)	610—641
君士坦丁二世(Constantine Ⅱ)	641
希拉克罗那斯(Heraclonas, Heracleon)	641
君士坦丁三世(康斯坦斯二世)(Constantine Ⅲ, Constans Ⅱ)	641—668
君士坦丁四世(Constantine Ⅳ)	668—685
剜鼻者查士丁尼二世(Justinian Ⅱ Rhinotmetus)	685—695
莱昂提乌斯(Leontius)	695—698
提庇留三世阿斯帕尔(Tiberius Ⅲ Apsimar)	698—705
查士丁尼二世(第二次登基)(Justinian Ⅱ)	705—711
菲利彼库斯·巴尔达内斯(Philippicus Bardanes)	711—713
阿那斯塔修斯二世阿特米乌斯(Anastasius Ⅱ Artemius)	713—715
狄奥多西三世(Theodosius Ⅲ)	715—717
利奥三世(Leo Ⅲ)	717—741
君士坦丁五世科普洛尼姆斯(Constantine Ⅱ Copronymus)	741—775
卡扎尔人利奥四世(Leo Ⅳ the Khazar)	775—780
君士坦丁六世(Constantine Ⅵ)	780—797
伊琳娜(Irene)	797—802
尼斯福鲁斯(Nicephorus I)	802—811
斯陶拉希乌斯(Stauracius)	811
迈克尔一世朗伽巴(Michael Ⅰ Rangabé)	811—813
亚美尼亚人利奥五世(Leo Ⅴ the Armenian)	813—820
口吃者迈克尔二世(Michael Ⅱ the Stammerer)	820—829
塞奥菲卢斯(Theophilus)	829—842
迈克尔三世(Michael Ⅲ)	842—867
瓦西里一世(Basil Ⅰ)	867—886
哲人(智者)利奥六世(Leo Ⅵ the Philosopher, the Wise)	886—912

拜占庭帝国皇帝年表(324—1453年)

亚历山大(Alexander)	912—913
(紫衣家族的)君士坦丁七世波菲罗杰尼图斯(Constantine Ⅶ Porphyrogenitus)	913—959
罗曼努斯一世雷卡平(Romanus Ⅰ Lecapenus)(共治皇帝)	919—944
斯蒂芬和君士坦丁(Stephen and Constantine)(罗曼努斯之子)	944年12月—945年1月
罗曼努斯二世(Romanus Ⅱ)	959—963
尼斯福鲁斯二世福卡斯(Nicephorus Ⅱ Phocas)	963—969
约翰一世齐米西斯(John Ⅰ Tzimisces)	969—976
瓦西里二世(保加利亚人的屠夫)(Basil Ⅱ Bulgaroctonus)	976—1025
君士坦丁八世(Constantine Ⅷ)	1025—1028
罗曼努斯三世阿吉鲁斯(Romanus Ⅲ Argyrus)	1028—1034
迈克尔四世帕夫拉戈尼亚人(Michael Ⅳ Paphlagonia)	1034—1041
迈克尔五世卡拉法特斯(Michael Ⅴ Calaphates)	1041—1042
狄奥多拉和佐伊(Theodora and Zoë)	1042
君士坦丁九世摩诺马赫(Constantine Ⅸ Monomachus)	1042—1055
狄奥多拉(Theodora)	1055—1056
迈克尔六世斯特拉提奥提库斯(Michael Ⅵ Stratioticus)	1056—1057
伊萨克一世科穆宁(Isaac Ⅰ Comnenus)	1057—1059
君士坦丁十世杜卡斯(Constantine Ⅹ Ducas)	1059—1067
罗曼努斯四世狄奥吉尼斯(Romanus Ⅳ Diogenes)	1067—1071
迈克尔七世杜卡斯·帕拉皮纳克斯(Michael Ⅶ Ducas Parapinakes)	1071—1078
尼斯福鲁斯三世波塔尼亚特斯(Nicephorus Ⅲ	

Botaniates）	1078—1081
阿列克修斯一世科穆宁（Alexius Ⅰ Comnenus）	1081—1118
约翰二世（John Ⅱ）	1118—1143
曼纽尔一世（Manuel Ⅰ）	1143—1180
阿列克修斯二世（Alexius Ⅱ）	1180—1183
安德罗尼卡一世（Andronicus Ⅰ）	1182—1185
伊萨克二世安吉列（Isaac Ⅱ Angelus）	1185—1195
阿列克修斯三世（Alexius Ⅲ）	1195—1203
伊萨克二世（第二次即位）和阿列克修斯四世（Alexius Ⅳ）	1203—1204
阿列克修斯五世杜卡斯·莫卓弗劳斯（Alexius Ⅴ Ducas Mourtzouphlos）	1204
狄奥多勒一世拉斯卡利斯（Theodore Ⅰ Lascaris）	1204—1222
约翰三世杜卡斯·瓦塔泽斯（John Ⅲ Ducas Vatatzes）	1222—1254
狄奥多勒二世拉斯卡利斯（Theodore Ⅱ Lascaris）	1254—1258
约翰四世（John Ⅳ）	1258—1261
迈克尔八世巴列奥洛格（Michael Ⅷ Palaeologus）	1261—1282
安德罗尼卡二世（Andronicus Ⅱ）	1282—1328
迈克尔九世（Michael Ⅸ）	1295—1320
安德罗尼卡三世（Andronicus Ⅲ）	1328—1341
约翰五世（John Ⅴ）	1341—1391
约翰六世坎塔库津（John Ⅵ Cantacuzene）	1341—1354
安德罗尼卡四世（Andronicus Ⅳ）	1376—1379
约翰七世（John Ⅶ）	1390
曼纽尔二世（Manuel Ⅱ）	1391—1425
约翰八世（John Ⅷ）	1425—1448
君士坦丁十一世（Constantine Ⅺ）	1449—1453

拜占庭王朝世系表

1. 君士坦丁王朝,324—363

君士坦丁·克洛卢斯

君士坦丁大帝 324—337　　　朱利乌斯·君士坦丁

君士坦丁 337—340　　康斯坦提乌斯 337—361　　康斯坦斯 337—350　　海伦 ＝ 朱利安 361—363　　伽卢斯 †354

中间王朝

乔维安,363—364

瓦伦斯,364—378

2. 狄奥多西王朝, 379—457

狄奥多西一世
379—395

┌─────────────────┴─────────────────┐
欧多西娅＝阿卡第   霍诺留
　　395—408   395—423

┌─────────────┴─────────────┐
马西安＝普尔喀丽娅   狄奥多西二世＝欧多西娅
450—457　+453   408—450　　（雅典内斯）

3. 利奥王朝, 457—518

利奥一世
457—474

芝诺＝阿里阿德涅＝阿那斯塔修斯一世
474—491　　　　　491—518
　　│
利奥二世
474

4. 查士丁尼王朝,518—602

欧菲米娅＝查士丁一世　　　维吉兰蒂亚＝萨巴提乌斯
　　　　518—527

杜尔西斯姆斯＝维吉兰蒂亚　　　　查士丁尼大帝＝狄奥多拉
　　　　　　　　　　　　　　　　527—565　　527—548

查士丁二世＝索菲亚
565—578

提庇留二世（嗣子）
578—582

康斯坦提娜＝莫里斯
　　　　　582—602

无王朝

福卡斯,602—610

5. 希拉克略王朝, 610—711

希拉克略
610—641

君士坦丁二世　　　　　　希拉克罗那斯（希拉克利恩）
641　　　　　　　　　　　　641

君士坦丁三世（康斯坦斯二世）
641—668　　　　　　　　　　　**无王朝**

君士坦丁四世波戈那图斯
668—685　　　　　　　　莱昂提乌斯, 695—698
　　　　　　　　　　　　　提庇留, 698—705

查士丁尼二世（劓鼻者）
685—695；705—711[*]

无王朝

菲利彼库斯·巴尔达内斯, 711—713
阿那斯塔修斯二世, 713—716
狄奥多西三世, 716—717

---

[*] 查士丁尼二世两次登位做皇帝，两次被废。——译者

6. 伊苏里亚王朝, 717—802

利奥三世
717—741

├── 阿塔瓦斯杜斯＝安娜
└── 君士坦丁五世科普洛尼姆斯
　　　741—775
　　　│
　　伊琳娜＝卡扎尔人利奥四世
　　797—802　　775—780
　　　│
　　君士坦丁六世
　　780—797

无王朝

尼斯福鲁斯一世
802—811

├── 迈克尔一世＝普罗科庇娅
　　　朗伽巴
　　　811—813
└── 斯陶拉希乌斯
　　　811

8. 阿莫里亚或弗里吉亚王朝,820—867

口吃者迈克尔二世
820—829
|
塞奥菲卢斯 = 狄奥多拉
829—842
|
迈克尔三世(醉鬼)
842—867

9. 马其顿王朝,867—1056

瓦西里一世,867—886

利奥六世　　　　亚历山大　　　罗曼努斯·雷卡平
886—912　　　886(912)—913　　919—944

君士坦丁七世 = 海伦　　斯蒂芬　　　君士坦丁
(紫衣家族的)　　　　944—945　　　944—945
913—959

尼斯福鲁斯二世 = 狄奥凡诺 = 罗曼努斯二世　狄奥多拉 = 约翰·齐米西斯
福卡斯　　　　　　　　　959—963　　　　　　　　969—976
963—969

德意志的奥托二世 = 狄奥凡诺　瓦西里二世　君士坦丁八世　安娜 = 弗拉基米尔
　　　　　　　|　　　　　(保加利亚人　976(1025)—1028　　　(罗斯的)
　　　　　奥托三世　　　　的屠夫)
　　　　　　　　　　　　976—1025

¹罗曼努斯三世　²迈克尔四世　³君士坦丁九世 = 佐伊　　狄奥多拉
阿吉鲁斯　　　(帕夫拉戈尼亚人)　摩诺马赫　　1042　　1042和
1028—1034　　1034—1041　　　1042—1055　　　　　1055—1056

10. 杜卡斯王朝,1059—1081

君士坦丁十世＝欧多西娅・玛克列姆博莉莎 ＝ 罗曼努斯四世狄奥吉尼斯
　1059—1067　　　　　　　　　　　　　　　　　1067—1071
　　│
迈克尔七世帕拉皮纳克斯＝玛丽亚＝尼斯福鲁斯三世波塔尼亚特斯
　1071—1078　　　　　　　　　　　1078—1081

11. 科穆宁王朝,1081—1185

```
                        曼纽尔
                          │
              ┌───────────┴───────────┐
          伊萨克一世                  约翰
          1057—1059                   │
                                 阿列克修斯一世
                                   1081—1118
                                      │
                  ┌───────────────────┼───────────────────┐
                安娜              约翰二世              伊萨克
                                 1118—1143                │
                                      │          安德罗尼卡一世＝狄奥多拉
                                   曼纽尔一世      1182(1183)—1185
                                   1143—1180
                                      │
                                 阿列克修斯二世
                                   1180—1183
```

12. 安吉列王朝，1185—1204

```
                    安德罗尼卡·安吉列
                    ┌──────────┴──────────┐
                伊萨克二世              阿列克修斯三世
          1185—1195和1203—1204          1195—1203
        ┌───────┴────────┐           ┌────┴─────────────┐
士瓦本的腓力＝伊琳娜  阿列克修斯四世   安娜  欧多西亚＝阿列克修斯五世
                      1203—1204                  杜卡斯·莫卓弗劳斯
                                                     1204
```

13. 拉斯卡利斯王朝，1204—1261

```
狄奥多勒一世＝安娜（阿列克修斯三世之女）
1204—1222   │
            伊琳娜＝约翰三世杜卡斯·瓦塔泽斯
                        1222—1254
                    狄奥多勒二世
                    1254—1258
                    约翰四世
                    1258—1261
```

14. 巴列奥洛格王朝,1261—1453

```
                        迈克尔八世
                        1261—1282
                            |
¹匈牙利的安娜＝安德罗尼卡二世＝²蒙斐拉的伊琳娜
                        1282—1328
                            |
            迈克尔九世＝克塞尼亚-玛丽亚
                        1295—1320
                            |
君士坦丁六世坎塔库津  安德罗尼卡三世＝萨瓦的安娜
    1341—1354          1328—1341
        |                   |
       海伦                  |              君士坦丁·德拉戈什
        └──────────→  约翰五世             马其顿的德拉戈什
                        1341—1391                 |
                            |                     |
            ┌───────────────┴──────────┐          |
     安德罗尼卡四世              曼纽尔二世＝海伦
     1376—1379                  1391—1425
            |
        约翰七世
         1390
                    ┌────────┬──────────┬────────┐
                 约翰八世 君士坦丁十一世 底米特里 托马斯
                 1425—1448  1449—1453
                                       ┌─────────┴─────────┐
                                    安德列阿斯      佐伊-索菲亚＝罗斯的
                                                              约翰三世
```

参考文献

Abel, R. P. F. M. "L'île de Jotabe," *Revue biblique*, XLVII (1938), 520–24.
Aboulféda. *Géographie d'Aboulféda*. Trans. from Arabic by Reinaud, J. T. Vol. II. Paris, 1848.
L'Achilléide Byzantine. Ed. Hesseling, D. C. Amsterdam, 1919.
Acquis, Fr. J. da. *Della Chonaca Dell' Imagine del Mondo*. (*Monumenta Historiae Patriae. Scriptorum,* Vol. III, intro. and cols. 1457–1626.) Turin, 1848.
Acropolita, George. *Opera*. Ed. Heisenberg, August. (*Bibliotheca Scriptorum Graecorum et Romanorum Teubneriana*.) Leipzig, 1903.
Acta Aragonensia. Quellen zur deutschen, italienischen, franzöischen, spanischen, zur Kirchen- und Kulturgeschichte aus der diplomatischen Korrespondenz Jaymes II. (1291–1327). Ed. Finke, H. 2 vols. Berlin and Leipzig, 1908–22.
Acta 42 martyrum Amoriensium. Ed. Vasilievsky, V. G. and Nikitin, P. *Transactions of the Imperial Academy of Sciences*, VIII ser. VII, 2 (1905). In Greek and Russian.
Adam, Paul. *Princesses byzantines*. Paris, 1893.
Adamek, O. *Beiträge zur Geschichte des byzantinischen Kaisers Maurikios*. Graz, 1890–91.
Adonz, N. "L'âge et l'origine de l'empereur Basile I (867–86)," *Byzantion*, IX (1934), 223–60.
——. *Armenia in the Epoch of Justinian*. St. Petersburg, 1908. In Russian.
——. "Samuel l'Arménien, Roi des Bulgares," *Memoires de l'Académie royale de Belgique*, XXXIX (1938).
Agapius (Mahboub) de Menbidg. *Histoire Universelle*. Ed. Vasiliev, A. A. in *Patrologia Orientalis*, VIII (1912), 399–550.
Agathias Scholasticus. *Historiarum*. Ed. Dindorf, L. A. (*Historici Graeci Minores*, Vol. II. Pp. 132–432.) Leipzig, 1870–71. Ed. Niebuhr, B. G. (*Corpus Scriptorum Historiae Byzantinae*.) Bonn, 1828.
Aïnalov, D. *The Byzantine Painting of the Fourteenth Century*. (*Zapiski klassicheskago otdeleniya Russkago Archeologicheskago Obschestwa*. Vol. IX.) Petrograd, 1917. In Russian.
——. "La Chronique de George Hamartolus," *Compte-rendu du deuxième congrés international des études byzantines, Belgrade, 1927*. Belgrade, 1929.
Albertoni, A. *Per una esposizione del diritto bizantino*. Imola, 1927.
Albornez, A. Crillo de. *Juan Chrisostomo y su influencia social en el imperio bizantino*. Madrid, 1934.
Alexandre, C. Pléthon. *Traité de lois*. Paris, 1858.
Alföldi, A. *The Conversion of Constantine and Pagan Rome*. Oxford, 1948.
——. "Hoc signo victor eris. Beiträge zur Bekehrung Konstantins des Grossen,"

Pisciculi. Studien zur Religion und Kultur des Altertums. Munich, 1939.
Allard, P. *Julien l'Apostat.* 3 vols. 3rd. ed., Paris, 1906–10.
Allatius, Leo. *De ecclesiae occidentalis atque orientalis perpetua consensione.* Cologne, 1648.
Allen, W. E. D. *A History of the Georgian People.* London, 1932.
Alpatov, M. and Brunov, I. "A Brief Report of a Journey to the East," *Vizantiysky Vremennik,* XXIV (1923–26).
Altaner, B. *Die Dominikanermissionen des 13. Jahrhunderts.* Habelschwerdt, 1924.
Alvari Cordubensis. *Opera. Indiculus luminosus.* Ed. Florenz, F. H. *España Sagrada,* XI (Madrid, 1753), 219–75.
Amantos, K. Ἱστορία τοῦ Βυζαντινοῦ Κράτους. 2 vols. Athens, 1939–47.
Amari, M. *Storia dei musulmani di Sicilia.* Vols. I–III. Florence, 1854–72. Ed. Nallino, C. A. Vols. I–III. Catania, 1933–37.
Amélineau, E. "La Conquête de l'Égypte par les Arabes," *Revue historique,* CXIX (1915), 273–310.
Anastasijević, D. "A Hypothesis of Western Bulgaria," *Bulletin de la Société Scientifique de Skoplje,* III (1927), 1–12. In Serbian.
Anastasius. *Chronographia tripertita.* Ed. de Boor, C. Leipzig, 1885. (Volume two of *Theophanis Chronographia,* ed. de Boor, C.).
Anastos, M. "Plethos' Calendar and Liturgy," *Dumbarton Oaks Papers,* IV (1948), 183–305.
Andreadès, A. "De la population de Constantinople sous les empereurs byzantins," *Metron,* I (1920).
Andreev, I. *Germanus and Tarasius, the Patriarchs of Constantinople: Their Life and Activity in Connection with the History of Iconoclastic Troubles.* Sergiev Posad, 1907. In Russian.
Andreeva, M. A. "Dubrovnik," *Revue internationale des études balkaniques,* II (1935), 125–28.
——. *Essays on the Culture of the Byzantine Court in the Thirteenth Century.* Prague, 1927. In Russian. Good piece of work.
——. "The Reception of the Tartar Ambassadors at the Nicene Court," *Recueil d'études dédiées à mémoire de N. P. Kondakov.* Prague, 1926. In Russian.
——. "Zur Reise Manuels II. Palaiologos nach Westeuropa," *Byzantinische Zeitschrift,* XXXIV (1934), 37–47.
Andriotes, N. "Κριτόβουλος ὁ Ἴμβριος καὶ τὸ Ἱστορικό του ἔργο," Ἑλληνικά, II (1929), 167–200.
Anecdota Bruxellensia. I. *Chroniques byzantines du Manuscrit 11.376.* Ed. Cumont, Franz. Gand., 1894.
Anikiev, P. "On the Problem of Orthodox-Christian Mysticism," *Pravoslavnoye-Russkoye Slovo,* No. 13 (August, 1903), 200–17. In Russian.
Annales Colonienses Maximi, s. a. 1185. Ed. Pertz, K. (*Monumenta Germaniae Historica. Scriptores,* XVII, 723–847.) Hanover, 1861.
Annales Marbacenses. Ed. Pertz, K. (*Monumenta Germaniae Historica. Scriptores,* XVII, 142–80.) Hanover, 1861.
Annales Stadenses. Ed. Pertz, K. (*Monumenta Germaniae Historica. Scriptores,* XVI, 349 ff.) Hanover, 1861.
Anonymous Valesianus. Ed. Gardhausen, V. (Vol. II of his edition of Ammianus Marcellinus.) Leipzig, 1875. Ed. Mommsen, T. (*Monumenta Germaniae Historica. Auctorum Antiquissimorum,* IX. *Chronica Minora,* I.) Berlin, 1892. Ed. Cessi (*Rerum Italicarum Scriptores.*) Bologna, 1913.

Ansbertus. *Historia de expeditione Frederici Imperatoris.* (*Fontes rerum Austriacarum. Scriptores,* V, 1-90.) Vienna, 1863.
Antiochus Strategus. *The Capture of Jerusalem by the Persians in the Year 614.* Trans. from the Georgian by Marr, N. St. Petersburg, 1909. Trans. into English by Conybeare, F. C. *The English Historical Review,* XXV (1910), 502-17.
Antoniades, E. M. *Hagia Sophia.* Athens, 1907. In Greek.
Apostoli, M. *Laudatio funebris Bessarionis.* Ed. Migne, J. P. (*Patrologia Graeca,* CLXI, cols. 140 ff.) Paris, 1866.
Arnakes, G. Georgiades. "Captivity of Gregory Palamas by the Turks and Related Documents as Historical Sources," *Speculum* (January, 1951), 104-18.
———. Οἱ πρῶτοι 'Οθωμάνοι. Συμβολὴ εἰς τὸ πρόβλημα τῆς πτώσεως τοῦ Ἑλληνισμοῦ τῆς Μικρᾶς Ἀσίας (1282-1337). (*Texte und Forschungen zur byz. neugr. Philologie.* No. 41) Athens, 1947.
Ashburner, W. "The Farmer's Law," *Journal of Hellenic Studies,* XXX (1910), 85-108; XXXII (1912), 68-83.
———. *The Rhodian Sea Law.* Oxford, 1909.
Assemani, Joseph Simeon. *Kalendaria Ecclesiae Universae.* 4 vols. Rome, 1755.
Atiya, Aziz Suryal. *The Crusade in the Later Middle Ages.* London, 1938.
———. *The Crusade of Nicopolis.* London, 1934.
Attwater, S. *St. John Chrysostom.* Milwaukee, 1939.
Auvray, L. *Les Registres de Gregoire IX.* Paris, 1907.
Babinger, F. *Geschichtsschreiber der Osmanen und ihre Werke.* Leipzig, 1927.
Bach, E. "Les Lois agraires byzantines du Xe siècle," *Classica et Mediaevalia,* V (1942), 70-91.
Bacon, R. "Compendium studii philosophiae," *Opera quaedum hactenus inedita.* London, 1859.
Baker, G. P. *Justinian.* New York, 1931. Illustrated military narrative. Unimportant and superficial.
Balsamonis, Theodori. *In canonem XVI concilii Carthaginiensis.* Ed. Migne, J. P. (*Patrologia Graeca,* CXXXVIII, cols. 83-95.) Paris, 1865.
Bănescu, N. *Un Problème d'histoire médiévale: Création et caractère du Second Empire Bulgare.* Bucharest, 1943. Important.
Banús y Comas, C. *Expedicion de Catalanes y Aragoneses en Oriente en principio del siglo XIV.* Madrid, 1929.
Barbaro, Nicolò. *Giornale dell' assedio di Constantinopoli.* Ed. Cornet, E. Vienna, 1856.
Bardenhewer, O. *Geschichte der altkirchlichen Literatur.* 5 vols. Freiburg, 1912-32. Fine bibliography.
———. *Patrologie.* 3rd ed., Freiburg, 1910. English trans. Shahan, T. J. Freiburg and St. Louis, 1908.
Barlone, Daniel. *Une Fiancée de Charlemagne Irène imperatrice de Byzance.* Algiers and Paris, 1945. Historical fiction; no historical value.
Baronii, Caesare. *Annales ecclesiastici.* Ed. Theiner, A. 37 vols. Paris and Brussels, 1864-83.
Barsky, V. G. *Travels of V. G. Barsky in the Holy Places of the East from 1723 to 1747.* Ed. Barsukov, N. St. Petersburg, 1885. In Russian.
Barth, W. *Kaiser Zeno.* Basil, 1894.
Barthold, V. "Charlemagne and Harun al-Rashid," *Christiansky Vostok,* I (1912), 69-94. In Russian.
———. "The Orientation of the First Muslim Mosques," *Annual Publications of the*

Russian Institute of Art History, I (1922). In Russian.
———. Review, *Transactions of the Oriental College*, I (1925). In Russian.
Barvinok, V. *Nicephorus Blemmydes and His Works*. Kiev, 1911. In Russian.
Basset, René. "Berbères: Religion, langue et litterature," *Encyclopédie de l'Islam*, I (1913), 721–23.
Batiffol, P. *L'Abbaye de Rossano*. Paris, 1891.
———. *La Paix constantinienne et le catholicisme*, 3rd ed., Paris, 1914.
Baur, P. C. *Der heilige Johannes Chrysostomus und seine Zeit*. Munich, 1929–30.
Baynes, N. H. "Alexandria and Constantinople: A Study in Ecclesiastical Diplomacy," *Journal of Egyptian Archaeology*, XII (1926), 145–56.
———. "Athanasiana," *Journal of Egyptian Archaeology*, XI (1925), 58–69.
———. *A Bibliography of the Works of J. B. Bury*. Cambridge, 1929.
———. "Bibliography: Papyri on Social Life in Graeco-Roman Egypt," *Journal of Egyptian Archaeology*, XVIII (1932), 90–91.
———. "Byzantine Civilization," *History*, X (1926), 289–99.
———. *The Byzantine Empire*. New York and London, 1926.
———. and Moss, H. St. L. B. (Eds.) *Byzantium. An Introduction to East Roman Civilization*. Oxford, 1948.
———. *Constantine the Great and the Christian Church*. (*Proceedings of the British Academy*, XV.) London, 1929.
———. "The Date of the Avar Surprise, a Chronological Study," *Byzantinische Zeitschrift*, XXI (1912), 110–28.
———. "The Death of Julian the Apostate in a Christian Legend," *Journal of Roman Studies*, XXVII (1937), 22–29.
———. "The Early Life of Julian the Apostate," *Journal of Hellenic Studies*, XLV (1925), 251–54.
———. *The Historia Augusta: Its Date and Purpose*. Oxford, 1926.
———. "The Historia Augusta: Its Date and Purpose. A Reply to Criticism," *The Classical Quarterly*, XXII (1928), 166–71.
———. "Review: *Melanges Charles Diehl*," *Journal of Hellenic Studies*, LII (1932), 157–61.
———. "Review: Stein, *Geschichte des spätrömischen Reiches*, vol. I," *Journal of Roman Studies*, XVIII (1928), 217–25.
———. "The Vita S. Danielis Stylitae," *The English Historical Review*, XL (1925), 397–402.
Beazley, C. *The Dawn of Modern Geography*. 4 vols. London, 1897–1906.
Becker, C. "The Expansion of the Saracens—the East," *The Cambridge Medieval History*, II (1913), 329–64.
———. *Vom Werden und Wesen der Islamischen Welt: Islamstudien*. Vol. I. Leipzig, 1924.
Bees, A. "Bambacoratius, ein Beiname des Kaisers Alexios III. Angelos (1195–1203)," *Byzantinisch-neugriechische Jahrbücher*, III (1922), 285–86.
———. "Eine unbeachtete Quelle über die Abstammung des Kaisers Basileios I., des Mazedoniers," *Byzantinisch-neugriechische Jahrbücher*, IV (1923), 76.
———. "Geschichtliche Forschungsresultate und Mönchs- und Volkssagen über die Gründer der Meteorenklöster," *Byzantinisch-neugriechische Jahrbücher*, III (1922), 364–403.
Beladsori (Baladhuri). *Liber expugnationum regionum*. Ed. de Goeje, M. J. Leyden, 1866.
———. *The Origins of the Islamic State*. Trans. Hitti, P. (Columbia University Studies in History, Economics and Public Law, LXVIII, part I.) New York,

1916.
Belin, M. A. *Histoire de la Latinité de Constantinople.* 2nd ed., Paris, 1894. Brief and very superficial sketch of the history of the Catholic Church in Byzantium in the thirteenth century.
Bell, H. I. "The Decay of a Civilization," *Journal of Egyptian Archaeology,* X (1924), 201-16.
———. *Egypt from Alexander the Great to the Arab Conquest. A Study in the Diffusion and Decay of Hellenism.* Oxford, 1948.
———. "An Epoch in the Agrarian History of Egypt," *Recueil d'études égyptologiques dédiées à la mémoire de Jean-François Champollion.* Paris, 1922.
———. "The Byzantine Servile State in Egypt," *Journal of Egyptian Archaeology,* IV (1917), 86-106.
Beneševič, V. and Uspensky, Th. I. *The Acts of Vazelon.* Leningrad, 1927. In Russian and in Greek.
———. "Die byzantinischen Ranglisten nach dem Kletorologion Philothei (De Cer. 1, II c. 52) und nach den Jerusalemer Handschriften zusammengestellt und revidiert," *Byzantinisch-neugriechische Jahrbücher,* V (1926), 97-167.
———. "Sur la date de la mosaïque de la Transfiguration au Mont Sinaï," *Byzantion,* I (1924), 145-72.
Benjamin, Rabbi, of Tudela. *Oriental Travels.* Trans. Grunhüt, L. and Adler, M. N. Jerusalem, 1903. In German. Ed. Komroff, Manuel. New York, 1928. Trans. Adler, M. N. London, 1907.
Berger, A. and Schiller, A. A. *Bibliography of Anglo-American Studies in Roman, Greek, and Greco-Egyptian Law and Related Sciences.* (An annual extraordinary number of *The Jurist.*) Washington, D.C., 1945.
Berger, A. "Tipoukeitos: The Origin of a Name," *Traditio,* III (1945), 394-402.
Berger, E. *Les Registres d'Innocent IV.* Paris, 1887.
Bergkamp, J. U. *Dom Jean Mabillon and the Benedictine Historical School of Saint-Maur.* Washington, D.C., 1928.
Berthelot, M. *La Chimie au moyen âge.* Vol. I. Paris, 1893.
Besta, E. *La cattura dei Veneziani in Oriente.* Feltre, 1920.
Bezdeki, St. *Le Portrait de Théodore Métochite par Nicéphore Grégoras. Mélanges d'histoire générale.* Cluj, 1927.
Bezobrazov, P. V. *A Byzantine Writer and Statesman, Michael Psellus.* I. *The Biography of Michael Psellus.* Moscow, 1890. In Russian.
———. "Comptes rendus," *Vizantiysky Vremennik,* XVIII (1911), 33-36; III (1896). In Russian.
———. "Craft and Trade Corporations," in Hertzberg, G. *History of Byzantium.* Ed. Bezobrazov, P. V. Moscow, 1896. In Russian.
———. "The Empress Zoë," *Historical Articles.* Vol. I, 225-51. Moscow, 1893. Popular article. In Russian.
Bikélas, D. *La Grèce byzantine et moderne.* Paris, 1893.
———. *Seven Essays on Christian Greece.* Trans. John, Marquess of Bute. London, 1890.
Biondi, B. *Guistiniano Primo Principe e Legislatore Cattolico.* Milan, 1936. Justinian's religious policy and his relations with the Papacy.
Bizilli, P. "The Version of Novgorod of the Fourth Crusade," *Istoricheskiya Izvestiya,* 3, 4 (1916). In Russian.
Blake, R. P. "The Monetary Reforms of Anastasius I and its Economic Implications," *Studies in the History of Culture, the Disciplines of the Humanities.* Menasha, Wisconsin, 1942.

---. "Note sur l'activité littéraire de Nicéphore, Ier patriarche de Constantinople," *Byzantion*, XIV (1939), 1–15.
Blanchet, A. "Les dernières monnaies d'or des empereurs de Byzance," *Revue numismatique*, IV, 4 (1910), 78–90.
Blemmydes, Nicephorus. *Curriculum vitae et carmina*. Ed. Heisenberg, A. Leipzig, 1896.
Boak, A. E. R. "Byzantine Imperialism in Egypt," *The American Historical Review*, XXXIV (1928), 1–8.
Bobtchev, S. *History of the Ancient Bulgarian Law*. Sofia, 1910. In Bulgarian.
Boccaccio, G. *De genealogia deorum*. Basil, 1532.
Boghiatzides, I. "Τὸ χρονικὸν τῶν Μετεώρων," Ἐπετηρὶς Ἑταιρείας Βυζαντινῶν Σπουδῶν, I (1924), 146–56.
Bogišič, V. *Pisani zakoni na slovenskom jugu*. Zagreb, 1872.
Böhmer, J. F. *Acta imperii selecta. Innsbruck*, 1870.
Bois, J. "Gregoire le Sinaite et l'Hésychasme à l'Athos au XIVe siècle," *Échos d'Orient*, V (1901).
Boissier, G. *La Fin du paganisme; étude sur les dernières luttes religieuses en Occident au quatrième siècle*. Paris, 1891.
Boïves, K. Ἀκολουθία ἱερὰ τοῦ ὁσίου καὶ θεοφόρου πατρὸς ἡμῶν Χριστοδούλου. 3rd. ed. Athens, 1884.
Bolotov, V. *Lectures on the History of the Ancient Church*. III. *A History of the Church in the Period of the Ecumenical Councils*. St. Petersburg, 1913. Very important. In Russian.
Bon, A. *Le Péloponnèse byzantin jusqu'en 1204*. Paris, 1951.
de Boor, C. "Der Angriff der Rhos auf Byzanz," *Byzantinische Zeitschrift*, IV (1895), 449–53.
Bouchier, E. *Spain Under the Roman Empire*. Oxford, 1914.
Bouvat, L. *L'Empire Mongol*. Paris, 1927.
Bouvy, E. "Saint Thomas. Ses traducteurs byzantins," *Revue augustinienne*, XVI (1910), 407 ff.
Brătianu, G. I. *Actes des notaires génois de Péra et de Caffa de la fin du XIIIe siècle*. Bucharest, 1927.
---. "Charles Diehl et la Roumanie," *Revue historique du sud-est européen*, XXII (1945), 5–36.
---. *Études byzantines d'histoire économiques et sociale*. Paris, 1938.
---. "Études pontiques," *Revue historique du sud-est européen*, XXI (1944), 39–52.
---. "La Fin du regimes des partis à Byzance et la crise antisemite du VIIe siècle," *Revue historique du sud-est européen*, XVIII (1941), 49–57.
---. "Notes sur le projet de mariage entre l'empereur Michel IX Paléologue et Catherine de Courtnay (1288–95)," *Revue historique du sud-est européen*, I (1924), 59–63.
---. "La Politique fiscale de Nicéphore Ier ou Ubu Roi à Byzance," *Études byzantines d'histoire économique et sociale*. Paris, 1938. Interesting.
---. *Recherches sur le commerce génois dans la mer Noire au XIIIe siècle*. Paris, 1929.
---. *Recherches sur Vicina et Cetatea Alba*. Bucharest, 1943.
---. "Vicina. I. Contribution à l'histoire de la domination byzantine et du commerce génois en Dobrogea," *Bulletin de la section historique de l'Académie roumaine*, X (1923).

Bréhier, L. "Andronic I (Comnène)," *Dictionnaire d'histoire et de géographie ecclésiastiques.* Ed. Baudrillart, A. II (1914-20), cols. 1776-82.

———. "Attempts at Reunion of the Greek and Latin Churches," *The Cambridge Medieval History,* IV (1923), 594-626.

———. "Constantin et la fondation de Constantinople," *Revue historique,* CXIX (1915), 241-72.

———. *L'Église et l'orient au moyen âge; les croisades.* Paris, 1907. 5th ed., Paris, 1928.

———. "Les Empereurs byzantins dans leur vie privée," *Revue historique,* CLXXXVIII-IX (1949), 193-217.

———. "The Greek Church: Its Relations with the West up to 1054," *The Cambridge Medieval History,* IV (1923), 246-73.

———. *Un héros de roman dans la littérature byzantine.* Clermont-Ferrand, 1904.

———. "Iconoclasme," *Histoire de l'Église.* Ed. Fliche, A. and Martin, V. Vol. V (1938), 431-70. Very important; has an excellent bibliography.

———. *Le Monde byzantine.* 3 vols. Paris, 1947-50.

———. "Notes sur l'histoire de l'enseignment supérieur à Constantinople," *Byzantion,* III (1927), 72-94; IV (1929), 13-28.

———. *La Querelle des images, VIIIe-IXe siècles.* Paris, 1904. Important.

———. "La Rénovation artistique sous les Paléologues et le mouvement des idées," *Mélanges Diehl: Études sur l'histoire et sur l'art de Byzance.* Paris, 1930.

———. *La Schisme oriental du XIe siècle.* Paris, 1899. Important.

———. "La Transformation de l'empire byzantine sous les Héraclides," *Journal des Savants,* N.S. XV (1917), 401-15.

Brilliantov, A. *The Emperor Constantine the Great and the Edict of Milan, 313 A.D.* Petrograd, 1916. An excellent work, analyzing the period on the basis of original sources and later literature, including the extensive literature of 1913. In Russian.

———. *The Influence of Eastern Theology upon Western as Evidenced by the Works of John the Scot Eriugena.* St. Petersburg, 1898. In Russian.

Brion, M. *Crowned Courtesan. The Tale of Theodora, Empress of Byzantium.* Trans. from French by Wells, W. B. London, 1936.

Brooks, E. W. "The Arab Occupation of Crete," *The English Historical Review,* XXVIII (1913), 431-43.

———. "Arabic Lists of the Byzantine Themes," *Journal of Hellenic Studies,* XXI (1901), 67-77.

———. "Byzantines and Arabs in the Time of the Early Abbasids," *English Historical Review,* XV (1900), 728-47.

———. "The Campaign of 716-18, from Arabic Sources," *Journal of Hellenic Studies,* XIX (1899), 19-31.

———. "The Eastern Provinces from Arcadius to Anastasius," *The Cambridge Medieval History,* I (1911), 456-86.

———. Ed. and trans. John of Ephesus. *Lives of the Eastern Saints.* Syriac text and trans. *Patrologia Orientalis,* XVII (1923), 1-307.

———. "Review: Vasiliev, *Lektsii po Istorii Vizantii,*" *The English Historical Review,* XXXIV (1919), 117.

———. "Who was Constantine Pogonatus?" *Byzantinische Zeitschrift,* XVII (1908), 460-62.

Brosset, M. *Histoire de la Géorgie.* Vol. I. St. Petersburg, 1849.

Brown, H. F. "The Venetians and the Venetian Quarter in Constantinople to the Close of the Twelfth Century," *Journal of Hellenic Studies*, XL (1920), 68-88.
Bruns, K. G. and Sachau, E. (Eds.) *Syrisch-Römisches Rechtsbuch aus dem fünften Jahrhundert*. Leipzig, 1880.
Bryanzev, D. "John Italus," *Vera i Razum*. Vol. II, part 1. St. Petersburg, 1904. In Russian.
Bryce, James. *The Holy Roman Empire*. New York, 1919.

———. "Life of Justinian by Theophilus," *Archivio della Reale Società Romana di Storia Patria*, X (1887), 137-71; also in *The English Historical Review*, II (1887), 657-84.
Bubnov, N. *The Collection of Gerbert's Letters as a Historical Source*. St. Petersburg, 1890. In Russian.
Buchon, J. A. *Chroniques étrangères relatives aux expéditions françaises pendant le XIIIe siècle*. Ed. Lanz, K. (*Bibliothek des literarischen Vereins in Stuttgart*, VIII, 1844.) Stuttgart, 1844.

———. *Nouvelles recherches historiques sur la principauté française de Morée et ses hautes baronnies fondées à la suite de la quatrième croisade, pour servir de complément aux éclaircissements historiques, généalogiques et numismatiques sur la principauté française de Morée*. Paris, 1843-45.

———. *Recherches et matériaux pour servir à une histoire de la domination française*. Paris, 1840.
Buckler, Georgiana. *Anna Comnena: A Study*. Oxford, 1929. The best detailed monograph, abundantly documented.
Buondelmonti, Chr. *Description des îles de l'Archipel*. Ed. Legrand, E. Paris, 1897. Ed. Meineke, A. (*Corpus Scriptorum Historiae Byzantinae*.) Bonn, 1836.
Burckhardt, J. *Die Zeit Constantins des Grossen*. 1st ed., Leipzig, 1853. 3rd ed., Leipzig, 1898. Trans. into English by Moffat, J. London, 1904. 4th ed., enlarged and revised, in the original German. Leipzig, 1925.
Bury, J. B. *The Ancient Greek Historians*. New York, 1909.

———. "The Bulgarian Treaty of A.D. 814 and the Great Fence of Thrace," *The English Historical Review*, XXV (1910), 276-87.

———. "The Ceremonial Book of Constantine Porphyrogennetos," *The English Historical Review*, XXII (1907), 209-27; 417-39.

———. "Charles the Great and Irene," *Hermathena*, VIII (1893), 17-37.

———. *The Constitution of the Later Roman Empire*. Cambridge, 1910.

———. *A History of the Eastern Roman Empire from the Fall of Irene to the Accession of Basil I* (802-67). London, 1912. The best work on this epoch.

———. *A History of the Later Roman Empire from Arcadius to Irene* (395-800). 2 vols. London, 1889. New ed. covering period A.D. 395-565. 2 vols. London, 1923.

———. *The Imperial Administrative System in the Ninth Century, with a revised text of the Kletorologion of Philotheos*. (*British Academy Supplemental Papers*, I.) London, 1911.

———. "The Notitia Dignitatum," *Journal of Roman Studies*, X (1920), 131-54.

———. "The Provincial Lists of Verona," *Journal of Roman Studies*, XIII (1923), 127-51.

———. "Roman Emperors from Basil II to Isaac Komnênos," *The English Historical Review*, IV (1889), 41-64; 251-85. A fine study of Psellus' work.

———. *Romances of Chivalry on Greek Soil*. Oxford, 1911.

———. *Selected Essays*. Ed. Temperley, H. Cambridge, 1930.

———. "The Struggle with the Saracens; summary," *The Cambridge Medieval History*, IV (1923), 151-52.

———. "The Treatise *De Administrando Imperio*," *Byzantinische Zeitschrift*, XV (1906), 517-77.

Byrne, E. H. "The Genoese Colonies in Syria," *Crusades and Other Historical Essays Presented to Dana C. Munro by his Former Students*. New York, 1928.

Byron, R. *The Byzantine Achievement: An Historical Perspective A.D. 330-1453*. London, 1929.

Butler, M. *The Arab Conquest of Egypt*. Oxford, 1902.

Caetani, L. *Annali dell' Islam*. Vols. I-X. Milan, 1905-26. A very important work for the relations between Byzantium and the Arabs in the time of the first califs.

———. *Studi di storia orientale*. Vols. I and III. Milan, 1911-14. Important for the primitive history of Islam.

Cahen, C. "La Campagne de Mantzikert d'après les sources musulmanes," *Byzantion*, IX (1934), 613-42.

———. "La première pénétration turque en Asie Mineure (seconde moitré du XI⁰ siècle)," *Byzantion*, XVIII (1948), 5-67.

———. *La Syrie du Nord à l'époque des croisades*. Paris, 1940.

Callistus, Nicephorus. *Historia ecclesiastica*. Ed. Migne, J. P. (*Patrologia Graeca*, CXLV, CXLVI.) Paris, 1865.

The Cambridge Medieval History. XII. *The Imperial Crisis and Recovery A.D. 193-324*. Cambridge, 1929. Important; copious bibliography.

Cammelli, G. "Demetrii Cydonii orationes tres, adhuc ineditae," *Byzantinisch-neugriechische Jahrbücher*, III (1922), 67-76; IV (1923), 77-83, 282-95.

———. "Demetrio Cidonio: Brevi notizie della vita e delle opere," *Studi Italiani di filologia classica*, N.S. I (1920), 140-61.

———. *Démétrius Cydonès Correspondance*. Paris, 1930.

———. "L'inno per la nativita de Romano il Melode," *Studi Bizantini*. Rome, 1925.

———. "Personaggi bizantini dei secoli XIV-XV attraverso le epistole di Demetrio Cidonio," *Bessarione*, XXXVI (1920), 77-108.

———. *Romano il Melode*. Florence, 1930.

Cananus, John. *De Constantinopoli anno 1422 oppugnata narratio*. Ed. Bekker, I. (*Corpus Scriptorum Historiae Byzantinae*.) Bonn, 1838.

Canard, M. "Les Expéditions des arabes contre Constantinople dans l'histoire et dans la légende," *Journal asiatique*, CCVIII (1926), 61-121.

———. "La Guerre sainte dans le monde islamique et dans le mond chrétien," *Revue africaine*, LXXIX (1936), 605-23.

———. *Sayf al Daula*. (*Bibliotheca Arabica*, publiée par La Faculté des Lettres d'Alger, VIII.) Algiers, 1934. Arab text only; no translation.

———. "Le Traité de 1281 entre Michel Paléologue et le sultan Qalâ'ûn," *Byzantion*, X (1935), 669-80.

———. "Un Traité entre Byzance et l'Egypt au XIII⁰ siècle et les relations diplomatiques de Michel VIII Paleologue avec les sultans Mamlûks Baibars et Qalâ'ûn," *Mélanges Guadefroy-Demombynes*. Cairo, 1937.

Carabellese, F. *Carlo d'Angiò nei rapporti politici e commerciali con Venezia e l'Oriente*. Bari, 1911. Not much material on Byzantium.

Caro, G. "Die Berichterstattung auf dem ersten Kreuzzuge," *Neue Jahrbücher für das klassische Alterum*, XXIX (1912), 50-62.

———. *Genua und die Mächte am Mittelmeer, 1257-1311*. Halle, 1895.

Carpenter, M. "The Paper that Romanos Swallowed," *Speculum*, VII (1932), 3-22.

––––––. *Romanos and the Mystery Play of the East.* (*The University of Missouri Studies*, XI, 3.) Columbia, Mo., 1936.
Caspar, E. *Geschichte des Papsttum.* Vols. I–II. Tübingen, 1930-33.
––––––. "Letters of Gregory II," *Zeitschrift für Kirchengeschichte*, LII (1933), 29-89.
––––––. *Roger II. (1101-1154) und die Gründung der normannish-sicilischen Monarchie.* Innsbruck, 1904.
Castellani, G. "Un Traité inédit en Grec de Cyriaque d'Ancône," *Revue des études grecques*, IX (1896), 225-28.
Cedrenus, George. *Historiarum compendium.* Ed. Bekker, I. (*Corpus Scriptorum Historiae Byzantinae.*) Bonn, 1838.
Cerone, F. "Il Papa ed i Veneziani nella quarta crociata," *Archivio Veneto*, XXXVI (1888), 57-70; 287-97.
––––––. "La Politica orientale di Alfonso d'Aragona," *Archivio storico per le provincie Napolitane*, XVII (1902), 425-56, 555-634; XVIII (1903), 167 ff.
Chabot, J. "Un Épisode de l'histoire des croisades," *Mélanges offerts à M. Gustave Schlumberger.* Vol. I. Paris, 1924.
Chalandon, F. *Les Comnène: Études sur l'empire byzantin au XIe et au XIIe siècles.* 2 vols. Paris, 1900-12.
––––––. "The Earlier Comneni," *The Cambridge Medieval History*, IV (1923), 318-50.
––––––. *Histoire de la domination normande en Italie et en Sicile.* Paris, 1907.
––––––. *Histoire de la première croisade jusqu'à l'election de Godefroi de Bouillon.* Paris, 1925.
Chamberlin, William. "On Rereading Gibbon," *The Atlantic Monthly*, CLXXIV (1944), 65-70.
Chapman, C. *Michael Paléologue restaurateur de l'empire byzantin (1261-82).* Paris, 1926. Useful; too brief.
Charanis, P. "Byzantium, the West and the Origin of the First Crusade," *Byzantion*, XIX (1949), 17-37.
––––––. "The Chronicle of Monemvasia and the Question of the Slavonic Settlements in Greece," *Dumbarton Oaks Papers*, V (1950), 139-67.
––––––. *Church and State in the Later Roman Empire. The Religious Policy of Anastasius the First, 491-518.* Madison, Wisconsin, 1939. Very accurate study.
––––––. "The Crown Modiolus Once More," *Byzantion*, XIII (1938), 337-81.
––––––. "Internal Strife in Byzantium in the Fourteenth Century," *Byzantion*, XV (1940-41), 208-30.
––––––. "The Monastic Properties and the State in the Byzantine Empire," *Dumbarton Oaks Papers*, IV (1948), 51-119.
––––––. "On the Question of the Hellenization of Sicily and Southern Italy during the Middle Ages," *The American Historical Review*, LII (1946-47), 74-86.
––––––. "The Strife among the Palaeologi and the Ottoman Turks, 1370-1402," *Byzantion*, XVI (1942-43), 286-314.
Chatzes, A. C. " Ἱστορία τοῦ Βυζαντινοῦ Κράτους," Πρακτικά *of the Academy of Athens*, IV (1929), 746-48.
Chekrezi, C. *Albania: Past and Present.* New York, 1919.
Chernousov, E. "Ducas, One of the Historians of the Fall of Byzantium," *Vizantiysky Vremennik*, XXI (1914), 171-221. In Russian.
––––––. "From a Byzantine Backwoods of the Thirteenth Century," *Essays Presented to V. P. Buzeskul.* Kharkov, 1913-14. In Russian.

---. "The Roman and Byzantine Guilds," *Journal of the Ministry of Public Instruction*. 1914. A Russian article on Stöckle's book.
Cheronis, N. D. "Chemical Warfare in the Middle Ages. Kallinikos Prepared Fire," *Journal of Chemical Education*, XIV, 8 (1937), 360–65.
Chiliades. Ed. Kiessling, Th. Leipzig, 1826.
Christ, W. *Geschichte der grieschischen Litteratur*. 6th ed., Munich, 1924.
The Christian Roman Empire and the Foundation of the Teutonic Kingdom. (*The Cambridge Medieval History*, I.) Cambridge, 1911.
Chronica Minora. Trans. Guidi, I. (*Corpus Scriptorum Christianorum Orientalium*.) Paris, 1903–5.
Chronicle of John, bishop of Nikiu. Trans. from the Ethiopian by Zotenberg, M. *Notices et extraits des manuscrits de la Bibliothèque Nationale*, XXIV (1883). Trans. into English by Charles, R. London, 1916.
The Chronicle of Morea. Ed. Schmitt, J. London, 1904. Ed. Kalonares, P. Athens, 1940. In Greek.
The Chronicle of Novgorod. St. Petersburg, 1888. In Russian. Latin trans. Hopf, C.
Chroniques gréco-romanes inédites ou peu connues. Berlin, 1873.
Chronicon Adae de Usk. Ed. Thompson, E. M. 2nd ed., London, 1904. Latin text and English trans.
Chronicon Estense. Ed. Muratori, L. A. (*Scriptores Rerum Italicarum*, XV.) Milan, 1729.
Chronicon Magni Presbyteri (*Annales Reicherspergenses*). Ed. Pertz, G. H. (*Monumenta Germaniae Historica. Scriptores*, XVII, cols. 439–534.) Hanover, 1861.
Chronique de Michel le Syrien. Trans. Chabot, J. B. Vols. I–III. Paris, 1899–1910.
Chronique du Religieux de Saint-Denys. Published by Bellaguet, M. L. 6 vols. Paris, 1839–52.
Chrysostom, John. *Epistolae*. Ed. Migne, J. P. (*Patrologia Graeca*, LII.) Paris, 1862.
---. *Oeuvres complètes de saint Jean Chrysostome*. Trans. into French by Jeannin, M. Arras, 1887.
Chumnos, Georgios. *Old Testament Legends from a Greek Poem on Genesis and Exodus*. Ed. Marshall, F. H. Cambridge, 1925.
Cinnamus, John. *Historia*. Ed. Meineke, A. (*Corpus Scriptorum Historiae Byzantinae*.) Bonn, 1838.
Clavijo, Ruy Gonzales de. *A Diary of the Journey to the Court of Timur* (*Tamerlane*), *to Samarqand in 1403–6*. Spanish text, Russian trans. and commentary by Sreznevsky, J. St. Petersburg, 1881. English trans. by Le Strange, Guy. London, 1928.
Clement of Alexandria. *Stromata*. Ed. Migne, J. P. (*Patrologia Graeca*, VIII, cols. 717–20.) Paris, 1891; ed. Stählin, O. Leipzig, 1939.
Codellas, P. S. "The Pantocrator, the Imperial Byzantine Medical Center of the Twelfth Century A.D. in Constantinople," *Bulletin of the History of Medicine*, XII, 2 (1942), 392–410.
Cognasso, F. "Una crisobolla di Michele IX Paleologo per Teodoro I di Monferrato," *Studi bizantini*, II (Rome, 1927).
---. "Un imperatore bizantino della decadenza Isacco II Angelo," *Bessarione*, XXXI (1915), 29–60, 246–89. Reprinted separately. Rome, 1915.
---. *Partiti politici e lotte dinastiche in Bizanzio alla morte di Manuele Comneno*. (*Reale Accademia delle scienze di Torino*, 1911–12.) Turin, 1912.
Cohn. "Eustathius," *Real-Encyclopädie der Classischen Altertumswissenschaft*. Ed.

Pauly, A. F., Wissowa, G. and others. 1 ser. VI (1909), cols. 1452-89.
Coleman, C. B. *Constantine the Great and Christianity*. (*Columbia University Studies in History, Economics and Public Law*, LX.) New York, 1914. Very good bibliography, pp. 243-54.
Collectio Avellana. Ed. Günther, Otto (*Corpus Scriptorum Ecclesiasticorum Latinorum*, XXXV.) Vienna, 1895.
Collinet, P. "Byzantine Legislation from the Death of Justinian (565) to 1453," *The Cambridge Medieval History*, IV (1923), 707-23.
———. *Études historiques sur le droit de Justinien*. Vol. I. Paris, 1912. Interesting and important.
———. *Histoire de l'école de droit de Beyrouth*. Paris, 1925.
Comnena, Anna. *The Alexiad*. Ed. Reifferscheid, A. 2 vols. Leipzig, 1884. Trans. Dawes, Elizabeth A. S. London, 1928.
Complete Collection of Russian Chronicles. Arkheograficheskaia Komissiia, *Polnoe Sobranie Russkikh Lietopisei*. St. Petersburg, 1846-1926.
Condurachi, E. "Factions et jeux de cirque à Rome au début du VIe siècle," *Revue historique du sud-est européen*, XVIII (1941), 95-102.
———. "Les Idées politiques de Zozime," *Revista Clasică*, XIII-XIV (1941-42).
———. "La Politique financière de l'Empereur Julien," *Bulletin de la section historique de l'Académie roumaine*, XXII, 2 (1941), 1-59.
Constantinescu, N. A. "Réforme sociale ou réforme fiscale?" *Bulletin de la section historique de l'Académie roumaine*, XI (1924), 95-96.
Constantinus Porphyrogenitus. *De administrando imperio*. Ed. Moravcsic, G. and trans. Jenkins, R. J. H. Budapest, 1949.
———. *De ceremoniis aulae bizantinae*. Ed. Reiske, J. J. and Bekker, I. (*Corpus Scriptorum Historiae Byzantinae*.) Bonn, 1829-40.
———. *Excerpta historica jussu imp. Constantini Porphyrogeniti confecta*. Ed. de Boor, C. Berlin, 1903.
———. *De thematibus*. Ed. Bekker, I. (*Corpus Scriptorum Historiae Byzantinae*.) Bonn, 1840.
Constitutio Imperatoriam majestatem. Ed. Krüger, P. Berlin, 1892.
Corripus, Flavius. *De laudibus Justini*. Ed. Bekker, I. (*Corpus Scriptorum Historiae Byzantinae*.) Bonn, 1836.
Cosmas (Indicopleustes). *Topographia christiana*. Ed. Migne, J. P. (*Patrologia Graeca*, CLXXXVIII, cols. 51-476.) Paris, 1864. Ed. Winstedt, E. *The Christian Topography of Cosmas Indicopleustes*. Cambridge, 1909. Trans. McCrindle, J. W. *The Christian Topography of Cosmas, an Egyptian Monk*. (*Hakluyt Society Publications*, no. 98.) London, 1897.
Coster, C. H. "Synesius, a Curialis of the Time of the Emperor Arcadius," *Byzantion*, XV (1940-41), 10-38.
Critobulus. Ed. Müller, C. (*Fragmenta historicorum graecorum*, V.) Paris, 1870.
Cross, S. H. *The Russian Primary Chronicle*. (*Harvard Studies and Notes in Philology and Literature*, XII.) Cambridge, 1930.
Crump, C. and Jacob, E. (Eds.) *The Legacy of the Middle Ages*. Oxford, 1926.
Curtis, E. *Roger of Sicily and the Normans in Lower Italy, 1016-1154*. New York and London, 1912.
Cydones, Demetrius. Συμβουλευτικὸς ἕτερος. Ed. Migne, J. P. *Patrologia Graeca*, CLIV.
Cyprian, Archimandrite. *The Anthropology of Saint Gregory Palamas*. Paris, n.d. (1951). In Russian.

Cyriacus of Ancona. *Epigrammata reperta per Illyricum a Cyriaco Aconitano*, Rome, 1747.
Dahn, F. *Procopius von Cäsarea*. Berlin, 1865.
Dalton, O. M. *Byzantine Art and Archaeology*. Oxford, 1911.
———. *East Christian Art*. Oxford, 1925.
The Damascus Chronicle of the Crusaders. Extracted and trans. from the *Chronicle of Ibn al-Qalanisi*. Gibb, H. A. R. London, 1932.
Danduli, Andrae. *Chronicon*. Ed. Muratori, L. A. (*Rerum Italicarum Scriptores*, XII, 1–523.) Milan, 1728.
Daniel, igumen of Russia. "Life and Pilgrimage of Daniel," *Pravoslavny Palestinsky Sbornik*. Number 3 (1885). In original old Russian. French trans. *Vie et pèlerinage de Daniel, hégoumene russe. Itinéraires russes en Orient*. Ed. Khitrovo, B. de. Geneva, 1889.
Danstrup, J. "Manuel's coup against Genoa and Venice in the Light of Byzantine Commercial Policy," *Classica et Mediaevalia*, X (1949), 195–219.
———. *Recherches critiques sur Andronic I*. Arsbok, 1944 and Lund, 1945.
———. "The State and Landed Property in Byzantium to 1250," *Classica et Mediaevalia*, VIII (1946), 221–62.
Darkó, J. "La militarizatione dell' Impero Bizantino," *Studi bizantini e neoellenici*, V (1939), 88–99.
———. "Neuere Beiträge zur Biographie des Laonikos Chalkokondyles," *Compte-rendu du deuxième Congrès international des études byzantines à Belgrade, 1927*. (Belgrade, 1929), 25–29.
———. "Zum Leben des Laonikos Chalkondyles," *Byzantinische Zeitschrift*, XXIV (1923), 29–39.
Davidson, R. *Forschungen zur Geschichte von Florenz*. Berlin, 1901.
Dawkins, R. M. "Greeks and Northmen," *Custom is King: Essays Presented to Dr. R. R. Marett*. Oxford, 1936.
Declareuil, T. *Rome et l'organisation du droit*. (*Bibliothèque de synthèse historique. L'évolution de l'humanité*. Ed. Berr, H.) Paris, 1924. See especially Book II, *Le droit du Bas-Empire et les réformes Justiniennes*.
Delarue, F. *Albrégé de l'histoire de Bas-Empire de Lebeau*. Lyon, 1847.
Delehaye, H. *Les Saints Stylites*. Brussels, 1923.
———. "La vie de Saint Paul le jeune et la chronologie de Metaphraste," *Revue des questions historiques*, N.S. X (1893), 49–85.
——— (Ed.) "Life of Daniel the Stylite," *Analecta Bollandiana*, XXXII (1913), chap. 31.
Dendias, M. "Le Roi Manfred de Sicile et la bataille de Pélagonie," *Mélanges Charles Diehl: Études sur l'histoire et sur l'art de Byzance*. Paris, 1930.
Destunis, G. "Essay on the biography of George Phrantzes," *Journal of the Ministry of Public Instruction*, CCLXXXVIII (1893), 427–97. In Russian.
Devreesse. *Le Patriarcat d'Antioche depuis la paix de l'église jusqu'à la conquête Arabe*. Paris, 1945.
Dewing, H. B. (Ed. and trans.) *Procopius of Caesarea*. 7 vols. 1914–40.
Dictionnaire de théologie catholique. Ed. Vacant, A., Mangenot, E., and Amann, E. 15 vols. Paris, 1931–(cont.).
Diehl, Charles. *L'Afrique byzantine*. Paris, 1896.
———. *Byzance. Grandeur et décadence*. Paris, 1920.
———. "Byzantine Civilization," *The Cambridge Medieval History*, IV (1923), 745–77.
———. "La dernière renaissance de l'art Byzantin," *Journal des Savants*, N.S. XV

(1917), 361–76.

———. "L'empereur au nez coupé," *Revue de Paris*, January 1, 1923. Reprinted in his *Choses et gens de Byzance*. Paris, 1926.

———. *Études byzantines: Introduction a l'histoire de Byzance, les études d'histoire byzantine en 1905,* .... Paris, 1905.

———. *Études sur l'administration byzantine dans l'exarchat de Ravenne (568–751).* Paris, 1888.

———. Guilland, R., Oeconomos, L., and Grousset, R. *L'Europe Orientale de 1081 à 1453.* Paris, 1945.

———. *Figures byzantines*. 2 series. Paris, 1906–8. 4th ed., Paris, 1909. The biography of Theodora (Vol. I, 4th ed., 1909, 51–75) is the best on the subject. The essay on Andronic Comnene (2nd ser., 1908, 86–133) is brilliantly written. English trans. Bell, H. *Byzantine Portraits*. New York, 1927.

———. "The Fourth Crusade and the Latin Empire," *The Cambridge Medieval History*, IV (1923), 415–31.

———. *Les Grands Problèmes de l'histoire byzantine*. Paris, 1943.

———. *Histoire de l'empire byzantin*. Paris, 1930. English trans. Ives, G. B. Princeton, 1925.

———. *Justinien et la civilization byzantine au VIe siècle*. Paris, 1901.

———. "La Légende de l'empereur Théophile," *Annales de l'Institut Kondakov*, IV (1931), 33–37.

———. "Leo III and the Isaurian Dynasty (717–802)," *The Cambridge Medieval History*, IV (1923), 1–26.

———. *Manuel d'art byzantin*. Paris, 1910. 2nd ed., Paris, 1925–26.

——— and Marçais, G. *Le Monde oriental de 395 à 1018*. Paris, 1936.

———. "L'Origine du régime des thèmes dans l'empire byzantin," *Études byzantines*. Paris, 1905. First edition of this article in *Les Études d'histoire du moyen âge dédidées à G. Monod*. Paris, 1896.

———. *Ravenne*. Paris, 1907.

———. *Une République patricienne. Venise*. Paris, 1915. 2nd ed., Paris, 1928. Beautifully written.

———. "Review: Runciman, *Byzantine Civilization*," *Byzantinische Zeitschrift*, XXXIV (1934), 127–30. Diehl indicates some mistakes but concludes by pronouncing the work excellent.

———. "La Société byzantine à l'époque des Comnènes," *Revue historique du sudest européen*, VI (1929), 198–280. Separate ed., Paris, 1929. Very interesting.

———. *Théodora, impératrice de Byzance*. 3rd ed., Paris, 1904. Reprint in 1937.

Diener, Bertha. *Imperial Byzantium*. Boston, 1938.

Dieterich, K. *Quellen und Forschungen zur Erd- und Kulturkunde*. Leipzig, 1912.

Dirr, A. "Géorgie," *Encyclopédie de l'Islam*, II (1927), 139–40.

"Disputatio Latinorum et Graecorum," *Archivum Franciscanum Historicum*, XII (1919).

Dmitrievsky, A. *The Description of the Liturgical Manuscripts Preserved in the Libraries of the Orthodox East*. Kiev, 1895. In Russian and Greek.

Dobiache-Rojdestvensky, O. *The Epoch of the Crusades; the West in the Crusading Movement*. Petrograd, 1918. In Russian.

Dobroklonsky, A. *Blessed Theodore the Confessor and Abbot of Studion*. Odessa, 1913. In Russian.

Dodu, G. *Histoire des institutions monarchiques dans le royaume latin de Jérusalem 1099–1291*. Paris, 1894.

Dölger, Franz. *Beiträge zur Geschichte der byzantinischen Finanzverwaltung besonders des 10 und 11 Jahrhunderts.* Leipzig and Berlin, 1927. Important.

———. "Bulgarisches Cartum und byzantinisches Kaisertum," *Actes du IVe congrès international des études byzantines.* Sofia, 1934.

———. "Die byzantinische Literatur und Dante," *Compte-rendu du deuxième congrès international des études byzantines, Belgrade, 1927.* Belgrade, 1929.

———. *Corpus der griechischen Urkunden des Mittelalters und der neueren Zeit.* Regesten I. *Regesten der Kaiserurkunden des oströmischen Reiches.* 3 vols. Munich and Berlin, 1924-32.

———. "Die neuentdeckte Quelle zur Helenaszene in Goethes Faust. Die Prophyläen," *Beilage zur Münchner Zeitung,* XXVIII (1931), 289-90.

———. "Reviews and comments," *Deutsche Literaturzeitung,* XLVII (1926), cols. 1440-45. *Historisches Jahrbuch,* XLVII (1927), 760-66. *Historische Zeitschrift,* CXLI (1930), 110-13. *Byzantinische Zeitschrift,* XXVI (1926), 95-101; XXXVI (1936), 467-68; XXXVII (1937), 542-47.

———. *Der Vertrag des Sultans Qala'un von Aegypten mit dem Kaiser Michael VIII Palaiologus. Serta Monacensia.* Leyden, 1952.

Dopsch, A. *Wirtschaftliche und soziale Grundlagen der europäischen Kulturentwicklung.* Vol. I. Vienna, 1918. 2nd ed., Vienna, 1923. Very interesting and important, especially for the West.

Dräseke, J. "Byzantinische Hadesfahrten," *Neue Jahrbücher für das klassische Altertum,* XXIX (1912), 343-66.

———. "Die neuen Handschriftenfunde in den Meteoraklöstern," *Neue Jahrbücher für das klassische Altertum,* XXIX (1912), 542-53.

———. "Plethons und Bessarions Denkschriften 'Ueber die Angelegenheiten im Peloponnes,'" *Neue Jahrbücher für das klassische Altertum,* XXVII (1911), 102-19.

———. "Theodoros Lascaris," *Byzantinische Zeitschrift,* III (1894), 498-515. Especially Theodore II's literary activity.

———. "Zu Johannes Kantakuzenos," *Byzantinische Zeitschrift,* IX (1900), 72-84.

———. "Zum Kircheneinigungsversuch des Jahres 1439," *Byzantinische Zeitschrift,* V (1896), 572-86.

Drapeyron, L. *L'Empereur Héraclius et l'empire byzantin au VIIe siècle.* Paris, 1869. Out of date.

Drinov, M. S. "On Some Works of Demetrius Chomatianos as Historical Material," *Vizantiysky Vremennik,* I (1894), 319-40; II (1895), 1-23. In Russian.

———. *The Slavic Occupation of the Balkan Peninsula.* Moscow, 1873. In Russian.

———. *The Southern Slavs and Byzantium in the Tenth Century.* Moscow, 1875. Reprinted in *Works of M. S. Drinov.* Ed. Zlatarsky, V. N. Vol. I. Sofia, 1909. A very important work on the Bulgaro-Byzantine relations. In Russian.

Ducas, Michael. *Historia byzantina.* Ed. Bekker, I. (*Corpus Scriptorum Historiae Byzantinae.*) Bonn, 1834. Greek text and Italian version.

Duchataux, V. *Eustathe, Archevêque de Thessalonique. Sa Vie, ses oeuvres, son histoire du siège et de la prise de Thessalonique par les Normands Siciliens.* (*Travaux de l'Académie Nationale de Reims,* CVIII.) Reims, 1902.

Duchesne, L. *Liber Pontificalis.* Paris, 1886.

Dudden, F. *Gregory the Great: His Place in History and Thought.* London, 1905.

Dulaurier, E. "Chronique de Matthieu d'Edesse," *Bibliothèque historique arménienne.* (Paris, 1858), 16-24.

Duncalf, F. "The Pope's Plan for the First Crusade," *The Crusades and Other*

Historical Essays Presented to D. C. Munro by his former Students. New York, 1928.
Dupuy. "Eloge de Lebeau," *Histoire du Bas-Empire.* Ed. de Saint-Martin, M. Vol. I. Paris, 1824.
Durrieu, P. *Les Archives angevines de Naples. Études sur les registres du roi Charles I*^{er}. (Bibliothèque des écoles françaises d'Athènes et de Rome, XLVI.) Paris, 1886.
Duruy, V. *Histoire des Romains.* Vols. VI-VII. Paris, 1883-85. English trans. Ripley, M. M. Boston, 1883-86.
Dussaud, R. *Les Arabes en Syrie avant l'Islam.* Paris, 1907.
Duthuit, G. *Byzance et l'art du XII*^{e} *siècle.* Paris, 1926.
Dvornik, F. *Les Légendes de Constantin et de Méthode vues de Byzance.* Prague, 1933. Very important.
―――. *The Making of Central and Eastern Europe.* London, 1949.
―――. *The Photian Schism, History and Legend.* Cambridge, 1948. In French, Paris, 1950. Very important.
―――. *Les Slaves, Byzance et Rome au IX*^{e} *siècle.* Paris, 1926. Important.
―――. *La Vie de saint Grégoire de Décapolite et les slaves macédoniens au IX*^{e} *siècle.* Paris, 1926.
Dyakonov, A. P. "The Byzantine Demes and Factions (τὰ μέρη) in the Fifth to the Seventh Centuries," *Vizantiysky Sbornik* (Moscow and Leningrad, 1945).
―――. *John of Ephesus and his Ecclesiastical-Historical Works.* St. Petersburg, 1908. Very important. In Russian. E. W. Brooks says: "All studies of John of Ephesus have now been thrown into the shade by the great work of A. Dyakonov." (*Patrologia Orientalis,* XVII [1923], iii.)
Ebersolt, J. *Les Arts somptuaires de Byzance.* Paris, 1923.
―――. *Constantinople byzantine et les voyageurs du Levant.* Paris, 1918.
―――. *La Miniature byzantine.* Paris and Brussels, 1926.
―――. *Orient et occident.* 2 vols. Paris, 1928-29.
Ecloga ad Procheiron mutata founded upon the *Ecloga* of Leo III and Constantine V of Isauria and on the *Procheiros nomos* of Basil I of Macedonia, including the Rhodian maritime law edited in 1166 A.D. Ed. Freshfield, E. H. *A Manual of Later Roman Law.* Cambridge, 1927.
Eichmann, E. "Studien zur Geschichte der abenländischen Kaiserkrönung. II. Zur Topographie der Kaiser Kaiserkrönung," *Historisches Jahrbuch,* XLV (1925), 21-56.
Eichner, W. "Die Nachrichten über den Islam bei den Byzantinern," *Der Islam,* XXIII (1936), 133-62; 197-244.
Elderkin, G. W. and Stillwell, R. (Eds.) *Antioch-on-the-Orontes.* (*Publications of the Committee for the Excavation of Antioch and its vicinity.*) Princeton, 1934-41.
Ellissen, A. *Analecten der mittel-und neugriechischen Litteratur.* IV. Leipzig, 1860.
―――. *Michael Akominatos von Choná.* Göttingen, 1846.
Emereau, C. "Notes sur les origines et la fondation de Constantinople," *Revue archéologique,* XXI (1925), 1-25.
Ensslin, W. "Leo I., Kaiser 457-74," *Real-Encyclopädie der Classischen Altertumwissenschaft.* Ed. Pauly, A. F., Wissowa, G. and others. 1 ser. XII (1925), cols. 1947-61.
―――. "Maximus und sein Begleiter der Historiker Priskos," *Byzantinisch-neugriechische Jahrbücher,* V (1926), 1-9.
―――. *Theoderich der Grosse.* Munich, 1947.
Ephraemius Monachus. Ed. Bekker, I. (*Corpus Scriptorum Historiae Byzantinae.*)

Bonn, 1840.

Epifanovich, S. *The Blessed Maximus Confessor and Byzantine Theology*. Kiev, 1915. In Russian.

Erdmann, C. *Die Entstehung des Kreuzzugsgedankens*. Stuttgart, 1935.

Ermoni, V. *Saint Jean Damascène*. Paris, 1904.

Ertov, I. *History of the Eastern Roman or Constantinopolitan Empire*. St. Petersburg, 1837. In Russian.

Eusebius of Caesarea. *De laudibus Constantini*. Ed. Heikel, I. von. *Eusebius Werke*. Leipzig, 1902. Ed. Schaff, P., Wace, H., and others. *A Select Library of Nicene and Post-Nicene Fathers of the Christian Church*. 2nd ser. Vol. I. New York, 1890.

———. *Historia Ecclesiastica*. Ed. Schaff, P., Wace, H. *A Select Library of Nicene and Post-Nicene Fathers of the Christian Church*. 2nd ser. Vol. I. New York, 1890.

———. *Vita Constantini*. Ed. Heikel, I. *Eusebius Werke*. Leipzig, 1902. Ed. Schaff, P., Wace, H. and others. *A Select Library of Nicene and Post-Nicene Fathers of the Christian Church*. 2nd ser. Vol. I. New York, 1890.

Eustathius of Thessalonica. *De Thessalonica a Latinis capta*. Ed. Bekker, I. (*Corpus Scriptorum Historiae Byzantinae*.) Bonn, 1842.

———. *Manuelis Comneni Laudatio funebris*. Ed. Migne, J. P. (*Patrologia Graeca*, CXXXV.) Paris, 1887.

Eustratiades, S. and Arcadios of Vatopedi. *Catalogue of the Greek Manuscripts in the Library of the Monastery of Vatopedi on Mt. Athos*. (Harvard Theological Studies, XI.) Cambridge, 1924.

Eutropius. *Breviarium Historiae Romanae ad Valentem Augustum*. Ed. Rühl, F. Leipzig, 1919.

Eutychius of Alexandria. *Annales*. Ed. Cheikho, L., Carra de Vaux, B. and Zayyat, H. (*Corpus Scriptorum Christianorum Orientalium. Scriptores Arabici*.) Beirut and Paris, 1906-12. In Arabic. Latin trans. ed. Migne, J. P. (*Patrologia Graeca*, CXI, cols. 889-1156.) Paris, 1863.

Evagrius (Scholasticus). *Historia Ecclesiastica*. Ed. Bidez, J. and Parmentier, L. London, 1898.

Evangelides, T. Ἡράκλειος ὁ αὐτοκράτωρ τοῦ Βυζαντίου. Odessa, 1903. Brief compilation.

Every, G. *The Byzantine Patriarchate (451-1204)*. London, 1948.

Excerpta e Theophanis Historia. Ed. Bekker, I. (*Corpus Scriptorum Historiae Byzantinae*.) Bonn, 1829.

Excerpta historica jussu imperatoris Constantini Porphyrogeniti confecta. Ed. de Boor, C. Berlin, 1903.

Falcandus, Hugo. *Historia sicula*. Ed. Muratori, L. A. (*Scriptores Rerum Italicarum*, VII, cols. 249-344.) Milan, 1751.

Falier-Papadopoulos, J. B. "Phrantzès est-il réellement l'auteur de la grande chronique qui porte son nom?" *Bulletin de l'institut archéologique bulgare*, IX (1935), 177-89.

Fallmerayer, J. P. *Geschichte der Halbinsel Morea während des Mittelalters*. Stuttgart, 1830-36. Biased.

Faral, E. "Geoffroy de Villehardouin. La question de la sincérité," *Revue historique*, CLXXVII (1936), 530-82.

Ferrini, C. "Edizione critica del νόμος γεωργικός," *Byzantinische Zeitschrift*, VII (1898), 558-71.

———. *Opera di Contardo Ferrini*. Vol. I. Milan, 1929.

Festa, Nicola. "A Propos d'une biographie de St. Jean le Miséricordieux," *Vizantiy-*

sky Vremennik, XIII (1906).
———. "La Lettere greche di Federigo II," *Archivio storico italiano*, Ser. 5 XIII (1894), 1-34.
Feugère, L. *Étude sur la vie et les ouvrages de Ducange*. Paris, 1852.
Fialon, E. *Étude historique et littéraire sur saint Basile*. 2nd ed., Paris, 1869.
Finlay, G. *History of the Byzantine Empire from DCXIV to MLVII*. 2nd ed., Edinburgh and London, 1856. Ed. Tozer, H. F. Oxford, 1877.
———. *A History of Greece*. Ed. Tozer, H. F. Oxford, 1877.
Fischer, W. *Studien zur byzantinischen Geschichte des 11. Jahrhunderts*. Plauen, 1883.
Fitzgerald, A. *The Essays and Hymns of Synesius of Cyrene*. Oxford and London, 1930.
———. *The Letters of Synesius of Cyrene*. London, 1926.
Fletcher, W. *Ante-Nicene Christian Library*. Edinburgh, 1871.
Florinsky, T. D. "Andronicus the Younger and John Cantacuzene. Sketch on the History of Byzantium in the Second Quarter of the Fourteenth Century (1328-1355)," *Journal of the Ministry of Public Instruction*, CCIV-CCV (1879). Important. In Russian.
———. *The Athonian Acts and Photographs of Them in the Collections of Sevastyanov*. St. Petersburg, 1880.
———. *The Monuments of Dushan's Legislative Activity*. Kiev, 1888. In Russian.
———. *The Southern Slavs and Byzantium in the Second Quarter of the Fourteenth Century*. Vols. I-II. St. Petersburg, 1882. Very good survey of the Empire's external relations under Andronicus III, John Cantacuzene and Stephen Dushan.
Foakes-Jackson, F. J. "Anna Comnena," *Hibbert Journal*, XXXIII (1934-35), 430-42. Vividly written popular sketch.
Fontes rerum byzantinarum. Ed. Regel, W. St. Petersburg, 1892. Vol. 2. Petrograd, 1917.
Fotheringham, J. K. "Genoa and the Fourth Crusade," *The English Historical Review*, XXV (1910), 20-57.
———. *Marco Sanudo, Conqueror of the Archipelago*. Oxford, 1915.
Freeman, E. A. *Historical Essays*. Vol. III, ser. 2, 2nd ed. London, 1892.
———. *The History of the Norman Conquest of England*. Oxford, 1870.
Freshfield, E. (Ed.) *A Manual of Eastern Roman Law. The Procheiros Nomos published by the Emperor Basil I at Constantinople between 867 and 879 A.D.* Cambridge, 1928.
———. (Ed.) *A Manual of Roman Law—the Ecloga—Published by the Emperors Leo III and Constantine V of Isauria at Constantinople A.D. 726*. Cambridge, 1926.
———. *A Revised Manual of Roman Law founded upon the Ecloga of Leo III and Constantine V, of Isauria. Ecloga privata aucta*. Cambridge, 1927.
———. (Ed.) *Roman Law in the Later Roman Empire. Byzantine Guilds. Professional and Commercial Ordinances of Leo VI. c. 895 from the Book of the Eparch* rendered into English. Cambridge, 1938. Introduction and English translation.
Freytag, G. *Regnum Saahd-Aldaulae in oppido Halebo*. Bonn, 1820. Also in the volume with Leo the Deacon (Diaconus), *Historiae*. Ed. Hasii, C. B. (*Corpus Scriptorum Historiae Byzantinae*.) Bonn, 1828.
Friedländer, P. *Johannes von Gaza und Paulus Silentiarius*. Leipzig and Berlin, 1912.
Friedmann, E. *Der mittelalteriche Welthandel von Florenz in seiner geographi-*

schen Ausdehnung (nach der Practica della mercatura des Balducci Pegolotti). *(Abhandlungen der Kaiserlichen Königlichen Geographischen Gesellschaft in Wien,* X.) Vienna, 1912.

Fuchs, F. *Die höheren Schulen von Konstantinopel im Mittelalter.* Leipzig and Berlin, 1926. Important.

Fulgentii Ferrandi *Epistolae.* Ed. Migne, J. P. (*Patrologia Latina,* LXVII.) Paris, 1848.

Fuller, G. T. *Andronicus, or the Unfortunate Politician.* London, 1646. R. Byron, in *The Byzantine Achievement* (London, 1929) notes this work, perhaps the earliest English Byzantine study.

Fustel de Coulanges, Numa Denis. *Histoire des institutions politiques de l'ancienne France.* 2nd ed., Paris, 1904.

———. *Les Origines du système féodal.* Paris, 1890.

Gabotto, F. *Eufemio il movimento separatista nella Italia bizantina.* Turin, 1890.

Gardner, A. *The Lascarids of Nicaea: The Story of an Empire in Exile.* London, 1922. An interesting and reliable monograph on the Empire of Nicaea.

———. *Theodore of Studion, His Life and Times.* London, 1905.

Gasquet, A. *L'Empire byzantin et la monarchie franque.* Paris, 1888.

Gass, W. *Die Mystik des Nikolaus Kabasilas vom Leben in Christo.* Greisswald, 1849.

Gay, I. *L'Italie méridionale et l'empire byzantin depuis l'avènement de Basile Ier jusqu'à la prise de Bari par les normands,* 867-1071. Paris, 1904. Important.

———. *Les Papes du XIe siècle et la chrétienté.* Paris, 1926.

Geffcken, J. *Kaiser Julianus.* Leipzig, 1914.

Gelzer, H. *Abriss der byzantinischen Kaisergeschichte.* Munich, 1897.

———. *Die Genesis der byzantinischen Themenverfassung.* Leipzig, 1899.

———. (Ed.) *Georgii Cyprii Descriptio Orbis Romani.* Leipzig, 1890.

———. "Kosmas der Indienfahrer," *Jahrbücher für protestantische Theologie,* IX (1883), 105-41.

———. *Leontius' von Neapolis Leben des heiligen Johannes des Barmherzigen Erzbischof von Alexandrien.* Freiburg and Leipzig, 1893.

———. *Ungedruckte und ungenügend veröffentlichte Texte der Notitiae Episcopatuum, ein Beitrag zur byzantinischen Kirchen- und Verwaltungsgeschichte.* (*Abhandlungen der philologische-philosophischen Klasse der Akademie der Wissenschaften zu München,* XII.) Munich, 1901.

Gelzer, M. *Studien zur byzantinische Verwaltung Äegyptens.* Leipzig, 1909.

Genesius, Joseph. *Regna.* Ed. Lachmann, C. (*Corpus Scriptorum Historiae Byzantinae.*) Bonn, 1834.

Gennadius Scholarios. *Oeuvres complètes de Gennade Scholarios.* Ed. Petit, L., Siderides, X. A., Jugie, M., and others. 8 vols. Paris, 1928-36.

George of Cyprus. Ed. Migne, J. P. (*Patrologia Graeca,* CXLII.) Paris, 1885.

George Monachus Hamartolus. *Chronicle.* Ed. Muralt, E. St. Petersburg, 1859. Ed. de Boor, C. 2 vols. Leipzig, 1904.

George of Pisidia. *De expeditione persica.* Ed. Bekker, I. (*Corpus Scriptorum Historiae Byzantinae*) Bonn, 1836.

Gercke, A. and Norden, E. *Einleitung in die Altertumswissenschaft.* Vol. III. 2nd ed., Leipzig and Berlin, 1914.

Gerland, E. "Byzantion und die Gründung der Stadt Konstantinopel," *Byzantinisch-neugriechische Jahrbücher,* X (1933), 93-105.

———. *Geschichte der Frankenherrschaft in Griechenland.* II. *Geschichte des lateinischen Kaiserreiches von Konstantinopel.* Hamburg, 1905. A detailed account of the external history of the Latin Empire from 1204 to 1216, made on the basis of the manuscripts of K. Hopf.

———. *Konstantin der Grosse in Geschichte und Sage.* (*Texte und Forschungen zur byzantinisch-neugriechischen Philologie*, no. 23. Athens, 1937. Gerland's posthumous tentative study, of no importance, which has not been worked out. See H. Grégoire's criticism in *Byzantion*, XII (1937), 698–99.

———. "Die Quellen der Helenaepisode in Goethes Faust," *Neue Jahrbücher für das klassische Altertum*, XXV (1910), 735–39.

———. *Das Studium der byzantinischen Geschichte vom Humanismus bis zur Jeztheit.* Athens, 1934.

———. "Der vierte Kreuzzug und seine Probleme," *Neue Jahrbücher für das klassische Altertum*, XIII (1904), 505–14.

Gesta Dagoberti I regis Francorum. (*Monumenta Germaniae Historica Scriptores. Rerum Merovingicarum*, II, 396–425.) Hanover, 1888.

Gesta regis Henrici Secundi. Ed. Stubbs, W. (*Rerum Britannicarum Medii Aevi Scriptores*, vol. XLIX.) London, 1867.

Gfrörer, A. *Byzantinische Geschichten.* Vols. II–III. Graz, 1873–77. Sketches of the rules of the emperors, from John Tzimisces to Romanus Diogenes, inclusive.

Ghines, D. "Τὸ ἐπαρχικὸν βιβλίον καὶ οἱ νόμοι Ἰουλιανοῦ τοῦ Ἀσκαλωνίτου," Ἐπετηρὶς Ἑταιρείας Βυζαντινῶν Σπουδῶν, XIII (1937), 183–91.

Gibbon, Edward. *The Autobiographies of Edward Gibbon.* Ed. Murray, J. London, 1896.

———. *The History of The Decline and Fall of the Roman Empire.* Ed. Bury, J. B. 7 vols. London, 1897–1902.

Gibbons, H. A. *The Foundation of the Ottoman Empire.* Oxford, 1916.

Gidel, M. *Études sur la littérature grecque moderne.* Paris, 1866.

Giese, F. "Das Problem der Entstehung des Osmanischen Reiches," *Zeitschrift für Semitistik*, II (1923), 246–71.

Gildersleeve, B. L. "Paulus Silentiarius," *American Journal of Philology*, XXXVIII (1917), 42–72.

Ginnis, D. "Das promulgationsjahr der Isaurischen Ecloge," *Byzantinische Zeitschrift*, XXIV (1924), 346–58.

Gjerset, K. *History of the Norwegian People.* New York, 1915.

de Goeje, M. J. "Harun-ibn-Yahya," *Bibliotheca Geographorum Arabicorum*, VII (1892), 119–32.

———. *Mémoire sur la conquête de la Syrie.* 2nd ed., Leyden, 1900.

Görres, F. "Die byzantinischen Besitzungen an den Küsten des spanisch-westgothischen Reiches (554–624)," *Byzantinische Zeitschrift*, XVI (1907), 530–32.

———. "Justinian II. und das römische Papsttum," *Byzantinische Zeitschrift*, XVII (1908), 440–50.

Goldziher, I. *Muhammedanische Studien.* Halle, 1890.

———. "Die Religion des Islams, in Die Kultur der Gegenwart . . . von P. Hinneberg," *Die Religionen des Orients*, III (1913).

———. *Vorlesungen über den Islam.* Heidelberg, 1910.

Golubinsky, E. E. *History of the Russian Church.* Vol. I. 2nd ed., Moscow, 1901. Excellent book for the early relations between Byzantium and Russia. In Russian.

Golubovich, G. "Disputatio Latinorum et Graecorum," *Archivum Franciscanum Historicum*, XII (1919), 428–65.

Goubert, P. "L'Administration de l'Espagne Byzantine," *Études byzantines*, III

(1945), 127–43; IV (1946), 71–135.
——. "Byzance et l'Espagne wisigothique (554–711)," *Revue des études byzantines*, II (1945), 5–78.
Grabar, André. *L'Art byzantine*. Paris, 1938.
Granovsky, T. N. "The Latin Empire; a Review of Medovikov's Work," *Complete Works of T. N. Granovsky*. 4th ed., Moscow, 1900. In Russian.
Grégoire, Henri. "An Armenian Dynasty on the Byzantine Throne," *Armenian Quarterly*, I (1946), 4–21.
—— and Keyser, R. "La chanson de Roland et Byzance; ou de l'utilité du grec pour les romanistes," *Byzantion*, XIV (1939), 265–301.
——. "Un Continateur de Constantin Manassès et sa source," *Mélanges offerts à M. Gustav Schlumberger*, Vol. I. Paris, 1924.
——. "La 'Conversion' de Constantin," *Revue de l'Université de Bruxelles*, XXXVI (1930–31) 231–72. Very important.
——. *Digenis Akritas. The Byzantine Epic in History and Poetry*. New York, 1942. Fundamental work in modern Greek.
——. "Du Nouveau sur la chronographie byzantine; le 'Scriptor incertus de Leone Armenio' est la dernier continuateur le Malalas," *Bulletin de la classe des lettres de l'Académie royale de Belgique*, XXII (1936), 420–36.
——. "Du nouveau sur le Patriarche Photius," *Bulletin de la classe des lettres de l'Académie royale de Belgique*, XX (1934), 36–53.
——. "L'Etymologie de 'Labarum,'" *Byzantion*, IV (1929), 477–82.
——. "Eusèbe n'est pas l'auteur de la 'Vita Constantini' dans sa forme actuelle et Constantin ne s'est pas 'converti' en 312," *Byzantion*, XIII (1938), 561–83.
——. "La Légende d'Oleg et l'expédition d'Igor," *Bulletin de la classe des lettres de l'Académie royale de Belgique*, XXIII (1937), 80–94.
—— and Kugener, M. A. (Eds.) *Marc le Diacre, vie de Porphyre évêque de Gaza*. Paris, 1930.
——. "M. Charles Diehl, M. G. Ostrogorsky et M. Stein ou 'Slavica non leguntur,'" *Byzantion*, XIII, 2 (1938), 749–57.
——. "Notules epigraphique," *Byzantion*, XIII (1938).
——. "Un Nouveau Fragment du 'Scriptor incertus de Leone Armenio,'" *Byzantion*, XI (1936), 417–28.
——. "L'Opinion byzantine et la bataille de Kossovo," *Byzantion*, VI (1931), 247–51.
——. "Le Peuple de Constantinople," *Byzantion*, XI (1936), 617–716.
——. "Les Pierres qui crient," *Byzantion*, XIV (1939), 317–21.
——. "Le Problème de la version 'originale' de l'Epopée Byzantine de Digenis Akritas," *Revue des études byzantines*, VI, 1 (1948), 27–35. Very useful for the whole question of Digenis Akritas, as well as for its most recent bibliography.
——. "The Question of the Diversion of the Fourth Crusade," *Byzantion*, XV (1941), 158–66.
—— and Goossens, R. "Les Recherches récentes sur l'epopée byzantine," *L'Antiquité Classique*, I (1932), 419–39; II (1933), 449–72. The second study is by R. Goossens alone. Excellent introduction to the epic of Digenes Akritas.
——. *Recueil des inscriptions grecques chrétiennes d'Asie Mineure*. Paris, 1922.
——. "Review: Ostrogorsky, *Geschichte des Byzantinischen Staates*," *Byzantion*, XIV, 2 (1944), 545–55.
——. "Review: Ostrogorsky, *Studien zur Geschichte des byzantinischen Bilderstreites*," *Byzantion*, IV (1929), 765–71.

———. "Une Source byzantine du second Faust," *Revue de l'Université de Bruxelles*, XXXVI (1930-31), 348-54.
———. "Le tome II du Vasiliev," *Byzantion*, V (1930), 779-84.
———. "Le Véritable nom et la date de l'église de la dormition à Nicée. Un texte nouveau et décisif," *Mélanges d'histoire offerts à Henri Pirenne*. Vol. I. Paris and Brussels, 1926.
——— and Kugener, M. A. "La Vie de Porphyre, evêque de Gaza, est-elle authentique?" *Revue de l'Université de Bruxelles*, XXXV (1929-30), 53-60.
Gregoras, Nicephorus. *Historia Byzantina*. Ed. Schopen, L. (*Corpus Scriptorum Historiae Byzantinae*.) Bonn, 1829-35.
Gregorii Magni *Epistolae*. Ed. Hartmann, L. M. (*Monumenta Germaniae Historica Epistolarum*, I–II.) Berlin, 1891-99. Ed. Migne, J. P (*Patrologia Latina*, LXXV-LXXIX.) Paris, 1849. Ed. Schaff, P. and others. *A Select Library of Nicene and Post-Nicene Fathers of the Christian Church*. 2nd ser., XI-XIII. New York. 1895-98. Ed. Mansi, J. D. (*Conciliorum Nova et Amplissima Collectio*, IX, cols. 1023-1240.) Florence, 1763.
Gregorii Turonensis Episcopi *Historia Francorum*. Ed. Omont, H. and Collon, G. Vol. II. Paris, 1913.
Gregorius Nyssenus. *Oratio de Deitate Filii et Spiritus Sancti*. Ed. Migne, J. P. (*Patrologia Graeca*, XLVI.) Paris, 1845.
Gregorovius, F. A. *Geschichte der Stadt Athen im Mittelalter von der zeit Justinian's bis zur türkischen Eroberung*. Stuttgart, 1889.
Grimbert, E. *Theodora. Die Tanzerin auf dem Kaiserthron*. Munich, 1928.
Grimme, H. *Mohammed*. I. *Das Leben*. Münster, 1892.
Gröber, G. *Grundriss der romanischen Philologie*. 2nd ed., Strassburg, 1904-6.
Groh, K. *Geschichte des oströmischen Kaisers Justin II, nebst den Quellen*. Leipzig, 1889.
Grossu, N. *The Attitude of the Byzantine Emperors John II and Manuel I Comneni Towards Union with the West*. (*Transactions of the Spiritual Academy of Kiev*, 1912.) Kiev, 1912. In Russian.
———. *The Blessed Theodore of Studion; His Times, Life and Works*. Kiev, 1907. In Russian.
———. *The Church and Religious Activity of the Byzantine Emperor Alexius I Comnenus (1081-1118)*. (*Transactions of the Spiritual Academy of Kiev*, 1912.) Kiev, 1912. In Russian.
———. *The Edict of Milan*. (*Transactions of the Spiritual Academy of Kiev*, 1913). Kiev, 1913. In Russian.
Grosvenor, E. A. *Constantinople*. Boston, 1895.
Grot, C. *Account of Constantine Porphyrogenitus on the Serbians and Croatians and their Settlement in the Balkan Peninsula*. St. Petersburg, 1880. In Russian.
———. *From the History of Ugria (Hungary) and the Slavs in the Twelfth Century*. Warsaw, 1889. In Russian.
———. *Moravia and Magyars from the Ninth until the Beginning of the Tenth Centuries*. St. Petersburg, 1881. In Russian.
Grousset, R. *L'Empire des steppes. Attila, Gengiz-Kahn, Tamerlan*. Paris, 1939.
———. *L'Empire du Levant. Histoire de la question d'Orient*. Paris, 1949.
———. *Histoire d'Asie*. III. *Le Monde mongol*. Paris, 1922.
———. *Histoire de l'Arménie des origines à 1071*. Paris, 1947.
———. *Histoire des croisades et du Royaume Franc de Jérusalem*. 3 vols. Paris, 1934-36. Important from the point of view of the history of Byzantium.
Gruhn, A. *Die Byzantinische Politik zur Zeit der Kreuzzüge*. Berlin, 1904.

Grumel, V. "L'Affaire de Léon de Chalcedoiné. Le chrysobulle d'Alexis Ier sur les objets sacrés," *Études byzantines,* II (1945), 126–33.
———. "Les Ambassades pontificales à Byzance après le IIe Concile de Lyon (1274–80)," *Echos d'Orient,* XXIII (1924), 437–47.
———. La Date de la promulgation de l'Ecloge de Leon III," *Echos d'Orient,* XXXIV (1935), 331 ff.
———. "En Orient après le IIe concile de Lyon," *Échos d'Orient,* XXIV (1925), 321 ff.
———. "Michel Glykas," *Dictionnaire de théologie catholique,* X, 2 (1928), 1705–7.
———. "Review: Lemerle, Histoire de Byzance," *Études byzantines,* II (1945), 275.
Grupe, E. *Kaiser Justinian, aus seinem Leben und aus seiner Zeit. (Wissenschaft und Bildung,* no. 184.) Leipzig, 1923. On the basis of the books of Diehl and Holmes.
Gsell, S. *Les Monuments antiques de l'Algérie.* Paris, 1901.
Güldenpenning, A. *Geschichte des oströmischen Reiches unter den Kaisern Arcadius und Theodosius II.* Halle, 1885.
——— and Ifland, J. *Der Kaiser Theodosius der Grosse.* Halle, 1878.
Guérard, L. "Les Lettres de Grégoire II à Léon l'Isaurien," *Mélanges d'archéologie et d'histoire,* X (1890), 44–60.
Güterbock, K. *Byzanz und Persien in ihren diplomatisch-völkerrectlichen Beziehungen im Zeitalter Justinians.* Berlin, 1906.
———. *Der Islam im Lichte der byzantinischen Polemik.* Berlin, 1912.
———. "Laonikos Chalkondyles," *Zeitschrift für Völkerrecht und Bundesstaatsrecht,* IV (1910), 72–102.
Guilland, R. *Correspondance de Nicéphore Grégoras.* Paris, 1927.
———. "La Correspondance inédite d'Athanase, Patriarche de Constantinople (1289–93; 1304–10)," *Mélanges Diehl: Études sur l'histoire et sur l'art de Byzance.* Paris, 1930.
———. "La Correspondance inédite de Nicolas Cabasilas," *Byzantinische Zeitschrift,* XXX (1929–30), 96–102.
———. *Essai sur Nicéphore Grégoras. L'homme et l'Oeuvre.* Paris, 1926.
———. "Le Palais de Théodore Métochite," *Revue des études grecques,* XXXV (1922), 82–95.
———. "Les Poésies inédites de Théodore Métochite," *Byzantion,* III (1927), 265–302.
———. "Le Protovestiarite George Phrantzès," *Revue des études byzantines,* VI, 1 (1948), 48–57.
Guldencrone, Baronne Diane de. *L'Achaie féodale. Étude sur le moyen âge en Grèce (1205–1456).* Paris, 1886. Popular book with references to some sources.
———. *L'Italie byzantine. Étude sur le haut moyen âge, 400–1050.* Paris, 1914.
Gwatkin, H. M. "Arianism," *The Cambridge Medieval History,* I (1911), 118–42.
———. *Studies on Arianism.* 2nd ed., Cambridge, 1900. Excellent work.
Hagenmeyer, H. "Der Brief des Kaisers Alexios I Komnenos an den Grafen Robert I von Flandern," *Byzantinische Zeitschrift,* VI (1897), 1–32.
———. *Die Kreuzzugsbriefe aus den Jahren 1088–1100.* Innsbruck, 1901.
Hahn, J. *Albanesische Studien.* Jena, 1854.
Halecki, O. *The Crusade of Varna. A Discussion of Controversial Problems.* New York, 1943.
———. *Un Empereur de Byzance à Rome.* Warsaw, 1930.
———. "La Pologne et l'empire Byzantin," *Byzantion,* VII (1932), 41–67.

Haller, J. "Kaiser Heinrich VI," *Historische Zeitschrift*, CXIII (1914), 473-504.
Halphen, L. *Les Barbares; des grandes invasions aux conquêtes turques de XI*^{e} *siècle*. Paris, 1926.
———. "La Conquête de la Méditerranée par les Europeens au XIe et au XIIe siècles," *Mélanges d'histoire offerts à H. Pirenne*. Brussels and Paris, 1926.
Hamid, Mustafa. "Das Fremdenrecht in der Türkei," *Die Welt der Islam*, VII (1919), 26-27.
Hanotaux, G. "Les Vénitiens ont-ils trahi la chrétienté en 1202?" *Revue historique*, IV (1887), 74-102.
Harnack, A. *Geschichte der altchristlichen Litteratur bis Eusebis*. II. *Die Chronologie der altchristlichen Litteratur bis Eusebis*. Leipzig, 1904.
———. *Lehrbuch der Dogmengeschichte*. Vol. II. 4th ed., Tübingen, 1909. English trans. Speirs, E. and Millar, J. Vol. IV. London, 1898. (Trans. from the 3rd German edition.)
———. *Die Mission und Ausbreitung des Christentums in den ersten drei Jahrhunderten*. 4th revised ed., Leipzig, 1924.
Harrison, F. *Among My Books: Centenaries, Reviews, Memoirs*. London, 1912.
Hase, M. *On Timarion, Notices et extraits des manuscrits de la Bibliothèque Nationale*, IX (1813), 125-68.
Haskins, C. H. "The Greek Element in the Renaissance of the Twelfth Century," *The American Historical Review*, XXV (1920), 603-15.
———. *The Renaissance of the Twelfth Century*. Cambridge, 1927.
———. "The Spread of Ideas in the Middle Ages," *Speculum*, I (1926), 19-30.
———. *Studies in the History of Mediaeval Science*. Cambridge, 1924.
Hasluck, F. W. "The Latin Monuments of Chios," *The Annual of the British School at Athens*, XVI (1909-10), 137-84.
Hasset, M. "The Reign of Justinian," *The American Catholic Quarterly Review*, XXXVIII (1912), 266-85. Strict Catholic point of view.
Havet, T. *Lettres de Gerbert (983-97)*. Paris, 1889.
Hefele, K. J. von. *Conciliengeschichte*. 9 vols. Freiburg, 1873-95. In English: *A History of the Councils of the Church*. 5 vols. Edinburgh, 1876-96. In French: *Histoire des conciles*. Ed. Leclercq, C. Paris, 1907-ff. The last volume was published in 1949.
Hegel, G. W. F. *Vorlesungen über die Philosophie der Geschichte*. Trans. Sibree, J. London, 1890.
Heichelheim, Fritz. *Wirtschaftsgeschichte des Altertums vom Paläolitikum bis zur Völkerwanderung der Germanen, Slaven und Araber*. 2 vols. Leyden, 1938.
Heimbach, G. *Basilicorum Libri LX*. Leipzig, 1870.
———. "Ueber die angebliche neueste Redaction der Basiliken durch Constantinus Porphytogeneta," *Zeitschrift für Rechtsgeschichte*, VIII (1869), 417 ff.
Heisenberg, A. *Analecta: Mittelungen aus italienischen Handschriften byzantinischer Chronographen*. Munich, 1901.
———. *Die Apostelkirche in Konstantinopel*. Leipzig, 1908.
———. *Aus der Geschichte und Literatur der Palaiologenzeit*. Munich, 1920.
———. "Dissertatio de vita et scriptis Nicephori Blemmydae," *Nicephori Blemmydae Curriculum vitae et carmina*. Leipzig, 1896.
———. "Dissertatio de vita scriptoris Georgii Acropolitae," *Opera Georgii Acropolitae*. Leipzig, 1903.
———. "Kaiser Johannes Batatzes der Barmherzige," *Byzantinische Zeitschrift*, XIV (1905), 160-233.
———. *Neue Quellen zur Geschichte des lateinischen Kaisertums und der Kirche-*

union. I. *Der Epitaphios des Nikolaos Mesarites auf seinen Bruder Johannes*. II. *Die Unionsverhandlungen vom 30. August 1206. Patriarchenwahl und Kaiserkrönung in Nikaia 1208*. Munich, 1923.

———. *Nicolaos Mesarites. Die Palastrevolution des Johannes Komnenos*. Würzburg, 1907.

———. "Das Problem der Renaissance in Byzanz," *Historische Zeitschrift*, CXXXIII (1926), 393-412.

———. *Studien zu Georgios Akropolites*. (*Sitzungsberichte der philosophisch-philologisch und der historische Klasse der Akademie der Wissenschaften*, II.) Vienna, 1899.

Henderson, B. *The Life and Principate of the Emperor Hadrian*. London, 1923.

Herewy (Harewy), Aboul Hassan Aly el. *Indications sur les lieux de Pèlerinage*. Trans. Schefer, C. *Archives de l'Orient Latin*. Paris, 1881.

Hergenröther, J. *Photius, Patriarch von Constantinopel: Sein Leben, seine Schriften und das griechische Schisma*. Vols. I-III Regensburg, 1867-69. Very important for the discussion of the separation of the churches up to 1054. Catholic point of view.

Hertzberg, G. F. *Geschichte der Byzantiner und des Osmanischen reiches bis gegen ende des 16. Jahrhunderts*. Berlin, 1883. Russian trans. Bezobrazov, P. V. Moscow, 1896.

Herzen, A. *The Past and Thoughts. Venezia la Bella*. Geneva, 1879. In Russian.

Hesseling, D. *Byzantium*. Haarlem, 1902. French ed. *Essai sur la civilization byzantine*. Paris, 1907.

———. "Een Konstitutioneel Keizershap," *Hermenuns*, XI (1938-39), 89-93.

———. *La Plus ancienne rédaction du poème épique sur Digenis Akritas*. (*Mededeelingen der Koninklijke Akademie van Wetenschappen, Afdeeling Letterkunde*, Vol. LXIII, ser. A, no. 1.) Amsterdam, 1927.

——— and Pernot, N. (Eds.) *Poemès prodromiques en grec vulgaire*. Amsterdam, 1910.

Heyd, W. *Histoire du commerce du Levant au moyen âge*. Leipzig, 1885. Reprint, 1936.

Hierax, I. Χρονικὸν περὶ τῆς τῶν Τούρκων βασιλείας. Ed. Sathas, K. (*Bibliotheca Graeca Medii Aevi*, Vol. I, 256-57.) Venice, 1872.

Hieronymi. *Opera Omnia*. Ed. Migne, J. P. (*Patrologia Latina*, Vols. XXII-XXX). Paris, 1845-46.

Higgins, M. J. "International Relations at the Close of the Sixth Century," *The Catholic Historical Review*, XXVII (1941), 279-315.

———. *The Persian War of the Emperor Maurice*. I. *The Chronology, with a Brief History of the Persian Calendar*. Washington, D. C., 1939.

Hill, G. A. *A History of Cyprus*. 3 vols. Cambridge, 1948.

Hime, H. W. L. *The Origin of Artillery*. London, 1915.

Hirsch, F. *Kaiser Constantin VII Porphyrogennetos*. Berlin, 1873. Brief sketch on the basis of Rambaud's work.

Histoire de l'église depuis les origines jusqu'à nos jours. Ed. Fliche, A. and Martin, V. Vol. I. Paris, 1936.

"Historia belli sacri (Tudebodus imitatus et continuatus)," *Recueil des historiens des croisades*. Ed. Bouquet, D. Vol. III. Paris, 1833. 2nd ed., Paris, 1879.

Hitti, P. K. *History of the Arabs*. London, 1937. 3rd ed. 1951. 5th ed. *The Arabs. A Short History*. Princeton, 1943. Very good.

Hodgkin, T. *Italy and Her Invaders, 376-744*. Vol. I. 2nd ed., 1892.

Hodgson, F. C. *The Early History of Venice from the Foundation to the Conquest*

of Constantinople, A.D. 1204. London, 1901.
Höfer, F. *Histoire de la chimie*. Paris, 1842.
Hönn, K. *Konstantin der Grosse. Leben einer Zeitwende*. Leipzig, 1940. 2nd ed., Leipzig, 1945.
Hofler, K. R. von. *Abhandlungen aus dem Gebiete der slavischen Geschichte*. I. *Die Walachen als Begründer des zweiten bulgarischen Reiches der Asaniden, 1186-1257*. (*Sitzungsberichte der philosophische-historischen Klasse der Akademie der Wissenschaften*, XCV, 229-49.) Vienna, 1879.
Holmes, W. G. *The Age of Justinian and Theodora*. 2 vols. 2nd ed., London, 1912.
Holtzmann, W. "Die Unionsverhandlungen zwischen Alexios I. und Papst Urban II. im Jahre 1089," *Byzantinische Zeitschrift*, XXVIII (1928), 38-67.
Homo, L. *Essai sur le règne de l'empereur Aurelien*. Paris, 1904.
Honigmann, E. "La Liste originale des Pères de Nicée," *Byzantion*, XIV (1939), 17-76.
———. "The Original Lists of the Members of the Council of Nicaea, the Robber-Synod and the Council of Chalcedon," *Byzantion*, XVI, 1 (1944), 20-80.
Hopf, K. *Geschichte Griechenlands vom Beginne des Mittelalters bis auf die neuere Zeit*. Leipzig, 1867. (In Ersch and Gruber, *Allgemeine Encyclopädie der Wissenschaften und Künste*, 85, 86.)
Horma, K. "Das Hodiporikon des Konstantin Manasses," *Byzantinische Zeitschrift*, XIII (1904), 313-55.
Houedene, Roger de. *Chronica*. Ed. Stubbs, W. (*Rerum Britannicarum Medii Aevi Scriptores*, LI.) London, 1869.
Houssaye, Henri. *1815*. Vol. I. *La Première Restauration; le retour de l'isle d'Elbe; les cent jours*. Paris, 1905.
Huart, C. *Histoire des Arabes*. Paris, 1912. Useful.
Huillard-Bréholles, J. *Introduction à l'histoire diplomatique de l'empereur Frédéric II*. Paris, 1858.
———. *Vie et correspondance de Pierre de la Vigne ministre de l'empereur Frédéric II*. Paris, 1865.
Hussey, J. "Michael Psellus," *Speculum*, X (1935), 81-90.
Hussey, J. M. "The Byzantine Empire in the Eleventh Century: Some Different Interpretations," *Transactions of the Royal Historical Society*, ser. 4, XXXII (1950), 71-85.
———. *Church and Learning in the Byzantine Empire 867-1185*. London, 1937. Important.
Huttmann, M. A. *The Establishment of Christianity and the Proscription of Paganism*. (*Columbia University Studies in History, Economics and Public Law*, LX, no. 2.) New York, 1914. Good bibliography.
Illyinsky, G. "A Charter of Tsar John Asen II," *Transactions of the Russian Archaeological Institute at Constantinople*, VII (1901). In Russian.
Imperatorum Basili Constantini et Leonis Prochiron. Ed. Zachariä von Lingenthal, Karl Eduard. Heidelberg, 1837.
Innocent III. *Epistolae*. Ed. Migne, J. P. (*Patrologia Latina*, CCXV-CCXVII.) Paris, 1855.
Inostrantzev, K. *Hunnu and Huns. Examination of the Theories of the Origin of the People Hunnu of Chinese Annals, of the Origin of the European Huns, and of the Mutual Relations of These Two Peoples*. 2nd ed. Leningrad, 1926. In Russian.
Iorga, N. *Byzance après Byzance*. Bucharest, 1935.

―――. *Choses d'Orient et de Roumanie.* Bucharest and Paris, 1924.
―――. "Deux siècles d'histoire de Venise," *Revue historique du sud-est européen*, IX (1932), 1–59.
―――. *Geschichte des Osmanischen Reiches.* Vol. II. Gotha, 1909.
―――. *Histoire de la vie byzantine. Empire et civilization.* 3 vols. Bucharest, 1934.
―――. "Latins et Grecs d'Orient et l'établissement des Turcs en Europe (1342–1362)," *Byzantinische Zeitschrift*, XV (1906), 179–222.
―――. *Notes et extraits pour servir à l'histoire des croisades au XVᵉ siècle.* Bucharest, 1915.
―――. "Les Origines de l'iconoclasme," *Bulletin de la section historique de l'Académie roumaine*, XI (1924), 143–55.
―――. (Ed.) "Origines et prise de Constantinople," *Bulletin de la section historique de l'Académie roumaine*, XIII (1927), 88–128.
―――. "Ramön Muntaner et l'empire byzantin," *Revue historique du sud-est européen*, IV (1927), 325–55.
―――. "Une ville 'romane' devenue slave: Raguse," *Bulletin de la section historique de l'Académie roumaine*, XVIII (1931), 32–100.
Isambert, F. A. *Histoire de Justinien.* 2 vols. Paris, 1856. Out of date.
Isidori, Hispalensis Episcopi. *Chronica Majora.* Ed. Migne, J. P. (*Patrologia Latina*, LXXXIII.) Paris, 1850. Ed Mommsen, T. (*Monumenta Historiae Germanica. Auctorum Antiquissima*, XI. *Chronica Minora*, II.) Berlin, 1894.
―――. *Opera Omnia.* Ed. Migne, J. P. (*Patrologia Latina*, LXXXI–LXXXIV). Paris, 1850.
Istrin, V. M. *The Chronicle of George Hamartolus in its Old Sloveno-Russian Version.* 3 vols. Petrograd, 1920–30. In Russian.
Ites, M. "Zur Bewertung des Agathias," *Byzantinische Zeitschrift*, XXVI (1926), 273–85.
Ivanov, J. "The Origin of the Family of the Tsar Samuel," *Essays in Honour of V. N. Zlatarsky.* Sofia, 1925. In Bulgarian.
Jähns, Max. *Handbuch einer Geschichte des Kriegswesens von der Urzeit bis zur Renaissance.* Leipzig, 1880.
Jaffé, P. *Regesta Pontificum Romanorum.* Leipzig, 1885.
Jager, M. *Histoire de Photius.* 2nd ed., Paris, 1845.
Janin, R. *Constantinople Byzantine. Développement urbain et répertoire topographique.* Paris, 1950. (*Institut Français d'Études byzantines.*)
―――. "Nicée. Étude historique et topographique," *Échos d'Orient*, XXIV (1925), 482–90.
―――. "Les Sanctuaires de Byzance sous la domination latine," *Études byzantines*, II (1945), 134–84.
Jean Catholicos. *Histoire d'Arménie.* Trans. Saint-Martin, A. J. Paris, 1841.
Jeanselme, E. and Oeconomos, L. *Les Oeuvres d'assistance et les hôpitaux byzantins au siècle des Comnènes.* Anvers, 1921.
―――― and Oeconomos, L. "La Satire contre les Higoumènes," *Byzantion*, I (1924), 317–39.
―――. "Sur un aide-mémoire de thérapeutique byzantine contenu dans un manuscrit de la Bibliothèque Nationale de Paris (Supplément grec, 764): traduction, notes et commentaire," *Mélanges Diehl: Études sur l'histoire et sur l'art de Byzance*, Vol. I. Paris, 1930.
Jeffrey, A. "Ghevond's Text of the Correspondence between Umar II and Leo III," *The Harvard Theological Review*, XXXVII (1944), 269–332.

Jerphanion, G. de. "Les Inscriptions cappadociennes et l'histoire de l'empire grec de Nicée," *Orientalia Christiana Periodica* (1935), 237–56.

———. *Une Nouvelle Province de l'art byzantine. Les églises rupestres de Cappadoce.* Paris, 1925.

Jireček, C. "Albanien in der Vergangenheit," *Oesterreichische Monatsschrift für den Orient*, No. 1–2 (1914). Reprinted in *Illyrisch-albanische Forschungen*. Ed. Thallóczy, L. von. Munich and Leipzig, 1916.

———. *Geschichte der Bulgaren.* Prague, 1876. Russian revised ed. Bruun, F. and Palauzov, V. Odessa, 1878. Bulgarian trans. Zlatarsky, V. Sofia, 1929.

———. *Geschichte der Serben.* Vol. 1. Gotha, 1911. Vol. II, part 1. Gotha, 1918. Excellent work.

———. "The Situation and Past of the City of Drač," *Transactions of the Geographical Society of Serbia*, I (1912), part 2. In Serbian.

———. *Staat und Gesellschaft in mittelalterlichen Serbien.* (*Denkschriften der Wissenschaften in Wien, philosophische-historische Klasse*, LVI.) Vienna, 1912.

———. "Die Wittwe und die Söhne des Despoten Esau von Epirus," *Byzantinisch-neugriechische Jahrbücher*, I (1920), 1–16. Geneological table, p. 6.

John Anagnostes. *De extremo Thessalonicensi excidio.* Ed. Bekker, I. (*Corpus Scriptorum Historiae Byzantinae.*) Bonn, 1838.

John Cantacuzene. *Historiae.* Ed. Schopen, L. (*Corpus Scriptorum Historiae Byzantinae.*) Bonn, 1828–32.

John of Cyprus. *Palamiticarum transgressionum liber.* Ed. Migne, J. P. (*Patrologia Graeca*, CLII, cols. 663–738.) Paris, 1865.

John Damascene, Saint. *Barlaam and Joasaph.* English trans. Woodward, G. R. and Mattingly, H. London and New York, 1914.

John of Ephesus. *Ecclesiastical History.* English trans. Payne-Smith, R. Oxford, 1860. Latin trans. Brooks, E. W. Louvain, 1936.

———. Lives of the Eastern Saints. Syriac text and English trans. Brooks, E. W. *Patrologia Orientalis*, XVIII (1924). Latin trans. van Douwen, W. J. and Land, J. P. N. Amsterdam, 1889.

John the Lydian. *De magistratibus.* Ed. Bekker, I. (*Corpus Scriptorum Historiae Byzantinae.*) Bonn, 1837. Ed. Wuensch, R. (*Bibliotheca Scriptorum Graecorum et Romanorum Teubneriana.*) Leipzig, 1903.

Jones, A. H. M. *Constantine and the Conversion of Europe.* London, 1948. "Constantine hardly deserves the title of Great." No Russian publications used.

Joranson, E. "The Alleged Frankish Protectorate in Palestine," *The American Historical Review*, XXXII (1927), 241–61.

———. "The Great German Pilgrimage of 1064–1065," *The Crusades and Other Historical Essays Presented to Dana C. Munro by His Former Students.* New York, 1928. Excellent article with a full bibliography.

———. "The Problem of the Spurious Letter of Emperor Alexis to the Count of Flanders," *American Historical Review*, LV, 4 (1950), 811–32.

Jordan, E. *Les Origines de la domination angevine en Italie.* Paris, 1909.

———. *Les Registres de Clément IV (1265–1268).* Paris, 1893.

Jordanis. *Getica.* Ed. Mommsen, T. (*Monumenta Germaniae Historica. Auctores antiquissimi*, V, 1.) 1882.

Joshua, the Stylite. *The Chronicle of Joshua the Stylite.* Trans. Wright, W. Cambridge, 1882.

Jugie, M. "Démétrius Cydonès et la théologie latine à Byzance au XIVe et XVe siècles," *Échos d'Orient*, XXXI (1928).

———. "Georges Scholarios, professeur de philosophie," *Studi bizantini e neoellenici*,

V (1939), 482-94.
——. "Michael Psellus," *Dictionnaire de théologie catholique*, XIII (1936), 1149-58.
——. "Palamas et controverse palamite," *Dictionnaire de théologie catholique*, XI (1932), 1735-1818.
——. "Poésies rhythmiques de Nicèphore Calliste Xanthopoulos," *Byzantion*, V (1929-30), 357-90.
——. *Le Schisme byzantin. Aperçu historique et doctrinal.* Paris, 1941.
——. "Le Schisme de Michel Cérulaire," *Echos d'Orient*, XXXVI (1937), 440-73.
——. "Sur la Vie et les procédés littéraires de Symeon Métaphraste," *Échos d'Orient*, XXII (1923), 5-10.
——. "La vie de S. Jean Damascène," *Échos d'Orient*, XXIII (1924), 137-61.
——. "Le Voyage de l'Empereur Manuel Paléologue en Occident," *Échos d'Orient*, XV (1912), 322-32.
Julian the Apostate, Emperor. *Juliani Opera.* II. *Epistolae.* Ed. with English trans. Wright, W. C. 3 vols. London, 1913-23.
——. *Quae supersunt.* Ed. Hertlein, F. C. Leipzig, 1875-76.
Justinian. *Corpus juris civilis. Institutiones.* Intro. and English trans. Abdy, J. T. and Walker, B. Cambridge, 1876. Justinian's *Institutiones* were trans. into Russian in 1859 and in 1888. *Constitutiones.* Ed. Zachariä von Lingenthal, K. E. Leipzig, 1884-91. *Edicta.* Ed. Zachariä von Lingenthal, K. E. Leipzig, 1884-85. *Digest of Justinian.* Trans. Monro, C. H. Cambridge, 1904. *Institutiones und Digesta.* Ed. Krueger, P. and Mommsen, T. Berlin, 1889. *Codex.* Ed. Krueger, P. Berlin, 1892. *Novellae.* Ed. Kroll, G. Berlin, 1928.
Kadlec, C. "The Empire and Its Northern Neighbors," *The Cambridge Medieval History*, IV (1923), 183-215. See also the very good bibliography for the problem of Byzantium and ancient Russia, pp. 819-21.
Kaestner, T. *De imperio Constantini III.* 641-68. Leipzig, 1907. Brief and accurate dissertation.
Kahle, P. "Zur Geschichte des mittelalterlichen Alexandria," *Der Islam*, XII (1922), 29-83.
Kalligas, P. Μελέται βυζαντινῆς ἱστορίας ἀπὸ τῆς πρώτης μέχρι τῆς τελευταίας ἁλώσεως (*1205-1453*). Athens, 1894.
Kalogeras. Μάρκος ὁ Εὐγενικὸς καὶ Βησσαρίων ὁ Καρδινάλις. Athens, 1893.
Kampouroglou, D. Οἱ Χαλκοκονδύλαι. Μονογραφία. Athens, 1926.
Kananos, Laskaris. *Reseanteckningar från nordiska länderna. Smärre Byzantinska skrifter.* Ed. Lundström, V. Upsala and Leipzig, 1902. A Russian translation with commentary by Vasiliev, A. A. "Laskaris Kananos, Byzantine Traveler of the Fifteenth Century Through Northern Europe and to Iceland," *Essays Presented to V. P. Buzeskul.* Kharkov, 1914. In Russian.
Kantarowicz, E. *Kaiser Friedrich der Zweite.* Berlin, 1927. English trans. London, 1931.
——. "The 'King's Advent' and the Enigmatic Panels in the Doors of Santa Sabina," *The Art Bulletin*, XXVI (1944), 207-31.
Kap-Herr, H. von. *Die Abenländische Politik Kaiser Manuels.* Strassburg, 1881. An accurate dissertation.
Karabaček, J. *Abenländische Künstler zu Konstantinopel im XV. und XVI. Jahrhundert.* (*Denkschriften der philosophische-historischen Klasse der Akademie der Wissenschaften in Wien*, LXII.) Vienna, 1918.
Karapiperes, M. Νικηφόρος Βλεμμύδης, ὡς παιδαγωγὸς καὶ διδάδκαλος. Jerusalem, 1921. I have not seen this book.

Karolidis, P. Ὀ αὐτοκράτωρ Διογένης ὁ Ῥωμανός. Athens, 1906. In Modern Greek. Popular sketch of the reign of Romanus IV Diogenes.
Kasso, L. *Byzantine Law in Bessarabia*. Moscow, 1907. In Russian.
Kaufmann, C. M. *Die Menasstadt*. Leipzig, 1910.
Khomiakov, A. S. "The Voice of a Greek in Defense of Byzantium," *Works of A. S. Khomiakov*. Vol. III. 4th ed., Moscow, 1914. In Russian.
Khrysostomica. *Studie ricerche intorno a S. Giovanni Crisostomo a cura del Comitato per il XVe centenario della sua morte (407–1907)*. Rome, 1908.
Khvostov, M. *History of the Commerce in Greco-Roman Egypt*. Kazan, 1907. In Russian.
Kidd, B. J. *A History of the Church to A.D. 461*. 3 vols. Oxford, 1922.
Kingsley, C. *Hypatia, or New Foes with an Old Face*. 2 vols. Ed. and abridged Goddard, Mabel. New York, 1929.
Kireyevsky, J. *Works*. Moscow, 1861. In Russian.
Kleinclausz, A. *L'Empire Carolingien: Ses origines et ses transformations*. Paris, 1902.
———. "La Legende du protectorat de Charlemagne sur la Terre Sainte," *Syria*, VII (1926), 211–33.
Klimas, Petras. *Ghillebert de Lannoy in Medieval Lithuania*. New York, 1945.
Kluchevsky, V. O. *A History of Russia*. 2nd ed., Moscow, 1906. In Russian. English trans. Hogarth, C. J. 5 vols. New York and London, 1911–31.
Knappen, M. M. "Robert II of Flanders in the First Crusade," *The Crusades and Other Historical Essays Presented to Dana C. Munro by His Former Students*. New York, 1928.
Knecht, A. *Die Religions-Politik Kaiser Justinians*. Wurzburg, 1896.
Knipfing, J. R. von. "Das Angebliche 'Mailänder Edikt' v. J. 313 im Lichte der neueren Forschung," *Zeitschrift für Kirchengeschichte*, XL (1922), 206–18.
Körting, G. *Petrarca's Leben und Werke*. Leipzig, 1878.
Kokovtzov, P. C. *A Hebrew-Khazar Correspondence of the Tenth Century*. Leningrad, 1932. In Russian.
———. "A New Jewish Document on the Khazars and the Khazaro-Russo-Byzantine Relations in the Tenth Century," *Journal of the Ministry of Public Instruction*, XLVIII (1913), 150–72. A Russian trans. of the Jewish text with a brief commentary also written in Russian.
———. "A Note on the Judeo-Khazar Manuscripts at Cambridge and Oxford," *Comptes rendus de l'Académie des Sciences de l'Union des Républiques Soviétiques Socialistes* (1926), 121–24. In Russian.
Kondakov, N. P. *An Archeological Journey Through Syria and Palestine*. St. Petersburg, 1904. In Russian.
———. *Histoire de l'art byzantin considéré principalement dans les miniatures*. Paris, 1886. This was published originally in Odessa in Russian, 1876.
———. *Iconography of the Holy Virgin*. Petrograd, 1915. In Russian.
———. *Macedonia. An Archaeological Journey*. St. Petersburg, 1909. In Russian.
———. *Sketches and Notes on the History of Mediaeval Art and Culture*. Prague, 1929. In Russian. Posthumous.
"Konstantin der Grosse und seine Zeit," *Gesammelte Studien*. Ed. Dölger, F. Freiburg, 1913.
Köprülü, M. F. *Les Origines de l'empire Ottoman*. Paris, 1935.
Koran. Trans. Palmer, E. H. Oxford, 1880. Trans. Sale, G. London and New York, 1891. 9th ed., Philadelphia and London, 1923. Trans. Rodwell, J. M. New York,

1915.

Korelin, M. *The Earlier Italian Humanism and Its Historiography*. Moscow, 1892. In Russian.

Kornemann, E. *Römische Geschichte*. Vol. II. Stuttgart, 1939. 2nd ed., 1941.

Kougéas, S. B. Ὁ Καισαρείας Ἀρέθας Καὶ τὸ ἔργον αὐτοῦ. Athens, 1913.

Koukoules, Ph. "Λαογραφικαὶ εἰδήσεις παρὰ τῷ Θεσσαλονίκης Εὐσταθίῳ," Ἐπετηρὶς Ἑταιρείας Βυζαντινῶν Σπουδῶν, I (1924), 5–40.

Kovalevsky, M. *The Economic Growth of Europe*. Moscow, 1903. In Russian. German trans. Kupperburg, M. *Die ökonimische Entwicklung Europas*. Berlin, 1911.

Kratchkovsky, J. *The Arab Culture in Spain*. Moscow and Leningrad, 1937. In Russian.

Kraus, R. *Theodora. The Circus Empress*. New York, 1938. Of no historical value.

Kreller, H. "Lex Rhodia. Untersuchungen zur Quellengeschichte des römischen Seerechtes," *Zeitschrift für das Gesamte Handelsrecht und Konkursrecht*, XXV (1921), 257–367.

Kremer, A. *Culturgeschichte des Orients*. 2 vols. Vienna, 1875–77

Kretschmayr, H. *Geschichte von Venedig*. Vol. I. Gotha, 1905. Important.

Krey, A. C. "A Neglected Passage in the Gesta and Its Bearing on the Literature of the First Crusade," *The Crusades and Other Historical Essays Presented to Dana C. Munro by His Former Students*. New York, 1928.

Krivoshein, V. "The Ascetic and Theological Doctrine of the Saint Gregorius Palamas," *Annales de l'Institut Kondakov*, VIII (1936), 99–151. A very fine piece of work; ample bibliography. In Russian. A résumé in French, pp. 152–54. German trans. Wassilij, Mönch. "Die asketische und theologische Lehre des Whl. Gregorius Palamas," *Das östliche Christentum*, VIII (1939). In English, in *Eastern Churches Quarterly*, III (1938), nos. 1–4.

Krumbacher, K. *Geschichte der byzantinischen Litteratur von Justinian bis zum ende des oströmischen reiches (527–1453)*. Munich, 1891. 2nd ed., 1897.

———. *Die Griechische Literatur des Mittelalters. Die Kultur des Gegenwart ihre Entwicklung und ihre Ziele*. 3rd ed., Leipzig and Berlin, 1912.

———. *Kasia*. (*Sitzungsberichte der philosophish-phililogischen und der historischen Klasse der bayerischen Akademie der Wissenschaften*, III, 305–70.) Munich, 1897.

———. *Michael Glykas*. (*Sitzungsberichte der philosophish-philologischen und historischen Klasse der bayerischen Akademie der Wissenschaften*, 1894.) Munich, 1894.

Krymsky, A. *A History of Muhammedanism*. Moscow, 1903–4. In Russian.

Kuchuk-Ioannesov, C. "The Letter of Emperor John Tzimisces to the Armenian King Ashot III," *Vizantiysky Vremennik*, X (1903), 93–101. In Russian.

Kugéas, S. "Notizbuch eines Beamten der Metropolis in Thessalonike aus dem Anfang des XV. Jahrhunderts," *Byzantinische Zeitschrift*, XXIII (1914–19), 143–63. See also Kougéas.

Kugler, B. *Geschichte der Kreuzzüge*. Berlin, 1880. 2nd ed., Berlin, 1891.

———. "Kaiser Alexius und Albert von Aachen," *Forschungen zur deutschen Geschichte*, XXIII (1883).

———. *Studien zur Geschichte des zweiten Kreuzzuges*. Stuttgart, 1866.

Kulakovsky, J. *History of Byzantium*. 3 vols. Kiev, 1910–15. 2nd ed., Vol. I. Kiev, 1913. In Russian.

———. *The Past of the Tauris*. 2nd ed., Kiev, 1914. In Russian.

Kulischer, J. *Russische Wirtschaftsgeschichte*. Jena, 1925.

Kunik, A. *On the Report of the Toparchus Gothicus*. St. Petersburg, 1874. In Rus-

sian.
Kupperberg, M. *Die ökonimische Entwicklung Europas.* Berlin, 1911. See Kovalevsky, M.
Kurtz, E. *Die Gedichte des Christophoros Mytilenaios.* Leipzig, 1903. Russian trans. Shestakov, D. "Three Poets of the Byzantine Renaissance," *Transactions of the University of Kazan,* LXXIII (1906).
——. "Georgios Bardanes, Metropolit von Kerkyra," *Byzantinische Zeitschrift,* XV (1906), 603-13.
Kyriakides, S. Ὁ Διγένης Ἀκρίτας. Athens, 1926.
Labbé, Ph. *De byzantinae historiae scriptoribus ad omnes per orbem eruditos προτρεπτικόν.* Paris, 1648.
Labourt, J. *Le Christianisme dans l'empire perse sous la dynastie Sassanide.* 2nd ed., Paris, 1904.
Lā Broquière, B. de. *Le Voyage d'outremer.* Ed. Schefer, C. (Recueil de voyages et de documents pour servir à l'histoire de la géographie, XII.) Paris, 1892.
Lactantius. *De mortibus persecutorum.* Migne, *P.L.* VII. Corpus Ser. Eccles. Latin., 27.
Ladner, G. B. "Origin and Significance of the Byzantine Iconoclastic Controversy," *Medieval Studies,* II (1940), 127-49.
Lamansky, V. I. *The Slavs in Asia Minor, Africa and Spain.* St. Petersburg, 1859. In Russian.
Lammens, P. H. *Études sur le règne du calife Omaiyade Moawia I.* Paris, 1908.
——. "La Mecque à la veille de l'hégire," *Mélanges de l'Université de Saint-Joseph,* IX (1924), 97-439.
——. "Les Sanctuaires pré-islamiques dans l'Arabie Occidentale," *Mélanges de l'Université de Saint-Joseph,* XI (1926).
La Monte, John J. *Feudal Monarchy in the Latin Kingdom of Jerusalem 1100 to 1291.* Cambridge, Mass., 1932.
——. "To What Extent Was the Byzantine Empire the Suzerain of the Latin Crusading States?" *Byzantion* VII (1932), 253-64.
Lampridius. *Antonini Heliogabali Vita.*
Lampros, Sp. "Αἱ εἰκόνες Κωνσταντίνου τοῦ Παλαιολόγου," Νέος Ἑλληνομνήμων, III (1906), 229-42.
——. (Ed.) "Bessarion's *Encomium*," Νέος Ἑλληνομνήμων, XIII (1916), 146-94. Also published separately.
——. (Ed.) *Collection de romans grecs en langue vulgaire et en vers.* Paris, 1880.
——. "Εἰκόνες Ἰωάννου Η τοῦ παλαιολόγου," Νέος Ἑλληνομνήμων, IV (1907).
——. *Empereurs byzantins. Catalogue illustré de la collection de portraits des empereurs de Byzance.* Athens, 1911.
——."Leo und Alexander als Mitkaiser von Byzance," *Byzantinische Zeitschrift,* IV (1895), 92-98.
——. "Mazaris und seine Werke," *Byzantinische Zeitschrift,* V (1896), 63-73.
——. "Μονῳδίαι καὶ θρῆνοι ἐπὶ τῇ ἁλώσει τῆς Κωνσταντινουπόλεως," Νέος Ἑλληνομνήμων, V (1908), 190-269.
——. "Νέαι εἰκόνες Κωνσταντίνου τοῦ Παλαιολόγου," Νέος Ἑλληνομνήμων, IV (1907), 238-40; VI (1909), 399-408.
——. "Ὁ Μαρκιανὸς Κῶδιξ 524," Νέος Ἑλληνομνήμων, VIII (1911).
——. "Τρεῖς ἀνέκδοτοι μονῳδίαι εἰς τὴν ὑπὸ τῶν Τούρκων ἅλωσιν τῆς Θεσσαλονίκης," Νέος Ἑλληνομνήμων, V (1908), 369-91.
Lane-Poole, Stanley. *A History of Egypt in the Middle Ages.* London, 1901.

Langen, J. *Johannes von Damaskus*. Gotha, 1879.
Lannoy, G. de. *Oeuvres de Ghillebert de Lannoy, voyageur diplomate et moraliste*. Ed. Potvin, C. Louvin, 1878.
Laqeur, R. *Eusebius als Historiker seiner Zeit*. Berlin and Leipzig, 1929.
Lascaris, Theodore Ducas. *De naturali communione*. Ed. Migne, J. P. (*Patrologia Graeca*, CXL.) Paris, 1887.
———. *Epistulae* CCXVII. Ed. Festa, N. (*Publicazioni del R. Istituto di studi superiori pratici e di perfezionamento. Sezione di filiosofia e lettere*, no. 29.) Florence, 1898.
Laskin, G. *Heraclius. The Byzantine State in the First Half of the Seventh Century*. Kharkov, 1889. New sources. In Russian.
Lathoud, D. "La Consécration et la dédicace de Constantinople," *Échos d'Orient*, XXIII (1924), 289–94.
Latyshev, V. V. "Two Orations of Theodore Daphnopates with an introduction on his Life and his Literary Work and a Russian Translation," *Provoslavny Palestinsky Sbornik*, LIX (1910). In Russian.
Lauer, M. P. "Une Lettre inédite d'Henri Ier d'Angre, empereur de Constantinople, aux prélats italiens (1213?)," *Mélanges offerts à M. Gustav Schlumberger*. Vol. I. Paris, 1924.
Laurent, J. *L'Arménie entre Byzance et l'Islam depuis la conquête arabe jusqu'en 886*. (*Bibliothèque des Ecoles Françaises d'Athènes et de Rome*, CXVII.) Paris, 1919.
———. *Byzance et les Turcs Seljoucides dans l'Asie occidentale jusqu'en 1081*. (*Annales de l'Est publiées par la Faculté des Lettres de l'Université de Nancy*, XXVII–XXVIII.) Paris, 1913–14.
———. "Byzance et l'origine du sultanat de Roum," *Mélanges Charles Diehl: Études sur l'histoire et l'art de Byzance*. Paris, 1930.
Laurent, V. "Charles Diehl, historien de Byzance," *Revue historique du sud-est européen*, XXII (1945), 5–26.
———. "La Correspondance de Démétrius Cydonès, *Échos d'Orient*, XXX (1931), 339–54.
———. "Deux nouveaux manuscrits de l'histoire byzantine de Georges Pachymère," *Byzantion*, XI (1936), 43–57.
———. "La généalogie des premiers Paléologues," *Byzantion*, VIII (1933), 125–249.
———. "Gregoire X (1271–76) et le projet d'une ligue anti-turque," *Échos d'Orient*, XXXVII (1938), 257–73.
———. "Manuel Paléologue et Démétrius Cydonès. Remarques sur leur correspondance," *Échos d'Orient*, XXXVI (1937), 271–87; 474–87; XXXVII (1938), 107–24.
———. "Les Manuscrits de l'Histoire Byzantine de Georges Pachymère," *Byzantion*, V (1929–30), 129–205.
———. "Michel de Thessalonica," *Dictionnaire de théologie et liturgie catholique*, X, 2 (1928), 1719–20.
The Laurentian and Ipatian Chronicles. In *Complete Collection of Russian Annals (Polnoe Sobranie Russkikh Letopisey)*. Vols. I–II. St. Petersburg, 1841 and ff. New ed. *Laurentian Chronicle* by Karsky, E. F. Leningrad, 1926. English trans. this chronicle by Cross, S. H. Cambridge, Mass., 1930.
Lavisse, E. *Histoire de France depuis les origines jusqu'à la révolution*. Paris, 1900–11.
——— and Rambaud, A. *Histoire générale du IVe siècle à nos jour*. Paris, 1893–

1901.
Lawson, F. H. "The Basilica," *The Law Quarterly Review,* XLVI (1930), 486-501.
Le Barbier, E. *Saint Christodule et la réforme des couvents grecs au XIe siècle.* 2nd ed., Paris, 1863.
Lebeau, Charles. *Histoire du Bas-Empire.* Ed. Saint-Martin, M. de and Brosset, M. 21 vols. Paris, 1824-36.
Lebedev, A. *The Ecumenical Councils of the Sixth, Seventh and Eighth Centuries.* 3rd ed., St. Petersburg, 1904. In Russian.

———. *The Epoch of Christian Persecutions.* 3rd ed., St. Petersburg, 1904. In Russian.

———. *Historical Essays on the Situation of the Byzantine-Eastern Church from the End of the Eleventh Century to the Middle of the Fifteenth Century.* 2nd ed., Moscow, 1902. In Russian.

———. *A History of the Greek-Eastern Church under the Sway of the Turks.* 2nd ed., St. Petersburg, 1904. In Russian. Very useful.

———. *History of the Separation of the Churches in the Ninth, Tenth and Eleventh Centuries.* 2nd ed., Moscow, 1905. In Russian.

Lebedev, N. S. "Vasilievsky and the Importance of His Work," *Istoricesky Journal,* Leningrad (1944). In Russian.
Lebon, J. *Le monophysisme sévérien. Étude historique, littéraire et théologique sur la résistance monophysite au Concile de Chalcédonien jusqu'à la constitution de l'église jacobite.* Louvain, 1909. Very important.
Leclercq, H. *L'Afrique chrétienne.* Paris, 1904.

———. "Constantin," *Dictionnaire d'archéologie chrétienne et de liturgie,* III, 2 (1914), cols. 2622-95.

———. "Constantine Porphyrogenété et le livre des cérémonies de la cour de Byzance," *Dictionnaire d'archéologie chrétienne et de liturgie,* III, 2 (1914), cols. 2695-2713.

———. "Culte et querelle des images," *Dictionnaire d'archéologie chrétienne et de liturgie,* VII, 1 (1926), cols. 180-302. Excellent bibliography.

———. "Julien l'Apostat," *Dictionnaire d'archéologie chrétienne et de liturgie,* VIII, 1 (1928), cols. 305-99. Good bibliography.

———. "Justinien," *Dictionnaire d'archéologie chrétienne et de liturgie,* VIII, 1 (1928), cols. 507-604. Very good bibliography.

———. "Kosmas Indicopleustès," *Dictionnaire d'archéologie chrétienne et de liturgie,* VIII, 1 (1928), cols. 819-49.

Lefebvre, G. *Recueil des inscriptions grecques chrétiennes d'Egypte.* Cairo, 1907.
Lefort, L. T. "La Littérature égyptienne aux derniers siècles avant l'invasion arabe," *Chronique d'Egypte,* VI (1931), 315-23.
Legrand, E. *Bibliothèque grecque vulgaire.* Paris, 1880.
Leib, Bernard. "Les Idées et les faits à Byzance au XIe siècle. Aperçus d'histoire religieuse d'après un témoin, Anne Comnène," *Orientalia Christiana Periodica,* I (1935), 164-203. This study in an enlarged form has been published as a general introduction to Leib's edition of the *Alexiad* (vol. I, [Paris, 1937], pp. ix-clxxxi). Interesting.

———. *Rome, Kiev et Byzance à la fin du XIe siècle.* Paris, 1924.
Lemerle, P. *Philippe et la Macédoine Orientale à l'époque chrétienne et byzantine. Recherches d'histoire et d'archéologie.* Paris, 1945.

———. *Histoire de Byzance.* Paris, 1948.
Leo the Deacon. *Historiae.* Ed. Hasius, C. B. (*Corpus Scriptorum Historiae Byzantinae.*) Bonn, 1828.

Leo the Grammarian. *Chronographia.* Ed. Bekker, I. (*Corpus Scriptorum Historiae Byzantinae.*) Bonn, 1842.
Leonhardt, W. *Der Kreuzzugsplan Kaiser Heinrichs VI.* Borna and Leipzig, 1913.
Leroy-Mohinghen, A. "Prolégomènes à une édition critique des Lettres Théophylacte de Bulgarie," *Byzantion,* XIII (1938), 253-62.
Le Strange, G. *Bagdad during the Abbasid Caliphate.* Oxford, 1900.
Levchenko, M. V. *History of Byzantium.* Moscow and Leningrad, 1940. In Russian. Bulgarian trans. Sofia, 1948. French trans. Paris, 1949.
Lewis, A. R. *Naval Power and Trade in the Mediterranean A.D. 500-1100.* Princeton, 1951.
Libanii. *Oratio.* Ed. Förster, R. (*Bibliotheca Scriptorum Graecorum et Romanorum Teubneriana.*) 7 vols. Leipzig, 1903-13.
Liber jurium reipublicae Genuensis. Ed. Riccotius, H. (*Monumenta Historiae Patriae,* IX.), Turin, 1857.
Liber Pontificalis. Ed. Duchesne, L. 2 vols. Paris, 1884-92.
Lipshitz, E. "The Byzantine Peasantry and Slavonic Colonization (particularly upon the data of the Rural Code)," *Vizantiysky Sbornik,* 1945. In Russian.
Liudprandi. *Legatio.* Ed. Becker, J. 3rd ed. 1915.
Le Livre du préfet ou l'édit de l'empereur Léon le Sage sur les corporations de Constantinople. Ed. Nicole, J. Geneva, 1893. Greek text and Latin trans. French trans. Nicole, J. Geneva and Basel, 1894. English trans. Boak, A. E. R. *The Journal of Economic and Business History,* I (1929), 600-19. English trans. Freshfield, E. H. *Roman Law in the Later Roman Empire. Byzantine Guilds Professional and Commercial Ordinances of Leo VI c. 895 from the Book of the Eparch.* Cambridge, 1938. From Nicole's edition the Greek text was reprinted in Zepos, J. and R. *Jus Graeco Romanum,* II (1931), 371-92.
Loenertz, R. "Démétrius Cydonès, citoyen de Venise," *Échos d'Orient,* XXXVII (1938), 125-26.
———. "Manuel Paléologue et Démétrius Cydonès," *Échos d'Orient,* XXXVI (1937), 271-87; 476-87; XXXVII (1938), 107-24.
———. "Pour l'histoire du Péloponnèse au XIVe siècle (1382-1404)," *Études byzantines,* I (1944).
Loewe, H. M. "The Seljūqs," *The Cambridge Medieval History,* IV (1923), 299-317, 836.
Logopatis, S. N. Γερμανὸς ὁ Β, πατριάρχης Κωνσταντινουπόλεως-Νικαίας (1222-40). Βίος, συγγράμματα καὶ διδασκαλία αὐτοῦ, Athens, 1919.
Lombard, A. *Études d'histoire byzantine: Constantin V, empereur des Romains (740-75).* Paris, 1902.
Longnon, J. *L'Empire Latin de Constantinople et la Principauté de Morée.* Paris, 1949.
———. *Livre de la conqueste de la Princée de l'Amorée. Chronique de Morée.* Paris, 1911.
Loofs, F. *Leontius von Byzanz.* Leipzig, 1887.
Loparev, C. "Concerning the Unitarian Tendencies of Manuel Comnenus," *Vizantiysky Vremennik,* XIV (1907), 334-57.
———. "Hagiography of the Eighth and Ninth Centuries as a Source of Byzantine History," *Revue byzantine,* II (1916), 167-76. In Russian.
———. "On the Byzantine Humanist Constantine Stilbes (of the Twelfth Century) and His Works," *Vizantiyskoe Obozrenie,* III (1917), 57-88. In Russian.
Lopez, R. *Genova Marinara nel duecento. Benedetto Zaccaria, ammiraglio e mercante.* Messina and Milan, 1933.

———. "Mohammed and Charlemagne: A Revision," *Speculum*, XVIII (1943), 14-38.
Lopez, R. S. "Byzantine Law in the Seventh Century and Its Reception by the Germans and the Arabs," *Byzantion*, XVI, 2 (1944), 445-61.
———. "Le Problème des relations Anglo-byzantines du septième au dixième siècle," *Byzantion*, XVIII (1948), 139-62.
———. "Silk Industry in the Byzantine Empire," *Speculum*, XX (1945), 1-42.
Lot, F. *La Fin du monde antique et le début du moyen âge*. Paris, 1927. Important.
Luchaire, A. *Innocent III: La Question d'Orient*. Paris, 1907. Interesting book which covers the period up to 1216. No reference to sources.
Luke, H. C. "Visitors from the East to the Plantagenet and Lancastrian Kings," *Nineteenth Century*, CVIII (1930), 760-69.
Lumbroso, G. *Memorie italiane del buon antico*. Turin, 1889.
Lupton, J. H. *St. John of Damascus*. London, 1882.
Maas, P. "Die Chronologie der Hymnen des Romanos," *Byzantinische Zeitschrift*, XV (1906), 1-44.
———. "Das Hodoiporikon des Konstantin Manasses," *Byzantinische Zeitschrift*, XIII (1904), 313-55.
———. "Die ikonoclastiche Episode im Briefe des Epiphanios an Johannes," *Byzantinische Zeitschrift*, XXX (1929-30), 279-86.
———. "Metrische Akklamationen der Byzantiner," *Byzantinische Zeitschrift*, XXI (1912), 28-51.
———. "Die Musen des Kaisers Alexios I," *Byzantinische Zeitschrift*, XXII (1913), 348-69.
———. "Rhytmisches zu der Kunstprosa des Konstantinos Manasses," *Byzantinische Zeitschrift*, XI (1902), 505-12.
Macartney, C. A. "The Greek Sources for the History of the Turcs in the Sixth Century," *Bulletin of the School of Oriental and African Studies*, XI (1944), 226-75.
McCabe, J. *The Empresses of Constantinople*. Boston, n.d.
McPherson, Florence. "Historical Notes on Certain Modern Greek Folk Songs," *Journal of Hellenic Studies*, X (1889), 86-89.
Macri, C. M. *L'Organization de l'économie urbaine dans Byzance sous la dynastie de Macédoine, 867-1057*. Paris, 1925. No new findings.
Madler, H. *Theodora, Michael Stratiotikos, Isaak Komnenos. Ein Stüch byzantinischer Kaisergeschichte*. Plauen, 1894. Summary with the indication of sources and general sketches of the reigns of Theodora, Michael Stratioticus, and Isaac Comnenus.
Maïkov, A. "On Land Property in old Serbia," *Chteniya of the Society of Russian History and Antiquities*, I (1860). In Russian.
Makushev, V. *Historical Studies on the Slavs in Albania in the Middle Ages*. Warsaw, 1871. In Russian.
———. *The Italian Archives and Material on the History of the Slavs Preserved in Them*. (Addition to the *Transactions of the Academy of Sciences*, XIX, no. 3.) St. Petersburg, 1871. In Russian.
Malafosse, J. de. *Les Lois agraires à l'époque Byzantine. Tradition et Exégèse*. (*Recueil de l'Académie de Législation*, XIX.) Toulouse, 1949.
Malalas, John. *Chronicle*. Books 8-18. Trans. from Church Slavonic by Spinka, M. and Downey, G. Chicago, 1940.
Malinin, V. *The Old Monk of the Monastery of Eleazar, Philotheus and His Works*.

Kiev, 1901. In Russian.
Manasses, Constantine. *Breviarium historiae metricum.* Ed. Bekker, I. (*Corpus Scriptorum Historiae Byzantinae.*) Bonn, 1837.
Manfroni, C. "Le relazioni fra Genova l'Impero Bizantino e i Turchi," *Atti della Società Ligure di Storia Patria*, XXVIII (1896), 575-858.
Mann, H. K. *The Lives of the Popes in the Early Middle Ages.* 2nd ed., London, 1925.
Manojlović, Gauro. "Memoirs," *Compte-rendu du deuxième congrès international des études byzantines, Belgrade*, 1927. Belgrade, 1929.
———. "Le Peuple de Constantinople," *Byzantion*, XI (1936), 617-716.
———. "Studije o spisu 'De administrando imperio' cara Konstantina VII Porfirogenita," *Publications of the Academy of Zagreb*, CLXXXII (1910-11), 1-65; CLXXXVI (1910-11), 35-103; 104-84; CLXXXVII (1910-11), 1-132.
Mansi, Joannes Dominicus. (Ed.) *Sacrorum Consiliorum Nova et Amplissima Collectio.* 31 vols. Florence and Venice, 1758-98.
Manuel Palaeologus. *Oratio funebris.* Ed. Migne, J. P. (*Patrologia Graeca*, CLVI, cols. 181-308.) Paris, 1866. See also Palaeologus, Manuel.
Marcellini, Comitis. *Chronicon, ad annum 517.* Ed. Mommsen, T. (*Monumenta Germaniae Historica. Auctorum Antiquissimorum*, XI. *Chronica Minora*, II.) Berlin, 1894.
Marcellinus, Ammianus. *Res Gestae.* Ed. Rolfe, J. I-III (1935-39).
Marin, E. *Saint Théodore, 759-826.* Paris, 1906.
Marinescu, C. "Manuel II Paléologue et les rois d'Aragon. Commentaire sur quatre lettres inédites en latin, expediées par la chancellerie byzantine," *Bulletin de la section historique de l'Académie roumaine*, XI (1924), 192-206.
———. "Tentatives de mariage de deux fils d'Andronic II Paléologue avec des princesses latines," *Revue historique du sud-est européen*, I (1924), 139-40.
Marquart, J. *Osteuropäische und ostasiaische Streifzüge.* Leipzig, 1903.
Marr, N. "The Caucasian Cultural World and Armenia," *Journal of the Ministry of Public Instruction*, LVII (1915).
———. "John Petritzi, Iberian (Gruzinian) Neoplatonic of the Eleventh-Twelfth Century," *Accounts of the Oriental Section of the Russian Archeological Society*, XIX (1909). In Russian.
Martène, E. and Durand, U. *Thesaurus novus anecdotorum.* Paris, 1717.
Martin, E. J. *A History of the Iconoclastic Controversy.* London, 1930. Important.
Martin, Pope. *Epistolae.* Ed. Migne, J. P. (*Patrologia Latina*, LXXXVII.) Paris, 1851.
Marzemin, G. "Il Libro del Prefetto. Sistema corporativo romano di Costantinopoli e di Venezia," *Atti del Reale Istituto Veneto di scienze, lettere ed arti*, XCIV (1934-35), 381-406.
Masefield, John. *Basilissa, A Tale of the Empress Theodora.* New York, 1940.
Mas Latrie, M. L. de. *Histoire de l'île de Chypre sous le règne des princes de la maison de Lusignan.* 3 vols. Paris, 1852-61.
Maspero, J. "Un dernier Poète grec d'Egypte: Dioscore, fils d'Apollôs," *Revue des études grecques*, XXIV (1911), 426-81.
———. *Histoire des patriarches d'Alexandrie.* Paris, 1923.
———. *Organization militaire de l'Egypte byzantine.* Paris, 1912.
Matranga, P. *Anecdota Graeca.* Rome, 1850.
Mattern, J. "A Travers les villes mortes de Haute-Syrie," *Mélanges de l'Université Saint-Joseph*, XVII, 1 (1933). 2nd ed., *Villes mortes de Haute-Syrie.* Beirut, 1944.
Matthew of Paris. *Chronica Majora.* Ed. Luard, H. R. 7 vols. (*Rerum Britanni-*

carum Medii Aevi Scriptores, LVII.) London, 1880.
———. *Historia Anglorum.* Ed. Madden, F. 3 vols. (*Rerum Britannicarum Medii Aevi Scriptores,* XLIV.) London, 1866-69.
Maurice, J. *Constantin le Grand: L'Origine de la civilization chrétienne.* Paris, 1925.
———. *Numismatique constantinienne.* Paris, 1908-12. Vols. I-III are very important.
———. *Les Origines de Constantinople.* (*Centenaire de la Société Nationale des Antiquaires de France.*) Paris, 1904.
Mednikov, N. *Palestine from its Conquest by the Arabs to the Crusades, based upon Arabic Sources.* Vols. I-IV. St. Petersburg, 1897-1902. A Russian translation of Arabic sources, with notes and citations of special monographs.
Medovikov, P. *The Latin Emperors in Constantinople and Their Relations to the Independent Greek Rulers and to the Local Population in General.* Moscow, 1849. In Russian. Out of date.
Meliades, G. Βέλθανδρος καὶ Χρυσάντζα, Μυθιστόρημα XII αἰῶνος. Athens, 1925.
Meliarakes, A. Ἱστορία τοῦ Βασιλείου τῆς Νικαίας καὶ τοῦ Δεσποτάτου τῆς Ἠπείρου (1204-61). Athens, 1898. An important book which emphasizes the history of Nicaea and Epirus.
Menander. *Excerpta ex historia.* Ed. Niebuhr, B. G. (*Corpus Scriptorum Historiae Byzantinae.*) Bonn, 1829.
Mercati, S. G. "Per l'epistolario di Demetrio Cidone," *Studi bizantini e neoellenici,* III (1930), 201-30.
———. "Poesie de Teofilatto de Bulgaria," *Studi bizantini e neoellenici,* I (1924), 173-94.
Mercier, E. *Histoire de l'Afrique septentrionale.* Paris, 1888.
Merejkowski, D. *Christ and Antichrist.* I. *The Death of the Gods: Julian the Apostate.* Trans. Trench, H. New York, 1929. A novel. Interesting reading.
Meyer, L. *S. Jean Chrysostome, maître de perfection chrétienne.* Paris, 1933.
Meyer, P. *Die Haupturkunden für die Geschichte der Athosklöster.* Leipzig, 1894.
———. "Les premières compilations françaises d'histoire ancienne," *Romania,* XIV (1885), 1-81.
Michael Acominatos (Choniates). *Works.* Ed. Lampros, S. Athens, 1879.
Michael Attaliates. *Historia.* Ed. Bekker, I. (*Corpus Scriptorum Historiae Byzantinae.*) Bonn, 1853.
Michel, A. *Humbert und Kerullarios. Studien.* Vols. I-II. Paderborn, 1925-30.
Mickwitz, G. *Die Kartellfunktionen der Zünfte.* Helsingfors, 1936.
———. "Die Organizationsformen zweier byzantinischer Gewerbe im X. Jahrhundert," *Byzantinische Zeitschrift,* XXXVI (1936), 63-76. Important.
———. Review: Christophilopoulos, Τὸ ἐπαρχικὸν βιβλίον Λέοντος τοῦ Σοφοῦ, *Byzantinisch-neugriechische Jahrbücher,* XII (1936), 368-74.
Miklosich, F. and Müller, J. *Acta et diplomata graeca medii aevi.* 6 vols., Vienna, 1860-90.
Miller, E. *Mélanges de philologie et d'épigraphie.* Paris, 1876.
Miller, M. "Poème allégorique de Méliténiote, publié d'après un manuscrit de la Bibliothèque Impériale," *Notices et extraits des manuscrits de la Bibliothèque Nationale,* XIX, 2 (1858), 11-138.
Miller, W. *The Catalans at Athens.* Rome, 1907.
———. "The Emperor of Nicaea and the Recovery of Constantinople," *The Cambridge Medieval History,* IV (1923), 478-516.
———. *Essays on the Latin Orient.* Cambridge, 1921. Articles and monographs of

the author published between 1897 and 1921, revised and brought up to date. A very useful book.
———. "The Finlay Library," *The Annual of the British School at Athens*, XXVI (1923-25), 46-66.
———. "The Finlay Papers, George Finlay as a Journalist and the Journals of Finlay and Jarvis," *The English Historical Review*, XXXIX (1924), 386-98, 552-57; XLI (1926), 514-25.
———. "The Historians Doukas and Phrantzes," *Journal of Hellenic Studies*, XLVI (1926), 63-71.
———. "The Last Athenian Historian: Laonikos Chalkokondyles," *Journal of Hellenic Studies*, XLII (1922), 36-49.
———. *The Latins in the Levant. A History of Frankish Greece (1204-1566)*. London, 1908. The best general work on the Frankish sway in Greece and in the islands.
Millet, G. *L'ancient Art serbe. Les Églises*. Paris, 1919.
———. *Recherches sur l'iconographie de l'Evangile*. Paris, 1916.
———. "La Renaissance byzantine," *Compte-rendu du deuxième congrès international des études byzantines*, Belgrade, 1927. Belgrade, 1929.
Minorsky, V. "Roman and Byzantine Campaigns in Atropatene," *Bulletin of the School of Oriental and African Studies, University of London*, XI, 2 (1944).
Mioni, E. *Romano il Melode. Saggio critico e dieci inni inediti*. Turin, 1937.
Miracula S. Wulframni. Ed. Mabillon, D. T. (*Acta Sanctorum ordina S. Benedicti in saeculorum classes distributa*, III.) Paris, 1668-1701.
Misch, G. "Die Schriftsteller-Autobiographie und Bildungsgeschichte eines Patriarchen von Konstantinopel aus dem XIII. Jahrhundert. Eine Studie zum byzantinischen Humanismus," *Zeitschrift für Geschichte der Erziehung und des Unterrichts*, XXI (1931), 1-16.
Mitchison, Naomi. "Anna Comnena," *Representative Women*. London, 1928.
Mitrofanov, P. "The Change in the Direction of the Fourth Crusade," *Vizantiysky Vremennik*, IV (1897), 461-523. In Russian.
Mohler, L. *Kardinal Bessarion als Theologe, Humanist und Staatsmann*. (*Quellen und Forschungen, herausgegeben von der Görres-Gesellschaft*, XX.) Paderborn, 1923.
Monnier, H. "Études du droit byzantine," *Nouvelle revue historique de droit*, XVI (1892), 497-542, 637-72.
Monnier, Ph. *Le Quattrocento. Essai sur l'histoire littéraire du XV⁰ siècle italien*. Paris, 1912.
Montelatici, G. *Storia della letteratura bizantina (324-1453)*. Milan, 1916.
Montesquieu, Ch. Louis, Baron de. *Considérations sur les causes de la grandeur des Romains et de leur décadence*. Trans. Baker, J. New York, 1882.
Monumenta Germaniae Historica. Epistolarum. III-IV. *Epistolae Merowingici et Karolini aevi*. Ed. Dümmler, E. Berlin, 1892-95.
Moravcsik, G. *Byzantinoturcica*. 2 vols. Budapest, 1942-43.
———. "L'Edition critique du 'De administrando imperio,'" *Byzantion*, XIV (1939), 353-60.
———. "Zur Geschichte der Onoguren," *Ungarische Jahrbücher*, X (1930), 68-69.
———. "Zur Quellenfrage der Helenaepisode in Goethes Faust," *Byzantinisch-neugriechische Jahrbücher*, VIII (1931), 41-56.
Mordtmann, J. H. "Die erste Eroberung von Athen durch die Türken zu Ende des 14 Jahrhunderts," *Byzantinisch-neugriechische Jahrbücher*, IV (1923), 346-50.
Morey, C. R. *East Christian Paintings in the Freer Collection*. (*University of Michi-*

gan Studies, Humanities Series, XII.) New York, 1914.
———. *The Mosaics of Antioch*. New York, 1932.
Moshin, V. A. "Again on the Newly Discovered Khazar Document," *Publications of the Russian Archeological Society in the Kingdom of the Serbs, Croats and Slovenes* (Jugoslavia), I (1927), 41–60. In Russian.
Müller, A. *Der Islam im Morgen- und Abendland*. Vol. I–II. Berlin, 1885.
Müller, C. *Fragmenta historicorum graecorum*. Paris, 1870.
Müller, J. *Documenti sulle relazioni della città toscane coll' Oriente Cristiano e coi Turchi*. Florence, 1879.
Munro, Dana C. "Did the Emperor Alexius I Ask for Aid at the Council of Piacenza, 1095?" *The American Historical Review*, XXVII (1922), 731–33.
———. "Speech of Pope Urban II at Clermont, 1095," *The American Historical Review*, XI (1906), 231–42.
Muntaner, Ramon. *Chronica o descripcio fets e hazanyes dell inclyt rey Don Jaume*. Ed. Buchon, J. A. in *Chroniques étrangères relatives aux expéditions pendant le XIIIe siècle*. Paris, 1840–60. Ed. Lanz, Karl. *Chronik des edlen En Ramon Muntaner*. (*Bibliothek des Litterarischen vereins in Stuttgart*, VIII.) Stuttgart, 1844. Trans. Goodenough, Lady. *The Chronicle of Muntaner*. (*Publications of the Hakluyt Society*, L.) Oxford, 1921.
Murnu, G. "L'Origine des Comnènes," *Bulletin de la section historique de l'Académie roumaine*, XI (1924), 212–16.
Mutafčiev, P. *Military Lands and Soldiers in Byzantium in the Thirteenth and Fourteenth Centuries*. Sofia, 1923. In Bulgarian.
———. *The Rulers of Prosek*. Sofia, 1913. In Bulgarian.
———. *Vojniški zemi i vojnici v Vizantija prěz XIII–XIV v*. Sofia, 1932. (Offprint from the *Spisanije na Bulgaska Akademija*, XXVII). In Bulgarian.
Nasir-i-Khusrau. *A Diary of a Journey Through Syria and Palestine*. Trans. le Strange, Guy. (Palestine Pilgrim's Text Society, IV.) London, 1896.
Negri, G. *L'Imperatore Giuliano l'Apostata*. 2nd ed., Milan, 1902. English trans. Litta-Visconti-Arese, Duchess. 2 vols. New York, 1905.
Nersessian, Sirarpie der. *Armenia and the Byzantine Empire*. Cambridge, Mass., 1945.
———. "Remarks on the Date of the Menologium and the Psalter Written for Basil II," *Byzantion*, XV (1940–41), 104–25.
Nestor-Iskander. *The Tale of Tsargrad*. Ed. Leonides, Abbot. (*Pamyatiki drevney pismennosti*, LXII, no. 43.) St. Petersburg, 1886. In Old Russian. For other slavic accounts see *The Cambridge Medieval History*, IV (1923), 888. Russian text of the *Tale*, from the edition of 1853, is reprinted by N. Iorga, "Origines et prise de Constantinople," *Bulletin de la section historique de l'Académie roumaine*, XIII (1927), 89–105. The question now arises whether the original text of this tale is not Greek and whether the Slavic account of it may belong, not to a Russian, but to a Serbian. See N. Iorga, "Une source négligée de la prise de Constantinople," *Bulletin de la section historique de l'Académie roumaine*, XIII (1927), 65. B. Unbegaun, "Les relations vieu-russes de la prise de Constantinople," *Revue des études slaves*, IX (1929), 13–38. On the Russian version of Iskander and on the Old Russian translation of the account of Aeneas Sylvius of the capture of Constantinople by the Turks.
Neuhaus, L. *Die Reichsverwesenschaft und Politik des Grafen Heinrich von Anjou, des zweiten Kaisers im Lateinerreiche zu Byzanz*. Leipzig, 1904. Has no importance.
Neumann, C. "Byzantinische Kultur und Renaissancekultur," *Historische Zeit-*

schrift, XCI (1903), 215-32. This article was also published separately. Berlin and Stuttgart, 1903.

———. "Die byzantinische Marine," *Historische Zeitschrift*, N.S. XLV (1898), 1-23.

———. *Griechische Geschichtschreiber und Geschichtsquellen im zwölften Jahrhundert. Studien zu Anna Comnena, Theodor Prodromus, Johannes Cinnamus.* Leipzig, 1888.

———. *Die Weltstellung des Byzantinischen Reiches vor den Kreuzzügen.* Leipzig, 1894. French trans. "La Situation mondiale de l'empire byzantin avant les croisades." *Revue de l'orient Latin*, X (1905), 37-171. Extremely interesting for the general conditions of the empire in the eleventh century.

Nicetas Choniates. *Historia.* Ed. Bekker, I. (*Corpus Scriptorum Historiae Byzantinae.*) Bonn, 1835.

Nicholas Mysticus. *Epistolae.* Ed. Migne, J. P. (*Patrologia Graeca*, CXI.) Paris, 1863.

Nickles, H. G. "The Continuatio Theophanis," *Transactions of the American Philological Association*, LXVIII (1937), 221-7.

Niederle, L. *Manuel de l'antiquité slave.* 2 vols. Paris, 1923-26.

Nikolsky, V. "The Union of Lyons. An Episode from Medieval Church History 1261-1293," *Pravoslavnoe Obozrenie*, XXIII (1867), 5-23, 116-44, 352-78; XXIV (1867), 11-33. Accurate but written strictly from the Greek-Orthodox point of view.

Nikonovskaya letopis. The Complete Collection of Russian Chronicles. Vols. IX-XIII. St. Petersburg, 1762 ff. In Old Russian.

Nikov, P. "Bulgarian diplomacy from the Beginning of the Thirteenth Century," *Bulgarian Historical Library*, I (1928). In Bulgarian.

———. *The Second Bulgarian Empire 1186-1936.* Sofia, 1937. Popular sketch. In Bulgarian.

———. *Studies in the Historical Sources of Bulgaria and in the History of the Bulgarian Church.* (Reprint from the *Transactions of the Bulgarian Academy of Sciences*, XX.) Sofia, 1921. In Bulgarian.

———. *Tartaro-Bulgarian Relations in the Middle Ages.* Sofia, 1921. Text and Bulgarian translation.

Nöldeke, T. *Aufsätze zur persischen Geschichte.* Leipzig, 1887.

———. *Geschichte der Perser und Araber zur Zeit der Sasaniden.* Leyden, 1879.

———. "Ueber Mommsen's Darstellung der römischen Herrschaft und römischen Politik im Orient," *Zeitschrift der deutschen morgenländischen Gesellschaft*, XXXIX (1885).

Nomiku, X. A. "Τὸ πρῶτο τ'ἁμὶ τῆς Κωνσταντινουπόλεως," Ἐπετηρὶς Ἑταιρείας Βυζαντινῶν Σπουδῶν, I (1924), 199-209.

Norden, E. *Einleitung in die Altertumswissenschaft.* 2nd ed., Leipzig and Berlin, 1914.

Norden, W. *Das Papsttum und Byzanz. Die Trennung der beiden Mächte und das Problem ihrer Wiedervereinigung bis zum Untergange des byzantinischen Reichs (1453).* Berlin, 1903. This book contains much that is new and very important on the Norman-Byzantine relations.

———. *Der vierte Kreuzzug im Rahmem der Beziehungen des Abendlandes zu Byzanz.* Berlin, 1898.

"Nuova serie di documenti sulle relazioni di Genova coll' Impero Bizantino," ed. Sanguineti, A. and Bertolotto, G. *Atti della Società ligure di storia patria*, XXVIII (1896-98), 351-60.

O'Conner, John B. "John Damascene," *Catholic Encyclopedia*, VIII (1910), 459–61.
Oeconomos, L. "L'État intellectuel et moral des Byzantins vers le milieu du XIVᵉ siècle d'après une page de Joseph Bryennios," *Mélanges Diehl: Études sur l'histoire et sur l'art de Byzance*. Paris. 1930.
———. *La Vie religieuse dans l'empire byzantin au temps des Comnènes et des Anges*. Paris, 1918. Important.
Olmstead, A. T. "Review: Spinka and Downey (eds.) *The Chronicle of John Malalas,*" *Chicago Theological Seminary Register*, XXXI, 4 (1942), 22–23.
Oman, C. *A History of the Art of War in the Middle Ages*. 2nd ed. London, 1924.
Omont, H. "Le Glossaire grec de Du Cange. Lettres d'Anisson à Du Cange relatives à l'impression du Glossaire (1682–1688)," *Revue des études grecques*, V (1892), 212–49.
Orderici Vitalis. *Historia ecclesiastica*. Ed. Migne, J. P. (*Patrologia Latina*, CLXXXVIII, cols. 17–986.) Paris, 1855.
Orosius, Paul. *Historiae adversum paganos*. VII.
Oster, E. *Anna Komnena*. I–III. Rastatt, 1868–71.
Ostrogorsky, G. "Agrarian Conditions in the Byzantine Empire in the Middle Ages," *The Cambridge Economic History*, I (1941), 194–223. Important.
———. "The Athonian Hesychasts and their Opponents," *Transactions of the Russian Scientific Institute in Belgrade*, V (1931), 349–70. Very clear presentation. In Russian.
———. "A Byzantine Treatise on Taxation," *Recueil d'études dediées à la mémoire de N. P. Kondakov*. Prague, 1926. In Russian.
———. "L'Expédition du prince Oleg contre Constantinople," *Annales de l'Institut Kondakov*, XI (1940), 47–62.
———. *Geschichte des byzantinischen Staates*. Munich, 1940.
———. "Die ländliche Steuergemeinde des byzantinischen Reiches im X. Jahrhundert," *Vierteljahrschrift für Sozial- und Wirtschaftsgeschichte*, XX (1927).
———. "Die Perioden der byzantinischen Geschichte," *Historische Zeitschrift*, CLXIII (1941), 229–54.
———. "Das Projekt einer Rangtabelle aus der Zeit des Caren Fedor Alekseevič," *Jahrbuch für Kultur und Geschichte der Slaven*, IX (1933), 86–148.
———. "Relation Between the Church and the State in Byzantium," *Annales de l'Institut Kondakov*, IV (1931), 121–23. In Russian.
———. "A Slavonic Version of the Chronicle of Symeon Logothete," *Annales de l'Institut Kondakov*, V (1932), 17–36. In Russian. Important.
———. *Studien zur Geschichte des byzantinischen Bilderstreites*. Breslau, 1929. Important.
———. "Theophanes," *Real-Encyclopädie der Classischen Altertumswissenschaft*. Ed. Pauly, A. F., Wissowa, G., and others. 2nd ser. X (1934), cols. 2127–32.
———. Über die vermeintliche Reformtätigkeit der Isaurier," *Byzantinische Zeitschrift*, XXX (1929–30), 394–400.
———. "V. G. Vasilievsky as Byzantinologist and Creator of Modern Russian Byzantology," *Annales de l'Institut Kondakov*, XI (1940), 227–35. In Russian.
———. "Die wirtschaftlichen und sozialen Entwicklungs-grundlagen des byzantinischen Reiches," *Vierteljahrschrift für Sozial- und Wirtschaftsgeschichte*, XXII (1929).
Otto of Freising. *Gesta Friderci I. imperatoris*. Ed. Waitz, G. (*Scriptores Rerum Germanicarum in Usum Scholarum*, XXXIII).
Pachymeres, George. *De Michaele Palaeologum* and *De Andronico Palaeologo*. Ed.

Bekker, I. (*Corpus Scriptorum Historiae Byzantinae.*) Bonn, 1835.
Palaeologus, Manuel. *Lettres de l'empereur Manuel Paléologue.* Ed. Legrand, E. Paris, 1893. *See also* Manuel Palaeologus.
Palaeologus, Michael. *De vita sua opusculum.* Greek text and Russian translation in *Christianskoe Čtenie.* St. Petersburg, 1885, II. French trans. in Chapman, C. *Michel Paléologue, restaurateur de l'Empire Byzantin (1261–1282).* Paris, 1926.
Palanque, J. R. *Essai sur la préfecture du prétoire du Bas-Empire.* Paris, 1933.
———. "Sur la Liste des préfets du prétoire du IVe siècle. Réponse à M. Ernest Stein," *Byzantion,* IX (1934), 703–13.
Palgrave, F. *The History of Normandy and of England.* London, 1864.
Pall, P. "Ciriaco d'Ancona e la crociata contro i Turchi," *Bulletin de la section historique de L'Académie roumaine,* XX (1937), 9–60.
Pančenko, B. *A Catalogue of the Molybdobulla of the Collection of the Russian Archaeological Institute in Constantinople.* (*Transactions of the Institute,* VIII, IX). Sofia, 1903, 1904. In Russian.
———. "The Latin Constantinople and Pope Innocent III," *The Annals of the Historical-Philological Society at the University of Novorossiya,* XXI, 1 (1914). In Russian.
———. "On the Secret History of Procopius," *Vizantiysky Vremennik,* II (1895), 300–16; III (1896), 461–527; IV (1897), 402–51. In Russian.
———. *Peasant Property in the Byzantine Empire. The Rural Code and Monastic Documents.* Sofia, 1903. In Russian.
———. "The Slavonic Monument in Bithynia of the Seventh Century," *Transactions of the Russian Archeological Institute in Constantinople,* VIII, 1-2 (1902). In Russian.
Papadimitriu, T. D. *Theodore Prodromus.* Odessa, 1905. In Russian.
Papadopoulos-Kerameus, A. *Fontes Historiae Imperii Trapezuntini.* Petropolis, 1897.
Papaioannu, K. "The Acts of the So-Called Council of Sophia (1450) and Their Historical Significance," *Vizantiysky Vremennik,* II (1895), 394–415. In Russian.
Papamichael, G. Ὁ ἅγιος Γρηγόριος Παλαμᾶς ἀρχιεπίσκοπος Θεσσαλονίκης. Alexandria, 1911. Interesting book on the history of the religious and mystical movement of the Hesychasts in the fourteenth century.
Paparrigopoulo, K. *Histoire de la civilisation hellénique.* Paris, 1878.
———. *History of the Greek People.* Athens, 1871–77. Ed. Karolides, P. 8 vols. Athens, 1925. In Greek.
Pappadopoulos, J. B. Ἡ Κρήτη ὑπὸ τοὺς Σαρακητοὺς 824–961. Athens, 1948.
———. "La Satire du précepteur, oeuvre inédite de Théodore II Lascaris," *Compte-rendu du deuxième congrès international des études byzantines, Belgrade, 1927.* Belgrade, 1929.
———. *Theodore II Lascaris empereur de Nicée.* Paris, 1908. A rather thin sketch of Theodore II's reign. See the severe review by N. Festa in *Byzantinische Zeitschrift,* XVIII (1909), 213–17.
Paris, G. "La Légende de Saladin," *Journal des Savants* (1893), 7–34.
Parisot, V. *Cantacuzène homme d'état et historien.* Paris, 1845. An old but interesting and good monograph which gives a general idea of John Cantacuzene's epoch. Shows a tendency in favor of Cantacuzene.
Pascal, P. "Le 'Digenis' slave ou la 'Geste de Devgenij,'" *Byzantion,* X (1935), 301–34. From Speransky's edition.
"Pauli Diaconi." *Historia Langobardorum.* Ed. Bethmann, L. and Waitz, G. (*Monumenta Germaniae Historica. Scriptores rerum Langobardicarum et Italicarum.*)

Hanover, 1878.
Pears, E. *The Destruction of the Greek Empire and the Story of the Capture of Constantinople by the Turks*. London and New York, 1903. Good book.
Peeters, P. "La Prise de Jérusalem par les Perses," *Mélanges de l'Université de Saint-Joseph*, IX (1923).
———. "S. Romain le néomartyr († 1 Mai 780) d'après un document géorgien," *Analecta Bollandiana*, XXX (1911), 393–427.
Pegolotti, Francesco Balducci. *La pratica della mercatura. Della decima e delle altre gravezze*. Lisbon and Lucca, 1766. Ed. Evans, Allan. (*The Medieval Academy of America Publications*, no. 24.) Cambridge, Mass., 1936.
Pelliot, P. "Les Mongols et la Papauté," *Revue de l'orient chrétien*, XXIV (1924), 330–31; XXVII (1931–32), 3–84.
Pernice, A. *L'Imperatore Eraclio*. Florence, 1905. The best monograph.
Pernot, H. *Études de littérature grecque moderne*. Paris, 1916.
———. "Le Poème de Michel Glykas sur son emprisonnement," *Mélanges Charles Diehl: Études sur l'histoire et sur l'art de Byzance*. Paris, 1930.
Perrier. *Jean Damascène: Sa Vie et ses écrits*. Strassbourg, 1863.
Pervanoglu, J. *Historische Bilder aus dem byzantinischen Reiche*. I. *Andronik Comnenus*. Leipzig, 1879. Of no importance.
Peter the Venerable. *Opera Omnia*. Ed. Migne, J. P. (*Patrologia Latina*, CLXXXIX, cols. 61–1054.) Paris, 1890.
Petit, L. "Manuel II Paléologue," *Dictionnaire de théologie catholique*, IX, 2 (1926), cols. 1925–32. Very good article with bibliography.
———. "Marcus of Ephesus," *Dictionnaire de théologie catholique*, IX, 2 (1927), cols. 1968–86.
Petrarca, Francesco. *Epistolae de rebus familiaribus et variae*. Ed. Fracassetti, G. Florence, 1859–63.
———. *Itinerarium Syriacum*. In *Opera Omnia*. 2 vols. Basil, 1554.
———. *Lettere di Francesco Petrarca*. Ed. Fracassetti, G. Florence, 1892.
———. *Lettere sinili di Francesco Petrarca*. Ed. Fracassetti, G. Florence, 1869–70.
———. *Rerum sinilium lib. VII*. In *Opera Omnia*, 2 vols. Basil, 1554.
Pétridès, S. "Jean Apokaukos, lettres et autres documents inédits," *Transactions of the Russian Archaeological Institute at Constantinople*, XIV, 2–3 (1909), 1–32.
Petrovsky, N. M. "On the Problem of the Genesis of Fallmerayer's Theory," *Journal of the Ministry of Public Instruction*, 1913, 104–49. In Russian.
Pfister, Kurt. *Der Untergang der Antiken Welt*. Leipzig, 1941.
Philippson, A. E. *Das Byzantinische Reich als Geographische Ercheinung*. Leyden, 1939.
———. "Zur Ethnographie des Peloponnes," *Petermann's Mitteilungen*, XXXVI (1890).
Philostorgius of Borissus. *Historia Ecclesiastica*. Ed. Bidez, Joseph. Paris and Brussels, 1913.
Phoropoulos, I. D. Εἰρήνη ἡ Ἀθηναία αὐτοκράτειρα Ῥωμαίων. Leipzig, 1887.
Phrantzes, George. *Annales*. Ed. Bekker, I. (*Corpus Scriptorum Historiae Byzantinae*.) Bonn, 1839. Ed. Pappadopoulos, J. B. I. Leipzig, 1935.
Pichon, R. *Lactance. Étude sur le movement philosophique et religieux sous le règne de Constantin*. Paris, 1901.
Picotti, G. B. "Sulle navi papali in Oriente al tempo della caduta di Costantinopoli," *Nuovo Archivio Veneto*, N.S. XXII (1911).
Pierce, H. and Tyler, R. *Byzantine Art*. New York, 1926.

Pierling, L. P. *La Russie et le Saint-Siège*. Paris, 1896. 2nd ed., Paris, 1906.
Piganiol, A. *L'Empereur Constantin le Grand*. Paris, 1932.
──── . *L'Empire Chrétien 325-395*. Paris, 1947.
──── . "L'État actuel de la question constantinienne 1939-1949," *Historia*, I, 1 (1950).
Pipe Rolls. Vols. XXVI, XXVIII. (*The Great Roll of the Pipe for the Reign of King Henry the Second*. Published by the Pipe Roll Society.) London, 1905, 1907.
Pirenne, Henri. "À propos de la lettre d'Alexis Comnène à Robert le Frison, comte de Flandre," *Revue de l'instruction publique en Belgique*, L (1907), 217-27.
──── . "Mahomet et Charlemagne," *Revue belge de philologie et d'histoire*, I (1922). English trans. New York, 1949.
──── . *Medieval Cities*. Princeton, 1925. French trans. *Les villes du moyen âge*. Brussels, 1927.
Pitra, J. B. *Analecta sacra et classica spicilegio Solesmensi parata*. Paris and Rome, 1891.
Plethon, George Gemistos. "Ad. Sanctissimum Dominum Nostrum Leonem Decimum Pontificem Maximum, Ioannis Gemisti Graeci, secretarii Ancone, Protrepticon et Pronosticon." Ed. Sathas, C. *Documents inédits relatifs à l'histoire de la Grèce au moyen âge*, VIII (1888), 545-91.
──── . *De Rebus Peloponnesiacis Orationes duae*. Ed. Ellissen, A. *Analekten der mittel- und neugriechischen Litteratur*, IV, 2 (1860).
──── . *Oratio prima*. Ed. Ellissen, A. *Analekten der mittel- und neugriechischen Litteratur*, IV, 2 (1860).
Pniower, O. "Review: Schmitt, *Die Chronik von Morea*," *Deutsche Literaturzeitung*, XXV (1904), 2739-41.
Pogodin, A. *History of Bulgaria*. St. Petersburg, 1910. In Russian.
──── . *A History of Serbia*. St. Petersburg, 1909. In Russian.
Pogodin, P. "Survey of the Sources on the History of the Siege and Capture of Byzantium by the Turks in 1453," *Journal of the Ministry of Public Instruction*, CCLXIV (1889), 205-58. In Russian. Very good.
Pokrovsky, I. A. *History of Roman Law*. 2nd ed., Petrograd, 1915. In Russian.
Popov, N. *The Emperor Leo VI the Wise and His Reign from an Ecclesiastical Standpoint*. Moscow, 1892. In Russian.
──── . *Outlines in the Secular History of Byzantium in the Time of the Macedonian Dynasty*. Moscow, 1916. A course of lectures.
Porphyrius, A. *History of Athos*. Kiev, 1877. In Russian.
Preobrazhensky, V. "The Blessed Theodore of Studion and His Time, 759-826," *Pastyrsky Sobesednik* (1895). In Russian.
Procopius. *Opera Omnia*. Ed. Haury, J. (*Bibliotheca Scriptorum Graecorum et Romanorum Teubneriana*.) Munich, 1913. Vols. I, II, *De bellis libri i-viii* (1905); Vol. III, 1, *Historia arcana* (1906); Vol. III, 2, *VI libri* Περὶ κτισμάτων *sive De aedificius* (1913). English trans. Dewing. 7 vols. London and New York, 1914-40.
Prutz, H. *Kulturgeschichte der Kreuzzüge*. Berlin, 1883.
Psellus, Michael. *Chronographia*. Ed. Sathas, C. (*Bibliotheca Graeca Medii Aevi*, IV.) Paris, 1874. Ed. and trans. into French by Renauld, E. 2 vols. Paris, 1926-28.
Puigi i Cadafalch, J. "L'Architecture religieuse dans le domaine byzantin en Espagne," *Byzantion*, I (1924), 519-33.
Rackl, M. "Demetrios Kydones als Verteidiger und Uebersetzer des hl. Thomas von Acquin," *Der Katholik. Zeitschrift für Katholische Wissenschaft und Kirch-*

liches Leben, XV (1915), 30–36.
Radojčić, N. "Die Griechischen Quellen zur Schlacht am Kossovo Polje," *Byzantion,* VI (1931), 241–46.
———. *Dva posljednja Komnena na carigradskom prijestolu.* Zagreb, 1907. In Croatian. Discussion of the last Comneni on the Byzantine throne. Brief but good.
Radonić, J. "Critobulus, a Byzantine Historian of the Fifteenth Century," *Glas of the Royal Academy of Belgrad,* CXXXVIII (1930), 59–83. In Serbian.
Rambaud, A. *L'Empire grec au dixième siècle. Constantin Porphyrogénète.* Paris, 1870. An excellent work.
———. *Études sur l'histoire byzantine.* Paris, 1912.
Ramsay, W. M. "The Attempts of the Arabs to Conquer Asia Minor (641–694 A.D.) and the Causes of Its Failure," *Bulletin de la section historique de l'Académie roumaine,* XI (1924).
———. *The Cities and Bishoprics of Phrygia.* Oxford, 1895.
———. *Historical Geography of Asia Minor.* London, 1890.
———. "The War of Moslem and Christian for the Possession of Asia Minor," *Contemporary Review,* XC (1906), 1–15.
Ranke, Leopold von. *Weltgeschichte.* Vol. VIII. Leipzig, 1887.
Rappaport, B. *Einfälle der Goten in das Römische Reich bis auf Constantin.* Leipzig, 1899.
Rasovsky, D. A. "Polovtzi, IV. Military History of Polovtzi," *Annales de l'Institut Kondakov,* XI (1940). In Russian.
Rauschen, G. *Jahrbücher der christlichen Kirche unter dem Kaiser Theodosius dem Grossen.* Freiburg, 1897.
Recueil des historiens des Gaules et de la France. Ed. Bouquet, D. Paris, 1833. 2nd ed., Paris, 1879.
Redin, K. *The Christian Topography of Cosmas Indicopleustes from Greek and Russian Versions.* Ed. Aïnalov, D. Moscow, 1916. Contains many illustrations and plates. In Russian.
Reinach, S. *Cultes, mythes et religions.* Vol. I. 3rd ed., Paris, 1922.
Renaudin, R. P. "Christodoule, higoumene de Saint-Jean, à Patmos (1020–1101)," *Revue de l'orient chrétien,* V (1900), 215–46.
Renauld, E. *Étude de la langue et du style de Michel Psellos.* Paris, 1920.
———. *Lexique choisi de Psellos.* Paris, 1920.
———. *Michel Psellos Chronographie ou histoire d'un siècle de Byzance, 976–1077.* Vols. I–II. Paris, 1926–28.
Reverdy, G. "Les Relations de Childebert II et de Byzance," *Revue historique,* CXIV (1913), 61–85.
Riant, P. E. *Alexii I Comneni ad Robertum I Flandriae comitem epistola spuria.* Geneva, 1879.
———. "Le Changement de direction de la quatrième croisade d'après quelques travaux recents," *Revue des questions historiques,* XXIII (1878), 71–114.
———. *Exuviae sacrae constantinopolitanae.* 2 vols. Geneva, 1876.
———. "Innocent III, Philippe de Souabe et Boniface de Montferrat," *Revue des questions historiques,* XVII (1875), 321–74; XVIII (1875), 5–75.
———. "Inventaire critique des lettres historique de croisades," *Archives de l'orient latin,* I (1881), 1–224.
Rienzi, Cola di. *Epistolario.* Ed. Gabrielli, A. (*Fonti per la Storia d'Italia. Epistolari,* XIV, no. 6.) Rome, 1890.
Roby, H. J. *Introduction to Justinian's Digest.* Cambridge, 1884. Useful.

Rocholl, R. *Bessarion. Studie zur Geschichte der Renaissance.* Leipzig, 1904.
Röhricht, R. *Geschichte der Kreuzzüge im Umriss.* Innsbruck, 1898.
———. *Geschichte des Königreichs Jerusalem, 1100-1291.* Innsbruck, 1898.
Le Roman de Phlorios et Platzia Phlore. Ed. Hesseling, D. C. Amsterdam, 1917.
Romance of Lybistros and Rhodamne. Greek text. Wagner, W. *Trois poèmes du moyen âge.* Berlin, 1881. Detailed analysis by Gidel, M. *Études sur la littérature grecque moderne.* Paris, 1866. New ed., Lambert, J. A. Amsterdam, 1935.
Romanos, I. A. Περὶ τοῦ Δεσποτάτου τῆς Ἠπείρου ἱστορικὴ πραγματεία. Corfù, 1895. An important and reliable posthumous monograph on the Despotat of Epirus.
Romein, Jan. *Byzantium. An Historical Review of the State and Civilization in the Eastern Roman Empire.* Zutphen, 1928. In Dutch.
Rose, A. *Die byzantinische Kirchenpolitik unter dem Kaiser Anastasius I.* Wohlau, 1888.
———. *Kaiser Anastasius I. I. Die äussere Politik des Kaisers.* Halle, 1882.
Rosen, V. R., Baron. *The Emperor Basil Bulgaroctonus. Selections from the Chronicle of Yahya of Antioch.* St. Petersburg, 1883. In Russian. Very important work largely used by Schlumberger.
Rosenberg, A. *Einleitung und Quellenkunde zur römischen Geschichte.* Berlin, 1921.
Rosseykin, T. M. *The First Rule of Photius, Patriarch of Constantinople.* Sergiev Posad, 1915. An important work. In Russian.
Rossini, C. *Storia d'Etiopia.* Bergamo, 1928.
Rostovtzeff, M. *The Social and Economic History of the Roman Empire.* Oxford, 1926.
Roth, K. *Studie zu den Briefen des Theophylactos Bulgarus.* Ludwigshafen am Rhein, 1900.
Rouillard, Germaine. *L'Administration civile de l'Egypte byzantine.* 2nd ed., Paris, 1928.
———. "À propos d'un ouvrage récent sur l'histoire de l'état byzantin," *Revue de philologie,* XIV (1942), 169-80.
———. "Les Archives de Lavra (Mission Millet)," *Byzantion,* III (1926), 253-64.
———. "La politique de Michel VIII Paléologue à l'égard des monastères," *Études byzantines,* I (1944), 73-84.
——— and Collomp, P. (Eds.) *Actes de Lavra.* Paris, 1937.
Royou, M. *Histoire du Bas-Empire.* Paris, 1803. 5th ed., Paris, 1836. 7th ed., Paris, 1844.
Rubió y Lluch, A. "Atenes en temps dels Catalans," *Anuari de l'Institut d'Estudis Catalans,* I (1907), 225-54.
———. "Els Castells catalans en la Grecia continental," *Anuari de l'Institut d'Estudis Catalans,* II (1908), 364-425.
———. *Los Catalanes en Grecia: Ultimos años de su Dominación: Cuadros históricos.* Madrid, 1927.
———. *La expedición y Dominación de los Catalanes en Oriente, Juzgadas por los Griegos. Memorias de la Real Academia de Buenas Letras de Barcelona,* IV (1883).
———. "Une figure athénienne de l'époque de la domination catalane: Dimitri Rendi," *Byzantion,* II (1925), 193-229.
———. "La Grecia catalana des de la mort de Frederic III fins a la invasió navarresa (1377-1379)," *Anuari de l'Institut d'Estudis Catalans,* VI (1915-20), 127-99.
———. "La Grecia catalana des de la mort de Roger de Lluria fins a la de Frederic III de Sicilia (1370-1377)," *Anuari de l'Institut d'Estudis Catalans,* V (1913-14),

393-485.

———. "Paquimeres i Muntaner," *Secció Historico-Arqueologica del Institut d'Estudis Catalans, Memòries*, I (1927), 33-66.

Rudakov, A. P. *Outlines in Byzantine Culture Based on Data from Greek Hagiography*. Moscow, 1917. In Russian.

Rügamer, P. W. *Leontius von Byzanz*. Würzburg, 1894.

Runciman, S. *Byzantine Civilization*. London, 1933.

———. "Charlemagne and Palestine," *The English Historical Review*, L (1935), 606-19.

———. *The Emperor Romanus Lecapenus and His Reign. A Study of Tenth Century Byzantium*. Cambridge, 1929. Important.

———. *A History of the Crusades*. Vol. I. Cambridge, 1951.

———. *A History of the First Bulgarian Empire*. London, 1930. Important.

The Russian Chronography. (Version of the year 1512). St. Petersburg, 1911. In Russian.

Sabbadini, R. "Ciriaco d'Acona e la sua descrizione autografa del Peloponneso trasmessa de Leonardo Botta," *Miscellanea Ceriani* (1910), 203-4.

Sadov, A. *Bessarion of Nicaea, His Activity at the Council of Ferrara-Florence, His Theological Works and His Importance in the History of Humanism*. St. Petersburg, 1883. In Russian.

Saewulf. *Pilgrimage of Saewulf to Jerusalem and the Holy Land*. (Palestine Pilgrim's Text Society.) London, 1896.

Saidak, J. *Literatura Bizantyńska*. Warsaw, 1933. In Polish.

———. "Que Signifie Κυριώτης Γεωμέτρης?", *Byzantion*, VI (1931), 343-53.

Salaville, S. "L'Affaire de l'Hénotique ou le premier schisme byzantin au Ve siècle," *Échos d'Orient*, XVIII (1910), 225-65, 389-97; XIX (1920), 49-68, 415-33.

———. "Deux manuscrits du 'De vita Christi,' de Nicholas Cabasilas," *Bulletin de la section historique de l'Académie roumaine*, XIV (1928).

———. *Nicolas Cabasilas: Explication de la divine liturgie*. Intro. and trans. Paris and Lyons, 1944.

———. "Le second centenaire de Michel le Quien (1733-1933)," *Échos d'Orient*, XXXII (1933), 257-66.

Salomon, R. "Review: Silberschmidt, *Das orientalische Problem*," *Byzantinische Zeitschrift*, XXVIII (1928), 143-44.

Salutati, C. *Epistolario di Coluccio Salutati*. Ed. Novati, F. (*Fonti per la Storia d'Italia Epistolari*, XIV-XV.) Rome, 1891-1911.

Sanudo, Marino. *Istoria del regno di Roumaina*. Ed. Hopf, C. in *Chroniques gréco-romanes inédites ou peu connues*. Berlin, 1873.

Sathas, Constantin. *Bibliotheca graeca medii aevi*. 7 vols. Venice and Paris, 1872-94.

———. *Documents inédits relatifs à l'histoire de la Grèce au moyen âge*. 9 vols. Paris, 1880-90.

Savage, H. L. "Reguerrand de Coucy VII and the Campaign of Nicopolis," *Speculum*, XIV (1939), 423-42.

Scala, R. von. "Das Griechentum seit Alexander dem Grossen," in Helmolt, H. F. *Weltgeschichte*. Vol. V. Leipzig and Vienna, 1905.

Schaeder, H. *Moskau das Dritte Rom. Studien zur Geschichte der politischen Theorien in der slavischen Welt*. Hamburg, 1929. The author is very familiar with the Russian sources.

Schanz, Martin von. *Geschichte der römischen Literatur bis zum gesetzgebungswerk des Kaisers Justinian*. Vol. III. 2nd ed., Munich, 1905.

Schaube, A. *Handelsgeschichte der romanischen Völker des Mittelmeergebiets bis*

zum Ende der Kreuzzüge. Munich and Berlin, 1906.
Schechter, S. "An Unknown Khazar Document," *Jewish Quarterly Review,* N.S. III (1912–13), 181–219.
Schenk, K. *Kaiser Leon III.* Vol. I. Halle, 1880.
———. "Kaiser Leons III Walten im Innern," *Byzantinische Zeitschrift,* V (1896), 257–301.
Schiller, H. *Geschichte der römischen Kaiserzeit.* Vol. II. Gotha, 1887. Very good for the political, superficial for the religious, side.
Schillmann, F. "Zur byzantinischen Politik Alexanders IV," *Römische Quartalschrift,* XXII (1908), 108–31.
Schiltberger, H. *Reisebuch.* Ed. Langmantel, V. (*Bibliothek des literarischen Vereins in Stuttgart,* CLXXII.) Tübingen, 1885.
Schlauch, M. "The Palace of Hugon de Constantinople," *Speculum,* VII (1932), 500–14.
Schlosser, F. C. *Geschichte der bilderstürmenden Kaiser des oströmischen Reiches.* Frankfurt, 1912. Out of date.
Schlumberger, G. *Byzance et croisades.* Paris, 1927.
———. *Un Empereur byzantin au dixième siècle. Nicéphore Phocas.* Paris, 1890. A reprint, without plates and illustrations, Paris, 1923.
———. "Un Empereur de Byzance à Paris et à Londres," *Revue des Deux Mondes,* XXX (1915), 786–817. Reprinted in his *Byzance et croisades,* Paris, 1927.
———. *L'Epopée byzantine à la fin du dixième siècle.* 3 vols. Paris, 1896–1905.
———. *Expédition des "Almugavares" ou routiers catalans en Orient.* Paris, 1902.
———. *Renaud de Chatillon.* Paris, 1898.
———. *Le Siège, la prise et le sac de Constantinople par les Turcs en 1453.* Paris, 1915. On the basis of E. Pear's book. Bibliography on pp. 365–69.
Schmidt, L. *Geschichte der deutschen Stämme bis zum Ausgange der Völkerwanderung.* Vol. I. Berlin, 1904.
Schmidt, T. "La 'Renaissance' de la peinture byzantine au XIVe siècle," *Revue archéologique,* Ser. 4, XX (1912), 127–42.
Schmitt, J. *Die Chronik von Morea. Eine Untersuchung über das Verhältnis ihrer Handschriften und Versionen.* Munich, 1889. English trans. London, 1904.
———. "La 'Théséide' de Boccace et la 'Théséide' grecque," *Études de philologie néo-grecque.* (*Bibliothèque de l'Ecole des hautes études. Sciences philologiques et historiques,* XCII.) Paris, 1892.
Schneider, G. A. *Der heilige Theodor von Studion, sein Leben und Werke.* Münster, 1900.
Schoenebeck, Hans von. *Beiträge zur Religionspolitik des Maxentius und Constantin.* Leipzig, 1939. Important.
Schramm, P. *Kaiser, Rom und Renovatio.* Leipzig and Berlin, 1929.
Schubart, W. *Einführung in die Papyruskunde.* Berlin, 1918.
———. *Justinian und Theodora.* Munich, 1943.
Schultze, F. *Geschichte der Philosophie der Renaissance.* I. *Georgios Gemistos Plethon und seine reformatorischen Bestrebungen.* Jena, 1874.
Schwartz, E. *Kaiser Constantin und die christliche Kirche.* Leipzig and Berlin, 1913.
———. *Kyrillos von Skythopolis.* Leipzig, 1939.
Schwarzlose, Karl. *Der Bilderstreit, ein Kampf der Griechischen Kirche um ihre Eigenart und ihre Freiheit.* Gotha, 1890. Important.
Scriptor incertus de Leone Bardae filio. Ed. Bekker, I. (*Corpus Scriptorum Historiae Byzantinae;* volume with Leo Grammaticus.) Bonn, 1842.

Scriptores originum Constantinopolitanarum. Ed. Preger, T. Leipzig, 1901.
Scylitzes, John. *Excerpta ex breviario historico.* Ed. Bekker, I. (*Corpus Scriptorum Historiae Byzantinae.*) Bonn, 1838-39.
Sebèos. *The History of the Emperor Heraclius.* Trans. from Armenian into Russian. Patkanov, K. St. Petersburg, 1862. Trans. into French. Macler, F. Paris, 1904.
Sedelnikov, A. "The Epic Tradition Concerning Manuel Comnenus," *Slavia,* III (1924-25), 608-18. In Russian.
Seeck, O. "Der Codex Justinianus," in his *Regesten der Kaiser und Päpste für die Jahre 311 bis 476 n. Chr.* Stuttgart, 1919.
———. "Collatio lustralis," *Real-Encyclopädie der Classischen Altertumswissenschaft.* Ed. Pauly, A. F., Wissowa, G. and others. 1 ser. IV (1901), cols. 370-76.
———. *Geschichte des Untergangs der antiken Welt.* 6 vols. Berlin and Stuttgart, 1895. Vol. I, 2nd ed., 1897; 3rd ed., 1910. Vols. II, III, 2nd ed., 1921.
———. "Die Quellen des Codex Theodosianus," in his *Regesten der Kaiser und Päpste für die Jahre 311 bis 476 n. Chr.* Stuttgart, 1919.
———. "Das sogenannte Edikt von Mailand," *Zeitschrift für Kirchengeschichte,* XII (1891), 381-86.
Sergius, Arch. *The Complete Liturgical Calendar. (Menelogion) of the Orient.* 2nd ed., Vladimir, 1901. In Russian.
Serruys, M. D. "Les Actes du Concile Iconoclaste de l'an 815," *Mélanges d'archéologie et d'histoire,* XXIII (1903), 345-51.
———. "Une source byzantine des *Libri Carolini,*" *Comptes rendus de l'Académie des inscriptions et belles-lettres,* I (1904), 360-63.
Setton, Kenneth M. "Athens in the Later Twelfth Century," *Speculum,* XIX (1944), 179-207. Very good.
———. *Catalan Domination of Athens 1311-1388.* Cambridge, Mass., 1948.
Sewell, R. "Roman Coins in India," *Journal of the Royal Asiatic Society,* XXXVI (1904), 620-21.
Shakhmatov, A. *The Story of the Current Times* (*Poviest vremennych liet*). Petrograd, 1916. In Russian.
Shanguin, M. A. "Byzantine Political Personalities of the First Half of the Tenth Century," *Vizantiysky Sbornik* (1945), 228-36. In Russian.
Shepard, A. M. *The Byzantine Reconquest of Crete (A.D. 960).* (*U.S. Naval Institute Proceedings,* LXVII, no. 462.) Annapolis, Md., 1941.
Shestakov, S. P. *Lectures on the History of Byzantium.* Vol. I, 2nd ed., Kasan, 1915. In Russian.
———. "Notes to the Poems of the Codex Marcianus gr. 524," *Vizantiysky Vremennik,* XXIV (1923-26), 46-47. In Russian.
———. "The Question of the Author of the Continuation of Theophanes," *Compte-rendu du deuxième congrès international des études byzantines, Belgrade, 1927.* Belgrade, 1929.
Siciliano, Villanueva L. "Diritto bizantino," *Enciclopedia Giuridica Italiana,* IV, 5 (1906), 72.
Sickel, W. "Die Kaiserwahl Karls des Grossen. Eine rechtsgeschichtliche Erörterung," *Mitteilungen des Instituts für österreichische Geschichtsforschung,* XX (1899), 1-38.
Siderides, X. "Μανουὴλ Ὀλοβώλου Ἐγκώμιον εἰς Μιχαὴλ Η' Παλαιόλογον," Ἐπετηρὶς Ἑταιρείας Βυζαντινῶν Σπουδῶν, III (1926), 168-91.
Silberschmidt, M. *Das orientalische Problem zur Zeit der Entstehung des Türkischen Reiches.* Leipzig and Berlin, 1923.
Simeon, Metropolitan of Varna and Preslava. *The Letters of Theophylact of*

Ochrida. Trans. into Bulgarian. (*Sbornik of the Bulgarian Academy of Sciences,* XXVII.) Sofia, 1931.
Šišić, F. *Geschichte der Kroaten.* Zagreb, 1917.
Skabalanovich, N. *Byzantine State and Church in the Eleventh Century.* St. Petersburg, 1884. A history of the eleventh century from 1025; very important for the internal history of the Empire. In Russian.
Skok, P. "Les Origines de Raguse," *Slavia,* X (1931), 449–500.
Skrzinska, Elena. "Inscriptions latines des colonies génoises en Crimée," *Atti della Società Ligure di Storia Patria,* LVI (1928), 1–180.
Smirnov, V. D. *Turkish Legends on Saint Sophia.* St. Petersburg, 1898. In Russian.
Socrates Scholasticus. *Historia ecclesiastica.* English trans. Schaff, Philip, Ware, Henry, and others. *A Select Library of the Nicene and Post-Nicene Fathers of the Christian Church.* 2nd ser. Vol. II. New York, 1895.
Sölch, J. "Historisch-geographische Studien über bithynische Siedlungen. Nikomedia, Nikäa, Prusa," *Byzantinisch-neugriechische Jahrbücher,* I (1920), 263–86.
Sokolov, J. J. *The Eparchies of the Constantinopolitan Church of the Present Time.* St. Petersburg, 1914. In Russian.
——. "Large and Small Landlords in Thessaly in the Epoch of the Palaeologi," *Vizantiysky Vremennik,* XXIV (1923–26), 35–42. In Russian.
——. "Review: Works of G. Papamichael," *Journal of the Ministry of Public Instruction.* N.S. XLIV (1913), 378–93; XLV (1913), 159–85; XLVI (1913), 409–19; XLVII (1913), 114–39. In Russian.
Sokolsky, V. "Concerning the Nature and Meaning of the Epanagoge," *Vizantiysky Vremennik,* I (1894). In Russian.
Solovjev, A. V. "The Thessalian Archonts in the Fourteenth Century. Traces of Feudalism in the Byzantino-Serbian Order," *Byzantinoslavica,* IV, 1 (1932), 159–74. In Russian with a French summary.
Sommerard, L. du. *Deux princesses d'orient au XIIe siècle. Anne Comnène témoin des croisades. Angès de France.* Paris, 1907.
Sorel, A. *Montesquieu.* 2nd ed., Paris, 1889.
Soteriou, G. "Die byzantinische Malerei des XIV. Jahrhunderts in Griechenland. Bemerkungen zum Stilproblem der Monumentalmalerei des XIV. Jahrhunderts," Ἑλληνικά, I (1928), 95–117.
Soyter, G. "Prokop als Geschichtschreiber der Vandalen- und Gotenkriege," *Neue Jahrbücher für Antike und Deutsche Bildung,* II (1939), 97–103.
Sozomenis, H. *Historia ecclesiastica.* Ed. Migne, J. (*Patrologia Graeca,* LXVII.) Paris, 1864.
Spassky, A. *The History of the Dogmatic Movements during the Period of the Ecumenical Councils.* Sergiev Posad, 1906. In Russian.
Speransky, M. N. "Digenis' Deeds," *Sbornik Otdeleniya Russkago Yazyka i Slovesnosti,* XCIX, 7 (1922). In Russian.
——. *From the Ancient Novgorod Literature of the Fourteenth Century.* Leningrad, 1934. In Russian.
——. "The South-Slavonic and Russian Texts of the Tale of the Construction of the Church of St. Sophia of Tzarigrad," *Memorial Volume in Honor of V. N. Zlatarsky.* Sofia, 1925. In Russian.
Spintler, R. *De Phoca imperatore Romanorum.* Jena, 1905.
Spulber, C. A. *L'Eclogue des Isauriens: texte, traduction, histoire.* Cernautzi, 1929. Greek text with French trans. and history of the Ecloga.
Stadelmann, H. *Theodora von Byzanz.* 2 vols. Dresden, 1926.
Stadtmüller, Georg. "Michael Choniates Metropolit von Athen (ca. 1138–ca. 1222),"

Orientalia Christiana, XXXIII, 2 (Rome, 1934), 125–325. Best study on the subject.
Stanojevitch, S. *History of the Serbian People*. 3rd ed., Belgrade, 1926. In Serbian. Useful.
Stein, Ernst. *Geschichte des spätrömischen Reiches*. Vol. I. Vienna, 1928. Important.
———. *Histoire du Bas-Empire*. Vol. II. Paris, Brussels, and Amsterdam, 1949.
———. "Justinian, Johannes der Kappadozier und das Ende des Konsulats," *Byzantinische Zeitschrift*, XXX (1930), 376–81.
———. "Ein Kapitel vom persischen und vom byzantinischen Staate," *Byzantinisch-neugriechische Jahrbücher*, I (1920), 50–89. See especially pp. 70–82.
———. "Une Nouvelle Histoire de l'Église," *Revue belge de philologie et d'histoire*, XVII (1938), 1024–44.
———. "Review: Baynes, *The Byzantine Empire*," *Gnomon*, IV (1928), 410–14.
———. "Review: Vasiliev, *History of the Byzantine Empire*," *Byzantinische Zeitschrift*, XXIX (1930), 347–60.
———. *Studien zur Geschichte des byzantinischen Reiches vornehmlich unter den Kaisern Justinus II und Tiberius Constantinus*. Stuttgart, 1919. Very important.
———. *Untersuchungen über das Officium der Prätorianenpräfektur seit Diokletian*. Vienna, 1922.
———. "Untersuchungen zur spätbyzantinischen Verfassungs-und Wirtschaftsgeschichte," *Mitteilungen zur Osmanischen Geschichte*, II (1924).
———. "Untersuchungen zur spätrömischen Verwaltungsgeschichte," *Rheinisches Museum für Philologie*, N.S. LXXIV (1925), 347–54.
Stephen the Younger. *Vita*. Ed. Migne, J. P. (*Patrologia Graeca*, C, cols. 1070–1186.) Paris, 1860.
Stéphanou, P. E. "Études récentes sur Pléthon," *Échos d'Orient*, XXXI (1932), 207–17.
———. "Jean Italos, philosophe et humaniste," *Orientalia Christiana Analecta*, CXXXIV (1949), 121 ff.
———. "Spyridon Lambros (1851–1919); Xénophon Sidéridès (1851–1929)," *Échos d'Orient*, XXIX (1930), 73–79.
Stöckle, A. *Spätrömische und byzantinische Zünfte*. Leipzig, 1911. Interesting.
Streit, L. *Venedig und die Wendung des vierten Kreuzzugs gegen Konstantinopel*. Anklam, 1877.
Struck, A. "Die Eroberung Thessalonikes durch die Sarazenen im Jahre 904," *Byzantinische Zeitschrift*, XIV (1905), 535–62.
———. *Mistra, eine mittelalterliche Ruinenstadt*. Vienna and Leipzig, 1910.
Strzygowski, J. *Die Baukunst der Armenier und Europa*. Vienna, 1918.
———. *Ursprung der christlichen Kirchenkunst*. Leipzig, 1920. English trans. Dalton, O. and Braunholtz, H. Oxford, 1923.
Suetonius. "Caligula," *Vita 12 Caesarum*.
Suidas. *Lexicon*. Ed. Adler, Ada, I–V. Leipzig, 1928–38.
Sundwell, J. *Abhandlungen zur Geschichte des ausgehenden Römertums*. Helsingfors, 1919.
Suvorov, N. "Review: Grenier, *L'Empire Byzantin*," *Vizantiysky Vremennik*, XII (1906), 227–28. In Russian.
Suzumov, M. "On the Sources of Leo the Deacon and Scylitzes," *Vizantiyskoe Obozrenie*, II, 1 (1916), 106–66. In Russian.
Swift, E. H. *Hagia Sophia*. New York, 1940. Thirty-four figures and forty-six plates. Full bibliography.
———. "The Latins at Hagia Sophia," *American Journal of Archaeology*, XXXIX (1935), 458–59, 473–74.

Sybel, H. *Geschichte des ersten Kreuzzuges*. Leipzig, 1841. Two later editions came out (1881 and 1900) almost without change. Still the most important work on the subject today.

——. "Ueber den zweiten Kreuzzug," *Kleine Historische Schriften*. Vol. I. Munich, 1863.

Sykutres, I. "Περὶ τὸ σχίσμα τῶν 'Αρσενιτῶν," Ἑλληνικά II (1929), 267–332; III (1930), 15–44. The author said that the book of the Russian theologian, Ivan Troizsky, was absolutely inaccessible to him.

Symeon Magister (Logothete). *Chronicle*. Ed. Bekker, I. (*Corpus Scriptorum Historiae Byzantinae*). Bonn, 1838.

Synesius of Cyrene. *The Essays and Hymns of Synesius of Cyrene, including the Address to the Emperor Arcadius and the Political Speeches*. Trans. and ed. Fitzgerald, A. Oxford and London, 1930.

——. *The Letters of Synesius of Cyrene*. Ed. Fitzgerald, A. London, 1926.

——. *Opera*. Ed. Migne, J. P. (*Patrologia Graeca*, LXVII, cols. 1020–1615.) Paris, 1864.

Synodicon Orientale ou Recueil de Synodes Nestoriens. Trans. and ed. Chabot, J. B. in *Notices et extraits des manuscrits de la Bibiothèque Nationale*, XXXVII (1902).

Tabari. *Annales*. Ed. de Goeje, M. J. 15 vols. Leyden, 1879–1901.

Tacchi-Venturi, P. S. I. "Commentariolum de Joanne Geometra ejusque in S. Gregorium Nazianzenum inedita laudatione in cod. Vaticano-Palatino 402 adversata," *Studi e documenti di storia e diritto*, XIV (1893).

Tafel, G. L. F. *Komnenen und Normannen*. Stuttgart, 1870.

—— and Thomas, G. M. *Urkunden zur ältern Handels- und Staatsgeschichte der Republik Venedig*. (*Fontes rerum austriacarum. Diplomata et acta*, XII–XIV.) Vienna, 1856–57.

Tafrali, O. *Thessalonique au quatorzième siècle*. Paris, 1913.

——. *Thessalonique des origines au XIVe siècle*. Paris, 1919.

Tafur, Pero. *Andanças e viajes de Pero Tafur por diversas partes del mundo avidos (1435–1439)*. (*Coleccion de libros españoles raros ó curiosos*, VIII–IX.) Madrid, 1874. Trans. and ed. Letts, Malcolm. New York and London, 1926.

Tales of the Russian People. Ed. Sakharov, T. St. Petersburg, 1849. In Russian.

Taylor, J. W. *Georgius Gemistus Pletho's Criticism of Plato and Aristotle*. Menasha, Wis., 1921.

Tchaadayev, P. Y..*Works and Letters*. Ed. Herschensohn, M. Moscow, 1914. In Russian.

Tcherniavsky, N. *The Emperor Theodosius the Great and his Religious Policy*. Sergiev Posad, 1913. In Russian.

Tennent, J. E. *Ceylon*. 5th ed., London, 1860.

Ternovsky, F. A. *The Graeco-Eastern Church*. Kiev, 1879–82. In Russian.

Tessier, J. *Quatrième croisade. La diversion sur Zara et Constantinople*. Paris, 1884.

Testaud, G. *Des Rapports des puissants et petits propriétaires ruraux dans l'empire byzantin au Xe siècle*. Bordeaux, 1898.

Thalloczy, L. von. *Illyrisch-albanische Forschungen*. Munich and Leipzig, 1916.

Thallon, Ida C. *A Medieval Humanist:Michael Akominatos*. (*Vassar Medieval Studies* by the members of the Faculty of Vassar College.) New Haven, 1923.

Theiner, A. *Vetera monumenta historica Hungariam sacram illustrantia*. Rome, 1859.

Theodore the Monk. Θεοδοσίου Μοναχοῦ τοῦ καὶ γραμματικοῦ ἐπιστολὴ πρὸς

Λέοντα Διάκονον περὶ τῆς 'ἁλώσεως Συρακούσης. Ed. Hase. Paris, 1819. New ed.
Zuretti, C. *Centenario della nascita di Michele Amari*, I (Palermo, 1910), 165–68.
Theodore Scutariotae *Addimenta ad Georgii Acropolitae Historiam*. Ed. Heisenberg, A. Leipzig, 1903.
Theodoret, bishop of Cyrus. *Historia ecclesiastica*. Ed. Parmentier, Léon. Paris, 1911.
Theodosius II. *Theodosiani libri XVI*. Ed. Mommsen, T. and Meyer, P. 3 vols. Berlin, 1905. In English, *The Theodosian Code* by C. Pharr. Princeton, 1952.
Theophanes. *Chronographia*. Ed. de Boor, C. 2 vols. Leipzig, 1883–85.
Theophanes Continuatus. *Historia*. Ed. Bekker, I. (*Corpus Scriptorum Historiae Byzantinae*.) Bonn, 1838.
Theophylact, archbishop of Bulgaria. *Epistolae*. Ed. Migne, J. P. (*Patrologia Graeca*, CXXVI.) Paris, n. d.
Theophylact Simocatta. *Historiae*. Ed. de Boor, C. Leipzig, 1887.
Thomas, A. "La Légende de Saladin en Poitou," *Journal des Savants*, N. S. VI (1908), 467–71.
Thomas, C. *Theodor von Studion und sein Zeitalter*. Osnabrück, 1892.
Thompson, E. A. *A History of Attila and the Huns*, Oxford, 1948.
Thompson, James Westfall. "The Age of Mabillon and Montfaucon," *The American Historical Review*, XLVII (1942), 225–44.
———. *An Economic and Social History of the Middle Ages*. New York and London, 1928.
Thuasne, L. *Gentile Bellini et Sultan Mohammed II. Notes sur le séjour du peintre vénitien à Constantinople (1479–1480)*. Paris, 1888.
Timario sive De passionibus ejus. Dialogus satyricus. See M. Hase, in *Notices et extraits des manuscrits de la Bibliothèque Nationale*, IX (1813). Ed. Ellissen, A. *Analecten der mittel- und neugriechischen Literatur*. Vol. IV, Leipzig, 1860.
Tomaschek, W. *Die Goten in Taurien*. Vienna, 1881.
Tozer, H. F. "A Byzantine Reformer (Gemistus Plethon)," *Journal of Hellenic Studies*, VII (1886), 353–80.
———. "Byzantine Satire," *Journal of Hellenic Studies*, II (1881), 233–70.
Traub, E. *Der Kreuzzugsplan Kaiser Heinrichs VI im Zusammenhang mit der Politik der Jahre 1195–97*. Jena, 1910.
Treu, M. *Dichtungen des Grosslogothet Theodoros Metochites*. Potsdam, 1895.
———. "Manuel Holobolos," *Byzantinische Zeitschrift*, V (1896), 538–59.
———. "Mazaris und Holobolos," *Byzantinische Zeitschrift*, I (1892), 86–97.
Troizky, J. *Arsenius, the Patriarch of Nicaea and Constantinople, and the Arsenites*. St. Petersburg, 1873. Originally published in the *Christianskoe Čtenie*, 1873. Very good description of the life of the Eastern Church in the second half of the thirteenth century, under Michael VIII and Andronicus II.
Trubezkoy, E. *Religious and Social Ideals of Western Christianity in the Fifth Century*. Moscow, 1892. In Russian.
Turaev, B. A. *History of the Ancient East*. 2nd ed. Petrograd, 1914. In Russian.
Turchi, N. *La civiltà bizantina*. Turin, 1915.
Twenty-five Years of Historical Study in the U.S.S.R. Ed. Levchenko, M. Moscow and Leningrad, 1942. In Russian.
Tzetzes, John. *Argumentum et allegoriae in Iliadem*. Ed. Metranga, P. *Anecdota Graeca*. Rome, 1850.
———. *Historiarum variarum Chiliades*. Ed. Kiesslingius, T. Leipzig, 1826.
Ubicini, J. H. "Chronique du règne de Mahomet II, par Critobule d'Imbros," *L'Annuaire de l'association pour l'encouragement des études grecques*, V (1871),

49-74.

Underhill, Clara. *Theodora. The Courtesan of Constantinople.* New York, 1932. Has a good bibliography.

Usener, H. "Vier Lateinische Grammatiker," *Rheinisches Museum für Philologie,* XXIII (1868), 490–507.

Uspensky, C. N. "Exkuseia-Immunity in the Byzantine Empire," *Vizantiysky Vremennik,* XXIII (1923), 99–117. In Russian.

———. *Outlines of the History of Byzantium.* Moscow, 1917. In Russian.

Uspensky, P. *The Christian Orient. Athos.* Vol. III. Kiev, 1877. 2nd ed., St. Petersburg, 1892. In Russian.

Uspensky, Th. I. "The Boundary Stone between Byzantium and Bulgaria under Simeon," *Transactions of the Russian Archaeological Institute at Constantinople,* III (1898), 184–94. In Russian.

———. "Byzantine Historians on the Mongols and Egyptian Mamluks," *Vizantiysky Vremennik,* XXIV (1923–26), 1–16. In Russian.

———. *A Byzantine Writer, Nicetas Acominatus, of Chonae.* St. Petersburg, 1874. In Russian.

———. "The Constantinopolitan Code of Seraglio," *Transactions of the Russian Archaeological Institute at Constantinople,* XII (1907), 30–31. In Russian.

———. "The Eastern Policy of Manuel Comnenus," *Accounts of the Russian Palestine Society,* XXIX (1926), 111–38. In Russian.

———. "The Emperors Alexius II and Andronicus Comnenus," *The Journal of the Ministry of Public Instruction,* CXII (1880), 95–130; CXIV (1881), 52–85. In Russian. Interesting but unfinished.

———. "The Eparch of Constantinople," *Transactions of the Russian Archaeological Institute at Constantinople,* IV, 2 (1890). In Russian.

———. *Essays on the History of Byzantine Civilization.* St. Petersburg, 1892. In Russian. Very important. Contains a great deal of new and fresh material on the Hesychast movement and the relation of Byzantium to the Renaissance. See also a very interesting review of this book by P. Bezobrazov in *Vizantiysky Vremennik,* III (1896), 125–50. In Russian.

———. *The Formation of the Second Kingdom of Bulgaria.* Odessa, 1879. In Russian.

———. *A History of the Byzantine Empire.* Vols. I, II, 1 (II, 2 never was published), III. St. Petersburg, Moscow, and Leningrad, 1914–48. In Russian.

———. *A History of the Crusades.* St. Petersburg, 1900. In Russian. Very important from the point of view of the history of Byzantium.

———. "The Last Comneni. The Beginning of a Reaction," *Vizantiysky Vremennik,* XXV (1927–28), 1–23. In Russian.

———. "Materials for Bulgarian Antiquities, Aboba-Plisca," *Transactions of the Russian Archaeological Institute at Constantinople,* X (1905). In Russian.

———. "The Military Organization of the Byzantine Empire," *Transactions of the Russian Archaeological Institute at Constantinople,* VI, 1 (1900), 1–54. In Russian.

———. "The Official Report on the Accusation of John Italus of Heresy," *Transactions of the Russian Archaeological Institute at Constantinople,* II (1897), 1–66. In Russian.

———. "On the History of the Peasant Landownership in Byzantium," *Journal of the Ministry of Public Instruction,* CCXXV (1883). In Russian.

———. "On the Manuscripts of the History of Nicetas Acominatus in the National Library of Paris," *Journal of the Ministry of Public Instruction,* CXCIV (1877).

In Russian.
———. "Opinions and Decrees of Constantinopolitan Local Councils of the Eleventh and Twelfth Centuries concerning the Distribution of Church Possessions," *Transactions of the Russian Archaeological Institute at Constantinople*, V (1900), 1-48. In Russian.
———. "Review of V. I. Barvinok's Work," *Sbornik otcětov o premiyach i nagradach Akademii Nauk za 1912 god*, (Petrograd, 1916), 101-24. In Russian.
———. "Significance of Byzantine and South-Slavonic Pronoia," *Collection of Articles on Slavonic Studies for the Twenty-fifth Anniversary of the Scholarly and Professorial Activities of V. J. Lamansky*. St. Petersburg, 1883.
———. "The Start and Development of the Eastern Problem," *Transactions of the Slavonic Charitable Society*, III (1886). In Russian.
———. *Synodikon for the First Sunday of Lent*. Odessa, 1893. In Russian.
———. "The Tendency of Conservative Byzantium to adopt Western Influences," *Vizantiysky Vremennik*, XXII (1916). In Russian.
Uspensky, Th. I. and Beneševič, V. *The Acts of Vazelon. Materials for the History of Peasant and Monastery Landownership in Byzantium from the Thirteenth Century to the Fifteenth*. Leningrad, 1927. Greek text and a commentary in Russian.
Vailhé, S. "Projet d'alliance turco-byzantine au VIe siècle," *Échos d'Orient*, XII (1909), 206-14.
Valdenberg, V. "An Oration of Justin II to Tiberius," *Bulletin of the Academy of Sciences of the Union of Soviet Socialist Republics*, no. 2 (1928). In Russian.
———. "The Philosophical Ideas of Michael Psellus," *Vizantiysky Sbornik* (1945), 249-55. In Russian.
Vance, J. M. *Beiträge zur byzantinische Kulturgeschichte am Ausgange des IV. Jahrhunderts aus den Schriften des Johannes Chrysostomos*. Jena, 1907.
Vandercook, John W. *Empress of the Dusk. A Life of Theodora of Byzantium*. New York, 1940.
Van Millingen, A. *Byzantine Constantinople, the Walls of the City and Adjoining Historical Sites*. London, 1899.
Vasiliev, Alexander A. *Byzantium and the Arabs*. Vols. I-II. St. Petersburg, 1900-2. In Russian. Trans. into French. Gregoire, Henri, Canard, M. and others. *Byzance et les Arabes*. Vols. I, II, 2 (II, 1 has not yet been published). Brussels, 1935-50. (*Corpus bruxellense historiae byzantinae*, I, II, 2.)
———. "Charlemagne and Harun ar-Rashid," *Vizantiysky Vremennik*, XX (1913), 63-116. In Russian.
———. "An Edict of the Emperor Justinian II, September, 688," *Speculum*, XVIII (1943), 1-13.
———. *The First Russian Attack on Constantinople in 860-61*. (*Medieval Academy of America Monographs*, no. 46.) Cambridge, Mass., 1946.
———. "Das genaue Datum der Schlacht von Myriokephalon," *Byzantinische Zeitschrift*, XXVII (1927), 288-90.
———. *The Goths in the Crimea*. (*Medieval Academy of America Monographs*, no. 11.) Cambridge, Mass., 1936.
———. (Ed.) "A Greek Text of the Life of 42 Martyrs of Amorion, after the MSS of the Bibliothèque Nationale de Paris, no. 1534," *Transactions of the Imperial Academy of Sciences*, St. Petersburg, III, 3 (1898).
———. "La Guerre de cent ans et Jeanne d'Arc dans la tradition byzantine," *Byzantion*, III (1926), 241-50.
———. "Harun-ibn-Yahya and His Description of Constantinople," *Annales de l'Institute Kondakov*, V (1932).

———. and I. Kratchkovsky. (Eds. and trans.) *Histoire de Yahya-ibn-Sa'īd d'Antioche. Continuateur de Sa'īd-ibn-Bitriq.* In *Patrologia Orientalis,* XVIII (1924), 699–834; XXIII (1932), 348–520.
———. *Justin the First: An Introduction to the Epoch of Justinian the Great.* Cambridge, Mass., 1950.
———. "Justin I (518–527) and Abyssinia," *Byzantinische Zeitschrift,* XXXIII (1933), 67–77. Bibliography is indicated.
———. "Justinian's Digest, in commemoration of the 1400th anniversary of the publication of the Digest (A.D. 533–1933)," *Studi Bizantini e neoellenici,* V (1939), 711–34.
———. *The Latin Sway in the Levant.* Petrograd, 1923.
———. *Lectures in Byzantine History.* I. *The Period Until the Beginning of the Crusades (1081).* Petrograd, 1917. II, part 1. *Byzantium and the Crusaders.* Petrograd, 1923. II, part 2. *Latin Domination in the East.* Petrograd, 1923. II, part 3. *The Fall of the Byzantine Empire.* Leningrad, 1925. In Russian. Trans. into English from the Russian. Ragozina, Sarra Mironovna. *History of the Byzantine Empire.* 2 vols. (*University of Wisconsin Studies in the Social Sciences and History,* nos. 13, 14.) Madison, Wis., 1928–29. Trans. into French from the English. Brodin, P. and Bourguina, A. Preface by Diehl, Charles. *Histoire de l'Empire Byzantine.* 2 vols. Paris, 1932. The first volume trans. into Turkish from French ed. by Professor Arif Müfid Manzel. Ankara, 1943. Ed. and trans. into Spanish from the French. Luaces, Juan G. de and Masoliver, Ramón. *Historia del Imperio Bizantino.* 2 vols. Barcelona, 1946.
———. "The Lifetime of Romanus the Melode," *Vizantiysky Vremennik,* VIII (1901), 435–78. In Russian.
———. "Medieval Ideas of the End of the World: West and East," *Byzantion,* XVI, 2 (1944), 462–502.
———. "The Origin of the Emperor Basil the Macedonian," *Vizantiysky Vremennik,* XII (1906), 148–65. In Russian.
———. "Pero Tafur, a Spanish Traveler of the Fifteenth Century and his visit to Constantinople, Trebizond and Italy," *Byzantion,* VII (1932), 75–122.
———. "The Problem of Justinian's Slavic Origin," *Vizantiysky Vremennik,* I (1894), 469–92. In Russian.
———. "Quelques remarques sur les voyageurs du moyen âge à Constantinople," *Mélanges Charles Diehl: Études sur l'histoire et sur l'art de Byzance.* Paris, 1930.
———. "Review: Diehl and Marçais, *Le Monde oriental,*" *Byzantinisch-neugriechische Jahrbücher,* XIII, 1 (1937), 114–19.
———. "The Slavs in Greece," *Vizantiysky Vremennik,* V (1898), 404–38, 626–70. In Russian.
———. "The Transmission by Andreas Palaeologus of the Rights to Byzantium to the King of France, Charles VIII," *Papers Presented to N. I. Kareev.* St. Petersburg, 1914.
———. "Il Viaggio dell' Imperatore Bizantino Giovanni V Paleologo in Italia (1369–1371) e l'Unione di Roma del 1369," *Studi Bizantini e Neoellenici,* III (1931), 151–93.
Vasilievsky, V. G. "Byzantium and the Patzinaks," *Journal of the Ministry of Public Instruction,* CLXIV (1872). Reprinted in *Works,* I. (1908). A masterpiece. In Russian.
———. "The Alliance of the Two Empires," *Slavyansky Sbornik,* II (1877), 210–90. Reprinted in *Works,* IV (1930). Very important. In Russian.

———. "The Chronicle of Logothete in Slavonic and Greek," *Vizantiysky Vremennik*, II (1895), 78–151. In Russian.
———. "Epirotica saeculi xiii," *Vizantiysky Vremennik*, III (1896), 233–99.
———. "The Legislation of the Iconoclasts," *Journal of the Ministry of Public Instruction*, CXCIX, CC (1878). Reprinted in *Works*, IV (1930). In Russian.
———. "The Life of Stephen the Younger," *Works*, II (1909).
———. "Lives of Meletius the Younger by Nicolaus bishop of Methone and of Theodore Prodromus," *Pravoslavny Palestinsky Sbornik*, XVII (1886). In Russian.
———. "Materials for the Internal History of the Byzantine State. Measures in Favor of Peasant Landownership," *Journal of the Ministry of Public Instruction*, CCII (1879). Reprinted in *Works*, IV (1930), 250–331. Russian translation of the novels of the tenth century with a very important commentary.
———. "On the Life and Works of Simeon Metaphrastes," *Journal of the Ministry of Public Instruction*, CCXII (1880), 379–437. In Russian.
———. "The Regeneration of the Bulgarian Patriarchate under the Tsar John Asen II," *Journal of the Ministry of Public Instruction*, CCXXXVIII (1885). In Russian.
———. "Review: Th. I. Uspensky, *The Formation of the Second Bulgarian Kingdom*," *Journal of the Ministry of Public Instruction*, CCIV (1879), 144–217, 318–48. In Russian. Very important.
———. "Russian-Byzantine Fragments. II. On the History of the Years 976 to 986," *Journal of the Ministry of Public Instruction*, CLXXXIV (1876), 162–78. Reprinted in *Works*, II (1909), 107–24. In Russian.
———. "The South Italian War (1156–57)," *Slaviansky Sbornik*, III (1876). Reprinted in *Works*, IV (1930). In Russian.
———. *A Survey of Works on Byzantine History*. St. Petersburg, 1890. In Russian.
———. "An Unpublished Funeral Oration of Basil of Ochrida," *Vizantiysky Vremennik*, I (1894), 55–132. In Russian.
———. "The Varangian-Russian and Varangian-English Guard (druzhina) in Constantinople in the Eleventh and Twelfth Centuries," *Works*, I (1908), 265–66. In Russian.
———. *Works of V. G. Vasilievsky*. 4 vols. St. Petersburg and Leningrad, 1908–30. In Russian.
Vast, H. *Le cardinal Bessarion (1403–1472). Étude sur la chrétienté et la renaissance vers le milieu du XVᵉ siècle*. Paris, 1878.
Veniero, A. "Paolo Silenziario," *Studio sulla letteratura bizantina del VI secolo*. Catania, 1916.
Vernadsky, G. "The Golden Horde, Egypt and Byzantium in their Mutual Relations in the Reign of Michael Palaeologus," *Annales de l'Institut Kondakov*, I (1927), 73–84. In Russian.
———. "Die kirchlich-politische Lehre der Epanagoge und ihr Einfluss auf das russische Leben im XVII. Jahrhundert," *Byzantinisch-neugriechische Jahrbücher*, VI (1928), 121–25.
———. "Notes on the Peasant Community in Byzantium," *Ucheniya Zapiski osnovanniya Russkoy Uchebnoy Kollegiey v Prage*, I, 2 (1924), 81–97. In Russian.
———. "Sur les Origines de la loi agraire byzantine," *Byzantion*, II (1926), 169–80.
———. "The Tactics of Leo the Wise and the Epanagoge," *Byzantion*, VI (1931), 333–35.
Vernet, F. "Nicolas Cabasilas," *Dictionnaire de théologie catholique*, II, 2 (1923), cols. 1292–95.

———. "Le second Concile oecuménique de Lyon, 7 mai—17 juillet 1274," *Dictionnaire de théologie catholique*, IX (1926), cols. 1374-91. Good bibliography.
"Versus Pauli Diaconi XII." *Poetae Latini Aevi Carolini. (Monumenta Germaniae Historica.*) Berlin, 1881.
Veselovsky, A. N. "Boccaccio, His Environment and Contemporaries," *Sbornik Otdeleniya Russkago Yazyka i Slovesnosti*, LIII (1893). Reprinted in *Works*, V (1915). In Russian.
———. "The Poem of Digenes," *Vestnik Evropy*, (1875). In Russian.
Vie de Saint Athanase l'Athonite. Ed. Petit, L. *Analecta Bollandiana*, XXV (1906), 5-89.
Villehardouin, G. de. *La Conquête de Constantinople*. Ed. Wailly, N. de Paris, 1872. Ed. and trans. Faral, E. Paris, 1938-39.
Viller, M. "La Question de l'union des églises entre Grecs et Latins depuis le concile de Lyon jusqu'à celui de Florence (1274-1438)," *Revue d'histoire ecclésiastique*, XVI (1921), 260-305, 515-32.
Vincent, H. and Abel, F. N. *Bethléem: Le Sanctuaire de la Nativité*. Paris, 1914.
———. *Jérusalem. Recherches de topographie, d'archéologie et d'histoire*. Paris, 1914. 2nd ed., Paris, 1926. Bibliography.
Vinogradov, P. "The Origin of Feudal Relations in Lombard Italy," *Journal of the Ministry of Public Instruction*, CCVII (1880). In Russian.
Vita Agapeti papae. Ed. Duchesne, L. *Liber Pontificalis*. Paris, 1886.
Vita Euthymii: Ein Anecdoten zur Geschichte Leo's des Weisen A.D. 886-912. Ed. de Boor, C. Berlin, 1888. In addition to the Greek text, de Boor gives a very valuable study on the *Vita* from the historical point of view.
Vogt, A. *Basile Ier empereur de Byzance (867-86) et la civilisation byzantine à la fin du IXe siècle*. Paris, 1908.
———. "La Jeunesse de Leon VI le Sage," *Revue historique*, CLXXIV (1934), 389-428.
Vogt, J. *Constantin der Grosse und sein Jahrhundert*. Munich, 1949.
de Vogüé, M. *Les Églises de la Terre Sainte*. Paris, 1860.
Voigt, G. *Enea Silvio Piccolomini*. Vol. II. Berlin, 1862.
Wagner, W. *Trois Poèmes du moyen âge*. Berlin, 1881.
Warmington, E. *The Commerce Between the Roman Empire and India*. Cambridge, 1928.
Wartenberg, G. "Das Geschichtswerk des Leon Diakonos," *Byzantinische Zeitschrift*, VI (1897), 106-11, 285-317.
———. *Das mittelgriechische Heldenlied von Basileios Digenis Akritis*. Ostern, 1897.
Warton, T. *History of English Poetry*. Ed. Hazlitt, W. C. Vol. II. London, 1871.
Weil, G. *Geschichte der Chalifen*. 3 vols. Mannheim, 1846-51.
Wellhausen, J. *Das arabische Reich und sein Sturz*. Berlin, 1902.
———. *Die Kämpfe der Araber mit den Romäern in der Zeit der Umajaden*. (*Nachrichten von der Klassische Gesellschaft der Wissenschaften zu Göttingen. Philosophisch-historische Klasse*.) Göttingen, 1901.
Wellnhofer, M. *Johannes Apokaukos, Metropolit von Naupaktos in Aetolien (c. 1155-1233). Sein Leben und seine Stellung in Despotate von Epirus unter Michael Doukas und Theodoros Komnenos*. Freising, 1913.
Wendel, C. Planudes in *Paulys Real Encyclopädie*. Neue Bearbeitung. XX (1950), 2202-53.
Whittemore, Thomas. *The Mosaics of St. Sophia at Istambul*. Preliminary reports, I-IV. Oxford, 1933-52.

Wigram, W. A. *An Introduction to the History of the Assyrian Church.* London, 1910.
———. *The Separation of the Monophysites.* London, 1923.
Wilken, F. *Andronikus Comnenus. Historisches Taschenbuch von Raumer.* Vol. II. Leipzig, 1831. Out of date.
———. *Rerum ab Alexio I, Joanne et Manuele Comnenis Gestarum Libri IV.* Heidelberg, 1811. Brief and out of date.
Wilkenhauser, "Zur Frage der Existenz von Nizänischen Synodalprotocolen," *Gesammelte Studien.* Ed. Dölger, F. Freiburg, 1913.
William of Tyre. *Historia rerum in partibus transmarinis gestarum.* (*Recueil des historiens des croisades. Historiens occidentaux,* I, II.) Paris, 1869-81. Ed. and trans. Babcock, E. A. and Krey, A. C. *William Archbishop of Tyre. A History of Deeds Done Beyond the Sea.* New York, 1943. Ed. Paulin, M. *Guillaume de Tyr et ses continuateurs: texte français du XIIIe siècle.* 2 vols. Paris, 1879-80.
Willibaldi. *Vita.* Ed. Pertz, G. H. (*Monumenta Germaniae Historica. Scriptorum,* XV.) Hanover, 1887.
Winstedt, E. O. *The Christian Topography of Cosmas Indicopleustes.* Cambridge, 1909.
Wittek, P. "Deux Chapitres de l'histoire des Turcs de Roum," *Byzantion,* XI (1936), 285-302.
———. *Das Furstentum Mentesche. Studie zur Geschichte Westkleinasiens im 13.-15. Jahrhunderts.* Istambul, 1934.
———. *The Rise of the Ottoman Empire.* London, 1938. Interesting.
———. "Von der byzantinischen zur türkischen Toponymie," *Byzantion,* X (1935), 12-53.
Wolff, R. L. "The Second Bulgarian Empire; Its Origin and History to 1204," *Speculum,* XXIV (1949), 167-206.
Wolters, P. "De Constantini Cephalae Anthologia," *Rheinisches Museum für Philologie,* XXXVIII (1883), 97-119.
Wright, F. A. *A History of Later Greek Literature from the Death of Alexander in 323 B.C. to the Death of Justinian in 565 A.D.* New York, 1932.
Wright, W. C. *The Works of the Emperor Julian.* With English trans. Cambridge, 1913.
Wright, W. S. (Ed.) *The Chronicle of Joshua the Stylite, composed in Syriac A.D. 507.* Cambridge, 1882.
Wroth, W. *Catalogue of the Imperial Byzantine Coins in the British Museum.* London, 1908.
de Xivrey, B. *Mémoire sur la vie et les ouvrages de l'empereur Manuel Paléologue.* (*Mémoires de l'Institut de France. Académie des inscriptions et belles-lettres,* XIX, 2). Paris, 1853. Excellent work on the personality and literary activity of Manuel II together with a very good general description of his epoch.
Yaballah III. "Histoire de Mar Jabalaha III, patriarche des Nestoriens (1281-1317), et du moine Rabban Çauma, ambassadeur du roi Argoun en Occident (1287)," Ed. and trans. Chabot, J. B. *Revue de l'Orient Latin,* II (1894), 82-87.
———. *The History of Yaballaha III Nestorien Patriarch and of his vicar Bar Sauma.* Ed. and trans. Montgomery, J. A. New York, 1927.
Yacut (Yaqut). *Geographisches Wörterbuch.* Ed. Wüstenfeld, H. F. 6 vols. Leipzig, 1866-70.
Yahia Ibn Said Antiochensis. *Annales.* Ed. Cheikho. Beirut and Paris, 1909. Another ed. listed under Vasiliev.

Yakovenko, P. *On the History of Immunity in Byzantium.* Yuryev, 1908. In Russian.
——. "Review: Tafrali, *Thessalonique au quatorizième siècle,*" *Vizantiysky Vremennik,* XXI, 3-4 (1914). In Russian.
——. *Studies in the Domain of Byzantine Charters. The Charters of the New Monastery in the Island of Chios.* Yuryev, 1917. In Russian.
Yaqubi. *Historiae.* Ed. Houtsma, M. T. 2 vols. Leyden, 1883.
Yewdale, R. B. *Bohemond I, Prince of Antioch.* Princeton, 1924.
Yule, H. J. *Cathay and the Ways Thither. (Publications of the Hakluyt Society,* XXXVII.) London, 1914.
Zachariä von Lingenthal, K. E. *Collectio librorum juris graeco-romani ineditorum. Ecloga Leonis et Constantini.* Leipzig, 1852.
——. *Geschichte des griechish-römischen Rechts.* 3rd ed., Berlin, 1892.
——. *Historiae juris graeco-romani delineatio.* Heidelberg, 1839.
——. "Wissenschaft und Recht fur das Heer vom 6. bis zum Anfang des 10. Jahrhunderts," *Byzantinische Zeitschrift,* III (1894), 437-57.
Zachariah of Mitylene. *The Syriac Chronicle.* Trans. Hamilton, F. J. and Brooks, E. W. London, 1899.
Zakythinos, D. A. *Le Chrysobulle d'Alexis III Comnène empereur de Trébizonde en faveur des Vénetiens.* Paris, 1932.
——. *Crise monetaire et crise économique à Byzance du XIIe au XVe siècle.* Athens, 1948.
——. *Le Despotat grec de Morée.* Paris, 1932. A very fine piece of work.
——. Οἱ Σλάβοι ἐν Ἑλλάδι. Συμβολαὶ εἰς τὴν ἱστορίαν τοῦ μεσαιωνικοῦ Ἑλληνισμοῦ. Athens, 1945. Important.
——. "Processus de féodalisation," *L'Hellénisme Contemporain* (1948), 499-534.
Zeller, C. F. *Andronikus der Komnene Römischer Kaiser. Ein historisches Gemälde aus dem ost-römischen Kaiserthume im zwölften Jahrhundert.* Vol. I. Stuttgart, 1804. Out of date.
Zenghelis, C. "Le Feu grégeois," *Byzantion,* VII (1932), 265-86.
Zepos, J. and P. (Eds.) *Jus graecoromanum.* Athens, 1930-31.
Zernin, A. *The Life and Literary Works of the Emperor Constantine Porphyrogenitus.* Kharkov, 1858. In Russian. Out of date.
Zervos, Chr. *Un Philosophe néoplatonicien du XIe siècle. Michael Psellus, sa vie, son oeuvre, ses luttes philosophiques, son influence.* Paris, 1920. Interesting.
Ziebarth, E. "Κυριακὸς ὁ ἐξ Ἀγκῶνος ἐν Ἠπείρῳ," Ἠπειρωτικὰ Χρονικά, II (1926), 110-19.
Zimmert, K. "Der deutsch-byzantinische Konflikt vom Juli 1189 bis Februar 1190," *Byzantinische Zeitschrift,* XII (1903), 42-77.
Zinsser, Hans. *Rats, Lice and History.* Boston, 1935.
Zlatarsky, V. N. "Accounts of the Bulgarians in the Chronicle of Simeon Metaphrastes and Logothete," *Sbornik za Narodni umotvoreniya, nauka i knizhnina,* XXIV (1908). In Bulgarian.
——. "Bulgarian Chronology," *Izvestia otdela russkago yazyka i slovesnosti Akademii Nauk,* XVII, 2 (1912), 28-59. In Russian.
——. *Geschichte der Bulgaren. I. Von der Grundung des bulgarischen Reiches bis zur Türkenzezit (679-1396). (Bulgarische Bibliothek.* Ed. Waigand, G. V.) Leipzig, 1918.
——. *The Greek-Bulgarian Alliance in the year 1204-5.* Sofia, 1914. In Bulgarian.
——. *A History of the State of Bulgaria in the Middle Ages.* Sofia, 1919-34. In Bulgarian. Excellent.

———. "John Asen II," *Historical Bulgarian Library*, III (1933), 1–55. In Bulgarian.
———. "The Letters of Nicholas Mysticus, Patriarch of Constantinople, to Simeon, Tsar of Bulgaria," *Sbornik za Ministerstvo Norodnago Prosvescheniya*, X (1894), 372–428; XI (1894), 3–54; XII (1895), 121–211. In Bulgarian.
———. *The Origin of Peter and Asen, Leaders of the Insurrection in 1185*. Sofia, 1933. In Bulgarian.
———. (Ed.) *The Works of Drinov*. Sofia, 1909.
Zoras, Giorgio. *Le corporazioni bizantine. Studio sull' Ἐπαρχικὸν Βιβλίον dell' imperatore Leone VI*. Rome, 1931.
Zosimus. *Historia nova*. Ed. Mendelssohn, L. Leipzig, 1887.
Zotos, A. Ἰωάννης ὁ Βέκκος πατριάρχης Κωνσταντινουπόλεως νέας Ῥώμης. Munich, 1920.

索 引

（索引页码为原书页码，即本书边码）

A

Abasgians 阿巴斯人（阿布克哈兹人），426

Abbasides 阿巴斯朝：巴格达，238；与西方阿拉伯人，278；末日，600

Abdallah al-Battal 阿布达拉·阿尔-巴塔尔，穆斯林英雄，238

Abelard 阿贝拉，与约翰·伊达路斯相比较，474—475

Aboba 阿伯巴，在保加利亚，考古发掘，220，318

Abraham 亚伯拉罕，与克尔白神殿寺，203；在伊斯兰教中，205

Abu-Bakr(Abu-Bekr) 阿布-伯克尔，211

Abulfeda 阿布尔非达，阿拉伯地理学家；在君士坦丁堡，678

Abydos 阿比都斯，赫勒斯滂海上的城市，城中的阿拉伯人，236；拜占庭海关，485

Abyssnian 阿比西尼亚（阿克苏姆王国），查士丁一世和查士丁尼一世，131，167；此地一性派，131；印度洋航海者科斯马笔下的～，165

Acacius 阿卡修斯，君士坦丁堡牧首，宗教政策，108；与教宗的关系，109

Acarnania 阿卡纳尼亚，518，609

Achaia 阿凯亚，公爵领，464—465，506；卡斯托利亚战役之后，537，644；被安茹的查理所侵犯，594

Achelous River 阿奇鲁斯河，317

Achilleid 《阿基里德》，拜占庭小说，708—709

Achilles 阿喀琉斯，特洛伊英雄，91

Achrida 阿克利达，即奥赫里德（Ochrida）

Acominatus, Michael 阿克米那图斯，迈克尔，雅典都主教；在安德罗尼卡一世统治时期,433,434;对彼得·亚琛的认识,443;生平及文化素养,492—493;对中世纪的阿提卡和雅典的认识,492—493,464;与萨洛尼卡的尤斯塔修斯,492,495,496;在开俄斯岛上*,493,515

Acre(Accra, Acca, St-Jean-d'Arc) 阿克,圣女贞德,453,615

Acroïnon(Afiun-Qara-Hisar) 阿克罗伊农,弗里吉亚地名,战役,238

Acropolis of Athens 雅典卫城,加泰罗尼亚人的防卫,464,492,607,608

Acropolita, George 阿克罗波利塔,乔治,对约翰·亚琛,523—524;与狄奥多勒二世,534;关于卡斯托利亚战役,536;君士坦丁堡的光复,538;与布莱米底斯,549,550;生涯,553;与里昂会议553,554,658

Aegean Sea 爱琴海,哥特人进入,84—85;海上的阿拉伯人,212,214,230,305;与斯拉夫人托马斯,275;与偶像崇拜,287,358;斯拉夫人的进入,218;突厥人海盗,384,621;威尼斯人的占领,506,581,627;与热那亚人,537,625,627—628;阿尔巴尼亚人,614—615;黑死病,626

Aelia Capitolina 埃利亚·卡匹多利纳,罗马在耶路撒冷建立的殖民城市,54

Aeneas 埃涅阿斯,58

Aeschylus 埃斯库罗斯,705

Aetolia 埃托利亚,518

Agapetus, Deacon 阿伽佩图斯助祭,3

Agapius 阿伽比乌斯,教宗,151

Agasias 阿加西阿斯,历史学家181,186

Age of Reason 理性时代,对拜占庭的态度,6—12

Aghlabid dynasty 突尼斯的阿格拉布王朝278

Agnes(Anne) of France 法国的阿格尼斯(安妮),路易七世的女儿,阿列克修斯二世的妻子,431;与安德罗尼卡结婚,433

Aïnalov, D. V. 阿伊那洛夫,关于拜占庭艺术的起源,126;关于巴列奥洛格王朝时期的艺术复兴,710,712

Ain-Jalut 阿因扎鲁特,战役,600

Aix-la-Chapelle(Aachen) 埃克斯-拉-夏佩勒(亚琛),法兰克人首都,268

---

* 原文此处作 Aos,与原书第493页所述不附。——译者

Akephaloi 无首脑派,108

Akoimetoi 《不眠者》与《合一通谕》,108;与牧首安提米乌斯,151;关于三章案的争论,152

Akritai 边境领主,作用,369;与西欧的侯爵与哥萨克人相比较,576;向西方撤退,602;在比提尼亚,602—603;迈克尔八世对之实行压迫的法令,603,681

Akrites 阿克里特斯,瓦西里·狄吉尼斯,拜占庭史诗中的英雄,369—371

Alamanicon(alamanian) 阿勒曼尼人,阿列克修斯所采用的税收,449

Alans 阿兰人,与哥特人,87

Alaric Balta 阿拉里克·巴尔达,哥特人首领,军队的运动,91;伊利里亚的军事首领,91;对罗马的劫掠,97,103

Alaric II 阿拉里克二世,西哥特国王,《阿拉里克节选本》,102

Albania 阿尔巴尼亚,阿尔巴尼亚人法尔梅赖耶所述,178;族属,与帝国的关系及历史,525,609,613—614;与安茹的查理,594;进入希腊,613—615,638,682

Albanopolis 阿尔巴诺堡,613

Albertoni,Aldo 阿尔伯托尼,阿尔多,对拜占庭法的描述,41

Albigensians 阿尔比派,保罗—鲍格米尔派在法兰克的同宗,383

Alboin 阿尔博因,伦巴德国王 172

Alcuin 阿尔昆,大公教会学者,给查理大帝加冕,265—266

Aleksei Mikhailovich 阿历克塞·米哈伊尔罗维奇,俄罗斯沙皇,342

Alemanus,Nicholas 阿莱曼努斯,尼古拉,研究拜占庭历史的学者,3,129

Alepo(Haleb) 阿勒颇,127;哈姆丹人王朝所在地,308;与尼斯福鲁斯·福卡斯,308,309,391;在瓦西里二世统治下,311

Alexander 亚历山大,亚历山大城的主教,与阿利乌斯,55;尼西亚会议,56;失宠,57;与康斯坦提乌斯,68

Alexander 亚历山大,皇帝瓦西里之子,利奥六世的共治者,301—302

Alexander III 亚历山大三世,教宗,与曼纽尔一世的关系,476—477

Alexander IV 亚历山大四世,教宗,为实现教会联合的谈判,544—545

Alexander of Macedon 马其顿的亚历山大,他的帝国,61;与希腊

化,88;与希拉克略相比,197,417

Alexandria 亚历山大,阿利乌斯派,54—56;文化中心,54,116—117,120;与恺撒,58;希腊化,89;一性派,99,105;灯塔,114;亚历山大学派,117,118;新亚历山大运动,118;在查士丁尼统治下,160;丝绸工业,168;被波斯人占领,196;被阿拉伯人征服,211;一性派,222

Alexandria, Patriarchate of 亚历山大,牧首区,对教会统治权的要求,149;与君士坦丁堡-罗马教会分裂的关系,338—339;与佛罗伦萨联合,674

Alexius Comnenus 阿列克修斯·科穆宁,迈克尔一世的侄子:安条克的玛丽的宠臣,377,378,433

Alexius I Comnenus 阿列克修斯一世科穆宁,皇帝,科穆宁王朝的奠基者,351;继承皇位,353;登基之前的生涯,375;向德意志亨利四世求援,380;向威尼斯人求援,380;与罗伯特·吉斯卡尔德的关系,380—381;给予威尼斯人特权,381—382;与塞尔柱人和帕齐纳克人的斗争,382—385;与查哈斯的关系,384—385;与库曼人,385;给佛兰德的罗伯特捎信,386—388;向兹沃尼米尔求援,388;与塞尔维亚人,388;与匈牙利人,388,414;与博希蒙德,409—411;与第一次十字军,388—389,395,396,401—404,406—408;与皮亚琴察会议,401—402;与隐修士彼得的十字军,404;与坦克雷德,411;对他之成就的评价,411—412;宗教政策,470—474;国内政策,479—480;书信,488—489;行省贵族势力的代表,552,577;与乌尔班二世,475

Alexius I Comnenus 阿列克修斯一世科穆宁,特拉布松皇帝,506,577

Alexius II Comnenus 阿列克修斯二世科穆宁,皇帝,继承皇统,376;与安德罗尼卡一世,378—379,883—884;去世,379;不稳定和宫廷内争,432—433

Alexius III Angelus 阿列克修斯三世安吉列,皇帝,继承皇统和性格特征,439—440;保加利亚问题,444;与亨利六世,448—449;与英诺森三世的谈判,451;与第四次十字军,454—460;与比萨的关系,456;关于圣体不朽的讨论,478;给予威尼斯的特权,485;与狄奥多勒·拉斯卡利斯的关系,507,515;受到罗姆苏丹的庇护,

514—515;被提及,462

Alexius IV Angelus 阿列克修斯四世安吉列,皇帝:在士瓦本的腓力宫廷,440,455;要求成为共治帝,440,459;在扎拉,455;在第四次十字军中的角色,455,456,457;十字军人的要求,460

Alexius V Ducas 阿列克修斯五世杜卡斯·莫卓弗劳斯,皇帝,承嗣大统,440;反拉丁运动和第四次十字军,440,460;逃出君士坦丁堡,461,462,508

Alfanso the Magnanimous 慷慨者阿方索,其东方计划,643,672

Algeria 阿尔及利亚,216

Al-Harawy 阿尔-哈拉威,阿拉伯旅行家,对君士坦丁堡的描述,482;对尼西亚的描述,512

Ali 阿里,211;和摩阿维亚,213

Allah 安拉,概念,202;崇拜,204;

Allatius, Leo 阿拉提乌斯,利奥3,658;谈1450年的圣索菲亚会议,675

Allelengyon and *epibole* 联保地税,348—349;与尼斯福鲁斯一世,348—349;与瓦西里二世,348—349;与罗曼努斯三世,349

Almagest 《天文学大成》,491

Al-Mahdi 阿尔-马赫迪,哈里发,238

Alp Arslan 阿尔普·阿尔斯兰,他的征服,355;与罗曼努斯·狄奥吉尼斯,356

Altai-Iran 阿尔泰-伊朗,与拜占庭艺术,126

Altar of Victory 罗马元老院胜利女神祭坛,被移出,68,83;恢复其地位,83

Alvaro 阿尔瓦罗,科尔多瓦大主教,论西班牙的伊斯兰化,216

Amann 阿曼,第二次佛提乌分裂,332

Amantos, Constantine 阿曼托斯,君士坦丁,希腊学者,27

Amari Michele 阿玛利·米凯勒,论西西里晚祷事件,597—598

Amaury I 阿摩利一世,耶路撒冷国王:在君士坦丁堡,376,428;在伯利恒的一处碑铭上,427

Ambrose, Saint 圣者安布罗斯,米兰主教,与狄奥多西大帝的斗争,82

Amélineau, E. 阿梅利诺,法国学者,论阿拉伯人征服埃及,210

Amisus (Samsun) 阿米苏斯(萨姆松),小亚细亚城市,被阿拉伯人征服,277

Ammianus Marcellinus 阿米亚努斯·马尔切利努斯,异教史学家;论朱利安,71,74,76;作品,125

Amorian 阿莫里亚,弗里吉亚城市,被穆塔希姆征服,276,354

Amorian(Phtygian) 阿莫里亚(弗里吉亚)王朝,272

Anagnostes,John 阿纳格诺斯特斯,约翰,641,691

AnastasiusI 阿那斯塔修斯,皇帝,继承皇统,67,129;与伊苏里亚王朝,109;对西方政策,110—111;与一性派,111;与"金银税",113;与征税官,113;科洛尼,113;与联保地税,113;和克洛维,113;宗教政策,115,149;与狄奥多里克,133;其国库储备,141;他的亲属与尼卡起义,154;暴乱,155;世系,614

Anastasius II(Artemius) 阿那斯塔修斯二世(阿特米乌斯),皇帝,继承皇位,194;与罗马的关系,230;被提及,122,229

Anastasius 阿那斯塔修斯,教宗的图书馆管理员和狄奥凡尼著作的翻译者,关于利奥三世的出身,234,291—292

Anastasius 阿那斯塔修斯,君士坦丁堡牧首,与破坏圣像运动,256

Anatolici(*Anatolikoi*) 安纳托利军区,228,250

Anchialus 安奇阿鲁斯,战役,317;城市,177

Ancona 安科纳,在君士坦丁堡的侨居区,616

Andreades,A., 安得里亚戴斯,希腊学者 482

Andreas Palaeologus 安得列阿斯·巴列奥洛格,将其皇位继承权转让,590

Andreev,I.D., 安德列夫,关于修道院数量的统计,256—257;在宗教会议上,754,261;关于破坏圣像运动,263

Andrew of Crete 克里特的安德鲁,赞美诗的写作,233*

Andronicus I Comnenus 安德罗尼卡一世科穆宁,皇帝,生涯和性格特点,377—379;与安条克的玛丽的统治,377,379,433;被废黜和死亡,379,438;对内政策,433—434,438,481,483—484;与大土地所有主阶层,434—435,577;对外政策,494,502;艺术和文学的赞助者,688

Andronicus II Palaeologus(the Elder) 安德罗尼卡二世巴列奥洛格(长者),皇帝;与安德罗尼卡三世的叛乱,384;继承皇位,583;与威尼斯人,599;在其统治时期的

---

* 此处似乎有误,在原页码中并无关于此人的记载。——译者

对外扩张,603,604,605—608, 612,615—617;与加泰罗尼亚人, 604—606;与热那亚人,615,616; 背弃里昂联合协议,663;与阿瑟尼乌斯派,663;宗教组织,664—665;舰队,681;货币改革,686

Andronicus III Palaeologus (the Younger) 安德罗尼卡三世巴列奥洛格(幼者),皇帝,继承皇位,584;与约翰·坎塔库津的关系,584;在其统治期间的对外扩张,603, 608—609, 612—613, 614, 615—617,621;与保加尔人,612;与阿尔巴尼亚人,613;货币改革,686;被提及,583,616

Andronicus IV Palaeologus 安德罗尼卡四世巴列奥洛格,皇帝,继承皇位,586,627

Angeli, Epirotic 安吉列,伊庇鲁斯的,518

Angelus, Constantine 安吉列,君士坦丁,伊萨克二世的父亲,438

Anglo-Saxons 盎格鲁-撒克逊人,在拜占庭军队中的～,484

Angora 安戈拉(安卡拉)战役,其重要性,634—636,641

Ani in Armenia 亚美尼亚的阿尼大教堂,233,372;巴格拉提王朝所在地,314;被突厥人吞并,315

Anna 安娜,罗斯公主,约翰八世之妻,588

Anna 安娜,瓦西里二世之妹,嫁与弗拉基米尔大公,323

Anna 安娜,狄奥多勒·拉斯卡利斯之妻,507

Anna Comnena 安娜·科穆尼娜,关于拜占庭的文献,366;其篡位阴谋,375;关于阿列克修斯的记载,380,386,388;关于第一次十字军,404;著作,489—490;被提及,386,410,470

Anna Dalassenna 安娜·达拉西娜,与文学运动的关系,488

Anne of Hungary 匈牙利的安妮,安德罗尼卡二世之妻,583

Anne of Savoy 萨瓦的安妮,安德罗尼卡三世之妻;与约翰·坎塔库津的关系,584—585,628

Annual of the Society of Byzantine Studies('Επετηρὶς 'Εταιρείας Βυζαντινῶν Σπουδῶν),《拜占庭研究学会年鉴》,40—41

Ansbert 安斯伯特,弗里德里希·巴巴罗萨率领的十字军之记载者,关于第二保加利亚王国,442

Anselm of Havelberg 哈维尔堡的安塞尔姆,在君士坦丁堡,476;

Anthemius of Tralles 特拉勒斯的安提米乌斯,建筑师,188,189

Anthimus 安希姆斯,大政区长

103

Anthimus 安希姆斯,特拉布松的主教,与一性派,151

Antioch 安条克,在叙利亚,阿利乌斯派与其他,55;与朱利安,75—67;聂斯脱利派,98;锻压厂,114;文化中心,127;被波斯人占领,139,195;丝绸工业,168;被阿拉伯人征服,211;一性派,222;偶像崇拜,225;在尼斯福鲁斯·福卡斯和约翰·齐米西斯统治下,308—309,311,391;被塞尔柱人征服,394;与第一次十字军,408—409;与阿列克修斯一世,410—411;与约翰二世,416;在曼纽尔一世统治下,426—427;与努尔丁·马茂德,444—445;被提及,94,95,120,125,149,313,418,419,453

Antioch 安条克大主教领,与教会联合,149;在罗马与君士坦丁堡教会分裂问题上的立场,338—339;教宗,542;与佛罗伦萨联合协议,674

Anthoniades, E. M. 安东尼亚德斯,希腊学者,对圣索菲亚大教堂的记载,539

apelatai 阿波拉特人(山贼、强盗),369

Apions 阿庇翁,埃及大地主家族,158,573

Apocaucus, Alexius 阿波考库斯,阿列克修斯,萨瓦的安娜之同伙,584—585,588

Apocaucus, John 阿波考库斯,约翰,纳乌帕克图斯(勒颁多)大主教,其信件,518,521;生涯,559—561,562

Apollinarius the Elder 长者阿波里纳利乌斯,基督教作者,与朱利安的学校制度改革,74—75

Apollo, sol invictus, 阿波罗神,战无不胜的太阳,对它的崇拜,49

Apollo the Pythian 庇西亚的阿波罗,58

Apostolius Michael 阿颇斯托利乌斯·迈克尔,对贝萨里翁的记载,721

Apulia 阿普利亚,被奥托一世攻克,321;与尼斯福鲁斯·福卡斯,336;拉丁教会的影响,338;诺曼的征服,359—361,380,381,399;

Aquinas, Thomas 托马斯·阿奎那,658;其《神学大全》由辛多尼斯翻译出来,695

Arabia 阿拉比亚,其地理环境,200;穆罕默德之前的~,200—203;穆罕默德时期的~,204—205,207

Arabissus 阿拉比苏斯,卡帕多细

亚城市,与莫里斯,130

Arabs 阿拉伯人,其威胁和军区制的诞生,176,277;穆罕默德之前的～,200—203;穆罕默德之后～,204—207;美索不达米亚和波斯,211;征服巴勒斯坦和叙利亚,211,216,217;埃及,211—212,216—217;塞浦路斯,212;在爱琴海上,212,305;征服和对拜占庭的影响,212—213;第一次围攻君士坦丁堡,214—215;北非,215—216,217—218;西班牙,216;在小亚细亚,230,236,238—239,303,304,305,306;第二次围攻君士坦丁堡,236;普瓦提埃失败,237;与卡扎尔人,238;9世纪与拜占庭的关系,273—274,276—277;与斯拉夫人托马斯,274—275;与伯罗奔尼撒半岛上的斯拉夫人,278;占领克里特,278—279;西方阿拉伯人的,征服,279—281;西西里和南意大利,279,280,303—306,309,312—313;马耳他,304;拜占庭在10—11世纪的防卫,305—312;与瓦西里之后继者的关系,312—313;亚美尼亚与阿拉伯人,313—315;对基督徒的态度,393,398—399;阿拉伯科学对拜占庭的影响,705—706

Aragon 阿拉贡,604,627,631

Arcadia 阿卡迪亚,从法兰克人手中夺回,609

Arcadius 阿卡第,皇帝,继承皇位,60;宠臣,90;与耶兹迪格德一世的关系,96;与哥特人问题,104,114;被提及,127

Archipelago,见 Aegean 爱琴海

Archontatus 领主地,省区,350

Arethas 阿莱萨斯,恺撒里亚大主教,其著作和文化倾向,364

Argentoratum 阿根托拉杜姆(施特拉斯堡),70

Argos 阿尔戈斯,被哥特人所蹂躏,85,91

Ariadne 阿里阿德涅,伊苏里亚人芝诺的妻子,嫁给阿那斯塔修斯一世,67,109

Arianism 阿利乌斯派,起源及其被诅咒,55—56;恢复名誉,57;康斯坦提乌斯与阿利乌斯派,67;乔维安与阿利乌斯派,78;瓦伦斯,78—79;与狄奥多西大帝,80;与哥特人,86;5世纪的情况,88;在叙利亚和埃及,90;与查士丁尼,149

Aristophanes 阿里斯托芬,研究及对他的模仿,488,499,560,705

Aristotle 亚里士多德,研究,影响和在拜占庭的地位,185,473,490,552,553,560,653,699,700,

702

Arius 阿利乌斯,54—57

Armenia 亚美尼亚,希腊化,88;艺术,26,233,372;查士丁尼,168;与希拉克略,227;瓦西里一世和利奥六世,303—304;争取亚美尼亚的斗争,313;政治分裂,313;阿拉伯占领,313—314;亚美尼亚王国,314;被突厥人吞并,315,355;被阿尔普·阿尔斯兰征服,355;巴尔干的亚美尼亚人,401;蒙古人,530

Armeniaci(*Armeniakoi*) 亚美尼亚军区,228

Armenia Minor 小亚美尼亚,在乞里奇亚,起源及其与君士坦丁堡的关系,415,437,447,448

Arnold of Brascia 布雷西亚的阿诺德,419

Arpad 阿帕德,匈牙利王朝,388

Arsacids 阿萨息斯,亚美尼亚王朝,193

Arsenites 阿瑟尼乌斯派,659,661—663

Arsenius 阿瑟尼乌斯,君士坦丁堡牧首,在尼西亚,544;命运和思想,661

Art 艺术,拜占庭艺术的起源,126;709—710;第一个黄金时代,128,187—192,233;破坏圣像运动,289,372;第二个黄金时代,371—374,503;巴列奥洛格时期的艺术复兴,562,709

Arta 阿尔塔城,518

Artavasdus 阿塔瓦斯杜斯,起义,260

Ascalon 阿斯卡隆,437

Ascholius 阿斯科利乌斯,萨洛尼卡大主教,狄奥多西一世的洗礼,79

Ascold 阿斯科德,罗斯王公,278

Asen 亚琛,保加利亚王朝,第二保加利亚王国,441—442;443,444,609,618

Ashburner, W., W. 阿什布尔内,论《农业法》,246;论《罗得海洋法》,248

Ashot I Bargratid(Bagratuni) 阿舍特一世巴格拉提,亚美尼亚国王,314

Ashot III 阿舍特三世,亚美尼亚国王,与约翰·齐米西斯的关系,310

Asia Minor 小亚细亚,和哥特人的关系,84,87,95;希腊化,89;一性派,107,115;艺术传统,126—127;小亚细亚的波斯人,196—197;斯拉夫人,218,219,228;阿拉伯人,230,236,238—239,273—274,276—277,303—306,

305—308；破坏圣像运动，260；与斯拉夫人托马斯，274—276；大土地所有主，276，577；巴尔达斯·斯克莱鲁斯和巴尔达斯·福卡斯的暴乱，311，347—348；隘口，351；塞尔柱人，355—358，382—383，384，385，394—395，402，403；第一次十字军，408，409；在约翰二世和曼纽尔一世统治时期，415—417；在伊萨克二世统治时期，439；对罗曼尼亚的瓜分，463，508—509；在拉斯卡利斯统治时期，508，514—515；受到蒙古人入侵，530—531，600；542年瘟疫，162；奥斯曼人，587—588，608—609，621；在迈克尔八世统治时期，602；加泰罗尼亚人，606；帖木儿，635

Aspar 阿斯帕尔，其影响，104；其垮台，104

Assemani 阿塞马尼，意大利学者，278

Assises of Antioch 安条克的法典，579

Assises of Jerusalem 耶路撒冷法典（《圣墓文献》），578

Atabeg 阿塔贝格，418

Athanasius 阿塔那修斯，安东尼派修士，米蒂奥拉修道院的创立者，621

Athanasius 圣亚大纳西，圣阿索斯山大拉弗拉修道院的住持和圣阿索斯山上集体修道方式的创立者，337

Athanasius of Alexandria 亚历山大的亚大纳西，阿利乌斯和阿利乌斯派，55—57；与康斯坦提乌斯，68；作者，121；对忏悔者马克西姆斯的影响，323

Athanasius of Athos 阿索斯山的亚大纳西，圣者，335

Athanasius I 阿塔那修斯一世，君士坦丁堡牧首，通信，696

Athena Promachus 雅典娜·普洛玛科斯（雅典守护女神），91

Athenais(Eusocia) 雅典内斯（尤多西娅），狄奥多西二世的妻子，66；作家，97，125

Athens 雅典，朱利安在雅典，70；异教学校，83，100，117，126；遭到哥特人海盗洗劫，85；与阿拉里克，91；普罗克洛斯，125；与雅典的欧多西娅，125；雅典的学园，被查士丁尼关闭，150，187；康斯坦斯二世，221；斯拉夫人，240；罗杰二世的劫掠，421；蒙斐拉的博尼法斯和奥松·德拉洛奇，464；雅典和底比斯公爵领，464，506；在迈克尔·阿克米那图斯的作品里，492—494；被加泰罗尼亚人征

服,607;加泰罗尼亚大学,608;与巴耶齐德,631;被穆罕默德二世征服,654

Athos 阿索斯山(圣山):驻会修道方式,337;隐修士,337;尼斯福鲁斯·福卡斯和约翰·齐米西斯,337;在马其顿时期的建筑,373;阿列克修斯一世和曼纽尔一世,471;豁免权,571;巴列奥洛格时期的艺术运动,582,709,711;与加泰罗尼亚人,606—607;与斯蒂芬·杜尚,618—619;土耳其的攻击,621;在安德罗尼卡二世时期的改革,664—665;与静修派运动,664,665—666;668—670;档案,677;被提及,550,612

Attalia(Satalia) 阿塔利亚(撒塔利亚),小亚细亚,防卫,485

Attaliates, Michael 阿塔利特斯,迈克尔,作者,371

Attalids 阿塔利斯,统治机构,61

Attica 阿提卡半岛,哥特人,91;斯拉夫化,178;阿尔巴尼亚人,615

Attic dialect 阿提卡方言,和拜占庭的语言纯净派,488

Attila 阿提拉,与普利斯库斯,98;君士坦丁堡,103;与东哥特人,107

Atzig 阿茨格,突厥人将军,其活动,394

Augustalis 奥古斯塔利斯,埃及地方长官,160

Augusta Trevirorum (Trier, Treves) 奥古斯塔·特里维洛卢姆(特里尔,特里夫斯)63

Augustine, Saint 圣奥古斯丁,论朱利安,74;作者,125

Augustus 奥古斯都,罗马皇帝,60

Aurelian 奥勒良,皇帝,与自治权,61;帝国光复者,61,85;出让达其亚,85;与帕尔米拉,201

Aurelian 奥勒良,君士坦丁堡市长,与日耳曼人集团的对立,92,94

Aurispa, Giovanni 奥里斯帕,乔瓦尼,在拜占庭,722

Autorianus, Michael 奥托雷阿努斯,迈克尔,君士坦丁堡与尼西亚牧首,511,541

Avars 阿瓦尔人,侵入拜占庭的巴尔干行省,170—177;在潘诺尼亚,171;阿瓦尔-斯拉夫人侵入希腊半岛,171—172,176—179;与伦巴德人一起攻击格庇德人,172;历史上的角色,177;希拉克略时期的阿瓦尔-斯拉夫人联合进犯,196,199;626年对君士坦丁堡的进攻,197,218

Avignon 阿维尼翁,教宗领,633,670

Axum 阿克苏姆,阿比西尼亚王国,见 Abyssinia 阿比西尼亚

Ayla 艾拉,拜占庭港口,167

Ayyoubids 阿尤布王朝,埃及的王朝,453

Azarevitch 阿扎勒维奇,论拜占庭法

Azyme 无酵饼,里昂会议,658

B

Bab el Mandeb 曼德海峡,131

Babylonian Captivity 巴比伦之囚,670

Bacon, Roger 罗杰,培根,718

Bagdad 巴格达,奠基,238;与君士坦丁堡,298;哈里发国家的分裂,354—355;被旭烈兀占领,600

Bagratid 巴格拉提,亚美尼亚王朝,314,315

Bailly, Auguste 贝利,奥古斯特,30

Baldwin of Flanders 佛兰德的鲍德温,在第四次十字军时期,452;在君士坦丁堡被选为皇帝,462—463,506;与英诺森三世,467—468;被保加尔人俘虏,509—510

Baldwin 鲍德温,布戎的戈弗雷的兄弟,与第一次十字军,405;与埃德萨伯国,408

Baldwin II 鲍德温二世,拉丁皇帝,继承皇位,524;向西方求援,526;逃离帝国,538;在曼弗雷德的宫中,591;与安茹的查理在维特波的协议,592,595;被提及,537,543

Baldwin III 鲍德温三世,耶路撒冷国王,与曼纽尔一世,426

Balearic Islands 巴利阿利群岛,与查士丁尼,136,138;与希拉克略,196

Balsamon, Theodore 巴尔萨蒙,狄奥多勒,安条克大主教,470

Baltic 波罗的海,84

Banduri 班都里,本笃派修士,学者,5

Barbaro, Nicolo 巴尔巴罗,科罗,对君士坦丁堡之陷落的描述,647,649

Barcelona 巴塞罗那的档案,608,643

Bardanes, George 巴尔达内斯,乔治,科西拉都主教,其生活和著作,559,561—562

Bardas 巴尔达斯,恺撒,迈克尔二世的叔父,其影响,273;与君士坦丁堡的高等学府,296

Bardas Phocas 巴尔达斯·福卡斯,叛乱,310,311,323,347

Bardas Scleros 巴尔达斯·斯科莱鲁斯,叛乱,311,347

索　引

Bardenhewer, Otto 巴登维尔,奥托,与拜占庭文学的关系,31

Bari 巴里,与阿拉伯人,280;与路易二世,303;拜占庭权力的恢复,326;意大利长官驻地,328;被吉斯卡尔德夺取,360—361;被曼纽尔一世夺取及被威廉一世夺回,并夷为平地,424

Barlaam 巴尔拉姆,与静修派运动,668—669;意大利人文主义者,714—715

Barlaam and Josephat 《巴尔拉姆和约瑟法特》,拜占庭传奇小说,294—295

Barlaamites 巴尔拉姆派,669

Baronius 巴罗尼乌斯,红衣主教,论乔治·巴尔达内斯,561

Barsky, V. G. 巴尔斯基,与阿索斯山档案,676

Barthold, V. 巴托尔德,引用,237

Basel 巴塞尔,宗教会议,关于教会联合问题,672—673;转移至弗拉拉,673

Basil 瓦西里,萨洛尼卡大主教,476

Basil I 瓦西里一世,皇帝,对《法律选编》的态度,243,244;他的出身,生平和继承皇位,273 301;关于佛提乌的问题,290;与保罗派,303;与东方的阿拉伯人,303—304;与西方的阿拉伯人,303—304;与路易二世,303 326;与亚美尼亚,304,314;与保加利亚,315—316;宗教政策,330—332;与保加利亚教会,331;修道院法,336;立法活动,339—342;在其统治时期的建筑活动,372—373;与阿索斯山修道院,571

Basil II 瓦西里二世,皇帝,继承皇位,302;巴尔达斯·福卡斯的叛乱,310,311,323,347;与东方的阿拉伯人,311;巴尔达斯·福卡斯和巴尔达斯·斯克莱鲁斯的叛乱,311,347—348;与西方的阿拉伯人,312;亚美尼亚政策,315;保加利亚战争,319—320;与弗拉基米尔的关系,323;教会和修道院财产,336;社会立法,347—349;对文学活动,366;"十字军",403;与塞尔维亚人,414;被提及,313,369,441,511,577

Basil 瓦西里,修士,鲍格米尔派的首领,473

Basil 瓦西里,耶路撒冷牧首和圣像崇拜,287

Basileus 皇帝(希腊语词),99

Basilics 《帝国法典》,与《罗得海洋法》,248;描述,342—343;提及,336,344,345,371,705

Basil the Great 大瓦西里,117,

118；利巴尼奥斯的学生，124

Batiffol, P. 巴蒂福尔，对君士坦丁一世的描述，48

Batu 拔都，成吉思汗的孙子，他的入侵，530

Bayazid I 巴耶齐德一世，奥斯曼苏丹，与约翰七世的起义，586；曼纽尔二世为之服役，587—588；继承穆拉德一世，624；与曼纽尔二世，629—630；蹂躏希腊，631；与帖木儿，635；设防于博斯普鲁斯，647

Bayet 巴耶特，法国学者，论拜占庭艺术，42

Baynes, Norman H. 贝恩斯，诺曼，论 J. B. 柏里，20；在拜占庭历史方面的著作，39，41—42；论君士坦丁堡的防卫，104；论《奥古斯都列传》，124；论阿米亚努斯·马尔切利努斯，125

Beccus, John 贝库斯，约翰，君士坦丁堡牧首，与基督教会的联合，658，659；生涯和著作，694；与塞浦路斯的格列高利，696

Bedouins 贝都因人，200，202，208

Bees, N. A. 比斯，40

Beirut(Berytus) 贝鲁特，位于叙利亚，文化中心，117；法律学校，147；丝绸工厂，168；被萨拉丁攻克，445

Beladsori 贝拉德索里，阿拉伯历史学家，论拜占庭民众的分离情绪，209

Belisarius 贝利撒留，将军，与汪达尔人，135 136；与尼卡起义，135 157；征伐意大利，136—137；被皇帝召回，137；波斯战争，139；与戈特里古尔人，140；在普罗柯比笔下的贝利撒留和他的夫人，180

Bell, H. I. 贝尔，42，187，210

Bellini, Gentile 贝利尼，詹蒂耶，居住于君士坦丁堡，与穆罕默德二世的画像，646

Belthandros and Chrysantza 《贝尔山德罗与赫利山查》，拜占庭传奇作品，557，707，708

Beneficium 恩地制，546，564；与 *Kharistikion*（恩地制的希腊语名）的比较，565；与边界领地，566，568

Beneventum 贝尼文托，公爵领，280，327

Benjamin of Tudela 图得拉的本杰明，犹太人旅行家，论君士坦丁堡，481—482

Berbers(Moors) 柏柏尔人（摩尔人），与汪达尔人，135；在查士丁尼一世时期，136；其对北非的威胁与总督制，175—176 227；与阿拉伯人，213，217—218；皈依伊斯

兰教,218
Berke(Bereke) 贝雷克,金帐汗国大汗,与迈克尔八世的关系,601
Bernard of Clairvaux 克莱沃的伯纳德,与第二次十字军,419;与曼纽尔一世康拉德三世的联盟,423
Bertrand du Guesclin 贝特朗德·迪盖斯克兰,英雄传奇故事的主角,558
Bertrandon de la Broquiere 贝特朗东·德拉布罗吉耶,对君士坦丁堡的描述,642;君士坦丁堡的贸易往来,684—685
Berytus,见 Beirut 贝鲁特
Bessarabia 比萨拉比亚,705
Bessarion of Nicaea 尼西亚的贝萨里翁,红衣主教,关于君士坦丁堡的沦陷,655;在弗拉拉宗教会议上,673;生平,文化修养和影响,696,719—721;画像,720;被提及,697,712
Bethlehem 伯利恒,其教堂,127
Beybars,Mameluk 拜巴尔斯,马木路克,埃及苏丹,601
Bezobrazov,P. V. 贝佐布拉佐夫,海森伯格之作品的翻译者,19—20;对拜占庭历史的记载,39 40;论约翰·伊达路斯,474,论恩地制,565
Bible 《圣经》,对圣经的改编,75

Biblioteca Laurenziana 罗伦佐图书馆,673
Birkbeck Hill 伯克贝克·希尔,9
Bithynia 比提尼亚,斯拉夫人,218 228;尼西亚帝国,508;边境领主,602—603,681
Bizilli,P. 比济里,455
Blachernae 布莱舍内,君士坦丁堡的宫殿,其建立,503;被毁,581;穆罕默德二世据为行宫,653
Black Death 黑死病,起源和传播,626
Black Sea(the Euxine) 黑海（尤克兴海）,希腊人的殖民地,58,84;贸易,60;哥特人,84;与波斯人 139;热那亚人和比萨人的占领,537;热那亚人,581;热那亚人与威尼斯人的利益之争,616,625—626;与都灵协议,628
Blanche 布朗什,法国王太后,教宗霍诺留三世的信,465,522—523
Blemmydes,Nicephorus 布莱米底斯,尼斯福鲁斯,对尼西亚的描述,512;狄奥多勒·拉斯卡利斯的老师,534;与尼西亚-尼姆菲尔会议,543;生活、著作和文化修养,549—553,699;对东方和西方的影响,552—553;与约翰·贝库斯,694;被提及,544,547,554,

712

Blemyes 布来米人,尼罗河上游的非洲人,与查士丁尼一世,141

Blues(*Vebetoi*) 蓝党,竞技党派,155—157;罗马,156

Bobtchev 鲍布切夫,保加利亚学者,论《阿拉里克节选本》,102

Boccaccio 薄伽丘,对黑死病的描述,626;与梅利特尼奥特斯;论巴尔拉姆,715;与莱昂提乌斯·皮拉图斯,716—717

Boeotia 维奥蒂亚,被哥特人蹂躏,91;阿尔巴尼亚人,615

Bogišic 博吉希奇,克罗地亚学者,论《阿拉里克节选本》,102

Bogmile 鲍格米尔,在保加利亚行保罗派教义的使徒,383

Bogmiles 鲍格米尔派,阿列克修斯一世与该派,473;与帕齐纳克人,383;鲍格米尔派思想的传播,383;亦见 Paulicians 保罗派和 Cathari 卡塔尔派

Bohemia 波希米亚,蒙古人的入侵,530

Bohemond of Tarentum 塔兰图姆的博希蒙德,吉尔卡尔德的巴尔干征伐战,380—381;与第一次十字军,405—406;安条克公爵,408;与阿列克修斯一世,409—411;巴尔干征伐,410—411;被马立克·加齐捕获,410

Boissier, G. 布瓦西耶,论君士坦丁一世,45,48;论朱利安,77

Bolotov, V. 博洛托夫,俄罗斯学者,对4世纪基督徒数量的估计,47

Bonaventura 红衣主教波纳文图拉,与里昂会议,658

Boniak 波尼亚克,库曼人汗,与阿列克修斯一世,385;《市政官手册》,描述,343—345

Borane 博兰,波斯王后,与希拉克略,199

Boris(Bogoris) 鲍里斯(波戈利斯),保加利亚汗,将罗马法引进保加利亚的事件,102—103;与罗马和君士坦丁堡的关系,282—283,315,331

Bosphorus 博斯普鲁斯海峡,57;哥特人,84;罗斯人,322;在迈克尔八世统治时期,580;被热那亚人控制,616,625;被巴耶齐德封锁,632;与穆罕默德二世,646;在土耳其文献中,649

Bosphorus, Kingdom of 博斯普鲁斯王国(在克里米亚半岛上),文化和商业角色,84,140—141

Bothra(Bosra) 布斯拉(波斯拉),拜占庭防砦,落入阿拉伯人之手,211

Boucicaut, Marshal 布奇科,马歇尔,出征,632,633

Brehier, Louis 布莱耶尔,路易斯,与拜占庭研究,28,42;阿拉伯人征服的努力,212;论破坏圣像运动,253;论1054年教会分裂,339;关于阿列克修斯一世致佛兰德的罗伯特的信,387;论拜占庭和巴勒斯坦,392;论巴列奥洛格时期的艺术。710—711;被提及,450,670

Breviary of Alaric 《阿拉里克节选本》;见 Lex Romana Visigothorum《西哥特罗马法》

Brindisi 布林迪西,被吉斯卡尔德占领,360;曼纽尔一世被西西里的威廉一世打败,424;格列高利十世和迈克尔八世计划中的会见,596

Britain 不列颠,在四头时期,63,64

Brosset, M. 布罗塞特,法国东方学者,11

Brundisium 布伦杜修,见 Brindisi 布林迪西

Brusa 于小亚细亚,作为抵抗奥斯曼人的基地,604;被奥斯曼人征服,608

Bruttium 布鲁提乌姆,拜占庭时期的卡拉布里亚,279

Bryanzev, D. 布良泽夫,论约翰·伊达路斯,474

Bryce, James 布赖斯,詹姆斯,论查士丁尼一世,129;论查理大帝的加冕,265;论奥托三世,329

Bryennius, Joseph 布莱昂纽斯,约瑟夫,与拉丁人,672

Bryennius, Nicephorus 布莱昂纽斯,尼斯福鲁斯,关于他的篡权阴谋,375;著作,489

Bucéllarians 布切拉里安人,拜占庭军队,250

Bucellarians 布切拉里安军区,250

Buddha 佛教,关于佛教的传说,在传奇文学作品《巴尔拉姆和约瑟法特》中,294

Bukhara 布哈拉,163

Bulgaria 保加利亚(和保加利亚人,保加尔人),保加尔人,其出现、起源和在阿那斯塔修斯一世时期的入侵,90,109,115,219;保加利亚的罗马法,102;保加利亚教会、君士坦丁堡和罗马,102,282—283,315,318,331,444,526;在维塔利安的军队中,111;在查士丁尼一世时期的入侵,140;在普罗柯比记载中,140;第一保加利亚王国,形成,219;与斯拉夫人,219—220;对拜占庭的攻击和军区的建立,227;与查士丁

尼二世,194,239;与利奥三世,236,239;在利奥三世继承者时期,239—240;在克鲁姆时期的防卫,281;在奥穆尔塔格与鲍里斯时期君士坦丁堡的关系,281—283,303,315;皈依基督教,282—283,318,331;保加利亚的罗马法,102;在西梅恩统治时期的发展,315—318;"大保加利亚",318—319;在彼得统治时期,319;尼斯福鲁斯·福卡斯和约翰·齐米西斯以及对东保加利亚的吞并,319;萨姆尔的统治,319—320;第一保加利亚王国被瓦西里二世所兼并,320;在罗曼努斯·狄吉尼斯的军队中,356;第二保加利亚王国及其形成,441,443,485,506,609;与瓦拉几亚因素,441—442;与塞尔维亚的合并,443;与弗里德里希·巴巴罗萨,443;在14,15世纪的拜占庭内争中扮演的角色,508;与教宗的关系,444;在卡洛扬和约翰二世亚琛统治时期,509—511,523—526;在约翰二世亚琛的继承者统治时期,532;与安茹的查理的结盟,595,597;与阿尔巴尼亚人,614;被奥斯曼人削弱,624;在拜占庭军队中,680

Buondelmonti of Florence 佛罗伦萨的波昂德尔蒙蒂,意大利旅行家,论圣使徒教堂,678

Burckhardt, Jacob 布克哈特,雅各布,论君士坦丁皇帝,45—46,47

Burgundio of Pisa 比萨的勃艮第奥,在君士坦丁堡,476

Bury, J.B. 柏里,和吉本,10,11;著作和拜占庭历史的阐释,20—23,30;《剑桥中世纪史》,25;论查士丁尼,169;论希拉克略,199;论利奥三世,236;论承认查理曼的称帝,268—269;论破坏圣像运动,287;论《帝国行政》,362;论狄吉尼斯的生活环境,370;论拜占庭传奇文学,557,559;论拜占庭封建化的过程,577

Bussell, F.W 布塞尔,对拜占庭历史的阐释,24—25

Busta Gallorum 布斯塔·伽罗卢姆,翁布里亚地名,战役的发生,137

Byron, George Girdon 拜伦,乔治·戈登,勋爵,与芬利,13

Byron, Robert 拜伦,罗伯特,30

Byzantine Institute of America 美国拜占庭研究院,和圣索菲亚的镶嵌画,190

Byzantinische Zeitschrift 《拜占庭杂志》,39—40

Byzantinisch-Neugriechische Jahr-

bucher,《拜占庭和当代希腊年鉴》,40

Byzantion 《拜占庭》(布鲁塞尔),40—41

Byzantis 《拜占庭》,40

Byzantium 麦加拉人的殖民地,其优势地位,57;历史,58,54

Byzas 拜扎兹,拜占庭城的奠基人,57

C

Cabasilas, Nicolas 卡巴西拉斯,尼古拉斯,与萨洛尼卡的狂热派,664,683;著作和文学修养,698—699

Caesar, Julius 恺撒,朱利乌斯,迁都的企图,58;对恺撒作品的翻译,701

Caesarea 恺撒里亚,卡帕多细亚城市,被塞尔柱人攻克,355

Caesarea 恺撒里亚,巴勒斯坦城市,政治都市,54;其书信,119;被约翰·齐米西斯占领,310;被塞尔柱人占领,355

Caetani, E. 凯塔尼,意大利学者,穆罕默德的对立面,206;阿拉伯的征服,208

Caffa 卡法,685

Calabria 卡拉布里亚,人头税,251;在前拜占庭时期的重要性,279—280;其军区,327,350;拉丁教会的影响,336,338;尼斯福鲁斯·福卡斯的宗教措施,336;希腊传统,717—718

Calecas, Manuel 卡勒卡斯,曼纽尔,695

Caligula 卡利古拉,皇帝,与皇冠,61

Calixtus II 卡利克斯图斯二世,教宗,与约翰二世科穆宁,476

Callimachus and Chrysorroe 《卡利马库斯和赫利索罗叶》,拜占庭传奇文学,559

Callinicus 卡利尼库斯,希腊火的发明者,214

Callipolis 加利波利斯,同加利波利,奥斯曼人进入,622—623

Camaterus, John 卡玛特鲁斯,约翰,君士坦丁堡牧首,与狄奥多勒·拉斯卡利斯,508,511;他在1204—1205年希腊-保加利亚联盟中的作用,509,541

Cambridge Medieval History 《剑桥中世纪史》,25

Cameniates, John 卡麦尼阿提斯,约翰,与萨洛尼卡的沦陷,305,364—365

Campania 坎帕尼亚,拜占庭在9世纪时的权威,280

Cananus, John 卡纳努斯,约翰,

691

Cananus, Lascaris 卡纳努斯,拉斯卡利斯,论穆拉德二世对君士坦丁堡的攻击,640;其著作,691

Canard, M. 卡纳尔,370,602

Candia(Chandax) 坎迪亚(卡达克斯),见 Crete 克里特

Cannae 坎尼,战役,329

Cantacuzene 坎塔库津,见 John 约翰和 Mathew Cantacuzene 马休·坎塔库津

Cappadosia 卡帕多细亚,在小亚细亚,其文学活动,117;三个卡帕多细亚人,117;那里的大土地所有者,158,573;岩洞壁画教堂,373;被阿尔普·阿尔斯兰蹂躏,355;11 和 12 世纪的壁画,504;与狄吉尼斯·阿克里特英雄传奇,369

Caravisionorum(Cibyrrhaeot) 卡拉维希奥诺鲁姆(西比拉伊奥特),军区,228

Caria 卡里亚,550

Carolingians 卡洛林家族,576

Carthage 迦太基,在西班牙,137

Cassiodorus 卡西奥多鲁斯,拉丁作家,和普利斯库斯,125

Castoria 卡斯托利亚,战役,536;重要性,537,580

Catalan Companies 加泰罗尼亚兵团,在拜占庭的活动,604—608,680;雅典的加泰罗尼亚公爵领,607—608;他们的统治机构,607—608;记载加泰罗尼亚征伐活动的历史学家,689

Catalaunian 卡塔劳温平原,战役,匈奴人的溃败,104

Catapan 意大利行政官员头衔,328

Catheri, Paulician-Bogomile 纯洁派,保罗-鲍格米尔派,383

Catherine de Courtenay 德库尔特奈的卡塔琳娜,584

"Catholicos" 卡托利科斯,97,99

Cato the Elder 老加图,其作品被译成希腊语,701

Caucasus 高加索,84,197,665

Cedrenus, George 塞得里努斯,乔治,编年史家,502

Cefalù 切法卢,504

Celestine 赛莱斯廷,教宗,与聂斯脱利派,98

Ceos 切奥斯岛,493,549,515

Cephalonia(Kefallenia) 凯法利尼亚,岛屿,马尔代特人,215;军区,327;被罗伯特·吉斯卡尔德所攻取,381;他的去世,381

Cephisus R. 塞菲苏斯河,战役,607

Cerularius, Michael 塞鲁拉利乌

斯,迈克尔,君士坦丁堡牧首,与罗马的分裂,338

Ceuta 休达,136,216

Ceylon 锡兰,与印度洋航海者科斯玛斯,165

Chalandon,F. 夏朗东,论吉斯卡尔德,381;论阿列克修斯派往佛兰德的罗伯特的使节,387;论陷修士彼得的十字军,407;被提及,412,472,478

Chalcedon 卡尔西顿,麦加拉人建立的殖民地,57;被波斯人占领,106

Chalcedon 卡尔西顿,宗教会议,81,105—106,108,109,130,149,152

Chalcedonians 卡尔西顿派,卡尔西顿会议的拥护者,155

Chalcidice 哈尔基季基(半岛),被斯蒂芬·杜尚占领,619

Chalcocondyles,George 卡尔克康迪勒斯,乔治,645

Chalcocondyles,Laonikos 卡尔科康迪勒斯,拉奥尼科斯,谈米斯特拉宫廷,645;论君士坦丁堡的陷落,648—649;生平和著作,681,693

Champlitte,Willam 德香普利特,威廉,465

Chapman,C. 查普曼,论迈克尔,583

Charioupolis 卡里奥波利斯,马其顿地方的城市,瓦西里一世的出生地,301

Charles Martell 查理·马特,对阿拉伯人,237,390;对教会财产,335

Charles of Anjou 安茹的查理,控制了两西西里王国,591—592;对东方政策,592—599,602,614;对里昂联合的态度,657—659

Charles VI of France 法兰西的查理六世,和迈克尔二世,632,633

Charles VIII of France 法兰西的查理八世,要求继承拜占庭皇位,和计划中的十字军,590

Charles the Bold 法兰西的大胆者查理,327

Charles the Great 查理大帝(查理曼),《阿拉里克节选本》和立法活动,102;加冕及其与拜占庭的关系,265—268,290;被君士坦丁六世视为继承人,267;被君士坦丁堡所承认,268;与伊琳娜合婚谈判的破产,268;意大利政策,280;与哈伦·阿尔-拉施德和巴勒斯坦的关系,391;在罗马,520,575

Chatalja lines 卡塔尔雅防线和阿那斯塔修斯的长城,110

Chernigov 切尔尼戈夫,在罗斯,

壁画,504
Chernousov, E. A. 切尔努索夫,论纳乌帕克图斯的约翰,560
Cherson(the Klimata, Gothic Klimata), 克尔松(哥特高地),军区,324,350,581
Chilandarion 奇兰达里翁,在圣山阿索斯的塞尔维亚修道院,606
Childebert II 希尔德贝尔特,法兰克国王,122—123
Chios 开俄斯,岛屿,被塞尔柱人占领,394;在"对罗马的瓜分"时,463;被约翰·瓦塔泽斯收回,523;热那亚人于岛上 537,630;基斯蒂亚尼的墓,652
Chludoff(Chludov) Psalter 克鲁多夫诗篇,在莫斯科,299
Chomatenus, Demetrius 科玛特努斯,底米特里,奥赫里德大主教,给狄奥多·安吉列加冕,521;教规,560,562;
Chonae 科内,弗里吉亚的城市,492—494
Choniates, Nicetas 科尼阿特斯,尼西塔斯,论约翰二世,376;论安德罗尼卡一世,377,481;论对帕齐纳克人的胜利,413;论米里奥凯法罗战役,428;论君士坦丁堡的人口,435;论拉丁人与希腊人之间的敌意,438;论阿列克修斯三世安吉列,439;论第二保加利亚王国中的瓦拉几亚人,442,443;论亨利六世,449—450,459;论君士坦丁堡的失陷,461,462,654;论托马斯·莫洛希尼,463,469;论反对静修派的斗争,478;论曼纽尔一世,481,484—485;生平和工作,492,494—495;第四次十字军,495;《训谕》的作者,513;在狄奥多勒·拉斯卡利斯的宫廷,515,515,549,553
Chora(Qahriye-jami) 霍拉(修道院),卡里耶清真寺,在君士坦丁堡,重建,504;镶嵌画,513,688,703,709,710,711;描述,704
Chosroes 库斯鲁,波斯国王,希拉克略的对手,198
Chosroes Nuchirvan 库斯鲁·努什尔万,波斯国王,其攻伐,138—139;与基督教的关系,139;给予雅典哲学家以庇护,150;在其统治下的军事化,228
Christ, W. 克里斯特,131
Christianity 基督教,对异教,43;在小亚细亚,46—47;4世纪的基督徒数量,46—48;与君士坦丁,43—54;与马克森提乌斯,49;与利基尼乌斯 49;与米兰敕令,52;4世纪的中心,54;与朱利安,72—96;与哥特人,85—86;在波斯,

96—97,99,139;印度,99;中亚,99;与司法活动,102,147,242;与异教文化,116;与拜占庭艺术,127;在埃塞俄比亚和也门,131,207;在北非的部族中间,154,218;与高加索的部族,154;与赫鲁利人,154;在锡兰,165;在阿拉比亚,202—202;在美索不达米亚,207;与柏柏尔人,218;在保加利亚,282—283;在俄罗斯,323,332;与伯罗奔尼撒半岛上的斯拉夫人,332;阿拉伯人对基督教的态度,391—394;在奥斯曼帝国内,675—676

Chritodulus, Saint 圣者克里斯托丢勒斯,帕特莫斯圣约翰修道院的创建者,471—472

Christopher 克里斯托弗,亚历山大牧首,与圣像崇拜,287

Christopher of Mytilene 米蒂利尼的克里斯托弗,诗人和警句家,262注释,366

Chronicle of Morea 《莫里亚编年史》,569,707

Chronicon Paschale 《复活节编年史》,231

Chrysargyron (*Iustralis collatia*) 金银税,被取缔,112

Chrysoloras, Manuel 赫里索罗拉斯,曼纽尔,其生涯、著作及其影响,718—719;在意大利,636—721

Chrysopolis(Scutari) 赫里索波利斯(今土耳其斯库台),与哥特人,84;波斯人,196;伊戈尔,322;塞尔柱人,357

Chrysostom, John 赫里索斯顿,约翰(金口约翰),其生平及著作,94—96,118;对抗盖伊纳斯,94;与哥特人,95;与皇后欧克多西娅,95;利巴尼奥斯的学生,124

Chrysoteleia 黄金税,税收制度,113

Chumnos, Nicephorus 查姆诺斯,尼斯福鲁斯,作者,700—701

Church 教会,豁免权和特权,52—53,81—82,571—572;皇帝教权主义,54,82—83,148—150,175,257—258,283,334,469—470;主教座的政治权力,160;与破坏圣像运动,252—265,574—575;与土地制度,335—336,565—566,568,570—572,574—575

Church of Basil the Great in Cappadocia 瓦西里大帝建在卡帕多细亚的教堂,355

Church of Daphni 达芙尼修道院教堂,阿提卡半岛上的,373

Church of St. Apolinare in Classe 克拉斯港口的圣阿波里纳利教

堂,拉文纳,191

Church of St. Demetrius 圣底米特里教堂,萨洛尼卡的,642,672

Church of St. Front 圣弗隆教堂,法国佩利格的,189,555

Church of St. Irene 圣伊琳娜教堂,君士坦丁堡的,53,59,128,648

Church of St. John 以弗所的圣约翰教堂,189,555

Church of St. John-of the Hospital 圣约翰-医院骑士团教堂,瓦伦西亚的,529

Church of St. Luke of Stiris 斯蒂里斯的圣路加教堂,位于弗西斯,373

Church of St. Vitale 圣维塔利教堂,拉文纳的,133;描述,190—191

Church of San Francisco 圣弗朗西斯科教堂,里米尼的,699

Church of Skripu 斯克利普教堂,维奥蒂亚的,373

Church of Ascension 耶稣升天教堂,在奥利弗山上,53

Church of the Assumption 尼西亚的圣母升天教堂,513

Church of the Forty Martyrs 四十殉道者教堂,在特尔诺沃,525

Church of the Holy Apostles 圣使徒教堂,在君士坦丁堡,其建立,53,68,128;拜占庭皇帝们的安葬地,76,88,133,189,555;查士丁尼时期的重建,189;其翻版,189,553;被奥斯曼人破坏,189,555;流产的会议,264;罗得岛的君士坦丁对它的描述,363;与瓦西里一世,373;被尼古拉斯·梅萨利特所描述,555;在一个衰朽的国家内,678

Church of the Holy Sepulcher 圣墓教堂,其建立,53;被波斯人破坏,195;与哈希姆,311,392,393;其重建,312,392,393;与罗曼努斯三世,312;其关闭,393,398

Church of the Holy Virgin 圣母教堂,在君士坦丁堡的布莱舍内宫,26

Church of the Nativity 圣诞教堂,在伯利恒,其建立,53;镶嵌画,427,504

Church of the Resurrection 复苏教堂,见 hurch of the holy Sepulcher 圣墓教堂

Cibyrrhaeot 西比拉伊奥特,军区,见 Caravisionorum 卡拉维希奥诺鲁姆

Cicero 西塞罗,其著作被译为希腊文,701

Cid 《熙德之歌》,370

索引

Cilicia 乞里奇亚,68,225,276,被尼斯福鲁斯·福卡斯占领,308,309,310;被阿尔普·阿尔斯兰所侵扰,355;一个亚美尼亚人建立的国家,415,416;索罗斯叛乱和曼纽尔一世,426

Cinnamus,John 辛那姆斯,约翰,其著作,491—492,494;"宫廷党",它与军事派的斗争,351—354

Claudius Gothicus 克劳狄乌斯·哥特库斯(即打败哥特人的克劳狄乌斯),皇帝,他和哥特人,85

Clavijo,Ruy Gonzales 克拉维约,罗伊·贡扎勒,西班牙旅行家在君士坦丁堡和佩拉,678

Clement of Alexandria 亚历山大里亚的克雷芒,116

Clermont IV 克莱蒙四世,教宗,与安茹的查理,592

Clermont 克莱蒙城堡,在伯罗奔尼撒半岛上,465

Clermont,Concil of 克莱蒙会议,387,402—403

Clinton,H.L. 克林顿,《拜占庭编年史》,42

Clisurae (Clisurarchiae, Clisurarchs) 兵站,349—350

Clovis 克洛维,法兰克国王,与帝国的关系,111,133

Cluniac reform movement 克吕尼改革,338

Codex Gregorianus 《格雷格利亚努斯法典》,101,143

Codex Hermogenianus 《赫尔墨吉尼乌斯法典》,101,143

Codex Justinianus 《查士丁尼法典》,143—144;其立法程序,146;亦见 Justinian Code《查士丁尼法典》

Codex Palatinus 《宫廷法规》,363

Codex repetitae Praelectionis 《法典修订本》,145

Codex Theodosianus《狄奥多西法典》 101—103,143

Cognasso,F. 科戈纳索,意大利历史学家,论安德罗尼卡一世和1185年革命,434,438—439;论拜占庭封建制,483;被提及,487

Cola di Rienzo 科拉·迪里恩佐,与约翰·坎塔库津的关系,585

Colbert,Jean Baptiste 科尔贝,让·瓦普蒂斯特,3—4

Colonate(Colonus, coloni) 科洛尼,农奴,85;阿那斯塔修斯一世,113;皇室法典与科洛尼,245—247

Commendatio 侍从,564;在拜占庭,569—570

Comneni 科穆宁,王朝,其起源,

353—354,375,518;前三位科穆宁皇帝的对内政策,438,483,568—569;科穆宁大帝和特拉布松,468;皇帝教权主义观点,469—470;与教宗,470,475—477;其军队和舰队,484—485;科穆宁王朝的商业,486—487;希腊的复兴,488—491,562;建筑活动,503—504

Comneni-Angeli 科穆宁-安吉列,王朝,伊庇鲁斯王国,468

Conrad III 德意志的康拉德三世,376,与约翰二世的协议,415;与曼纽尔一世的结盟,417—418,421,423;与第二次十字军东征,419,420—421

Conrad IV Hohenstaufen 霍亨斯陶芬家族的康拉德四世,591

Constance, concil of 康斯坦兹会议,672

Constance 康斯坦丝,诺曼人王朝的女继承人,亨利六世的妻子,435—436,448,591

Constance of Hohenstaufen (Anna) 霍亨斯陶芬朝的康斯坦丝(安娜),弗里德里希二世皇帝的女儿,约翰·瓦塔泽斯之妻,528—529

Constans I 康斯坦斯,皇帝,君士坦丁大帝的儿子,65,67

Constans II (Constantine III) 康斯坦斯二世(君士坦丁三世),皇帝,继承皇位,193;征伐斯克拉文尼亚人,218;其统治时期保加尔人的活动,218;放弃君士坦丁堡去叙拉古,220—221;与伦巴德人的斗争,222;宗教政策,223—224;与教宗马丁,223—224

Constantine I, the Great 君士坦丁一世,君士坦丁大帝:出身,生平和王朝,44,46,65—66;与君士坦丁堡的奠基,44,57—60;皈依基督教,45—52,96;与米兰敕令,50—52;对教会和教职人士的态度,52—54;教堂建筑,53,127,128,189;与阿利乌斯派,54—57;洗礼,57;改革,60—65;与宫廷礼仪,62,363;神圣使徒,65;军队中的哥特人,85;城墙,103;在《君士坦丁传》中,120;在佐西莫斯的记载中,125;赠礼,338

Constantine II (III) 君士坦丁二世(三世),皇帝:希拉克略的儿子,继承皇位,193

Constantine III 君士坦丁三世,见 Constan II 康斯坦斯二世

Constantine IV 君士坦丁四世皇帝,继承皇位,193;阻止阿拉伯人进攻,214—215,236,390;与保加利亚人,219;宗教政策,224;修道

院豁免权,571

Constantine V Copronymus 君士坦丁五世科普洛尼姆斯,皇帝,继承皇位,234;攻伐阿拉伯人,238;娶卡扎尔汗之女为妻,238;与保加利亚人,239;与 746—747 年的瘟疫,240;破坏圣像政策,259, 262—263,265;与阿塔瓦斯杜斯起义,260;作者,293;与保罗派,383

Constantine VI 君士坦丁六世,皇帝,继承皇位,234—235,263;在他统治下保加利亚的对立,239—240;被伊琳娜废黜,267;斯拉夫人托马斯与皇帝,275;修道院的豁免权,571

Constantine VII Porphyrogenitus 君士坦丁七世波菲罗杰尼图斯,皇帝,希腊的斯拉夫化,178,240;他的著作,其内容和重要意义, 181,362—363,487;论军区的组织结构,226,350;论布切拉里安军人,250;继承皇位,302,307;论利奥六世对克里特阿拉伯人的海上征伐,305;与阿拉伯人的斗争, 306—308;接待罗斯大公奥列格, 322;论帕齐纳克人,324;社会立法,336,347,567;被提及,365, 368

Constantine VIII 君士坦丁八世,皇帝,302

Constantine IX 君士坦丁九世摩诺马赫,皇帝,继承皇位,302;对亚美尼亚政策,315,355;与帕齐纳克人,325—326;宗教政策, 338;信件,366—367;与塞勒斯, 368

Constantine X 君士坦丁十世杜卡斯,皇帝,继承皇位和内部政策,352;塞尔柱人的进攻,355;乌齐人,358;与迈克尔·塞勒斯, 368

Constantine XI Palaeologus (Dragases) 君士坦丁十一世巴列奥洛格(德拉戈什),皇帝,继承皇位,586,589;性格特点,645;与君士坦丁堡被穆罕默德二世包围和陷落事件,645—653;画像,646;安葬处,653;与教会联合问题, 675;向西方求助,677

Constantine (apostle of the Slavs) 君士坦丁(斯拉夫民族的使徒),见 Cyril 西里尔

Constantine 君士坦丁,奥尔维耶托地方的大主教,被派往尼西亚, 544—545

Constantine 君士坦丁,教宗,与查士丁尼二世,225—226

Constantine 君士坦丁,大政区长,与君士坦丁堡的防务,103

Constantine 君士坦丁,君士坦丁大帝的儿子,65,67

Constantine Tech(Tich) 君士坦丁·提克,保加利亚沙皇,与迈克尔八世的关系,601

Constantine the Rodian 罗得岛人君士坦丁,作家,363

Constantinople: in Montesquieu 君士坦丁堡,在孟德斯鸠的著作中,7,96;奠基,57—60;其地理位置的优越性,57,58,60;防卫,59,103,128,251,643;君士坦丁堡信经,81;夜里的辉煌,103;造币厂,114;与一性派,115;与542年瘟疫,162;丝绸工厂,168;失去埃及,196;被康斯坦斯二世所放弃,221;西西里发现的君士坦丁堡手稿,491;大火,被君士坦丁·斯提尔布斯所描述,502;关于教会联合的争论,505,541;失去政治上的重要性,581,585;对于加利波利被土耳其人占领事件的反应,623;黑死病,626;奥斯曼帝国的首都,654;对于君士坦丁堡之陷落西方的反应,655;移民,680;

——对君士坦丁堡的攻击,戈特里古尔人的威胁,140;受到阿瓦尔人和斯拉夫人威胁,171,196;被波斯人、阿瓦尔人和斯拉夫人包围,197;阿拉伯人的围攻,214,236,676—677,717;被斯拉夫人托马斯围攻,275;第一次罗斯人攻击,278;被克鲁姆包围,281;被西梅恩包围,318;斯维亚托斯拉夫与君士坦丁堡,319;奥列格在君士坦丁堡城下,320—321;被伊戈尔包围,322;被雅罗斯拉夫包围,323;被乌齐人包围,359;被帕齐纳克人包围,359,384;受到查哈斯威胁,384;在第一次十字军时期,406,408;在第二次十字军时期,420,421;在第四次十字军时期,440,459—462,555;在瓜分"罗马帝国"的活动中,463;被瓦塔泽斯和亚琛包围,526;被迈克尔八世收复,538;向约翰·坎塔库津打开城门,585;被热那亚人进占,625;巴耶齐德的封锁,630;被穆拉德二世包围,640;被穆罕默德二世攻占和劫掠,645—656;在最后一任巴列奥洛格统治时期,679

——对君士坦丁堡的描述,曼纽尔一世时期的情况,376;被图得拉的本杰明所描述,481—482;奥尔-哈拉威的描述,482;在柴柴斯笔下,482;被提及,在迈克尔八世统治时期,581;贝特朗东·德拉布罗吉耶的描述,642;被提及,在巴列奥洛格统治时期,678—

679

——城中的外来因素：日耳曼派，94；反哥特人起义，94；罗斯商人，323；对拉丁人的残杀，379，435；威尼斯人，382，413，422，439—440；616；比萨人，439—440；616；佛罗伦萨人，616，685；马赛商人，616；奥斯曼人作为约翰·坎塔库津的盟友，622；在巴列奥洛格时期的商业，684—685

——生活，艺术，文献：异教运动，59，60，83；城市管理，59；文学和艺术中心，43，117，127，373，687；法律学校，147；367；内部生活和市政官手册，343—345

——亦见 Latin Empire of Constantinople 君士坦丁堡的拉丁帝国

Constantinople, Higher School of 君士坦丁堡，其中的高等学府，学府的组织，100，117，123，126，150；查士丁尼时代，187；恺撒·巴尔达斯的重建，296；马其顿时期的繁荣，361，487—488

Constantinople, Potriarchate of 君士坦丁堡牧首座，与罗马的关系，81，106，173—174，658，675；宗教立法活动，106，664—665；佛提乌分裂，290，330—332；与1054年的分裂，339；在君士坦丁堡的拉丁帝国统治时期，542；在尼西亚，522，541—542，545—546；与斯科普里宗教会议，619；在奥斯曼帝国统治下，675—676

Constantius 康斯坦提乌斯，君士坦丁大帝之子，继承皇位，65；王朝问题，65—66，69，70—71；宗教政策，67—68；日耳曼人的入侵，70—71；波斯的征伐，71；在罗马，68

Constantius Cholorus 君士坦丁·克洛卢斯，君士坦丁大帝之父，恺撒，62；奥古斯都，44，63；其宫殿，44，63；其宫廷，70

Copais, Lake of 科拜湖，607

Coptic 柯普特(语言)，90

Copts 柯普特人，和一性派，116；取代希腊语，105，122；柯普特语文学，122；柯普特文学的结束，216；亦见 Egypt 埃及

Corcyra 科西拉，见 Corfù 科孚

Corduba 科尔多瓦，西班牙的，在查士丁尼一世时期，137

Corfù 科孚，岛屿，在查士丁尼一世时期，137，421；被曼纽尔一世收复，422；都主教领，559；被安茹的查理所夺取，593

Corinth 科林斯，被哥特人劫掠，85，91；丝织业，421，487；被罗杰二世劫掠，421；因其音乐而著名，

549

Corinth 科林斯,地峡,其防务设施,637—638,640,644

Corippus 科利普斯(北非的),论约翰·特罗格利塔,136;论查士丁尼的财政,161;其著作,186

Coron 科朗,在伯罗奔尼撒,威尼斯人港口,466

Corpus juric civilis《民法大全》,见 Justinian Code《查士丁尼法典》

Corsica 科西嘉,查士丁尼时期的收复,136,138;被热那亚和比萨人征服,399

Cosmas 科斯马,印度洋航海者,《基督教地志》,163,165—167,182

Crete 克里特岛,被哥特人侵扰,85;被阿拉伯人侵扰,212;被阿拉伯人占领,274,278—279,280;949年的征伐,307;被尼斯福鲁斯·福卡斯夺回,308;被威尼斯人占领,463,506;热那亚人的特权,537

Crimea 克里米亚,博斯普鲁斯王国,84;匈奴人,140—141;查士丁尼,168;特拉布松帝国,581;威尼斯和热那亚人殖民地,616;君士坦丁堡教区,665;亦见 Cherson 克尔松

Critobulus 克利托布鲁斯,希腊历史学家,论君士坦丁堡的围攻战,648;论奥斯曼人的炮兵,650;论穆罕默德二世,651;其著作,693

Croat 克罗地亚,609

Crusades 十字军,起源和组成,389—400;拜占庭的"十字军精神",403—404

——第一次十字军,阿列克修斯一世与十字军,387,388—389,395,396,401,403—404,406—409;起源和动机,389—390,397;在安娜·科穆宁娜的描述中,404,490;参与者,405—406;进程,408—409;512;与君士坦丁堡和罗马的关系,475

——第二次十字军,起源,418—419;与拜占庭,418,419—420,421—422

——第三次十字军,起源,444—445;参与者,445;结果,447;被提及,439,612

——第四次十字军,其初衷及动机,30,450—461;参与者,452;进程,454—455;结果及其意义,469;国家的形成,506—507;进一步的资料,569,577,578

Ctesiphon 泰西封,195

Cucusus 库库苏斯,在卡帕多细亚,约翰·赫里索斯顿的流放地,95

索　　引　　　　　　　　　　　　　　　　1219

Cuman(Polovtzi)　库曼人,在南俄罗斯,324—325;与帕齐纳克人一起侵扰拜占庭领土,383—384;被阿列克修斯说服去攻击帕齐纳克人,385,413,397;被曼纽尔一世打败,422;与第二保加利亚王国,441—443;在卡洛扬的军队中,509;在克洛克提尼扎战役中,524;在曼纽尔八世的军队中,536;与马木路克人,600—601

Cumont, Franz　库蒙特,弗朗兹,比利时学者,278

Curcuas, John　库尔库阿斯,约翰,阿拉伯征伐,306—307,313

Curiae　库里亚,113

Cydones, Demetrius　辛多尼斯,底米特里,论奥斯曼人占领加利波利,623;生平和著作,694—696;被提及,703

Cyparissiotes, John　塞浦路斯的约翰,670;其著作,698

Cyprus　塞浦路斯,被哥特人侵扰,85;被阿拉伯人占领,212;流放地,262;在尼斯福鲁斯·福卡斯时期光复,308—370;与夏蒂荣的雷金纳德,426;在安得罗尼卡一世时期脱离帝国,437,447;与狮心王理查,447;接受《耶路撒冷法典》,578—579;与医院骑士团,621—622

Cyriacus of Ancona　安科纳的希里亚库斯,旅行家和考古学家,在米斯特拉,645

Cyril　西里尔,亚历山大的牧首,抵制聂斯脱利,98;其追随者,99;作家,121

Cyril　西里尔(君士坦丁),斯拉夫人使徒,29,282,298

Cyril of Scythopolis　斯奇索城的西里尔,185—186

Cyrus　居鲁士,政区长,与君士坦丁堡的防务,103

Cyzicus　西齐库斯,哥特人,84;阿拉伯人,214;塞尔柱人,394

D

Dacia　达契亚,伊利里亚的达契亚,64,66;行省,荒芜,85;

Dagobert　达格贝尔特,法兰克国王,与希拉克略,199

Daillecourt, Choiseul　达扬古,舒瓦瑟尔,389

Dalmatia　达尔马提亚,拜占庭艺术,128;在查士丁尼时期,136,137,138;匈牙利人,414;与塞尔维亚,443;克罗地亚人,609

Dalton, O. M.　多尔顿,论巴列奥洛格时期的艺术复兴,710

Damascene, John　大马士革的约翰,251,259,289;与伊斯兰教,

207；著作，293—294；与宗教会议，754

Damascus 大马士革，被波斯人夺取，105；沦于阿拉伯人之手，211；与倭马亚朝，213；其清真寺，237；被约翰·齐米西斯夺回，310；与第二次十字军，421；被努尔丁·马茂德占领，445

Dandolo, Enrico 丹多罗，恩利克，威尼斯总督，在第四次十字军中的角色及其目标，452—453，454，455，457，459—460；参与劫掠君士坦丁堡，462；他在选举拉丁皇帝过程中的作用，462，468；在亚得里亚堡战役中，510

Daniel 丹尼尔，圣阿索斯山奇兰达里翁修道院住持，606—607

Daniel 罗斯朝圣者，对耶稣复活教堂的描述，393

Danishmandites 达尼什曼德王朝，卡帕多细亚的埃米尔王朝，410；与曼纽尔，417

Dante 但丁，和穆罕默德，207

Danube 多瑙河，在河上的哥特人，85—86；其南岸的匈奴人；在阿那斯塔修斯统治时期，109；在查士丁尼统治时期，140，168；赫鲁利人，154；格庇德人，172；保加利亚人，219；帕齐纳克人，324，325；乌齐人，358

Danubian provinces 多瑙河各行省，在四帝共治时期，63

Daphne 达佛涅，安条克郊区，此处的阿波罗神殿，75—76

Daras 达拉（城市），沦于波斯人之手，170；收复，171

Dardanian 达达尼亚（上马其顿地区），达达尼亚王朝，67；查士丁尼家族的故乡，129

David 大卫，底米特里·巴列奥洛格之修道院的名称，589

David the Restorer 复国者大卫，格鲁吉亚国王，与突厥人，401

Decius 德西阿斯，皇帝，与哥特人，85

Delphi 德尔斐，竞技场上来自德尔斐的蛇柱，60

Delyan, Peter 德里彦，彼得，保加利亚领袖，起义，320

Demes 竞技党，155

Demetrius Palaeologus 底米特里·巴列奥洛格，589

Demosthenes 德莫斯狄尼，在拜占庭的影响，73，488，489；被贝萨里翁译为希腊语，721

Diadem 王冠，与罗马皇帝，61

Diehl, Charles 迪尔，夏尔，25，26—27，29—30，42；论狄奥多拉，132；论查士丁尼，146；论总督政治，175—176；论阿拉伯人的侵

扰,217;论《农业法》,245;论伊苏里亚人的皇帝,270;论破坏圣像时期的艺术,299;论斯特拉齐格夫斯基的论文,372;论安条克的玛丽,377;论拜占庭传奇小说,559,708;论拜占庭的封建化进程,575,579,581,589,639;论萨洛尼卡的狂热派起义,684;论狄奥多拉·梅托希特斯,702—703;论巴列奥洛格时期的文艺复兴,709—710

Diener,Bertha　迪纳,贝尔塔,30

Dieterich,K.　迪特里奇,31

Digenes Akrites　狄吉尼斯·阿克里特斯,史诗,369—371,556

Digest（Digestum）《法学汇纂》,144,146

Dioceses　州,63

Diocletian　戴克里先,退位,44;在尼科米底,58;改革,60—65,160;东方化和拜占庭的宫廷礼仪,62,363;与基督教,119

Dionysius the Areopagite　丢尼修·阿莱奥帕吉特（伪丢尼修）,在忏悔者马克西姆斯的著作中,232;曼纽尔二世送给圣德尼修道院的插图手稿,587,635;在尼古拉斯·卡巴西拉斯笔下,698

Dioscorus　狄奥斯库鲁亚历山大牧首,与一性派,99;被罢免,105;其著作,186—187

Dir　迪尔,罗斯王公,278

Dlugosz,Jan　德鲁戈兹,扬,波兰历史学家,论君士坦丁堡被奥斯曼人攻破,654—655

Dniester River　德涅斯特河,84

Dobrudja(Smaller Sythia)　多布罗加(小斯奇西亚),保加尔人,219

Dodu,Gaston　多迪,迦斯东,578

Dölger,Franz　多尔格,弗朗茨,《拜占庭杂志》的编辑,40;《拜占庭编年史》,42;编辑关于君士坦丁一世皈依基督教的文献集,48;论迈克尔八世与卡拉万的关系,602

Don River　顿河,84

Dorotheus　多罗西斯,立法者,特里波尼安的同事,144

Dory　多里,在克里米亚,其周围的哥特人,141;大教堂,169

Dorylaeum　多里拉伊乌姆,见 Eskishehr 埃斯奇舍尔

Drava River　德拉瓦河,609

Drinov,M.　德里诺夫,110,334

Dristra(Durostolus,Silistria)　德里斯特拉,战役,383—384

Drungarius　海军统领,西比拉伊奥特军区的首领,229

Du Cange 杜康之,4—5

Ducas,Michael　杜卡斯,迈克尔,

拜占庭历史学家,论穆罕默德二世,646;论君士坦丁堡的陷落,648,653;给君士坦丁堡之陷落写的挽歌,654;生平和著作,691,692—693

Ducas 杜卡斯王朝,353,518,583

Ducatus 都督领,行省的一个区,350

Duruy,V. 迪律伊,47—48

Dux 都督,头衔,486

Dvornik,F. 德沃尔尼克,论第二次佛提乌分裂,332

Dyakonov,A. 迪亚科诺夫,156

Dyrrachium(Durazzo) 都拉基乌姆(都拉索),阿那斯塔修斯一世的出生地,67,109;此地的斯拉夫人,240;重要性,380;军区,380;被吉斯卡尔德夺取,381;被阿列克修斯一世夺回,381,388;博希蒙德的失败,411;被威廉二世夺取,437;被伊萨克收回,441;被威尼斯人占有,463;被伊庇鲁斯君主给与狄奥多勒·拉斯卡利斯,535;被安茹的查理夺取,594

E

Eburacum 埃布拉库姆(约克),63

Echos d'Orient 《东方之声》杂志,41

Ecloga《法律选编》,关于其颁布问题,24;描述,242—244;其影响,243,340,343,705;与士兵法,249

Ecomenical Councils 普世基督教会议(全基督教主教公会议),第二次 80—81,88;第三次,98;第四次(卡尔西顿会议)81,105—106,108,109,130,149,152;第五次,153;第六次,251,260,261,264,293;730 年会议,258;753—754 年会议,251,260;786 年会议,263—264;815 年会议,251,284—285;842—843 年会议,287;869 年会议,330—331;870 年会议,331,920 年会议,334

Edessa 埃德萨,聂斯脱利派中心,99;与金银税,112—113;与圣像崇拜,255;被库尔库阿斯从埃德萨取走的"圣面",306,363;被乔治·马尼阿西斯夺取,312;被鲍德温夺取,408;被赞吉夺取,418;被乔斯林夺回,418;被努尔-阿得-丁劫掠,418

Edgmiatsin(Etschmiadzin) 埃德格米亚钦,亚美尼亚的大教堂,233

Egypt 埃及,托勒密埃及对罗马的影响,61;在四帝共治时期的建制,62,64;宗教不满,88,195—196;希腊化,88,90,122,187;一性派,107,115;与联保税制,113;与芝诺和阿那斯塔修斯的宗教政策,115;希腊文学的衰落,122;拜占庭艺术的兴起,126;与梅纳斯,127;艺术,127;查士丁尼的改革,160;与抵抗福卡斯的起义,176;被波斯人占领,196;君士坦丁堡的谷仓,196;被希拉克略收复,198;在阿拉伯进攻之前衰落的原因,208—209;阿拉伯的征服,211;阿拉伯化,216;阿拉伯政策,216—217;第六次全基督教主教公会议,225;在图伦王朝统治下,303;独立于巴格达之外,354;在法蒂玛朝的哈希姆时期与拜占庭的关系,311;与塞尔柱人,355;与萨拉丁,445;与第四次十字军,454;封建化,564;大土地所有者,573;与马木路克人,600

Ehrnard, A. 埃尔哈德,31

Elagabalus 埃拉加巴卢斯,皇帝,61

Eleusis 埃琉西斯秘密仪式,与朱利安,70

Elvira 埃尔维拉,其宗教会议,254

Emesa(Hims) 埃梅萨(希姆斯),宗教不满,209

Engelman, August 恩格尔曼,奥古斯特 41

England 英格兰,诺曼的征服,399,484;组建十字军的热情,402;拜占庭军队中的英格兰人,429,484;曼纽尔一世时期与拜占庭的关系,429;与匈牙利的西吉斯蒙德的十字军,630;曼纽尔二世在英格兰,631,633—634,634—635;赫里索罗拉斯,719

Epaminondas 埃帕米农达,176

Epanagoge 《法学导论》,341—342,705

Eparch 总督,344

Eparchies 总督区,229

Ephesus 以弗所,哥特人,85;第三次普世基督教主教公会议,98;"强盗会议",99;君士坦丁五世,262

Ephraim 伊弗雷姆,编年史家,693

Epiphane 埃彼法内,拜占庭朝圣者,399

Epiphanius of Cyprus 塞浦路斯的埃彼法尼乌斯,254

Epirus 伊庇鲁斯,阿拉里克,91;被盖塔人劫掠,110

Epirus 伊庇鲁斯,君主国,其奠基,468,506,518;其国家目标,507,518—519;与尼西亚帝国的关系,518—522,523;与萨洛尼卡王国的关系,520;与约翰二世·亚琛的关系,524;在克洛克提尼扎战役之后,525;与约翰·瓦塔泽斯,532;与曼弗雷德和阿凯亚公国结盟对付尼西亚帝国,536;在卡斯托利亚战役之后,537;文化和文献,559—562;与迈克尔八世,580—581,609;与安茹王朝的查理,594;与阿尔巴尼亚人,614;屈从于穆罕默德二世,654

Eriugena, John (Johannes Scotus Erigena) 斯科特·埃琉吉那的约翰,与忏悔者马克西姆斯,232

Ertov, J. 叶尔托夫,34

Erzerum 埃尔祖鲁姆,亚美尼亚地名,313;被蒙古人征服,530

Eskishehr 埃斯奇舍尔(中世纪多里拉伊乌姆),238,被十字军人占领,408

Este 埃斯特,弗拉拉的统治家族,673

Ethiopia 埃塞俄比亚,见 Abyssirinia 阿比西尼亚

Euboea 埃维厄(内格罗蓬特),472,496;热那亚人特权,537;被提及,472,496,538,607

Eucharist controversy 关于圣体血问题的争论,在拜占庭,478

Euclid 欧几里得,对他的研究,706

Eudocia 欧多西娅,希拉克略的妻子,193

Eudocia Macrembolitissa 欧多西娅·玛克列姆博莉莎,君士坦丁十世杜卡斯的妻子,后罗曼努斯四世之妻,352—353

Eudoxia 欧多克西娅,阿卡第的妻子,与欧特罗庇厄斯,94;被提及,66,90,96

Eugenius, John 尤金,约翰,589

Eugenius III 尤金三世,教宗,与布雷西亚的阿诺德,419;与曼纽尔一世与康拉德三世的联盟,423

Eugenius IV 尤金四世,教宗,与1444年的十字军,643;与约翰八世,672—673;与巴塞尔会议,672

Euphemius 欧菲米乌斯,西西里的起义,278

Euphrates River 幼发拉底河,88,138,163;查士丁尼的防务体系,168;在马其顿王朝时期,307,313,370;与约翰二世,416

Euphrosinia 欧芙罗西尼亚,波洛茨克公主,与曼纽尔一世,432

Euripides 欧里庇得斯,在拜占庭的地位,560,705

Eusebius of Caesarea 恺撒里亚的尤西比乌斯,历史学家,论君士坦丁一世,44,50;与米兰敕令,51;与阿利乌斯派,55;论基督教的凯旋,65;其著作,118;其续作者,120;论皇帝的责任,134;论偶像崇拜,254;恺撒里亚的阿莱萨斯,364

Eusibius of Nicomedia 尼科米底

的尤西比乌斯,与阿利乌斯派,55;给君士坦丁一世施洗,57;背教者朱利安的老师,69

Eustathius of Thessalonica 萨洛尼卡的尤斯塔修斯,论安德罗尼卡一世,379;论曼纽尔一世,426,431,432,491;对萨洛尼卡围困战的描述,437;生平和著作,495—496;被提及,492,701

Euthymius 优西米乌斯,君士坦丁堡牧首,333,334

Eutropius 欧特罗庇厄斯,历史学家,论君士坦丁一世,65

Eutyches 优迪克斯,君士坦丁堡的大修道院院长,与一性派的关系,99;与《合一通谕》,108

Eutychius 优迪奇乌斯,信基督教的阿拉伯人历史学家,论希拉克略,209

Evagrius of Syria 埃瓦格留斯,教会历史学家,论阿瓦尔-斯拉夫人的入侵,177;在法尔梅赖耶的作品中,177;其著作,182

Exarchate 总督领,形成,174—176;总督的权力和角色,175,575

Exkuseia（*exkusseia*）豁免制度,其法则,570—571,572,574

F

Fallmerayer, Jacob P. 法尔梅赖耶,雅各布,德意志历史学家,其论文,176—179,638;关于阿尔巴尼亚人的假说,614—615

Fatimids 法蒂玛朝,埃及的哈里发,与瓦西里二世的关系,311;与塞尔柱人的关系,355;对耶路撒冷的占有,409;与萨拉丁,445

Faust, Goeth's 歌德创作的浮士德,其结构,466

Feodum 封地 564—565

Ferdinand of Spain 西班牙的斐迪南,对拜占庭皇位的诉求,590

Ferdinand I of Aragon 阿拉贡的斐迪南一世,与曼纽尔二世,636

Ferrara 弗拉拉,弗拉拉-佛罗伦萨宗教会议,见 Florence, Council of 佛罗伦萨会议

Festa, Nicola 费斯塔,尼古拉,意大利学者,狄奥多勒二世通信集的编者,553

Feudalism 封建主义,拜占庭的封建,483,565—579;一般记载,563—564;西方的封建制,564—565;在东方的十字军国家中,577—579

Filelfo, Francesco 菲勒尔弗,弗朗切斯科,意大利人文主义者,在君士坦丁堡,645,719

Filioque "和子"句（阐释基督教教义用语,拉丁语）,东西方教会的

宗教争论焦点问题,290,331,475,658,673
Finlay, George 芬利,乔治,其生平,13—14;对拜占庭历史的阐释,14—16,169;论军区,249;论加泰罗尼亚的征伐,605—606
Fiore and Biancifiore 《菲奥里欧和比安西菲欧勒》,传奇,其希腊版本,708
First Cataract 第一瀑布(埃及的),141
Fiscardo(Guiscardo, Portus Wiscardi) 费斯卡尔多(吉斯卡尔多,维斯卡尔迪港),381
Flanders 佛兰德人,399
Florence 佛罗伦萨,与君士坦丁堡的贸易关系和侨居区,616,685;其柏拉图学园和普勒桑,699,719;赫里索罗拉斯在佛罗伦萨,718
Florence, Council and Union of 佛罗伦萨会议与教会联合,643,647,672—674
Florinsky, T. D. 弗洛林斯基,585,613;论加拉泰的佛罗伦萨人,616;论西梅恩,618;论斯蒂芬·杜尚,620,621;论约翰·坎塔库津,623—624;与阿索斯山的档案,677
Follis 拜占庭铜币,开始使用,113
Foord, E. 福尔德,对拜占庭历史的回顾,29
France 法国(法兰西),拜占庭研究的开拓者,3—6;理性时代及其对拜占庭历史的态度,6—8,11—12;大革命与拿破仑时期,及其对拜占庭历史的态度,6—7,12—13;与十字军,389;与十字军运动的起源,399;十字军的热情,402;法国骑士传奇与拜占庭骑士传奇的问题,556—559;与西吉斯蒙德的十字军,630;与曼纽尔二世的求援,631—632,633—634,635;赫里索罗拉斯在法国,719
Francis I 弗朗西斯一世,3
Franciscan 方济各会修士(小兄弟派),在尼西亚,543
Franks 法兰克人,与东哥特人的关系,136;提庇留二世请求与法兰克人结盟对付伦巴德人,172—173;在希拉克略时期与法兰克人的关系,199;在罗曼努斯·狄奥吉尼斯的军队中,356
Fravitta, Goth 哥特人弗拉维塔,打败了盖伊纳斯,94
Frederick I 弗里德里希一世,巴巴罗萨,与曼纽尔一世,424,425,430;与基里耶·阿尔斯兰的谈判,425—426,428;与维也纳会议,430;与第三次十字军,445,446—447;与诺曼王朝的联姻关系,以及它对君士坦丁堡的重要性,435—436,446;曼纽尔一世死后与君士坦丁堡的关系,435—436,445,446—447;与塞尔维亚-保加利亚民族主义运动的关系,443,445,446,612;与匈牙利王及塞尔维亚大祖潘,与伊萨克·安吉列和伊科尼姆苏丹的谈判,445;与第三次十字军,445,446—447;被提及,448,476,561

Frederick II Hohenstaufen 霍亨斯陶芬朝的弗里德里希二世,文化和思想,526—527,529;教宗和君士坦丁堡的拉丁帝国,527—528;与狄奥多勒·安吉列,528;与约翰·瓦塔泽斯,528—530,544;论正教会,529—530;被提及,561,563,591

Frederick III 弗里德里希三世(德意志的),论君士坦丁堡的陷落,655

Freeman. Edward A. 弗里曼,爱德华,论吉本,10;论芬利,16;论盎格鲁-撒克逊人迁往拜占庭 484

Frohne 德语词"劳役",568

Fustel de Coulanges 菲斯泰尔·德·库朗热,法国历史学家,82,102

G

Gabalas, Leon 伽巴拉斯,莱昂,罗得岛总督,起义,548

Gabotto, F. 伽伯托,意大利学者,论欧菲米乌斯,279

Gades 加德斯海峡,138

Gaïnas 盖伊纳斯,日耳曼人政治派别,92;与欧特罗庇厄斯,93—94;与阿利乌斯派,94;其结局,94

Gaius 盖尤斯,法学家,102

Galata 加拉泰,与第四次十字军,459;热那亚人在加拉泰,588,593,616,625,684,685;被威尼斯人抢劫,616

Galerius 迦勒里乌斯,皇帝,44;宽容敕令,50—51,119;恺撒,62;奥古斯都,63

Galesinius, Petrus 迦勒西尼乌斯,彼得鲁斯,在里昂会议上,658

Galich 加里奇,与君士坦丁堡教区,665

Galich(Galicia) 加里奇(加利西亚),在罗斯境内,安德罗尼卡一世在加里奇,378

Galla, Placidia 加拉,普拉奇迪,狄奥多西一世的女儿,

Gallipoli 加利波利,在赫勒斯滂海峡上,被威尼斯人夺取,463;被加泰罗尼亚人占领,606;与奥斯曼人,622

Gallus and Constantius 伽卢斯与君士坦丁乌斯,65—66,70

Gardner, A. 伽得内尔, 517

Gattilusio 加提鲁西奥, 莱斯博斯的热那亚统治家族, 589

Gaul 高卢, 在四头政治时期的驻节地, 63; 大政区, 64; 朱利安在高卢, 70; 罗马臣民, 111; 蛮族人王国, 115; 在查士丁尼时期, 138

Gaza 加沙, 在巴勒斯坦, 117, 120

Geffcken 格夫肯, 论朱利安, 77

Gelzer, H. 格尔泽, 23—24, 31; 论阿拉伯人征服埃及, 210; 论阿拉伯征服对拜占庭的影响, 213; 论军区制, 249; 论伊萨克二世, 439; 论阿索斯山的修道院, 666, 670

Genesius, Joseph 吉尼西乌斯, 约瑟夫, 拜占庭历史学家, 364

Gennadius Scholarius 吉那第乌斯·斯科拉利乌斯, 君士坦丁堡牧首, 676; 其著作和文学素养, 697

Genoa 热那亚, 与西方的阿拉伯人, 399; 在拜占庭约翰二世统治时期的贸易特权, 413; 与曼纽尔一世的关系, 425; 在拜占庭的地位, 与威尼斯的关系, 453; 在科穆宁和安吉列时期的特权, 486—487; 在利凡特的地位, 537; 迈克尔八世与尼姆菲尔条约, 537, 548, 591, 593, 615; 在黑海的位置, 581, 615—616, 628; 在巴列奥洛格统治下的帝国贸易控制, 581—582, 685; 与约翰五世的关系, 585, 586, 627, 628; 在加拉泰, 588, 625, 685; 与曼弗雷德的关系, 593; 与加泰罗尼亚人, 606; 与奥斯曼人的关系, 627; 与威尼斯人的战争和都灵和约, 627—628; 与曼纽尔二世, 630; 在1453年保卫君士坦丁堡之战中的角色, 647, 650; 在拜占庭军队中的热那亚人, 680

Geoffrey de Haie (Geoffrey de Haia) 乔弗里·德·海亚, 君士坦丁堡的英国使者, 431

George Bardanes 乔治·巴尔达内斯, 494, 561—562

George Hamartolus 乔治·哈马托鲁斯, 拜占庭编年史家, 其著作和影响, 292—293; 其续作者, 365

George of Cyprus 塞浦路斯的乔治, 论尼西亚, 548—549

George of Pisidia 庇西迪亚的乔治, 194, 197, 230—231

Georgia (Iberia, Gruzia) 格鲁吉亚 (伊庇利亚, 格鲁齐亚), 与阿舍特二世, 314; 与突厥人, 401; 在安条克的使节, 426; 弗兰策在格鲁吉亚, 589

Gepids 格庇德人, 侵入巴尔干半岛, 140; 阿瓦尔人和伦巴德人与

之敌对,589

Gerbert of Aurillac 奥里亚克的吉尔伯特,329,395

Gerland,E. 格兰,30,516,论佛兰德的亨利,517

Germanicea(Marash) 哲尔曼尼西亚(马拉什),利奥三世的出生地,234

Germanopolis 哲尔曼诺波利斯,在伊苏里亚,利奥三世的出身,234

Germans 日耳曼人,君士坦丁一世的后代们与日耳曼人的斗争,67;朱利安的征伐,70;在瓦伦斯和瓦伦提尼安时期与日耳曼人的斗争,79;在西方帝国的日耳曼人问题,107;在普罗柯比的记载中,181;亦见 Goths 哥特人

Germanus 哲曼努斯 君士坦丁堡牧首,与破坏圣像运动 258;与 754 年会议,261;Germanus II 哲曼努斯二世,参加尼西亚会议的君士坦丁堡牧首,543;与布莱米底斯,550;在里昂会议上,658

Germany 日耳曼人,十字军的狂热性,402;与中世纪的其他传奇,556;赫里索罗拉斯,719

Getae 盖塔人,5 世纪的攻击,109

Ghassanids 加萨尼朝,叙利亚的阿拉伯人统治王朝,201

Ghazi 赞吉,见 Malik Ghazi 马立克沙

Ghibellines 吉伯林派,598

Ghuzz 古兹部族,土耳其部落,向西迁徙,604

Gibbon.Edward 吉本,爱德华,6;其生涯,8—9;对拜占庭历史的解释,10—11;编辑,11;论朱利安,74;论阿拉伯人,200;论约翰二世,376;论阿列克修斯一世,405—406

Giotto 乔托,意大利画家,与巴列奥洛格统治时期的文艺复兴,709

Giustiniani,John 基斯蒂亚尼,约翰,保卫君士坦丁堡,647,648;其去世,652

Glotz,Gustave 格罗齐,古斯塔夫,26

Glycas,Michael 格莱科斯,迈克尔,编年史家,503

Godefroy,Jacques 哥德弗洛瓦,雅克,41

Godfrey of Bouillon 布戎的戈弗雷,与第一次十字军,405;耶路撒冷王,578

Goethe 歌德,与莫里亚编年史,466—467

Golden Gate(Porta Aurea) 金门,在君士坦丁堡,128

Golden Horn 防卫,59,103;反击十

字军人的防御,459;在穆罕默德二世的包围下,647—648,650,651

Golden(Kipchak) Horde 金帐(钦察)汗,600

Goldziher 戈德齐赫,匈牙利学者,论阿拉伯人的宗教,202;论穆罕默德,206

Golgotha 各各他教堂,在耶路撒冷,被哈希姆摧毁,311,392

Golubinsky, E.E. 戈鲁宾斯基,俄罗斯学者,论罗斯人第一次攻击君士坦丁堡,278

Goossens, R. 古森斯,论狄吉尼斯的墓,370

Gordian 戈尔狄安,皇帝,与哥特人,85

"Gothic Klimata" 哥特人军区,见 Cherson, theme of 克尔松军区

Goths 哥特人,迁徙,65,84;在南俄罗斯,84;3世纪的侵袭,84—85;在军队中,85,87;作为隶农定居,85;基督教的传播和阿利乌斯派信仰,85—86;在小亚细亚定居,87,93;在亚得里亚堡战役之后,87;在帝国服役,87—88;在君士坦丁堡的影响,92—94;与约翰·赫里索斯顿,95;5世纪的哥特人问题,104,114;在查士丁尼统治时代,133

Gozzoli, Benozzo 戈佐里,贝诺佐,意大利画家,674

Grabar, André 戈拉巴尔,安德烈,论巴列奥洛格时期的艺术,711

Graindor, Paul 格兰多尔,保罗,40

Grand Comneni 大科穆宁家族,特拉布松统治者家族,377

Granovsky, T. N. 格拉诺夫斯基,33

Gratian 格拉提安,皇帝,继承皇位,66;与狄奥多西皇帝一世,79;宗教政策,79

Great Palace 在君士坦丁堡的大皇宫;被科穆宁家族放弃,503

Greece 希腊,在伊利里亚大政区,64;受到哥特人侵扰,84—85,100;4世纪的人口,91;文学,117;希腊语言,在埃及被放弃,代之以柯普特语,122;在君士坦丁堡的优势地位,126;受到戈特里古尔人的骚扰,140;希腊的斯拉夫人和保加尔人(保加利亚人),140;拜占庭帝国的希腊因素与阿拉伯征服问题,212—213;希腊火,214;希腊文学在埃及的终止,218;斯拉夫人在希腊的定居,218;斯拉夫人起义,219;与埃克洛加,241;与偶像崇拜,258,287;保加利亚军队,318;与瓦西里一世的立法著作,340;希腊的乌齐

人和帕齐纳克人,358;在南意大利,360—361;受到罗杰二世的入侵,421;丝绸工业,421;对罗马领地的瓜分,464—465;与骑士文学,556;加泰罗尼亚兵团,607;加泰罗尼亚人在民间传说中,607—608;阿尔巴尼亚人,614—615;在杜尚宫中的官方语言,620;屈服于穆罕默德二世,654

Greek Fire 希腊火,214,322,326

Greens(*Prasinoi*) 绿党,竞技党,157;在罗马,156

Grégoire, Henri 格雷古瓦,亨利,40,458;论君士坦丁的皈依基督,48;论利西尼厄斯,49;论迈克尔三世,272;与狄吉尼斯的墓,370

Gregoras, Nicephorus 格雷戈拉斯,尼斯福鲁斯,拜占庭作家,论安茹的查理,597;论约翰·坎塔库津,617,622;论热那亚,625;论约翰·贝库斯;与巴拉拉姆,668,669;论约翰五世的婚礼,680;工作和生平,690—691;与静修派,697—698;论狄奥多勒·梅托希特斯,702,703

Gregorius 格雷戈里乌斯,弗兰策隐修后的名字,692

Gregorius of Sinai 西奈半岛的格雷戈里乌斯,697

Gregorovius, F. A. 格雷戈罗维乌斯,德意志历史学家,20;论4世纪的希腊人社会,91;论迈克尔·阿科米那图斯,493;论君士坦丁堡的拉丁帝国,538;论米斯特拉,637

Gregory 格雷格利,《格雷格利亚努斯法典》的作者,101,143

Gregory of Cyprus 塞浦路斯的格列高利,君士坦丁堡牧首,696—697,700

Gregory of Nazianzus 纳西昂的格列高利,神学家,君士坦丁堡大教长,81,117,118;其圣诗,122;利巴尼奥斯的学生,124;忏悔者马克西姆斯与斯科特·埃琉吉那,232

Gregory of Nyssa 尼斯的格列高利,论教义争论,79—80,117,118;在忏悔者马克西姆斯作品中,232

Gregory the Decapolite 德卡波利特的圣格列高利,263

Gregory I the Great 教宗格列高利一世,与第五次全基督教主教公会议,153;与伦巴德人,173;与君士坦丁堡教区,173;致莫里斯的信,173;与皇帝福卡斯,174;论圣像崇拜,255

Gregory II 教宗格列高利二世,与破坏圣像运动,258

Gregory III 教宗格列高利三世，与破坏圣像运动,259

Gregory VII 教宗格列高利七世，对迈克尔之请求的回响,358,380,395—396,475

Gregory IX 教宗格列高利九世，与君士坦丁堡的拉丁帝国,526;与教会联合问题,543;被提及,528

Gregory X 教宗格列高利十世,安茹的查理与迈克尔八世,596;与教会联合问题,658

Grenier, Pierre 格莱尼耶,皮埃尔,28—29

Grimme, H. 格里姆,德意志学者，论穆罕默德,206

Grosvenor, E. A. 格罗斯沃诺,英国作家,653

Grot, C. 格罗特,俄罗斯学者,论马扎尔人,316

Grousset, René 格鲁塞,勒内,27

Grumel, V. 格吕梅尔,法国历史学家,拜占庭编年史家,42;与第二次佛提乌分裂,332

Guarino 瓜利诺,意大利人文主义者,在君士坦丁堡,718,722;论赫里索罗拉斯,719

Guilland, R. 居兰德,27,论尼斯福鲁斯·格雷戈拉斯,690—691;论尼古拉斯·卡巴西拉斯,699

Guiscard, Robert 吉斯卡尔德,罗伯特,阿普利亚公爵,诺曼人在意大利的首领,330;拜占庭意大利领地的占领者,360—361;在迈克尔七世时期的双方关系,361;在阿列克修斯一世统治时期,380—381

Guizot 基佐,法国历史学家,吉本著作的翻译者,11

Günther 巩特尔,班贝格主教,其朝圣活动,398

H

Hadrian 哈德良,皇帝,54,101

Hadrian I 哈德良一世,教宗,264

Hadrian IV 哈德良四世,教宗,与曼纽尔一世的关系,476

Hadrianople 亚得里亚堡,其附近的战役,87,281;被西梅恩占领,317;被弗里德里希·巴巴罗萨占领,447;作为商业中心,487;1205年的战役,509,510,514;被约翰·瓦塔泽斯占领,523;被狄奥多勒·安吉列占领,523,524;被约翰二世亚琛夺取,525;约翰·坎塔库津在此加冕,585;被穆拉德一世占领,624;奥斯曼国家迁都于亚得里亚堡,624,654;1341年革命,682;被提及,326,606

Hahn, J. G. 哈恩,与希腊的阿尔

巴尼亚人问题,615

Hakim 哈希姆,埃及法蒂玛朝的哈里发,与瓦西里二世的关系,311;对基督教和犹太教徒的迫害,392

Halphen,I. 哈尔芬,30

Hamdanids 哈姆丹王朝,阿勒颇的统治家族,306,308

Hannibal 汉尼拔,329,417

Hanotaux,Gabriel 汉诺陶,加布利尔,关于第四次十字军中威尼斯人的角色问题,457

Harald Haardraade 哈拉尔德·哈德拉德,斯堪的纳维亚首领,在乔治·马尼阿西斯的军队中,313,329;在耶路撒冷、叙利亚和小亚细亚,393

Harmenopulus,Constantine 哈尔梅诺布鲁斯,君士坦丁,法学家,705

Harnack,A.哈纳克,论君士坦丁的皈依,46—47;论4世纪基督徒的数量,47;论安条克的阿利乌斯派,55

Harran 哈伦,战役,410

Harrison,F. 哈里森,28

Harun-ar-Rashid 哈伦-阿尔-赖世德,巴格达哈里发,他所领导的征伐,239;统治,274;与查理大帝,391

Hashimite 哈希姆(氏族),穆罕默德,203

Haskins,Charles H. 哈斯金斯,查尔斯,论12世纪君士坦丁堡与西方的联系,504—505

Heeren,Arnold 黑伦,阿诺德,德意志学者,论十字军,389

Hegel 黑格尔,德意志哲学家,论拜占庭,6

Hegira 希吉拉,穆斯林纪年的开始,与穆罕默德时代,204

Heichelherm,Fritz 海歇尔海姆,弗里茨,27

Heidelberg 海德堡,德意志的,363

Heimbach,E. 海姆巴赫,41

Heisenberg,August 海森伯格,奥古斯特,30,189;论梅萨利特派,541,554—555;论布莱米底斯,550,552;论拜占庭文艺复兴问题,713注释

Helena 海伦,约翰·坎塔库津之女,嫁与约翰五世,585

Helena,Saint 圣海伦,君士坦丁一世的母亲,44

Helena 海伦,君士坦提乌斯的姐妹,嫁与朱利安,66,70

Helena Palaeologina 海伦·巴列奥洛格,曼纽尔二世的妻子,其形象描述,486—487

Helladici(*Helladicoi*) 希腊(希腊

迪科伊),军区名称,228

Hellenism 希腊化,与基督教,43;其传播和认同力,88;和拜占庭艺术,127;与《查士丁尼法典》,147;在埃及,187;文化的复兴,582,687

Hellespont 赫勒斯滂,海峡,哥特人,84;阿拉伯人,214,218;斯拉夫人,218;在瓜分罗马的事件中,463;在迈克尔统治下,580

Helmholt 赫尔莫霍特,《世界通史》的编辑者,29

Henoticon 《合一通谕》,108,115,130

Henry II of England 英格兰的亨利二世,与曼纽尔一世的关系,426,429,431

Henry VIII of England 英格兰的亨利八世,529

Henry of Flanders 佛兰德的亨利,拉丁皇帝,515,514,515—516,520,541

Henry IV of Germany 德意志的亨利四世,与教宗格列高利七世,358,396;与第一次十字军,404

Henry VI of Germany 德意志的亨利六世,与意大利的诸曼占领地,435—436,591;对拜占庭的政策,448—450,527,591;与伊萨克二世,448;与阿列克修斯三世,448—449

Heraclian 希拉克略王朝,其起源,193

Heraclius 希拉克略,阿非利加总督,其起义,176,576

Heraclius 希拉克略,皇帝,继承皇位,176;与阿瓦尔人,197;与卡扎尔汗和高加索部族的关系,197;对波斯的征伐,197—198;其胜利的重要性,198—199;采用"巴西勒斯"的称呼,199;其宗教政策,209,222—223;在其统治下帝国的军事化,228—229;立法,229;其"十字军",403;提及,576,609

Heraclonas(Heracleon) 希拉克罗那斯(希拉克利恩),皇帝,继承皇位,193

Hermogenes 赫尔墨吉尼乌斯,赫尔墨吉尼乌斯法典的编者,101,143

Herodotus 希罗多德,在拜占庭,58,73,180,491,693

Hertzberg,G.F. 赫兹伯格,19—20;24,432

Heruli 赫鲁利人,多瑙河民族,154

Hesiod 赫西俄德,在拜占庭,69,73,488,499

Hesseling,D.C. 赫瑟林,24

Hesychast 静修派运动,665—670,687,694,697,698,699

Hesychius of Miletus 米利都的赫西基乌斯,编年史家,183

Hidjaz 希贾兹,阿拉比亚的行省,209

Hieria 耶利亚宫,宗教会议会址,260

Hierocles 希罗克利斯,语法学家,在查士丁尼时代对帝国地理环境的测算,182—183

Hieronymus 希罗尼姆斯,圣徒,见 Jerome 哲罗姆

Himerius 希梅里乌斯,拜占庭海军将领,305

Hinneberg,P. 辛内伯格,30,31

Hippodrome 大竞技场,在君士坦丁堡,来自德尔斐的石柱,60;其作用,154—155;竞技党,155;其四匹铜马被掳至威尼斯,462;比萨人的特权,486

Hira 希拉,幼发拉底河岸城市,201

Hittin(Hattin) 赫丁(哈丁)战役,445

Holobolus 曼纽尔,霍罗波鲁斯,曼纽尔,拜占庭作家,706

Homer 荷马,在拜占庭,69,73,488,489,496,499,539,560,649

Honorius 霍诺留,拜占庭皇帝,继承皇位,66;与斯提利科,90—91;与约翰·赫里索斯顿,96

Honorius I 霍诺留一世,教宗,与一性派,222

Honorius II 霍诺留二世,教宗,与约翰二世科穆宁,476

Honorius III 霍诺留三世,教宗,给彼得·德·库尔特奈加冕,519;为拉丁帝国向西方国家求援,522—523;被提及,465

Hopf,Carl 霍普夫,卡尔,德意志学者,其生平和著作,18—19;与法尔梅赖耶理论,19,178;论威尼斯在第四次十字军中的角色,456;论加泰罗尼亚兵团,605

Hosius(Osius) 奥西乌斯,科尔多瓦主教,与阿利乌斯派争论,55,57

Hospitalers 圣殿骑士,罗得岛的圣约翰骑士团,622,637

Hugh 休,弗曼杜瓦伯爵,在第一次十字军中,405

Hulagu 旭列兀,其蒙古人国家,600;与迈克尔八世的关系,601,602;与金帐汗,601

Humbert 亨伯特,红衣主教,在君士坦丁堡,338

Hundrend Years War 百年战争,633

Hungary(Ugria) 匈牙利,在阿帕德王朝时期与君士坦丁堡和威尼斯的关系,388;向亚得里亚海岸的扩张及其与塞尔维亚的亲善,

414;在曼纽尔一世时期与拜占庭的关系,423;与第四次十字军,452,454;对奥斯曼人的抵抗,630;约翰八世在匈牙利,640

Huns 匈奴人,与哥特人,86—87;攻击拜占庭,98,103,133;崩溃,105;

Hunyadi, John 匈亚迪,约翰,匈牙利英雄,在弗拉迪斯拉夫的十字军中,643

Hussite 胡司派运动,672

Hutton, W. N. 胡顿,29

Hydrus(Otranto) 海德鲁斯(奥特朗托),263

Hypatia 伊帕蒂娅,教师和哲学家,121—122

Hypergyrus 伊佩比路,货币名,480

I

Iaroslav the Wise 智者雅罗斯拉夫,罗斯大公,与君士坦丁堡的关系,323

Ibas of Edessa 埃德萨的伊巴斯,与"三章案"的争论,152

Iberia 伊庇利亚,高加索地名,见 Georgia 格鲁吉亚

Ibn-al-Qalanisi 伊本·阿尔卡兰尼西,阿拉伯历史学家,论十字军,407—408

Ibn-Khurdadhbah 伊本·胡尔达巴,阿拉伯地理学家,与帝国的行省组织,226,249,350

Iconium(Konia) 伊科尼姆(科尼亚),在小亚细亚,罗姆苏丹国的首都,357

Iconoclasm 破坏圣像运动,在佩帕里哥普洛的笔下,17;起源和初衷,251—258,288;文学,251,291,293;第一时期,251,258,263;在东方的行省,255;在军队中,263—264,287—288;与意大利和教宗的分离事件,265,290;与斯拉夫人托马斯起义,275;第二时期,285—287;反对破坏圣像的地区,298—299,372;教会财产,修道院的封建化与恩地制,335,565,574—575

Ignatian 伊格纳修斯派,333,661;亦见 Ignatius 伊格纳修斯

Ignatius 伊格纳修斯,君士坦丁堡牧首,与佛提乌的争论,290,330

Igor 伊戈尔,罗斯王公,与拜占庭的关系,320 注,321,322

Ilion 伊利翁(前特洛伊),58

Illyrian 伊利里亚人,129,613

Illyricum 伊利里亚大政区,64,66

Immunitas 豁免权,确认,565;在拜占庭,570—571;与 *exkuseia* 的比较,571

India 印度,与拜占庭艺术,126;与

索　引　　1237

印度的贸易,163;拜占庭钱币在印度的影响,165—166;与希拉克略,199;与帖木儿,635

Igelheim　因格尔海姆,德意志地名,塞奥菲卢斯的使节,277

Innocent III　英诺森三世,教宗,与保加利亚的约翰王(卡洛扬),442;与霍亨斯陶芬朝诸王,450—451;与阿列克修斯三世,451;与第四次十字军,451—452,453,454,467—468,478,540;与君士坦丁堡拉丁帝国的希腊教士们,540—541;与东方的拉丁教会,540,542;与狄奥多勒·拉斯卡利斯,542

Innocent IV　英诺森四世,教宗,与约翰·坎塔库津,543,544

Institutes(*Institutiones*,"Institutions")《法学阶梯》,颁行法令,144—145;在法学课程中,146

Ioasaph　约萨法,见 John Cantacuzene 约翰·坎特库津

Ionian Islands　爱奥尼亚群岛,与威尼斯人,381,463,506

Iorga,N.　约尔加,罗马尼亚历史学家:对拜占庭历史的阐释,26—29;论拜占庭文学,31;论狂热派,664

Iotobe(Tiran)　尤塔巴(蒂朗),阿卡巴湾内的半岛,拜占庭海关,167

Irene　伊琳娜,伊萨克二世的女儿,士瓦本腓利普的妻子,440,448,455

Irene　伊琳娜,卡扎尔汗的女儿,君士坦丁五世的妻子,234

Irene　伊琳娜,曼纽尔一世的弟媳,她的书信,491,502

Irene　伊琳娜,约翰·瓦塔泽斯的妻子,508,517,528

Irene　伊琳娜,利奥四世的妻子,女皇,其继承皇位,234—235,302;阿拉伯人的威胁,238—239;在她统治时期的斯拉夫人的威胁,238—240;保加利亚的进攻,239—240;圣像崇拜的恢复,254,263—264;与查理大帝,267—268;与修道院豁免权,571

Irenikos,Nicolaus　伊林尼科斯,尼古拉斯,作家:即兴诗,528—529,556

Issac I Comnenus　伊萨克一世科穆宁,皇帝,其继承皇位,352;与塞尔柱人,355;与帕齐纳克人,358

Issac II Angelus　伊萨克二世安吉列,其继承皇位,379,438;统治及其性格,438—439;被废黜,439;复位,440,459;与威廉二世,441;与塞尔柱人,441;与保加利亚-塞尔维亚问题,443,444;与弗里德里希·巴巴罗萨,446—447;与亨

利六世,448,449;皇帝教权主义,469,477

Issac Comnenus 伊萨克·科穆宁,约翰二世的兄弟,其信件,490;

Issac Comnenus 伊萨克·科穆宁,塞浦路斯的统治者,将塞浦路斯从帝国分离出去,437;与狮心王理查,447

Isabella of Spain 西班牙的伊莎白拉,对于继承拜占庭皇位的权利,590

Isaurian(Syrian) 伊苏里亚(叙利亚)王朝,其起源,234—245;内部活动,240—248;与军区制结构,249—251;破坏圣像运动,251—265,269—271;修道院的封建化,274—275

Isaurians 伊苏里亚人,在小亚细亚,在芝诺统治时期,67,90,106,109;在阿那斯塔修斯时期,109,115,116;移居到色雷斯,109

Isidore 伊西多尔,莫斯科都主教,红衣主教,在君士坦丁堡,647,649,675;在巴塞尔宗教会议上,672—673;在弗拉拉-佛罗伦萨宗教会议上,673;与俄罗斯对教会联合敕令的态度,674

Isidore of Miletus 米利都的伊西多尔,圣索菲亚教堂和圣使徒教堂的设计师,188,189

Isidore of Seville 塞维利亚的伊西多尔,196

Islam 伊斯兰教,与基督教与犹太教的关系,205—206,237;其宽容政策,208,216—217,391—392;在柏柏尔人中间传播,218;与偶像崇拜,255;使塞尔柱人皈依,354;与金帐汗国,601

Isnik(Nicaea) 伊斯尼克,见 Nicaea 尼西亚

Isocrates 伊索克拉底,在拜占庭,488,489

Italian Renaissance 意大利文艺复兴,与中世纪希腊文学,3;与拜占庭,713—722

Italus,John 伊达路斯,约翰,对他的审判,473;与同时代的西方学者,474—475;在《泰马利翁》一书中,497;亚里士多德的学生,699

Italy 意大利,与四头时期的驻节地,62;与戴克里先的改革,64;在大政区中,64;在芝诺时期的事件,107;与东哥特人的统治,134;在查士丁尼统治下,137;伦巴德人征服,172—173;在拉文纳的总督区中,174—175;与746年的瘟疫,178;阿拉伯人的威胁,康斯坦斯统治时期的局势,221—222;破坏圣像运动在意大利,262—263;拜占庭僧侣迁至意大利,263;阿

拉伯征服与9世纪的政治局面，280；在马其顿王朝，326—330；诺曼人在意大利，359—361；十字军的狂热性，402；曼纽尔一世的意大利政策，424—425；11和12世纪的艺术，504；12世纪与君士坦丁堡的联系，505；13世纪文化运动的兴起，563；文艺复兴和拜占庭，582，696，713—722；南意大利的希腊化，717

Ivan the Terrible 伊凡雷帝（约翰），俄罗斯沙皇，434；

Ivan III 伊凡三世，俄罗斯沙皇，对拜占庭皇权的觊觎，590

J

Jaffa 雅法，被萨拉丁攻克，445

James of Venice 威尼斯的詹姆斯，在君士坦丁堡，476

Japan 日本，封建主义，564

Jenghiz Khan（Khan Temuchin）成吉思汗（铁木真汗），531

Jerome, Saint 圣哲罗姆，论君士坦丁，68；与恺撒里亚的尤西比乌斯，119；编年史，引用，100

Jerphanion G. 热法尼翁，731

Jerusalem 耶路撒冷，城市，被提图斯破坏，54，117；在君士坦丁一世时期，54；一性派，105；被波斯人夺取，195，197；被希拉克略夺回，198；沦于阿拉伯人之手，211；被穆斯林劫掠，217；与朝圣活动，217，391，394；与约翰·齐米西斯，310；与罗曼努斯三世，312；其宗主教领与罗马和君士坦丁堡的关系，338—339，542；反攻，拜占庭在叙利亚和巴勒斯坦的胜利，392；被塞尔柱人夺取，394；与法蒂玛朝，409；被十字军人夺取，409；在安德罗尼卡和萨拉丁之间的协议中，437；被萨拉丁夺取，445；牧首，约翰·坎塔库津的加冕，585；宗教会议，与佛罗伦萨，联合会议，674；被提及，418，419，590，600

Jerusalem 耶路撒冷王国，其建立，409；与迈克尔一世和约翰二世的关系，416，427；被萨拉丁夺取，445；《耶路撒冷法典》，578—579

Jesus Christ 耶稣基督，在伊斯兰教中，205

Jews 犹太人，与查士丁尼，149—150；站在波斯人一方，195；在阿拉伯半岛，202—203；与利奥三世，258；与瓦西里，332；受到哈希姆镇压，392；在伯罗奔尼撒半岛，638；亦见 Judaism 犹太教

Jireček, C. 吉莱切克，论约翰·亚琛，523，586

Joan of Arc 圣女贞德，在君士坦

丁堡的议论,642
Job 乔布,安条克牧首,给斯拉夫人托马斯加冕,274—275;与偶像崇拜,287
Joel 乔尔,拜占庭编年史家,556
Johannites 约翰派,被镇压,95
Johannitsa 保加利亚沙皇,见Kalojan 卡洛扬
John 约翰,尼基乌主教,171
John 约翰,基辅大主教(约翰二世),500
John VIII 约翰八世,教宗,对于教会和解的态度,225—226;与瓦西里一世,327;与第二次佛提乌分裂,332
John XII 约翰十二世,教宗,327
John I Asen 约翰一世亚琛,保加利亚沙皇,442;其政策与目标,523—526,532;与拉丁帝国,524;与狄奥多勒·安吉列,524—525;与约翰·瓦塔泽斯和萨洛尼卡的曼纽尔的关系,525—526;其领土的扩张,525;被提及,506,518,522
John Climacus 约翰·克里马库斯,其作品和影响,185
John II Comnenus (Calojohn, Caloyan) 约翰二世科穆宁,皇帝,继承皇位及其性格,375—376;对外政策,412;与诺曼人,412;与威尼斯人,413;打退帕齐纳克人,413;与匈牙利和塞尔维亚,414;意大利政策,414—415;小亚美尼亚,415,426;与安条克公国,415—416;与日耳曼人罗退尔和康拉德三世的协议,415;对突厥人的征伐,415;与耶路撒冷王国,416;潘托克雷塔修道院和的奠基,472;与教宗的关系,475—476;对内政策,480;与书信,490
John III Ducas Vatatzes 约翰三世杜卡斯·瓦塔泽斯,尼西亚皇帝;继承皇位,508;对外政策,517—518;与狄奥多勒·安吉列,519,521,522—523;与拉丁帝国,523;与约翰二世亚琛,525—526;与萨洛尼卡的曼纽尔,525—526;与霍亨斯陶芬朝的弗里德里希二世的关系,526,527,528—530,544,556;教会联合的计划及其与教宗的关系,528,530,532,542—543,544—545;在巴尔干的征伐,532;在恢复帝国方面的作用,内部政策,546—548;与威尼斯的关系,547—548;与莱昂·伽巴拉斯的关系,548;书信,549—550;控制阿尔巴尼亚人,614;被提及,531,536,553
John IV Lascaris 约翰四世拉斯卡

利斯,尼西亚皇帝,继承皇位,508;被迈克尔八世废黜,508,538,661;在安茹查理的宫中,595;他的支持者加入了阿瑟尼乌斯派,662;被提及,534

John V Palaeologus 约翰五世巴列奥洛格,继承皇位和约翰·坎塔库津的起义,584—585;唯一皇帝及约翰七世的起义,585—586;与巴耶齐德,587,625;威尼斯人的囚徒,588,671;与斯蒂芬·杜尚,617;与热那亚人,627,627;受到民众起义者狂热派的支持,664,683;赴罗马的旅行及皈依大公教派,671

John VI Cantacuzene 约翰六世坎塔库津,皇帝,继承皇位,584—585;与斯蒂芬·杜尚,617,620,621;与他的奥斯曼同盟者,622—624;与热那亚人,625;论黑死病,626;在热那亚-威尼斯人战争中的态度,627;受到贵族支持,653;微型画,669,711—712;论伯罗奔尼撒的局势,682;书信,688—689;成为修士,688;与辛多尼斯的通信,695

John VII Palaeologus 约翰七世巴列奥洛格,皇帝,与约翰五世,586;与曼纽尔二世,631,632

John VIII Palaeologus 约翰八世巴列奥洛格,继承皇位,586,588—589;与奥斯曼人的关系及他们在约翰八世时期的进军,640—644;在威尼斯,米兰和匈牙利寻求援助,640;佛罗伦萨联合会议,643,673;照片和半身像,674

John Lackland of England 英格兰的无地王约翰,452

John Moschus 约翰·莫斯库斯,其作品《精神的牧场》,186

John of Antioch 安条克的约翰,编年史家,231

John of Cappadocia 卡帕多细亚的约翰,大政区长,156—157

John of Ephesus 以弗所的约翰,查士丁二世时期的历史学家,论阿那斯塔修斯,141;论狄奥多拉,150—151;其作品,184—185

John the Faster "迅捷者"约翰,君士坦丁堡牧首,173

John the Grammarian 语法学家约翰,君士坦丁堡牧首,破坏圣像运动,286—287;被免职,287;书信,297

John the Lydian 吕底亚的约翰,作家,其作品,154—182

John the Merciful 仁慈者圣约翰,533

John Tzimisces 约翰·齐米西斯,

皇帝,继承皇位,302;征伐东方的阿拉伯人,307,310—311,313,391;与保加利亚,310,319;与斯维雅托斯拉夫,310,319,321;意大利政策,310,328;与亚美尼亚,310;与阿索斯山修道院制度,336—337;该时期的历史学家,364;与保罗派,383;其"十字军",403

Joranson,E. 乔兰森,11世纪的朝圣者,398

Jordan 约旦山,217

Jordanes 约尔丹内斯,拉丁历史学家,85,125

Joscelin 乔斯林,埃德萨伯爵,418

Joseph 约瑟夫,君士坦丁堡牧首,在弗拉拉-佛罗伦萨会议上,673,674

Joseph Genesius 约瑟夫·吉尼西乌斯,历史学家,363

Jovian 约维安,皇帝,继承皇位,66;与波斯,76;其宗教政策,76,78

Judaism 犹太教,与也门的王国,131;与查士丁尼一世,149—150,154;在阿拉比亚,202—202;与偶像崇拜,255

Judicatum 《宣判书》,152—153

Julian the Apostate 背教者朱利安,皇帝:与君士坦提乌斯,65—66,69—70;恺撒,66;与异教,68,71—78;教育和旅行,69—70;在米兰,70;在雅典,70;在高卢,70;"奥古斯都",71;与教会,72—76;学校改革,73;在达佛涅,75;作品,75,76—77,124;宗教信仰,76—78;最后的遗言,76;在元老院恢复胜利女神祭坛,83;哥特人在军队中,85;与利巴尼奥斯,124;在佐西姆斯的著作中,125

Justin I the Elder 长者查士丁一世,出身和继承皇位,129—130;宗教政策,130—131,149,151;对阿比西尼亚政策,131;他那个时代的历史学家,183

Justin II the Younger 幼者查士丁二世,皇帝,其继承皇位,129,169;收提庇留二世为继子,130;在他收提庇留为继子时候的讲话,130;与突厥人的关系,168,170;在其统治下的丝绸工业,168;与波斯人的战争,170;与美索不达米亚,173;历史学家,186

Justinian I 查士丁尼一世,查士丁尼大帝,与联保地税制,113;出身与继承皇位,129—130,614;与罗马大主教,130—131,149;与狄奥多拉,132;与一性派,132,149—150;150—154;对外政策,133—134,141—142,161—162;其指导思想,133—134,142,148,159;与

波斯人,135;与汪达尔人,135—136;与东哥特人,135,136—137;与西哥特人,137—138;与法兰克人,138;他的征服,138;与戈特里古尔人,140;在其统治时期保加尔-斯拉夫人的入侵,140;防卫,141,168—169,638;其立法著作,142—147;与立法研究,146;其宗教政策,148—150;与犹太人,149;与雅典学园的关闭,150,608;与"三章案"的争论,152;对内政策,154—162;尼卡起义,154—157;与大土地所有主,157—158,573—574;财经政策,159—161;行政改革,160;与军队,161;与商业,167;他的体系的衰落,169;在他统治时期教堂的建筑,169,187—188,190—191;与书信,180;在普洛柯比的著作中,180;他那个时期的历史学家,183;在其统治时期的艺术活动,187—192;在拉文纳的镶嵌画,191;对亚美尼亚的政策,313;与修道院的豁免权,572,574

——《法典》,其形成,142—147;与《埃克洛加》,242;与《农业法》,244;与《罗得海洋法》,247—248;与《军事法》,249;在瓦西里一世时期的完善和修订,339,349,340,342;与《帝国法典》,342;与受庇护者,569,570;与豁免权,571;与哈尔梅诺布鲁编纂的《法学六卷》,705;被提及,102,246

Justinian II Rhinotmetus 查士丁尼二世里诺特米图斯(受劓刑者),皇帝,其生涯,193—194;内部政策,193—194;与卡扎尔人,194;与保加利亚人,194;与马尔代特人,215;在奥普希吉翁军区的斯拉夫人,218;宗教政策,225—226;与教宗塞尔吉乌斯和君士坦丁,225;授予豁免权,571,572

Jus vetus(*jus antiquum*) 旧法(古法)142,143,144

K

Kaaba 克尔白,麦加的圣处,203,206

Kaffa 卡法,在克里米亚,热那亚人在此地,625

Kahrieh(Qahiriye-jami) 卡利耶清真寺,见 Chora 霍拉

Kalabaka 卡拉巴卡,在色萨利,621

Kaleb 卡勒布,阿比西尼亚的国王,《王者的荣耀》中的查士丁一世,131

Kalojan(Johannitsa) 卡洛扬,保加利亚沙皇,与英诺森三世,442;在国际生活中的活动,506;与拉丁

帝国的关系,509;目标和政策,509—510,532;其征伐,510—511

Kaphalas,Constantine 凯法拉斯,君士坦丁,作家,363—364

Karamzin 卡拉姆金,俄罗斯历史学家,371

Karolides,P. 卡罗里兹,希腊历史学者,17

Kasia 卡西娅,拜占庭诗人,295—296

Kathisma 座席,在大竞技场内的皇帝包厢,154

Kaufmann,C.M. 考夫曼,考古发掘,127

Kavallarios 骑士,577

Kawadh 喀瓦德,波斯国王,在他统治时期波斯的军事化,228

Kawad Sheroe 喀瓦德·谢罗尔,波斯国王,与希拉克略,198

Kebra Nagast 《王者的荣耀》,阿比西尼亚资料汇编,其中谈到查士丁一世,131

Kemal, Mustapha Ataturk 凯末尔,穆斯塔法·阿塔图克,与圣索菲亚教堂,190

Kenourgion 凯努尔金宫,瓦西里建筑的宫殿 373

Kephallenia 凯法利尼亚岛,见 Cephalonia

Khadidja 卡狄加(赫底澈),穆罕默德的妻子,203—204

Kharistikion 捐赠地,制度479—480;与科穆宁王朝,480;与特恩权相比,565—566;该名词的使用,567

Khazaria 卡扎尔地区,与之的贸易关系,324

Khazars 卡扎尔人,查士丁尼二世在他们中间,194;与希拉克略的联盟,197;与保加利亚人,219;对阿拉伯人的威胁,238;与利奥二世,238;《论帝国行政》中的~,362

Khomiakov,A.S. 霍米亚可夫,33

Khorasan(Khurasan) 霍拉桑,波斯行省,与塞尔柱人,354;与突厥人的古兹部落,604

Kiev 基辅,其壁画,504;被蒙古人夺取,530

Kipchaks 钦察汗,见 Golden Horde 金帐汗

Kireyevsky,J.V. 吉列也夫斯基,论拜占庭对意大利文艺复兴的影响,714

Kirghiz steppes 吉尔吉斯草原,塞尔柱人的起源,354

Klimata 哥特高地,见 Cherson, theme of 克尔松军区

Klokotinitza(Clocotinitza) 克洛克提尼扎,战役,524

Kluchevsky, V. O. 克鲁切夫斯基,对罗斯与波罗伏齐人之斗争的记载,400;引用,590

Kondakov, N. P. 康达可夫,著名学者,33,40,42;论《基督教地志学》中的微型画,167;论修道院的数量,256;论拜占庭艺术,709

Kopitar 科皮塔尔,威尼斯学者,论希腊的斯拉夫化,179

Koran 《古兰经》198,206

Kormchaia Kniga (Book of Rules) 《行政法规》,俄罗斯论文,与《法学导论》,569

Kormlenie 供养地,古代罗斯制度,与普罗尼亚制相比,569

Körting, G. 科尔廷,论巴尔拉姆,715

Kossovo 科索沃,战役,624

Köstendil(Velbužd) 克斯坦迪尔(维尔布什德),战役,612

Kotrigurs 戈特里古尔人,侵入希腊和色雷斯的克尔松人,140

Kovalevsky, M. 科瓦略夫斯基,626

Krebs, E. 克雷布斯,论君士坦丁一世,48

Krug, Ph. 克鲁格,32

Krum 克鲁姆,保加利亚国王,征伐,281

Krumbacher, Karl 克伦巴赫,卡尔,在拜占庭文献方面的工作,30—31;《拜占庭杂志》的奠基者,39;论基督徒的信件,116;论欧洲行省的贡献,117;论塞奥菲拉克特·西莫加特,182;论卡西娅,295—296;论乔治·基里奥特斯*,365;论安娜·科穆宁娜,490;论柴柴斯,498—499;论尼古拉斯·伊林尼科斯,556;论贝尔山德罗与赫利山查,558—559;论约翰·纳乌帕克图斯,560;论乔治·巴尔达内斯,561;论马扎里斯,638;论尼斯福鲁斯·格雷戈拉斯,690;论底米特里·特里克利尼乌斯,705;被引用,686—687,689;被提及,555,710

Kudama 库达马,阿拉伯地理学家,论军区,226

Kugler, B. 库格勒,德意志历史学家,论第一次十字军,389;论第二次十字军,419;论米里奥凯法罗战役,430

Kulakovsky, J. A. 库拉科夫斯基,作为学者的重要性,34—35;论莫里斯的出身,130;论马尔代特人,215;论军区,227;被提及,270

Kunik, A. 库尼克 32

---

* 此处似有误,因为在原文中只提到约翰·吉里奥特斯,见原书第365—366页。——译者

Kuraish 古莱氏,部族,与麦加城,203;与穆罕默德,204;

Kyriotes, John (Geometres) 基里奥特斯(吉尔梅特斯),拜占庭诗人,365—366

L

Labarum 拉巴鲁(拜占庭军旗),与君士坦丁,50;与朱利安,73;与乔维安,78

Labbé (Labbaeus) Phillippe 莱比·菲利普,4

Laconia 拉克尼亚,从法兰克(十字军)人手中收复,609

Lactantius, Firmianus 拉克坦提乌斯,费尔米亚努斯,论君士坦丁一世,49;与《米兰敕令》,51;重要性,123

Lakhmids 莱赫米人,叙利亚阿拉伯王朝,201

Lamansky, V. I. 拉曼斯基,218,603

La Monte, John 拉蒙特,论《耶路撒冷法典》,578

Lampros, Spyridon 兰普罗斯,斯彼里登,希腊学家,23,41,236,589,677

Lascarids 拉斯卡利斯,尼西亚帝国的统治王朝,其起源,468,507;与书信,549

Lateran 拉特兰,会堂,在罗马,教宗的选举,52;会议与一性派,223;1215年宗教会议,542

Latifundia 大土地所有主,513

Latin Empire of Constantinople 君士坦丁堡的拉丁帝国,在佛兰德的鲍德温一世统治时期,506;与保加利亚的关系,509—510,526,612;与尼西亚帝国,514,516—517,526;卡斯托利亚战役之后,537;其末日,538;希腊教职人士对拉丁帝国的态度,540—541,542;与十字军思想,542;与塞尔维亚,612

Latin Language 拉丁语言,在拜占庭,100,117,125,

Laura 拉弗拉,阿索斯山修道院,677

Lavisse, E. 拉维斯,历史学家,29

Lazar 拉扎尔,塞尔维亚王公,与奥斯曼人,624

Lazarus 拉扎路斯,圣像画匠,在塞奥菲卢斯时期的殉难,286

Lazica 拉齐卡,在高加索,在查士丁尼统治时期,139

Leveau, Charles 勒博,夏尔,11—12

Lebedev, A. P. 列别德夫,论破坏圣像运动,256;论狂热派,659,660

Legnano 莱尼亚诺,战役,425

Leib,B. 莱布,论阿列克修斯一世致佛兰德的罗伯特的信,387

Lemerle,Paul 勒默尔,保罗,30

Lemnos 利姆诺斯,岛屿,战役,306;君士坦丁堡的粮仓,679

Leo I 利奥一世,皇帝,继承皇位,66—67;阿斯帕尔和日耳曼人问题,104—105,114;宗教政策,106

Leo II 幼者利奥二世,皇帝,67,106

Leo III the Isaurian 伊苏里亚人利奥三世,皇帝,芬利对他的记载,14—15;继承皇位及其出身,194,230,234;与阿拉伯的威胁,235—238,390;中世纪希腊的米泰亚德,236;与保加利亚人,236,239;与卡扎尔人,238;立法,240—249;对斯拉夫人的政策,246;在其治下的税收,250—251;破坏圣像运动,252—253,258—259,265;皇帝教权主义,257—258;对于他的统治之评价,269—270

Leo IV the Khazar 利奥四世,卡扎尔人,皇帝,继承皇位,234;破坏圣像政策,263

Leo V the Armenian 亚美尼亚人利奥五世,皇帝,其出身和继承皇位,254,272;与克鲁姆,281;与奥穆尔塔格,282;与君士坦丁堡的防务,282;其破坏圣像政策,284—285;其历史学家,363

Leo VI the Wise 智者利奥六世,继承皇帝,301;与保加利亚的威胁,304,316—317;与阿拉伯人,305;与马扎尔人,316;与奥列格,320;与意大利的统治,327;与佛提乌,332;立法著作,342—343,345;与书信,361—362;与阿索斯山的豁免权,571;被提及,336,351,363

Leo of Tripolis 的黎波里的利奥,萨洛尼卡的沦陷,305;在利姆诺斯的失败,306

Leo I the Great 利奥一世,伟大者,教宗,与一性派,99

Leo III 利奥三世,教宗,与查理大帝的加冕,266

Leo IX 利奥九世,教宗,与君士坦丁堡的分离,337—339

Leo XIII 利奥八世,教宗,674

Leo the Deacon 助祭利奥,历史学家,论尼斯福鲁斯·福卡斯,309,335;论安奇阿鲁斯战役,317;奥列格的远征,321;其作品,364

Leo the Grammarian 语法学家利奥,编年史家,365

Leo the Mathematician 数学家利奥,学问和活动,297—298

Leo Tornikios 利奥·托尼基奥

斯,其叛乱,315

Leonard 列奥纳多,开俄斯岛上的主教,论君士坦丁堡的包围和陷落

Leonidas 列奥尼达,斯巴达国王,176

Leontius 莱昂提乌斯,塞浦路斯尼亚波利斯的主教,其作品,232—233

Leontius 莱昂提乌斯,皇帝,194

Leontius of Byantium 拜占庭的莱昂提乌斯,作家,185

Leontius Pilatus 莱昂提乌斯·皮拉图斯,在文艺复兴中的角色,716—717

Lepanto 勒颁多,见 Naupactus 纳乌帕克特

Le Quien, Michel 勒坤,迈克尔,多明我会修士,5—6

Lesbos 莱斯博斯(岛),塞尔柱人在岛上,394;在"瓜分罗马领土"的交易中,463;被约翰·瓦塔泽斯收回,523;热那亚人在岛上,537,589,630

Levchenko, M. V. 列夫臣柯,39

Lewis II 皇帝路易二世,在意大利,280;占领巴里,303,360;与瓦西里一世的关系,303,326

Lewis the Pious 虔诚者路易,皇帝,塞奥菲卢斯派出的使节,277

Lexicon of Suidas 《苏伊达斯词典》,364

Lex Romana Visigothorum 《西哥特罗马法》(《阿拉里克节选本》),102

Libanius of Antioch 安条克的利巴尼奥斯,修辞学家,与朱利安,69,72,76;与赫里索斯顿,94,118;其著作和影响,123—124

Licinius 利基尼乌斯,皇帝,继承皇位,44;与基督教徒,49,51;被提及,85

Limes romanus 罗马防线,200

Lingenthal, Zacharia von 林根塔尔,扎哈利亚·冯,其重要性,41;论《农业法》,244,245,246

Lipshitz, E. 利普西兹,论《农业法》,245

Lituania 立陶宛,与君士坦丁堡教区,665

Liudprand 留德普兰德,克雷莫诺主教,在君士坦丁堡,327—328

Lizios (ligius) 附庸,或者是采邑的拥有者,569

Lombard, A. 伦巴德A.,论破坏圣像运动,253

Lombard communes 伦巴德城市公社(北意大利城市公社),与曼纽尔一世,425,430

Lombards 伦巴德人,在潘诺尼亚,

172;在意大利,172—173;受到其攻击及拉文纳总督区的建立,174—176,227;9世纪在意大利的地位,280;与拜占庭的影响,717

Longobardia 隆格巴迪亚,军区,327

Long Wall （阿那斯塔修斯城墙）长城,在君士坦丁堡,其建立,110

Lot,F. 洛特,30,48

Lothar of Germany 德意志的洛塔尔,与约翰二世的谈判,415

Louis II 路易二世,皇帝,见Lewis II

Louis VII 法王路易七世,与第二次十字军,419,421;与曼纽尔一世,420,421,423;其女儿嫁与阿列克修斯二世,431

Louis IX 法王路易九世,与安茹查理的活动,593;与迈克尔八世,593—594

Louis XIII 法王路易十三,与拜占庭文献,3

Louis XIV 法王路易十四,在他统治时代的拜占庭研究,3—4

Louis of Blois 布洛瓦的路易,与第四次十字军,452

Louvre 巴黎的卢浮宫,曼纽尔二世的微型画与海伦,586;曼纽尔二世在此驻留,633,634

Luchaire,A. 吕谢尔,458,543—544

Lucian of Samosata 萨莫萨塔的卢西安,神学家,2世纪的讽刺诗人,在拜占庭,364,366,497,498,501

Lucius III 卢修斯三世,教宗,与安德罗尼卡一世,436

Lusignan,Guy de 居伊·德吕济尼昂,耶路撒冷的流亡国王,塞浦路斯的统治者,447

Lutetia Parisiorum 卢特提亚·巴黎希奥卢姆（巴黎）,朱利安在此地驻留,70

Lybistros and Rhodamne 《利比斯托罗斯和罗达姆内》,拜占庭史诗体传奇,707—708

Lyons 会议和教会联合,教宗英诺森四世在此地,543;迈克尔·巴列奥洛格的使节,553,596,658;与教宗马丁四世的决裂,599;动机与成就,657—659,662—663

M

Mabillon,Jean 让·马比荣,5

Macarius 马卡里乌斯 安条克牧首,225

Macedonia 马其顿,在伊利里亚大政区,64;受到哥特人侵扰,85;被盖塔人蹂躏,110;受到戈特里古尔人侵扰,140;斯拉夫人起义,

239；在西梅恩的领土上，318；乌齐人与帕齐纳克人，358—359；在"瓜分罗马领土"的交易中，463，506；与卡洛扬，509，511；被保加利亚人占领，525；与约翰·瓦塔泽斯，532；受到加泰罗尼亚人骚扰，606；在13世纪，609；与斯蒂芬·杜尚，613，617；巴列奥洛格时期的艺术成就，711

Macedonian Dynasty 马其顿王朝，其起源，301；社会立法，346—349；该时期的艺术，371—374；"马其顿文艺复兴"，373；与军事领地，567；与"豁免权"；与修道院封建主义，575；与小土地所有主，577

Macedonius 马基顿尼，异端派别，81

Maeotis(Sea of Azov) 亚速海，热那亚人和威尼斯人在海上，625；与都灵和议，628

Magnesia 马格尼西亚，供奉约翰·坎塔库津的神龛，533

Magyars 马扎尔人(匈牙利人)，在拜占庭历史上，304；与西梅恩的协商，316；侵袭巴尔干，319；在《论帝国行政》一书中，362；亦见Hungary 匈牙利

Maina 马伊纳，在莫里亚的防砦，移交给迈克尔八世，580，637

Málaga 马拉加，在西班牙，在查士丁尼一世统治时期，137

Malalas, John 约翰·马拉拉斯，编年史家，在编年史方面的著作和影响，183—184；与安条克的约翰，231

Malatesta 马拉泰斯塔，家族，699

Maleinus, Eustathius 尤斯塔修斯·马雷努斯，卡帕多细亚巨富，348，577

Malik Ghazi 马立克·加齐，埃米尔，俘获博希蒙德，410

Malta 马耳他，被阿拉伯人占领，304

Mamluks 马木路克人，打败了蒙古人，600；其起源及其与君士坦丁堡和金帐汗国的关系，600—602

Mamun 马蒙，巴格达哈里发，与斯拉夫人托马斯，274—275；在小亚细亚的征伐，276；与数学家利奥，298

Manasses 曼纳苏，君士坦丁，编年史家，其著作，491，502—503

Manfred 曼弗雷德，对拜占庭的政策，530，536，591，被提及，598

Mangu 蒙哥，蒙古人大汗，600

Maniaces, George 马尼阿切斯，乔治，对东方的征伐，312；西西里远征，313，329

Manichaeism 摩尼教，149，154，

383；亦见 Paulicians and Bogomiles 保罗派和鲍格米尔派

Manojlović, M. 马诺也罗维奇,论尼卡起义,156

Manuel 曼纽尔,狄奥多勒·安吉列的兄弟,525,561

Manuel I Comnenus 曼纽尔一世科穆宁,皇帝,继承皇位与其性格,276;对外政策,376,417—418,422—425,431—432;与安德罗尼卡一世,377—378*;迎娶苏尔兹巴赫的贝尔塔为妻,417,418;在其统治时期帝国向小亚细亚的推进,417;与第二次十字军,418

Manuel I Comnenus 曼纽尔一世科穆宁,皇帝,419—422;与路易七世,420,421,431;与康拉德三世,421;与教宗权力,423,425,476—477;与弗里德里希·巴巴罗萨,424—425,430;意大利远征,424—425;与威尼斯的关系,425,453,459;与意大利城市公社,425;小亚美尼亚和第一次十字军的拉丁王国,426—427;与穆斯林诸王的关系,427—428;与基里耶·阿尔斯兰,428—429;与亨利二世普兰他日奈(金雀花王朝的亨利),429;其亲西方的倾向,431,568—569,577;与波洛茨克公主的关系**,431;与普雷斯特·约翰的传说,432;在罗斯的传说中,432;宗教政策,469,470,471;内部政策,480—481,483;与书信,490—491;记载其历史的学者,491;提及,415,416,561

Manuel II 曼纽尔二世巴列奥洛格,皇帝,其微型画,586,635,711—712;与萨洛尼卡统治者,587;在土耳其掠夺小亚细亚的进军途中,587—588;在巴黎,587,633,634;在巴耶齐德的宫殿中,625,629—630;性格,588—589;对外政策,630—636,639—640;与匈牙利西吉斯蒙的十字军,630;与威尼斯人,630;与马歇尔·布奇科的远征,631—632;民众对他的不满情绪,631;向西方求援及在西方的旅行,631—634,635,636;在伦敦,633—634;马丁五世和斐迪南一世,636;与穆罕默德一世,639—640;在伯罗奔尼撒,637,682;其去世,641;金币,686;工作和文化,688;与辛多尼斯,695

---

* 此处有误,原索引作 377—338,显然不对。——译者

** 此处的波洛茨克公主,见原文的第 432 页。——译者

Manzikert 曼兹克特,在亚美尼亚,战役,其重要意义,356—357;被提及,361,395,401,408,429,485;

Marçais, George 马尔赛,乔治,26

Marcian 马西安,皇帝,出身和继承皇位,66;与阿斯帕尔,104;宗教政策,105

Marcus Aurelius 马可·奥勒留,皇帝,引用,72

Mardaites 马尔代特人,其作用,被查士丁尼二世从阿拉伯边境撤回,215

Mardonius 马尔多尼奥斯,背教者朱利安的老师,69

Marie Antoinette 法国王后玛丽·安东尼特,377

Marinus 马里努斯,大政区长,113

Mark Eugenicus 马克·尤金尼科斯,以弗所都主教,与佛罗伦萨联合,673,674;其作品,697;与贝萨里翁,721

Marmora 马尔马拉海,见 Propontis 普罗蓬蒂斯

Marr, N. 马尔,在阿尼的考古发掘,314—315;论约翰·伊达路斯,474

Marseilles (Massilia) 马赛(马西利亚),偶像崇拜,255;君士坦丁堡的居民区,616

Martin I 马丁一世,教宗,关于《信仰告白》和《信仰诏示》;与康斯坦斯二世,223—224

Martin IV 马丁四世,教宗,流产的里昂联合,596—597,659;拜占庭政策和西西里晚祷事件,599

Martin V 马丁五世,教宗,与曼纽尔二世,636

Martina 马尔蒂娜,希拉克略的妻子,193,198

Mary (Maria) 安条克的玛丽亚,曼纽尔一世的妻子,作为摄政,376—377,432—433;其亲拉丁人倾向,378

Maslamah 马什拉马,阿拉伯将军,在小亚细亚,236

Mas—Latrie 马斯-拉特里,法国历史学家,论威尼斯在第四次十字军时期的地位,456

Maspero, J. 马斯佩罗,论狄奥斯库鲁,187;论埃及,209—210

Masudi 马苏第,阿拉伯历史学家和地理学家,论巴勒斯坦的基督教派别,217

Matthew Cantacuzene 马休·坎塔库津,作家,689

Matthew of Paris 巴黎的马休,论英诺森四世,531—532

Maurice 莫里斯,皇帝,其出身和继承皇位,130;其统治能力,169;

与波斯战争,171;请求法兰克人帮助对抗伦巴德人,172—173;与教宗的关系,173;与总督制的形成,174—175;与书信,180,187;王朝政策,575—576

Maurice J. 莫里斯,论君士坦丁,48

Maxentius 马克森提乌斯,皇帝,44,49

Maximian 马克西米安,皇帝,44,62,85

Maximus Confessor 忏悔者马克西姆斯 与一性派,223;著作和影响,224,231—232;在斯科特·埃流吉那的著作中,232;与拜占庭神秘主义,698;被提及,488

Maximus of Ephesus 以弗所的马克西姆斯,哲学家;与背教者朱利安,70

Mazarin, Jules 马扎林,朱利斯,红衣主教,手稿的搜集者,3

Mazaris 马扎里斯,卢西安的模仿者,论莫里亚的局势,637—638,682;其著作,701

Mecca 麦加,202—203,205

Medici 美第奇,家族,673;科西莫和普勒桑,699

Medina (Yathrib) 麦地那(雅特里布),其作为城市的重要性,202;在穆罕默德管理下,204,205,208;穆罕默德静修的岩洞,237

Mediterranean Sea 地中海,"拜占庭内湖",133,138

Megabazus 迈加比佐斯,波斯将军,58

Megarians 麦加拉人,卡尔西顿和拜占庭城的建立者,57

Mehdia 米底亚,北非城市,被热那亚人和波斯人攻击,399

Meles 梅勒斯,与诺曼人,329

Melitene 梅利特尼,美索不达米亚城市,被库库阿斯收回,306

Meliteniotes, Theodore 梅利特尼奥特斯,狄奥多勒,其著作,706—707

Menander the Protector "保护者"米南德,历史学家,139,181

Menas 梅纳斯,埃及圣者,方形礼拜堂 127

Menas 梅纳斯,君士坦丁堡牧首,151,152

Menology 教仪月历,见 Vatican Menologium《梵蒂冈宗教月历》,373

Mercati, S. 梅尔卡第,31

Merovingians 墨洛温王朝,576

Mesarites, John 梅萨利特,约翰,其活动和作品,554—555

Mesarites, Nicholas 梅萨利特,尼古拉斯,以弗所都主教,论君士坦

丁堡被十字军人攻克,461;与教会联合问题,541,542;其活动和作品,555

Mesopotamia 美索不达米亚,希腊化,89;与聂斯脱利派,99;与拜占庭艺术,126;被阿拉伯人征服,211;与萨拉丁,445;蒙古人进入,600;帖木儿,635

Messina 西西里岛的墨西拿,被阿拉伯人征服,279;被马尼阿西斯收复,329;亨利六世在此地,449

Meteora 梅泰奥拉,修道院的建立,其奠基,621

Methodius 美多德,君士坦丁堡牧首,与迈克尔二世,286;被狄奥多拉再次任用,287

Methodius 美多德,圣者,斯拉夫人的传道者,282

Metochites, Theodore 梅托希特斯,狄奥多勒,论尼西亚,513;其宫廷被劫掠,682;其著作和影响,702—704

Meursius 慕尔西乌斯,荷兰拜占庭学者,3

Michael Asen 迈克尔·亚琛,保加利亚沙皇;与狄奥多勒二世拉斯卡利斯,535

Michael of Thessalonica 萨洛尼卡的迈克尔,其著作和生平,497

Michael I Angelus Ducas Comnenus 迈克尔一世安吉列·杜卡斯·科穆宁,伊庇鲁斯君主,与狄奥多勒·拉斯卡利斯,519;被提及,506,518

Michael I Rangabé 迈克尔一世朗伽巴,皇帝,与查理大帝,268;继承皇位,271;与克鲁姆,281;宗教政策,283

Michael II the Stammerer "口吃者"迈克尔二世,皇帝,其出身及继承皇位,254,272;其宗教政策,254,285—286;与镇压斯拉夫人托马斯起义,274—275;失去克里特岛,278—279

Michael III (The Drunkard) (醉鬼)迈克尔三世,皇帝,继承皇位,其性格特征,272;他对罗斯人与东方阿拉伯人的胜利,272;在其统治期间与教宗的决裂,290

Michael IV the Paphlagonian 帕夫拉戈尼亚人迈克尔四世,皇帝,继承皇位,302;西西远征,329

Michael V Calaphates 迈克尔五世卡拉法特斯,继承皇位,302

Michael VI Stratioticus 迈克尔六世斯特拉条提库斯,皇帝,继承皇位,305,352;与塞勒斯,368

Michael VII Ducas 迈克尔七世杜卡斯,皇帝,继承皇位,与其政策,353;塞尔柱人的威胁,356—357;

向格列高利七世求援,358,359, 395,475;与罗伯特·吉斯卡尔德的谈判,361

Michael VIII Palaeologus 迈克尔八世巴列奥洛格,皇帝,其生平,536;与伊庇鲁斯君主、曼弗雷德和维拉杜安的联合,536;卡斯托利亚战役,536—537;与热那亚人和威尼斯人的关系,537—538,548,591,593,615;收复君士坦丁堡,538;在圣索菲亚大教堂的第二次加冕,538;与阿列克修斯四世,545;在其统治时期的帝国及其敌对者,580—581,594—595;与曼弗雷德,591;与安茹的查理,592—599;与教宗的关系,593;与路易9世,593—594;与塞尔维亚、保加利亚和阿尔巴尼亚人的关系,594—595;与格列高利十世的关系,596;与卡拉万的关系,597,601—602;与阿拉贡彼得的关系,598;其东方政策,599—603;与蒙古人和马木路克人,600—602;其在小亚面临的局势,602;与边界领主们,602—603,681;与里昂联合,657—659;希腊僧侣对其宗教政策的反抗,657—658,659—663;与教宗安瑟尼乌斯,661;与阿瑟尼乌斯派,662—663;与舰队,680;作家和文学活动的庇护者,688;其历史学家,689;被提及,507,533,553,583,637

Michael IX Palaeologus 迈克尔九世巴列奥洛格,皇帝,继承皇位,583—584;与奥斯曼人,604;与罗杰·德弗洛尔,606

Miklosich, Franz von 米克洛西奇,弗兰茨·冯,677

Milan 米兰,所谓《米兰敕令》,声称,44;纪念其颁布16世纪活动,48,51;其文字,51,97

Milan(Mediolanum) 米兰,马克西米安的驻地,62;受到迈克尔一世支持,425;曼纽尔二世在米兰,633;约翰八世,640;赫里索罗拉斯,718

Miliarisia 米里亚里斯,银币名,480

Military law 《军事法》,244,248—249

"Military party" 军事派,与"贵族派"之争,351—354

Miller, W. 米勒,532

Millet, G. 米勒,677,710,712

Milosh(Obilié, Kobilié) 米洛什,塞尔维亚显贵,刺杀穆拉德一世,624

Milvian Bridge 米尔维安桥,战役,44

Mir-Achor djami 米尔-阿克尔清真寺,128

Mistra 米斯特拉,在莫里亚,法国公爵的防砦,465;莫里亚君主的驻节地,465,589,637;文化中心,465,637,645,687,712;歌德《浮士德》所依托的原型环境,466;交还迈克尔八世,580,637;巴列奥洛格时期文艺复兴的纪念物,582,687,709—711;文学人物,645,699,720;与1465年的征伐,699

Mithras 密特拉,波斯神祇,对其崇拜,49;与朱利安,77

Modon 莫登,在伯罗奔尼撒半岛上,威尼斯人的港口,466

Moesia 莫西亚,达契亚人迁徙至此,85;哥特人在莫西亚,86;保加尔人,219

Monachmachia 破坏修道院,262

Monembasia (Monemvasia) 蒙内姆巴西亚,伯罗奔尼撒半岛上的城市,斯拉夫人的定居,240;移交给迈克尔八世,580,637

Mongols 蒙古人,入侵和征服,530—532,599—601;在小亚细亚,530—531,535,599—600,604;据巴黎的马休所记英诺森四世和蒙古人,531—532;与约翰·瓦塔泽斯,531,532;与狄奥多勒二世,535;关于其在波斯的活动,600,604;侵扰叙利亚和美索不达米亚,600;与马木路克人,600;其在罗斯的活动,600—601;在迈克尔八世时期的双边关系,600—601与古兹突厥人部族,635—636

Mongus 孟古斯,见 Peter Mongus 彼得·孟古斯

Monnier, Ph. 莫尼耶,论赫里索罗拉斯,719

Monophysitism 一性派,其起源,99;在5世纪的情况,105;与卡尔西顿会议,105;与《合一通谕》,108;其政治重要性,115,196,208;在埃及,122,196,208;与查士丁一世,132,149,150—151,153—154;在阿比西尼亚,131;与查士丁尼一世,132,149,150—151,153—154;与诺贝达人,141;与尼卡起义,155,157;在叙利亚和巴勒斯坦的政治地位,196,208;在阿拉伯人统治下,217;与希拉克略,222;在拜占庭被最后禁绝,224—225

Monotheletism 一意派,正教派与该派的争论,222—223;与康斯坦斯二世的"信仰告白",223—224;被君士坦丁四世诅咒,224—226;瓦尔丹对该派的偏爱,230;其文献,231

Monreale 蒙利尔,与拜占庭艺术,504

Montanists 孟他努斯教派,与利奥三世,258

Montelatici, G. 蒙特拉蒂奇,论拜占庭文献,31;论格雷戈拉斯,690

Montesquieu 孟德斯鸠,法国学者,对拜占庭历史的阐释,6,7—8,23

Montfaucon, Bernard de 蒙弗孔,贝尔纳德,法国学者,与《希腊古文书学》,5

Montferrat 蒙斐拉,巴列奥洛格王朝,其建立,583

Moors 摩尔人,见 Berbers 柏柏尔人

Mopsuestia (Mamistra) 莫普苏埃斯蒂亚(马米斯特拉),在乞里奇亚,426

Morea, Choronicle of 《莫里亚编年史》,466—467

Morea 莫里亚,伯罗奔尼撒半岛,封建结构,465;奥斯曼人在莫里亚,631,640,647;君主国,637,680,681;亦见 Peloponnesus 伯罗奔尼撒

Morosini, Thomas 莫洛西尼,托马斯,君士坦丁堡的拉丁派最高主教,463,541

Mortreuil, J. 莫特罗伊,法国学者,41

Moschopulus, Manuel 莫斯霍布鲁斯,曼纽尔,其著作和影响,702

Moscow 莫斯科,国家,569;"第三罗马",590;曼纽尔二世的求援,631

Mosul 莫苏尔,底格里斯河上的防砦,阿塔贝格,418

Mount Horeb 何烈山,在耶路撒冷,217

Mozarabs (Mozaravs) 穆扎赖卜人,西班牙的社会阶层,216

Muawiya (Moawiya) 哈里发,建立舰队,212;与阿里,213;在海陆两方面与拜占庭的对抗,214

Muhammed 穆罕默德,其生涯,203—205;其教诲,205—206;目标及成功,206—207;在但丁的作品中,207;直接继承人,211;传说中与希拉克略的通信,211

Muhammed I 穆罕默德一世,奥斯曼人的苏丹,与曼纽尔二世,639—640

Muhammed II the Conqueror 征服者穆罕默德二世,其清真寺,189;与恩利克·丹多罗的遗骨,510;与底米特里·巴列奥洛格,589;性格和野心,645—646;攻占君士坦丁堡,645—653;其照片,646;使用大炮,650;进住布莱舍

内宫,653

Müller,J. 奥地利学者,677

Mundium 侍从(德语释意),565,569

Muntaner 蒙塔内尔,加泰罗尼亚编年史家,605,689

Murad I 穆拉德一世,奥斯曼苏丹,巴尔干的征服者,624

Murad II 穆拉德二世,与约翰八世,640

Muralt,E. 穆拉尔特,在俄罗斯的瑞士学者,《拜占庭编年史》,42

Mutasim 穆塔希姆,哈里发,对小亚细亚的征伐,276

Muzalon,George 穆扎伦,乔治,约翰四世的摄政,536

Myriocephalon 米里奥凯法罗,战役,428—429

N

Naissus(Nish) 纳伊苏斯(尼什),44,58,443

Naples 那不勒斯,被贝利撒留征服,136;康斯坦斯二世在此地,221;公国,280,327,436;其大学,527;与安茹的查理,590,604;塞尔维亚和保加利亚使节,595;安茹家族的档案,597;在阿方索五世的统治下,643;约翰五世在那不勒斯,671

Napoleon I 拿破仑一世,论拜占庭,6—7

Narses 纳尔泽斯,拜占庭将军,战胜托提拉,137;与伦巴德的入侵,172

Nasiri-Khusrau 拿西里·伊-库斯劳,波斯旅行家,在耶路撒冷,312—313

Naupactus 纳乌帕克图斯,559

Navarrese 纳瓦拉人,在加泰罗尼亚人的兵团中,604,608

Nazareth 拿撒勒,当地的教堂,127;被约翰·齐米西斯收复,310

Nea 新教堂,其建立,372—373

Nea Moni 新莫尼教堂,在开俄斯岛上,372

Nectarius 奈克塔利乌斯,君士坦丁堡教宗,81,95

Nedjd 纳季德,阿拉比亚的省区,200

Nemanjas 尼曼加,王朝,塞尔维亚王权的奠基者,443,609

Nerva 涅尔瓦,《当代希腊的记忆》杂志,41

Nestorianism 聂斯脱利派,中心及其对立者,99,108;与查士丁尼,149—150,154;与第五次全基督教主教公会议,153;在波斯,165,196;在锡兰,165

Nestor Iskinder 聂斯托尔·伊斯

金德尔,649

Nestorius 聂斯脱利,安条克教会首领,其异端,98—99,108

New Church 新教堂,372—373

Nicaea 尼西亚帝国,与拉丁帝国,50—59,516—517,536—538;与拉斯卡利斯,468—469;与国家的目标,507,511;与伊科尼姆苏丹,508,514—515,530—531;与亚得里亚堡战役,510—511;与尼西亚城,512—513;与伊庇鲁斯君主国,518—522,523;与约翰二世亚琛,525—526;与蒙古人,530—531;在约翰·瓦塔泽斯统治下,531—532;在狄奥多勒二世和迈克尔八世统治时期,534—538;与教宗的关系,542—545;其历史学家,553;文献,562—563

Nicaea 尼西亚,在比西尼亚,第一次基督教全体主教公会议,55—56;塞尔柱人苏丹,385,394,402;与第一次十字军,408;历史,512—513;1234 年会议,543;文化中心,548—549;奥斯曼人的征服,604,608

Nicaea 尼西亚,宗主教:宗教领袖,522,541,542,545—546

Nika Riot 尼卡起义,135,154—157

Nicephorus 尼斯福鲁斯,君士坦丁堡牧首,历史学家和神学家,与 815 年宗教会议的宣言,251;反对意见,283;与利奥五世,284,285;著作,292,293

Nicephorus I 尼斯福鲁斯一世,皇帝,其出身和继承皇位,235,271;与查理大帝,268;与克鲁姆,271,281;在他统治时期伯罗奔尼撒的斯拉夫人起义,278;其宗教政策,283;与联保制,348

Nicephorus II 尼斯福鲁斯二世,福卡斯,皇帝,继承皇位,302;意大利征伐,305,326;收复克里特,308;叙利亚的征伐,308—309,391;与斯维雅托斯拉夫,308;对西方政策,308—309;与奥托一世,308,327—328;与保加利亚的斗争,319;宗教政策,334—337;与教宗,336;与阿索斯山修道院体系,336—337;社会立法,347,567;其历史学家,364;其"十字军"403,被提及,313,471,481

Nicephorus III 尼斯福鲁斯三世,波达尼塔特斯,继承皇位,353;被提及,357,384,489

Nicephorus Calistus 尼斯福鲁斯·卡利斯图斯,作家,论约翰·赫里索斯顿,118

Nicholaites 尼古拉派,333,334

Nicolas I 尼古拉一世,教宗,送给

鲍里斯《阿拉里克节选本》,102;与保加利亚教会,282—283;与佛提乌案,290,330—331

Nicolas V 尼古拉五世,教宗,655

Nicolas Mysticus 尼古拉·米斯提库斯,君士坦丁堡牧首与佛提乌,297;与克里特埃米尔的关系,297,306;与西梅恩,317;与《联合通告》,334;与利奥六世,333—334;与教宗权力,334;他的通信,364

Nicolas of Otranto 奥特朗托的尼古拉斯,卡索勒修道院院长,541

Nicopolis 尼科波利斯,战役,630—631;632

Nikon 尼康,牧首,342

Nikov, P. 尼克夫,论卡洛扬,511

Nile River 尼罗河,在查士丁尼统治时期,141

Nineveh 尼尼微,战役,197

Niphon 尼逢,鲍格米尔派教义的传播者,473

Nish(Naissus) 尼什(纳伊苏斯),44,58,443

Nisibis 尼西比斯,聂斯脱利派学校,99;与查士丁二世时代的波斯战争,170

Nobade(Nubian) 诺贝达人(努比亚人),141,165

Nogai 诺盖,金帐汗国将军,与迈克尔八世,601

Nomisma(hipergyrus or solidus) 诺米斯玛(伊佩比路或索里达),拜占庭金币,在阿列克修斯时期,480

Nomocanon 《世俗-教会法规集》,470

Nonnosus 诺诺苏斯,其使命,182

Norden, W. 诺登,论教宗权力,亨利六世与君士坦丁堡,449;论亨利六世,450;对第四次十字军的解释,458;论科穆宁对教宗的政策,476;被引用,658

Normans 诺曼人,在南意大利,329;教宗权力,君士坦丁堡与拜占庭属意大利的占领,330,351,354,359—361;在阿列克修斯统治时期与之关系,380—381,399;阿普利亚公爵领,381,413;博希蒙德在东方的计划,409—410;西西里和南意大利在罗杰二世时期的联合,414—415;在约翰二世和曼纽尔一世时期的关系,415,417—418,422—425;与亨利六世,435—436,448;威廉二世的活动,436—438,440—441

Notaras, Lukas 诺塔拉斯,卢卡斯,647

Notitia dignitatum 职衔录,63

Nougaret, P.J.B. 努加来,对拜占

庭历史的解释,12
Novels(*Novellae leges*) 新律,颁布,145;一个历史资料,154,157—158,159
Novgorod 诺夫哥罗德,拜占庭壁画,504
Nubia 努比亚,在印度洋航海者科斯玛斯记载中的努比亚碑铭,165
Nur-ad-Din Mahmud 努尔丁·马茂德,攻取埃德萨,418;与第三次十字军,44—45
Nürnberg,Treaty of 纽伦堡,协议,446
Nymphaeum,Council 尼姆菲尔会议,543
Nymphaeum,Treaty of 尼姆菲尔协议,537,548

O

Ochrida 奥赫里德,大主教领,496,560
Octateuch, Constantinoplitan Code of,《圣经·旧约·首八卷》的君士坦丁堡抄本,490
Odovacar 奥多阿克,废黜罗慕洛·奥古斯都,107;芝诺和狄奥多里克,107
Oeconomos,L. 厄科诺摩,27
Oleg 奥列格,罗斯大公,关于其远征,320,320注,321—322

Olga 奥尔加,罗斯女大公,在君士坦丁堡,322
Olympic games 最后一次奥林匹克盛会,83
Oman,C.W. 欧曼,28
Omar 欧麦尔,哈里发,在其统治时期对拜占庭领地的征服,211;耶路撒冷清真寺,233,409
Omar 欧麦尔,梅利特尼的埃米尔,对小亚细亚的征伐,277
Omar 欧麦尔清真寺,409
Omurtag 奥穆尔塔格,保加利亚沙皇,与君士坦丁堡的关系,275,282
Onogurs 奥纳格部族,219
Opsikion 奥普西奇翁军区,在此地的斯拉夫人,218,228,250
Origen 奥利金,54
Orkhan 奥尔汗,苏丹,608,622
Orosius 奥罗修斯,历史学家,66
Orvieto 奥尔维耶托,尼西亚的主教,544
Osman(Othman) 奥斯曼,苏丹,创建奥斯曼王朝,604;在其统治下向小亚细亚的挺进,608—609
Ostrogosky,G. 奥斯特洛戈尔斯基,杰出的历史学家,28;论希拉克略,194;论《农业法》,245
Ostrogoths (Ostgoths)东哥特人,德涅斯特河东方,84;与匈奴人,

86;在潘诺尼亚,107;侵犯巴尔干半岛,107;在意大利建立东哥特国家,107;在阿那斯塔修斯统治时期,111;与查士丁尼,133,136—137;与汪达尔人和法兰克人的关系,135—136;与贝利撒留和纳尔泽斯,136—137;在诺里克,138;向库斯鲁·努什尔万求援,139

Othman 奥斯曼,哈里发,211

Othman 见 Osman,奥斯曼

Othon de la Roche 奥松·德拉洛奇,雅典和底比斯公爵,464,506

Otto I 奥托一世,皇帝,与君士坦丁堡的关系,308,327—328,336;被提及,520

Otto II 奥托二世,皇帝,娶了狄奥凡诺,310;被阿拉伯人打败,312

Otto III 奥托三世,皇帝,与拜占庭的关系,328—329

Othmans 奥斯曼人,拜占庭体制对它的影响,569;在14世纪拜占庭内争中的角色,585,589;与约翰五世,587,625;起源和兴起,603—604;与加泰罗尼亚人的远征,604—605,606,608;安德罗尼卡统治时期在小亚细亚的进军,608—609,621;与斯蒂芬·杜尚,620,621;约翰·坎塔库津与奥斯曼人在欧洲的立足,622—624;塞尔维亚、保加利亚和奥斯曼人的关系,624;在巴耶齐德时期的进军,629—630;与西吉斯蒙德的十字军,630—631;与马歇尔·布奇科的远征,631—632;其进攻受到帖木儿阻止,634—636;在穆罕默德一世统治下,639—640;1422年包围君士坦丁堡,630—640;在约翰八世统治下的局势,641—664;攻占萨洛尼卡,641;与弗拉迪斯拉夫的十字军,643;1453年对君士坦丁堡的围攻和征服,645—646;西欧国家对奥斯曼征服的抵抗,655—656;与正教会,675—676

Otto of Brunswick 不伦瑞克的奥托,450—451,452,455

Otto of Freising 弗莱兴的奥托,424

Ovid 奥维德,在拜占庭,559,701

P

Pachymeres 帕希梅利斯,历史学家,论阿瑟尼乌斯派,661;论热那亚人,685;其著作,689

Paganism 异教,与基督教文化,43;在4世纪,47;与米兰敕令,52;与君士坦提乌斯,67;与背教者朱利安,69,71—78;在朱利安的继承人时期,78;与狄奥多西大

帝,80,82—83;与查士丁尼,149—150,154;与偶像崇拜,254—255,257

Palaeologi 巴列奥洛格王朝,艺术和文学的复兴,562,563,582,687,709—711;在该时代的爱国主义精神的复兴,563,582;其出身背景,583;与教宗的关系,657—659,670—672,672—675;该时期的宗教斗争,659—670;政治和社会条件,676—687;在其统治时期的经济政策,679—680;军队和舰队,680—681;在其统治时期的行省统治,681;在其统治时期的社会条件,681;大土地所有者,681—682;国际争端,682—684;与商业活动,684—686;货币改革,686;该时期的历史学家,692

Palaeologi of Montferrat 蒙斐拉的巴列奥洛格,583

Palamas, Gregorius 帕拉玛斯,格雷格利乌斯,萨洛尼卡大主教,与静修派运动,667,688;与巴尔拉姆,669;其讼案和生平,669,670;其工作,697—698

Palamites 帕尔拉姆派,669

Palermo (Panormos) 巴勒莫,阿拉伯人的基地,279;罗杰在此加冕,414;丝绸工业,421;拜占庭艺术,504;霍亨斯陶芬家族的弗里德里希,527

Palestine 巴勒斯坦,对于帝国的重要性,115;文化中心,117;与542年的瘟疫,162;波斯人在巴勒斯坦,195;被希拉克略收回,198;宗教的对立,208—209,392;阿拉伯人在此地的宗教政策,216;与第六次全基督教主教公会议,225;在法蒂玛朝统治下,292—293,392;在查理大帝时期的"法兰克人保护区",391—392;在阿拉伯统治时期的基督教,391;在塞尔柱人统治下,394;与第一次十字军,404;在安德罗尼卡一世和萨拉丁的协议中,437;在萨拉丁和阿尤布王朝统治下,445,453;与第三次十字军,445—447;穆斯林对该地的重新控制,615—616

Palladius of Helenopolis 海伦那城的帕拉第乌斯,埃及修道院历史学家,121

Palmyra 帕尔米拉,城市和国家,201

Pamphylia 潘菲利亚,该地的马尔代特人,215

Pančenko, B. A. 潘臣克,244—245

Pandects (*Pandectae*) 见 Digest《法学汇纂》

Pannonia 潘诺尼亚,东哥特人,107;阿瓦尔人和伦巴德人,172

Panselinos, Manuel 潘瑟里诺斯,曼纽尔 711

Pantocrator 潘托克拉特,教堂和修道院,在君士坦丁堡,其奠基,472,504;其中的医院,472;拜占庭皇帝的墓地,504

Papacy 教廷或教宗,罗马主教与君士坦丁堡牧首之间的排序关系,81,106,149,173—174,331;与赫里索斯顿,96;与以弗所的会议,105;与《合一通谕》,108,115;与阿卡西乌,108—109;与查士丁一世,130—131;与查士丁尼,149,152;福卡斯与莫里斯时期双方关系,173—174;与伦巴德人的威胁,173;《信仰告白》和希拉克略,222—224;《信仰诏示》与康斯坦斯二世,223;与第六次全基督教主教公会议,224—225;在查士丁尼二世时期与君士坦丁堡的关系,225—226;在瓦尔丹和阿那斯塔修斯时期,230;与破坏圣像运动,255,258,259,270,288,290;与查士大帝的加冕,266—267,290;保加利亚教会问题,282—283,290,331;与佛提乌分裂,与瓦西里一世时期的关系,290,330—332;与诺曼人,339;与尼古拉·米斯提克斯的主教权,334;在尼斯福鲁斯·福卡斯时期的关系,336;1054 年的教会分离,337—339;十字军及其目标,395—397;与博希蒙德的巴尔干征伐,410;与曼纽尔一世,423,425;与安德罗尼卡一世,436;与第二保加利亚王国,444;与亨利六世,448—449;在英诺森三世时期与君士坦丁堡的关系,450—451;与第四次十字军,450—451,453,454,455—456,467;在科穆宁王朝时期的关系,475—477;与弗里德里希二世,527—530;与尼西亚帝国的关系,528,530,531—532,542—543;与蒙古人,531—532;与君士坦丁堡的拉丁教会,540;与拉丁帝国的希腊僧侣,540—541,542;与曼弗雷德,591,657;与曼纽尔二世,631,633;与安茹的查理,657,659;迈克尔八世时期与教廷的关系,657—659;与约翰五世,670—671;在阿维尼翁的教廷,671;在约翰八世时期的关系,672—674;在君士坦丁十一时期的关系,675

Papamichael, G. 帕帕米凯尔,论静修派运动,666,667

Paparrigopoulo, K. 佩帕里哥普洛,其著作和对拜占庭历史的阐

释,16—18;论破坏圣像运动,17,252;论《法律选编》,189

Parenzo 帕伦佐,在伊斯特里亚,189

Parsism(Zoroastrianism) 波斯宗教,琐罗亚斯德教,205

Parthenon 帕特农,圣母玛利亚的教堂,464,492,607;清真寺,654

Partitio Romanie 罗马的瓜分,462—465

Patarins 帕塔林派,意大利的保罗-鲍格米尔派,383

Patrae(Patras) 被斯拉夫人包围,278;丝绸业,487

Patzes 帕齐斯,拜占庭法学家,343

Patzinaks 帕齐纳克人(佩切涅格人),对付君士坦丁·摩诺马赫,315;与西梅恩结盟,316;在马其顿王朝时期的侵袭,319;其民族起源,324;其角色,324—325;11世纪时的问题所在,324—326,351,352,353,354;在保加利亚,325;在罗曼努斯·狄奥吉尼斯的军队中,356;与伊萨克·科穆宁,358;在迈克尔八世杜卡斯时期,359;在尼斯福鲁斯·波达尼塔特斯和阿列克修斯·科穆宁两者的斗争中,359;在《帝国行政》一书中,362;与保罗派的结盟,383;与阿列克修斯,383—385,412;失败和湮没,385,413

Paulicians 保罗派,与偶像崇拜,256;与瓦西里一世,303;移民至色雷斯,382;其教义在保加利亚,383;与阿列克修斯一世,473;亦见 Bogomiles 鲍格米尔派

Paul of Samosata 萨莫萨塔的保罗,保罗派的奠基人,383

Paul the Deacon 执事保罗,267

Paul the Silentiary 宫廷侍卫长保罗,186

Pausanias 波桑尼亚斯,96

Pavia 帕维亚,赫里索罗拉斯,718

Pavlov,A.S. 帕弗洛夫,247

Pavlov-Silvansky,N. 帕弗洛夫-西尔万斯基,572

Pears,E. 皮尔斯,651—652

Pegolotti, Francesco Balducci 佩戈洛蒂,弗朗切斯科·巴尔都齐,佛罗伦萨商人和作家,684

Peiraeus 比雷埃夫斯,被哥特人攻占,91

Peiragius 佩拉吉乌斯,红衣主教,与希腊教士们的谈判,541

Pelagonia 佩拉戈尼亚,战役,536

Pelopeonnesus(Morea) 伯罗奔尼撒(莫里亚),哥特人在此地,91;斯拉夫人,117,178,212,240,278,465;与6世纪阿瓦尔-斯拉夫人的联合进攻,171;马尔代特

人,215;威尼斯人,463,466,644;法兰克人的统治,464—467,506;使用《耶路撒冷法典》,578—579;受到安茹的查理的侵袭,594;传说中对加泰罗尼亚人的描述,607;在迈克尔八世统治时期,609;阿尔巴尼亚人在莫里亚,614—615;在巴列奥洛格统治时期的角色及其重要性,636—639;奥斯曼人在莫里亚,637,644,654;在巴列奥洛格统治时期的客观局势,682,亦见 Morea 莫里亚

Pempton 即圣罗曼努斯门,君士坦丁堡的城门,652

Pare 佩拉,金角湾对面的城区,678,684,见 Galata 加拉泰

Pergamon 波加蒙,阿塔利斯,61;被阿拉伯人占领,236;与狄奥多勒二世,554

Persarmenia 波斯属亚美尼亚,31,171

Persia 波斯,与罗马体制,61;在君士坦丁一世之儿子们时期的战争中,67,71;在朱利安和乔维安时期的战争中,76,78;希腊化,88;在阿那斯塔修斯时期的战争中,90,109;波斯的基督教,96—97;在耶兹迪格德一世时期与拜占庭的关系,96;聂斯脱利派在波斯,99;查士丁尼时代对波斯的战争和"永久和平",133,135,138—139;542年的瘟疫,162;与查士丁尼的商业政策,163,167—168;查士丁二世时期与拜占庭的关系,170;在提庇留和莫里斯以及福卡斯时期与拜占庭的关系,171;对拜占庭的攻击与军区制,176,227;在西莫加特的记载中,182;与希拉克略的关系,194—199;阿拉伯征服,211;军事化,228;与塞尔柱人,355;蒙古王朝,600;帖木儿,635

Pescennius Niger 佩塞尼乌斯·尼格尔 58

Peter 彼得,保加利亚沙皇,与君士坦丁堡的关系,318

Peter Delyan 彼得·德里彦,保加利亚起义领袖,320

Peter(Kalopeter)Asen 彼得(卡洛彼得)·亚琛,与第二保加利亚王国的建立,441—442,443,444

Peter Mongus 彼得·孟古斯,亚历山大牧首,宗教政策,108

Peter of Aragon 阿拉贡的彼得,西西里王,598;与加泰罗尼亚兵团,604

Peter of Courtenay 库尔特奈的彼得,拉丁皇帝,519—520

Peter of Russia 罗斯人彼得,65

Peter the Hermit(Peter of Amiens)

隐修士彼得(亚眠的彼得),十字军,404—405

Peter the Patrician 牧首彼得,历史学家,其著作,181

Petra 佩特拉,城市,200—201

Petrarca 佩特拉克,论西西里晚祷事件,598;论希腊教会的分离,670—671;论巴尔拉姆,714;论莱昂提乌斯·皮拉图斯,716;论卡拉布里亚,718

Pétridès,S. 佩特利底斯,560

Petronas 佩特罗纳斯,拜占庭将军,博森之役,277

Petrovsky,N. 彼得洛夫斯基,论法尔梅赖耶,179

Phidias 菲迪亚斯,雕塑家,他所雕塑的宙斯像,83

Philadelphia 菲拉德尔斐亚,制鞋业著名基地,549;从罗哲·德弗洛尔包围中解救,606

Philes,Manuel 菲勒斯,曼纽尔,诗人,706

Philip I of France 法国的腓力一世,与第一次十字军,405

Philip II Augustus 腓力二世·奥古斯都,与十字军运动,445,447,452

Philip of Macedon 马其顿的腓力,58

Philip of Swabia 士瓦本的腓力,在第四次十字军中的作用,440,450—451,452,455,497

Philippicus(Vardan) 菲利彼库斯(瓦尔丹),皇帝,继承皇位,194,229;与一性派,230

Philippopolis 菲利浦城 在色雷斯,保罗派的中心,383,473;被弗里德里希·巴巴罗萨攻陷,446;商业中心,487;被穆拉德一世攻陷,624

Philocales 菲罗卡尔家族,在小亚细亚,348,377

Philopatries 《爱国者》,据称是伪-卢西安·迪阿洛戈的对话作品,366

Philopoemen 菲洛皮门,176

Philostorgius 菲罗斯托尔吉乌斯,阿利乌斯派历史学家,78,120

Philotheus 菲罗塞乌斯,《关于宫廷礼仪》的作者,350

Philotheus 菲罗塞乌斯,君士坦丁堡大教长和约翰五世的皈依天主教,671

Philotheus 菲罗塞乌斯,罗斯修士和学者,莫斯科作为"第三罗马"的说法,590

Phocaea(Fogia, Foglia) 弗凯亚,与扎哈利亚,593

Phocas 福卡斯,皇帝,继承皇位,130,169;波斯战争,171;大格列

高利与福卡斯,173—174;其失败和被废,176;与其信件,187;在其统治末期的状况,194,195

Phocas 福卡斯,家族,在小亚细亚,577

Phorcias 福希斯,在《浮士德》中,466

Photians 佛提乌派,333,661

Photius 佛提乌,君士坦丁堡牧首,关于诺诺苏斯和米利都的赫西基乌斯作品的残片,182—183;论罗斯人,278;关于他引起的教会分裂,290,332;与其书信,296—297;与克里特岛埃米尔的关系,297;被废黜,330—331;重新复位,331;与利奥六世的关系,332;与《法学导论》,341;其影响,361—362;被提及,368,487,701

Phrantzes, George 弗兰策,乔治,外交家和历史学家,论迈克尔八世,599;论君士坦丁堡的围困和陷落,648,652;引用君士坦丁十一世的话,651;生平和著作,691—692;被提及,589

Phrygia 弗里吉亚,哥特人,95;与破坏圣像运动,256

Piacenza 皮亚琴察,宗教会议,401—402

Piccollomini, Enea Silvio 皮科罗米尼,埃尼亚·西尔维奥,教宗庇护二世,论君士坦丁堡的陷落和欧洲的分裂,655—656

Pierce, H. 佩尔斯,42

Piganiol, A. 皮加尼奥尔,论君士坦丁一世,44注,48

Pilatus, Leontius 皮拉图斯,莱昂提乌斯,在文艺复兴中的角色,716—717

Pilgrimages 朝圣活动,397—398

Pillars of Hercules 海勒立斯石柱(直布罗陀海峡古名),136,138,216

Pindar 品达,在拜占庭,75,496,705

Pippin the Brief 矮子庇平,350

Pirenne, H. 皮朗,其文章,390

Pisa 比萨,与西方的阿拉伯人,399;与约翰二世,412;与曼纽尔一世,425;威尼斯和比萨在拜占庭的特权,486—487;在黑海,537;君士坦丁堡的侨居地,616;比萨会议,672

Pius II 庇护二世,教宗,655,656

Planudes, Maximus 普拉努底斯,马克西姆斯,其著作和影响,701—702

Plato 柏拉图和柏拉图主义,在拜占庭,75,77,185,364,473,488,489,639,653,666,699,700,702,721

Platonic Academy 佛罗伦萨的柏拉图学院,699,721

Plethon,Gemistus 普勒桑,杰米斯图斯,与伯罗奔尼撒事务,637,638—739;与吉那第乌斯·斯科拉利乌斯,697;生平、文学活动和影响,699—700;在弗拉拉-佛罗伦萨会议上,699;被提及,645,687,703,712,719,721

Pliska(Pliskova) 普利斯卡(普利斯科瓦),229

Plutarch 普鲁塔克,在拜占庭,91,498,702

Poblicans 勃布利肯,见 Paulicians 保罗派

Poggio 波焦,意大利人文主义者,720,721,722

Poitiers 普瓦蒂埃,战役,237,390

Pokrovsky, I. A. 波可洛夫斯基 147

Poland 波兰,与匈牙利西吉斯蒙的十字军,630

"politicians" 政治派或稳健派,宗教派别,其思想,659—660

Polovtzi 波洛伏齐人,见 Cumans 库曼人

Polybius 波利比阿,希腊历史学家,论拜占庭的经济地位,58;在拜占庭,488,489

Polycleitus 伯里克利,551

Pomestye 与普洛尼亚制相比,569

Pontifex Maximus 大祭司长(罗马宗教头衔),49,68

Pontus 本都,其产品,58;行省,106

Portugal 葡萄牙,与萨洛尼卡的贸易,487;谈判,589

Poson 博森,在小亚细亚,战役 277

Praetor 统领,在查士丁尼统治下的官衔,160

Pragmatic Sanction 《国务诏书》,137

Precarium "赐地",564

Prefectures 大政区,64

Prester John 普雷斯特·约翰,致曼纽尔一世的传奇性的信,432

Princes Islands 普林斯群岛,588

Priscus 普利斯库斯,历史学家,赴阿提拉处的使节,98,125

Prochiron 《法学手册》340,705

Procida(Prochida,Prochyta) 普罗希达,乔瓦尼,与西西里晚祷事件,598

Proclus of Constantinople 君士坦丁堡的普罗克洛斯,在雅典,125

Procopia 普罗科庇娅,迈克尔一世的妻子,271

Procupius of Caesarea 恺撒里亚的普罗柯比,论阿那斯塔修斯一世的影响,114,141;论狄奥多拉,132;保加尔-斯拉夫人的入侵,

140;贵族的反抗,157—158,573;542年瘟疫,162;查士丁尼时期修建的防卫要塞,168—169;贝利撒留的征伐,180;其作品,180—181;被模仿,481;被提及,154

Prodromus(Ptochoprodromus) 普洛德罗姆斯,狄奥多勒,论曼纽尔一世,370;生活与工作,500—502;被提及,491,556,706

Pronoia 普洛尼亚制度,546,567—569,577

Prostasia 庇护制,与 Patrocinium(接受庇护)相比,570,572

Protaton 圣山阿索斯的修道院院长联席会议,471

Provençal poetry 普罗旺斯诗歌,与拜占庭的传奇诗,556,558

Psellus, Michael 塞勒斯,迈克尔(君士坦丁),与伊萨克·科穆宁,352;论军队,352;生涯、作品和文化,366—368;在《泰马利翁》一书中,497;柏拉图的学生,699;被提及,231,353,371,487,496

Pseudo-Lucian 伪吕西安,366

Pseudo-Symeon 伪西梅恩,廷臣,编年史家,365

Ptolemaïs 托勒密,在北非,92

Ptolemies 托勒密,埃及的,61

Ptolemy, 托勒密,天文学家,其作品,在西西里,491;提及阿尔巴尼亚人,613;学习,706

Pulcheria 普尔喀丽娅,狄奥多西二世的姐姐,嫁给马西安,66;角色,87,104,235

Pusculus 普斯库鲁斯,意大利作家,649

Q

Qahriyee-Jami 卡里耶清真寺,见 Chora 霍拉

Qala'un, Mamluk 卡拉万,马木路克,埃及苏丹,与迈克尔八世,597,601—602

Qilij Arslan 基里耶·阿尔斯兰,伊科尼姆苏丹,将尼西亚作为自己的驻地,402;与弗里德里希·巴巴罗萨,425;在君士坦丁堡,427—428;与曼纽尔一世的敌意,428—429

Quadrivirum "四术",君士坦丁堡的高等学府内的教学课程,296

Quinisext,五六次基督教主教公会议,225

R

Rabban Sauma 拉班·索玛,修士,其蒙古之行,在君士坦丁堡,678

Ragusa 拉古萨,贸易关系,君士坦丁堡,616,685;编年史,与杜尚,621

索　引　　1271

Ramadan　莱麦丹月,在伊斯兰教中,205

Rambaud,A.　兰姆鲍德,论尼卡起义,156,307—308;被提及,29,577;被引用,307—308

Ramsay,W.　拉姆赛,394

Ravenna　拉文纳,东哥特王国的首都与拜占庭属意大利首府,107,190;正教的洗礼堂,128;被贝利撒留夺取,136;总督,174—175,221,227,350,575—576;拜占庭艺术的丰碑,189,190—191;沦于伦巴德人之手,270

Raymond　雷蒙,土鲁斯伯爵,与第一次十字军,405;阿列克修斯一世和博希蒙德,409

Red See　红海,与希腊化,88;与印度洋航海者科斯马,165;与查士丁尼的商业政策,167

Regel,V.E.　莱格尔,40,677

Reginald of Chatillon　夏蒂荣的雷金纳德,安条克公爵,与曼纽尔一世,426,427

Renaissance　文艺复兴,见 Italian Renaissance 意大利文艺复兴

Renaissance in Byzantium　拜占庭的文艺复兴,712—713,713 注;

Revue de l'Orient Chrétien　《东方基督教杂志》,41

Rhegium(Reggio)　雷吉乌姆,地名,被阿拉伯人征服,305;被吉斯卡尔德夺取,360

Rhodes　罗得,岛屿,被哥特人掠夺,85;被阿拉伯人夺取,212;被塞尔柱人夺取,394;在约翰·瓦塔泽斯统治下,548;与医院骑士团,622,637;骑士团的骑士们与曼纽尔二世,630

Rhodian Sea law　《罗得海洋法》,244,247—248

Riant,R.E.　莱昂,莱昂公爵,论阿列克修斯派往佛兰德罗伯特处的使节,387;论士瓦本的腓力在第四次十字军中的角色,457

Riccardi,Plazzo　里卡尔第宫,戈佐里的壁画,674

Richard I the Lion-Hearted　狮心王理查一世 在第三次十字军中,445;夺取塞浦路斯,447

Richelieu　黎塞留,红衣主教,4

Robber Council　"强盗会议",99,105

Robert　罗伯特,佛兰德伯爵,与阿列克修斯一世的信息,386—388

Robert II　罗伯特二世,佛兰德伯爵,与第一次十字军,405

Robert　罗伯特,诺曼底公爵,与第一次十字军,405

Robert de Courtenay　罗伯特·德库尔特奈,拉丁皇帝,524;

Robert the Devil 魔鬼罗伯特 诺曼底公爵,去耶路撒冷朝圣,392

Roger 罗杰,罗伯特·吉斯卡尔德的儿子,380

Roger II 罗杰二世,西西里国王,加冕,414—415;与曼纽尔一世,418,422—423;与康拉德三世,418,421,423,424,;与路易七世,420,421;公开对曼纽尔表示敌意,421;外交手段,422—423;去世,424

Roger de Flor 罗哲尔·德弗洛尔,与加泰罗尼亚兵团,604—606

Romance literature in Byzantium 拜占庭的传奇文学,556—559

Romania 罗曼尼亚,罗马帝国,其建立,15;在狄吉尼斯·阿克里特斯的史诗中,369;威尼斯的占领,463,亦见 Partitio Romanie 罗马帝国的瓜分

Romanus I Lecapenus 罗曼努斯一世雷卡平,皇帝,君士坦丁七世波菲罗杰尼图斯的共治皇帝,302;被迫退位,302,307;在位期间与阿拉伯的斗争,306—307;成为皇帝,317;与西梅恩,318;与马扎尔人、帕齐纳克人,319;宗教政策,334;与修道院地产,335;社会立法,346—347;与军事领地,567;与庇护制,570;与阿索斯山的豁免权,571;被提及,350

Romanus II 罗曼努斯二世,皇帝,继承皇位,302;在其统治时期的抵抗阿拉伯战争,308;与军事领地,567

Romanus III Argyrus 罗曼努斯三世阿吉鲁斯,皇帝,继承皇位,302;与穆斯林的关系,312—313;传说中的赴耶路撒冷朝圣及其与哈希姆哈里发的关系,312—313;与联保税制,349

Romanus IV Diogenes 罗曼努斯·狄奥吉尼斯,皇帝,继承皇位,352—353;被阿尔普·阿尔斯兰打败,355—356;在《泰马利翁》一书中,497

Romanus the Melode 赞美诗作者罗曼努斯,122—123;186

Rome 罗马,吉本在罗马,8,9;基督教中心,54;被皇帝们荡平,58;被阿拉里克攻克,103;拜占庭遗迹,128;与东哥特人的战争,136,137;法律学校,147;绿党和蓝党,156;伦巴德人的包围,172;赠给福卡斯的石柱,174;康斯坦斯二世在罗马,221;受到阿拉伯人威胁,280;与科拉·迪里恩佐,585,亦见 Papacy 教廷或教宗

Romein, Jan 罗美因,让,25

Romulus Augustulus 罗慕洛·奥

古斯都,267
Ros 罗斯,278
Rosen,V. 罗森,392
Rostislav 罗斯提斯拉夫,罗斯王公,狄奥多勒二世和迈克尔·亚琛之间的中间人,535
Roth,K. 罗特,29
Rotrud(Eruthro) 罗特鲁德,查理大帝的女儿,计划嫁给君士坦丁六世,267
Roumanian-Wallachian 罗曼尼亚-瓦拉几亚因素,在第二保加利亚王国的创建中,441—442
Rousseu,Jean Jacques 卢梭,让·雅克,639
Royou,J.C. 鲁瓦约,12—13
Rubió y Lluch 鲁比奥·伊·鲁齐,西班牙学者,论加泰罗尼亚的征伐,608
Rufinus,Flavius 鲁菲努斯,弗拉维乌斯,阿卡第的宠臣,90;与阿拉里克,91
Rufinus,Tyrannius 鲁菲努斯,T.尤西比乌斯作品的翻译者,120
Rum 罗姆,苏丹国(伊科尼姆苏丹国),其奠基,357—378,394;与曼纽尔一世,417;萨拉丁,弗里德里希·巴巴罗萨和伊萨克二世,445,446;与尼西亚帝国,509,514—515,530—531,535;与蒙古人,530—531,535,599—600,602;饥荒,546;商业角色,547;分离,604;被提及,376,437,468,506

Runciman,Steven 任西曼,斯蒂芬,作为历史学家的著作,25—26;论罗曼努斯·雷卡平,334
Rupen(Ruben) 鲁宾,亚美尼亚统治家族,415
Rural Code 《农业法》,244—247,705
Russia 罗斯国家,俄罗斯拜占庭研究,32—39;哥特人,84;与《查士丁尼法典》,147;斯拉夫热与法尔梅莱耶的理论,179;《法律选编》的影响;《农业法》,247;罗斯人对君士坦丁堡的第一次进攻,277—278;哈马托鲁斯的影响,292;在瓦西里一世时期与君士坦丁堡的关系,303,332;在利奥六世统治时期,304,305,320—322;在拜占庭军队中,305,307,321,329;在尼斯福鲁斯·福卡斯和约翰·齐米西斯统治时期,319,321;与君士坦丁堡的贸易,320—321,323—324;在罗曼努斯·雷卡平和君士坦丁·波菲罗杰尼图斯,322;在瓦西里二世时期,323;在君士坦丁·摩诺马赫治下,323;基督教,323,332;与波洛伏齐人的斗争,323—324;与 1054 年罗马与君士坦丁堡教会的分裂,339;在《论帝国行政》一书中,362;在阿索斯山上,471;蒙古人入侵,530,600;封建主义,564,569,576;帖木儿,635;与君士坦丁堡的陷落,649;反对佛罗伦萨联合,674;巴列奥洛格时期的艺术,712;亦见 Moscow 莫斯科

Russian Archaeologocal Institute 俄罗斯考古研究所,220,318

S

Sabaeans-Himyarites(Homerites) 赛白人-希米亚人,也门统治者家族,201

Sabas, Saint 萨瓦斯,圣者,其生平,185

Sacrum palatium "禁宫",用于总督管区,175

Saewulf 萨乌福,盎格鲁-撒克逊朝圣者,393

Saidak, Jan 塞达克,让,31

Saif-ad-Daulah 赛伊夫-阿迪-道拉,阿勒颇哈姆丹家族的埃米尔,对抗拜占庭的举动,306,307,308

St. Catherine of Mount Sinai 西奈山上的圣凯瑟琳修道院,修道院,191

St. Denis 圣德尼,修道院,635

St. Jean d'Acre 圣让达克,在叙利亚,685

St. John at Ephesus 以弗所的圣约翰教堂,依照圣使徒教堂的模式,189,504,555

St. John of Studion 斯图迪恩的圣约翰修道院,礼拜堂,128

St. Mark's 圣马可大教堂,在威尼斯,与圣使徒教堂,189,504,555;竞技场上的四匹铜马在该教堂内,462;其镶嵌画,710;其图书馆和贝撒里翁,720

Saint-Martin M. de 圣马丁,法国东方学家,11

St. Panteleimon 圣潘特雷蒙,圣阿索斯山上的俄罗斯修道院,471;被加泰罗尼亚人抢劫,607

St. Paul 圣保罗,礼拜堂,280

St. Peter 圣彼得,礼拜堂,其建立,53;被阿拉伯人破坏,280;西方皇帝在此加冕,519—520

St. Romanus 圣罗曼努斯,大门,652

St. Sabas, Laura 圣萨瓦斯,劳拉,在巴勒斯坦的拉弗拉修道院,185,294

St. Simeon Stylites (Kalat Seman) 圣西门·斯蒂利特修道院,127

Saint-Simon 圣西门,639

St. Sophia 圣索菲亚,尼西亚的教

堂,513

St. Sophia 圣索菲亚,教堂,在君士坦丁堡 4 世纪的结构,53,55,128,187;与圣使徒教堂相比,55;在宫廷侍卫长保罗的著作中,186;在查士丁尼时代的重建,187—188;传说,189;在诺夫哥罗德的斯蒂芬笔下,189;恢复,372—373;交给威尼斯僧人使用,460,463;被十字军人劫掠,461;恩利克·丹多罗的安葬处,510;迈克尔·巴列奥洛格在此加冕,538;拉丁占领之后的状况,539;1206 年在此举行与教宗使节的谈判,541;14 世纪时的状况,622;在其中举行的庆祝教会联合的庆典,647;纪念此处举行的最后一次基督教仪礼,651—652,653;被奥斯曼人抢劫,653;针对静修派运动举行的宗教会议,669;宣读教会联合的宣言,675;1450 年举行的宗教会议,675

St. Sophia 圣索菲亚,教堂,在基辅,373

Saiyid Battal Ghazi 赛义德·巴图·加齐,传说中的穆斯林勇士,238,370

Saladin 萨拉丁,埃及苏丹,与安德罗尼卡一世,436;其征伐和第三次十字军,445,446;与伊萨克二世,446

Salerno 萨莱诺,中世纪学校,424

Salutati, Coluccio 萨卢塔蒂,克鲁乔,与辛多尼斯,696

Samatitans 撒马利亚人,巴勒斯坦的,与查士丁尼,150

Samos 萨摩斯岛,被塞尔柱人占领,394;在罗马领地的瓜分活动中,463;被约翰·瓦塔泽斯收复,523

Samosata 萨莫萨塔,此地的狄吉尼斯之墓,370

Samuel I 萨穆尔一世,保加利亚沙皇,与瓦西里二世的斗争,319—320

San Lorenzo Fuori le Mura 圣罗伦佐,彼得·德库尔特奈加冕的教堂,519

Santa Maria Antiqua 圣马利亚安提卡教堂,在罗马,拜占庭壁画,128,233,373

Santa Maria Nouvella 圣玛利亚新教堂,在佛罗伦萨,壁画与牧首约瑟夫的墓,674

Sanudo, Marino 萨努多,马利诺,编年史家,597

Sarai 萨莱,金帐汗国的首都,600

Sardica (Sofia) 萨迪卡(索菲亚),58

Sardinia 撒丁尼亚,在查士丁尼时

期,136,138;被热那亚人和比萨人征服,399

Sardis 萨迪斯,阿拉伯人,236

Sathas,C. 萨塔斯,希腊人学者,希腊文献的编辑者,677;论吉那第乌斯·斯科拉利乌斯 697;论狄奥多勒·梅托希特斯,802

Savoy 萨伏伊,其伯爵,在都灵合议中的地位,628

Saxa Rubra 萨克拉布拉,战役,44

Scala,R. von 斯卡拉,29

Scandinavian kingdoms 斯堪的纳维亚诸王国,与十字军运动,401

Schechter,S. 舍赫特,321

Schiltberger,G. 希尔特伯格,24,650

Schmidt,Th. 施密特,对于歌德之《浮士德》地理背景的描述,466;论巴列奥洛格时期的艺术,709,710

Schoenebeck,H. von 舍内贝克,49

Schramm,P. 施拉姆,论查理大帝的加冕,268

Schwatz,E. 施瓦茨,48

Schwatzlose,K. 施瓦茨罗斯,论破坏圣像运动,252—253

Sclerus 斯克莱鲁斯家族,代表大土地所有主,577

Scodra(Skadar,Scutari) 斯考德拉(即斯库台),塞尔维亚王国的第一个首都,388

Scopia 斯科普里,宗教会议,611,亦见 Uskub 乌斯库布

Scriptores Historiae Augustae,《奥古斯都列传》,124

Scylitzes,John 斯奇利查斯,约翰,编年史家,502,711

Scythians 斯基泰人,入侵,在 5 世纪,109

Sebastea 塞巴斯蒂亚,兵站,在小亚细亚,350

Sebeos 塞贝奥斯,亚美尼亚历史学家,193,198

Seeck,Otto 希克,奥托,30,42,51

Ségur 塞居尔伯爵,13

Seleucia 塞琉西亚,小亚细亚的兵站,351

Seleucia 塞琉西亚,宗教会议,97

Seleucia(Ctesiphon) 塞琉西亚(泰西封),在波斯,主教区,97

Seleucids 塞琉古,政权,61

Seljuq 塞尔柱,突厥人王公 354

Seljuqs 塞尔柱人,315,他们与库曼人、帕齐纳克人和乌齐人的血缘关系,324;军区组织,351;11 世纪的起源和征服,354—358;与巴格达的哈里发,354—355;与法蒂玛朝,355;与 11 世纪的拜占庭,355—358;对基督徒的态度,394—395;威胁拜占庭,412;与伊

萨克二世,441;在尼西亚,512;与狄奥多勒一世拉斯卡利斯,514—515,与蒙古人,530—531,535,604;在14世纪,585;与奥斯曼人,604,609;被提及,352,353,605

Senakherim 瑟纳赫里姆,拜占庭作家,539

Senlac 森拉克战役,484

Septimius Severus 塞普提米乌斯·塞维鲁,58,59

Septum(Ceuta) 塞普图姆(休达),防御工事,136;被阿拉伯人攻占;216

Seraglio 塞拉戈里奥,图书馆,490

Serapeum 塞拉帕姆神殿,被破坏,82

Serbia 塞尔维亚,防砦,535

Serbia and Serbs 塞尔维亚和塞尔维亚人,317,318,612;鲍格米尔派,383;在阿列克修斯一世的军队中,388;统一和自治,388,414,443,609;与匈牙利的联姻,414;与诺曼人,423;在斯蒂芬·尼曼加统治时期,443;与弗里德里希·巴巴罗萨,443;与约翰·亚琛,525;与约翰·瓦塔泽斯,532;拜占庭艺术家在塞尔维亚,562,568,569,581;与14世纪的内战,585,612—613;与安茹的查理,595,597;在斯蒂芬·杜尚统治时期,603,609—613;出现在巴尔干,609;塞尔维亚教会,612,618,619;被奥斯曼人削弱,624;在拜占庭军队中,680;拜占庭艺术的丰碑,700,711

Seres 塞雷,与斯蒂芬·杜尚,617

Sergius 塞尔吉乌斯,君士坦丁堡牧首;与一意派,222

Sergius 塞尔吉乌斯,教宗,与查士丁尼二世,225

Sevastyanov,P. 塞瓦斯提亚诺夫,与阿索斯山的档案,677

Seven liberal arts 七艺,在君士坦丁堡的高等学府中,296

Severus Alexander 塞维鲁·亚历山大,皇帝,566

Severus of Antioch 安条克的塞维鲁,与一性派,151

Shahinshah "王中之王",314

Sheba 示巴女王,131

Shestakov,S.P. 谢斯塔可夫,38,270

Shkipetars 亦见 Albanians 阿尔巴尼亚人

Shumla 舒姆拉,在保加利亚,220

Siciliano,L. 西西里亚诺,41

Sicily 西西里,在查士丁尼时期,136,137,138;受到阿拉伯人侵袭,212,221—222;军区,228—

229,350；关税,250；被阿拉伯人占领,279—280,305,309；瓦西里二世计划光复西西里,312；乔治·马尼阿西斯的征伐,313,329；诺曼征服,399；王国的形成,412；丝绸工业,421；在亨利六世时期,436；在弗里德里希二世时期,527；在曼弗雷德,591；在安茹的查理统治下,591—597；西西里晚祷起义,597—598,602；在阿拉贡王朝,604；希腊化,717

Sidon 西顿,法律学校,147；被萨拉丁占领,445

Sigismund 西吉斯蒙德,匈牙利,十字军,630—631,632

Silentiarius 宫廷侍卫官,67,109

Silk Industry 丝绸工业,168,421

Silko 西尔克,努比亚国王,141

Simeon 西梅恩,保加利亚沙皇,在君士坦丁堡,315；对抗帝国的军事行动,316—318；目标,532,618；与阿尔巴尼亚人,614

Simeon Metaphrastes 西梅恩·梅塔弗拉斯特斯,363

Simeon the Proud 傲慢者西蒙,莫斯科大公,622,626

Singidunum (Belgrade) 兴吉都努（贝尔格莱德）,177

Sirmium 西尔米乌姆,得到幸存,伽勒里乌斯的驻节地,63

Slavs 斯拉夫人,5世纪入侵,90,110,115；在普利斯库斯的作品中,98；在维塔利安的军队中,111；在查士丁尼一世时期的入侵,133,140,171；在查士丁尼时期于巴尔干半岛的定居,140,171；在普洛柯比的作品中,140,斯拉夫人,181；在查士丁尼继承者时期的活动,171—173；希腊的问题,176—179,218；493—494；在塞奥菲拉克特·西莫加特的作品中,182；在希拉克略王朝时期的活动,218；在小亚细亚和叙利亚,218—219,228,274,383,603；与保加尔人,220；在雅典,240；在伊苏里亚王朝时期占领巴尔干半岛,240；在都拉基乌姆,240；与《农业法》,246—246；与斯拉夫人托马斯,275；兴起,在伯罗奔尼撒,278；在塔夫盖突斯,332；使伯罗奔尼撒的斯拉夫人接受基督教,332；在罗曼努斯·狄奥吉尼斯的军队中,356；在阿列克修斯的军队中,381；移民至小亚细亚,383,603；在易北河畔以及在克莱沃的伯纳德的十字军计划中,419；在莫里亚的法兰克人统治下,465；在萨洛尼卡的商人,487；在迈克尔八世的军队中,536；迁往意大利,595；在比西尼亚,603

Smaller Scythia(Dobrudja) 小斯基泰(多布罗加),保加尔人,219

Smyrna 士麦拿,在查哈斯占领下,384;塞尔柱人,394;热那亚人,537;海湾,593

Socrates 君士坦丁堡的索克拉特,历史学家,120,182

Sokolov,J. 索克洛夫,665,667

Solomon 所罗门,继贝利撒留之后管理北非的大将,136

Song of Roland 《罗兰之歌》,370

Sophia 索菲亚,查士丁二世的妻子,169,170

Sophia of Montferrat 蒙斐拉的索菲亚,约翰八世的妻子,588

Sophia Palaeologina 巴列奥洛格家的索菲亚,590

Sophronius 索夫罗纽斯,耶路撒冷牧首,与阿拉伯人包围下的耶路撒冷,211;与一意派,222;其著作,232

Soterichus Panteugenus 索特里库斯·潘特杰努斯,异端,497

Sozomen 索佐门,基督教作家,论君士坦丁一世,58;论朱利安,71;提及,120,182

Spain 西班牙,在四头统治时期的皇帝驻节地,62;在高卢的大政区,64;日耳曼人王国,115;在查士丁尼统治时期,138;在希拉克略时期失去,196;阿拉伯人在西班牙,216;对抗摩尔人的十字军人,399—400;来自西班牙的商人,在萨洛尼卡,487;与曼纽尔二世,636

Sparta 斯巴达,被西哥特人攻击,91;中世纪,465,589,637,645;从奥斯曼人手中夺取,636

Spassky,A. 斯帕斯基,论亚历山大城,54;论君士坦丁一世,57

Spalato(Split) 斯帕拉托宫,在达尔马提亚,戴克里先的行宫,128

Spoleto 斯波莱托公爵,280,327

Stauracius 斯陶拉希乌斯,皇帝,271,281

Stein,E. 施泰因,其拜占庭历史,30;论君士坦丁一世,48;论阿米亚努斯·马尔切利努斯,125;论军区,228;论君士坦丁五世,259,263

Stephen 斯蒂芬,君士坦丁堡牧首,与利奥六世,332

Stephen 斯蒂芬,斯蒂芬·尼曼加之子,塞尔维亚国王,602

Stephen V 斯蒂芬五世,匈牙利国王,583;

Stephen Dushan(Dušan) 斯蒂芬·杜尚,塞尔维亚沙,581;目标和政策,603,612—613,617—621;与阿尔巴尼亚人,614;宗教

政策,618—619;威尼斯和奥斯曼人,620—621;色萨利的土地改革,682;被提及,581

Stephen Nemaja 斯蒂芬·尼曼加,塞尔维亚大祖潘,与彼得·亚琛,443;与弗里德里希·巴巴罗萨,443,612

Stephen of Novgorod 诺夫哥罗德的斯蒂芬,俄罗斯朝圣者,论圣索菲亚,189

Stephen the younger 幼者斯蒂芬,圣者,论利奥三世的家世渊源,234;其生活,261;与君士坦丁堡五世,263;

Stilbes,Constantine 斯提尔布斯,君士坦丁,502

Stilicho,Flavius 斯提利科,弗拉维乌斯,91

Strabo 斯特拉波,历史学家,58

Strategus 斯特拉特古斯,贵族头衔,229,250,350;失去的头衔,485—486,681

Strzygowski,J. 斯特拉齐格夫斯基,奥地利学者,拜占庭艺术的起源,126;论圣索菲亚,189;论马其顿时期的艺术,372;论巴列奥洛格时期的艺术,709;

Studion 斯图迪昂,修道院,285

Studites 斯图迪昂派,283,285

Suetonius 苏埃托尼乌斯,罗马历史学家,58,61

Suger,Abbot 修道院住持叙热,以及康拉德与曼纽尔二世之间的联盟,423

Suidas 苏伊达斯,希腊辞书编纂者,183,364

Suinthila(Swinthila) 斯温希拉,西哥特国王,占领拜占庭属西班牙,196

Suleiman-ibn-Qutalmish 苏莱曼-伊本-库塔尔米什,罗姆苏丹国的创立者,357

Sunna 逊奈,206

Suvorov,N. 苏沃洛夫,270

Svein 斯韦恩,丹麦贵族,在巴勒斯坦,401

Sviatoslav 斯维雅托斯拉夫,罗斯王公,与君士坦丁堡的关系,308,319,321,323

Swift,E.H. 斯维福特,论拉丁人占领圣索菲亚大教堂

Sybel,H. 居贝尔,论阿列克修斯与佛兰德的罗伯特,387;论十字军,397;论曼纽尔,420

Sylvester II 西尔维斯特二世,教宗,与奥托三世,328—329;与耶路撒冷教会,395

Symeon Logothete 廷臣西梅恩,拜占庭编年史家,365

Symmachus 西马库斯,元老,演说

家,83

Syncellus, George 辛塞鲁斯,乔治,编年史家,其价值,291

Synesius of Cyrene 昔兰尼的希奈修斯,托勒密教会的主教,对阿卡第的谏词,92—93;著作和书信,120—121,124;与伊帕蒂亚,121;与梅托希特斯,704

Synodicon 《信众誓言》,472—473

Syracuse 叙拉古,与康斯坦斯二世,221,279;被阿拉伯人占领,304

Syria 叙利亚,塞琉古王朝,61;宗教方面的不满情绪,88,889,105—106,115,208—209;希腊化,89;民族主义,89;聂斯脱利派教义,99;文化中心与文献,100,117;对于帝国的重要性,115;艺术和建筑,127,189,709;"死城",127;波斯人在叙利亚,138,195;542年的瘟疫,162;被希拉克略光复,198;阿拉伯征服和统治政策,208—209,216,217;斯拉夫人,218;与第六次基督教全体主教公会议,225;与圣像崇拜,255;在尼斯福鲁斯·福卡斯时期的光复,308—309,310;被阿尔普·阿尔斯兰蹂躏,355;与第一次十字军,404;被萨拉丁占领,445;旭烈兀在叙利亚,600;不再属于基督徒,615—616;帖木儿进入,635

Syriac 叙利亚风格的,89

Syrian-Roman Lawbook 《叙利亚-罗马法律全书》,意义和命运,89—90,241

Syrian *Limes* 叙利亚防线,200

Syro-Chaldean Christians 叙利亚-迦勒底派顿基督教,99

T

Tacitus 塔西佗,罗马历史学家,58,125

Tafrali, O. 塔弗拉里,论萨洛尼卡的狂热派运动,664,683,684,698

Tafur, Pero 塔夫尔,佩罗,西班牙旅行家,论特内多斯岛,628;论君士坦丁堡,679

Tales of the Thousand and One Nights 《一千零一夜》,370

Tana 塔纳,热那亚人在此地,625,685;与都灵和议,628

Tancred 坦克雷德,十字军,第一次十字军,405—406;安条克摄政,410;与阿列克修斯一世,411

Taormina (Tauromenium) 陶尔米那,在西西里,304,305

Taprobane 塔普罗班内,见 Ceylon 锡兰

Tarasius 塔拉希乌斯,君士坦丁堡牧首,263,283,285

Tarentum 塔兰图姆,被伦巴德人占领,280;被阿拉伯人夺取,280;在瓦西里一世时期光复,304,326;被吉斯卡尔德占领,360

Tarik 塔利克,阿拉伯将军,216

Tarsus 塔尔苏斯,在尼斯福鲁斯·福卡斯时期被光复,308

Tauric 塔夫里斯,半岛,见 Crimea 克里米亚

Tchaadayev, P. Y. 查达耶夫,论拜占庭,32

Tekfour Serai 泰克福尔·塞雷宫 103

Tenedos 特内多斯,岛屿,热那亚和威尼斯的银矿,627—628

Tenedos 特内多斯战役,627

Tephrice 台弗瑞斯,保罗派的堡垒,303

Tertullian 德尔图良,54

Tessier, J. 泰西耶,对第四次十字军的阐释,457—458

Tetrarchy 四头政治,62—63

Teucrians(Teucri) 特洛伊人,655

Thabor 他泊山,217

Thebes 底比斯,丝绸工业,168,421,487;被罗杰二世蹂躏,421;转入奥松·德拉洛奇之手,464;在加泰罗尼亚人控制下,607;

Themes 军区制,与总督制的起源,175—176;起源和发展,226—229;与波斯的军事化,228;在伊苏里亚王朝统治时期,249—251;在马其顿的利奥六世时期,340—351;在 12 世纪,485—486;封建类型,576;其崩溃,681

Themistius of Paphlagonia 帕夫拉戈尼亚的迪米斯提乌斯,123

Theocritus 忒奥克里托斯,狄奥多拉的顾问,272—273

Theodora 狄奥多拉,女皇,君士坦丁八世之女,302—303,351,352

Theodora 狄奥多拉,耶路撒冷王的寡妻 与安德罗尼卡一世,378

Theodora 狄奥多拉,约翰·齐米西斯的妻子,302

Theodora 狄奥多拉,查士丁尼一世的妻子,在普罗柯比的笔下,132,180;与一性派,132,150—151;在教会的史传中,133;与绿党,155;与尼卡起义,157;在拉文纳的镶嵌画中,191;其影响,235

Theodora 狄奥多拉,狄奥菲鲁斯之妻,其出身,254;摄政身份,272;恢复圣像崇拜,272,287,295

Theodore 狄奥多勒,修道士,崇拜圣像的殉道士,286

Theodore 狄奥多勒,曼纽尔二世的儿子,莫里亚王公,637

Theodore Angelus 狄奥多勒·安

吉列,伊庇鲁斯的君主,与尼西亚帝国,519;捕获彼得·德库尔特奈,519—520;占领萨洛尼卡,520;采用皇帝头衔,520—521,562;与约翰·瓦塔泽斯,522—523;向拉丁帝国进攻,523;与约翰二世亚琛,524—525;与弗里德里希二世,528;与乔治·巴尔达内斯,561

Theodore Daphnopates 狄奥多勒·达弗诺帕特斯,历史学家,363

Theodore I Lascaris 狄奥多勒一世拉斯卡利斯,尼西亚皇帝,462,511,541;与尼西塔斯·科尼阿特斯,494,506;起源和生平,507—508;加冕礼上的演说,513—514;与佛兰德的亨利,514,516;与威尼斯人,547;与书信,549;被提及,506

Theodore II Lascaris 狄奥多勒二世拉斯卡利斯,尼西亚皇帝,继承皇位,508;论尼西亚,513;文化,534,550,551;目标和军队改革,534;在小亚细亚的政策,535;与伊庇鲁斯君主的关系,535;保加利亚征伐,535;宗教政策,544;与教宗,544—545;内部政策,547;布莱米底斯的学生,540,550,551,552;与阿克罗波利塔,553;与牧首安瑟尼乌斯,661

Theodore Metochites 狄奥多勒·梅托希特斯,见 Metochites, Theodore. 梅托希特斯,狄奥多勒

Theodore of Mopsuestia 莫普苏埃斯蒂亚的狄奥多勒,152

Theodore of Studion 斯图迪昂的狄奥多勒,与牧首尼斯福鲁斯的关系,283;与破坏圣像运动,285,286,289,293;其著作,295;659

Theodoret 狄奥多莱,基鲁斯主教,120,152,182

Theodoric 狄奥多里克,东哥特国王,与芝诺,107;与奥多亚克,107;与阿那斯塔修斯,110;宣布为国王,111;与帝国的关系,133—134;宗教政策,134;在其统治时期罗马的竞技党,156;拉文纳的艺术运动,190

Theodosian Code 《狄奥多西法典》,其编纂,101—103;与罗马庇护制,569—570;与豁免权,571;被提及,126,246

Theodosiopolis(Erzerum) 狄奥多西城(埃尔祖鲁姆),在亚美尼亚,313

Theodosius I 狄奥多西一世,皇帝,宣布基督教为国教,43;继承皇位和其传承世系,66,67,79;宗教政策,79—83;对哥特人与日耳

曼人政策,79,87;失败,88

Theodosius II 狄奥多西二世,幼者狄奥多西,皇帝,其继承皇位,66,96;与耶兹迪格德一世,96;对外斗争,97—98;宗教争论,98—99;君士坦丁堡的高等学府,100;立法,101—103,143;在其统治时期的建筑活动,103,643;评价,104;与军事领地,566,567

Theodosius III 狄奥多西三世,皇帝,194,229

Theodosius 狄奥多西,修道士,论叙拉古的围攻与征服,304

Theodosius of Melitene 米利特尼的狄奥多西,365

Theodotus 狄奥多图斯,君士坦丁堡牧首,与破坏圣像运动,284

Theophanes 狄奥凡尼,修道士,崇拜圣像的殉道者,286

Theophanes Continuatus 狄奥凡尼的续作者,其著作和身份的确定,365

Theophanes of Byzantium 拜占庭的狄奥凡尼,历史学家,365

Theophanes the Confessor 忏悔者狄奥凡尼,编年史家,对穆罕默德的记载,207;论利奥三世的出身,234;论阿拉伯人攻击君士坦丁堡之战,336,717—718;论破坏圣像运动,258,262;其著作和影响,291—292

Theophano 狄奥凡诺,拜占庭公主,奥托二世的妻子,310,328

Theophano 狄奥凡诺,拜占庭皇后,罗曼努斯二世的妻子,嫁于尼斯福鲁斯·福卡斯,302,335

Theophilus 塞奥菲卢斯,修道院院长,论查士丁和查士丁尼的出身,129

Theophilus 塞奥菲卢斯,亚历山大里亚的主教,与约翰·赫里索斯顿,95

Theophilus 塞奥菲卢斯,哥特人基督徒的主教,85

Theophilus 塞奥菲鲁斯,皇帝,其出身和继承皇位,254,272;与阿拉伯人,276,277;分裂,286;马蒙与数学家利奥,298;《泰马利翁》一书中对他的描述,497

Theophilus 塞奥菲鲁斯,君士坦丁堡的法学教授,143,144

Theophylact 塞奥菲拉克特,奥赫里德主教,作家,论帕齐纳克人,325;论十字军经由保加利亚,406;论保加利亚的局势,412;论君士坦丁堡与罗马分离的问题,475;生平、著作和学识,496—497

Theophylact Simocatta 塞奥菲拉克特·西莫加特,历史学家,论盖塔人和斯拉夫人,110;其著作,

索　引

181—182

Thermopylae　温泉关,91,110,607

Thessalonica　萨洛尼卡,与君士坦丁大帝,58;哥特人与狄奥多西,82;被哥特人袭击,85;与文献,117;早期拜占庭艺术,128;受到斯拉夫人威胁,140,218,240;受到阿拉伯人侵扰,305,316;与西梅恩,317;受到威廉二世劫掠,437—438;被伊萨克·安吉列收复,441;拉丁王国,463,506,520,522;商业活动区和集市,487,497;与卡洛扬,511;被狄奥多勒·安吉列夺取,520;萨洛尼卡帝国,522,525,526,562;被约翰·瓦塔泽斯夺取,532;奥斯曼人夺取萨洛尼卡的企图,641—642;狂热派起义及其政权,664,682,684;在巴列奥洛格王朝晚期的统治及其状况,679,681;迁徙者,680;艺术和文献的黄金时代,687

Thessaly　色萨利,盖塔人,110;戈特里古尔人,140;在罗马遗产的瓜分中,463;纺织业,549;加泰罗尼亚人进入,607;14世纪的形势,609,679;阿尔巴尼亚人,614;与巴耶齐德,631;反教会联会的会议,659,663;巴列奥洛格时期的土地制度,681—682;被斯蒂芬·杜尚占领,682

Thibault　蒂鲍尔特,香槟伯爵,与第四次十字军,452,453

Thomas Aquinas　托马斯·阿奎那,与大马士革的约翰,294;与里昂会议,658;其作品的翻译者,695

Thomas Magister　托马斯·马吉斯特,705

Thomas Palaeologus　托马斯·巴列奥洛格,705

Thomas the Slavonian　斯拉夫人托马斯,274—276

Thoros　索罗斯,小亚美尼亚统治者,与曼纽尔一世,426

Thrace　色雷斯,属于东方大区,64;利奥一世的出生地,66;哥特人在色雷斯,85;宗教立法,106;戈特里古尔人在色雷斯,140;被西梅恩占领,318;马扎尔人和帕齐纳克人,358—359;保罗派,383;弗里德里希·巴巴罗萨,447;与卡洛扬的起义,509;在约翰·瓦塔泽斯统治下,532;被加泰罗尼亚人蹂躏,606;奥斯曼人进入,609,622

Thracesian　色雷斯军区,250

Three Chapters controversy　"三章案"争论,151—153

Thucydides　修昔底德,拜占庭作家

们所模仿的风格,180,488,490, 560,626,648,693
Tiberius II 提庇留二世,皇帝,继承皇位,169;波斯战争,171;向法兰克人求援以对付伦巴德人,172—173
Tiberius III(Aposimar) 提庇留三世(阿普西玛尔),皇帝,194
Tillemont,Sebastien le Nain 提耶蒙特,塞巴斯蒂安·勒南,法国学者,10
Timarion 《泰马利翁》,497
Timur(Tipoukeitos) 帖木儿,其攻伐,634—636
Tipucitus(Tipoukeitos) 《法典拾零》,343
Titus 提图斯,皇帝,54
Tocco 托克,东方的拉丁家族,589
Toledo 托莱多,阿拉伯统治,393
Tome of Union 《联合通告》,334
Tornikios,Leo 托尼基奥斯,利奥,被镇压,315
Totila 托提拉,东哥特国王,在其统治时期对罗马人的报复,137
Tozer,H.F. 托泽,芬利著作的编辑者,14
Trade routes 贸易路线,162—163,167
Trebizond 特拉布松,城市,370,721

Trebizond 特拉布松帝国,在芬利的著作中,15;与大科穆宁家族,377;奠基,468;与民族事业,506,507;与蒙古人,530—531;在阿列克修斯·科穆宁统治下,577;与克里米亚,581;屈从于穆罕默德二世,654;热那亚人,685
Tribigild 特里比吉尔德,哥特人首领,其起义,95
Tribonian 特里波尼安,立法者,与尼卡起义,156—157;被提及,143,144,147
Triklinius,Demetrius 特里克利尼乌斯,底米特里,705
Tripoli 的黎波里,公国,409,418,419,453
Trivium 七艺之三科,296
Trnovo 特尔诺沃,第二保加利亚王国的首都,其主教领,440,442,443;被奥斯曼人占领,624
Troglita,John 特罗格利塔,约翰,拜占庭外交家与将军,在北非恢复帝国的权力,136;在科利普斯的作品中,136,186
Troizky,I. 特罗斯基,论拜占庭社会,661—662;论阿瑟尼乌斯派,663
Troy 特洛伊,君士坦丁一世的巡视,58
Trullan 特鲁兰会议,225

索　引

Tugorkhan　图戈尔汗,库曼人的汗,与阿列克修斯一世,383;

Tulunids　图伦王朝,埃及的统治王朝,303

Tunis　突尼斯,与阿格拉布王朝,278;路易九世与安茹的查理,594

Turaev B. A.　图雷夫,201

Turchi, N.　突尔基,29

Turin　都灵,宗教会议与和议,627—629

Turks　突厥人,在查士丁二世时期与拜占庭的关系,170,354;与巴格达哈里发,303;在阿拉伯和拜占庭的军队中,354;在阿列克修斯一世的军队中,381;在迈克尔八世的军队中,536;威胁君士坦丁堡,581,582,见 Seljuqs and Ottomans 塞尔柱人和奥斯曼人

Tyler, R.　蒂勒,42

Typus (Type if Faith)　《信仰告白》,223

Tyre　提尔,丝绸工业,168

Tzachas　查哈斯,突厥人海盗,其生平和目标,384—385,397

Tzetzes　柴柴斯,约翰,与君士坦丁堡有关的韵体诗,482;生平和著作,498—500

U

Ukraina　乌克兰,369,576

Ulfila (Vulfila)　乌尔菲拉,哥特人的启蒙者,85

Umayyads (Omayyads)　倭马亚王朝,新王朝,213—214;与阿拔斯朝,238;其统治下的西班牙,77,303

Underwood, Paul A.　安德伍德,保罗·A.与圣索菲亚的镶嵌画,190

University of Paris　巴黎的大学,拜占庭中世纪手稿的使用,633

Upravda　尤普拉夫达,查士丁尼一世的斯拉夫名字,129

Urban II　乌尔班二世,教宗,与第一次十字军,397,400,402—403;与阿列克修斯的关系,475

Urban V　乌尔班五世,教宗,与约翰五世的皈依天主教,671

Usk Adam　乌斯克,亚当,英国历史学家与曼纽尔二世,634

Uskub　乌斯库布,在上马其顿,129

Uspensky, C. N.　C. N. 乌斯宾斯基,记载拜占庭历史,38;论破坏圣像运动,253,262,270

Uspensky, Porphyrius P. 乌斯宾斯基,波菲里乌斯,主教,论阿索斯山修道主义,377;与阿索斯山档案,677

Uspensky, Th. I., Th. I. 乌斯宾斯基,对拜占庭历史的记载和阐释,

35—37;论西马库斯,83;论利奥一世,104;论君士坦丁堡牧首,106;论维塔利安,112;论竞技场,155;论希拉克略,197;在保加利亚的发掘,220;论军区,228,249,567;论农业法,244,245;论利奥三世,270;论对拉丁人的屠杀,379;论阿列克修斯一世致佛兰德的罗伯特的信,386—387;论第二次十字军,419;论曼纽尔一世,420;论威尼斯会议,430;论末代科穆宁皇帝,432;论安德罗尼卡一世,434;论约翰·伊达路斯,473—474,493—494;论尼西塔斯·科尼阿特斯,494,495;论卡洛扬,509;论布莱米底斯,552;论恩地制,566;论君士坦丁堡的陷落,654;论静修派运动,666;论巴尔拉姆,715

Uzes 乌齐人,与帕齐纳克人,324;其活动,351,352;在罗曼努斯·狄奥吉尼斯的军队中,356;在君士坦丁·杜卡斯统治时期,358—359;包围君士坦丁堡,359;在《帝国行政》中被描述,362

V

Valens 瓦伦斯,皇帝,继承皇位,66,78—79;宗教政策,78—79;与哥特人,86—87;波斯征伐,87;被提及,281,510

Valentinian I 瓦伦提尼安一世,皇帝,出身和继承皇位,66—67,78;宗教政策,78

Valentinian II 瓦伦提尼安二世,皇帝,继承皇位,66;与阿利乌斯派,79;与异教,83

Valentinian III 瓦伦提尼安三世,皇帝,继承皇位,与《古典法规》,143;与拉文纳,190;被提及,22,269

Valerian 瓦勒良,皇帝,638

Valla 瓦拉,人文主义者,720

Valona 瓦罗纳,596

Vandals 汪达尔人,与利奥一世,104;与查士丁尼一世,133,135,136;阿利乌斯派,134;与东哥特人,135

Varangians 瓦兰几亚人,在西西里晚祷起义中,313,329;在镇压巴尔达斯·福卡斯的战斗中,323;在罗曼努斯四世的军队中,356;与阿列克修斯·科穆宁,381;瓦兰几亚-英格兰保镖,381,484;在1203年君士坦丁堡的包围战中,459;巴列奥洛格朝的雇佣兵,680和注释

Vardan 瓦尔丹,见 Philippicus 菲利彼库斯

Vardariotes 汪达尔人,680

索 引

Varna 瓦尔纳战役,643

Vasili I Dimitrievich 瓦西里一世底米特里也维奇,罗斯大公,673

Vasili II the Dark 黑暗者(盲人)瓦西里,莫斯科大公,673

Vasilievsky, V. G. 瓦西列夫斯基,论《法律选编》,241;论《农业法》,244,245;论帕齐纳克人,325;论尼斯福鲁斯·福卡斯,347;论查哈斯,384;论阿列克修斯致佛兰德的罗伯特的信,386;论曼纽尔一世,420,423;论第二保加利亚王国,441;论弗里德里希·巴巴罗萨,444;论第四次十字军,457;论柴柴斯,499;论卡洛扬,510,518,520;论狄奥多勒·安吉列,521;论约翰二世亚琛,525;论纳乌帕克图斯主教约翰作品的编辑者,560;论约翰·巴尔达内斯,561;论都会的土地占有,574;提及,5,33,40,579

Vatican Menologium 《梵蒂冈宗教月历》,373

Vatopedi 瓦托佩第,阿索斯山修道院,677

Vazelon 瓦扎龙,修道院,法规,677

Velbužd(Kostendil) 维尔布什德(克斯坦迪尔),战役,612

Venice 威尼斯,与塞奥菲卢斯 277;9世纪与拜占庭的关系,280,326;与瓦西里一世,303,326;与阿列克修斯一世,380,381—382,399;与匈牙利,388;其傲慢无礼,413;在约翰二世时期的关系,413;与曼纽尔一世的关系,422,424,425;1177年的会议,430—431;和安德罗尼卡一世,436,437;与第四次十字军,452—460;在东方教会组织活动中的角色,460,463,540;与罗马世界的瓜分,463—464,466;在拜占庭的贸易特权,485,486—487,547,548,581—582;与狄奥多勒·拉斯卡利斯,512,547;与热那亚人在东方的竞争,537,593,615,616,625-629,685;与约翰·瓦塔泽斯,548;拜占庭艺术家,562;在爱琴海,581;捕获约翰五世,588;在迈克尔八世时期与威尼斯关系,591;与安茹的查理,595,596,597,599;与斯蒂芬·杜尚,620;与奥斯曼人,624,633;与西吉斯蒙的十字军,630;运送谷物到君士坦丁堡,630;与曼纽尔二世,631;633;在尼科波利斯战役之后,633;约翰八世在威尼斯,640;萨洛尼卡投降威尼斯,641;在莫里亚的活动,644;与1453年君士坦丁堡保卫战,647;在拜占庭军

队中,680

Venice 会议,对于君士坦丁堡的重要意义,430

Vernadsky,G. 维尔纳茨基,论《农业法》,245

Veselovsky,A. 维切洛夫斯基,论巴尔拉姆,715;论南意大利的希腊化,717-718

Vezelay 维茨莱,在勃艮第,该地举行的会议和第二次十字军,419

Via Egnatia 埃格南提亚大道,古罗马军道,380,437

Vienna 维也纳,受到奥斯曼人威胁,656

Vigilius 维吉利乌斯,教宗,与梅纳斯,152;与查士丁尼一世,152-153;与第五次全基督教主教公会议,153

Villehardouin,Geoffrey 维拉杜安,乔弗里,对第四次十字军的记载,456,459,461

Villehardouin,Geoffrey de 德维拉杜安,乔弗里,历史学家维拉杜安的侄子,在伯罗奔尼撒,464-465

Villehardouin,William de 德维拉杜安,威廉,阿凯亚公爵,其被俘及赎出,536,580,637

Villehardouin 维拉杜安家族,阿凯亚公爵家族,465

Vidices 税吏,113

Vinogradov,P. 文诺格拉多夫,对封建制的定义,564

Violanta-Irene of Montferrat 蒙菲拉的维尔兰塔-伊琳娜,安德罗尼卡二世的妻子,583

Virgil 维吉尔,649

Visgoths 西哥特人,德涅斯特河西边,84;在拜占庭军队中,85;在莫西亚,86;在阿拉里克统治下,91;在意大利,97;与查士丁尼,133,137-138;与阿拉伯人,216

Vitalian 维塔利安,教宗,与君士坦丁堡的关系,224

Vitalian 维塔利安,其反叛,111-112

Viterbo 维特波协议,592

Vizantiysky Vremennik 《拜占庭年鉴》,40,677

Vlachs 见 Wallachs 瓦拉几亚

Vladimir 弗拉基米尔,罗斯王公,与瓦西里二世的关系,及罗斯皈依基督教,323,347

Vladislav 弗拉迪斯拉夫,波兰与匈牙利国王,其领导的十字军,643

Vogue,de M. 德沃格,考古学家,在叙利亚的发掘,127

Voltaire 伏尔泰,论拜占庭,6

Vyzantiyskoe Obozrenie 《拜占庭

评论》,40

W

Walid I 瓦利德一世,哈里发,237

Wallachian-Romanian 瓦拉几亚-罗马尼亚因素,与第二保加利亚王国,441—442

Walter the Penniless "穷光蛋"沃尔特,404

Welf 韦尔夫公爵,与康拉德三世,422

Westminster 威斯敏斯特,拜占庭的使者们,431

Whittemore, Thomas 怀特莫尔,托马斯,与圣索菲亚的镶嵌画,190

William 威廉,安古莱姆伯爵,其朝圣活动,398

William I 威廉一世,西西里国王,与曼纽尔一世,424-425

William II 威廉二世,西西里国王,对拜占庭的敌意,436,437-438,440-441;与伊萨克二世,441

William II Rufus of England 英国的威廉二世鲁弗斯,与第一次十字军,405

William of Champlitee 香普利特的威廉,阿凯亚伯爵,506

William of Tyre 提尔的威廉,历史学家,426,428

William the Conqueror 征服者威廉,484

Wittken, H. V. 威特肯,42

Wolf, Hieronymus 沃尔夫,希罗尼姆斯,3

Wright, F. A. 瑞特,31

X

Xanthopulos, Nicephorus Kallistus 克山索普罗斯,尼斯福鲁斯·卡利斯图斯,拜占庭历史学家,689

Xenia-Maria 克塞尼亚-玛丽亚,迈克尔九世的妻子,584

Xénophon 色诺芬,在拜占庭的影响,489,491,721

Xiphilin, John 克希菲林,约翰,法学院院长,367

Xivrey, Berger de 德西弗里,贝格尔,论曼纽尔二世,641

Y

Yahya 雅希亚,安条克的,阿拉伯历史学家,论尼斯福鲁斯·福卡斯,309;论约翰·齐米西斯,310;论哈希姆,311,392

Yakovenko, P. 雅科文科,论豁免权,570

Yaqut 雅库特,阿拉伯历史学家和

地理学家,论尼斯福鲁斯·福卡斯,308
Yarmuk 雅穆克河战役,211
Yaroslav 雅罗斯拉夫,加里齐王公,为安德罗尼卡一世提供避难,378
Yazid II 叶齐德二世,哈里发,他的破坏圣像活动,255
Yemen 王国,131,201;阿拉伯人的行省,200
Yezdegerd I 耶兹迪格德,波斯国王,与阿卡第及狄奥多西二世,96;在其统治下的波斯基督教,96-97
Yolande 约兰德,彼得·德库尔特奈的妻子,519,520

Z

Zabergan 查波尔汗,戈特里古尔人的首领,140
Zaccaria 扎卡利亚,热那亚家族,在拜占庭的活动,593
Zacharias 扎哈利亚,耶路撒冷牧首,被俘至波斯,195
Zakladnichestvo 抵押,与庇护制相比较,572
Zangi 赞吉,莫苏尔的阿塔贝格,夺取埃德萨,418
Zara(Zadr) 扎拉,与第四次十字军,454,455,456,457

Zealots 狂热派,其教义理论,659-660,663-664;与阿瑟尼乌斯派,661;与萨洛尼卡的暴乱,664,683-684;与静修派运动,666
Zenobia of Palmyra 帕尔米拉的,齐诺比亚,201
Zeno the Isaurian 伊苏里亚的芝诺,皇帝,继承皇位,67;与伊苏里亚人,106;和奥多亚克,107;与狄奥多里克,107,114;宗教政策,107,115,149;继承者,109,129
Zeus of Phidias 菲迪亚斯雕塑的宙斯像,在君士坦丁堡,83
Zigabenus, Euthymius 兹加贝努斯,优西米乌斯,神学家,473,495
Zlatarsky, V. N. 兹拉塔尔斯基,论《农业法》,246;论利奥六世与西梅恩的协议,317
Zoë 佐伊,托马斯·巴列奥洛格的女儿,莫斯科伊凡三世的妻子,590
Zoë 佐伊,女皇,君士坦丁八世的女儿,302,349,351
Zoë 佐伊,利奥六世的妻子,333,334
Zonaras, John 佐纳拉斯,约翰,拜占庭历史学家,502
Zoroastrianism 索罗亚斯德教,205
Zoroastrian 索罗亚斯德作为国家

教会,对君士坦丁一世的影响,48

Zosimus 佐西姆斯,异教历史学家,论君士坦丁一世,45;论阿拉里克,91;其著作,125

Zotenberg, H. 佐登伯格,论《巴尔拉姆和约瑟法特》的作者,294

Župan and župy 祖潘和祖比,609

Zvonimir 兹沃尼米尔,克罗地亚国王,与阿列克修斯一世,388

Zympa 吉姆帕,加利波利附近的防御工事,里面的奥斯曼人,622

后　　记

　　瓦西列夫《拜占庭帝国史》的翻译，从策划到正式出版，经历了30余年的"磨难"。看完最后的清样，颇有如释重负之感，背负多年的重担终于可以放下了。

　　遥想35年前，经史学泰斗林志纯（日知）先生推荐与斡旋，我有幸成为改革开放后第一批前往希腊进修拜占庭史的学者，于1983年11月到达美丽的希腊北方历史名城萨洛尼卡，进入亚里士多德大学，与我同行的有南开大学的陈志强先生。当时我们雄心勃勃，满怀振兴中国拜占庭学的"凌云壮志"——我们完成进修任务回国后，在《世界历史》上联手发表"应该重视对拜占庭的研究"一文，署名"凌强"，其意即在向学界同仁宣示我们的这一志向。希腊方面非常重视中国学员的学习，安排国际拜占庭学的著名学者卡拉扬诺布鲁斯（I. Karayannopulos）教授作为我们的研修导师。他给我们开出的第一批阅读书目中，有两本参考书是非常重要的：一是瓦西列夫的这本《拜占庭帝国史》，二是奥斯特洛戈尔斯基的《拜占庭国家史》（该书由陈志强译出，2006年由青海人民出版社出版）。从阅读这些参考书开始，我们踏上了研习拜占庭史的漫长历程。

　　在我留学希腊的两年（1983—1985年）时光中，除了苦学希腊

后　记

语,认真接触和感受饱经忧患沧桑、历史底蕴深厚而又充满诗情画意的希腊历史与文化外,把很多时间和精力用于通读瓦西列夫的这本著作。现在想来,当时选择精读此书,显然源于我们那个时代因接触苏联"马克思主义史学"较多而养成的阅读习惯。瓦西列夫虽然后来定居于美国(先于威斯康星大学,后入顿巴登橡树园)工作,但其早年(1917—1925年)是在俄罗斯的圣彼得堡大学任教,这部著作的最初版本是他在俄罗斯授课时期完成的,其研究思路和表述方式,更容易被中国学者所接受。而且,其英文译本文字洗练,简明清晰,相对于学究气更浓的"正宗"英美学者的作品,更容易阅读和理解,非常适合初学者作为入门书籍阅读。

在这两年间,我完成了这部作品的初译,并在最初的译稿上标注了许多当时不能解决的问题:这些问题有些属于对英文的把握,有些属于对作品涉及的历史时代和历史事件及其背景的探究;最重要的,则是对一些从来没有相应中文译名的专有名词的思量,即考虑如何找到恰如其分的中文译名。

当时萌生的一个大胆想法,是日后把此书的译稿整理修订成熟,争取在国内出版。20世纪80年代我国改革开放的初期,学术研究和教育领域面临百废待兴的局面,从事世界史研究的中国学者,苦于研究资料欠缺,常常把出国进修视为获取最珍贵史料的最佳途径。就拜占庭研究而言,新中国成立40年,只有苏联学者列夫臣柯的一部《拜占庭》(1956,1960年版)译著,相关资料和论文则是少之又少。对我国世界史学者而言,不仅需要更多地引进西方学术界的原典作品——限于经费,这一目标要经历很长的时段才能实现——更应该积极地有选择性地翻译一些经典作品,为更多青年学者和高校教师从事研究做一些奠基工作。在那个时代，有机会作为第一批中国学者赴希腊研修拜占庭史，是我的"宿命"，而有机会将这部重要学术著作译出来，介绍给中国学界同仁，则是"宿命"中的"使命"。缘分使然，无可推脱。翻译此书成了我的学术之路的起点。

1985年回国后，我首先完成了交由商务印书馆出版的《中世纪晚期经济社会史》的总校订工作，此后在郭守田先生和朱寰先生支持下，我向商务印书馆历史编辑室提交了《拜占庭帝国史》一书的选题论证报告和翻译申请，很快获得认可。随后我便展开了对原译稿的全面校对与整理，其中的繁复与艰辛，可谓一言难尽。

过去30余年中，作为"归国留学人员"，我在高校工作经历的各种科研和教学工作压力，以及承担的各方面的新的、紧急的任务，多少影响到本书译稿修订的进程；原译稿中遗留的未能解决的问题，需要更多的知识储备和更广的视野；原书中各种语言如拉丁、希腊、法、德、意、俄、塞尔维亚、保加利亚等语种所涉及的注释，以及参考文献名称的汉译和理解方面的困难，对于译名、专有名词的选择使用和全书的译名统一……诸如此类的棘手问题，都大大推迟了此书的出版。但商务印书馆历史室同仁对于选题的支持程度从未改变。

本书的成稿（手写稿）完成于20世纪90年代，见证了从手抄稿到手动打字稿，再到电脑书写稿的各个阶段。由于本书翻译工作历时太长，图书出版印刷规则几经调整，人名地名翻译也有新的统一规范，以至于整个书稿不得不进行多次全面通校。本书成稿整理完成之后，曾长期在我的硕士和博士研究生中间"内部传阅"，对他们完成学位论文发挥过一定积极作用，这使我在久未出版的遗憾中也获得了些许欣慰。

本书出版之际，我内心充满感激之情。首先要感谢日知先生，正是他发展古典学和拜占庭研究的远见卓识和积极筹划，促成了东北师范大学和南开大学连续两届四名学者（王敦书、郝际陶、徐家玲、陈志强）赴希腊进行研究与进修的计划；感谢我的硕士导师郭守田先生、朱寰先生对这项翻译工作一以贯之的支持和鼓励；感谢我的同门学友，清华大学张绪山教授百忙之中对书稿的审阅，修改中译本序言；感谢商务印书馆历任编辑（于殿利、王明毅、杜廷广）在本书翻译和整理过程中与译者的积极沟通与切磋；感谢学术上的朋友和曾经的学生（沈之兴、郭建淮、张晓华）与我一起学习和讨论拜占庭历史，帮助我校订和整理译稿；感谢东北师范大学历史文化学院的韩宾娜教授在百忙之中帮我手绘《拜占庭帝国史》一书的地图——由于现在出版手段的发展，手绘图的方式已经不再使用了，但同事之间的真挚友情始终暖人心扉；感谢唐艳凤博士和李强博士及东北师范大学古典文明史研究所的外籍专家学者们对译文中的俄语、德语、希腊语、拉丁语、西班牙语、意大利语等"小语种"的文献译名提出的宝贵意见；感谢我的朋友、同事和学生帮助我手工抄录译稿，又将手抄稿键入电脑。

需要说明的是，以现在的翻译原则，有些参考书是不需要给出译名的。但本书早于20世纪90年代初即开始翻译，译者已经尽其所能完成了参考书目中的英、法、德、意、西班牙、保加利亚、俄、希腊、拉丁语等诸语种文献和引文的翻译，现任责编表示尊重译者付出的劳动,将其"照单全收",但对书稿做这样的处理显然大大增加了编辑的工作量。在此,特别感谢现任编辑杜廷广先生对译者的信任,对译文各方面问题提出的宝贵意见和建议。

在翻译和整理这部译稿的漫长时段里,译者本人也经历了"浴火重生"的"涅槃"过程:当年青涩的初学者,在完成了研修拜占庭史的所有阶段,经历了学术研究的壮年之后,自己的人生也走近了"古稀之年"。佛家偈语曰:"苦海无边,回头是岸。"但学海没有回头路,我们不能回头。我们这一代人当年选定了拜占庭研究之路,已经完成了我国拜占庭研究开拓阶段的历史使命,我们的学生和他们的后续者们,定将沿着这条"不归路"继续前行。此书的正式出版,或许可以视为译者多年坚守"初心"的最后成果,也可视为译者交出的一份特殊的"拜占庭研究"的答卷,是否合格,敬请学界同仁评判。

徐家玲

2018 年 6 月 21 日于长春净月东师家园

图书在版编目(CIP)数据

拜占庭帝国史:324—1453/(美)A.A.瓦西列夫著;徐家玲译.—北京:商务印书馆,2020(2022.11重印)
(汉译世界学术名著丛书)
ISBN 978-7-100-18390-1

Ⅰ.①拜… Ⅱ.①A…②徐… Ⅲ.①拜占庭帝国—历史—通俗读物 Ⅳ.①K134-49

中国版本图书馆 CIP 数据核字(2020)第 070832 号

权利保留,侵权必究。

汉译世界学术名著丛书
拜占庭帝国史
324—1453
(全两卷)
〔美〕A.A.瓦西列夫 著
徐家玲 译

商务印书馆出版
(北京王府井大街36号 邮政编码100710)
商务印书馆发行
北京艺辉伊航图文有限公司印刷
ISBN 978-7-100-18390-1

2020年6月第1版　开本850×1168　1/32
2022年11月北京第2次印刷　印张41¼ 插页3
定价:185.00元